“十二五”国家重点图书出版规划项目

Serial Handbooks of Highway-bridge Construction
公路桥梁施工系列手册

Pier and Foundation
墩台与基础

（上篇）

中交第二公路工程局有限公司　主编

人民交通出版社
China Communications Press

内　容　提　要

《公路桥梁施工系列手册》共八册，分别为：《基本作业与临时设施》、《施工组织设计》、《墩台与基础》、《桥梁钢结构》、《梁桥》、《拱桥》、《斜拉桥》、《悬索桥》。本书为《墩台与基础》的上篇，主要内容包括：钻孔灌注桩，人工挖孔灌注桩，钻（挖）孔灌注斜桩，特殊地质地区钻孔灌注桩，大直径、超长桩施工，打入桩基础，明挖地基，以及关于木挡板支护坑壁和涌水量的计算等，反映相应内容最新的技术进步和发展趋势，并有大量的工程实例，突出手册的实用性；编写中，采用最新的国家和行业标准、规范和规程。本分册上下篇在内容上基本涵盖了当前我国桥梁建设中各种基础类型的施工技术工艺和方法，工程质量标准，施工设计计算的方法、公式，常用施工机具设备的规格性能，以及施工技术安全等，全面反映我国目前桥梁基础施工总体水平。

本书主要供从事桥梁施工、设计的技术人员使用，也可供大专院校相关专业师生参考使用。

图书在版编目（CIP）数据

公路桥梁施工系列手册．墩台与基础．上篇／中交第二公路工程局有限公司主编．—北京：人民交通出版社，2014.5

“十二五”国家重点图书出版规划项目

ISBN 978-7-114-11076-4

Ⅰ．①公…　Ⅱ．①中…　Ⅲ．①公路桥－桥梁施工－技术手册②墩台－桥梁施工－技术手册　Ⅳ．①U448.145.1-62②U445.55-62

中国版本图书馆 CIP 数据核字（2013）第 299221 号

“十二五”国家重点图书出版规划项目

书　　名：公路桥梁施工系列手册　墩台与基础（上篇）
著 作 者：中交第二公路工程局有限公司
责任编辑：曲乐　王文华　刘永超
出版发行：人民交通出版社股份有限公司
地　　址：（100011）北京市朝阳区安定门外外馆斜街 3 号
网　　址：http://www.ccpress.com.cn
销售电话：（010）59757973
总 经 销：人民交通出版社股份有限公司发行部
经　　销：各地新华书店
印　　刷：北京市密东印刷有限公司
开　　本：787×1092　1/16
印　　张：32.75
字　　数：762 千
版　　次：2014 年 5 月　第 1 版
印　　次：2018 年 10 月　第 2 次印刷
书　　号：ISBN 978-7-114-11076-4
定　　价：98.00 元
（有印刷、装订质量问题的图书由本社负责调换）

《公路桥梁施工系列手册　墩台与基础》
编委会

主　编：韦世国

副主编：任回兴　雷　波　李　松　宁孝岐　李昊天

编　委：杨　萍　崔学涛　孙　茂　聂青龙　宋来东

姚　琨　曹　峰　王晓芳　刘晓楠　霰建平

高安荣　张毕超　余常俊　李华龙　鲜　亮

廖立勋　欧阳祖亮　蔡堂　任凯旋　朱小金

文良东　杜　清　白丽锋

前言

21世纪桥梁发展将向大跨、轻型、高强、整体方向发展，桥梁工程的结构形式正在出现日新月异的变化。发展现状预示着21世纪将迎来世界桥梁更大规模的建设高潮，洲际跨海、建立全球交通网的构想——跨海工程不再是可望而不可即的宏伟蓝图。

近十年来我国大跨径桥梁的建设进入一个最辉煌时期，一大批结构新颖、技术复杂、设计和施工难度大且科技含量高的大跨径桥梁相继建成。标志着我国公路桥梁的建设水平已跻身于国际先进行列。近年建成的特大桥梁中，具有代表性的有润扬大桥、苏通大桥、西堠门大桥、九江大桥、杭州湾跨海大桥、泰州大桥、重庆朝天门大桥、万县长江大桥等，在这一系列大桥的建设过程中，形成了许多新结构、新技术、新工艺，与此同时，有关桥梁工程的技术标准、规范、规程的不断修订，使得现存的各类桥梁施工手册已不能完全满足我国目前及今后桥梁建设的需要，因此迫切需要重新编制能全面指导我国桥梁建设的施工手册。在此背景下，由人民交通出版社发起，组织国内6家大型施工企业开展了《公路桥梁施工系列手册》的编写工作。

《公路桥梁施工系列手册》主要定位为供施工一线技术人员使用的实用工具书，编写总体上达到先进性、实用性、系统性和权威性要求，重点突出实用性。该《手册》共设八册，各分册名称为：基本作业与临时设施、施工组织设计、墩台与基础、桥梁钢结构、梁桥、拱桥、悬索桥、斜拉桥。

受人民交通出版社邀请，《墩台与基础》分册由中交第二公路工程局有限公司负责编制。我公司接到邀请后，集全局之技术精英，立即组织成立了编委会和编审组并投入到该项工作中。该手册的编写得到了公司领导的关心和大力支持，举办了多次集中办公会议，保证参编人员的编写时间投入和书稿编写质量，公司内部先后共举办了四次专家评审会议，几易其稿，通过几年的辛苦劳动，终于完成该手册的编写工作。

近十年来伴随我国桥梁建设飞速发展，桥梁基础建设也有了很大的发展，体现在基础规模更加庞大，结构形式更加多样化，施工技术更加复杂，如打入桩基础施工，大跨径悬索桥锚碇基础中地下连续墙、沉井基础的广泛应用等。《墩台与基础》分册分为上、下篇，共16章，章名分别为：钻孔灌注桩，人工挖孔灌注桩，钻(挖)孔灌注斜桩，特殊地质地区钻孔灌注桩，大直径、超长桩施工，打入桩基础，明挖地基，沉井基础，地下连续墙，管柱基础，组合基础，其他基础，承台，桥墩与桥台，展望，基础、墩台施工安全环保方案。

《墩台与基础》分册编写主要参考了2000年版的《公路施工手册 桥涵》分册，吸收了该手册的精华和优点，在此基础上增加了很多近年来的新技术、新工艺和新方法，吸收了最新研究成果和成熟的应用技术，反映了最新的技术进步和发展趋势；增加了大量的工程实例，更加突出手册的实用性；编写中采用现行的国家标准，交通运输部行业标准、规范和规程，以及其他相关行业的标准、规范。本手册在内容上基本涵盖了当前我国桥梁建设中各种基础类型的施工技术工艺和方法，工程质量标准，施工设计计算的方法、公式，常用施工机具设备的规格性能，以及施工技术安全等，全面反映我国目前桥梁基础施工总体水平。

《墩台与基础》分册编写工作是建立在近年大量桥梁基础工程实践经验和科研成果的坚实基础上的，这些工程实践和科研成果是很多单位和个人辛勤劳动的结晶，谨向他们表示衷心的感谢。值手册出版之际，对为该手册编写、出版提供支持与帮助的所有人员表示衷心的感谢。

限于编者的学术水平，书中如有疏漏和不足甚至错误之处，请广大读者不吝指正。

中交第二公路工程局有限公司

2014年1月

总目录

上　篇

下　篇

目 录
Contents

第一章 钻孔灌注桩

第一节 概 述

钻孔灌注桩是基础形式的一种，是指在工程现场通过机械钻孔的手段在地基土中形成桩孔，并在其内放置钢筋笼、灌注混凝土而形成基础的一种工艺。

我国桥梁钻孔灌注桩始于1963年河南省首先采用的简易锥具钻孔灌注桩，1965年由交通部组织进行了鉴定。50年来，随着科学技术的不断发展，通过不懈的研究、试验、使用和改造，桩基础不仅在理论和计算方面得到长足发展，其成孔方式也趋向多元化，先后出现了冲抓钻、螺旋钻、潜水电钻、正反循环式冲击钻、正反循环回旋钻、旋挖钻等多种设备和钻孔工艺，已逐步发展成为一种完善的、先进的基础形式。另外，钻孔灌注桩基础以其工艺简便、承载力大、适应性强等突出特点迅速在全国基础工程中得到广泛应用。

近几年来，我国公路桥梁工程建设发展迅猛，跨越江河、海峡的大桥及特大桥梁不断修建，桥梁的施工环境、地质情况更加复杂，从而促进了桥梁工程施工设备及施工工艺的更新换代。如一些大型钻机的研发，使得长度超过100m的超长桩、直径大于4m的大直径桩、穿越较硬岩层的嵌岩桩得以实现；又如旋挖钻机的研发成功，使得桩基成孔更加快速、环境污染减小。

钻孔灌注桩虽然在工程建设中起到了很大作用，然而在应用中也存在不少问题，如普通桩的承载力较低，单桩承载力的离散性很大，护壁泥浆浪费多、污染大等。为适应现代社会桥梁建设的需求，钻孔灌注桩成桩技术和成孔设备的发展应向着减小环境污染、提高功效、发掘桩的承载潜能、增强成桩质量的可靠性的方向发展。

(1)向攻克地质复杂和成孔难度大方向发展

桩基成孔工艺和成孔设备研发，向攻克岩层、淤泥薄弱层、大卵砾透水层、大抛石层和大孤石层等地质环境下成桩难关，提高不良地质条件下桩基承载力的方向发展。

(2)向提高桩基承载力、耐久性方向发展

作为桥梁的基础工程,在设计使用年限内,桩基是无法更换的。但钻孔灌注桩具有较大离散性、不均匀性,对成桩承载力影响大。因此,施工中应积极推广采用新技术、新工艺、新材料、新设备,提高检测水平,优化桩基设计,研究新型工艺等多种有效措施,向提高桩基承载力、耐久性的方向发展。

(3)向桩端、桩侧压浆技术方向发展

钻孔灌注桩的承载力受桩侧泥皮厚度和桩底沉渣厚度影响大。桩基压浆技术就是桩基混凝土达到一定强度后,通过压浆管压入高压水泥浆,在桩底形成水泥浆加固体的扩大头,以消除桩底沉渣强度低、不密实、早期沉降大等缺陷。通过设置在桩侧的压浆管压浆,将桩侧泥皮加固,以增加桩侧摩阻力。根据已施工的资料显示,后压浆技术可有效调高桩基承载力。

(4)向桩基检测、检验手段更加科学化方向发展

桩基工程属于地下工程,施工检测难度大。随着电子技术日新月异的发展,运用计算机与自动控制技术有机结合,研发新型检测方法、检测设备,使桩基的整个施工过程都能得到有效检测控制,从而保证桩基的工程质量。

(5)向低污染、低公害工法方向发展

目前绝大多数钻孔灌注桩均采用机械、泥浆护壁法施工,机械噪声、泥浆污染公害大,现场文明施工条件较差,因此研发新型设备,提高泥浆的性能及施工工艺,现场文明施工,减少公害也是桩基的未来发展方向。

(6)向科学性、精细化施工方向发展

运用科学、现代的施工管理思想和手段,组织现场精细化施工,是实现优质、高效、低耗、安全、文明生产的保障。

一、钻孔方法的分类

本节根据钻孔设备的不同,按照破碎土层(岩层)的方式、出渣方式对钻孔方法的分类进行概述。

(一)回旋钻机成孔

回旋钻机成孔是采用钻头旋转切入破碎土层(岩层)的原理成孔,利用泥浆维持孔壁稳定。根据排渣和泥浆循环方式的不同,可分为正循环回旋钻孔和反循环回旋钻孔两种工艺。随着设备的发展,国内还出现了车载式回旋钻机,提高了设备的机动性能。

1. 正循环回旋钻机成孔

利用电机驱动转盘带动钻杆钻头在孔内旋转,切入土层,以高压将泥浆通过空心钻杆,从钻杆底部射出,利用泥浆将钻渣悬浮上升并从孔口排出,经过沉淀池沉淀净化,泥浆再循环使用。泥浆在本法中具有两个重要作用:一是保护孔壁,二是浮渣,故对泥浆的相对密度、浓度、含砂率等指标要求较高。

2. 反循环回旋钻机成孔

反循环回旋钻机破碎土层方式与正循环钻机相同,但排渣方式与正循环钻机成孔相反,其泥浆由设置于孔口的泥浆槽流入孔内,用真空泵(泵吸)或空压机(气举)将钻渣从空心钻杆中吸出。泥浆在本法中的主要作用是护壁,在一般地层中钻进对泥浆要求相对

较低，但对深孔、易坍土层，则仍需用高质量泥浆。

(二)冲击钻机成孔

冲击钻机成孔是利用钻机动力装置将具有一定质量的冲击钻头提升一定的高度，然后使钻头自由下落，利用钻头的冲击动能冲挤土层或破碎岩层的成孔工艺。钻头分实心锥和空心锥两种，出渣方式分为正循环和反循环两种工艺。

1. 正循环冲击钻成孔

用冲击式装置或卷扬机提升钻头，上下往复冲击，将土石击碎，并将部分钻渣挤入孔壁之内。部分钻渣由泥浆悬浮，使钻锥每次都能冲击到孔底新土层。冲孔过程中，通过孔底泥浆管不断出浆，将钻渣悬浮，正循环排渣；或每冲击一定时间和冲程后，放入掏渣筒掏渣，提出孔外。泥浆在本法中起护壁与浮渣作用。

2. 反循环冲击钻成孔

利用冲击钻头对土层或岩层进行往复冲击，使土石破碎，然后利用反循环排渣方式及时将破碎岩屑第一时间排出孔外。其原理是，由两根钢绳平衡提升冲击钻头，在两根钢绳之间放置排渣管，排渣管下端插入钻头中心管内，在钻头作上下冲击往返运动时，排渣管始终保持静止，并距孔底一定距离，排渣管外接砂石泵，实现反循环排渣。

(三)旋挖钻机成孔

旋挖钻机是近几年在我国新兴的一种成孔工艺，是机电一体化设备，采用液压履带式伸缩底盘、自行起落可折叠钻桅、伸缩式钻杆，带有垂直度自动检测和调整、孔深数码显示等仪器。旋挖钻机钻进成孔是利用钻头回转破碎岩土，并直接将其装入钻头内，然后再由钻机提升装置和伸缩式钻杆将钻头提出孔外卸土。这样循环往复，不断地取土、卸土，直至钻至设计深度。旋挖钻机成孔无需泥浆循环，但钻进时为保护孔壁稳定，孔内要注满优质泥浆。如地层较为稳定，也可干土直接取土。

(四)全套管钻机成孔

全套管钻机又称贝诺特(Benoto)钻机。全套管施工法(贝诺特工法)实质上就是冲抓斗跟管钻进法，其起源于20世纪50年代的法国。目前，日本、德国、意大利等国家以及我国香港地区也以贝诺特工法作为就地灌注桩的主要施工方法，我国内地于20世纪70年代开始引进此类钻机，但因多种原因在工程中应用不多。

全套管钻机成孔，是用履带吊配以大功率的动力头，将钢套管用拧、压等方式沉入地下护壁，再配以冲抓、旋挖、短螺旋等出渣工具，将护筒内的渣土排出。如遇孤石、漂石等，可用冲抓锥冲击后再取渣，在浇筑混凝土时可利用振动或顶拔等方式将护筒拔出。在大面积基础桩施工中具有成孔工效快、对环境影响小、成桩质量高、承载力可靠、钢筋不易受泥浆污染、握裹力好等优点。但由于动力头较大，设备重量大，对施工场地要求较高。此种钻机在陆地钻孔成孔快，无需泥浆护壁，环保，但不适宜水上钻孔作业。此外，如遇较厚的粉细砂层，沉管和掘进都比较困难，且拔管也比较困难，此法一般适用于桩径$\phi0.8 \sim \phi2.0$m，桩长最大50~70m。

(五)螺旋钻机成孔

螺旋钻机按照钻杆上螺旋叶片的多少，可分为长螺旋钻机(整个钻杆上都装置螺旋叶片)和短螺旋钻机(即临近钻头2~3m内安装带螺旋叶片的钻杆)。长、短螺旋钻机成孔均系干作业法，只适用于地下水位以上的填土层、黏性土层、粉土层、砂土层和颗粒不大的砾砂层，不宜用于地下水位以下的上述各类土层及碎石土层、淤泥质土层。

1. 长螺旋钻机成孔

长螺旋钻机主要由履带式多用途钻机、长螺旋钻杆、动力头等设备组成。钻孔时钻头螺旋叶片切入土层，被切削的土块随钻头旋转，并沿着带有长螺旋叶片的钻杆上升，输送到出土口后，自动排出孔外，利用运输车运走。

2. 短螺旋钻机成孔

利用履带式钻机上的动力头带动钻杆和短螺旋钻头破土钻进，钻渣、土块由短螺旋钻具带出孔外，快速反转卸土。由于短螺旋施工阻力小，可利用伸缩钻杆作业，因此施工的桩径、桩长均比长螺旋钻机要大。

（六）潜水钻机成孔

潜水钻机一般由潜水电机、减速器、密封装置、钻架、卷扬机、配电系统、钻杆、钻头等组成。潜水钻机的动力机构设置在钻杆下端，同钻头连成一个整体，随着钻进的延伸潜入孔底工作。钻机下端输出轴连接钻头，钻机上端连接钻杆由卷扬机吊着进行钻孔作业。根据排渣方式不同也分为正、反循环两种工艺。

1. 正循环潜水钻机成孔

潜水钻机动力由潜水电机通过减速器将动力传至输出轴，带动钻头切削岩土，将泥浆通过胶管和电动机上面连接的空心钻杆、钻头射入孔底，然后把钻头削切的钻渣浮悬在泥浆中，随泥浆在孔内上升并从孔口溢出，流入泥浆沉淀池沉淀净化。这种排渣与泥浆循环方式称为正循环式潜水钻机成孔。

2. 反循环潜水钻机成孔

如果改用空气吸泥机或真空泵等机具将钻渣从钻杆中吸出，就称为反循环式潜水钻机成孔。

（七）冲抓钻机成孔

冲抓钻的冲抓锥是一个能够分开的活动抓瓣，锥头下落时，张开的抓瓣冲入土层，完成冲孔及孔内土石抓取，提起时尖瓣合上，提升冲抓锥出孔，松绳开瓣将土卸至指定位置。冲抓钻机成孔护壁方式与回旋钻孔法大致相同，也可采用全钢护筒跟进护壁。

（八）二次成孔工艺

二次成孔原理是“逐渐扭矩消减法”。当桩径较大或在较坚硬地层进行钻孔施工时，钻机能力不能满足成孔的要求时，可先用较小钻头成孔，再换符合孔径要求的钻头二次扩孔至设计桩径及孔底高程。冲击钻、回旋钻、旋挖钻等可更换钻头的钻机均可采用二次成孔工艺施工。

二、各种钻孔方法的适用范围和优缺点

（一）各种钻孔方法的适用范围

各种钻孔方法适用的范围，与地质情况、孔深、孔径、泥浆性能以及钻机的构造、功率有关，同时也与施工队伍的管理水平、经验、技术实力等有关，一般适用范围见表1-1-1。

各种钻孔方法适用范围 表 1-1-1

钻孔方法	使用范围			泥浆作用
	土层	孔径(cm)	孔深(m)	
正循环回旋钻	填土层、淤泥及淤泥质土层;在卵石含量不大于15%、粒径小于10mm的部分卵石层和软质基岩、较硬基岩层中也可使用	80~250	30~70	浮悬钻渣并护壁
反循环回旋钻	填土、淤泥及淤泥质土、黏性土、粉土、砂土、砂砾,当采用圆锥式钻头可进入软岩,采用滚轮式钻头可进入硬岩	80~400	用真空泵,<40;用空气吸泥机,可达70;用气举式,可达130	护壁
冲击钻	黄土、黏土、粉质黏土、粉土、人工填土,特别适用于有孤石的砂砾土层、漂石层、坚硬土层、岩层,对流沙层可克服,对淤泥及淤泥质土则要十分慎重,对地下水大的土层,会使桩端承载力和摩阻力大幅度降低,不宜采用	实心锥:80~250;空心锥(管锥):60~150	≤60	浮悬钻渣并护壁
旋挖钻	填土层、黏性土层、粉土层、淤泥层、砂石层,含有部分卵石、碎石的土层;采取特殊措施,可在强度不超过30MPa的岩层中钻进	80~300	30~90	浮悬钻渣并护壁
螺旋钻	适用于地下水位以上的一般黏性土、粉土、黄土、密实黏性土、砂土、粒径不大的砂砾层	长螺旋:40~80 短螺旋:150~300	长螺旋:12~30 短螺旋:40~80	干作业时无需泥浆
潜水钻	填土、淤泥、黏土、粉土、砂土,也可在强风化地层中使用,但不宜用于碎石土层,尤其适用于地下水位较高的土层中成孔,不太适合在基岩中钻进,对非均质不良地层,适应性较差	非扩孔型:80~300; 扩孔型:80~655	标准型:50~80; 超深型:50~150	正循环:悬浮钻渣并护壁; 反循环:护壁
冲抓钻	淤泥质土、腐殖土、密实黏性土、砂类土、砂砾石、卵石等	100~200	一般≤20m,大于20m时进度慢	护壁
全套管钻机	黏性土、填土、黄土、季节性冻土、膨胀土、淤泥和淤泥质土、粉土、砂土、碎石土	60~250	≤60	

(二)各种钻孔方法的优缺点

在钻孔施工时应根据地质、机械等现场实际情况选用合适的钻孔方法,充分发挥其优点,避开其不足。常用钻孔灌注桩施工方法的优缺点汇总见表1-1-2。

常用钻孔灌注桩施工方法的优缺点 表 1-1-2

施工方法		优点	缺点
回旋钻机成孔	正循环回旋钻机成孔	(1)设备简单,钻机小,质量小,狭窄工地可使用; (2)设备操作简单,故障少,工艺技术成熟; (3)噪声小,振动小; (4)适用各种地质土层,适应范围广; (5)施工中桩无挤压,不会造成临桩断裂、缩颈,成孔质量可靠,护壁效果好	(1)成孔速度慢,泥浆上返速度低,岩土层重复破碎严重,施工效率不高; (2)用水量大,泥浆排放量大,污染环境; (3)泥浆黏度、密度大,孔壁泥膜厚; (4)沉渣厚度大

续上表

施工方法		优点	缺点
回旋钻机成孔	反循环回旋钻机成孔	(1)可施工大直径、大深度的桩; (2)适用各种地质土层,采用特殊钻头可钻挖岩层,可旋挖地下水位以下厚砂层(≥5mm); (3)施工振动小,噪声小; (4)在水上、水下均可施工; (5)可原孔造浆保护孔壁; (6)钻挖速度快	(1)废泥浆处理难度大,现场施工管理不善,易造成施工不文明,污染环境; (2)在大口径卵石或巨石地层,钻进困难; (3)岩土中承压水头高和有地下水流时,施工比较困难; (4)若孔隙水压和泥浆相对密度控制不适当,会引起孔壁坍塌
冲击钻机成孔		(1)设备构造简单,使用范围广,操作方便; (2)冲击土层时的冲击作用形成的孔壁较坚实、稳定,塌孔少,不受施工场地限制; (3)设备移动方便,机械故障少; (4)无振动和噪声影响; (5)泥浆不是循环的,故泥浆用量少,消耗少; (6)只有提升钻具时,才需动力,能耗少; (7)在流沙中亦能钻进	(1)掏泥渣较费工时,大部分时间消耗在提放钻头和掏渣上,故钻进效率低; (2)容易出现桩孔不规整(即不圆)的情况; (3)易出现卡钻、掉钻和孔斜的情况; (4)岩屑多次重复破碎; (5)由于冲击能量的限制,孔深和孔径比反循环钻机小; (6)泥渣污染环境,孔底泥渣难以掏尽
旋挖钻机成孔		(1)钻孔速度快,自动化程度高,工作效率高; (2)移动灵活方便,定位准确; (3)振动小,噪声小,环保性能好; (4)机械安装比较简单; (5)造价低,降低施工成本; (6)工地边界到桩中心的距离较小; (7)适用范围广,除适用于一般黏性土、砂土层外,还适用于螺旋钻不易钻进的含有部分卵石、碎石的地层,采取特殊措施,还可在岩层中钻进	(1)钻挖10cm以上的卵石较困难; (2)护壁泥浆管理不适当时,会产生塌孔; (3)土层中有强承压水时,施工困难; (4)孔径比钻头直径大7%~20%; (5)桩端有时留有虚土,孔底清渣工作量大
全套管钻机成孔		有效地预防卵石、砂层、淤泥等不良地质土层的坍孔问题,降低施工风险	(1)设备及护筒的投入相对较大; (2)护筒跟进要及时,操作工作量大,在未及时跟进情况下易出现卡钻等不良事故; (3)成孔效率相对其他钻进工艺较低
螺旋钻机成孔		(1)设备简单,施工方便,装卸移动快速; (2)施工无振动,无噪声,对环境无污染; (3)钻进速度快,工期短; (4)干作业成孔,混凝土灌注桩质量好; (5)长螺旋钻孔灌注桩成孔工艺可实现全部机械化,切削土层沿杆上升,自动排除孔外;短螺旋成孔深度及直径较大	(1)桩端或多或少留有虚土; (2)单方混凝土承载力较低; (3)地下水位以下无法成孔; (4)适用范围限制较大; (5)短螺旋靠提钻、反转、甩土将短屑散落在孔周,反复提钻、甩钻影响成孔速度; (6)长螺旋钻成孔最大直径不如短螺旋钻

续上表

施工方法	优点	缺点
潜水钻机成孔	(1)设备简单,体积较小,重量轻,移动灵活,在狭窄工地适用; (2)整机潜入桩孔中钻进,无振动,无噪声; (3)动力装置潜入孔底,耗用动力小; (4)钻孔时不需要提钻排渣,钻孔效率较高; (5)电动机在水中旋转,温升较低; (6)钻杆不需要旋钻,故钻杆断面较小,且不易折断; (7)操作简单,劳动强度低	(1)施工现场存在泥浆污染问题; (2)设备较复杂,费用较高; (3)反循环排渣时,若遇到大块石,易卡管; (4)钻孔易扩大,使混凝土灌注超方; (5)不适用于漂石地层
冲抓钻机成孔	(1)钻机结构及附属设备简单,制造容易,造价低; (2)施工无需大量的黏稠泥浆浮渣,不需占用大面积的用地,因此成孔比较经济,适用范围较广; (3)不需要钻杆,进尺加深时只需多松绳即可,提锥卸土也较方便; (4)能抓起粒径较大的碎石、卵石及软岩(风化岩)	(1)由于无钻杆导向,不能钻斜孔; (2)孔径大小不易控制; (3)钻孔深度较浅(一般超过20m后,进尺速度将大为降低)

第二节 钻孔平台搭设

搭设钻孔平台的目的是为桩基础以及后期上部结构施工提供施工场所,钻孔平台应牢固、稳定,在功能上必须满足以下几个要求:

(1)满足钻机成孔工艺与设备布置的要求;

(2)满足清孔、水下混凝土灌注等成桩工艺与设备布置的要求;

(3)保证作业人员良好的工作环境与活动场地的要求;

(4)保证不受汛情、涨落潮和气象的影响,施工干扰少的要求;

(5)平台为临时结构工程,应满足便于安装、拆卸及可重复利用的要求。

一、钻孔平台的分类

钻孔平台总体上可分为固定式钻孔平台和浮式钻孔平台两大类型。

固定式钻孔平台主要是以围堰或者支架形式搭设而成的平台,稳定性高,能够适应深水、水流速大、波浪大等恶劣的施工环境。

浮式钻孔平台是深水中钻孔桩施工的一种简便而有效的方法,采用钢围堰或者水上设备如民用船舶、工程浮箱等搭设而成,适用于水流平稳、波浪小的施工环境。

以下对常用的几种钻孔平台进行介绍。

1. 筑岛围堰钻孔平台

筑岛围堰即在水中筑岛,筑岛常用的方法有直接堆筑法和板桩围堰回填法。直接堆筑法是指用陆上填筑土石向前推进的方法建造;板桩围堰回填法是指利用钢板桩、钢管桩或者混凝土板桩围成圆形或方形围堰，拉好拉杆后填土筑岛。筑岛围堰钻孔平台主要适用于淤泥质土层或水深较浅，流速和波浪不大，筑岛后对泄洪、航运等基本没有影响的区域，此法相对较经济。对于在淤泥质土层上筑岛，应验算其地基承载力和稳定性，必要时要对地基进行加固，以防止地基失稳而滑坡；对于流速、波浪较大的水域如采用此法，则应在岛的四周进行抛石护坡，以防波浪、水流对岛体的冲刷破坏。

2. 钢管桩钻孔平台

承载钻孔平台的基础可采用木桩、混凝土桩、PHC 管桩、钢管桩等多种形式，这里就常用的钢管桩平台进行介绍。钢管桩钻孔平台是指先按照灌注桩基础的结构布置确定承力钢管桩的位置，搭设钢管桩平台，并以此为依托进行钢护筒的定位下沉，钢护筒在整个桩基施工中不参与钻孔平台的受力。

钢管桩钻孔平台通常采用梁柱式结构，主要由下部钢管桩，桩间纵横向联系，钢管桩顶布设纵横向的型钢、贝雷架等承重梁结构及上部铺设的面板组成。

3. 钢护筒钻孔平台

钢护筒钻孔平台是指主要依靠桩基钢护筒作为平台的主要支撑结构。通常采用梁柱组合式结构，其平台的结构布置形式同钢管桩单独受力平台。由于桩基钢护筒兼做钻孔平台的主要受力结构，在桩基施工过程中对钻孔平台的整体稳定性要求较高。

4. 钢管桩与钢护筒共同承力平台

钢管桩和钢护筒共同承力钻孔平台是指桩基的钢护筒与钢管桩同时作为平台的主要承力结构，其平台刚度大，稳定性好，对于墩位处水深、水流急、风荷载作用大的灌注桩施工，采用钢管桩与钢护筒同时承力的固定式平台体系具有明显的优越性和可行性。此类平台通常采用梁柱组合式结构，其平台的结构布置形式同钢管桩单独受力平台。

5. 着床式钢围堰钻孔平台

着床式钢围堰钻孔平台是指利用整体下沉至河床面的钢围堰作为钻孔平台的承重结构。钢围堰精确定位着床后，采用锚块进行临时固定，然后在钢围堰顶搭设钻孔平台兼做围堰封底施工平台，平台可采用贝雷桁架、型钢等搭设，再利用定位架进行钢护筒精确定位及临时固定，浇筑围堰内封底混凝土，形成钢围堰钻孔平台。

6. 钢吊箱浮式钻孔平台

钢吊箱浮式钻孔平台是指利用钢吊箱兼做钻孔平台的施工方法，采用先施工钢吊箱后施工灌注桩的施工工艺，其钢吊箱兼顾钻孔平台、承台阻水、护筒导向三大功能。

浮式钢吊箱一般为有底结构，钻孔平台依靠钢吊箱作为其承载结构，其上设置相应的承重分配梁、面层及附属结构，能较好地解决墩位水深较大的情况。

施工时先将钢吊箱精确定位，再利用吊箱内支撑桁架进行导向定位完成钢护筒插打，之后将钢吊箱固定于钢护筒上。采用钢吊箱及内支撑桁架系统作为施工平台进行基础的施工。

7. 浮箱式钻孔平台

浮箱式钻孔平台主要采用浮箱或船只拼装而成，浮箱、船只的大小应根据水流情况、钻孔平台尺寸和需要的载质量决定。拼装完成的浮箱平台要在前后左右四个方向抛锚定位。

二、各种钻孔平台的适用范围及优缺点

受施工环境的影响，钻孔平台的结构形式也具有多样性，本节就上述几种常用钻孔平台的施工特点及适用范围进行叙述，见表1-2-1。

各种钻孔平台的适用范围及优缺点　　表1-2-1

平台类型		主要优缺点	适用范围
固定式钻孔平台	筑岛平台	施工方法简单，可就地取材，经济性较好，但对泄洪、航运等影响较大	主要适用于淤泥质地层或浅水环境，且河流流速不宜过大
	着床式钢围堰平台	钢围堰既作为围水结构，同时兼做钻孔平台，节约材料；堰内基本成为静水，降低了桩基施工难度；钢围堰结构坚固，有利于抵抗水流冲刷和撞击；显著缩短工期；但围堰的定位施工难度大	水深较大、河床覆盖层较浅，且岩面较为平坦
	钢管桩平台	受力性能好、构造灵活；钢管桩作为临时结构，施工精度要求相对较低；钢护筒在临时平台上打设，精度高，施工安全便利；钢护筒在施工过程中不受竖向荷载作用；但在水深急流环境下稳定性差、刚度较小	主要适用于水流较缓的深水环境，且有足够的覆盖层厚度
	钢护筒平台	平台范围内不插打钢管桩，减少了对墩位处河床的扰动，有利于基础受力和抗冲刷；机械利用度高，耗费材料少，经济性好；但钢护筒插打定位难度大，精度较难保证，设备要求高，平台搭设难度大	钢管桩定位难度大；钢管桩的承载力无法满足钻孔灌注桩施工要求
	钢管桩、钢护筒组合平台	综合了钢管桩平台和钢护筒平台的优缺点	地质情况复杂、水流湍急的深水环境；基础桩基直径较大且比较密集，钢管桩数量需要过多，无法满足钢护筒的施工空间要求
浮式钻孔平台	钢吊箱浮式钻孔平台	显著缩短工期；平台可随水位上浮下沉，受水位变化的影响小，抗洪能力强；但施工工艺较为复杂，施工难度大	适用于深水、波浪小的水域；承台底面距河床面较高，或河床以下为较厚的软弱土层的环境
	浮箱式钻孔平台	平台可随水位上浮下沉，受水位变化的影响小，抗洪能力强；但占用较多水上设备、器材和河道，一定程度上影响通航，在河道通航繁忙、流速较大的河流中实施比较困难；定位需要较庞大的锚碇系统；钻机施工过程晃动大，钻进效率低，且不能适应大扭矩、大功率的回旋钻机	河流通航压力小、流速不大、风浪较小、不采用扭矩大的钻机

三、筑岛平台

（一）筑岛平台设计

筑岛平台按施工方法可分为填筑式平台和吹填式平台，按填料类型可分为筑土平台和筑砂平台，按边坡防护类型可分为土围堰平台、土袋围堰平台、堆石围堰平台、木桩竹条围堰平台、竹笼围堰平台、钢板桩围堰平台等。

1.设计原则

无论何种筑岛平台，设计时均应注意以下原则：

(1)适应范围：用人工筑岛的办法，适用于河流较浅、流速较小的情况；当使用钢板桩围堰筑岛时，水深可以较大。

(2)施工季节：河流枯水季节和落潮时期是人工筑岛的最佳施工季节；如果必须在汛期或涨潮时施工，则应确保岛体不被水冲坍造成安全事故。

(3)筑岛的材料：砂石、小砾石砂加卵石等透水性较好的材料为筑岛的最佳填料，避免使用黏性土淤泥、粉细砂等。

(4)筑岛高程：筑岛顶面宜高出施工期最高水位(包括浪高)不少于0.5~1.0m。在确定筑岛的总高度时，应考虑各类荷载(包括人群机具等活荷载)作用在其上而发生的沉降。

(5)护道宽度面积：对于无围堰的土岛，护道宽度不能少于2.0m；对有围堰的筑岛平台，尽可能使平台上的荷载对围堰壁不产生附加侧压力，否则应考虑其附加侧压力对堰壁的影响。在实际施工时，应考虑施工过程中堆放必要的材料、工具以及供操作人员活动的工作面。

(6)承载力要求：在水面以上筑岛填料，应按每层填料不大于30cm厚分层夯实或压实，岛面填筑后的允许承载力应达到设计要求，一般不应低于100 kN/m^2。

(7)筑岛断面：应满足其稳定和抗冲刷的要求；临水面边坡一般采用1∶2坡度较为适当；应考虑防止冲刷。

2.土(砂)袋围堰计算

(1)围堰整体稳定性分析

围堰的整体稳定采用简化Bishop总应力法。根据工程实践经验，土(砂)袋堰体与充填砂土的内摩擦角相近，但由于砂土与土(砂)袋接触面产生了界面凝聚力，故土(砂)袋堰体抗剪强度有所提高，相当于增加一个凝聚力：

$$c = [T]\sqrt{k_p}/(2S_y) \tag{1-2-1}$$

式中：$[T]$——土(砂)袋允许抗拉强度；

S_y——土(砂)袋厚度；

k_p——填充砂土的被动土压力系数。

稳定性计算时，土(砂)袋堰体强度参数考虑由此增加的凝聚力，淤泥层采用快剪指标，其他大粒径填料强度参数按经验取值。

(2)层间抗滑稳定性计算

土(砂)袋围堰由充填体层叠形成，因此围堰水平成层现象显著，在围堰设计时须校核堰体沿层面的抗滑稳定性，这是土(砂)袋围堰与一般土石围堰在设计时不同的地方。层间抗滑稳定安全系数K按下式计算：

$$K = W \cdot \frac{f}{P_h} > 1.5 \tag{1-2-2}$$

式中：W——计算层以上垂直方向合力，包括水荷载垂直分量及堰体自重；

P_h——袋体受到的水平推力合力；

f——袋体层间摩擦系数，可由试验确定。

计算时自上而下逐层验算，如该层抗滑满足要求，则将这一层与下一层作为一个整体，再对下一层进行抗滑验算。

围堰断面设计受整体稳定控制，但土（砂）袋长度应沿垂直于围堰轴线的方向布置，否则围堰层间稳定安全系数将大幅度降低。

(二)筑岛平台施工

1. 土岛施工

无围堰防护的土岛，一般适应于水深不大于3m、流速不大于1.5m/s的河流中。水中土岛填筑时，应由中央开始向四周均匀扩大，靠近岸边的半岛可由岸边平行向河中方向填筑。在土岛尚未填土之前，可在其上游先筑小型S字坝，或者抛块石，形成一条挡水坝，使拟建土岛处形成静水压以利施工。

当土岛填筑岛体刚露出水面时，因未压实，尚有继续下沉的可能，应继续加高。超过水面部分的填土应分层夯实，直至岛体沉降稳定并达到设计高程为止。填土密实度应达到设计要求，一般压实后土岛的土基允许承载力不小于100 kN/m²。

2. 围堰筑岛施工

当水深较大或者水深虽不大，但流速较大时，宜采用围堰筑岛。

(1)土袋围堰筑岛施工

用草袋或麻袋装松散的黏性土，装土量为袋容量的1/2~2/3即可。堆码土袋时，要求上下左右互相错峰，并尽可能堆放整齐。

当流速较大时，外围用草（麻）袋可装小卵石或粗砂，以免冲走。必要时应抛片石防护，或外围改用竹篓或荆条框内装砂石。

在内、外围土袋堆码至一定高度或出水面时，即可用黏土填筑土心墙，填筑方法同土岛。黏土心墙的厚度一般为0.5~1.0m，围墙的顶宽[包括内外草（麻）袋]可增至2.0~2.5m。

在河水不深，但河床有一层不厚的透水覆盖层时，为免渗漏，可在外围围堰完成后，先行抽水，至水深约50cm时，挖除内堰河床底下的覆盖层。然后堆码内堰土袋，再填黏土心墙，即可防止河床底漏水。

(2)砂袋围堰筑岛施工

砂袋中填充材料宜选择排水性较好的中粗砂，砂袋内的充填饱满度不大于85%。堆码砂袋时，要求上下左右互相错峰，应尽可能堆放整齐。

根据砂袋的制作工艺，砂袋围堰施工主要有三种施工工艺：第一种为“预制”抛填法；第二种为沉袋冲灌法；第三种为平铺冲灌法。一般情况下，第二种方法和第三种方法结合使用。

①“预制”抛填法

即先“预制”好砂袋、再抛堆至放样位置，形成围堰。

第一步：取砂。

船舶定位→船上备袋→泥浆管头伸入袋中并封口→开启泥浆管抽砂→砂浆在砂袋滤水，边滤水边冲进砂浆至灌满后形成砂枕止。

第二步：运砂枕、抛砂枕。

每条船左右各布置2个砂枕，当砂袋完全形成砂枕后，机驳船收锚起航，将砂枕运往已定好位的施工区进行抛枕，抛枕采用船上自动翻板装置，砂枕自动落入水中规定的地点。抛砂枕要求：分上游、中游、下游顺序分排抛放，一般先上游、中游抛出水面，后下游抛出水面,再封口。在三个方向均出水面后需继续施工水上部分,一般露出水面坝体均为2m,水面以上部分冲砂程序为:在岸上取砂上传,再用高压水枪将船上砂冲进输砂管,同时开启泥浆泵将砂送入坝上砂袋至形成完整砂枕。

抛砂枕应先护底,后筑坝。护底材料也是砂枕平铺,使之形成一个短时稳定的河床。

②沉袋冲灌法和平铺冲灌法

即砂袋定位是采用沉袋冲灌法,砂袋围堰堆筑时采用平铺冲灌法。

第一步:砂袋定位。

单个砂袋铺设定位时必须利用平潮时间进行铺放。在设计砂袋的两边边线处各布置一座钻孔平台(用工作船代替),并将其固定,将加工缝制好的砂袋置放在其中的一座钻孔平台上,在砂袋的四个角上固定绳索,并将绳索的另一端分别系在两座钻孔平台上。平潮(低平潮或高平潮)时,先将砂袋摊铺在水面上,然后利用绳索根据事先做好的放样标志进行砂袋位置的调整,在砂袋位置与设计位置一致时将系在工作船上的绳索拉紧固定。砂袋定位后立即进行冲砂作业,充填砂时先将小袋体边角部位充填。随着冲砂作业的施工,整个袋体沉入水底,在袋体下沉过程边放松绳索边调整砂袋位置,以保证砂袋位置的准确。

第二步:砂袋填充。

砂袋定位完成后,使用水力冲挖机组冲洗堆存好的砂料,使砂料与水充分混合并流向布置在附近较低位置的输泥泵。由输泥泵将水砂混合物抽出,通过输泥管充填至定位好的砂袋。

充填砂时,应首先沿长边方向进行,避免应力集中损坏袋体,并在充填过程中由潜水员经常调整出泥管口方向,防止袋体在充填过程中受力不均而移位变形。待袋体固定不再发生位移时,再次充填,直至达到理想的充满度。

砂袋的充填高度应严格控制,每层的充填高度控制在80cm左右,主要根据施工经验以充填时间来初步估算砂袋厚度,并派潜水员水下探摸检测。在充填过程中,如一次达不到理想高度,待砂袋稍有固结后,再进行二次或多次充填,直到理想的充填高度。

第三步:砂袋棱体的堆筑。

砂袋应根据高程进行堆筑,考虑沉降后,计算上层砂袋的准确位置,并做好浮标等标志,便于下一层砂袋的继续铺设。相邻袋体间的搭接应保证在1.0m以上,防止袋与袋之间形成空隙。

施工时,先将砂袋的一端铺放在已充填好的砂袋上,确保搭接部位的充填质量,并要满足搭接长度要求。砂袋上下层之间应错缝搭接,其长度应大于1.5m,以免形成“通天缝”,影响围堰的充填质量。

(3)钢板桩围堰筑岛施工

钢板桩围堰优点是强度高,锁口紧密,不易漏土、水,岛面沉降小,且施工方便,用来筑岛是非常理想的。钢板桩围堰的施工可参照“第十三章承台施工”中的围堰部分进行。

待板桩施打完毕后,随即进行板桩之间水下填土。填土时,不得一次填土到板桩顶平,应分层填土,中间留有间隔时间,让所填的土自行密实。

3. 软弱地层处理

(1)在软黏土地层填筑平台时,宜挖除浅埋的薄层软黏土;当厚度较大难以挖除或挖除不经济时，可采用铺垫透水材料加速排水和扩散应力、在坡脚处设置压载、打排水井或塑料排水带、放缓堤坡、控制施工加荷速率等方法处理。

(2)在湿陷性黄土地基上筑岛时，可采用预先浸水法或表面重锤夯实法处理。在强湿陷性黄土地基上填筑较高的平台时，应专门研究处理措施。

(3)对于必须处理的可液化的土层，当挖除有困难或挖除不经济时，可采取人工加密的措施处理。对于浅层的可液化土层，可采用表面振动压密等措施处理；对于深层的可液化土层，可采用振冲、强夯、设置砂石桩加强地基排水等方法处理。

(4)对于膨胀化地层，在查清膨胀土性质和分布范围的基础上，可采用挖除、围封、压载等方法处理。

4. 施工注意事项

(1)施工前充分考虑潮流、波浪等自然因素，加强对施工难点的质量监控。

(2)为确保土体工程的施工安全，筑岛施工过程中及平台使用过程中，必须对筑岛平台进行24h的沉降位移观测。

(3)采用土(砂)袋围堰筑岛时，当堰基为砂性土时，应先在堰基中间挖槽，再回填黏性土；淤泥过厚时要适当清淤。

(4)在围堰的填筑过程中，通过加强围堰垂直及水平向变形与位移观测，控制加载速率，当地表垂直沉降速率超过10mm/d或是最大水平位移超过5mm/d时，暂停填筑，待垂直沉降及水平位移速率稳定后才能恢复施工。

(5)砂袋围堰施工时，尽可能地增加每个砂袋的长度，尽量减少整个围堰的搭接次数，减少三角缝。控制砂袋填充厚度，严格按照每层80cm厚的高度填充砂袋；并准确控制每个砂袋袖口的填充时间，确保每个袖口都能填充到位，以保证砂袋的平整度和厚度。

砂袋围堰完成后，可在砂袋上覆盖砂土；在坡脚铺设土工布及抛填少量碎石，以防止坡脚处漏砂。在围堰顶面上设置沉降观测点，定时、定期观测围堰岛沉降和变形，以保证围堰的稳定。

(6)填筑式施工时，堆石料在装卸时特别注意避免分离，不允许从高坡向下卸料。靠近岸边地带以较细石料铺筑，严防架空现象；雨季施工前，对施工场地原有排水系统进行检查，必要时增设排水设施，保证水流畅通。在施工场地周围结合永久结构物加设截水沟，防止地表水流入场内。填筑面适当留坡，以利排除积水。

(7)采用吸泥船吹砂筑岛时，要对船体吃水深度、停泊位置、管路射程及连接方法等，进行严格检查和试验，作业区内严禁船舶进入；承载吸泥管道的浮筒上不得行人。

(8)当围堰遭受破坏时，应根据围堰遭受的破坏程度及影响因素，尽早建立合理的围堰维护方案。对因客观条件造成的围堰破坏，现场应多取证，并积极对围堰进行实时质量监控，防止因微小质量问题造成围堰的溃决。

四、钢管桩钻孔平台

(一)钢管桩钻孔平台设计

1. 设计原则、依据

作为基桩施工的辅助设施，平台的构造形式应力求结构简单、受力明确、施工方便、稳定性好、安全可靠。

(1)总体结构构造

钢管桩钻孔平台由支承桩、平联、分配梁及平台面几部分组成。其中平台面为小型钢或钢板,平台面位于分配梁之上;分配梁采用贝雷梁或工字钢,分配梁支承在钢管桩上;钢管桩之间以钢管或型钢进行多层水平连接,保证平台的稳定和抗扭。

(2)平台高程的确定

平台面的高程主要考虑在施工期间最不利的自然水位(例如洪水位加浪高)下,能够保证平台上的施工作业不受影响,其高程按下式计算:

平台面高程 = 施工最高水位(包含浪高) + 安全距离

其中,安全距离为《公路桥涵施工技术规范》(JTG/T F50—2011)规定,一般区域1m,潮水区域1.5~2m以上。

(3)钻孔区平台面尺寸的确定

平台面的宽度宜按成孔设备的布置与操作人员的活动场地来确定,按下式计算:

平台面宽度 = 钻机外边轨道距离 + 2 × 安全工作距离

确定平台面的长度时主要考虑水上平台两端钻孔时,钻机前应留有起、下钻具,放倒钻杆的活动场地,且要留有成孔时所需堆放材料及设备的场地,按下式计算:

平台面长度 = 平台两端钻孔中心距 + 孔径 + 堆放材料的场地长度

此外,钻孔平台的尺寸还得统筹考虑后续围堰施工环节的空间需求。

(4)其他因素

钢管桩钻孔平台设计时应综合考虑墩位处地质、水文及气象条件(包括设计水位、设计流速、设计流向、河床高程、河床冲刷、风压、浪高等)、基础结构形式、桩基采用的施工方法、后期围堰的拼装和下沉等因素。

2. 平台设计

(1)设计荷载

钢管桩钻孔平台在施工期间承受的竖向荷载主要包括平台自重、钻机重量、辅助施工机具重量,人群及施工期间平台的振动冲击荷载等。设计时按钻机数量、布置情况及钻机在平台上的移动方式,验算单桩承载力;水平荷载主要考虑流水压力、风力及平台竖向荷载最大偏心力引起的不利荷载,同时应对平台稳定性及抗洪能力进行验算。

①主要荷载

设计荷载一:单根钢管桩承受的流水压力、单根钢管桩波浪力,作用于顶端;风压力,平台自重(钢板、分配梁、贝雷片等)。

设计荷载二:吊机施工产生的竖向荷载、水平荷载,单个吊机单侧最大压力、相对另一侧的最大压力。

设计荷载三:平台钻孔时,钢筋堆放场地、钻机荷载。

设计荷载四:考虑船撞力,纵桥向水平锚力、横桥向水平推力。

②荷载组合

荷载组合一:平台形成阶段,荷载组合 = 荷载一 + 荷载四;

荷载组合二:钻孔阶段,荷载组合 = 荷载一 + 荷载二 + 荷载三 + 荷载四;

荷载组合三:振动下沉首根钢护筒阶段,荷载组合 = 荷载一中的流水压力、波浪力、风力和自重。

(2)钢管桩的布置及计算

钢管桩设计主要包括钢管桩的长度、数量、承载能力、桩径和壁厚的确定以及桩位的选择。根据平台上荷载的大小和实际地层情况，计算钢管桩的承载力所需要支承桩的入土深度等参数。在确定桩位时还要注意钢管桩的布置应尽量远离工程桩，以免工程桩施工时降低钢管桩的承载能力。对于水流力较大的情况可布置斜桩，以抵抗水平力。如果布置斜桩仍不能满足要求，则需布置拉墩，且所有拉墩均由斜桩支承。

①布置间距

钢管桩间距的确定应综合考虑以下因素：

作为下部及基础的桩与作为平台上部结构的梁式体系两者材料的用量，尽可能做到均衡、经济；当水深大、单桩较长时，在满足平台承载力及稳定性的前提下，可适当加大间距，减小桩的数量，相应增加梁的数量。通常桩的间距取6～15m。

此外还应考虑桩基的布置影响。钢管桩与钢护筒的净距离应满足后续桩基施工时操作空间的要求。

②入土深度

钢管桩入土深度应考虑桩所承受的竖向荷载、河床高程及冲刷影响，主要由单桩承受的竖向力确定，同时考虑一定的冲刷。钻孔平台采用的钢管桩除应满足钢管桩承载力和稳定的要求外，还应利于拔出周转使用。同时为满足抗倾覆要求，通常在冲刷线以下深度不小于5m，且入土深度与悬空长度之比一般不小于1:1。

③钢管直径及壁厚

常用钢管桩直径一般为0.6～1.4m，壁厚在6～12mm，一般为生产厂家制成的成品管。

为防止钢管桩端部变形，对钢管桩端头可采用如下加固措施：在钢管桩端头处加焊与钢管壁厚相同、高30cm的外围加劲箍，以增强钢管桩端的结构强度。还可在离刃脚一定高度处设内隔板（其中心应留ϕ20cm的出水孔），以提高钢管桩的承载力，防止钢管桩在吊运、存放、拔除时变形。

④桩间平联的布置及计算

平联除了起到增强平台整体性的作用外，还起着传递水平荷载的作用，存在一定的内力。平联的布置应根据施工需要，留有一定的工作高度。

平联截面在选择时，应综合考虑平台的规模、荷载大小、长细比要求等因素，截面形式可采用钢管、型钢或组合桁架。对于承受一定压力的杆件宜根据强度及稳定性计算进一步选取。

⑤平台纵、横梁的布置及计算

平台纵、横梁设计一般可按力学计算原理进行计算。具体设计时应根据纵、横梁选择的构件类型、荷载大小以外界环境因素的影响等条件确定：

a. 平台纵横梁采用型钢时，应验算其抗弯、抗剪能力，确保在荷载作用下变形小；

b. 采用桁架结构的纵横梁，应充分利用桁架节点位置，避免集中荷载等作用于非节点位置处，否则应对桁架杆件予以加强；

c. 施工机具设备应尽量放置在钢管桩顶附近，减少纵横梁跨中荷载，防止其过度变形；

d. 在钢管桩顶焊接牛腿等辅助设施，利于纵横梁受力；

e. 钢管桩顶的纵横梁应设有稳定、牢固可靠的连接。

(二)钢管桩钻孔平台施工

施工过程主要包括钢管桩施工(包括钢管桩的制作、运输、定位、沉设等)和平台搭设(包括钢管桩横向联系施工、平台上部结构搭设)两大部分。

1. 主要施工设备

钢管桩一般采用厂制的成品钢管,只需配备相应数量的切割机和电焊机,施工时可根据需要长度截取或焊接加长。

钢管桩的运输可采用平板车、驳船等,根据现场情况合理选用。

钢管桩吊装、沉放设备主要包括浮吊(或汽车吊、履带吊)、工作船、振动沉桩机、导向架及其他辅助施工设备。各种机械设备的性能选择应根据钢管桩大小、地层情况、定位精度等确定。

2. 一般施工流程

施工设备就位→测量定位→插打钢管桩→打设钻孔施工平台→振动下沉钢护筒→钻孔灌注桩施工。

3. 钢管桩的沉设

钢管桩的定位、沉设施工可参考本手册第六章“打入桩基础”部分。

4. 平台施工

在钢管桩打设完成后应及时焊接横向联系(平联、剪刀撑),形成框架结构,以增强钢管桩的稳定性和安全性,然后采用浮吊(或汽车吊、履带吊)将平台纵横梁吊装至钢管桩顶,按设计要求定位并连接牢固,最后在其上铺设木板、钢板或小型钢作为平台面板,如图1-2-1所示。

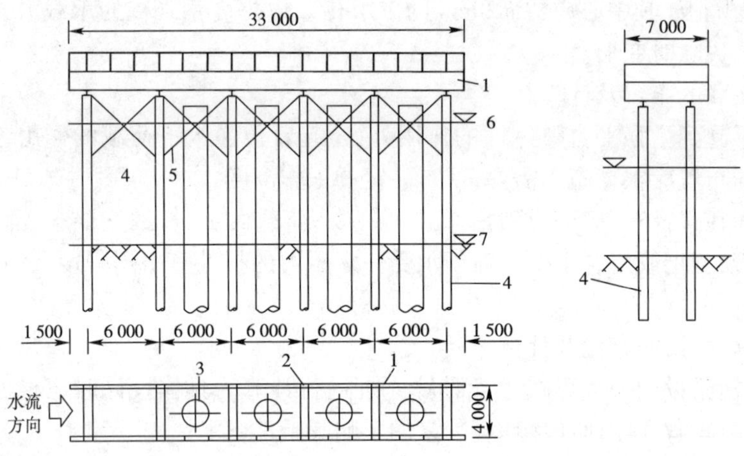

图1-2-1 钢管桩型钢支架平台结构(尺寸单位:mm)

1-纵梁;2-帽梁;3-钢护筒;4-钢管桩;5-斜撑;6-施工水位;7-河床

五、钢护筒钻孔平台

(一)钢护筒钻孔平台设计

1. 设计原则、依据

钢护筒钻孔平台的平台面高程、平台尺寸等主要设计原则及依据与钢管桩钻孔平台基本相同,具体参见钢管桩钻孔平台相关内容。

2. 平台设计

钢护筒钻孔平台与钢管桩平台基本相同，具体参照钢管桩钻孔平台相关内容。但由于桩基护筒是平台直接受力构件，在设计时，应充分考虑钢护筒的强度、刚度和稳定性，保证后期成桩质量。

3. 平台整体稳定性分析

钢护筒平台一般用于深水大型施工平台，除进行单桩承载力设计外，还要进行整体稳定性的验算。随着桥梁规模的大型化，构件数量逐渐增加，作用在平台上的各种荷载也千变万化，而采用常规方法进行施工平台的设计，必然对平台结构整体力学性能的全面把握显得“力不从心”。近年来，有限元理论和计算机软、硬件的快速发展使得对施工平台结构进行整体仿真分析成为可能。因此，目前对施工平台结构的设计计算方法是，在预先估算确定构件截面尺寸的基础上，借助于有限元通用分析程序，建立平台空间结构模型，然后根据各种不同的工况施加外部荷载，设定边界条件进行计算，根据平台整体强度和刚度的要求，不断优化结构构件以及结构形式，以达到安全、经济、实用的目的。

此外，对于施工平台的稳定性分析，不但包括单桩在打设就位后平联尚未形成的悬臂状态最不利工况下的抗扭转、抗倾覆、抗滑动、抗压等稳定性分析，还包括考虑桩群整体效应时施工平台稳定性的仿真分析。

(二)钢护筒钻孔平台施工

1. 平台搭设施工准备

(1)施工技术准备

在平台搭设施工前，做好墩位处地质、水文、气象、通航等条件和因素的调查，根据调查结果，完成平台结构设计，并编制切实可行的施工组织方案，合理安排施工工序和工期，保证平台搭设有条不紊地进行。

(2)物资材料准备

一般情况下，钢护筒平台所使用的材料数量庞大，使得材料的采购、运输及储备十分困难。为了确保工程进度，应根据施工进度计划编制材料采购计划及储备计划，使施工过程中的原材料准备充分，原材料的采购迅速，储藏合理，避免出现因材料供应不及时而影响施工进度的情况。

(3)机械设备准备

用于钢护筒钻孔平台搭设的钢护筒，一般直径大、重量大、入土深，对吊装设备、振动打设设备的性能要求很高。在机械设备选型时，应根据工程施工需要，采用租赁或购置等方式配备足够的水上施工设备，同时成立水上调度中心对所有进场船舶设备进行统一管理，统一协调使用，提高使用效率。

(4)人力资源准备

建立施工组织管理体系，设置管理机构并明确其各自的职能，各职能部门配备施工经验丰富的人员，保证施工各环节的人力资源配置。

2. 主要机械设备投入

钢护筒钻孔平台施工主要设备一般包括卷板机、浮吊、沉桩机及其他辅助机械设备。另外，对于深水超大型钻孔平台还需用到打桩船、动臂吊机等大型沉桩、起吊设备。

3. 平台搭设工艺

钢护筒钻孔平台搭设前，应搭设一个由钢管桩作为承重结构的初始平台，依靠初始平台进行钢护筒的位置放样、安放导向架、沉设钢护筒,待护筒打设到设计位置施工横向联系,进行平台上部施工。

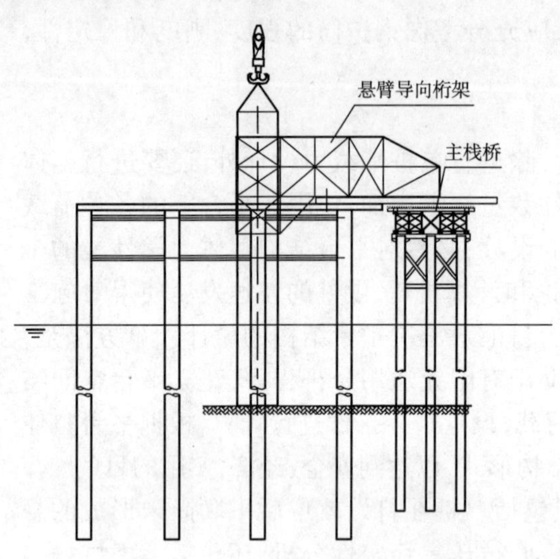

图 1-2-2　悬臂导向架法沉设钢护筒

(1)钢护筒施工

钢护筒施工为最重要的一个环节,护筒施工精度直接决定着钻孔桩施工精度。经过近几年在多个工程的探索与研究,逐渐形成了悬臂导向架法振动沉设、打桩船插打、大跨度限位梁法振动沉设施工等几种成熟工艺。其中,悬臂导向架法沉设钢护筒施工如图 1-2-2 所示。

(2)平联安装

平联可采用具有一定刚度的组合型钢或者钢管。由于护筒施工偏差,平联安装存在偏差匹配的问题,包括角度、长度两项指标。加之护筒圆形截面与平联之间的空间交线以及水上施工的影响,这种匹配难度更大。为减少水上吊装对位工作量及减小焊接难度,研究采用的哈佛式套筒接头法施工平联形式,便于大批量加工,安装也更为方便。

(3)平台顶分配梁安装

钻孔平台顶板设计为格构式板梁结构,采用装配式工艺,即分配梁结构在陆上工厂分块加工、现场快速装配,减小水上吊装工作量及焊接量。

钢护筒平台构造如图 1-2-3 所示。

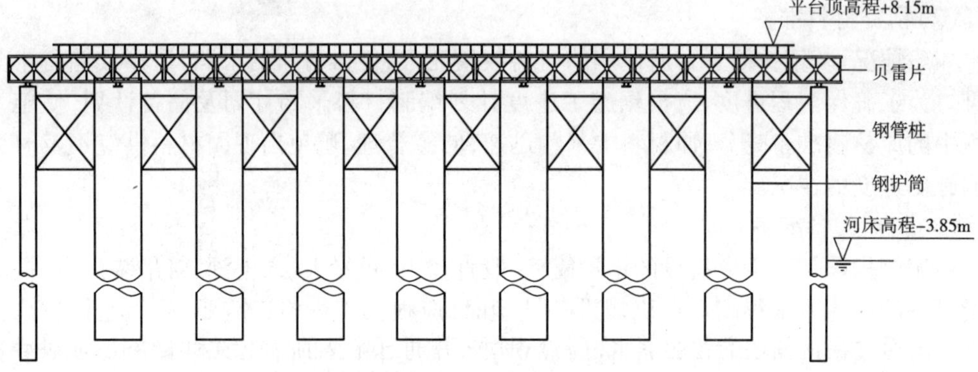

图 1-2-3　钢护筒平台简图

4. 注意事项

(1)作为平台主要承载结构的钢护筒,打设时应定位准确,防止平面位置和垂直度偏差过大影响后期成桩质量,应采取有效措施进行控制,一般可采用导向架导向下沉。

(2)钢护筒桩端处理应加强处理,防止钢护筒在沉放过程中端头变形或损坏,一般可在钢护筒端头加焊厚 10mm、高度 30 ~ 50cm 的加强环向钢板。

(3)当钢护筒较长时,可分节沉放。当钢护筒振沉到工作平台高度时应停振,接长(栓接或焊接)钢护筒,再继续沉放,直到设计位置。

(4)相邻钢护筒在打设完成后应尽快施工横向联系,将各根钢护筒连接成整体,避免在水流压力、风荷载作用下单根护筒失稳,导致护筒偏斜或倾覆。

六、着床式钢围堰钻孔平台

(一)着床式钢围堰钻孔平台设计

钢围堰既作为承台施工的围水结构又兼做桩基钻孔作业的施工平台,其尺寸宜根据承台的尺寸、安装及放样误差等因素确定,并且宜满足承台施工及钻孔施工的操作空间要求。围堰的顶面高程以高出施工期间可能出现的最高水位(包括浪高)0.5~0.7m为宜,在有潮汐的水域,应同时考虑最高和最低施工潮位对围堰的不利影响。

钢围堰的结构设计除满足《公路桥涵施工技术规范》(JTG/T F50—2011)中的要求外,还应考虑桩基钻孔施工产生的各种荷载作用,并考虑相应的撞击偶然荷载,保证在各种荷载作用下平台的强度、刚度和稳定性满足使用要求。

(二)着床式钢围堰钻孔平台施工

着床式围堰钻孔平台采用的是先下钢围堰后成桩的方案,其主要施工工艺是:围堰加工→围堰拼装→围堰定位、下沉→钢护筒施工→钻孔平台搭设。

1. 围堰加工

围堰采用双壁结构,按照围堰的构造,分节、分段在专业加工厂制造,在船台上组拼成整体。

2. 围堰拼装

首节围堰拼装可在浮式平台上分片组装,也可在岸边加工成组拼成整体后浮运至桥位,其余各节均在首节围堰上散拼组装。

3. 围堰定位

通过锚碇系统实现围堰定位。锚碇系统可采用定位船侧锚或四角锚墩等方法。

4. 围堰下沉着床

钢围堰在墩位处边接高边下沉,首先向围堰的隔舱内均匀加水使其下沉,当钢围堰底部快接近河床时进行精确定位着床,继续加水使围堰下沉,采用吸泥泵和吸泥管对围堰内刃脚周边进行吸砂助沉。待围堰下沉着岩后再对各调平位置进行吸砂、清淤,并由潜水员进行检查。

钢围堰的着床是钢围堰施工中的一道关键工序,钢围堰着床后的位置和倾斜率对钢围堰以后的下沉,乃至钢围堰落到设计高程时的质量都有重要影响。常用的纠偏方法如下:

(1)通过在钢围堰的各舱灌水以调平围堰,并通过调整前后兜缆和柔性拉缆,使钢围堰处于设计位置。

(2)各舱内同时加水,使钢围堰快速平稳下沉,使刃脚部分切入河床,并控制着落河床的范围。若钢围堰倾斜过大,向着床的部位进行偏注水纠偏。

(3)围堰内偏挖:在刃脚较高的一侧多挖土,在围堰下沉的同时把倾斜纠正过来。

(4)偏心压重:在围堰顶面较高的一侧压重,可利用钢轨进行悬吊压重,以纠正其倾斜。

5. 钢护筒施工

将护筒定位架提前加工成整体并用浮吊放入围堰内,临时与围堰固定。定位架初定位后,准确测量护筒的平面位置和护筒位置的岩面高程,以确定护筒与定位架连接的位置。同时调节定位架平面位置,在定位架与护筒间焊接限位装置,将护筒固定,然后缓慢下放，精确定位。

6. 钻孔平台搭设

钢护筒下放到位后可在围堰上搭设钻孔平台，同时作为围堰封底施工的工作平台。围堰内封底，用于稳固钢护筒，使河床、护筒、围堰形成一个整体，完成施工平台的搭设。

7. 注意事项

着床式钢围堰钻孔平台主要依靠钢围堰承重，因此钢围堰的结构设计及受力计算需满足桩基施工的各种要求，主要应注意以下问题：

(1)钢围堰的结构尺寸大小满足各种材料堆放、钻机布置和移位情况及其他桩基施工需要。

(2)钢围堰的受力计算应满足强度、刚度及稳定性要求，并考虑防撞系数。

(3)钢围堰的沉放应保证下放精度及稳定性。如分节下沉，应保证各节段之间连接牢固、可靠。

(4)平台上部结构应选用强度和刚度较大的构件进行搭设。

七、浮式钻孔平台

(一)浮式钢吊箱钻孔平台设计

钢吊箱的尺寸和结构设计可参照着床式钢围堰钻孔平台的设计。由于浮式钢吊箱采用先吊箱后桩基的施工工法，与常规吊箱施工有较大区别，设计时还需满足以下几个方面的要求：

(1)护筒插打导向功能。钢吊箱浮运至现场并精确定位后，以钢吊箱为依托，插打钢护筒，相应地在钢吊箱上需设置导向装置，并能承受护筒入水后的水流压力，保证护筒插打过程中的垂直度和平面精度。

(2)钻孔依托平台功能。钻孔过程中，钢吊箱顶面能布置施工进度所需的一定数量的钻机，以及对应的辅助设施。

(3)承台施工围水结构功能。吊箱底板能满足封底混凝土浇筑的要求，同时为承台施工提供干施工环境，内支撑和壁板能满足抽水后吊箱内外水头差的受力要求。

(二)钢吊箱浮式钻孔平台施工

1. 钢吊箱加工

钢吊箱加工宜采用竖向分段、水平分节的方式分块制造，然后组装成整体的工艺。

2. 钢吊箱下水

钢吊箱下水方案一般有气囊法、滑道法及船坞法等。钢吊箱整体制造成型后，用台车从制造场地横移至下水边缘，选用合适的下水方法将整体钢吊箱围堰下放到水中。

例如，武汉天兴洲公铁两用长江大桥2号墩基础钢吊箱、马鞍山长江公路大桥主桥中塔钢吊箱均采用岸边加工完成、气囊法整体下水施工工艺。钢吊箱下水如图1-2-4所示。

3. 钢吊箱浮运

钢吊箱浮运的主要动力为拖轮，浮运动力与吊箱迎水面面积、形状、吃水深度、水流速度、拖带速度等因素有关。一般情况下选择1艘主拖轮、2~4艘傍拖轮。

4. 钢吊箱定位

钢吊箱定位方案一般有定位船法、锚墩法等，钢吊箱的定位分为初定位和精确定位。

此处以锚墩法为例进行钢吊箱定位工艺。

图 1-2-4 钢吊箱下水

(1)钢吊箱初步定位

通过调节隔舱水位进行钢吊箱围堰顶四角相对高差控制,利用初定位牵引系统,进行钢吊箱围堰平面位置调整。

(2)钢吊箱精确定位

根据当时水位、流速以及所设的预拉力大小等条件计算各拉缆的张拉力大小。由临时固定在锚墩上的定位系统进行钢吊箱围堰精定位调整,如图 1-2-5 所示。

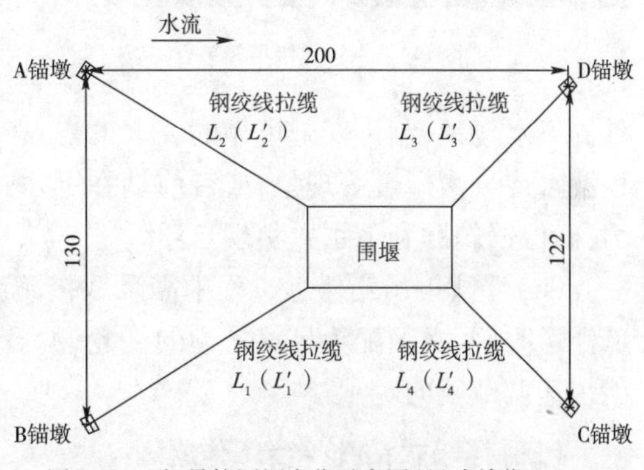

图 1-2-5 钢吊箱围堰定位示意图(尺寸单位:m)

5. 搭设钻孔平台

钢吊箱平面精确定位后,应及时进行钢吊箱内支承钢护筒下沉施工,实现钢吊箱在垂直方向的精确定位,将钢吊箱围堰的浮态体系转换成固态体系。

内支撑钢护筒优先考虑钢吊箱围堰两对角的钢护筒,钢护筒通过固定在钢吊箱围堰上的定位导向系统定位,采用沉桩机将钢护筒插打到设计高程,插打前需精确调节钢护筒的平面位置和垂直度。四角的钢护筒插打完成后,马上在钢护筒上安装钢吊箱围堰挂桩装置,钢吊箱围堰微量下沉后坐落在钢吊箱围堰挂装装置上,完成钢吊箱围堰浮态体系向固结体系转换,钢吊箱围堰平面定位完成。利用钢护筒定位导向系统继续插打剩余的钢护筒,在钢吊箱及钢护筒上搭设钻孔平台,形成由钢吊箱、锚桩预拉系统和钢护筒形成的固定平台。浮式钢吊箱平台如图 1-2-6、图 1-2-7 所示。

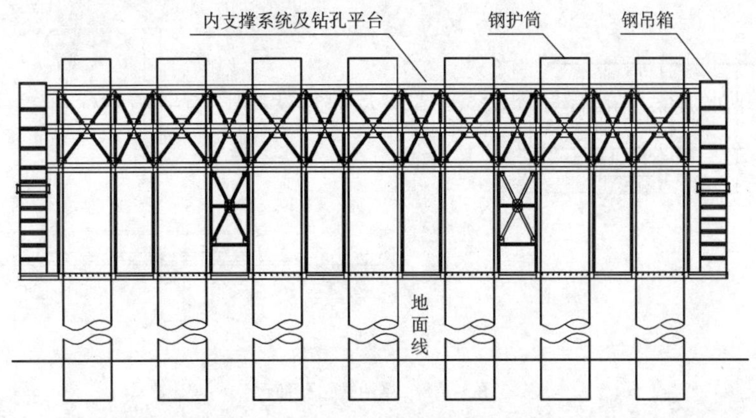

图 1-2-6 浮式钢吊箱平台结构图

6. 施工注意事项

(1)制作浮式钢吊箱的板材、螺栓、焊条、型钢等主要材料应符合现行行业标准和设计要求。

图 1-2-7　浮式钢吊箱平台

(2)吊箱焊接的质量应满足设计要求,在吊箱下沉前要做水密性检查,检查合格后方可进行下沉施工。

(3)保证钢吊箱的加工误差在允许范围内。

(4)施工前先对全体施工人员进行技术交底,组织有关人员对设计图纸进行研究与现场核对工作。钢吊箱下沉施工之前,应对相关施工人员进行岗前培训,使工人熟悉操作方法及规程。

(5)浮式钢吊箱下水,必须选择满足条件的下水场地,制订安全可靠的下水工艺,避免出现吊箱不滑移、走偏,下冲阶段搁浅、侧板漏水或气囊爆破等现象,或者前端在下水过程中抵触河床,降低吊箱下水全过程的内力,确保吊箱顺利下水并实现自浮。

(6)浮式钢吊箱浮运过程中需采取措施防止倾覆、搁浅,应制订浮运应急措施;为降低浮运时间,必须配置足够马力的拖轮,并合理布置主拖、副拖和顶拖,保证较高航速且能快速调节航向。

(三)浮箱式钻孔平台工作原理

浮箱式钻孔平台是利用水的浮力作为支撑反力来承受竖向施工荷载的刚性浮体水上作业平台,如图 1-2-8 所示。浮体采用驳船或浮箱根据受力和操作空间要求拼装而成,并用连接梁连接成整体,连接梁的同时可以作为平台的主承重梁。平台浮体结构通过设置水下锚固点或地锚来承受水平荷载及克服水平或竖向荷载引起的平台倾斜。钻孔作业时平台与钢护筒完全脱离,钢护筒之间通过水下连接系相互连为刚性整体,以解决钢护筒的自身稳定问题。

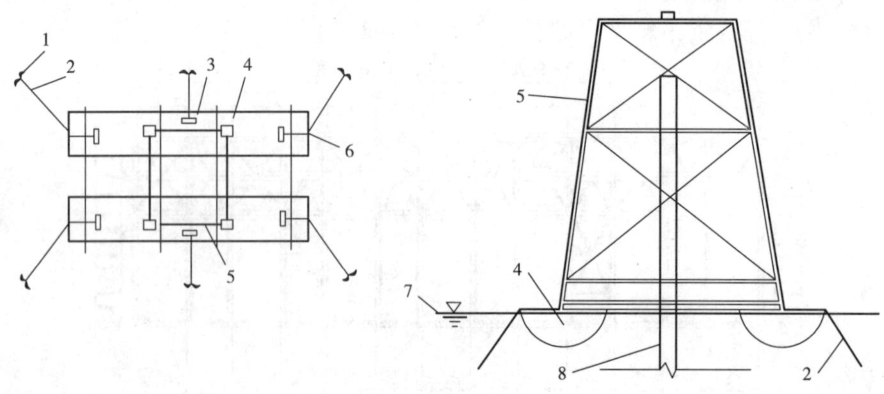

图 1-2-8　浮箱式钻孔平台

1-锚;2-锚索;3-手摇绞车;4-木船;5-钻架;6-转向滑轮;7-水位;8-钻杆

(四)浮箱式钻孔平台施工

1. 浮体拼装联结

选择场地组拼驳船或浮箱,按设计要求将各个浮箱连成具有较大刚度的浮体,在其上安装钻孔平台分配梁、吊车等设备。

2. 锚碇系统施工

在墩位处抛锚并临时固定锚绳于过锚船上。

3. 浮体拖运到位

用拖轮拖运浮式钻孔平台至墩位处,将过锚船上各个锚绳按编号顺序逐个过至浮式钻孔平台对应的带缆桩上,并用卷扬机分别将主锚、边锚分别对称收紧,使之达到设计的锚固力。微调锚绳,对平台进行精确定位。

4. 钢护筒插打与联结

在平台空当内设置导向,对角对称安装、下放、插打钢护筒。待钢护筒插打完毕后,安装固定水下连接系,使钢护筒形成刚性整体。

第三节　钻孔准备工作

施工准备工作主要包括钻机及配套设备的选择、施工场地准备(含钻孔平台搭设、便道及便桥、供水供电系统)、桩位测量及放样、护筒沉设、泥浆制备等。

一、钻机及配套设备

钻机是钻孔灌注桩成孔施工主导设备,钻机的选择宜综合考虑各种因素,力求经济实用。钻机类型的选择,一般遵循以下原则:

(1)考虑钻孔位置的工程地质和水文地质条件,满足钻机的适应能力。

(2)钻机的型号可根据设计桩径和深度结合钻机的性能确定。

(3)一台钻机宜配备不同形式的钻头,而钻头的选择可根据地质结构情况而定。

(4)综合考虑现场的运输条件、钻机钻进的反力情况、当地常用的钻机类型、施工场地的大小等情况,力求所选钻机结构简单,工作可靠,使用及运输方便。

(5)设备的额定能力、功能、能耗等固有性能与工程要求相匹配。

本节就常用的钻机(如回转钻机、冲击钻机、旋挖钻机、全套管钻机、螺旋钻机、潜水钻机等)及其配套设备的性能作简要叙述。

(一)回旋钻机

1. 正循环回旋钻机构造及工作原理

正循环回旋钻机主要由动力机(电动机或柴油机)、泥浆泵、卷扬机、转盘、钻架、钻杆、水龙头和钻头等组成。采用正循环钻机钻进成孔,在钻机驱动钻具回转的同时,利用泥浆泵通过水龙头、钻杆内孔向孔底输送新鲜泥浆,携带岩屑的泥浆沿钻杆与孔壁之间的空间上升,从孔口流向沉淀池,形成正循环排渣体系,基本原理如图 1-3-1 所示,图 1-3-2 为回旋钻机照片。

(1)钻头

正循环钻机所使用的钻头按钻进方法可分为全面钻进钻头、取芯钻头和分级扩孔钻进钻头。所谓全面钻进即全断面钻进，一般用于第四系地层及岩石强度较低、桩孔嵌入基岩深度不大的情况；取芯钻进主要用于某些基岩地层钻进（如比较完整的砂岩、灰岩等）；分级扩孔钻进即将钻孔分为多级口径钻进，根据设备性能及岩性条件，一般多分为2～3级。正循环钻机的钻头结构如图1-3-3所示，其钻头类型及技术性能见表1-3-1。

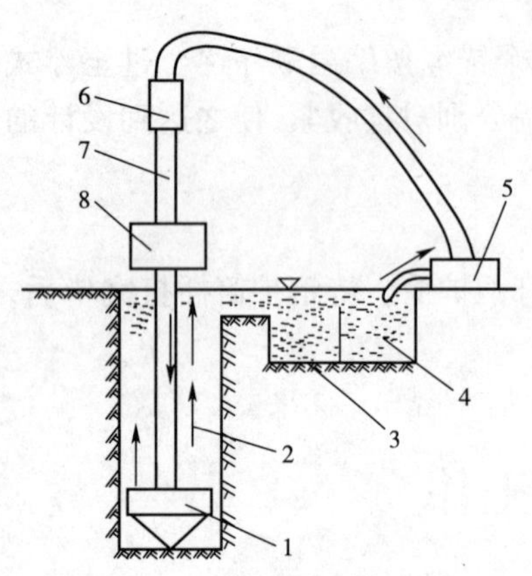

图1-3-1　正循环钻机成孔施工原理示意图

1-钻头；2-泥浆循环方向；3-沉淀池及沉渣；4-泥浆池及泥浆；5-泥浆泵；6-水龙头；7-钻杆；8-钻机回转装置

图1-3-2　回旋钻机照片

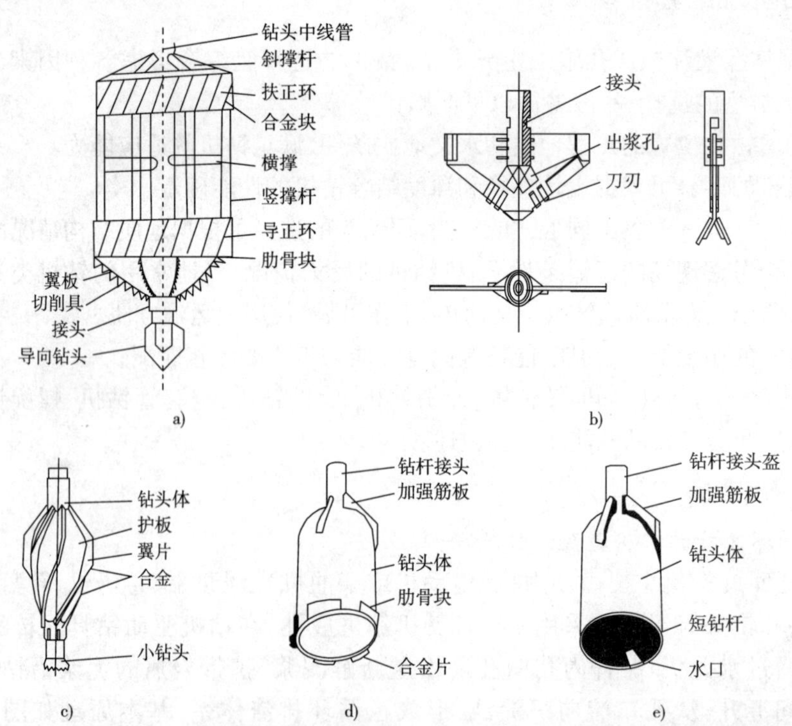

图1-3-3　正循环钻进钻头结构示意图

a）双腰带翼状钻头；b）鱼尾钻头；c）螺旋翼片式合金扩孔钻头；d）筒状肋骨合金取芯钻头；e）钢粒全面钻进钻头

正循环钻机各种类型钻头的特点

表 1-3-1

	合金全面钻进钻头		合金扩孔钻头	筒状肋骨合金钻头	滚轮钻头	钢粒全面钻进钻头
	双腰带翼状钻头	鱼尾钻头				
钻头组成	上腰带为钻头扶正环，下腰带为导向环，两腰间的距离为钻头直径的 1 ~ 1.2 倍。硬质合金刮刀式翼板焊接在钻头体中心管上。钻头下部带有钻进时起导向作用的小钻头	钻管接头与厚钢板焊接，在钢板的两侧，钻杆接头下口各焊接一段角钢，形成方向相反的两个泥浆口，在鱼尾两侧上镶焊合金	钻头由钻头体、护板、翼片、合金和小钻头组成。钻头体上焊流片螺旋形翼片，其上镶有合金，起扩孔作用。翼片下部连接一个起导向作用的小钻头	钻头由钻杆接头、筒状钻头体、加强筋板、肋骨板和硬质合金片组成	大直径滚轮钻头采用石油钻井的滚轮组装焊接而成，可根据不用的地层条件和焊接要求组焊成不同的形式，钻进较硬岩层、砾石层多采用平底式或锥底式	该钻头由筒状钻头体、钻杆接头、加强筋板、肋骨块和硬质合金片组成
钻进特点	在钻压和回转扭矩的作用下，合金钻头切削破碎岩土而获得进尺，切削下来的钻渣由泥浆携出桩孔。对第四系地层的适应性好，回转阻力小，钻头具有良好的扶正导向性，有利于清除孔底沉渣	在钻压和回转扭矩的作用下，合金钻头切削破碎岩土而获得进尺，切削下来的钻渣由泥浆携出桩孔。此种钻头制作简单，但钻头导向性差，钻头直径一般较小，不适宜直径较大的桩孔施工	泥浆顺螺旋翼片之间的空隙上返，形成旋流，流速增大，有利于排渣	主要用于基岩（如比较完整的砂岩、灰岩等）地层钻进，以减少破碎岩石的体积，提高钻进效率	滚轮钻头在孔底既有绕钻头轴线的公转，又有滚轮绕自身的自传。钻头与孔底的接触既有滚动又有滑动，在钻压和回转扭矩的作用下，钻头不断冲击、乱削、剪切破坏岩石而获得进尺	钢粒钻进利用钢粒作为碎岩磨料，达到破碎岩石进尺。泥浆的作用不仅是悬浮携带钻渣，冷却钻头，而且还要将磨小、磨碎失去作用的钢粒从钻头唇部冲出
使用范围	黏土层、砂土层、砾砂层、粒径小的砾石层和风化基岩	黏土层和砂土层	黏土层和砂土层	砂土层、砾石层和一般岩土地层	软岩，较硬的岩层和砾石层，也可用于一般地层	主要使用于中硬以上的岩层，也可用于大漂砾或大孤石
钻压	800 ~ 1 200N/每片刀具	800 ~ 1 200N/每片刀具	—	—	300 ~ 500N/每厘米钻头直径	钻头唇面压住钢粒的面积与单位有效面积压力的积
转速	$n = 60v/(\pi d)$	$n = 60v/(\pi d)$	—	—	60 ~ 80r/min	50 ~ 120r/min

(2)转盘

转盘主要用于回转钻具,其转速一般分为快、中、慢三挡,根据不同的钻机类型,其各挡的钻速不尽相同。目前大多数钻机机械本身具有正反转的特点,因此可依靠自身进行装卸钻具。

(3)卷扬机

回旋钻机配置的卷扬机主要用于升降钻头和钻杆,同时还起到调节钻杆压力的作用和其他一些吊装辅助作业,卷扬机的性能应根据钻具的重量及其他使用要求确定。

(4)水龙头

水龙头的主要作用在于承担钻机钻进时钻具的质量,同时水龙头又具有回转出渣的作用,因此其内部一般设有多层密封件防止泥浆泄露。

2. 反循环回旋钻机构造及工作原理

反循环钻机主要由加压装置、回转装置、扬水装置、接续装置和升降装置等组成,其反循环方式主要分为三种,即泵吸反循环、气举反循环和喷射反循环。根据以往施工经验,随着孔深增加,泵吸反循环、喷射反循环钻进效率降低,而气举反循环钻进效率提高,但气举反循环对孔深有一定要求,一般适宜用在大于8m的孔深。

(1)泵吸反循环

①基本原理

泵吸反循环与离心泵作用原理基本相同,砂石泵工作时以吸入方式形成负压,由于不断平衡钻杆外的压力差而产生液流,当流速达到额定数值时,孔底岩渣随液流到达地面。泵吸反循环基本原理如图1-3-4所示。

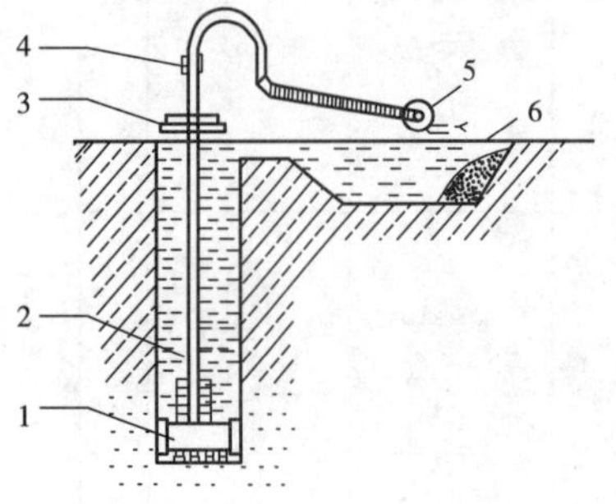

图1-3-4　泵吸反循环施工基本原理示意图
1-钻头;2-钻杆;3-钻机转盘;4-水龙头;5-砂石泵;6-泥浆池

采用泵吸反循环方式,首先开启钻机转盘,循环液及岩渣在砂石泵的泵吸作用下,进入钻头底部的吸渣口,然后沿钻杆上升,通过水龙头的出水管进入砂石泵的泵腔,从泵出水口排入泥浆池,完成泵吸反循环。

②砂石泵的选择

砂石泵为保证孔底岩渣及时排出,应使钻杆内的循环液上返速度大于岩渣的沉降速度,钻杆内循环液上返速度以2~4m/s为宜,最低不小于1.5m/s;岩渣下沉速度一般在0.5~1.2m/s。砂石泵排量可按下式计算:

$$Q = 3\,600FvK \tag{1-3-1}$$

式中:Q——砂石泵排量,m^3/h;

F——钻杆的净截面积,m^2;

v——循环液上返速度,m/s,按上述值选择;

K——砂石泵余量系数,取1.2~1.8,其值与砂石泵、水龙头距孔口液面的高度、循环系统的密封程度、孔深等因素有关,循环液密度小、砂石泵和水龙头距孔口液面近,循环系统密封好,孔浅时,可取小值,反之取大值。

砂石泵一般需要通过相应的辅助系统才能启动,常用的有冲水法和利用真空泵吸出循环装置中空气的方式来启动砂石泵。采用冲水法,可用一台泵量较大的泥浆泵从砂石泵出水管一侧向整个循环系统充水,当确定已满水,泥浆泵出口真空压力达到0.2MPa以下时,开启砂石泵。目前较为完善的砂石泵启动装置,一般再额外设置一个真空罐。在砂石泵启动后,运转真空泵,当真空罐负压达到额定数值后再停止真空泵运转。当砂石泵运转通路有漏气时,在真空罐的作业下可以继续排渣,不致停泵。

(2)喷射反循环

①基本原理

在钻机水龙头出水口处设置一个喷射器,由高压泵产生高压,水流通过喷射器,当喷嘴冲向承喷器时,产生负压,利用这个压差,将钻杆内泥浆吸出。喷射反循环施工基本原理如图 1-3-5 所示。

②喷射反循环装置

喷射反循环装置一般由高压离心泵、高压供水管、喷射器以及水龙头、钻杆、钻头吸渣口等组成,主要装置为喷射器,喷射器上与水龙头、下与排渣管通过法兰连接,在其四周布设有 4 ~6 个喷嘴。承喷器一般为管形结构,尺寸与钻杆内径一致。喷射器结构如图 1-3-6 所示。

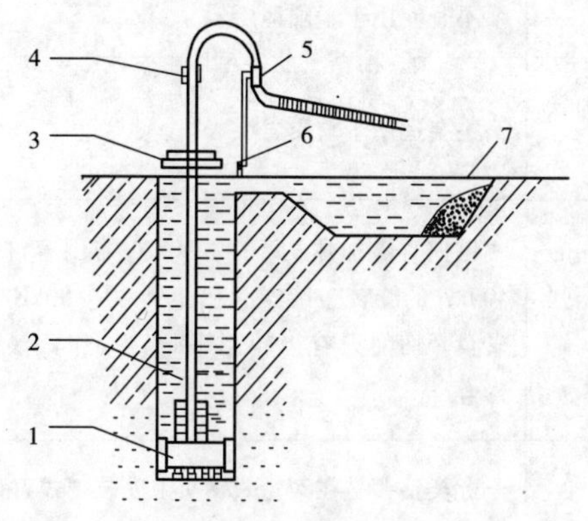

图 1-3-5　喷射反循环施工基本原理示意图
1-钻头;2-钻杆;3-钻机转盘;4-水龙头;5-喷射器;
6-喷射泵;7-泥浆池

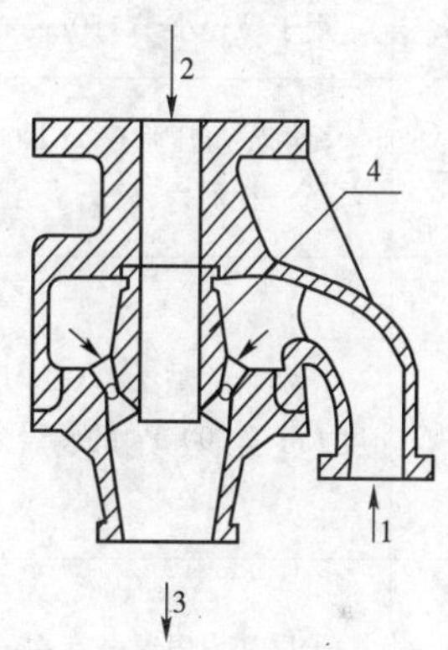

图 1-3-6　喷射器结构图
1-高压进水口;2-喷嘴产生负压区;
3-循环液从钻杆中吸出;4-喷嘴

喷射反循环引流量要大于上返岩渣所需排量,同泵吸反循环排量计算类似。目前国内 6PS 射流泵,引流量为 120 ~200m^3/h,一般能满足孔径 1.5 ~2m、孔深 60 ~90m 的桩成孔的排渣量要求。

(3)气举反循环

气举反循环装置主要由空气压缩机、供风钻杆、水龙头、气水混合器、钻头上的吸渣器等组成。通过管路,将空压机产生的压缩空气送至钻杆下部,从混合器排出,排出的气体与循环液混合形成含大量气泡的气水混合液,混合液密度下降,使钻杆内外循环液形成压力差,促使钻杆内混合液上升。当循环液上升速度达到一定流速时,将岩渣从孔底携带通过钻杆排出。气举反循环施工基本原理如图 1-3-7 所示。

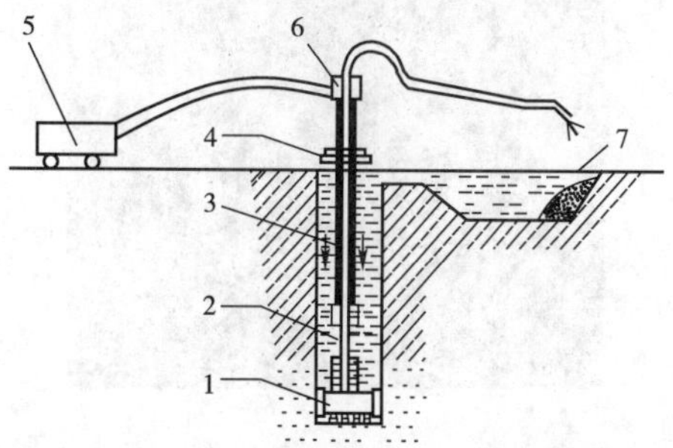

图 1-3-7　气举反循环施工基本原理示意图
1-钻头;2-气水混合器;3-钻杆;4-钻机转盘;
5-空压机;6-水龙头;7-泥浆池

反循环钻机钻头形式较多，具体选择时应根据工程实际情况选用。反循环钻机各类钻头形式、特点和适用范围见表1-3-2，各类钻头如图1-3-8所示。

反循环钻各种形式钻头的特点和使用范围　　表1-3-2

钻头形式	使用范围	特点
多瓣式钻头（蒜头式钻头）	一般土质（黏土、粉土、砂和砂砾层）；粒径比钻杆小10mm左右的卵石层	效率高，使用较多，在N值（标准贯入度控制值）超过40以上的硬土层中钻挖时，钻头大口会打滑，无法钻挖
三翼式钻头	N值小于50的一般土质（黏土、砂、砂砾土）	钻头为带有平齿状硬合金三叶片
四翼式钻头	硬土层，特别是坚硬的砾砂层（无侧限抗压强度小于1 000kPa的硬土）	钻头的刃尖钻挖部分为阶梯型圆筒形，钻挖时先钻一个小圆孔，然后成阶梯型扩大
抓斗式钻头	用于粒径小于150mm的砾砂层	不宜使用于坚硬地层
圆锥形钻头	无侧限抗压强度为1 000～3 000kPa的软岩（页岩、泥岩、砂岩）	主要适用于软质岩层
滚轮式钻头（牙轮式钻头）	特别硬的黏土和砾砂层及无侧限抗压强度大于2 000kPa的硬岩	钻挖时需加压力50～200kN，需用容许荷载为400kN的旋转连接器和扭矩为30～80kN/m的旋转盘。切削刃有齿轮形、圆盘形、钮式滚动切刀形等
并用式钻头	土层和岩层混合存在的底层	此类钻头是在滚轮式钻头上安装耙式刀刃，无需频繁地更换钻头
扩孔钻头	专用于一般土层或砾砂层	形成扩底桩，以提高桩的端阻力

a)

b)

图1-3-8　反循环钻机各类钻头外形

a）牙轮式钻头；b）滚刀钻头

3. 其他设备

回转钻机钻架多采用龙门式，其高度一般约为 6 ~ 9m，回旋钻机其他配套机具主要有钻杆、泥浆泵、空气压缩机等。在钻孔灌注桩施工中采用的钻架、钻杆等一般均与钻机有配套产品，根据选择的钻机类型选择合适的配套机具即可。

对于泥浆泵的选择，主要规格指标为流量和压力，同时结合成孔施工时选用的钻孔机械，合理选择泥浆泵类型。国产几种泥浆泵见表 1-3-3。

几种国产泥浆泵技术性能 表 1-3-3

技术性能 \ 型号	BW1 200	BWF400/10	BW - 300/12	BW - 200
钢套直径(mm)	150	85	75	80、65
活塞行程(mm)	250	110	110	85
理论排量(L/min)	1 200/800	400、242、140、85	300、220、160、120	200、125
额定压力(MPa)	4、5.5、7.5、13	2.2、3.6、6.2、10	6、8、10、12	4、6
冲次(次/min	79/45	—	—	145
吸水管水管直径(mm)	150	93	—	65
排水管直径(mm)	75	38	—	37
输入钻速(r/min)	496	511	—	530
输入扭矩(kN · m)	—	374	—	—
输入功率(kW)	90	—	45	295 柴油机或电动机
外形尺寸(mm)	2 720 × 1 300 × 2 500	—	—	1 050 × 630 × 820
整机质量(t)	4	—	—	0.3
生产厂家	河北建设勘察研究院有限公司钻探机械厂	湖南衡阳中地装备探矿工程机械有限公司	湖南衡阳中地装备探矿工程机械有限公司	山东中煤工矿物质有限公司

4. 各种回旋钻机规格、型号及技术参数

随着科学技术的不断发展，为满足建筑、桥梁、港口、矿山、电站、煤田、机场和国防施工的需要，结合我国钻孔灌注桩工程施工的具体特点，我国桩工机械研发、生产厂家研制开发出各种型号的多功能液压给进、机械动力头回转式钻机。例如 HCF - 20 型施工钻机，全部采用液压驱动，利用液控离合器、微机控制等先进技术，实现了电液控制结合方式及电脑控制冲击钻进，使工作强度降低，操作方式简单，钻进效率大幅度提高。国产常用回转钻机的规格型号和技术性能见表 1-3-4。表中列出了各种型号钻机的钻孔直径、最大成孔深度、转盘扭矩、转速驱动动力功率参数，可供钻机选型时参考。

国产常用转盘式循环回转钻机技术性能 表 1-3-4

型号 技术性能	KP35 型全液压转盘式	KT3000 型全液压动力头钻机	GPS－15	GPS－18	GPS－22	GPS－25D	BRM－1	BRM－2	BRM－4	BRM－4A
钻孔直径(mm)	3 500	1 800～3 000	1 500	1 800	2 200	2 500	1 250	1 500	3 000	1 500～3 000
钻孔深度(m)	130	130	100	100	100	130	40～60	40～60	40～100	40～80
转盘转速(r/min)	0～24	低速挡:0～6; 高速挡:0～12	14、19、25、34、45、61	14、19、24、33、44、60	6.5、12、17、22、30、56	6、10、15、22、28、49	9～52	5～34	6～35	6、9、13、17、25、35
转盘扭矩(kN·m)	—	—	—	—	—	—	3.3～12.1	7.0～28.0	15.0～80.0	15、20、30、40、55、80
主卷扬机提升力(kN)	1 200	1 000	30	30	30	50	—	—	—	—
副卷扬机提升力(kN)	—	—	20	30	30	40	—	—	—	—
钻孔方式	正、反循环	反循环	正、反循环	正、反循环	正、反循环	正、反循环	正、反循环	正、反循环	正、反循环	气举反循环
加压给进方式	—	—	—	—	—	—	配重	配重	配重	配重
驱动功率(kW)	30×4＝120	140	30	37	55	75	22	28	75	75
质量(t)	47	50.0(不含水量钻具)	8	8.5	13	22	9.2	13	32	6.1877
整机外形尺寸(m×m×m)	5.9×4.8×9	—	4.7×2.2×10	4.75×2.2×10	6.3×2.4×11.4	7.53×4×9.93	—	—	—	7.9×4.5×13.3
生产厂家	河南省三力机械制造有限公司	河北新钻有限公司	上海金泰工程机械有限公司	—	—	—	武汉桥机厂	—	—	

续上表

技术性能 \ 型号	QJ250	ZJ150 - 1	XF - 3	SPC - 300H	GJC - 40HF	GJC - 40H	QZ - 200	SZ - 50	GPS - 15	BRM - 08
钻孔直径(mm)	2 500	1 500	1 500	500、700	1 000 ~ 1 500	500 ~ 1 500	400 ~ 1 500	600 ~ 1 200	800 ~ 1 500	1 200
钻孔深度(m)	100	70 ~ 100	50	200 ~ 300、80	40	300 ~ 400、80	200	50	50	40
转盘转速(r/min)	12.8、21、40	22、59、86、120	12	52、78、123	20、30、47	正:40 ~ 123; 反:32 ~ 40	20、40、60	28	13、23、42	15 ~ 41
转盘扭矩(kN·m)	68.6	3.5、4.9、7.2、19.6	40	—	14	98	—	—	17.7	4.2 ~ 8.7
钻孔方式	正、反循环	正、反循环	正、反循环	正、反循环 冲击钻进	正、反循环	正、反循环 冲击钻进	泵吸反循环	正、反循环	泵吸反循环	正、反循环
加压给进方式	自重	自重	自重	—	—	—	—	—	—	—
驱动功率(kW)	95	55	40	118	118	118	55	17	30	22
质量(t)	13	10	7	15	15	15	9.5	13	15	6
外形尺寸(m×m×m)	3×1.6×2.7	—	—	10.9×2.5×3.6	10.9×2.5×3.6	10.9×2.5×3.6	6.5×3×10.8	6.7×3.5×7.4	4.7×2.2×8.3	—
生产厂家	郑州勘机厂	郑州勘机厂	郑州勘机厂	天津探机厂	天津探机厂	天津探机厂	乾安机械厂	双城钻机厂	上海探机厂	武汉桥机厂

续上表

型号 技术性能	SPC－600ST	TGS－1A	TSPJ－600	HCF－20	SG－18	GPF 2000D	GPS－10	SPJ－300	XY－5G
钻孔直径(mm)	开孔 500； 中孔 190	1 500～2 000	500	1 000～2 000	600～1 800	1 200～2 000	400～1 200	500	800～1 200
钻孔深度(m)	600	70	600	50～80	100～50	500～100	50	300	40
转盘扭矩(kN·m)	—	—	—	20	25	25	8	7	25
转盘转速(r/min)	正:27、49、80、 131、228;反:35	正:24、62; 反:25、65	正:110、75、42、29; 反:79、54、30、21	6.6～30,六速	正:12、21、39、 59、91;反:11	—	—	—	—
主卷扬机提升速度(m/s)	—	—	0.3	0.72～0.95	—	—	—	—	—
主卷扬机提升力(kN)	44	40	40	30	30	35	20.4	29.4	40
副卷扬机提升力(kN)	—	20	20	—	—	—	19.6	19.6	—
钻孔方式	转盘回转泥 浆正循环	正、反循环	正循环	回转—冲击 反循环	正、反循环	正、反循环	正、反循环	正、反循环	正、反循环
最大加压能力(kN)	加、减压 行程:7.6m	—	—	—	—	—	—	—	—
驱动功率(kW)	100～141	45	45～110	55	37	—	37	60	45
塔顶形式及高度(m)	15、11	13	13	门形:9.34	门形:9.34	门形:8.5	—	—	—
质量(kg)	27	6	9.5	9	<8	11	—	—	—
生产厂家	天津探矿机械厂			江苏探 矿机械厂	江苏无锡 探矿机械厂	张家口探 矿机械厂	上海探 矿机械厂	上海探 矿机械厂	张家口探 矿机械厂

(二)冲击钻机

1. 冲击钻机构造及工作原理

冲击成孔钻机主要分为钻杆式和钢丝绳冲击式两种,后者一般应用更为广泛。钢丝绳式冲击钻机可分为定形式和组装式:定形式是指专门设计成用于冲击钻进的钢丝绳冲击钻机,一般安装在汽车或拖车上,钻机安装、就位和转移均较方便;组装式又称简易式,是由带有离合器的双筒或单筒卷扬机、简易钻架、冲锤、转向装置、护筒、掏渣筒等组成,其结构如图1-3-9所示。

图1-3-9　冲击钻机照片

(1)钻头

冲击钻头类型常见的有一字形、十字形、三翼形、工字形、圆形和管式钻头等。实际施工时,应针对地层情况和成孔要求进行选择。各种冲击钻头类型及技术特点见表1-3-5。

冲击钻头类型及技术特点　　表1-3-5

钻头类型	技术特点
一字形	冲击线压力大,有利于破碎岩土,但孔形不圆整
十字形	应用广泛,冲击线压力较大,冲击孔形较好,使用各类土层和岩层
圆形	冲击线压力较小,但孔形圆整
管式	利用钢板焊制而成的双层管壁的圆管,内外壁的间隙用钢砂或铅填充;在刃脚将岩土冲碎的同时,活门随即被碎渣挤开,将钻渣装入筒内
工字形	除刃脚形式各异外,其钻头本身与十字形钻头大同小异

根据各种钻头的技术特点,目前带圆弧的十字形钻头应用最广,其结构如图1-3-10所示。

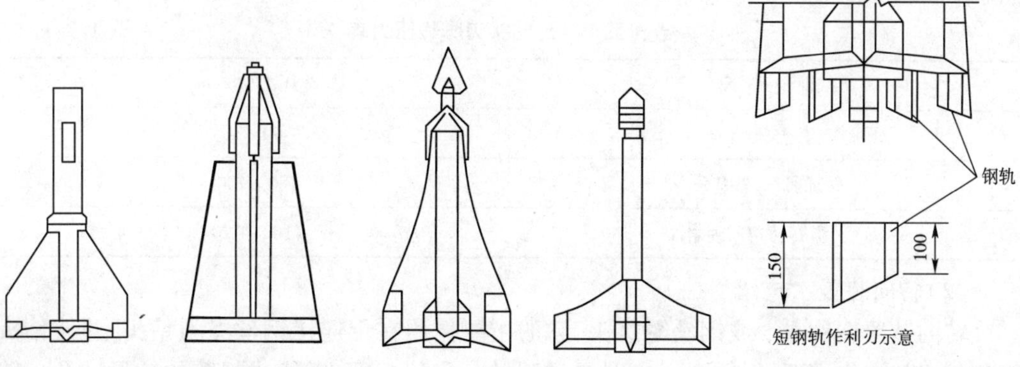

图1-3-10　十字形钻头示意图(尺寸单位:mm)

不同土质条件下，钻头参数可参照表1-3-6选用。

不同土质钻头参数表 表1-3-6

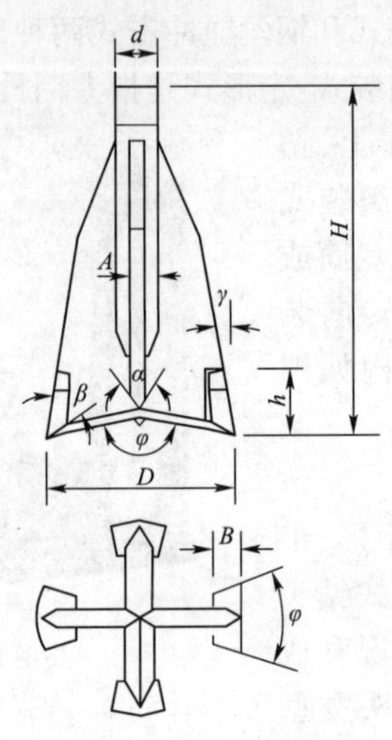

土 质	α(°)	β(°)	γ(°)	φ(°)
黏土、细砂	70	40	12	160
堆积层砂卵石	80	50	15	170
坚硬漂卵石	90	60	15	170

冲击钻机选用原则是根据地层的特点，在充分发挥冲击作用的同时，兼顾孔壁的圆整。根据近年来施工经验，钻头的质量可按下式计算：

$$m = P \times L/g \tag{1-3-2}$$

式中：m——钻头质量，kg；

P——线压力，N/m；

L——冲击刃脚底刃总长度，cm；

g——重力加速度，m/s^2。

线压力P视地层、孔径和钻头类型的不同而不同，带圆弧十字形钻头的线压力可参照表1-3-7取值。

带圆弧十字形钻头刃脚线压力表 表1-3-7

地 层 情 况	线压力(N/cm)
黏土、砂土	60~80
砂砾卵石、软基岩	80~100
大漂石、卵石、硬岩	100~120

(2)转向装置

转向装置亦称绳卡或钢丝绳接头，它的主要作用在于连接钢丝绳与钻头，并使钻头在钢丝绳扭力作用下，每冲击一次能自动回转一定的角度，以形成规整的圆形钻孔。转向装置主要有合金套式、转向套式、转向环式和绳帽套式四种，其结构如图1-3-11所示。

(3)钢丝绳

钢丝绳应选用优质、柔软、无断丝的完整钢丝绳，其安全系数应大于12。钢丝绳主要用于提升钻具，在冲击钻成孔施工中，钢丝绳承受的是周期性变化荷载，为减少钢丝绳的磨耗，滑轮或卷筒的最小直径与钢丝绳直径之比不应小于12～18。连接吊环处的短绳和主绳(起吊钢丝绳)的卡扣不应少于3个，在钢丝绳与吊环弯曲处应安装槽形护铁，以防止扭曲及磨损。

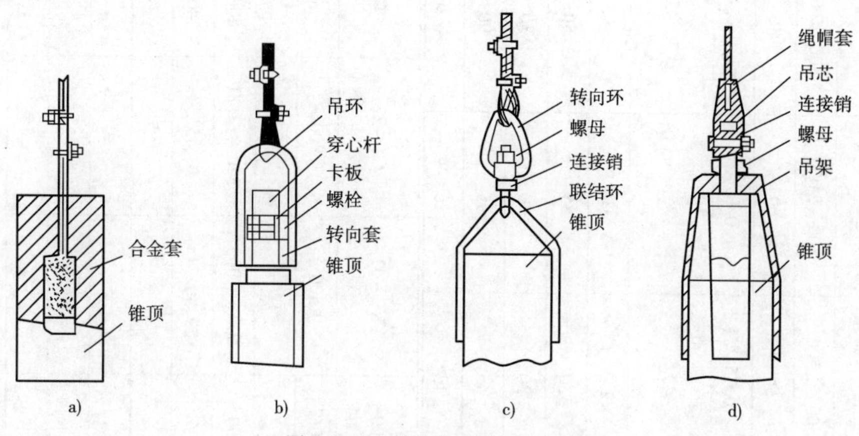

图1-3-11　转向装置结构示意图

a)合金套式;b)转向套式;c)转向环式;d)绳帽套式

(4)掏渣筒

掏渣筒的主要作用是捞取被冲击钻头冲碎后的孔内钻渣，掏渣筒一般用钢板制成，其外形尺寸如图1-3-12所示。

(5)打捞装置和打捞工具

在钻孔施工中有时会出现掉钻、卡钻等事故，为便于打捞，常在钻头上部预设打捞杠、打捞环或打捞套等打捞装置，以便掉钻时可用打捞夹、打捞钩等立即打捞，卡钻时也可使用打捞钩助提。打捞装置及打捞工具如图1-3-13所示。

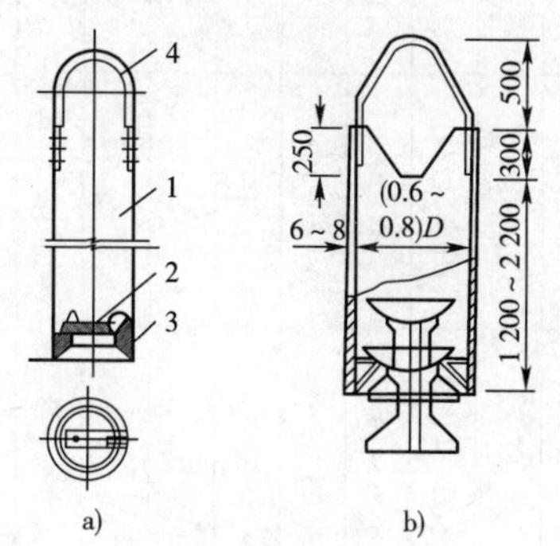

图1-3-12　掏渣筒外形结构(尺寸单位:mm)

a)平阀掏渣筒;b)碗形掏渣筒

1-筒体;2-平阀;3-切削管轴;4-提环;注:D-直径

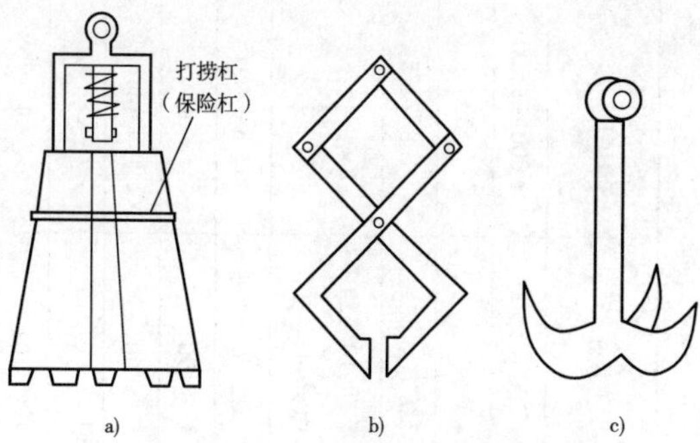

图1-3-13　打捞装置及打捞工具

a)打捞杠;b)打捞夹;c)打捞钩

2.各种冲击钻机规格、型号及技术性能

国内常用冲击成孔钻机的规格与技术性能见表1-3-8。

表 1-3-8

冲击成孔钻机规格与技术性能

性能指标 \ 型号	YCJF - 25	HCF - 20	GCD 1 500	CJF - 15	GCF - 15	GCF - 20	CJF - 20	CZ - 1 200
最大钻孔直径(mm)	1 200 ~ 2 500	1 000 ~ 1 500	800 ~ 1 500	1 500	800 ~ 1 500	800 ~ 2 000	800 ~ 2 000	1 500
最大钻孔深度(m)	80	50	60	80	50	60	80	80
冲击行程(m)	0.1 ~ 1.3	1.8 ~ 2.5	1.5 ~ 3.0	1	0.75	1.0/0.72	1.0/0.65	1.1
冲击频率(次/min)	手动:10 ~ 25; 电动:16 ~ 24	12	10.0 ~ 20.0	36	40	38	36/42	42、40
冲锤质量(t)	7	2.8 ~ 4.0	3.5	3	2.5	3	4	3
主卷筒提升力(kN)	90	30	—	40	30	35	50	35
副卷筒提升力(kN)	90	30	—	30	30	30	30	20
驱动动力功率(kW)	75	55	55、7.5、7.5	45	45	55	90	37
钻机质量(t)	19	9	15.5	14	13	16	24/20	10.5

性能指标 \ 型号	GCPS - 20	GCS - 20	SPC300H	GJC40H	GJD - 1 500	YKC - 31	CZ - 22	CZ - 30	KCL - 100
最大钻孔直径(mm)	2 000	2 000	700	700	200(土)、1 500(岩)	1 500	800	1 200	1 000
最大钻孔深度(m)	80	80	80	80	50	120	150	180	150
冲击行程(mm)	500 ~ 4 000	500 ~ 4 000	500、650	500、650	100 ~ 1 000	600 ~ 1 000	350 ~ 1 000	500 ~ 1 000	350 ~ 1 000
冲击频率(次/min)	6 ~ 14	6 ~ 20	25、50、72	20 ~ 72	0 ~ 30	29、30、31	40、45、50	40、45、50	40、45、50
冲锤质量(t)	3 ~ 5	3 ~ 5	—	—	2.94	—	1.5	2.5	1.5
主卷筒提升力(kN)	30	30	30	30	39.2	55	20	30	20
驱动动力功率(kW)	55	55	118	118	63	60	22	40	30
钻机质量(t)	—	—	15	15	20.5	—	6.85	13.67	6.1
生产厂家	上海金泰工程机械有限公司		天津探矿机厂		张家口探矿机械厂	洛阳矿机厂		太原矿机厂	

(三)旋挖钻机

1. 旋挖钻机的构造及工作原理

旋挖钻机主要由主机、钻杆和钻斗三部分组成。主机底盘可分为专用底盘、履带液压挖掘机底盘、履带起重机底盘、步履式底盘、汽车底盘等。履带专用底盘结构紧凑,运输方便,外形美观,但造价高;履带起重机底盘工作装置采用附着形式,主臂分为可伸缩箱形结构和框架结构,可兼作履带起重机,节约设备投资;步履式底盘一般为三支点液压步履式行走支架,稳定性好,造价低,但移动运输不够方便,国内少数厂家采用。目前国内外生产的旋挖钻机大多数使用专用底盘,只有少数使用挖掘机底盘。我国生产的FR622 型旋挖钻机的结构形状如图 1-3-14 所示。

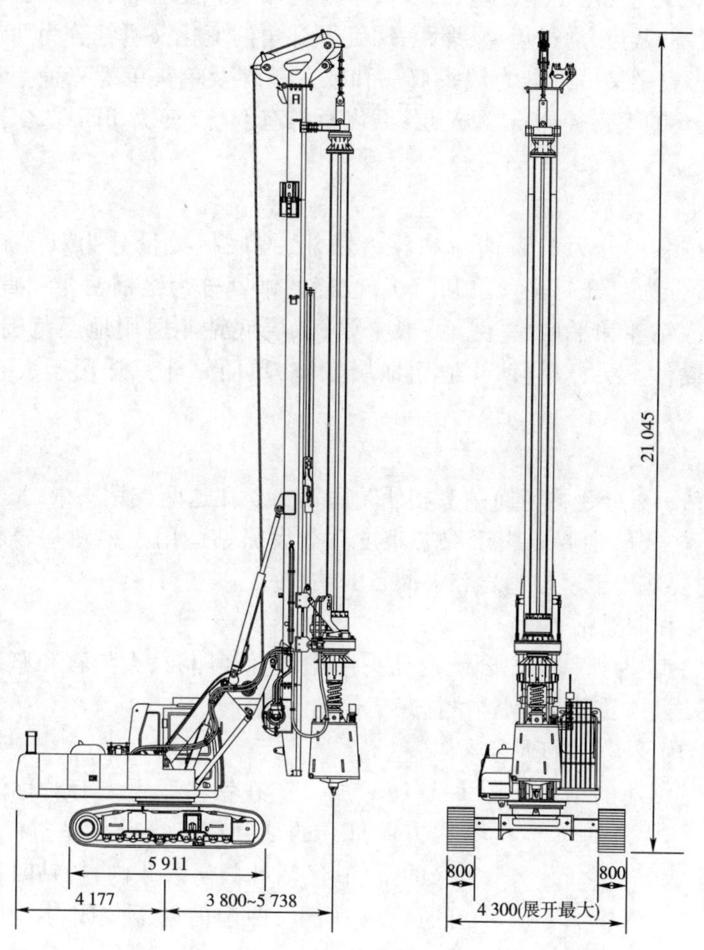

图 1-3-14　FR622 型旋挖钻机(尺寸单位:mm)

旋挖钻机的钻杆是旋挖钻机的一个关键部件,分为内摩阻式外加压缩钻杆和自动内锁互扣式外加压缩钻杆。内摩阻式钻杆在软土层中钻进效率高;锁扣式钻杆提高了动力头施于钻杆并传到钻具的下压力,适用于钻进硬岩层,对操作的要求也较高。为提高作业效率,一台钻机大多配两套钻杆。

旋挖钻机的动力头主要有液压驱动、电机驱动、发动机驱动三种驱动形式,这三种驱动方式都具有低速钻进、反转高速甩土的功能。目前大多采用液压驱动,有双变量液压马达、双减速液压马达或低速大扭矩液压马达驱动。动力头的钻进速度一般都具有多挡,适合在多种工况下作业。电机驱动一般采用恒功率的双速电机,力矩大,过载能力强。

(1)旋挖钻头的分类

在旋挖钻成孔施工中,旋挖钻头是旋挖钻机的主要组成部分。目前,我国生产的旋挖钻头规格品种繁多、日趋完备,结构性能提高很快,各类钻头适用地层也不尽相同。常见的旋挖钻头可分为如下几类。

①螺旋钻头

螺旋钻头可分为锥形螺旋钻头和直螺旋钻头,锥形螺旋钻头又可分为双头双螺和双头单螺。双头双螺主要用于坚硬基岩,双头单螺适用于风化基岩、卵石、含冰冻土等。以上钻头若装配各种截齿,通过齿型、螺距、螺旋上升角的变化又可细分为斗齿直螺和截齿直螺两种。斗齿直螺又可细分为双头双螺和双头单螺及单头单螺三种。双头双螺适用于砂土,胶结性差的大直径卵石、黏土层;截齿直螺有双螺、三螺和四螺之分,主要适用于硬基岩和卵砾石层。

②旋挖钻斗

旋挖钻斗按装齿分为截齿钻斗和斗齿钻斗,按底板数量分为双层底斗和单层底斗,按开门数量分为双开门斗和单开门斗,按桶的锥度分为锥桶钻斗和直桶钻斗,按底板形状分为锅底钻斗和平底钻斗。一般来说,双层底钻斗适用地层范围较宽,单层底钻斗只适用于黏性土层;双门钻斗适用地层较宽,单门钻斗只适用于大直径的卵石及硬土层。

③筒式取芯钻头

筒式取芯钻头可分为截齿筒钻头和牙轮筒钻头。在这两类钻头中,又有带取芯装置和不带取芯装置之分,主要取决于取芯难度。截齿筒钻适用于中硬基岩和卵砾石层钻进;牙轮钻头主要适用于坚硬基岩和大漂石的钻进。

④冲击钻头和冲抓钻头

使用冲击钻头、冲抓钻头配合旋挖钻头钻进大直径卵石、大漂石和坚硬基岩特别有效,这类钻头是通过旋挖钻机副钩吊挂来工作的。

(2)钻斗结构及工作原理

单层底旋挖钻斗的结构如图 1-3-15a)所示。在钻斗底下方有对称的两扇仅向斗内方向打开的活叶门。当钻斗钻进时,孔底切削下来的土、砂经活叶门压入斗内;提钻时,在斗内土、砂的重力作用下,两扇门向下关闭,以阻止土、砂回落孔内。

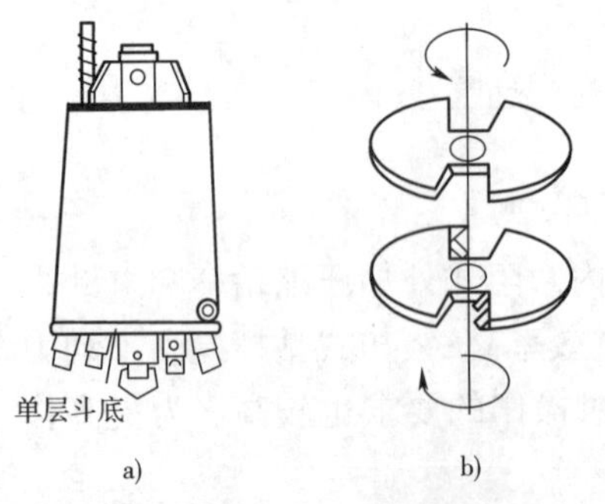

图 1-3-15　旋挖钻斗结构

a)单层底旋挖钻斗;b)双层底旋挖钻斗

双层底旋挖钻斗结构原理如图 1-3-15b)所示。两层底可以相对回转一个角度,以实现斗底进土口的打开和关闭。在顺时针方向旋转切削时,底部进土口为开放状态,当钻完一个回次后,将钻斗逆时针方向旋转一个角度,致使进土口强行关闭,从而使切削物完整地保存在钻斗内。

几种类型钻斗的外部形状如图 1-3-16 所示。

(3)旋挖钻斗的选用

a) b) c) d)

图 1-3-16 几种类型旋挖钻斗外形

a)旋挖钻斗;b)双门双底板旋挖钻斗;c)取心环状筒式钻头;d)单门双底板旋挖钻斗

旋挖钻斗应依据岩土类型、地层情况、钻进难易选用,可参考表 1-3-9 确定。

依据地层情况选用旋挖钻头 表 1-3-9

岩土地层	使用钻头
黏土	单层底旋挖钻斗。如果直径偏小,可采用两瓣斗或带卸土板的钻斗
淤泥、砂土、粒径较小的卵石层	双层底旋挖钻斗
冻土	含冰量少时,可选用斗齿直形螺旋钻斗;含冰量大时,可选用锥形螺旋钻斗
卵砾石、强风化岩	锥形螺旋钻头或双层底螺旋钻钻斗
中风化基岩	配套截齿筒式取芯钻头或螺旋钻头的双层底旋挖钻斗,或配备截齿直纹螺旋钻头的双层底旋挖钻斗
微风化基岩	配备牙轮筒式取芯钻头或锥形螺旋的双层底旋挖钻斗

2. 各种旋挖钻机规格、型号及技术性能

部分常用国内外旋挖钻机的型号、规格见表 1-3-10。

常用旋挖钻机规格、型号 表 1-3-10

型号	最大孔径(mm)	最大孔深(m)	最大扭矩(kN·m)	主卷扬机拉力(kN)	功率(kW)	质量(t)	生产厂家
ZY120	1 500	48	120	160	179	50	
ZY160	1 800	48	160	160	223	55	北京经纬
ZY200	2 000	60	200	180	246	60	
SR220C	2 000	65	224	200	250	65	三一重工
RD18	1 600	60	205	180	246	66	徐工集团
RD22	2 000	62	250	200	300	78	
YTR230	2 000	60	230	210	250	65	宇通重工
NCB22	2 200	67	220	200	303hp	66	
BG15	1 800	55	145	160	160	63	
BG22	2 000	60	220	200	222	70	德国 BAUER 公司
BG30	3 000	63	360	268	180	80	
BG40	3 000	90	360	300	297	117	

(四)全套管钻机

1. 全套管钻机的构造及工作原理

全套管钻机按结构可分为摇动式和回转式两大类,每一大类又可分为整机式和分体式两类。整机式是以履带式或步履式底盘为行走系统,同时将动力系统、钻机作业系统等集成于一体;分体式全套管钻机是以压拔管机构作为一个独立系统,施工时必须配备其他形式的机架(如履带式起重机),方能进行钻孔作业。

回转式全套管钻机与摇动式全套管钻机相比,具有以下优点:由于套管全回转,即使在相当坚硬的地质情况下也能高效、经济地进行挖掘作业;与摇动的方法相比,套管的全回转是连续的,可使套管与土层的摩阻力减至最小;利用回转液压马达驱动套管,可以减小桩定位时产生的偏差,并在钻孔过程中保持1/500的垂直精度;套管与套管之间的连接部受力情况更趋合理,寿命提高;套管的连续全回转可以避免多次拆装夹紧油缸的液压油管,提高施工效率;可配合反循环岩石钻头钻进;可配合岩石扩孔钻头钻进。

(1)摇动式全套管钻机

摇动式全套管钻机由主机、锤式抓斗、动力装置和套管组成。

①主机

主机是整套机组中的工作机,由导向、纠偏机构、摇动装置、沉拔管液压缸、摇动臂和底架等组成。其中,摇动装置是由夹管液压缸、夹管装置和摇动臂等组成。摇动装置的作用是,当将套管放入夹管装置后,收缩夹管液压缸,夹管装置即将套管夹持住,然后通过2个摇动臂上的摆动液压缸往复伸缩,夹管装置和套管即在一定的角度内以顺时针和逆时针方向转动,使套管剪切土体,因此套管与土体间的摩阻力大大减少,套管逐渐压入土中。

②锤式抓斗

工作过程是,当套管压入土中,抓斗片呈打开状态,卷扬筒突然放松,抓斗以落锤(自由落体)方式向套管内冲入切土;此后闭合抓斗片,提起抓斗移出孔位,打开抓斗片弃土。抓斗的外径要与套管的内径相匹配。

按抓斗片动作实施方式,可分为机械式抓斗和液压式抓斗。按桩孔土、岩特性,抓斗可分为万能型、硬质土用型、黏土用型、卵砾石用型、凿岩锥、十字凿锤等。

③动力装置

由发动机、轴向柱塞泵、皮带盘、液压油箱和柴油箱等组成,并全部安装在底盘上。

④套管

全套管钻机的标准套管长度为6m,另配有1m、2m、3m、4m、5m等不同长度的套管,施工时可根据桩的长度配套使用。套管在入土过程中承受一定的扭矩,桩孔越长所承受的扭矩越大,视扭矩大小选用单层套管或双层套管。套管上下接头均为经过精确加工的雌雄接头,便于套管准确连接。在第一节套管的端部连接一段适应于不同土质的带有刃口的短套管,其刃口外径比标准套管外径大20~40mm,以减少在下沉过程中上部标准套管与孔壁间的摩阻力。

(2)回转式全套管钻机

回转式全套管钻机是利用液压马达驱动套管进行360°回转,套管被夹紧油缸夹紧,并在起拔油缸的作用下进行上下运动。其他构造与摇动式全套管钻机基本相同。

摇管钻机和全回转钻机的本质区别就是套管摆动角度不同,摇管钻机由摆动油缸驱动套管,套管摆动角度一般在15°~24°;而全回转钻机由液压马达驱动套管,套管既可以如摇管一样进行一定角度摆动,也可以进行360°回转。

2.全套管钻机的规格、型号及技术性能

国外生产摇动式和回转式全套管钻机的主要厂家有:德国宝峨公司、垒法公司、利勃海尔公司,意大利土力公司、卡萨格兰特公司,日本日立建机、日本车辆、三菱重工、加藤等公司。部分全套管钻机规格性能见表1-3-11。

全套管钻机规格性能表 表 1-3-11

型 号	桩径（mm）	钻孔深度（m）	压进力（kN）	拔出力（kN）	主机质量（t）	冲抓斗质量（kg）	冲抓斗容量（m^3）	制造厂家
MT - 130	900 ~ 1 200	50	200	600		1 600 ~ 2 000	0.18 ~ 0.27	日本三菱重工
MT - 150	1 400	50	250	920		3 200	0.3	
MT - 200	1 800	50	350	920		4 000	0.5	
EDF - 55	1 100	50	500	600	36			法国贝诺特
THC - 20	1 200	40	150	420	23			日本加藤
THC - 30	1 480	40	260	924	35			
THC - 50	2 000	40	1 180	900	50			
MZ - 1	800 ~ 1 000	35 ~ 45	1 060	1 157	14	20 ~ 25		昆明捷程
MZ - 2	1 000 ~ 1 200	35 ~ 45	1 255	1 353	18	25 ~ 35		
MZ - 3	1 200 ~ 1 500	35 ~ 45	1 648	1 961	28	35 ~ 50		

钻孔灌注桩全套筒跟进成孔，是用履带吊配以大功率的动力头，将钢护筒用摇、拧、压等方式沉入地下护壁，再配以冲抓、旋挖、短螺旋等出渣工具，将护筒内的渣土排出。如遇孤石、漂石等可用冲抓锥冲击后再取渣，在浇筑混凝土时可利用振动或顶拔等方式将护筒拔出。在大面积基础桩施工中具有成孔工效快、对环境影响小、成桩质量高、承载力可靠、钢筋不易受泥浆污染、握裹力好等优点，但由于动力头较大，设备重量大，对于水上施工时对作业平台要求高，此外，如遇较厚的粉细砂层，沉管和掘进都比较困难，且拔管也比较困难。此法一般适用于桩径 ϕ0.8 ~ 2.0m，桩长最大 50 ~ 70m。

全套管钻机如图 1-3-17 所示。取土用的特种冲抓斗如图 1-3-18 所示。

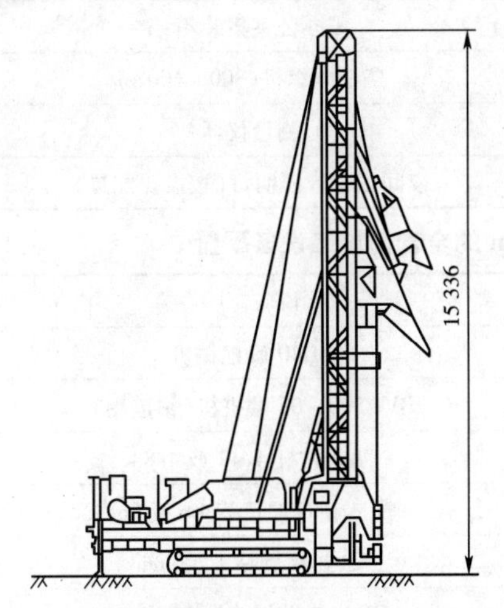

图 1-3-17 贝诺特法全套筒钻机（尺寸单位：mm）

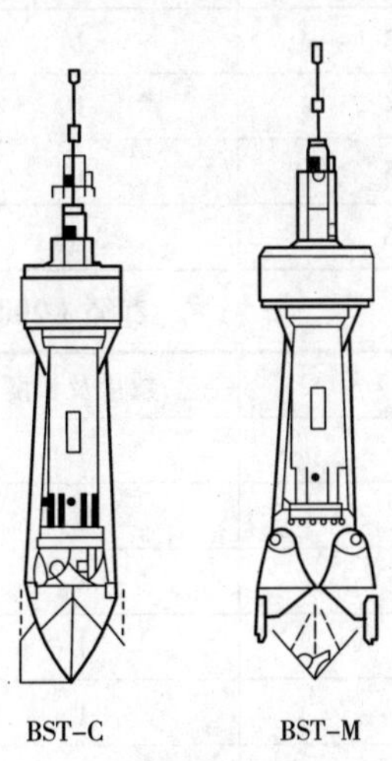

图 1-3-18 全套筒冲抓斗

对于桩径在 800 ~ 1 000mm 以及 1 200 ~ 1 500mm 的钻孔桩施工，全套筒跟进成孔设备配置可参考表 1-3-12、表 1-3-13 选用。

直径 800mm 及 1 000mm 的全套筒施工设备配置 表 1-3-12

序　号	数量及长度	说　明
1	1	BG22 旋挖钻机
2	1	BV 1 000 －4 磨桩机(钻进用)
3	1	凯式钻杆 4/44 或 4/88
4	1	凯式钻杆加长节 4m 或 6m
5	1	SB 短螺旋钻 800mm
6	1	SBF 嵌岩短螺旋钻 800mm
7	1	KB 旋挖斗 800mm
8	1	KRR 岩芯钻 800mm
9	1	SB 短螺旋钻1 000mm
10	1	SBF 嵌岩短螺旋钻1 000mm
11	1	KB 旋挖斗1 000mm
12	1	KRR 岩芯钻1 000mm
13	1	空压机 750CFM
14	100m	护筒直径 800mm(单节最大长度 6m)
15	100m	护筒直径1 000mm(单节最大长度 6m)
16	1	BS655 履带吊车(55t)
17	1	BV 1 180 －04 磨桩机(起拔护筒用)
18	2	发电机(制作钢筋笼用)
19	2	泵
20	1	挖掘机($1.5m^3$)
21	50m	泥浆导管
22	1	施工现场储存及设备装配用集装箱
23	1	办公室集装箱
24	1	柴油电焊机(300 ~400A)
25	1	测量仪器
26	3 套	夜间工程区照明灯(按需要配置)

直径 1 200mm 及 1 500mm 的全套筒施工设备配置 表 1-3-13

序　号	数量及长度	说　明
1	1	BG40 旋挖钻机
2	1	BV1 500 －07 磨桩机(钻进用)
3	1	凯式钻杆 4/44 或 4/88
4	1	凯式钻杆加长节 4m 或 6m
5	1	SB 短螺旋钻 1 200mm
6	1	SBF 嵌岩短螺旋钻 1 200mm
7	1	KB 旋挖斗 1 200mm
8	1	KRR 岩芯钻 1 200mm
9	1	SB 短螺旋钻 1 500mm

续上表

序　　号	数量及长度	说　　明
10	1	SBF 嵌岩短螺旋钻 1 500mm
11	1	KB 旋挖斗 1 500mm
12	1	KRR 岩芯钻 1 500mm
13	1	空压机 750CFM
14	100m	护筒直径 1 200mm(单节最大长度 6m)
15	100m	护筒直径 1 500mm(单节最大长度 6m)
16	1	BS670 履带吊车(70t)
17	1	BV1 500HDR 磨桩机(起拔护筒用)
18	2	发电机(制作钢筋笼用)
19	2	泵
20	1	挖掘机(1.5m^3)
21	50m	泥浆导管
22	1	施工现场储存及设备装配用集装箱
23	1	办公室集装箱
24	1	柴油电焊机(300～400A)
25	1	测量仪器
26	3 套	夜间工程区照明灯(按需要配置)

因该桩机动力头大,配套的专用套管、冲抓斗、摇管机、卸渣装置等设备较多,不仅设备昂贵、自重大,对钻孔平台和钻机陆上接地压力要求高,目前国内此种设备拥有量较少。

(五)螺旋钻机

1. 螺旋钻机的分类

螺旋钻机可根据驱动方式、装载方式、钻孔方式的不同和螺旋叶片的多少进行分类,螺旋钻孔机的分类见表 1-3-14。

螺旋钻孔机的分类　　表 1-3-14

分类依据	钻机类型
驱动方式	风动螺旋钻孔机,内燃机直接驱动螺旋钻孔机,电动机传动螺旋钻孔机,液压马达传动螺旋钻孔机
装载方式	步履式,履带式,轨道式,汽车式
钻孔方式	单根螺旋钻孔的单轴式,多根螺旋钻孔的多轴式,振动螺旋钻孔方式,加压螺旋钻孔方式,凿岩螺旋钻孔方式,套管螺旋钻孔方式
钻杆上螺旋叶片的多少	长螺旋钻孔方式,短螺旋钻孔方式

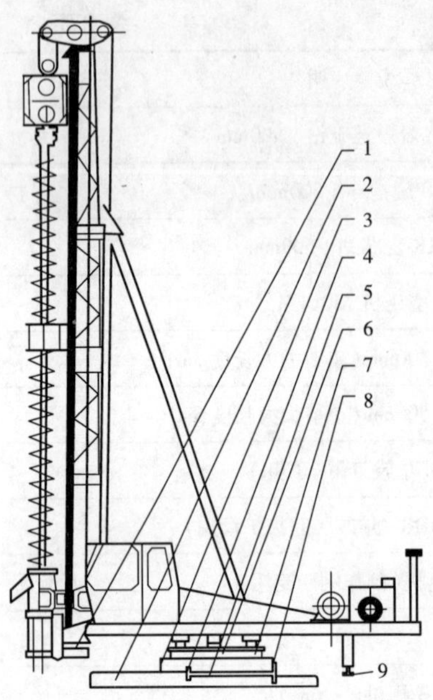

图 1-3-19 步履式长螺旋钻孔机

1-上盘;2-下盘;3-回转滚轮;4-行走滚轮;5-钢丝滑轮;6-回转中心滑轮;7-行走油缸;8-中盘;9-支腿

2. 长螺旋钻孔机构造及工作原理

步履式长螺旋钻孔机的结构形式如图 1-3-19 所示,通常由钻具和底盘桩架组成。钻具由动力头、钻杆、钻头、中间稳压器和下部导向圈组成,钻具的驱动力可用电动机、内燃机和液压马达。动力头目前国内多采用单轴式,电动机转速通过行星齿轮减速,传动平稳且效率较高。底盘桩架有汽车式、履带式和步履式,钻杆的中心部分为无缝钢管,外面焊接一定螺距的螺旋叶片,在钻杆全长上皆有螺旋叶片。其钻孔原理与麻花钻相似,钻头的下部有切削刃,切削下来的土沿钻杆的螺旋叶片上升排至地面上。钻孔时,钻杆的中空轴允许加注水,膨润土或其他液体进入孔中,可防止提升螺距时由于真空作用而塌孔和防止泥浆吸附在螺旋叶片上。

常用的长螺旋钻孔机的钻头可分为 4 类:尖底钻头、平底钻头、耙式钻头以及筒式钻头。各类钻头的适用土类见表 1-3-15。各类钻头的外部形状如图 1-3-20 所示。

长螺旋钻机各类钻头的适用岩土 表 1-3-15

钻头类型	适用岩土
尖底钻头	黏性土层,如在刃口上镶焊硬质合金刀头,可钻硬土及冻土
平底钻头	松散土层
耙式钻头	含有大量砖瓦块的杂填土层
筒式钻头	混凝土块、条石等障碍物

3. 短螺旋钻孔机构造及工作原理

KQB1000 型液压式步履式短螺旋钻孔机的结构构造如图 1-3-21 所示。其钻具与长螺旋钻具相似,但钻杆上只有一段叶片(约为 2 ~ 6 个导程),工作时,短螺旋不能像长螺旋那样直接把土输送到地面上来,而是采用断续工作方式。即钻进一段,提出钻具卸土,然后再钻进。此种钻孔机也分为汽车式底盘和履带式底盘。短螺旋由于一次取土量少,因此,在工作时整机稳定性好。但钻进时由于钻具重量轻,进钻困难,为了提高钻进速度,可采用钢丝绳加压。短螺旋钻孔机的钻杆有整体式和伸缩式两种,前者钻深 20m 左右,后者钻深 30 ~ 40m。据有关资料介绍,RT3lS 钻孔机最大钻深可达到 78m。

短螺旋钻孔机既可用于黏土层的钻进,又可用于砂土层的钻进。一般情况下钻头有 2 ~ 3 个螺距,螺旋面的螺旋倾角小于钻屑与叶片的摩擦角。由于硬地层的钻进是桩基施工中遇到的主要难题之一,施工机械研制单位研制出一种能钻进硬地层的嵌岩短螺旋钻头,其钻头结构如图 1-3-22a)所示,它由法兰、芯轴管、主螺旋叶片(导向螺片)和引导螺旋叶片(锥片)构成。常用的嵌岩短螺旋钻头可分为单锥单螺短螺旋钻头[图 1-3-22b)]和双锥单螺短螺旋钻头及双锥双螺短螺旋钻头;双锥双螺是指由两组主螺旋叶片和两组引导螺旋叶片组合而成,如图 1-3-22c)所示;双锥单螺短螺旋钻头则是由一组主螺旋叶片和两组引导螺旋叶片组合而成。单锥单螺的叶片间距等于导程,双锥双螺的叶片间距等于半导程，引导螺旋叶片上部有切削具，承担钻进碎岩和排土任务，平螺旋具有导向和排土、石的作用。切削具一般为头部镶焊有钨钴硬合金的截齿。

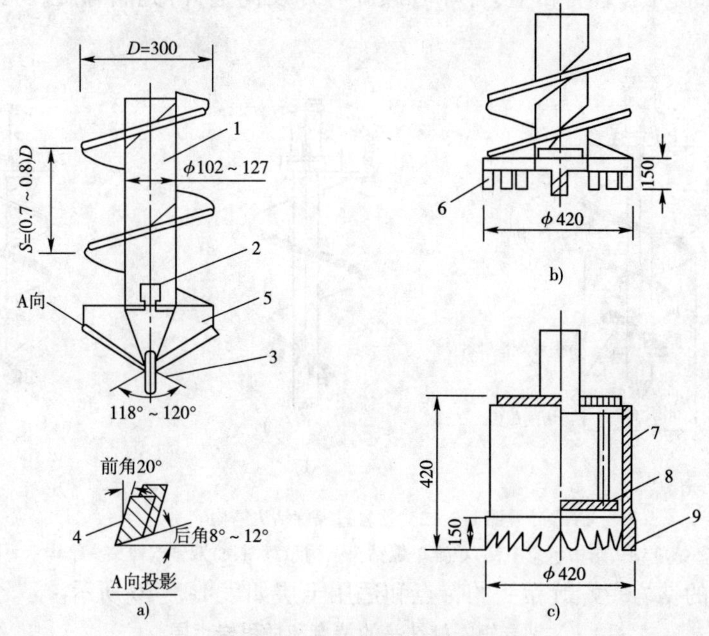

图 1-3-20　钻头形式（尺寸单位：cm）

1-螺旋钻杆；2-钻头接头；3-导向尖；4-合金刀；5-切削刀；6-耙齿（25mm×25mm）；7-筒体（壁厚 8mm）；8-推土盘；9-八角硬质合金刀头（YG-8）

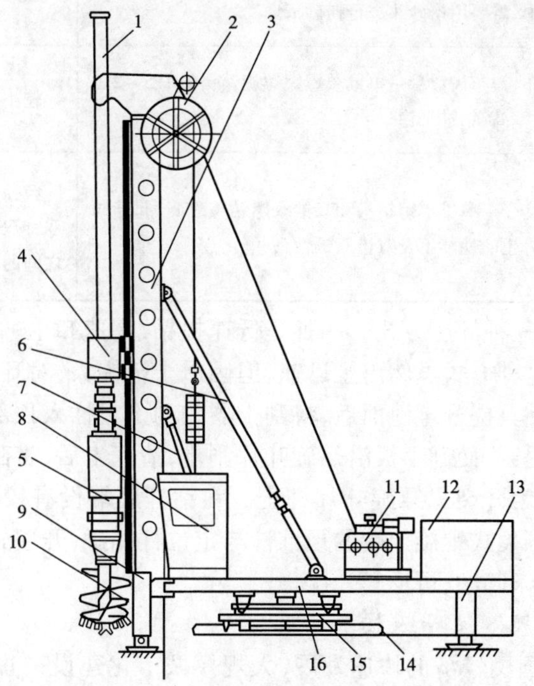

图 1-3-21　KQB 1000 型短螺旋钻孔机

1-钻杆；2-电缆卷筒；3-臂架；4-导向架；5-主架；6-斜撑；7-起架油缸；8-操纵室；9-前支腿；10-钻头；11-卷扬机；12-液压系统；13-后支腿；14-履靴；15-中盘；16-上盘

钻进过程中，首先在钻压下，位于芯轴管底端的中心齿在孔底中心“掏槽”，形成破碎自由面，位于螺旋叶片上的切削具跟进，形成锥形钻孔，钻进中钻齿形成的轨迹线在孔底的投影是一组同心圆，岩屑和土、石等沿螺旋叶片反向上升，充满螺旋叶片后，被提钻带出孔。

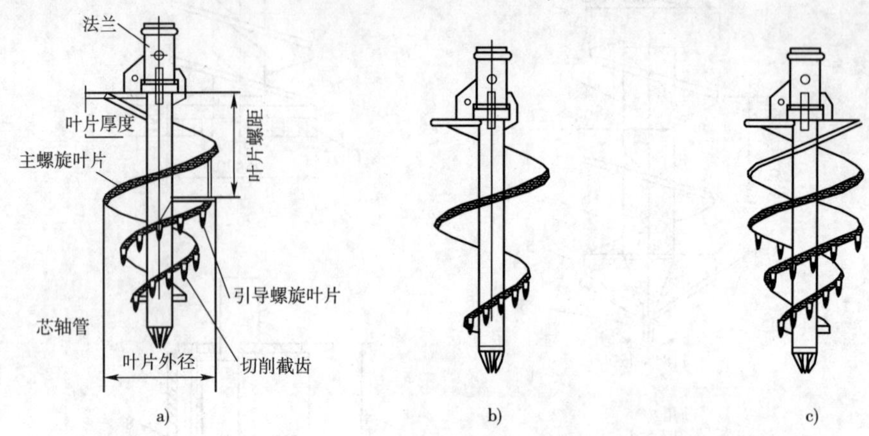

图1-3-22　钻岩短螺旋钻头结构

a)短螺旋钻头结构示意图；b)单锥单螺钻头结构示意图；c)双锥双螺钻头结构示意图

各种类型的钻岩短螺旋钻头的特点和适用土层如表1-3-16所示。

钻岩短螺旋钻头的特点和适用岩土层　　表1-3-16

类　型	特　点	适用岩土层
单锥单螺钻头	钻头布齿相对较少，钻头叶片间距较大，提钻时，岩屑土块易落入孔中，需要用捞砂斗进行捞砂清底	较大卵砾石层、风化岩层、土层
双锥双螺钻头	双锥片布齿，布齿数量是单锥单螺短螺旋钻头的1.5～2.0倍，钻进效率高，钻进平稳	较小卵砾石层、风化岩层、土层
双锥单螺钻头	布齿密度介于单锥单螺钻头和双锥双螺钻头之间，起导向性和携带岩土的性能不及双锥双螺钻头	粒径大小介于单锥单螺钻头和双锥双螺钻头，适用于卵砾石粒径之间的卵砾石层、风化岩层

短螺旋钻孔机有三种卸土方式。一种是低速提钻，高速卸土。它是利用土块在离心力的作用下被甩掉，这种方式虽然出土迅速，但因甩土范围大，对环境有影响。第二种方式为刮土器卸土，当钻具提升至地面后，将刮土器的刮土板插入顶部螺旋叶片中间，螺旋一边旋转，一边定速提升，使刮土板沿螺旋叶片刮土，清完土后，将刮土器抬离螺旋，再进行钻孔。第三种方式为开裂式螺旋叶片卸土。在钻杆底端设有铰，钻进时，当螺旋被提升至底盘定位板外，开裂式螺旋上端的顶推杆与定位杆相碰，开裂式螺旋即被压开，使土从中部卸出。如一次未卸净，可反复几次。

4. 各种螺旋钻机规格、型号及技术性能

随着科学技术、国民经济的快速发展，大规模城市化建设进程的加快，各种型号的螺旋钻孔机相继问世，其钻孔直径和深度愈来愈大，机械性能愈来愈好。表1-3-17为我国常用螺旋钻孔机的规格和技术性能，可根据各地区的土层条件和其他因素参考选用。

螺旋钻孔机规格与技术性能

表 1-3-17

性能指标 \ 型号	DZ40/120	TS－22	HTZ－18B 型 步履式	HTZ－25B 型 步履式	CFG－21 步履式	CFG－21 步履式	GFG－26 步履式	GFG－26 步履式	CFG25 步履式	CFG30 步履式
钻孔最大直径(mm)	0.3/0.4	400、600	400～600	400～800	400、600	800	400、600	800	400、600、800	400、600、800
钻孔最大深度(m)	12	22	≤18	≤25	21	16	26	20	25	30
钻头转速(r/min)	23～112	31、21、21	21.3	21.3	23、40	23、40	24.2	24.2	—	—
钻进速度(m/min)	1.5	—	—	—	—	—	—	—	21.7	14.5
动力头功率(kW)	22	45×2、45×2、45×2	2×37	2×55	2×37	2×37	2×45	2×45	55×2	55×2
最大扭矩(kN·m)	9	27.40.33	28	43	30.7	30.7	35.5	35.5	48	72
步幅(m)	—	1.4	2	3	1.1	1.1	1.1	1.1	1.5	1.8
步宽(m)	—	—	3.4	3.5～4.7	—	—	—	—	—	—
主卷扬单绳拉力(kN)	—	—	40	50	—	—	—	—	50	50
拔钻力(kN)	—	300	240	400	—	—	300	300	300	400
电机功率(kW)	37	—	22	22	—	—	—	—	—	—
步幅(m)	—	—	2	—	—	—	—	—	—	—
步宽(m)	—	—	3.4	—	—	—	—	—	—	—
整机质量(kg)	21000	—	35000	—	25000	25000	41000	41000	51000	72000
外形尺寸(mm×mm×mm)	6300×2900×15500	11600×5200×26000	钻机高度：23.55m	钻机高度：32.5m	工作状态：10 000×49 000×27 000		12 000×5 000×28 000	12 000×5 000×28 000	11 400×6 400×300 000	13 000×7 100×35 000

续上表

型号 / 性能指标	GKL－20（步履式）	GKL－25（步履式）	LZ 型长螺旋钻	KL600 型短螺旋钻	BZ－1 型短螺旋钻	ZKL400（ZKL600）	BQZ（步履式）	DZ（步履式）
钻孔最大直径（mm）	400、600、800	400、600、800	300、600	400、500	300、800	400（600）	400	1000～1500
钻孔最大深度（m）	20、18、16	25	15	15、15	8、11、8	12～16	8	30
钻杆长度（m）	—	—	—	18.3、18.8	—	—	—	—
钻头转速（r/min）	23	23	63～116	50	45	80	85	38.5
钻进速度（m/min）	—	—	1	—	3.1	—	1	0.2
动力头功率（kW）	37×2	45×2	—	—	—	—	—	—
最大扭矩（kN·m）	30	37	—	—	—	—	—	—
拔钻力（kN）	240	300	—	—	—	—	—	—
电机功率（kW）	—	—	40	50、55	40	30～55	22	22
步幅（m）	1.1	1.1	—	—	—	—	—	—
工作地面最大坡度	3	2	—	—	—	—	—	—
行走速度（m/min）	2.3、3.4	3.37、2.26	—	—	—	—	—	—
接地比压（MPa）	0.05～0.4	0.03～0.25	—	—	—	—	—	—
整机质量（kg）	23 000	41 000	—	—	—	—	—	—
外形尺寸（工作）（mm×mm×mm）	8.5×4.6×20.98	12×5×28	—	—	—	—	8×4×12.5	6×4.1×16
外形尺寸（运输）（mm×mm×mm）	13.3×3×3.6	10.5×3×3.1	—	—	—	—	—	—

(六)潜水钻机

1. 潜水钻机构造及工作原理

潜水钻机主要由潜水电机、齿轮减速器、钻头、密封装置、绝缘橡皮电缆加上配套机具设备,如机架、卷扬机、泥浆制配系统设备、砂石泵等组成。潜水钻机的旋转动力装置直接安装在钻头上,随钻头潜入水中,放入孔底,由孔底钻头上旋转动力装置带动钻头钻进。潜水钻机工作时,动力装置潜入孔底直接驱动钻头回转切削岩土,钻杆不转,只起连接传递扭矩、输送泥浆的作用,泥浆排渣方式有正循环和反循环排渣两种。潜水钻机主机、钻头运动轨迹、设备配置及扩孔原理如图1-3-23~图1-3-26所示。

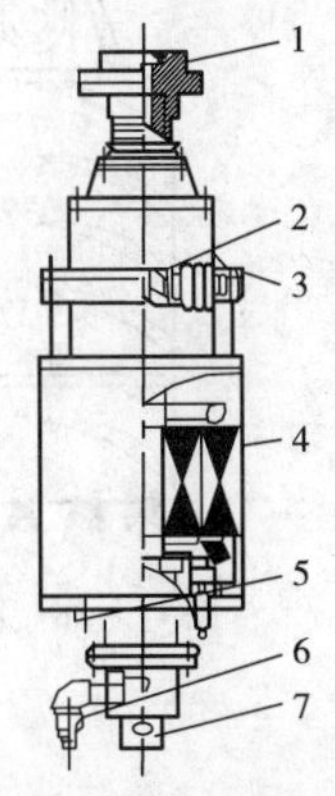

图1-3-23 潜水钻主机构造示意图

1-提升盖;2-进水管;3-电缆;4-潜水钻机;5-行星齿轮箱;6-中间进水管;7-钻头接箍

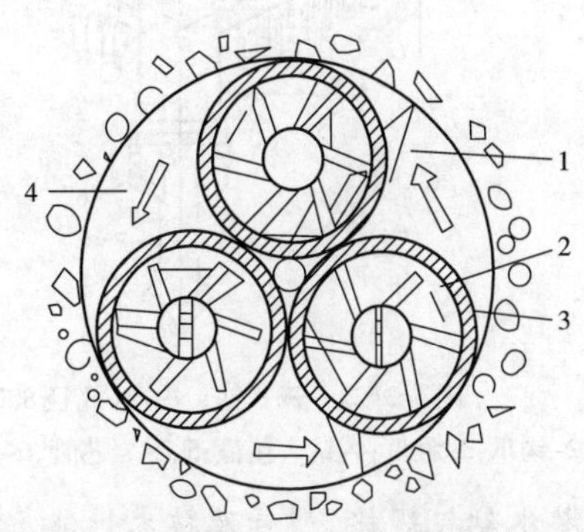

图1-3-24 钻机钻头运动轨迹

1-次摆运动曲线;2-自转钻头;3-钻头自转方向;4-公转钻头回转方向

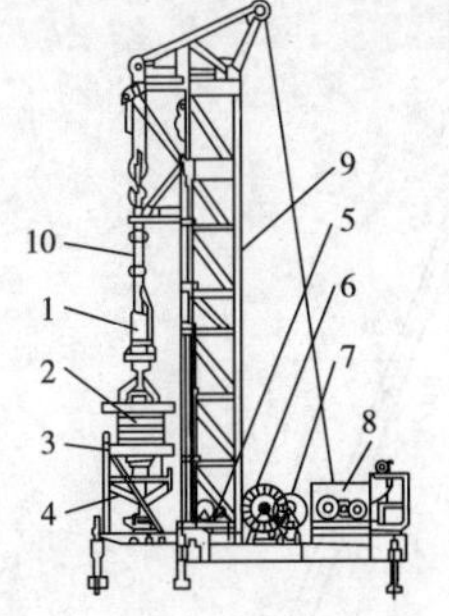

图1-3-25 RRC型钻机设备配置图

1-潜水砂泵;2-配重;3-主机;4-钻头;5-副卷扬机;6-电缆卷筒;7-副卷扬机;8-主卷扬机;9-钻塔台车;10-钻杆

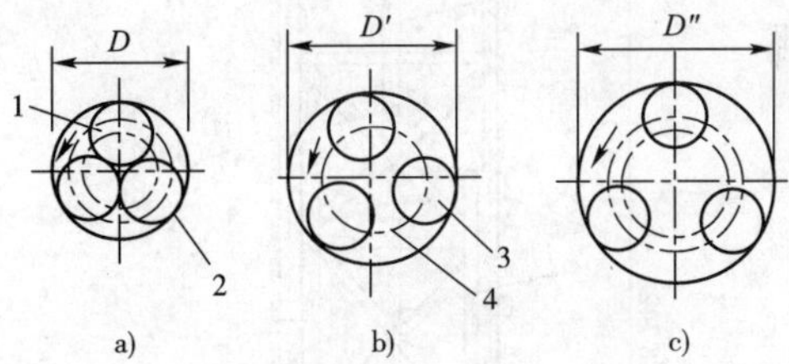

图1-3-26 RRC-U型钻机扩底示意图

a)收缩状态极限;b)中间扩底状态;c)最大扩底状态

1-公转箱输出轴;2-钻头回转轴;3-钻头;4-扩孔转

(1)潜水钻主机

潜水电动机和行星减速箱均为中空结构,其内设有中心送水管。整个潜水钻主机在工作状态时完全潜入水中,钻机能否正常耐久地工作,主要取决于钻机的密封装置是否可靠。潜水钻主机构造如图1-3-23所示。

(2)钻杆

钻杆主要有轻型钻杆和重型钻杆,轻型钻杆可采用槽钢对焊而成,适用于KQ-800钻机;其他型号钻机应选用重型钻杆。

(3)钻头

在不同岩土层中钻进时,应采用不同类型的钻头。常用潜水钻钻头类型有笼式钻头、筒式钻头、两翼钻头等。

笼式钻头：一般黏性土、淤泥和淤泥质土和砂土中钻进宜采用笼式钻头，笼式钻头的结构构造如图 1-3-27 所示。

镶焊硬质合金刀头的笼式钻头：不厚的砂夹卵石层或在强风化岩层中钻进。

带硬质合金齿筒式钻头：孤石、旧基础。如图 1-3-28 所示。

两翼钻头：处理孤石可采用两翼钻头，即将孤石沉到设计深度以下。

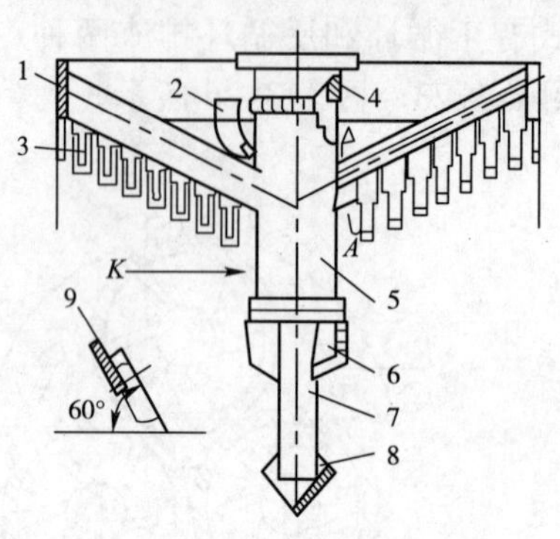

图 1-3-27　笼式钻头构造（孔径 800mm）

1-护圈；2-钩爪；3-腋爪；4-钻头接箍；5、7-岩芯管；6-小爪；8-钻头；9-翼片

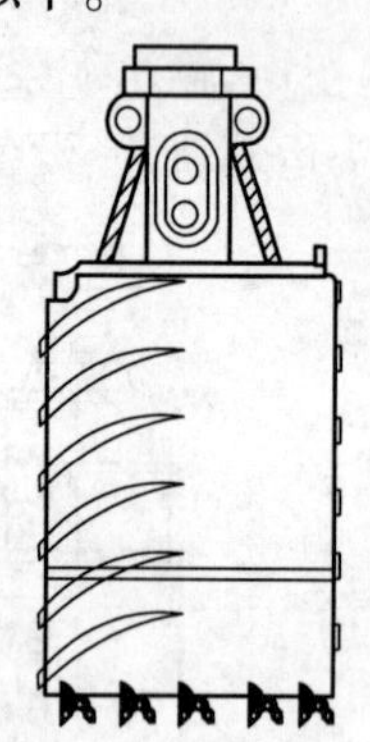

图 1-3-28　筒式钻头

2. 潜水钻机规格、型号及技术性能

KQ、GZQ 系列潜水钻机是我国常用的潜水钻机，KQ-1250A 型潜水钻机的构造如图 1-3-29 所示。其他国内常用潜水电钻的型号及技术性能见表 1-3-18。

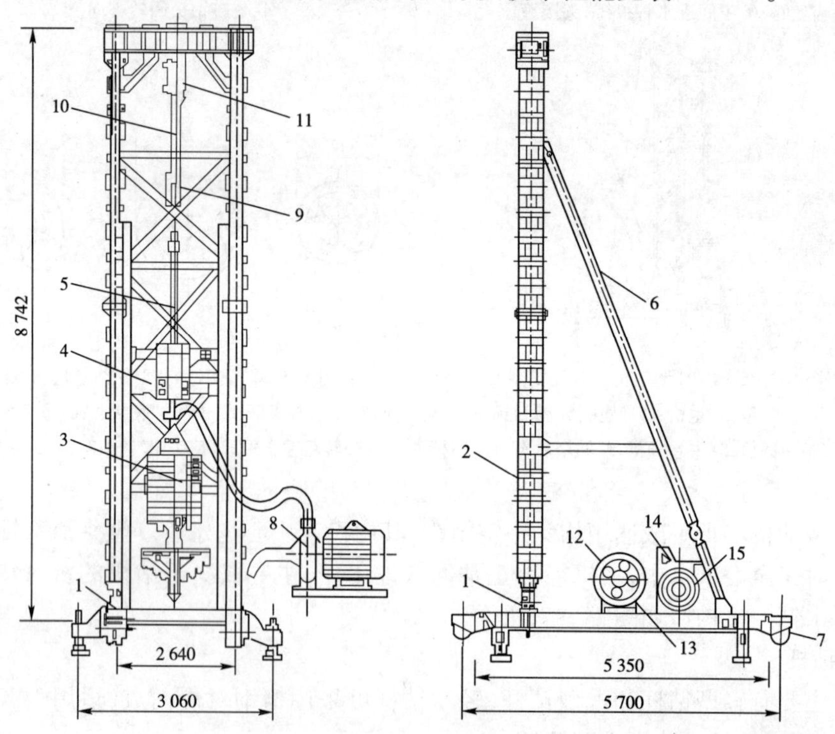

图 1-3-29　KQ-1250A 型潜水钻机构造（尺寸单位：mm）

1-底盘；2-机架；3-潜水电钻；4-导向合箱；5-钻杆；6-斜撑；7-行走轮；8-泥浆泵；9-两轮动滑车；10-钢丝绳子；11-定滑轮组；12-电缆卷筒；13-3M05 型慢速卷扬机；14-配电箱；15-卷扬机

潜水钻机的规格、型号、技术性能

表 1-3-18

技术性能 \ 型号	KQ1200G	KQ1250	KQ1500	KQ2500B	KQ800	KQ2000	GZQ800	GZQ1250	GZQ1500	GZQ2000
钻孔最大直径(mm)	550～1 200	550～1 250	800～1 500	1 800～2 500	450～800	800～2 000	800	1 250	1 500	800～2 000
钻孔最大深度(m)	0～100				8	80	50	80	50	80
主轴转速(r/min)	120/90	45	35	8	200	21.3	200	45	38.5	21.3
主轴最大扭矩(kN·m)	1.7/2.3	4.66	6	50	1.9	13.72	1.07	4.76	5.57	13.72
潜水最大功率(kW)	22	22	22	22×2	22	44	22	22	22	44
潜水钻机转速(r/min)	960					960	960	960	960	960
钻进速度(m/min)	—	0.3～1.0	0.06～0.16	—	0.3～1.0	0.03～0.10	0.3～1.0	0.16～0.20	0.02	0.03～0.10
整机外形长度(mm)	—	5 600	6 850	—	4 306	7 500	4 300	5 350	5 300	7 500
整机外形宽度(mm)	—	3 100	3 200	—	3 260	400	2 230	2 220	3 000	4 000
整机外形高度(mm)	—	8 742	10 500	—	7 020	11 000	6 450	8 742	7 350	11 000
主机质量(t)	0.6～0.8	0.7	1	7.5	0.55	1.9	0.55	0.7	1	1.9
整机重量(t)	10	10.5	15.5	34	7.28	20.8	4.6	7.5	15.4	20.8

二、场地准备

钻孔灌注桩施工场地应在机械设备进场前进行平整，按桩基施工需要接通水、电，铺设施工车辆进出道路（便道、便桥）。在钻孔施工前，应根据桩基础结构形式（包括桩基大小、桩长、桩间距等），安排合理的钻孔顺序，结合材料工具存放、废水废渣临时排放、泥浆系统、成孔、钢筋笼下放、灌注等多方面的需求进行规划布置，确定施工场地平面尺寸及高度。如果作业场地狭小，应考虑在作业场地附近寻找材料堆置场地和搭建临时设施；浅水区可考虑采用筑岛施工平台进行钻孔灌注桩施工；在深水区域进行桩基施工时，应根据墩位处地质、水文、气象条件，搭设强度、刚度、稳定性均满足要求的施工平台，确保桩基施工顺利开展。

（一）钻孔施工顺序安排

钻孔灌注桩施工是一项质量要求高，施工工序多，并需在一个较短时间内连续完成的地下隐蔽工程。要保证施工有秩序、快节奏地进行，应在开工前认真地做好施工设计编审、施工场地清理规划、护筒制作和埋设、泥浆配置和循环设施的安设等准备工作。根据桩基质量要求、场地要求、辅助设备及施工进度等进行钻机配备，对于大型群桩基础，应做好相邻桩的钻孔顺序、混凝土浇筑顺序安排，确保桩基质量。钻孔顺序安排应遵循以下原则：

（1）墩位桩基数量少、桩间距大，在满足施工要求的前提下，可考虑施工方便为宜。

（2）对于桩基数量多、直径大、桩间距小的群桩基础钻孔施工，应满足钻机等设备布置要求。

（3）相邻桩的钻孔施工宜隔桩交错进行。

（4）当采用冲击法钻孔时，为防止冲击振动使邻孔孔壁坍塌或影响邻孔已灌混凝土的凝固，应待邻孔混凝土灌筑完毕，并达到 2.5MPa 抗压强度后，才能开钻，以免影响邻桩混凝土质量。在满足此条件下，为加快完成钻孔工作，可以多机同时作业。

（5）同一桩位钻孔应连续进行，不得中断。

（6）软土地段的钻孔，首先应进行地基加固，保证钻孔设备的稳定和钻孔孔位准确，再行钻孔。

某桥超大型群桩基础，钻孔顺序安排如图 1-3-30 所示。

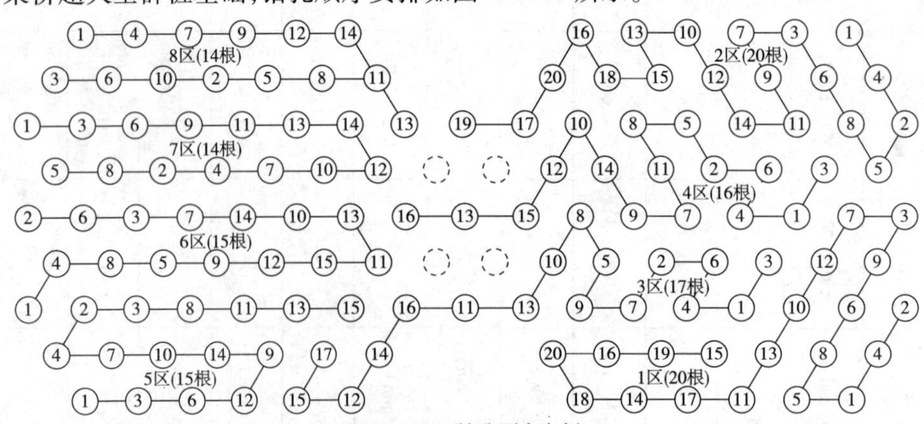

图 1-3-30　钻孔顺序实例

（二）钻孔场地确定原则

1. 钻孔场地平面尺寸的确定原则

钻孔场地平面尺寸应根据桩基础设计的平面尺寸、钻机底座平面尺寸、钻机数量、钻机移位方式及其他配合钻孔施工的机具设备布置情况等进行确定,在满足施工要求前提下,应考虑经济性原则。

2. 钻孔场地高度的确定原则

钻孔场地或施工平台的高度应考虑钻孔灌注桩施工期间有可能出现的最高水位,一般情况宜高出最高水位0.5~1.0m,在深水区域搭设的钻孔平台高度应比最高水位高出1.5~2.0m。

(三)不同环境下场地整理

施工场地的整理应根据地形、地质、地下水位或江河湖海的水位、桩顶高程等进行,针对陆地区、浅水、深水环境采用适当的方法。

1. 陆地区及浅水环境下场地整理

若场地为旱地,应清除地面杂物,换除软土,填平低洼,夯打密实,以免施工设备坐落在不坚实填土上而引起下陷。

当场地为陡坡时,可采用枕木、木架或钢管搭设稳固可靠的施工平台来满足桩基施工要求。

如遇软土地基可先采用抛填片石、换填土或砂、袋装沙井、粉喷桩等措施进行地基加固处理,在承载力满足要求后,再进行场地准备。软基处理具体方法相见本章第二节"三、筑岛平台施工"相关内容。

在浅水水域施工时,适宜采用筑岛方法修筑作业场地,具体施工方法参见本章第二节"三、筑岛平台施工"。

对于一些地下埋设物或地下构筑物,在施工前应仔细调查是否妨碍施工。如妨碍施工,则需进一步探查了解这些地下埋设物或地下构筑物的类型、形状、几何尺寸、位置及埋设时间等,根据相关程序清除或拆移。对不便拆移且需要保护的重要管道,其近旁的钻孔灌注桩在施工前应采取专门措施对管道予以保护。

地上障碍物一般为空中架设的各种电线电缆、紧贴作业场地的屋墙房檐,以及架设在场地上空的其他物体。这些障碍物影响钻机及其辅助设备的安装移位,在场地整理时一般应予以拆移拆除。

2. 深水区场地整理

在深水水域或墩位处淤泥层较厚条件下进行钻孔灌注桩施工,可根据具体情况搭设钻孔平台、利用浮箱或船只构成施工平台,变水上施工为陆地施工,平台的具体选用及搭设参照本章第二节相关内容。

三、护筒

灌注桩施工一般均需埋设不同深度的护筒,以固定桩位,导向钻头,保护孔口,防止坍塌,隔离地下水或河(海)水和保持孔内水头以防坍孔。

(一)护筒的功能

随着桥梁工程和施工技术水平的不断发展,护筒的功能也产生了很大变化,由原来的控制孔位、防止孔口坍塌等普通功能逐渐向护筒护壁、参与桩基承力、桩基防腐等多项功能发展。概括起来,桩基钢护筒的功能主要体现在以下几个方面:

(1)控制桩位,导正钻具,正确引导钻机施工。

(2)保护孔口,隔离地表水渗漏,防止孔口及孔壁坍塌。

(3)保护和提高孔内水头高度,增加对孔壁的静水压力,增加孔壁的稳定性。

(4)护筒顶面可作为钻孔深度、混凝土面位置及导管埋深的测量基准。

(5)护筒顶面可设置桩位中心标记,以此调整钢筋笼的位置,使其中心与桩中心一致。

(6)在大型水上施工平台,尤其对于钢护筒平台、钢护筒与钢管桩组合平台,护筒作为施工平台主要承力结构,参与受力。

(7)钢护筒作为桩基的一部分,参与桩基共同受力,提高特殊环境下桩基防腐能力。

(二)护筒的设计

按照材料种类,护筒可分为木护筒、砖砌护筒、钢筋混凝土护筒、钢护筒等。随社会科技水平的不断发展,木护筒和砖砌护筒现在已基本不用。

钢筋混凝土护筒存在质量差、制作工期长、质量大、不易周转等缺点而应用不多,现多用于特殊地区或特殊桩基的施工。

钢护筒通常采用钢板卷制而成,有制作简单、周转方便、质量好等优点,适用于各种桩型,水上、陆上都可适用。钢护筒的设计一般要考虑水文、地质条件、成孔方式、护筒下沉方式、桩径大小、材质强度和护筒刚度等条件,在水中施工时还应考虑水流力、波浪力、潮差、设计高水位等因素。其次,钢护筒的设计还应考虑施工方法,如采用人工挖孔桩或用人工挖孔加小爆破法施工时应考虑钢护筒内外的土压力及水压力,而采用小爆破法施工时还应考虑振动力等。

1. 护筒顶高程

设计护筒时必须控制护筒高度,使孔内水位与孔外水位形成水压差,以维持孔壁稳定。当采用正循环回转钻及正循环潜水钻时,护筒顶面高度宜高出地下水位1.0~2.0m以上,若施工场地为旱地时还应高出地面0.3m以上。当地层不易塌孔时,护筒顶面高度宜高出地下水位1.0~1.5m以上;当地层容易塌孔时,护筒顶面高度宜高出地下水位1.5~2.0m以上。如采用反循环回旋钻或反循环潜水钻成孔时,护筒顶面高度宜高出地下水位2.0 m以上。当采用旋挖钻、冲击钻成孔时,护筒顶面高度宜高出地下水位1.5~2.0m以上。值得注意的是,当孔内有承压水时,护筒顶面高度应高出稳定后的承压水位2.0m以上;在有潮汐影响的水域,护筒顶应高出施工期最高水位1.5~2.0m,并应在施工期间采取稳定孔内水头的措施。

2. 直径及壁厚确定

在陆上或浅水区筑岛处的护筒,其内径应大于桩径至少200mm以上,壁厚应能使护筒保持圆筒形状;在水中以机械沉设的护筒,其内径和壁厚的大小,应根据护筒的平面、垂直度偏差要求及长度等因素确定;对参与结构受力的护筒,其内径、壁厚及长度应符合设计的规定。

对于护筒的直径,一般来说,护筒内径宜比钻头直径大20cm以上,深水处的护筒内径宜比钻头直径大40cm,而且需要满足《公路桥涵施工技术规范》(JTG/T F50—2011)中的相关要求。

对于护筒的壁厚,到目前为止还没有较为确切的规范可依,其设计一般由施工单位自行设计完成。根据以往施工经验,其壁厚大致可按照以下原则选用:桩径小于1.5m时,护筒可选用6~10mm的壁厚;桩径在1.5~2.5m时,护筒可选用10~16mm的壁厚;桩径在2.5m以上时,护筒可选用16~25mm的壁厚;具体的壁厚宜根据护筒所起的作用进行合理选择。

3. 钢护筒的埋深要求

决定护筒埋置深度的因素主要有两个:其一为护筒的稳定性,埋置过浅,在较大的外力作用下,护筒易产生倾斜;其二为护筒底端的透水性能,若底端土层透水性能过强,护筒内水位不能维持所需水位。通常,护筒底端应设置在黏土层或粉土层中,不应设置在填土、砂土或砂砾层中。因此,护筒埋置深度应根据设计要求或水文地质条件确定。一般护筒埋置深度应至少超过填土层0.5m,在黏土层中,埋深不宜小于1m,在砂层中不宜小于1.5m,在冰冻地区,应埋入冰冻层以下0.5m。不同土层护筒底端埋置深度,可参考表1-3-19选用。

护筒底端埋置深度 表1-3-19

土层类别	旱地、浅水处		冰冻地区	采用潜水钻机,开钻后不易坍孔的地层	软土地区,淤泥层较厚处	淤泥、砂土层	有冲刷影响的河床处
	黏性土	砂土					
护筒底端埋置深度	不小于2.0m	不小于2.0m	埋入冰层以下0.5m	可不设护筒	进入不透水黏土层1.0~1.5m	不得小于3.0m	应埋入局部冲刷线以下,并不小于1.0~1.5m

注:本表引自《注册岩土工程师专业考试辅导指南》(米祥友,地震出版社,2003年)。

4. 护筒底口及桩身刚度加强措施

钢护筒要求有较大刚度,防止在制作、运输、沉放过程中产生变形而影响桩基施工质量。为增强钢护筒刚度,防止变形,可在钢护筒外侧焊接加劲肋,一般在护筒上端、中部和下端各焊接一道,对于较长的钢护筒,可再适当增加加劲肋数量,以满足护筒施工要求。加劲肋一般采用与护筒同厚、高20~50cm的钢板加工而成。同时,为防止护筒在运输与吊装过程中变形,在内部设置十字撑,以满足存放、运输的需要,插打前将其割除。

5. 钢护筒的防腐措施

处于腐蚀环境下工作的钢护筒,必须进行防腐蚀处理,防腐设计与施工一般与结构的设计与施工同步进行。钢护筒的防腐措施主要包括:预留腐蚀厚度、采用防腐蚀涂层、外壁包覆盖层、选用耐腐蚀钢、水下阴极保护法、喷涂金属层等。上述防腐措施在选用时应根据环境条件、设计年限、保护要求等选用一种或多种同时保护。

(三)钢护筒的制作

钢护筒制作前应配置钢板整平机、剪板机、三辊轴卷管机、电焊机等钢护筒加工设备,其配备的机械设备性能应满足钢护筒加工要求。

制作护筒的钢板在使用前,应按照《碳素结构钢和低合金结构钢热轧厚钢板和钢带》(GB/T 3274—2007)和《碳素结构钢》(GB/T 700—2006)规范中的相关要求对原材料进行检验,不合格的材料应予以清除,以保证护筒质量。

1. 画线、号料和切割

用于卷制钢护筒的钢板必须平直,不平直的钢板应先用钢板整平机进行平直处理后才能使用,不得使用表面严重锈蚀或受过冲击的钢板,且应符合规范标准和设计要求。画线和号料应根据具体施工工艺要求预留制作和电焊收缩的余量,以及切割、开坡口等加工余量,切割前应将钢材切割区域表面的铁锈、污物等清除干净,切割后应清除熔渣和飞溅物。号料时画出检查线及中心线、弯曲线,并注明接头处的字母及焊缝代号等。

2. 矫正

对满足要求的钢板根据设计图纸使用剪板机进行钢料切割，钢料在切割后进行矫正，矫正后钢料表面不应有明显的凹痕和其他损伤，其矫正作业可采用锤击法或热矫法，下料后应根据要求将板端开好坡口。

3. 护筒卷制

护筒卷制前，应检查钢板的外形尺寸、坡口的形式与尺度、装配及焊接收缩余量和样板的正确性，以及检查画制的板料中心线、检验线的正确性等。

护筒卷制时，将四面开好坡口的板料置于卷板机上。为了防止歪扭，应将板料对中，使板料的纵向中心线与轴轮线保持严格的平行，并用挡板挡紧。板料位置对中后，一般采用多次进给法滚弯调节上轮（在三轮卷板机上）使板料发生初步的弯曲，然后来回滚动而弯曲。当板料移至边缘时，检查所画的检验线的位置是否正确，然后逐步压下上滚轮并来回滚动，使板料的曲率半径逐渐减小，达到规定的要求。由于钢板的回弹，卷圆时必须施加一定的过卷量，在达到所需的过卷量后，应来回多卷几次，还应不断用样板检验弯板两端的半径。

4. 护筒焊接

护筒施工对焊缝无特殊要求时，可在现场手工焊接，但焊接质量要满足三级焊缝的标准。如钢护筒施工对焊缝有要求时，严格按照设计要求执行，且采用 CO_2 气体保护焊或自动埋弧焊，施工现场焊接采用电弧焊。所有焊缝质量要求均符合表 1-3-20 的要求。

焊缝外观质量允许偏差 表 1-3-20

焊缝质量检验等级项目	三级
未焊满	≤0.2+0.04t 且≤2mm，每 100mm 长度焊缝内未焊满累计长度≤25mm
根部收缩	≤0.2+0.04t 且≤2mm，长度不限
咬边	≤0.1t 且≤1mm，长度不限
裂纹	允许存在长度≤5mm 的弧坑裂纹
电弧擦伤	允许存在个别电弧擦伤
接头不良	缺口深度≤0.1t 且≤1mm，每 1 000mm 长度焊缝内不得超过 1 处
表面气孔	每 50mm 长度焊缝内允许存在直径≤0.4t 且≤3mm 的气孔 2 个；孔距≥6 倍孔径
表面夹渣	深≤0.2t，长≤0.5t 且≤20mm

5. 护筒接长

受运输和打设设备性能的影响，钢护筒经常需要进行现场接长施工。护筒的接长对于其整体质量及垂直度、偏位都有着重要的影响，钢护筒的接长一般采用焊接，具体施工时，应严格控制接头质量。护筒接长全过程，应设置专用定位架，确保焊接过程中护筒不发生移位。护筒焊接接长通常采用周圈焊接，外加加劲板的结构形式，形式和尺寸如图 1-3-31 所示。接长时在上节护筒上开设单边“V”形坡口，坡口角度 45°～55°，下节护筒不开坡口。

焊接参数应根据相关规范及护筒制作焊接要求，焊接应彻底清除接口两侧 20～30mm 范围内铁锈等杂物，焊接时要采用对称施焊和多层多道焊施工方法。气温在 0℃以下时，原则上不得焊接，但自焊接部分算起，距离焊缝 100mm 以内的母材部分加热至36℃以上时，可允许焊接。施工时如遇降雨、雪，应对被焊部进行防护，并采取加热、去潮等适当措施。

6. 护筒椭圆度及刚度控制

钢护筒制作时除一般钢结构加工要求外，还应注意钢护筒的圆度要求。如钢护筒直径大且壁厚又较薄时,卧式制作就会产生椭圆度,这对轴向应力是非常不利的。如长短轴值差达到2倍壁厚时,轴向临界应力将降低75%,因此制作过程中应严格控制椭圆度。因此,为满足钢护筒接缝处的圆度要求,卷管后应进行校圆,必要时加环向加劲肋来解决。校圆分整体校圆和局部校圆两道工序:整体校圆可在卷板机上进行,也可在整体校圆夹具上进行;局部校圆采用薄钢板剪成直径为钢护筒内径的圆弧的一部分作为样板,该样板内靠筒体口附近进行检查,若不密贴表示该处不圆,不圆处局部锤直,直至密贴为止。

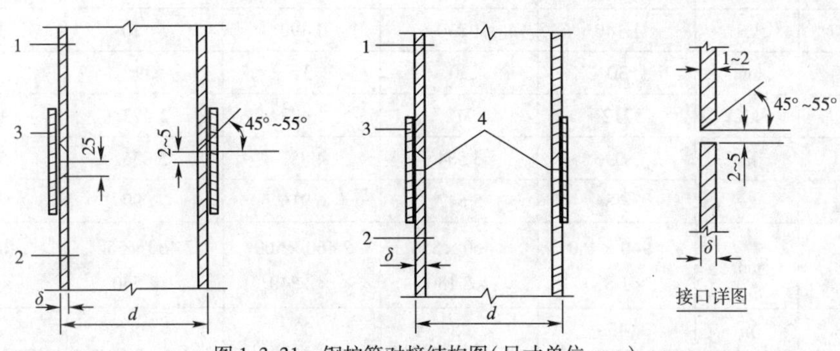

图 1-3-31 钢护筒对接结构图(尺寸单位:mm)

1-上节护筒;2-下节护筒;3-加劲板;4-焊接

(四)护筒的沉设施工

护筒埋置可采用打入法、挖埋法,沉设方法应结合施工场地情况合理选用。护筒沉设是灌注桩施工不可缺少的一步。值得注意的是,护筒平面位置与垂直度的准确与否,护筒周围与底端是否紧密而不透水,对成孔与成桩质量是有重大影响的,必须重点控制。

大型钢护筒一般采用打桩船或打桩机锤击下沉,锤型选择与钢桩沉桩类似,应考虑水文、地质条件和锤击能量,常用的有电动振动锤或液压振动锤、柴油锤等。施工前宜清除地上、地下障碍物,控制好钢护筒的垂直度,特别是在深水中沉钢护筒,要考虑水流、波浪等不利因素,必要时要用导向架控制。

1.施工设备

钢护筒的沉设施工设备主要包括测量仪器、吊装设备、振桩锤、打桩船等。由于钢护筒沉设设备在市场上种类繁多,且国内各种护筒施工设备性能一般均能满足护筒在沉设时的各种要求,此处只对施工设备的选择原则做一个简要说明,并列举几种常见振动锤、打桩船类型及其技术参数。

(1)测量仪器:钢护筒的沉设精度直接影响钻孔桩的施工质量,因此宜选择精度高的测量仪器,钢护筒的位置、坐标、垂直度和高程一般可采用全站仪控制。

(2)吊装设备:吊装设备的选择应根据钢护筒长度、重量来确定,一般应保证吊装设备具有足够的吊高、吊幅和吊重能力。

(3)振桩锤:钢护筒的沉设施工主要依靠振桩锤来完成,对振桩锤的选型应根据护筒的埋深、地层情况确定。一般地,振桩锤性能应至少保证钢护筒在振动力作用下能沉设至设计要求的深度,对于下沉较深、直径较大的钢护筒,为保证在沉设过程中不发生倾斜,除了在下沉过程中经常测量纠偏外,还可以根据振动沉桩机的类型选择使用两台或多台沉桩机共同作业。钢护筒振动下沉采用两台或多台振动沉桩机并联作业时,不但可以增大激振力,还可以在护筒下沉过程中控制护筒的平稳,保证护筒的定位精度,但应注意考虑振桩锤并联后激振力的折减。振动锤按工作方式分为普通型振动锤、变矩型振动锤、变频型振动锤和变矩变频型振动锤。

几种常见振动锤类型及技术参数见表1-3-21、表1-3-22。

ICE 高频液压振动锤技术参数 表1-3-21

型　号	单　位	28C	44B	66C	84C	110C
偏心力矩	kg·m	32	51	76	94	129
频率	r/min	1 750	1 800	1 700	1 700	1 550
最大激振力	kN	1 140	1 830	2 490	3 120	3 380
最大振幅	mm	30	30	31	39	50
最大拔桩力	kN	712	712	1 423	1 423	1 423
锤芯质量	kg	2 096	3 584	4 853	5 036	5 194
整机质量	kg	3 484	5 647	6 916	7 099	7 257
尺寸（长×宽×高）	mm	1 940×460×1 830	2 460×530×2 130	2 460×560×2 540	2 460×560×2 540	2 460×560×2 570
液压管	m	45	45	50	50	50
动　力　柜						
型号	单位	350E	595E	950E	1100E	1200E
发动机		C9	C15	3 412E	3 412E	C15 * 2
功率	kW	261	444	597	783	888
转度	r/min	2 050	1 950	1 900	2 100	1 975
最大流量	L/min	366	592	897	970	946
最大压强	MPa	38	38	38	38	41.4
尺寸（长×宽×高）	mm	3 300×1 630×1 750	3 910×1 520×2 440	4 720×1 680×2 560	4 720×1 680×2 560	5 610×2 130×2 900
总质量（油、燃料除外）	kg	4 500	5 000	5 500	9 500	10 500

其他常见振动锤主要技术参数 表1-3-22

型号规格	电机功率(kW)	偏心轴转速(r/min)	激振力(kN)	偏心力矩(N·m)	锤体质量(t)
DZ60A	55	985	290	300	4.08
DZ30A	30	980	185	170	2.2
DZ20A	22	970	140	—	2.2
DZ10A	11	1 150	76	51	0.8
DZ60KS	30×2	1 000	350	150	4.36
DZM100		1 300	900	480	5.8
DDZM180100		800	837	1 170	8
DZMYZM0400		2 800	343	40	1.94
EP800H		2 400~3 600	515	80~35.5	5.5

（4）打桩船：对于水上钻孔灌注桩施工，在水深等条件满足要求的前提下，可选择施

工方便的打桩船。打桩船一般自带动力系统,还包括打桩架、打桩锤及其配套施工机械,如打桩锤不能满足护筒沉设要求时,可根据实际需要更换不同性能的打桩锤。

(5)导向架:导向架一般可采用型钢等焊接而成,具体结构形式应以满足施工精度和便利性为宜。导向架定位框一般可设于已就位并与待下护筒相邻的钢护筒及平联上。图1-3-32为直径2.9m大型钢护筒导向架结构图,该护筒导向架主要由小型钢加工而成,结构形式为笼式结构。

图1-3-32 护筒导向架构造图

2. 旱地、岸滩护筒埋设工艺

对于旱地和浅滩区护筒施工,一般采用人工挖坑埋设,条件较好的情况下可采用机械挖坑埋设,必要时还应在浅滩区搭设筑岛平台进行辅助施工。当采用挖埋法时,应以桩中心为中心挖土,在确保桩中心与护筒中心在同一垂直线上或其两条中心轴线的偏差不大于50mm后,应将护筒四周0.5~1.0m范围内的砂土清除,用黏性土回填并夯实,并应夯实至护筒底0.5m以下,以防翻浆。对于不稳定地层,护筒要增加长度,入土深度要大于不稳定层,护筒可用长护筒或分节焊接沉放。对较深的特别松散或软弱的地层,可考虑用双层护筒,两护筒的直径相差5~10cm。对于较长护筒的沉放除挖坑埋设外,还可考虑用挖机下压、钻头冲压以及用振动锤、柴油锤等方式。

3. 水中护筒沉设工艺

水中钢护筒一般采用打桩船或振动锤进行沉设,有时也可以用起重机吊锤下沉,具体沉设工艺应根据工程实际情况合理选择。

(1)振动锤沉设工艺

钢护筒采用振动锤沉设一般需提前安装定位框,定位框的安装均需经过精确测量定位,保证导向架安装就位后其平面位置和垂直度偏差小于设计值。对于有潮汐影响的水中钢护筒沉设,钢护筒的入床应选择在平潮期、水流速度最小时进行。为保证振动锤及其起吊设备的施工安全,风力大于6级时应停止护筒下沉作业。

对于直径、长度较大的钢护筒,由于受钢护筒重量及起重设备的影响,护筒一般分多节下沉,分节长度的确定以起重设备的起吊能力控制,并保证护筒入土达到设计深度。其振动下沉工艺流程如图1-3-33所示。

(2)打桩船沉设钢护筒

钢护筒采用打桩船沉设前,应对打桩船的桩架、桩锤、动力机械以及电力线路等主要设备部件进行全面的检查,确保在打桩过程中的连续性。

正式开锤前仔细检查桩锤重心与桩的中轴线是否一致,对发生偏位的及时纠正。护筒在自重作用下入土后再次复核桩架的垂直度,校核无误后开锤。护筒开锤后,一次连续下沉到位,以免由于桩周土体的黏结,将难以继续下沉。所有钢护筒入床均选择在平潮期、每天水流速度较小时进行。在护筒沉设过程中,应密切注意并随时调整打桩船及运桩驳锚绳,防止锚绳相互冲突。

钢护筒沉设可采用 GPS－RTK 作为初始定位手段,采用全站仪等测量仪器进行精确定位,确保钢护筒打设精度。打桩船沉设钢护筒施工工艺流程如图 1-3-34 所示。

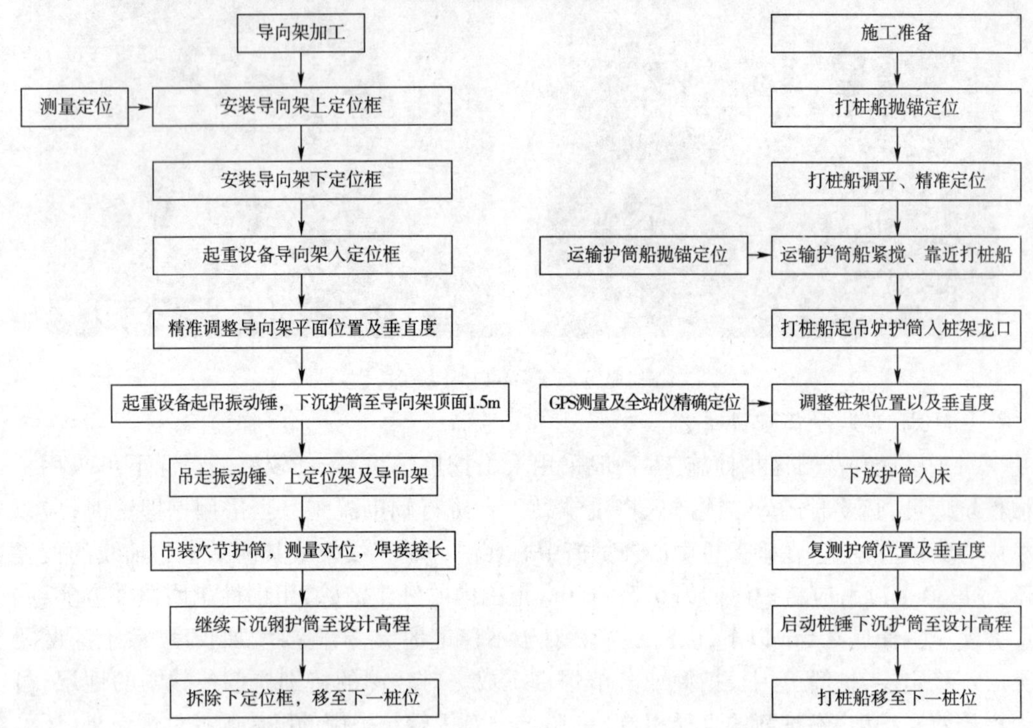

图 1-3-33　振动锤沉设钢护筒工艺流程框图

图 1-3-34　打桩船对单根钢护筒打设流程图

4. 常见问题及处理方式

(1)钢护筒偏斜

①钢护筒偏斜的原因

钢护筒底口进入坚硬土层长度不足,护筒下端处于自由状态,随着孔壁的扰动,护筒下口可能会发生偏位。

②钢护筒偏斜的处理

a. 此时应摆动钻头将钻头慢慢提离护筒,避免强行提钻,造成护筒进一步偏斜或掉钻。

b. 拔除偏斜的钢护筒,加大护筒长度后重新打设。拔除护筒的过程中应注意边拔除边回填,防止发生坍孔。

(2)钢护筒变形

①钢护筒变形的原因

a. 钢护筒壁厚不足,无法抵抗护筒周围土体的侧压力,造成护筒失稳变形。

b. 护筒底口遇坚硬物体，造成底口卷刃变形。

②钢护筒变形的预防和处理

a. 选择合理的钢护筒壁厚，提高护筒加工精度，保证护筒的强度和刚度。

b. 打设过程中注意观察进尺情况，发现异常应立即停止打设并分析原因。

c. 拔除变形的钢护筒，加工壁厚更大的钢护筒重新打设。拔除护筒的过程中应注意边拔除边回填，防止发生坍孔。

（五）钢护筒施工质量检验

一般施工用护筒满足施工要求，参与桩基受力钢护筒按照设计单位要求执行，且在钢护筒施工过程中应重点对钢护筒的平面位置、垂直度及椭圆度进行控制，保证其各种检测数据满足规范或设计要求，使钢护筒施工对的桩基质量的影响减小到最低。

1. 垂直度

一般的钢护筒沉设中平面偏差控制在 10cm 以内，垂直度控制在 1% 以内。

2. 外形尺寸质量标准

对于直径较大、长度较长的钢护筒一般可近似地看作钢管桩，其外形尺寸允许偏差可参照钢管桩相关规范及要求执行。

四、泥浆

泥浆作为钻孔灌注桩循环的"血液"，对桩基成孔起着关键性作用，其性能也直接影响着桩基的承载力和桩侧摩阻力。钻孔泥浆一般由水、黏土（或膨润土）和添加剂按适当配合比配置而成，但在实际施工中应针对不同土层、不同施工环境、不同直径和桩长等条件选用和配置不同的泥浆，如普通泥浆、优质泥浆、咸水（海水）泥浆、特种泥浆等。

（一）泥浆的形成

普通泥浆的主要成分是黏土，黏土是泥浆中的主要固相成分，其颗粒粒径大多数小于 0.005mm，具有带电、吸附离子、水化膨胀以及分散成絮凝状等性能。

优质泥浆的主要成分是膨润土，而膨润土是一种以蒙脱石为主要矿物成分的特殊黏土。蒙脱石由 Si - Al - Si 三层结构重叠而成，当膨润土和水混合后，水很快会进入蒙脱石的晶格之间，产生显著的湿胀。膨润土颗粒在水中湿胀之后，就变成了一种带负电荷的亲水胶体，从而使膨润土颗粒保持分散的悬浮状态，改善了泥浆性能。

有时为了提高泥浆的密度，在泥浆中加入重晶石粉、石灰石粉、方铅矿粉、纤维等惰性材料。而对于砂土、卵石层等强透水层地质，常在泥浆中加入水泥、锯末、稻草等物质，以防漏浆。

（二）泥浆的作用及性能指标

1. 泥浆的作用

针对不同的钻孔方法，泥浆的作用也不尽相同，总的来说泥浆具有以下几个作用：

(1) 泥浆具有保护孔壁的作用

由于泥浆的密度比水大，可产生较大的悬浮液压力，且孔内泥浆液面高出孔外水位一定高度，在孔内外形成较大压力差。该压力可抵抗作用在孔壁上的侧向土压力和水压力，又可使泥浆向孔壁土层渗透，在孔壁表面形成一层有柔韧性的泥皮，既可以防止孔壁剥落和坍塌，又可以防止孔内外的水流通，起到稳定孔内水位、防止坍孔的作用。

(2)泥浆具有排渣作用

泥浆具有一定的密度和黏度,具有使钻渣悬浮起来的作用,可利用浆液循环将钻渣挟出孔外。另外利用泥浆悬浮钻渣,同样避免了孔底因钻渣堆积过厚而影响钻孔效率。

(3)泥浆具有清孔作用

泥浆的一个重要作用就是桩底清孔,其目的是为了防止砂粒在孔底沉淀超过设计规定的厚度。清孔实际上也是排渣,利用泥浆悬浮钻渣的能力,通过循环将钻渣排除孔外。因此清孔时应不断测试孔中泥浆含砂率,直至达到设计或规范的要求。

(4)泥浆具有冷却钻头和润滑钻具的作用

钻机在钻进过程中,钻具的连续冲击、回转会使钻具温度迅速增高。当采用泥浆护壁时,泥浆可冷却钻头、润滑钻具、减轻钻具的磨损消耗,延长钻具的使用寿命。

2. 泥浆的性能

护壁泥浆应具有一定的造膜性,良好的物理、化学稳定性,良好的流变性,适当的黏度、密度,较小的含砂率等基本性质。一般来说,泥浆的性能主要由泥浆的相对密度、黏度、静切力、含砂率、胶体率、失水率、酸碱度及稳定性等指标来确定。对于海洋环境下的钻孔泥浆,由于受海洋环境影响,土体含盐量较大,泥浆除应满足上述性能指标要求外,同时也要考虑因土体盐分溶解和海水渗透入浸而导致的泥浆恶化,从而引起泥浆性能的改变。因此,在选用泥浆时应根据桩基施工具体成孔方法、施工环境等因素,配制各项性能指标满足使用要求的泥浆,保证钻孔施工高效、经济。

(1)泥浆性能指标的定义

①相对密度

泥浆的相对密度是指泥浆的质量与4℃时同体积淡水的质量之比,无量纲。泥浆的密度随着配置浓度的增加而加大。泥浆浓度是指每100mL水中所含黏土颗粒的质量(g)。

②黏度

黏度是指泥浆流动时,各分子或颗粒之间产生的内摩擦力的大小。通常所说的“黏度”是指用漏斗黏度计测定的黏度值,常用符号 η 表示,单位为s。同一泥浆因使用的测量仪器、方法不同,其黏度的测值也不相同。

③静切力

静切力主要指静止的泥浆,在外力的作用下开始流动所需的最小的力,亦称滑动静应力。它是泥浆结构强度的一种体现,采用破坏 $1cm^2$ 面积上的泥浆颗粒结构所需的力表示。

④含砂率

含砂率是指泥浆中大于74μm的非黏性砂粒所占泥浆体积的百分比,实际测值中包括未搅拌开的黏土粗颗粒。

⑤胶体率

胶体率亦称稳定率,是在泥浆静置24h后,表面析水量所占泥浆体积的百分比。胶体率可粗略地表示泥浆中黏土颗粒的分散和水化程度,用于评价泥浆中土粒保持悬浮状态的性能。

⑥失水率、泥皮厚

失水率亦称作失水量或者渗透量。在泥浆的过滤试验中,一定体积的泥浆在一定的压力作用下,通过一定面积过滤材料,在30min内滤失的水量称为失水率,以mL为单位。

在同一试验中，附着在过滤材料上的失水黏土颗粒聚集层的厚度称为泥皮厚，以 mm 为单位。失水量是体现孔内泥浆在压力差的作用下向四周地层渗透的过程中，泥浆中的自由水滤失量大小的性能指标。泥皮厚是衡量泥浆造壁性能的指标。失水量与泥皮厚间有较大关系，失水率小时，泥皮薄而致密，有利于巩固孔壁；失水率大时泥皮厚而不均，易造成地层软化膨胀，产生缩径或坍孔。

⑦酸碱度

泥浆酸碱度以 pH 值表示，pH 值共分为 14 级。pH 值等于 7 时为中性泥浆，大于 7 时为碱性泥浆，小于 7 时为酸性泥浆。当 pH 值为 1 时，酸性最强，当 pH 值为 14 时碱性最强。酸碱度是泥浆性质的综合指标，一般宜呈碱性（pH 值控制在 8 ~ 10 为适当），至少是中性。

⑧稳定性

稳定性是指泥浆中黏土颗粒分散的均匀程度及悬浮能力。

(2)泥浆性能指标的确定

泥浆性能指标应根据地质条件、成孔工艺等确定。不同施工阶段对泥浆性能的要求不尽相同，测定的项目也有所不同。泥浆性能指标的测定项目和控制范围参见表 1-3-23 ~ 表 1-3-26。

各施工阶段泥浆性能的测定项目 表 1-3-23

泥浆种类阶段	黏土泥浆	膨润土泥浆
鉴定土料造浆性能	相对密度、漏斗黏度、含砂率、胶体率、稳定性	相对密度、漏斗黏度、稳定性、失水率、静切力、塑性黏度
确定、校验泥浆配合比	相对密度、漏斗黏度、含砂率、胶体率、稳定性、失水率、泥皮厚度、静切力、pH 值	相对密度、漏斗黏度、稳定性、失水率、泥皮厚度、静切力、pH 值
施工中日常质量控制	相对密度、漏斗黏度、含砂率	相对密度、漏斗黏度、含砂率

灌注桩泥浆性能指标选择 表 1-3-24

钻孔方法	地层情况	泥浆性能指标							
		相对密度	黏度 (s)	含砂率 (%)	胶体率 (%)	失水率 (mL/30min)	泥皮厚 (mm/30min)	静切力 (Pa)	酸碱度 (pH)
正循环	一般地层	1.05 ~ 1.20	16 ~ 22	8 ~ 4	≥96	≤25	≤2	1.0 ~ 2.5	8 ~ 10
	易坍地段	1.20 ~ 1.45	19 ~ 28	8 ~ 4	≥96	≤15	≤2	3 ~ 5	8 ~ 11
反循环	一般地层	1.02 ~ 1.06	16 ~ 20	≤4	≥95	≤20	≤3	1 ~ 2.5	8 ~ 10
	易坍地段	1.06 ~ 1.10	18 ~ 28	≤4	≥95	≤20	≤3	1 ~ 2.5	8 ~ 10
	卵石土	1.10 ~ 1.15	20 ~ 35	≤4	≥95	≤20	≤3	1 ~ 2.5	8 ~ 10
推钻冲抓	一般地层	1.10 ~ 1.20	18 ~ 24	≤4	≥95	≤20	≤3	1 ~ 2.5	8 ~ 11
冲击	易坍地层	1.20 ~ 1.40	22 ~ 30	≤4	≥95	≤20	≤3	3 ~ 5	8 ~ 11

注：①地下水位高或其流速大时，指标取高限，反之取低限。

②地质状态较好，孔径或孔深较小的取低限，反之取高限。

③在不易坍塌的黏质土层中，使用冲抓、反循环回转钻进时，可用清水提高水头（≥2m）维护孔壁。

④若当地缺乏膨润土，调制不出优质泥浆时，可掺用添加剂改善泥浆性能。泥浆的性能宜满足以下规定，成孔时泥浆的密度应为 1.10 ~ 1.15mg/m^3，泥浆黏度应为 18 ~ 22s。第一次清孔时，泥浆的密度应≤1.20mg/cm^3，泥浆黏度为 18 ~ 22s。

黏土泥浆性能指标 表 1-3-25

项　目	新制泥浆		清孔时孔内泥浆	清孔用浆	混凝土浇筑前孔底泥浆	备　注
	一般地层	松散地层				
相对密度	1.15～1.20	1.20～1.25	≤1.30	≤1.20	≤1.3	1002 型密度秤
漏斗黏度(s)	18～28	25～35	20～35	18～23	18～30	500/700mL 漏斗
含砂率(%)	≤5	≤5	≤8	≤5	≤10	—
胶体率(%)	≥96	≥96	≥95	≥96	—	—
稳定性	≤0.03	≤0.03	≤0.04	≤0.03	—	上、下密度差
失水率(mL/30min)	≤30	≤30	≤50	≤30	—	1000 型失水仪
泥皮厚	≤4	≤4	≤6	≤4	—	1000 型失水仪
10min 静切力(Pa)	2.0～5.0	4.0～10.0	2.5～12.0	1.5～4.0	—	旋转黏度计
pH 值	7～9	7～9	7～9	7～11	—	—

膨润土泥浆性能指标 表 1-3-26

项　目	新制泥浆		重复使用	清孔用浆	混凝土浇筑前孔底泥浆	备　注
	一般地层	松散地层				
相对密度	1.03～1.07	1.06～1.0	≤1.25	≤1.05	≤1.15	1002 型密度秤
漏斗黏度(s)	30～50	45～60	32～60	32～38	32～50	946/1 500mL 漏斗
含砂率(%)	≤1	≤1	≤5	≤1	≤6	—
胶体率(%)	≥98	≥98	≥95	≥98	—	—
稳定性	≤0.01	≤0.01	≤0.02	≤0.01	—	上、下密度差
失水率(mL/30min)	≤30	≤30	≤50	≤30	—	ZNS 型失水仪
泥皮厚	≤3	≤3	≤5	≤3	—	ZNS 型失水仪
塑性黏度(s)	8～20	16～30	≤40	8～20	—	旋转黏度计
10min 静切力(Pa)	1.0～4.0	3.0～8.0	1.5～10.0	1.0～3.0	—	旋转黏度计
pH 值	7.5～11	7.5～11	7.5～11	7.5～11	—	—

(3)泥浆性能的测定方法

①相对密度 ρ_x

相对密度可采用泥浆相对密度计测定。将需要量测的泥浆装入泥浆杯，加盖并洗净从小孔溢出的泥浆，然后置于支架上，移动游码，使杠杆呈水平状态(即气泡处于中央)，读出游码左侧所示刻度，即为泥浆的相对密度。

当工地无以上仪器时，可用一口杯，先称其质量设为 m_1，再装清水称其质量为 m_2。倒去清水，装满泥浆并擦去杯周溢出的泥浆，称其质量为 m_3，计算出泥浆的相对密度：

$$\rho_x = \frac{m_3 - m_1}{m_2 - m_1} \tag{1-3-3}$$

②黏度 η(s)

工地采用标准漏斗黏度计测定，黏度计如图 1-3-35 所示。用两端开口量杯分别量取 200mL 和 500mL 泥浆，通过滤网滤去大砂粒后，将泥浆 700mL 均注入漏斗，然后使泥浆从漏斗流出，流满 500mL 量杯所需时间(s)即为所测泥浆的黏度。

校正方法：漏斗中注入700mL清水，流出500mL，所需时间应是15s，如偏差超过±1s，则量测泥浆黏度时应校正。

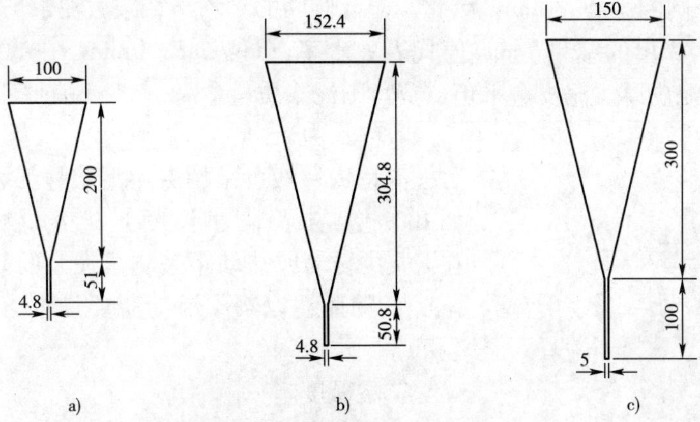

图1-3-35 漏斗黏度计(尺寸单位:mm)

a)500/500mL;b)946/1 500mL;c)700/500mL

③含砂率(%)

含砂率工地用含砂率计测定，含砂率计如图1-3-36、图1-3-37所示。测量时将调制好的泥浆50mL倒进含砂率计，然后再倒450mL清水，将仪器口塞紧，摇动1min，使泥浆与水混合均匀，再将仪器竖直静放3min，仪器下端沉淀物的体积(由仪器上刻度读出)乘2即为含砂率(%)。(另有一种大型的含砂率计，容积1 000mL，从刻度读出的数不乘2即为含砂率。)

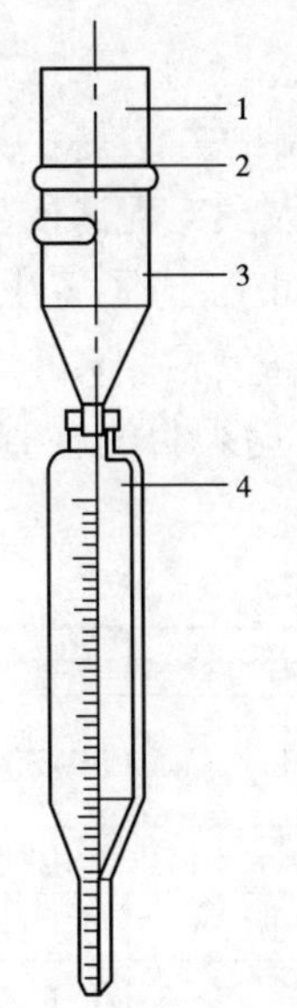

图1-3-36 ZNH型泥浆含砂率测定仪

1-过滤筒;2-滤网;3-漏斗;4-玻璃量筒

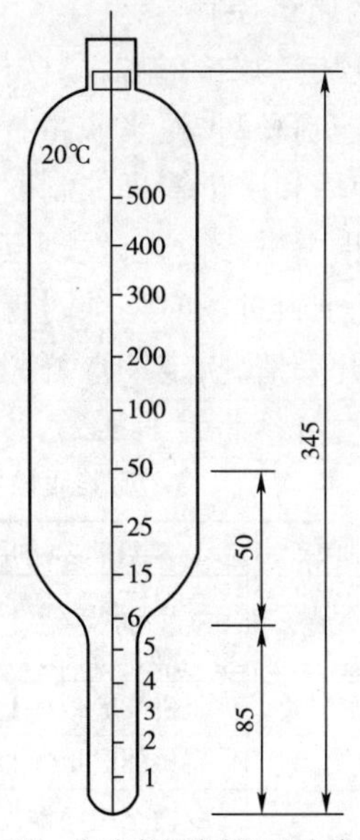

图1-3-37 含砂率测定杯(尺寸单位:mm)

④胶体率(%)

胶体率的测量方法为：将100mL搅拌均匀的泥浆放入干净量杯中，用玻璃板盖上，静置24h后，量杯上部的泥浆可能澄清为透明的水，量杯底部可能有沉淀物，以100－(水＋沉淀物)体积，即等于胶体率。

⑤失水率(mL/30min)和泥皮厚(mm)

用一张 120mm × 120mm 的滤纸,置于水平玻璃板上,中央画一直径 30mm 的圆圈,将 2mL 的泥浆滴于圆圈中心,30min 后,量算湿润圆圈的平均半径减去泥浆坍平为泥浆饼的平均半径(mm),算出的结果(mm)值代表失水率,单位:mL/30min。在滤纸上量出泥饼厚度(mm)即为泥皮厚。泥皮愈平坦、愈薄,则泥浆质量愈高,一般不宜厚于 2 ~ 3mm。

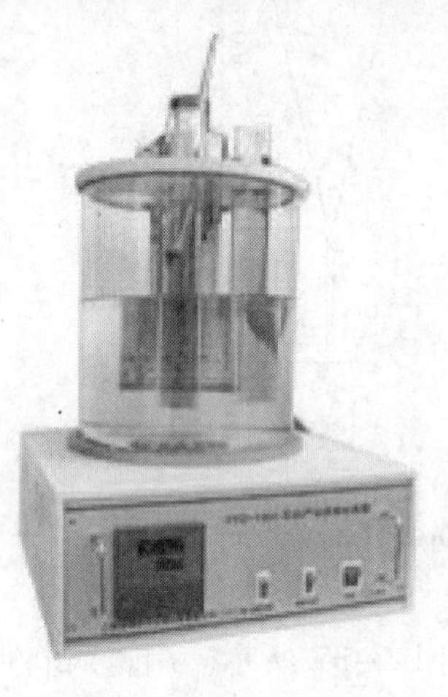

图 1-3-38　1007 型泥浆静切力计

⑥静切力

静切力一般可采用专用泥浆静切力计进行测定,如 1007 型泥浆静切力计(图 1-3-38),测定时利用圆筒在泥浆中转动所需动距来测量泥浆的静切,是指面积 $1cm^2$ 的物体在泥浆中滑动所要最小力量,以 mg/cm^2 表示。

⑦酸碱度

泥浆的酸碱度常用 pH 值来表示,而 pH 值的测定一般可采用 pH 试纸进行测定。具体测定时,取一条 pH 试纸放置于泥浆面上,1s 后取出并与标准对色板进行比较,从而确定泥浆的 pH 值。如有条件也可采用 pH 酸碱计进行测定。

⑧稳定性

稳定性是指泥浆中黏土颗粒分散的均匀程度及悬浮能力。将泥浆放入稳定性测定仪中,静置 24h 后,上半部分泥浆与下半部分泥浆的相对密度差称之为稳定性。

(4)泥浆的质量控制

泥浆质量控制的内容包括原材料质量控制、新制泥浆质量控制、浆池泥浆质量控制、孔内泥浆质量控制、回收泥浆质量控制等项。泥浆质量控制的方法是:①制订并执行有关泥浆生产、使用和质量管理的制度;②设置专职泥浆检验人员对泥浆的生产、使用过程和泥浆的性能指标进行检查,发现问题及时调整。对于膨润土,应了解生产厂家的质量保证情况,每批土料进场时均须附有出厂检验合格证,并取样复检。对于当地黏土,应随时掌握土场的开采情况,定期取样检测,运至现场的每车土均须目测检查。泥浆性能检查的部位和项目可参照表 1-3-27。

泥浆质量控制检验的部位、项目及频次　　表 1-3-27

序　号	泥浆种类	取样时间和次数	取样位置	试验项目
1	新拌制的泥浆	每台搅拌机每班(8h)取样 1 ~ 2 次	搅拌机内或出口处	相对密度、漏斗黏度、含砂率
2	储存中的泥浆	每班(8h)取样 1 ~ 2 次	每个泥浆处的上部和下部	相对密度、漏斗黏度、含砂率
3	供给槽孔的泥浆	每班(8h)取样 1 次	泥浆泵或送浆管出口处	相对密度、漏斗黏度、含砂率
4	槽孔内的泥浆	挖槽至中间深度和接近完成时各取样一次	每个槽孔槽内泥浆的上部	相对密度、漏斗黏度、含砂率稳定性、胶体率、pH 值
5	处理后的泥浆	每天或每挖深 10m 取样 1 次	处理后泥浆出口处	相对密度、漏斗黏度、含砂率
6	清孔后孔内泥浆	每个槽孔清孔结束后 1h 取样 1 次,至少取 2 个点	距槽孔底部 0.5 ~ 1.0m 处	相对密度、漏斗黏度、含砂率
7	混凝土浇筑回收泥浆	开始浇筑时和停止回收时	回收泥浆出口处	相对密度、漏斗黏度、含砂率稳定性、胶体率、pH 值

(三)泥浆制备

1. 制备泥浆的原则

(1)为使泥浆在施工过程中能充分发挥其应有的作用,必须使其具有必要的性能。

(2)对泥浆性能的要求因地基条件和施工方法不同而异,应根据这些条件确定泥浆的制备方案。

(3)泥浆的原材料、配合比和配制方法应通过试验确定。

(4)在泥浆性能满足使用要求的前提下,应尽可能选择成本低、效率高且便于管理的制备方案。

2. 制备泥浆的步骤

(1)调查分析地基和施工条件,掌握易塌地层的特性和施工对泥浆的要求。

(2)调查料源(料场),选定泥浆材料和外加剂。

(3)针对上述条件,确定泥浆的黏度、密度等基本性能指标。

(4)拟定泥浆的基本配合比。

(5)进行配制试验,调整配合比。

(6)进行制浆工艺试验,确定配料程度、搅拌方法和搅拌时间。

(7)拌制并储存施工用泥浆。

3. 泥浆原材料选择

(1)水质的要求

水为造浆的主要原料,配制泥浆的水要求杂质含量少,一般宜选用洁净的淡水。当不能用淡水时,应在施工前进行水质检测,确保配制的泥浆质量满足使用要求。

对于海洋环境下的钻孔灌注桩,由于钻孔施工均处于海洋环境,在海上进行钻孔桩施工时,如采用淡水拌制泥浆可能会受到海水的污染,影响泥浆的性能,而且在外海施工,淡水供应非常困难,费用高,且没有足够的容器存储泥浆,故在条件允许的情况下,可用海水取代淡水进行泥浆拌制,配浆材料易寻,且价格低廉。

(2)黏土的选择

黏土以水化快、造浆能力强、黏度大的膨润土或接近地表经过冻融的黏土为好,但应尽量就地取材。经过野外鉴定,具有下列特征的土,可符合上述要求作为调制泥浆的原料。

①自然风干后,用手不易掰开捏碎。

②干土破碎时,断面有坚硬的尖锐棱角。

③用刀切开时,切面光滑,颜色较深。

④水浸湿后有黏滑感,加水和成泥膏后,容易搓成1mm的细长泥条,用手指揉捻,感觉砂粒不多。浸水后能大量膨胀。

⑤胶体率不低于95%。

⑥含砂率不大于4%。

⑦制浆能力不低于2.5L/kg。

一般可选用塑性指数大于25、粒径小于0.005mm的黏粒含量多于总量50%的黏土制浆。当缺少适宜的黏土时,可用性能稍差的黏土,并掺入塑性指数大于25的黏土,掺入量为30%。若采用黏质土时,其塑性指数不宜小于15,大于0.1mm的颗粒不宜超过6%。所选黏土中不应含有石膏、石灰或钙盐类化合物。

当采用性能较差的黏土调制的泥浆性能指标不符合要求时，可在泥浆中掺入碳酸钠（Na_2CO_3，俗称碱粉或纯碱）、氢氧化钠（NaOH）或膨润土粉末，以提高泥浆性能指标。掺入量与原泥浆性能有关，宜通过试验确定。一般碳酸钠的掺入量约为孔中泥浆的0.3%～0.5%。

有时，钻孔处附近没有较好的黏土，与其远运较差的黏土调制泥浆，倒不如远运膨润土。特别是用正、反循环回转钻深孔时，泥浆须净化循环使用。如选用较差的黏质土作泥浆原料，须经过晒干、加工、粉碎等工作，而且杂质多，有效成分少；如选用膨润土，则具有质量高、拌制容易、杂质少、制浆能力高等优点，因而以膨润土制浆比用差黏土制浆用料少，有时反而使泥浆成本低。

(3)膨润土的选择

膨润土主要成分一般为蒙脱石，因所吸附阳离子的不同分为钙土和钠土。由于钠土水化能力强，造浆率较高，但钠土较少、钙土多，使用时常加入纯碱或烧碱将钙土改造为钠土用于配浆。它具有相对密度低、失水率小、泥皮薄、稳定性强、固壁能力高、钻具回转阻力小、造浆能力大等优点。一般100L的水需加8kg的膨润土，对于黏性土层，膨润土可降低到3～4kg。

(4)其他设备

①如制备泥浆的用水不能及时输送，则应提前准备15～30m^3的清水或泥浆储存设备。

②为清洗各种机具设备，宜配备管径25～30mm、流量为50～80L/min的供水设施。

③为使钻孔中的泥浆重复使用，应设置泥浆循环和净化系统。

4. 泥浆配合比设计

(1)所需黏度确定

在进行泥浆的配合比试验之前，需根据地质条件确定所需的泥浆黏度，以确定泥浆的基本配合比。易坍塌的地基应选择较高的黏度，对于复合地基，应以最易坍塌的土层为主确定泥浆的性能和配合比。孔壁的稳定性与地基土的种类、密实程度及地下水位的高低有关。当地基土的颗粒较粗，密实度较低，且地下水位较高时，容易发生塌孔事故，不同地基条件下孔壁坍塌的可能性和泥浆黏度的经验值见表1-3-28。

不同地基条件下孔壁坍塌的可能性与需要的泥浆黏度 表1-3-28

土　质	孔壁坍塌可能性/漏斗黏度(s)					
	地下水位低(埋深 $h \geq 5$mm)			地下水位高(埋深 $h \leq 5$mm)		
	密实，$N>30$	稍密或中密，$10<N\leq30$	松软或漏失，$N\leq10$	密实，$N>30$	稍密或中密，$10<N\leq30$	松软或漏失，$N\leq10$
黏土	无/17～19	无/18～21	略有/22～24	无/18～20	无/19～22	略有/23～25
粉土	无/18～21	略有/21～23	有/25～27	无/19～21	略有/23～25	有/25～27
细砂	略有/22～24	略有/22～24	有/25～27	略有/22～24	有/25～27	略大/27～29
中粗砂	略有/23～25	有/24～25	略大/27～29	略有/23～25	有/26～28	大/29～31
砂砾石	略有/23～25	有/25～27	大/29～31	有/25～27	略大/27～29	大/30～32
砂卵石	有/25～27	略大/27～29	大/30～32	略大/27～29	大/29～31	很大/32～34
漂卵石	有/25～27	大/29～31	很大/32～34	大/29～31	很大/31～33	很大/33～35

注：表中泥浆黏度值为500～700mL漏斗黏度计测值，N为标准贯入击数。

另外,泥浆不循环成孔(如钢丝绳冲击钻成孔)时的泥浆黏度要大于泥浆循环成孔时的泥浆黏度。当单个成孔施工时间较长或地基的上部为坝体、堰体等人工填筑时,也应采用较高的泥浆黏度。

(2)确定基本配合比

所需黏度确定后,就可从不同加碱率的黏度—浓度(或密度)关系曲线上查得所需的泥浆浓度和加碱率。一般同一种土有多种浓度—加碱率组合可满足同一黏度要求,此时应在合理的密度和加碱率范围内选择成本较低的浓度—加碱率组合作为泥浆的基本配合比。然后按此配合比拌制泥浆样品,并测试其密度、黏度、失水量、稳定性、胶体率、静切力、泥皮厚度等性能指标。

膨润土泥浆的密度一般在 1.03 ~ 1.07g/cm^3 范围内选择;加碱率一般不超过土重的5%,浓度(与泥浆中水重的比值)不超过 0.5%;普通黏土泥浆的密度一般在 1.18 ~ 1.25g/cm^3 内选择,加碱率一般不超过土重的 1.2%。不加分散剂(一般用纯碱)的纯黏土(或钙基膨润土)泥浆一般难以达到使用要求,但加碱过多,黏度反而降低,浆液的性能又会恶化。

(3)黏土用量计算

在确定了泥浆的密度后,可按式(1-3-4)计算单位体积泥浆黏土的用量:

$$m = \frac{\rho_c(\rho_s - \rho_w)}{\rho_c - \rho_w} \tag{1-3-4}$$

式中:m——配置泥浆所需黏土的质量,t/m^3;

ρ_c——黏土的密度,t/m^3;

ρ_s——所配置泥浆的密度,t/m^3;

ρ_w——水的密度,t/m^3。

(4)泥浆性能调整

在泥浆的基本配合比确定后,须通过试验检验按该配合比配制的泥浆是否能满足特性要求。当没有完全达到所需的泥浆特性时,要增减材料的使用量,调整基本配合比。通常的问题是泥浆的黏度不够、失水量过大、胶体率和稳定性不合格;一般可采用增加泥浆浓度和加碱率的方法进行调整。必要时,可再加入少量羧基甲基纤维素(CMC)。当采用普通黏土泥浆时,添加部分膨润土也可制出合格的泥浆。具体调整方案须进行多组泥浆试验后通过经济技术比较确定。当地基条件较差时,选择较大的密度有利于孔壁的稳定。当存在严重漏失地层资料时,只能提高泥浆的黏度,而密度不能过大。

在某些情况下,为改善泥浆性能,需添加外加剂。外加剂的种类和功能见表 1-3-29。

对于海洋环境下进行钻孔灌注桩成孔施工,一般多采用海水泥浆。由于海水泥浆抗污染能力强,抗盐耐 Ca^{2+}、Mg^{2+} 的能力较强,且它已被 NaCl 所饱和,故对盐的敏感性较低,可以抗较高盐类污染,性能变化小;由于泥浆中存在大量的无机盐类,故黏土在其中不易水化膨胀分散,可保持较低的固相含量;因为被钻出的岩渣不易在其中水化分散,可获得较大的岩屑而便于地面清除。海水泥浆的重要参数如失水量、黏度和泥皮等的调整,均可采用 CMC 和聚丙烯酰胺调制,且 CMC 无毒无害,可在养殖业的海域内应用。海水泥浆性能调整及原材料用量可参照以下原则执行:

①海水泥浆性能要求一般为密度:1 100 ~ 1 180kg/m^3;黏度:25 ~ 30s;失水量 16 ~ 20mL/30min。

外加剂种类及其功能　　表 1-3-29

种类		作用
分散剂	1. 碱类	1. 防止盐类、水泥对水泥的污染
	2. 木质素磺酸盐类	2. 泥浆再生
	3. 复合磷酸盐类	3. 防止孔壁坍塌
	4. 腐殖酸类	4. 提高泥水分散性能
增黏剂	CMC	1. 防止孔壁坍塌
		2. 保护膨润土的凝胶性能
加重剂	1. 重晶石	增加水泥相对密度,提高孔壁稳定
	2. 珍珠石	
	3. 方铅矿粉末	
防漏剂	锯末,有机纤维素聚合物	防止泥浆损失

②膨润土预水化后再来配制泥浆,要用优质黏土配制基浆,膨润土加量控制在 40 ~ 80kg/m^3。

③采用纯碱 Na_2CO_3,促进泥浆分散,把钙质土改良为钠质土,调节 pH 值。

④用羧甲基纤维素钠盐 CMC 的加量来调节泥浆失水量和黏度。

⑤由于用海水调制泥浆,造浆速度慢,配浆时黏土需提前浸泡。

5. 泥浆的制备

泥浆总用量包括孔内泥浆量、循环系统泥浆量、地面损失量、泥浆更换次数或补充量及储备量的总和,孔内泥浆量等于钻孔体积乘以备用系数。

泥浆的拌制主要分为人工拌制、原位制浆和机械拌制 3 类,根据施工需求,合理选择拌制方法,以节省工期、保证经济性。

(1)泥浆的人工拌制

钻孔施工中泥浆用量较小时,可采用人工造浆。制浆前,首先应把黏质土尽量打碎,在拌制中缩短搅拌时间,提高成浆速率。拌制时,将黏质土加入制浆池并加水浸泡,待黏质土浸透后,采用辅助搅拌设备人工拌制。

(2)原位制浆

原位制浆是指在孔内利用钻头搅动制浆,在正式钻进前,将黏质土直接投入井孔内,利用钻锥的旋转或上下搅动,形成钻孔泥浆,在检测泥浆性能指标满足要求后,开始钻进。根据钻进过程中泥浆指标的检测,及时补充黏土等制浆原料,循环造浆,直到钻至设计孔深。

针对黏土地层中的钻进,可先直接加入清水,由钻孔切削产生的黏土作为制浆的原料,在钻锥的旋转或上下搅动作用下,形成护壁泥浆,但需控制泥浆的性能指标,防止黏土层过厚时,制成的泥浆相对密度、黏度及其他性能不满足使用要求。如采用此方法制成的泥浆含砂率过高,不能满足钻孔要求,应进行及时净化改进。

(3)泥浆的机械拌制

钻孔灌注桩施工中,泥浆用量常常较大,一般采用泥浆搅拌机进行拌制。常用泥浆搅拌机,其外部是一个卧式或立式的圆桶形容器,中间安置有一根带叶片的旋转轴,用电动机经减速带动旋转。工作时,将黏土块或黏土粉和水盛于桶中,经叶片搅拌使之成为具有一定性能的泥浆。现在多数钻场取消了搅拌机的外筒,直接用带电动机的旋转轴立装在泥浆池或泥浆箱上插入泥浆里,在泥浆池或泥浆箱里搅拌。国内几种泥浆拌制机见表1-3-30~表1-3-32。

NJ系列泥浆拌制机技术参数 表1-3-30

型号	电机功率(kW)	叶轮直径(mm)	叶轮转速(r/min)	循环流量(m^3/h)
NJ5.5	5.5	700	70	2 235
NJ7.5	7.5	720	70	2 365
NJ11	11	900	71	3 550
NJ15	15	960	71	4 040
NJ18.5	18.5	1 000	72	4 385

JBQ系列泥浆搅拌器技术参数 表1-3-31

搅拌器型号	JBQ5.5	JBQ7.5	JBQ11	JBQ15
电机功率	5.5kW(7.5hp)	7.5kW(10hp)	11kW(15hp)	15kW(20hp)
轴长度	根据泥浆罐的深度来确定			
叶轮类型	双层或单层叶轮			
叶轮直径	根据泥浆罐内直径来确定			
备注	叶轮转速60r/min或72r/min;带轴稳定;防爆电机			

NJ型立式单筒泥浆搅拌机 表1-3-32

型号	NJ-300	NJ-600	NJ-1200	NJ-1800
最大容量(L)	400	750	1 450	2 000
有效容量(L)	300	600	1 200	1 800
螺旋桨转数(r/min)	600	600	610	750
动力(kW)	7.5	7.5	11	11
外形尺寸(mm)	1 140×950×1 367	1 470×1 050×1 411	1 520×1 650×1 610	2 450×1 600×1 580
质量(kg)	200	400	750	900

①膨润土泥浆的拌制

使用膨润土配制泥浆时,不同的搅拌方法对膨润土溶胀程度影响很大。经高速搅拌机拌制的泥浆,其流变参数远优于用低速搅拌机搅拌的泥浆,因此必须使用高速搅拌机进行搅拌,一般采用机械拌制法。膨润土泥浆搅拌的时间一般可控制在4~5min,因为膨润土分散至98%一般所需的时间为4min,全部分散则需要9min。对于使用前要放置较长时间的泥浆,搅拌时间宜为4min左右;对于搅好之后立即就用的泥浆,搅拌时间一般为7min。

膨润土的水化溶胀有一个过程,一般膨润土与水混合后3h可达到70%以上的溶胀,可供最低要求的工程施工使用。经过 1d 的时间之后,可以达到完全的溶胀。经搅拌后的膨润土泥浆在储浆池中放置 5h 后,其性能可基本达到预期的指标。为了发挥泥浆的功能,最好使泥浆充分溶胀后再使用。

对于在泥浆中加入 CMC 的操作要特别说明,CMC 很难溶解,需一点一点地往泥浆中掺加其粉末。若事先用清水溶解 CMC 成 1% ~3% 的溶液,然后再掺入泥浆中搅拌,就会很容易地混合在一起。由于 CMC 溶液可能会妨碍膨润土的溶解,所以要在膨润土之后加入。

②黏土泥浆的搅拌

目前拌制黏土泥浆大多仍用 $2m^3$ 或 $4m^3$ 卧轴式搅拌机,实际搅拌体积一般小于额定容积,搅拌的顺序如下:

a. 向搅拌机内注入定量的水,加水量应扣除土中的含水率,加水宜采用自动化的计量方法,以确保加水量准确。

b. 开动搅拌机,向机内投放定量的黏土,并同时加入定量的碳酸钠。

c. 搅拌 30min 左右后,取样测试泥浆的黏度。

d. 继续搅拌,并每隔 5min 测试一次泥浆黏度,若两次测量的数值不变,则泥浆制成。

(4)泥浆的储存

新制泥浆一般储存在用浆砌块石筑成的泥浆池中。受场地限制时,也可储存在高度较大的钢制泥浆罐中。整个泥浆池需分隔成 3 ~4 个不同用途的泥浆池,其中至少要有 2 个用于倒换存放新制泥浆,以满足泥浆溶胀的要求。此外,还应有单独的浆池存放清孔用泥浆和回收泥浆。为了防止浆池内的泥浆沉淀,应在浆池底部布置风管,经常用压缩空气搅动浆池内的泥浆,也可用泥浆泵循环浆池内的泥浆。

对于大型群桩基础,在桩基钢护筒之间设置连通管,以护筒作为泥浆储存设备,可达到经济节约、节省施工投入。

6. 泥浆的循环和净化

泥浆在使用过程中,由于膨润土等主要材料的消耗及土渣和电解质离子的混入,其性质会逐渐恶化。其恶化的程度因成孔方法、地基条件、混凝土浇筑方法等施工条件而异。变质的泥浆已不能发挥其应有的效能,所以应根据其恶化程度决定舍弃或经再生处理。为了降低成本和防止公害,应当采取措施尽量回收泥浆,经净化处理后重复使用。泥浆处理常用的方法有重量沉淀法和机械净化法。

(1)泥浆循环和净化设备

钻孔施工过程中,泥浆的性能随着钻孔的不断进行而变化。每隔一定时间,应对泥浆的性能进行全面检查,如不能满足使用要求,需根据不同的使用情况采取不同的方法对泥浆进行处理,使泥浆的各项性能指标满足施工要求。

一般情况下,使泥浆在设置好的制浆池、储浆池、沉淀池之间流动,实现泥浆的净化与循环。对于某些施工场地狭小,无法布置较长的多级沉淀池时,可采用粗颗粒砂沉淀桶和旋流除渣器弥补循环系统的不足,提高除渣效率。粗颗粒沉淀桶上设计 4mm 间隙的筛网,将大于 4mm 的渣粒从泥浆中完全分离;过滤后的泥浆再通过旋流除渣器进行悬流处理,将 5mm 以下的砂砾分离出来。通过沉淀桶和旋流除渣器后泥浆相对密度可以降至 1.15 以下,砂率减低至 2% ~3%。国内常用渣液分离设备见表 1-3-33。

渣液分离主要设备　　表 1-3-33

设备名称	产地	主要配件	占地面积（m^2）	处理能力（m^3/h）
GJD－1500 型钻孔泥浆净化系统	张家口探矿机械厂	振动筛、旋流器	13	70－200
KZS（ZBZ×1224）型直线振动筛	南昌矿山机械厂	直线振动筛	4.5	200
FX－250KZS 型水力旋流器	宝鸡石油机械厂	旋流离心泵	2	200
斜板（管）沉淀池	浙江玉环净水设备厂	塑料斜板或斜管	30	150
PBF－10 型连续水平过滤机	华东地勘局 262 队	真空泵、过滤机	400	200
新重力沉淀装置	上海特种基础工程研究所	反应箱、反袋运输机	70	200
ZX－200 型泥浆循环净化装置	宜昌冶金部中南冶金机械厂	振动筛、水力旋流器、离心式渣浆泵、自动液面平衡器	22.8	200

（2）钻孔泥浆的循环

①泥浆的孔内循环

泥浆的孔内循环主要是指不设置额外的泥浆循环系统，泥浆的制作以及施工过程中的性能调整均在钻孔中完成。在钻进起始阶段，首先将泥浆原料投入钻孔中，利用钻头进行搅拌，待泥浆性能指标满足要求后，开始钻进。

在钻进过程中泥浆的孔内循环过程中，要根据土层情况分别采取不同的措施：

对于黏质土层钻孔时，由于孔内切削下大量黏质土，易出现泥浆相对密度和黏度过高的情况，可在钻孔内加入适量清水，将孔内泥浆稀释，待相对密度和黏度达到要求后方可继续钻进。

在砂类土层钻孔时，则容易出现泥浆含砂量过高，导致泥浆性能不满足钻孔要求。可将掏渣筒放入孔内，不进尺只将钻渣掏出，待含砂率和相对密度符合要求后，补充相应数量的黏土和清水，利用钻头制备泥浆，或给孔内补充合格的泥浆。

②采用制浆池、储浆池、沉淀池构成的循环系统

钻孔施工过程中，泥浆通过设置的制浆池、储浆池、沉淀池、泥浆槽等构成的循环系统实现循环流动。初始钻孔泥浆在制浆池集中拌制，待各项性能指标满足要求后泵入钻孔内开始钻进。随着钻孔的进行，泥浆携带钻渣流入沉淀池中，通过泥浆自重沉淀或机械净化，清除泥浆中大量钻渣后将泥浆流入储浆池，在储浆池内加入黏土、添加剂等原料进行调制，并测定泥浆性能指标，达到要求后流入孔内继续钻进。如通过净化改善的泥浆不能满足钻孔要求，则需在制浆池内重新调制新的泥浆。

对于深水区域大面积群桩基础，一般在钻孔前打设大量钢护筒。可根据施工具体情况，将各护筒间设置连通管串联，形成泥浆循环池，钻机排出携带钻渣的泥浆，首先经过泥浆净化装置将比较大的颗粒或泥块等排除，经净化处理后的泥浆流到临近护筒内，经过再一次沉淀，然后补回孔内，完成钻孔泥浆的循环。

③制浆池、储浆池和沉淀池面积确定

制浆池、储浆池、沉淀池的面积主要根据制浆能力、制浆方法、钻孔时所需的泥浆流

量、泥浆净化方法确定。同时结合钻孔施工场地情况合理布置，一般情况下钻孔灌注桩泥浆循环系统泥浆池、沉淀池、储浆池或搅拌池、循环槽的尺寸大致可按表1-3-34所示大小进行布置。

泥浆循环系统的断面尺寸 表1-3-34

名　称	度量单位	一般数值	备　注
泥浆池	—	单个桩孔体积的1.2倍	—
沉淀池	体积(m^3)	6~20	按场地大小设置2、3个
循环槽	宽×高(mm×mm)	500×300	对反循环成孔
		300×250	对正循环成孔
	坡率	1/50~1/100	—

(3)泥浆的净化

①重力沉淀法

当施工场地比较宽阔时可采用重力沉淀法。泥浆重力沉淀法是使泥浆处于静止状态，依靠重力作用让钻渣自由沉降。影响泥浆中悬浮颗粒沉降的主要因素有渣土颗粒的大小、形状，泥浆和渣土的密度，泥浆的黏度等。沉淀法一般只能清除直径大于0.05mm的颗粒。

采用沉淀法时，需在槽孔附近挖掘容积较大的沉淀池和排浆沟，沉淀池的容积一般为一根桩挖土量的1.5~2.0倍。泥浆在沉淀池中停留静置的时间越长，沉淀分离的效果越好。要注意及时清理池底的沉渣，经常保持沉淀池的有效容积。如果现场不具备挖沉淀池的条件，也可采用一组(3~4个)铁箱及相应的清渣设备代替。

②机械净化法

机械净化法一般采用专用的泥浆净化机，其主要由振动筛、旋流除渣器、渣浆泵、泥浆箱等组成。

振动筛一般为双层结构，两层筛网的孔径不同。一般用振动筛筛除粒径0.77mm以上的卵砾石、砂粒和土块，这是泥浆机械净化的第一道工序；粒径较小的粉细砂采用旋流器处理。几种振动筛的规格、性能见表1-3-35。

几种振动筛规格及性能参数 表1-3-35

型　号	处理能力(W)	振动频率(1/min)	筛网规格	动力(kW)	尺寸(长×宽×高)(mm)
日本利根LWM-6	120	950	两段式，上段10目，下段20目	5.5	300×2 130×2 360
日本利根LWM-8s	300	900	两段式，上段2ϕ×3×10mm(孔)，下段1ϕ×1.5mm(孔)	11	3 150×2 200×3 050
德国BAUERBE-250	250	1 040~2 040	两段式，左筛网5×25mm，右筛网0.4×16mm	2×2	3 700×2 250×2 350
国产JHD-180型	150~200	960	两段式，上层筛网50目ϕ6mm，下层筛网20目ϕ0.6mm	2×2.2	3 187×1 753×3 200
国产JHD-200型	220	1 450	两段式，左筛网ϕ5mm，右筛网ϕ0.25mm	2×2.2	2 250×3 800×2 500
国产ZX-200型	200	1 450	两段式，上层筛网1.5mm×25mm，下层筛网0.4mm×25mm	2×1.5	3 540×2 250×2 800

已过筛的泥浆沿旋流器圆周切线方向送入旋流器内，在泵压（0.2～0.25MPa）作用下，混合浆液在旋流器内高速旋转，由于砂粒的密度大于泥浆的密度，砂粒在较大离心力的作用下，趋向于沿旋流器的外壁旋转并下降、排出，密度较小的泥浆则从中部的溢流管向上流出。旋流器的尺寸取决于泥浆的处理量、黏度、密度和含砂量，可通过调节底阀开度的大小来调节旋流器的处理效果。旋流器的构造如图 1-3-39 所示，几种旋流除砂器的规格见表 1-3-36。

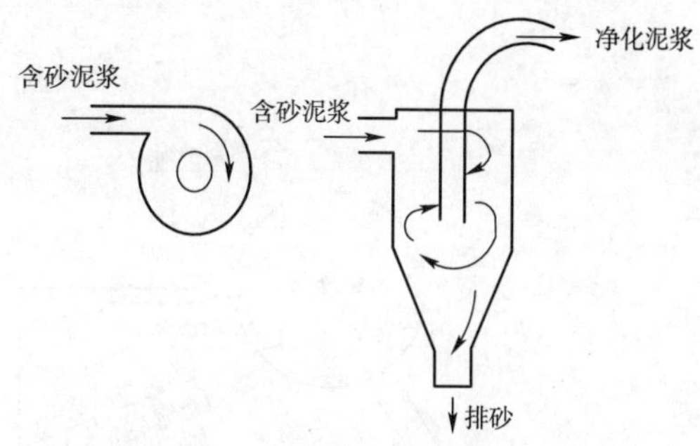

图 1-3-39　旋流除砂器构造示意图

几种旋流除砂器的规格和性能　　表 1-3-36

型　号	德国 BAUERBE－250	日本三菱 MD－9	中国 ZX－200	中国 JHD－100	中国 JHD－200
圆筒内径（mm）	450	230	500	250	472
供浆连接管管径（mm）	200	100	152	100	150
溢浆连接管管径（mm）	150	100	152	100	150
处理量（m^3/h）	250	11.4～86.4	200	100	200
入口口径（mm）	200	50×80 36×80 23×80 10×80	152	100	80×120
溢流管口径（mm）	150	76，58，30	110	76	150
底流管口径（mm）	50	66，48，30	40	20，30	50

③重力沉淀法与机械净化法的比较

泥浆净化方法采用的重力沉淀法和机械净化法，各自有其特点。采用重力沉淀法进行钻孔泥浆净化主要优点在于不影响钻孔正常施工，连续性较好，配置的机械设备简单，操作方便，且所需动力消耗少，使用劳动力较少。但重力沉淀法所需占地面积较大，一般需要较大的施工场地来布置泥浆沉淀池等，对场地要求相对较高。

泥浆机械净化法一般采用专用的净化设备，占地面积少，布置方便，可在施工场地较小的情况下使用。但使用泥浆净化设备相对较多，施工投入较大，且各道工序需严密配合，钻进速率受设备的性能影响较大。

④深水桩基钻孔泥浆的循环和净化

深水桩基施工一般均在搭设的钻孔平台上进行，泥浆的循环可由设置在钻孔平台上的制浆池、储浆池、沉淀池构成的循环系统，也可在孔位护筒内进行泥浆的循环，具体内容参见“6. 泥浆的循环和净化”。深水大型群桩基础一般打设有大量钢护筒，可直接利用钢护筒完成钻孔泥浆的净化与循环。利用钢护筒作为泥浆循环与净化系统示意如图 1-3-40 所示。

7. 泥浆处置

对桩基施工过程中的废弃泥浆、钻渣等施工废弃物应进行集中收集，指派专人负责，由专门运输车、运输船运到指定弃置场地集中排放、堆积或处理，不得直接排入江河中，防止污染水源；部分砂质钻渣运往外部单位建筑工地作为填料，减少弃渣量，提高废弃物回收利用率;推广使用先进工艺,采用无毒无害的泥浆添加剂原料,减少化学污染。

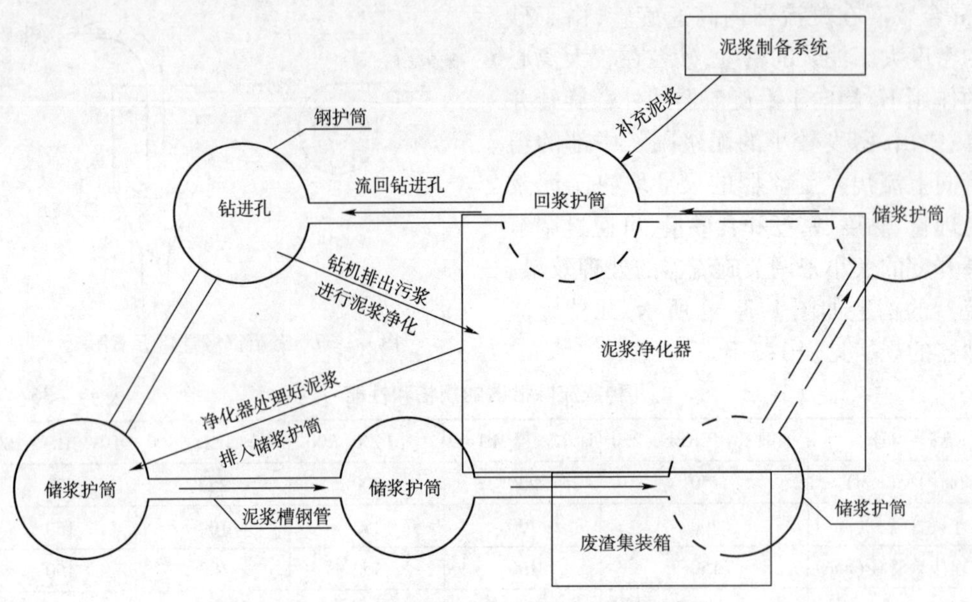

图 1-3-40 深水群桩泥浆循环和净化系统示意图

五、钻孔灌注桩施工工艺流程

钻孔灌注桩施工工艺流程框图如图 1-3-41 所示。

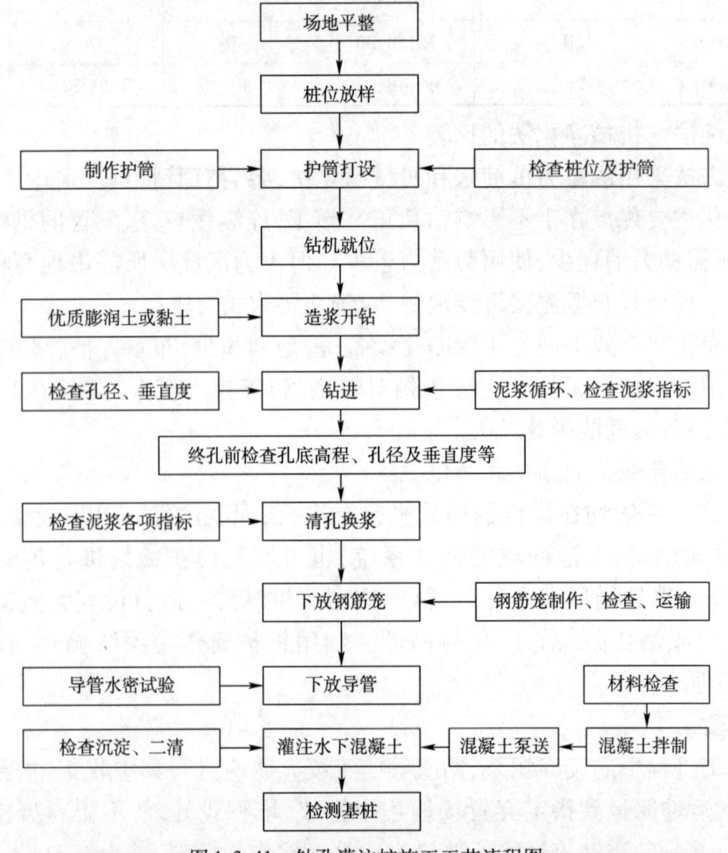

图 1-3-41 钻孔灌注桩施工工艺流程图

第四节　成孔工艺

一、回转钻机成孔

(一)施工概述

回转钻机成孔包括正循环成孔工艺和反循环成孔工艺,它是采用钻孔钻机,用泥浆的方式维持孔壁稳定钻进成孔,然后灌注混凝土成桩的一种施工方法,为国内最常用和应用范围较广的成孔方法之一。

(二)正循环成孔原理

正循环钻成孔灌注桩的成孔原理如图1-4-1所示。正循环钻成孔施工时是由回转装置带动钻杆和钻头旋转切削破碎岩土,由泥浆泵抽吸泥浆,通过水龙头输入空心钻杆的内腔,经钻头的出浆口射出而输出孔底。由于钻机的旋转,使钻孔内泥浆向上环形转动,带动被切削的钻渣不断沿钻杆与孔壁之间的环形空间上升到孔口,流进沉淀池沉淀后返回泥浆池净化,净化后泥浆可重复使用。这种泥浆由钻头射出,沿钻杆和孔壁之间环状空间向上溢进泥浆池的钻进成孔方式即为正循环钻成孔方式。

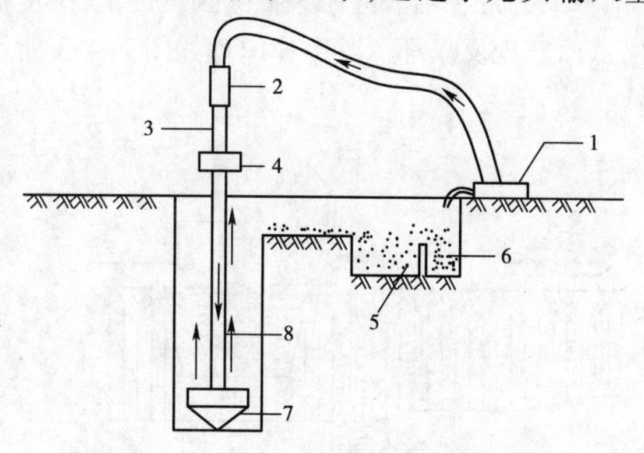

图1-4-1　正循环钻成孔灌注桩施工原理

1-泥浆泵;2-水龙头;3-空心钻杆;4-钻机回转装置;5-沉淀池及沉渣;6-泥浆池;7-钻头;8-泥浆循环方向

正循环钻成孔方式,钻杆和孔壁之间的环状断面大,泥浆上返速度慢,挟带泥砂颗粒直径较小,排除钻渣能力差,岩土重复破碎现象严重。但它具有钻机小、重量轻、狭窄工地也能使用、设备简单、设备故障少、工艺技术成熟、噪声低、振动小和工程费用低的优点。

(三)反循环成孔原理

所谓反循环,是指钻机工作时,旋转盘带动钻杆端部的钻头切削破碎孔内岩土,泥浆从钻杆与孔壁间的环状间隙中流入孔底,冷却钻头并携带被切削下来的岩土钻渣,由钻杆内腔返回地面,与此同时,泥浆又返回孔内形成循环。由于钻杆内腔较孔直径小得多,所以,钻杆内泥水上升速度较正循环快得多。即使是清水,也可将钻渣带上钻杆顶端,流向泥浆沉淀池,泥浆净化后再循环使用。

反循环与正循环相比,有钻进速度快,所需泥浆量少,转盘所消耗的功率少,清孔时间较快,采用特殊钻头可钻挖岩石等优点。

反循环钻成孔施工按泥浆循环输送方式、动力来源和工作原理可分为气举反循环、泵吸反循环和喷射反循环等。

1. 气举反循环

气举反循环钻进又称压气反循环钻进，其工作原理如图 1-4-2 所示。将钻杆置入注满泥浆的钻孔内，靠旋转盘的转动，带动气密式方形传动杆和钻头转动切削岩土，由钻杆下端喷射嘴喷出压缩空气，与被切削下来的土、砂等在钻杆内形成比水还轻的泥砂水气混合物。由于钻杆内外压力差和压气动量的联合作用，将泥砂水气混合物与泥浆一起上升，通过压送软管排出至地面泥浆池或储水槽中，土、砂砾和岩屑等在泥浆池内沉淀，泥浆再流入孔内。

气举反循环在终孔深度较小时供气压力不易建立，钻杆内水流上升速度低，排渣能力差，如果孔内的深度小于 7m，则吸升是无效的。当孔深大于 7m 后，只要相应地增加供气量和供气压力，钻杆内的水流就能获得理想的上升速度；当孔深大于 50m 后，就能保持较高而稳定的钻进效率。

2. 泵吸反循环

泵吸反循环施工原理是利用砂石泵的抽吸作用，在钻杆内腔形成负压状态，将钻头切削下来的带有钻渣的泥浆抽吸到沉淀池，沉淀后的泥浆经循环槽或其他方式再流回钻孔，从而实现反循环。其工作原理如图 1-4-3 所示。

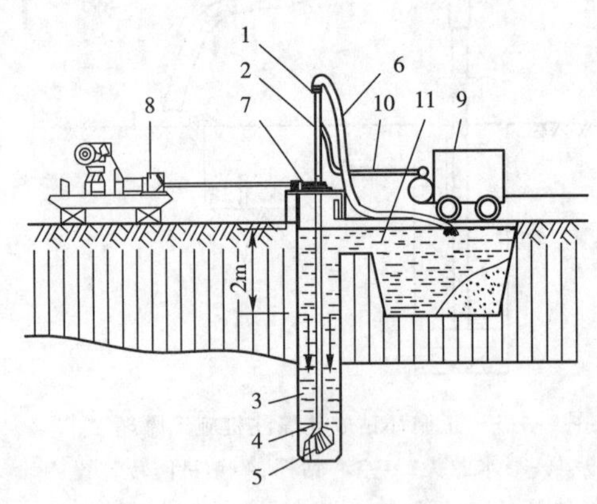

图 1-4-2 气举反循环工作原理（京牟礼和夫，1976 年）

1-气密式旋转钻头；2-气密式传动杆；3-气密式钻杆；4-喷射嘴；5-钻头；6-压送软管；7-旋转台盘；8-液压泵；9-压气机；10-空气软管；11-水槽

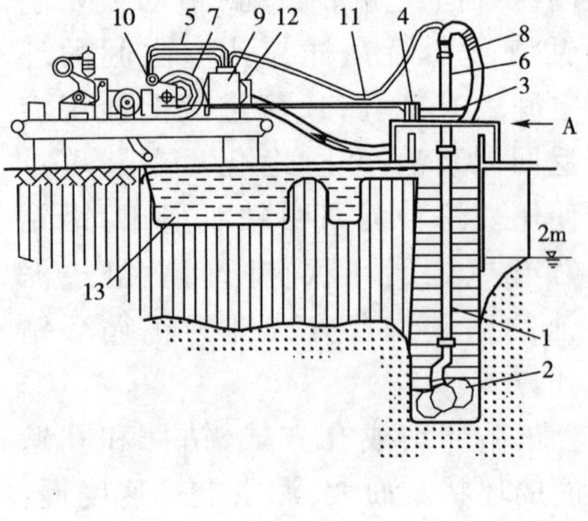

图 1-4-3 泵吸反循环工作原理（京牟礼和夫，1976 年）

1-钻杆；2-钻头；3-旋转钻头；4-液压马达；5-液压泵；6-方型传动杆；7-砂石泵；8-吸渣软管；9-真空柜；10-真空泵；11-真空软管；12-冷却水槽；13-泥浆沉淀池

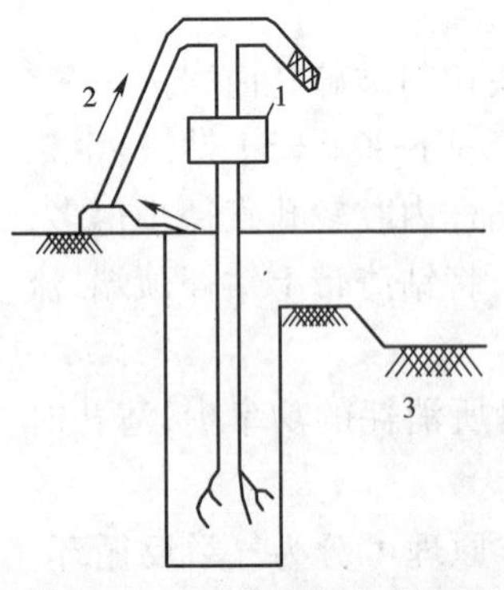

图 1-4-4 喷射反循环工作原理

1-旋转盘；2-射水；3-沉淀池

3. 喷射反循环

喷射反循环的施工原理是把高压水头通过喷射嘴射到钻杆内，利用其流速使水循环，把低水位的泥砂水混合物一起吸上，通过钻杆流到地面处的泥砂池或储水槽中，土、砂、砾和岩屑等在泥浆池沉淀下来，水则流回孔内形成反循环。其工作原理如图 1-4-4 所示。

（四）成孔工艺

回转钻成孔施工顺序如图 1-4-5 所示，其成孔工艺一般流程如图 1-4-6 所示。

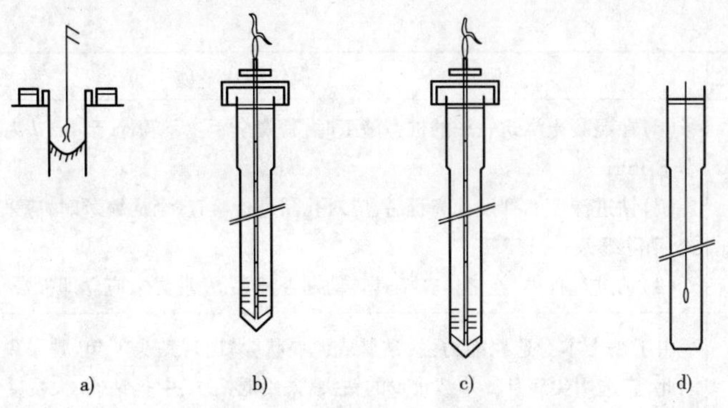

图 1-4-5　回转钻成孔施工顺序

a)设置护筒;b)安装钻机,钻挖;c)钻挖结束,处理虚土;d)孔壁、孔型测定

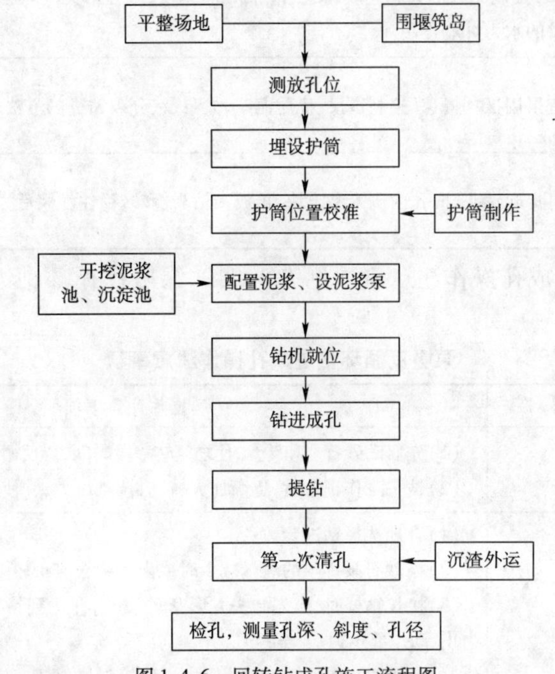

图 1-4-6　回转钻成孔施工流程图

(五)施工注意事项

正循环钻进成孔中操作注意事项见表 1-4-1。

正循环钻进成孔操作注意事项　　表 1-4-1

钻进阶段或钻进土类	操作注意事项
开始钻进前	先在护筒内放一定量的泥浆,稍提钻杆后开始空转,开动泥浆泵开始循环,待泥浆均匀后方能开始钻进
初钻时	应低挡慢速,钻至护筒刃脚下 1m 后,可按土质情况正常速度钻进
正常钻进时	(1)合理掌握和调整钻进参数,钻进过程中应速度均匀,不得突然加快; (2)经常检查钻头最大直径有无变动,是否符合孔径; (3)防止钻机移位、倾斜,检查护筒位置有无变动和漏水现象; (4)测记钻孔深度和通过土层,根据土层调节泥浆指标; (5)钻进成孔应连续进行,不得无故停钻

续上表

钻进阶段或钻进土类	操作注意事项
正常钻进时	(6)在混凝土浇筑完毕的桩旁施工时,其安全距离不得小于4d(d为桩径),或间隔时间不小于36h; (7)钻进深度达到设计高程后,应对孔深进行检查,当遇缩颈时,应采用上下反复扫孔的方式,消除缩颈; (8)钻进过程中,经常检查机具转动是否正常,发现异常应立即报告
在黏土层中钻进时	由于黏土本身造浆能力强,钻屑成泥块状,易出现钻头泥包、蹩泵现象,且回转阻力矩大,因此,应选用尖底且翼片数量少的钻头,采用低钻压、中等钻速、大泵量、稀泥浆的钻进方法
在砂土层中钻进时	(1)宜用平地钻头、控制进尺、轻压、抵挡慢速、大泵量稠泥浆的钻进方法; (2)在坍塌段,可向孔内投入适量黏土球,以帮助形成孔壁; (3)控制钻具的升降速度和适当降低回转速度,减轻钻头上下运动对孔壁的抽吸和回转对孔壁的水力冲刷作用
在砂砾等坚硬土层中钻进时	宜采用抵挡慢速、控制进尺、优质泥浆、大泵量、分级钻进的方法
护筒底土质松软出现漏浆时	可提起钻头,向孔内倒入黏土块,再放入钻头倒转,稳住泥浆后方能继续钻进

泵吸反循环钻进成孔操作注意事项见表1-4-2,泵吸反循环钻进推荐参数和钻速见表1-4-3。

泵吸反循环钻进成孔操作注意事项 表1-4-2

钻进阶段或所遇土层	操作注意事项
初钻	(1)先启动砂石泵和转盘,使之空转一段时间,待反循环正常后,方可开始钻进; (2)钻头工作正常后,逐渐加大转速,调整压力,并使钻头吸口不堵水
正常钻进时	(1)合理选择钻进参数; (2)当砂石泵排除的渣量减少时或出水中含渣量较多时,应控制钻进速度; (3)接长钻杆时,应先卸去方形套,提升钻杆达到钻头与钻杆相连处露出转盘为止,动作要迅速、安全; (4)钻进时如果孔内出现塌孔、涌砂等异常情况,应将钻具提离孔底,控制泵量,保持泥浆循环,吸取塌落物和涌砂,向孔内输送符合要求的泥浆,保持孔内水头压力,抑制塌孔和涌砂
在砂砾、砂卵、卵砾石中钻进	(1)防止钻渣过多,卵砾石堵塞管路; (2)采用间断钻进、间断回转的方法控制钻进速度

泵吸式反循环钻进推荐参数和钻速 表1-4-3

钻进参数和钻速 / 地层	钻压 (kN)	钻头转速 (r/min)	砂石泵排量 (m^3/h)	钻进速度 (m/h)
黏土层、硬土层	10~25	30~50	180	4~6
砂质土层	5~15	20~40	160~180	6~10
砂层、砂砾层、砂卵石层	3~10	20~40	160~180	8~12
中硬以下基岩/风化基岩	20~40	10~30	140~160	0.5~1.0

(六)正、反循环钻机性能的比较

正循环钻机和反循环钻机,都是通过泥浆循环保护钻孔孔壁和排除钻渣的,即通过泥浆循环,把钻孔里的钻渣带出来。它们钻进成孔的施工工艺和适用土层基本相同,但泥浆的循环方式却不同。正循环钻机的泥浆是由泥浆泵从泥浆池里抽到钻杆里,通过钻杆不断地输送到钻孔中,然后从钻孔口自然地排出来。因此,正循环钻机成孔的循环能力和排渣能力都比较弱,颗粒较大的钻渣排不出来,钻孔里残留钻渣较多,影响了钻进速度,钻具的磨损比较大。

反循环钻机泥浆的循环方式与正循环钻机相反,它的泥浆是由泥浆池向钻孔中输送,再用压缩空气或泥浆泵从钻杆中抽吸出来,所以循环能力和排渣能力都比较强,不但排渣比较干净,而且颗粒比较大的钻渣(像鸡蛋大小的钻渣)也能排出来,适合于在卵石层等颗粒比较大的地层中钻进成孔。

两者相比,正循环钻机的排渣能力相对较弱,但工艺比较简单,容易操作,且正循环钻机的价格相对便宜;反循环钻机排渣能力相对较强,但工艺比较复杂,操作不当容易引起塌孔埋钻,而且反循环钻价格相对较高。正循环钻只要用一台泥浆泵,而反循环钻机则需要用两台泥浆泵,或一台泥浆泵和一台空气压缩机。

(七)劳动组织及成孔进度

1. 正循环回旋钻机

正循环回旋钻进每台班一般配备 7 ~ 11 人,其中班长兼指挥、记录 1 人,司机 1 人,卷扬机司机 1 人,泥浆泵机电工 1 ~ 2 人,装卸钻杆及清渣 3 ~ 6 人。

钻孔进度与钻孔直径、土质、钻头回转速度、泥浆相对密度以及操作工人的熟练程度有关。一般直径桩钻进,根据土层不同,每小时的纯钻进速度为:黏质土、粉质土 6 ~ 9m、砂土 1 ~ 2m、卵石、砂砾 1 ~ 2m。

2. 反循环回旋钻机

反循环回旋钻每台班约需 13 ~ 14 人,其中操作钻机技工 4 人、拆装钻杆 4 人(内含技工 1 人)、搬运钻杆及调制泥浆 3 人(内含技工 1 人)、供水 2 人、指挥记录 1 人。操作熟练后人数可适当减少。

钻孔进度与钻孔直径、土质、钻头回转速度、浆渣吸升能力、泥浆相对密度以及钻头形式有关。一般用反循环回旋钻进,根据土层不同,每小时的纯钻进速度为:黏质土 6 ~ 12m、粉质土 6 ~ 9m、细砂 5 ~ 6m、中砂 3 ~ 5m、砂砾 1 ~ 2m。

二、冲击钻机成孔

(一)施工概述

冲击钻机成孔是利用冲击式钻机或卷扬机悬吊冲击钻头,在一定的高度往复提升钻头并使其突放自由降落,利用冲击动能冲挤土层或破碎岩石成孔。部分碎土和泥浆被挤入孔壁中,大部分成为泥渣,利用掏渣筒或其他方法将钻渣排出孔外。每次冲击之后,冲击钻头在钢丝绳转向装置带动下转动一定的角度,从而使桩孔能得到规则的图形断面。

冲击钻成孔的直径通常为 600 ~ 1 500mm,最大直径可达 2 500mm,钻孔深度一般在 50m 左右,某些情况下可超过 100m。冲击钻进施工法根据排渣方式的不同可分为冲击反循环施工法和冲击正循环施工法。

1. 冲击反循环施工法

冲击反循环机具由卷扬机、偏心轮、钻架、钻头、排渣管、泥浆泵等几部分组成。施工中，卷扬机通过偏心轮将4～8t重的钻头提升至1～5 m高度(高度根据地质情况，通过偏心轮距调整)后，自由落下冲击岩石。如此反复，实现钻进。同时，泥浆泵通过排渣管将孔底钻渣不断吸出，新鲜泥浆从孔口补充入孔，进行护壁。

(1)冲击反循环钻孔法的主要特点：①利用冲击力破岩，能够以块状回收钻渣，钻渣处理效率高；②结构简单，故障少，部件消耗少；③自带行走系统，移机简便；④为反循环施工，便于控制泥浆指标。

(2)冲击反循环钻孔法的施工流程：①测量定位，护筒埋设；②安装钻机，移机就位，吊入钻头，安装排渣管、泥浆泵，钻头对中；③开孔造浆，泥浆池造满浆后，钻进；④钻进结束，清孔，处理钻渣。

2. 冲击正循环施工法

冲击正循环机具由钻架、卷扬机、钻头及泥浆泵等几部分组成。施工中，卷扬机提升20～80kN重的钻头至10m以下的任意高度后，断开离合器使钻头自由落下冲击岩石。如此反复，实现钻进。冲击正循环是依靠泥浆的浮力及黏附力来排渣的，因此，正循环钻进对泥浆的要求很高。泥浆相对密度不能太小，太小则不能提供足够的浮力使钻渣浮出；泥浆也不能太浓，太浓的泥浆会在孔壁产生较厚的泥皮，造成清孔困难，如控制不当，将会大大降低桩周摩阻力。因此，在冲击正循环施工中应严格控制泥浆的指标。

(1)冲击正循环钻孔法的主要特点：①利用冲击力破岩，能够以块状回收钻渣，便于及时掌握地质情况；②结构简单，机体重量轻，不需要大的钻孔平台；③短距离能自行，移机简便；④施工中无需笨重的反循环泥浆泵。

(2)冲击正循环钻孔法的施工流程：①测量定位，护筒埋设；②安装钻机，移机就位，吊入钻头，钻头对中；③开孔造浆，泥浆池蓄满浆后，钻进；④钻进结束，清孔，处理钻渣。

(二)成孔工艺

冲击成孔步骤与循环钻成孔施工步骤相同，不同之处为成孔所施加的动力方式。

(三)施工注意事项

(1)在冲击钻进过程中，为获取最佳的成孔速度，必须保证冲击钻头在孔内以最大的加速度下落，以增大冲击力。为此，应合理确定冲击钻头的重量，选择最优悬吊距离、冲击行程和冲击频率。冲击钻头的重量一般按冲孔直径每100mm取100～140kg为宜，对于硬岩土层或刃脚较长的钻头取大值，反之取小值。最优悬距是保证钻头最大切入深度而使钢丝绳没有剩余长度。一般正常悬距可取0.5～0.8m，悬距过大或过小，钢丝绳抖动剧烈；悬距正常，钻机运转平稳，钻进效率高。一般专用钢丝绳冲击钻机冲击行程可取0.78～1.5m，冲击频率以40～80次/min为宜。

(2)冲击钻进成孔施工的总原则是根据地层情况，合理选择钻进技术参数，少松绳，勤松绳，勤掏渣。开孔时应低锤勤击，锤高可取0.4～1.0m，以免偏斜。当孔深达到护筒下3～4m后，才能加快速度，加大冲程，转入正常连续冲击。如发现钻孔偏斜，应立即回填片石，重新钻进。如遇孤石，可抛填相似硬度的片石或卵石，用高冲程冲击，将大孤石击碎挤入孔壁。在各种不同土层中钻进时，可按表1-4-4中施工要点进行，表中列出了各类土层常用冲程高度和施工泥浆密度，可供使用时参考。

不同土层中钻进时施工要点　　表 1-4-4

适用土层	施工要点	效　果
在护筒中及护筒刃脚以下 2m	小冲程高 1m 左右，土层不好时加入小片石和黏土块	造成坚实孔壁
黏土层、粉土层	中、小冲程高 1 ~ 2m，加清水或稀泥浆，经常清除钻头上的泥块	防黏钻、吸钻、提高钻进效率
粉、细、中、粗砂层	中冲程高 2 ~ 3m，泥浆密度 1.2 ~ 1.5mg/cm^3，投入黏土块，勤冲、勤掏渣	反复冲击造成坚实孔壁，防止坍孔
砂卵石层	中高冲程高 2 ~ 4m，泥浆密度 1.3mg/cm^3 左右，多投黏土，减少投石量，勤掏渣	加大冲击能量，提高钻进效率
基岩	高冲程高 2 ~ 4m，加快冲击效率，8 ~ 12 次/min，泥浆密度 1.3mg/cm^3 左右，如发现偏孔应回填片石至偏孔上方 300 ~ 500mm 处，重新冲孔	加大冲击能量，提高钻进效率
孤石	预爆或用高低冲程交替冲击，将大孤石击碎或挤入孔壁	
软弱土层或塌孔回填重钻	低冲程反复冲击，加黏土块及小碎石，泥浆密度 1.3 ~ 1.5mg/cm^3，勤掏渣	造成坚实孔壁
淤泥层	低冲程 0.75 ~ 1.50m，增加碎石和黏土投入量，边冲击边投入	碎石和黏土挤入孔壁，增加孔壁稳定性

注：本表所列冲程数字是指简易冲击钻机的冲程。

(3)卷扬机施工时，应在钢丝绳上作标记控制冲程。冲击钻头到底后要及时收绳提起冲击钻头，防止钢丝绳缠卷冲击钻具或反缠卷筒，并应经常检查钢丝绳的磨损情况、卡扣松紧程度、转向装置是否灵活。

(4)排渣方法有泥浆循环法和抽渣筒法。应尽量选用泥浆循环排渣法，其方法是将输浆管插入孔底，泥浆在孔内向上流动，将残渣带出孔外。虽然本方法具有造孔效率高、护壁效率好的优点，但当孔深时，对循环泥浆的压力和流量要求较高，较难实施，所以仅适用于浅孔。采用抽渣筒排渣时，当钻深 4 ~ 5m 以后，每钻进 0.5 ~ 1.0m 应抽渣一次，并及时补给泥浆。对稳定性差的孔壁不宜采用抽渣筒法，而应采用循环泥浆排渣法。

(5)每次掏渣后或因其他原因停钻后再次开钻时，应由低冲程逐渐加大到正常冲程，以免卡钻。如遇卡钻，应交替紧绳、松绳，将钻头慢慢吊起，不得硬提猛拉。

(6)大直径桩孔应分级扩孔，《桩基工程手册》(中国建筑工业出版社，1995 年)中认为第一级扩孔直径为设计直径的 0.6 ~ 0.8。

(7)在钻头锥顶和钢丝绳之间必须设定自动转向装置，以保证能冲钻成圆孔，转向装置可用合金套、转向套、转向环、转向杆等。钻头重量大的采用合金套，钢丝绳应优质、柔软、无死结，安全系数不小于 12，短绳与大绳连接的卡扣不得小于 3 个，各卡扣受力应均匀。钢丝绳与吊环连接弯曲处，应安装槽形护铁，以减小磨损。

(8)在黏性土层中钻进时，可利用黏性土自然造浆的特点，向孔内送入清水，通过钻头冲捣形成泥浆；在砂砾石层中钻进时应采用膨润土泥浆，视孔壁稳定情况，边冲击边向钻孔中投入黏土，使黏土挤入孔壁，增加孔壁的稳定性；在裂隙岩溶地层中钻进遇裂隙泥浆漏失时,可投入黏土,冲击数次后再边投黏土边冲击,直至穿过裂隙。如果遇无填充物的小溶洞时,可投入黏土加石块,形成人工造壁。

(9)在冲孔深度达到设计要求,经冲孔检查合格后,应立即进行清孔。先往孔底投入一些散碎黏土,用冲击锤低冲程反复拌浆,使孔底沉渣悬浮掏出。可使用底部带活门的钢抽渣筒,反复掏渣,将孔底淤泥,沉渣清除干净。密度大的泥浆可借水泵用清水置换,使密度控制在 $1.15 \sim 1.25 mg/cm^3$。

(10)清孔时,应及时补充足够的泥浆和清水,始终保持桩孔中浆面稳定。清孔完毕,应立即灌注水下混凝土。

(四)劳动组织及成孔进度

冲击成孔所需的人员,视所用的机具、设备而定,一般情况是:

(1)用冲击钻机施工时,每台班共 3 人,其中司机兼记录 1 人,投黏土兼掏渣 2 人。

(2)用反循环式冲击钻施工时,每台班共计 4 人,其中司机 2 人轮流作息兼做记录,造浆排浆 2 人。

三、旋挖钻机成孔

1. 施工概述

旋挖钻机是一种适合在建筑基础工程中成孔作业的施工机械,具有装机功率大、输出扭矩大、轴向压力大、机动灵活、施工效率高等特点,适应我国大部分地区的土壤地质条件。配合不同钻具,适应于短螺旋、回转斗及岩层的成孔作业。对于硬性黏土,可不用稳定液护壁的干式旋挖工法,一般的覆盖层采用静态泥浆护壁的湿式旋挖工法,它广泛应用于桥梁、市政建设、高层建筑等基础的钻孔灌注桩工程。

最近几年,我国的旋挖钻机得到了快速发展,并广泛应用于我国的公路、铁路、桥梁和大型建筑的基础桩施工。国内进口产品不断涌入,我国同类产品也逐步发展起来,未来几年正处于发展的关键时期。同时,国内、国外的旋挖钻机产品将不可避免地出现竞争趋势。

2. 工作原理

旋挖钻机成孔施工是利用短螺旋钻头或钻斗进行钻进或无循环泥浆钻进或全套管钻进成孔的一种施工方法。当采用钻斗钻成孔时,其成孔施工法是利用钻杆和钻斗的自重切入土层,斜向斗齿在钻斗回转时切下土块向斗内推进而完成取土。遇硬土层时,自重力不足以使斗齿切入土层,此时可通过加压油缸对钻杆加压,强行将斗齿压入土中。钻杆和钻斗的旋转及重力,使土屑进入钻斗,土屑装满钻斗后,提升钻斗出土。这样,通过钻斗的旋转、削土、提升和出土,多次反复而成孔。钻斗钻成孔法主要适用于硬填土层、黏性土层、淤泥层、砂土层以及含有部分卵石、碎石的地层,采取特殊措施,还可在岩层中钻进成孔。

3. 成孔工艺

采用无循环泥浆,旋挖钻机成孔施工工艺如图 1-4-7 所示,施工工艺流程如图 1-4-8 所示。

(1)测定桩位:其方法和质量要求同回转钻成孔灌注桩。

(2)钻机就位:在桩位复核正确、护筒埋设符合要求后,钻机才能就位。因要利用旋挖钻机和人工相互配合埋设护筒,因此,钻机就位于护筒埋设前。钻机就位时,定位要准确、水平、垂直、稳固；钻机导杆中心线、回转盘中心线、护筒中心线应在同一直线上。

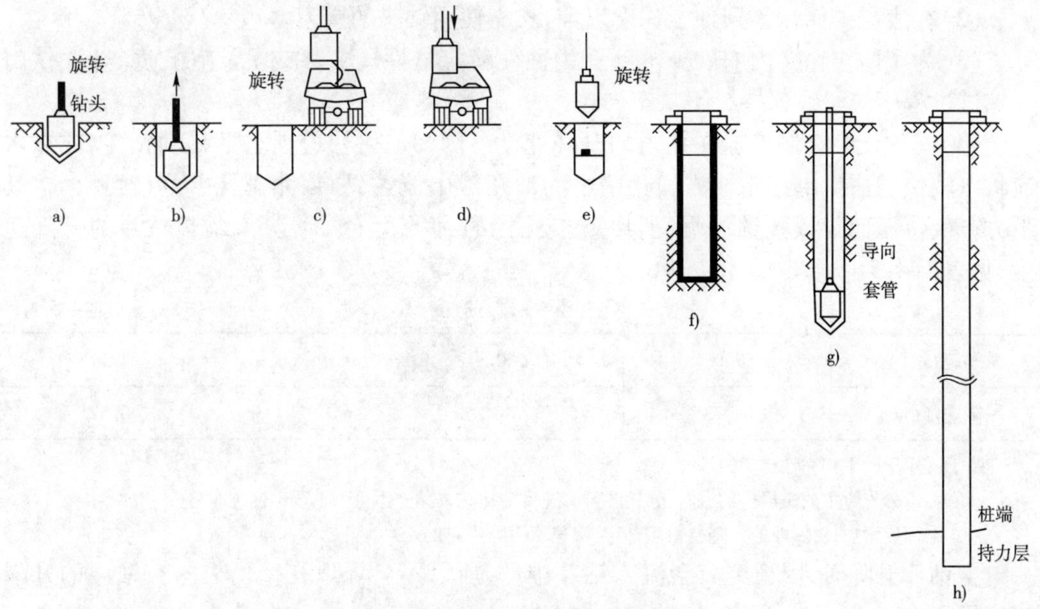

图 1-4-7　旋挖钻机成孔施工工艺

a)开孔；b)卷起钻头，开始灌水；c)卸土；d)关闭钻头；e)钻头降下；f)埋设导向护筒，灌入稳定液；g)钻进开始；h)钻进完成，第一次清孔，测定深度和孔径

(3)钻斗着地、旋转、开孔。以钻头自重并加液压作为钻进动力。

(4)埋设护筒。旋挖钻成孔灌注桩在埋设护筒时，一般由人工、机械配合完成，主要利用钻头的挤压方法作调整，精度较高。

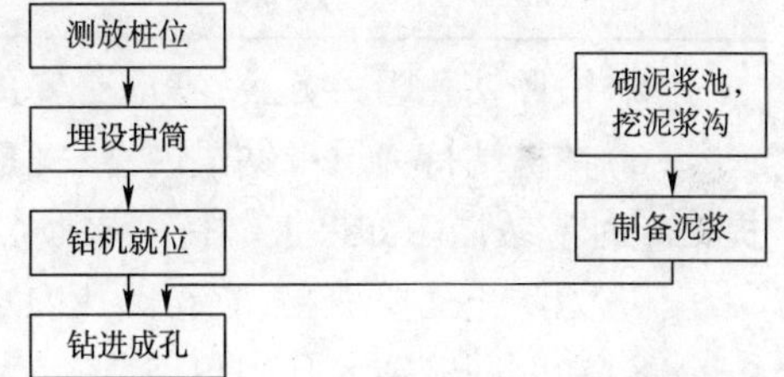

图 1-4-8　旋挖钻机成孔施工工艺流程

(5)护壁泥浆：旋挖钻成孔一般不用套管，在护壁泥浆的保护下钻进，因钻机结构决定，钻头钻进时，要多次上下提钻往复操作，如果对护壁泥浆管理不善，就可能发生坍孔事故，因此护壁泥浆的管理是旋挖钻成孔的关键。在钻进过程中，应根据地层不同情况，按平衡钻进原理指导泥浆管理工作，尽量利用地层黏土自然造浆。当泥浆稠度不能满足要求时，应选择造浆能力强、黏度大的膨润土进行造浆，以提高泥浆稠度，确保钻进过程中不坍孔、不缩孔。泥浆的配合比应根据地基土情况、钻机和工程条件确定，一般 8kg 膨润土可加水 100L，对黏性土层，膨润土含量可降低到 3% ~5%，对一般地层，泥浆的相对密度可取 1.12 ~1.16，黏度可取 24 ~28s。

(6)钻进成孔：旋挖钻机通常配备有电子控制系统显示，同时在钻杆的两个侧面均设有垂直度仪。在钻进的过程中，应有专人观察两个垂直度仪，随时指挥机手调整钻杆垂直度，从而保证成孔质量。钻进过程中应根据地层决定钻进速度，提钻时，需及时向孔内补浆，以保证泥浆高度。当钻至设计深度时，可采用磨盘式钻斗或其他工具一次或多次捞渣清孔，以使孔底沉渣满足规范和设计要求为止。

4. 钻进中的注意事项

旋挖钻成孔灌注桩在钻进过程中的注意事项如下：

(1)不管孔内有无地下水,表层土质情况如何,均需设置表层护筒,护筒至少高出地面30cm。

(2)在表层护筒插入到预定深度以前,均需使用钻头的铰刀。

(3)为了防止钻斗内的砂掉落到孔内而使稳定液性质变坏或沉淀到孔底,斗底铁门在钻进过程中应始终保持关闭状态。

(4)必须始终控制钻斗在孔内的升降速度。因为如果快速地上下移动钻斗,那么水流将以较快的速度由钻斗外侧和孔壁之间的孔隙中流过,导致冲刷孔壁,有时还会在其下方产生负压而导致孔壁坍塌,所以应按孔径的大小及土质情况来调整钻斗的升降速度,见表1-4-5。

钻斗升降速度　　表1-4-5

桩径(mm)	700	1 200	1 300	1 500
升降速度(m/s)	0.973	0.748	0.628	0.575

注:①适用于砂土和黏性土层的情况。

②在以砂土为主的土层中钻进时,其钻斗升降速度要比在以黏土为主的土层中钻进时慢。

③随深度增加,对钻斗的升降要慎重,但升降速度不必要变化太大。

空钻斗升降时,因稳定液会流入钻斗内部,所以不会导致孔壁坍塌。空钻斗的升降速度见表1-4-6。

空钻斗升降速度　　表1-4-6

桩径(mm)	700	1 200	1 300	1 500
升降速度(m/s)	1.21	0.83	0.83	0.83

(5)按照钻孔阻力大小,考虑必要的扭矩决定钻斗的合适参数。

(6)在桩端持力层中钻进时,需考虑由于钻斗的吸引现象使桩端持力层松弛,为此上提钻斗时应缓慢。如果桩端持力层倾斜,为防止钻斗倾斜,应稍加压钻进。

(7)为防止孔壁坍塌,应确保孔内水位高出地下水位2m以上。

(8)在钢筋笼插入孔内以前,应进行第一次清孔。一般用沉渣处理钻斗(带挡板的钻斗)排除沉渣;如果沉淀时间较长,则应采取水泵进行浊水循环。在混凝土灌注前,应进行第二次清孔,通常采用泵升法清孔。

5.旋挖钻机施工的特点

随着时间的推移,旋挖钻机成孔在我国逐渐被人们认识和应用,被工程业主和施工单位认可,并得到迅速发展。究其原因,主要是旋挖钻机有以下优点。

(1)成孔速度快、质量高。目前我国公路、铁路和大型建筑物的施工大多采用传统的循环钻机或冲击钻机,生产效率低。据有关资料介绍,在杭州绕城高速立交桥的施工中,一个直径1.5m、深43m的桩(有3m厚的卵石层),循环钻机需3d、甚至7d才能完成一个孔,且很多桩由于钻孔时间长造成塌孔,严重的甚至需要回填重新钻孔。而在同一工地,采用一台SD－205－2型旋挖钻机,仅须7～8h左右即可完成同样孔径和深度的钻孔,其工效是循环钻机的20倍。在宁夏某黄河大桥,一个直径1.5m、深40m的桩(有15m厚的卵石层),很多循环钻机需要20d、甚至30d才能完成一个孔,冲击反循环钻机最快也需要7d左右。而采用一台BG22型旋挖钻机,仅需5h左右即可完成同样孔径和深度的钻孔,其工效是冲击反循环钻机的30倍。

(2)环保特点突出,施工现场干净。由于旋挖钻机是通过钻头旋挖取土,再通过凯式升缩钻杆将钻头提出孔外卸土,不像循环钻机通过泵抽吸或泥浆循环排土,可大幅度减小泥浆污染现场,提高文明施工的水平。

(3)行走移位方便。旋挖钻机具有履带,可以自行移位。而传统钻机的移位往往需要借助吊车,即使有步履机构移动起来也非常缓慢。

(4)旋挖钻机对孔定位准确、方便,而传统的回转钻机对孔定位很不方便。

(5)旋挖钻机适应不同地质的能力强。通过更换不同的钻头,可以适用于淤泥质土、黏土、砂土、卵石层和软岩,甚至有的旋挖钻机可以适应单轴抗压强度超过30MPa的坚硬岩层。

旋挖钻机施工缺点:

(1)当卵石粒径超过100mm时,目前旋挖钻机钻进仍困难。

(2)稳定液(泥浆)管理不当时,会产生塌孔。

(3)沉渣处理较困难,需用清渣钻头。

(4)小直径桩钻进效率较低。对于直径小于800mm的钻孔,一般型号较高的旋挖钻机成孔效率反而降低,导致成本增大。

(5)虽然旋挖桩可用扩壁钻头进行扩底,但很难保证孔底的厚度以及扩底尺寸满足设计要求。

(6)旋挖钻机价格昂贵,运行成本高。

6. 劳动组织及钻孔进度

旋挖钻机每台班约需5~6人,其中操纵钻机技工1人、调制泥浆3人(内含技工1人)、供水1人、指挥记录1人。操作熟练后人数可减少。

钻孔进度与钻孔直径、土质、泥浆相对密度以及钻头形式有关,一般当钻孔直径为1.8m,根据土质不同,每小时的纯钻进速度为:黏质土6~12m、粉质土6~9m、细砂6~8m、中砂4~8m、砂砾2~4m。

四、全套管钻机成孔

(一)施工概述

全套管钻机成孔是在遇到不良地质如松散卵石层或砂层、溶岩地层、漏砂漏浆现象时,常规泥浆护壁方法难以继续钻进,需利用全套筒跟进钻进成孔。

在钻进过程中,每钻进一定深度(一般为2m),就进行提钻,将护筒跟进一次,然后重新下钻钻孔,直至护筒刃脚嵌入岩层内不小于0.5m深为止。如果不进行护筒及时跟进,在护筒刃脚以下松散卵石(或砂层)会在钻头的碰撞和钻机的频繁振动下向孔内坍塌。如果坍塌范围较大而将下部正在钻进的钻头埋住卡死,处理起来将会更加困难,使用护筒跟进就有效地避免了不良地质引起的垮孔以及漏浆现象。

(二)全套管冲抓钻成孔工艺

1. 就位钻机

钻机就位主要是使钻机抱箍(即导向套)下龙口中心与桩位中心重合。具体做法是用"三脚尺"找出抱箍下龙口中心,用锤球与放样桩对中,就位时要保持钻机摆放水平,利用钻机上的前后液压支腿进行调整。

2. 钻进成孔

首先插打第一节套管，插打时要保证其竖直度。套管通过抱箍将其抱紧，并不断地摇动而被压入地下，以保护孔壁，然后冲抓开挖套管内的土层，同时边摇动套筒边把套筒压入土层中。按照上述第一节方法，依次连接其他节套管，压入地下时，要一边摇动、一边压入、一边冲抓钻进，直到套管压至桩端持力层。挖掘完毕后立即测定挖掘深度，确认桩端持力层，清除孔底虚土(至此成孔，见图 1-4-9)。

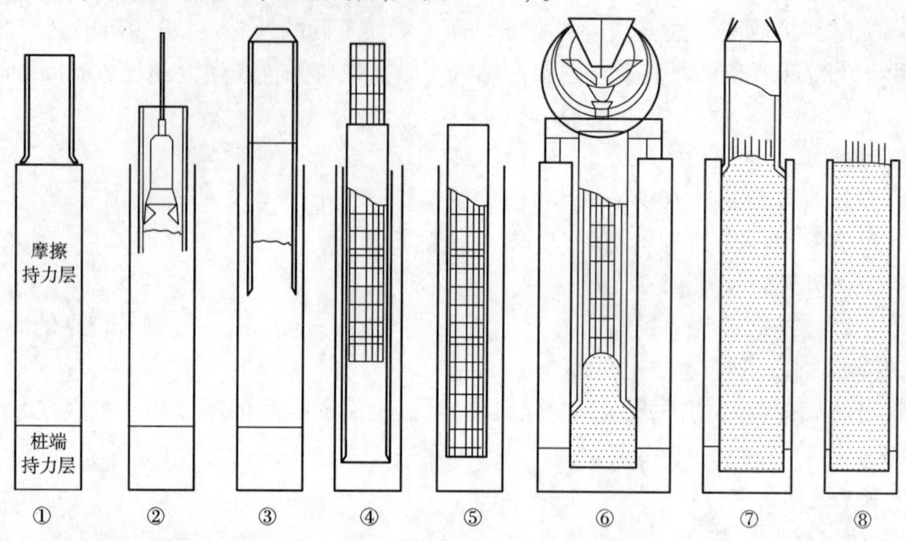

图 1-4-9　全套管冲抓钻机成孔施工示意图

①插入第一节套管；②边挖掘，边压入；③连接第二节套筒；④插入第二节钢筋笼；⑤插入导管；⑥灌注混凝土，拉拔套管；⑦拔出套管；⑧施工结束

3. 全套管冲抓钻机成孔施工特点

(1)压入套管和冲抓钻进同时进行。全套管冲抓管钻机一般设有摇动臂及专有的夹紧千斤顶，利用其将套管夹住，再用摇动千斤顶使套管在圆周方向摇动(由于摇动，使套管与地层间的摩阻力大大减少)，此时可顺利向下压进或向上拔出套管。

(2)钻机设备结构相对简单，但由于抓叶瓣的张开、落下以及关闭、拉上均由一根钢丝绳控制，对操作人员熟练程度要求较高。

(3)由于采用全套管跟进的钻进成孔工艺，大大降低了塌孔率，但灌注混凝土之后，要及时拔出所有套管。

4. 全套管冲抓钻机成孔施工注意事项

(1)钻机安装及其他准备工作注意事项：

①钻机就位前应将钻机用水准仪校正找平，同时，成孔机具(冲抓锥)中心必须与桩位中心重合，一般偏差不大于 2cm。

②由于桩孔垂直度受套管是否竖直影响较大，套管垂直度又由第一、二节套管决定，因此埋设第一、二节套管是决定桩孔垂直度的关键。在套管压入过程中，应用经纬仪或测锤不断校核、控制，避免倾斜；一旦发生倾斜，应拔出来重新插打。

③全套管法施工要摇动、压入和拔出套管，对地基有较高的要求。如钻机就位处地基不稳定，在钻孔过程中会引起钻机的倾斜和滑动，而造成桩的倾斜和偏位。通常的做法是使场地平整，排水顺畅，对软弱地基作必要的填筑和换土处理，地基上要垫上尺寸约

为 3m×8m 的垫排。一般垫四块，地基坚实时，也可只垫两块。

(2)地质条件不同的地层，钻进方式也有所不同，这主要反映在护筒相对于钻进的超前与滞后上。遵循的原则是：既要使孔壁不坍塌，又要保证护筒能压下去，也能顺利拔出来。

①松软土层的钻进，套管超前压入 1.0～1.5m 的深度，再用冲抓锥在护筒内抓土进尺。

②一般土质场合，套管刃尖可先行压进 30cm 左右，或与挖掘底面保持同步压进。

③在钻进过程中如套管压进困难，且又为不易坍塌的土质，一般采取适当的超挖措施，使得套筒顺利压入。

④钻进过程中遇到漂石、卵石层，用冲抓锥超挖困难时，一般可采用冲击锥先将漂卵石击碎，再用冲抓锥抓出来。这样套管便可顺利压入，但必须保证套管周围土层的松弛程度最小，防止塌孔。

(3)砂类土中成孔的注意事项：

由于砂土本身的流动性和遇水饱和性，在砂土中成孔就易出现以下两种现象：

第一，在饱和松砂中成孔，摇动套管可能引起砂的流动；第二，在水位以下厚细砂层中成孔，摇动套可能使砂密实而钳紧套管。

针对以上两种情况，应采取有效地预防及处理措施。第一种情况，可采取在孔内倾倒大量黏土冲击，增加泥浆浓度并护壁后再冲抓钻进。第二种情况，最好事先避免采用套管法成孔；若已经发生，可采取高压射水管在套管侧边射水、边插入、边摇动套管、边向下压入(这样一来施工工艺相对复杂，投入成本增大)。

(4)卵石层中成孔的注意事项：

①在卵石层中钻进，一般采取边挖掘边跟管的方法，套管一般不宜超前压入，也很难超前压入。

②钻进过程中遇到较大的漂石层(粒径 30cm 左右)，应先超挖，再用黏土(或膨润土)回填，最后插入套管。如此反复操作，便可突破该土层。操作过程中一般超挖 50cm 左右，且回填土部分应大于钻孔直径。

③钻进过程中遇个别大漂石，应换用十字凿锤顺着套管小心冲击，将漂石击碎或拨到钻孔中间，再进行有效冲抓。

(5)钻机操作注意事项：

①为了防止挖掘过程中冲抓锥在套管内破坏套管接头，防止碰撞，应在套管上加设喇叭口。

②钻进过程中，遇到坚硬土岩和风化岩硬层需要冲击破碎穿过该层时，应选用十字凿锤(严禁用锤式抓斗)冲击。

③套管在对接时，一般采用螺栓连接。接头螺栓的施拧应按照说明书要求的扭矩及顺序扭紧；同时，对拆下的接头螺栓，应立即洗净并浸入油中保养。

④在起吊套管时，应使用专用工具吊装，严禁用卡环直接吊在螺纹孔内，以免损坏套管螺纹，造成套管连接困难。

⑤每次停钻或休息期间，应对机器冲抓锥等部件进行全面的清理检查，加强日常保养。

5. 常遇问题、原因和处理方法

全套管冲抓钻机钻孔常遇问题、原因和处理方法见表1-4-7。

全套管冲抓钻机钻孔常遇问题、原因和处理方法　　表1-4-7

序　号	常遇问题	主要原因	处理方法
1	桩孔偏斜	安装钻机，未能对软土地基采取有效的处理，使钻机向前方下倾	对地基进行有效处理，同时加强对钻机的监测，发现有偏移现象，及时调平
		首节套管埋设后，挖掘不当造成的偏斜	首先确保第一节和第二节套管竖直埋设，再控制钻进过程中的进尺及垂直度
2	钻机滑动	根本原因：当钻机自重和钻机与地面之间的摩擦力不足以克服摇动套管的反力时，将使钻机向后部产生滑动； 客观原因：雨雪天，黏性土地面比较泥泞时，钻机与地面之间的摩擦力减小	对于客观原因不可避免，要从根本上解决这一问题有两个途径：第一，减少套管表面摩阻力（向套管内外注水；在套管外周灌注膨润土泥浆；应避免套管卷曲；反复上下转动套管）；第二，钻机后部重压（增加配重；在钻机液压支架上安设凸状防滑体；在钻机后部打设防滑桩）
3	孔径扩大过多	套管外部的土砂将沿套管外的缝隙下降，经由钻头与套管结合部位浸入管内，导致成孔径过大	在孔内补水或泥浆，维持正常的水头差，防止套管内土砂在地下水压力作用下，向套筒内涌入
4	遇厚砂层时进尺缓慢	由于砂土的吸水饱和性及套管各向摇动时，对其振动，使其比较密实，进尺缓慢	可采取其他反循环工艺进行钻进
5	在漂石层中钻进困难	漂石粒径大，不易挖掘	先采取冲击锥将大漂石冲碎后再用冲抓锥钻进。或先超挖50cm左右，把漂石抓起来，再在孔内放入黏土或膨润土，以阻止地下水位上涌，最后套筒跟进
6	冲抓锥坠落孔底	钢绳磨损	及时更换
		钢丝绳插扣连接不好	及时修理
		其他起吊构件磨损	及时更换

五、螺旋钻孔灌注桩

1. 施工概述

螺旋钻孔灌注桩按其成孔方法可分为长螺旋钻孔灌注桩、短螺旋钻孔灌注桩、振动螺旋钻孔灌注桩、加压螺旋钻孔灌注桩、多轴螺旋钻孔灌注桩、凿岩螺旋钻孔灌注桩等。我国目前常用的螺旋钻孔灌注桩是指长、短螺旋钻孔灌注桩。

2. 工作原理

长螺旋钻机、短螺旋钻机的钻机示意，分别如图1-4-10、图1-4-11所示。长螺旋钻成孔是利用动力旋转钻杆，使钻头的螺旋叶片在桩位处旋转切削土块，被切削的土块随钻头旋转，沿着带有长螺旋叶片的钻杆上升排出孔外。

短螺旋钻成孔的钻具与长螺旋的钻具相似，但钻杆上只有一段叶片（约为2~6个导程）。钻进成孔时，利用短螺旋钻成孔机的螺旋钻头，在桩位处就地切削土层，被切削的土块随钻头旋转，沿着带有数量不多的螺旋叶片的钻杆上升，积聚在短螺旋叶片上，形成“土柱”，此后靠提钻、反转，在离心力的作用下甩掉土块，使其散落在孔周。或者采用刮土器卸土法，当钻具提升至地面后，将刮土器的刮土板插入顶部的叶片中间，螺旋一边旋转，一边定速提升，使刮土板沿螺旋刮土，清理完后，将刮土器抬离螺旋，继续成孔。

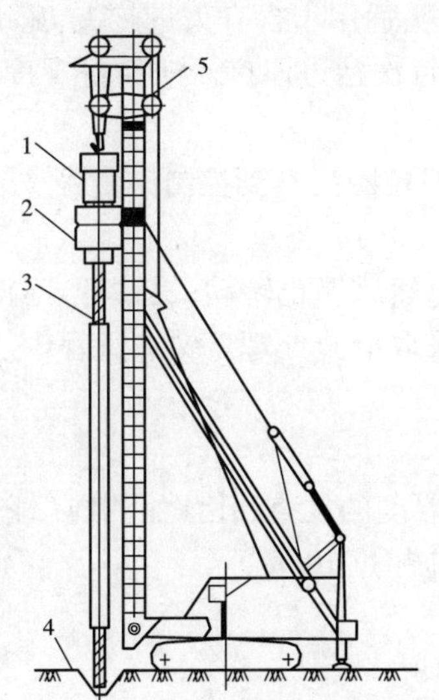

图 1-4-10　长螺旋钻孔机图

1-电动机；2-减速器；3-钻杆；4-钻头；5-钻架

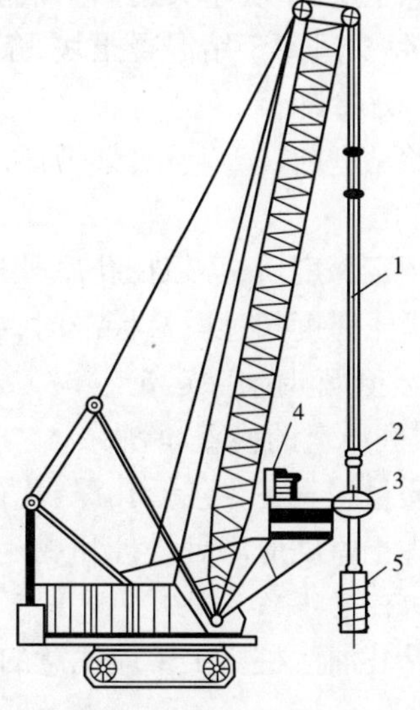

图 1-4-11　短螺旋钻孔机图

1-钻杆；2-加压油缸；3-变速器；4-发动机；5-钻头

长、短螺旋钻孔灌注桩具有成孔时不用泥浆护壁、施工无振动、无噪声、对环境无泥浆污染、机具设备简单、装卸移动快速、施工准备工作少、占地少、技术较易掌握、施工速度较快及降低施工成本等优点。

3. 施工工艺

螺旋钻孔灌注桩成孔过程和施工工艺流程图分别如图 1-4-12、图 1-4-13 所示。

(1)场地清理应做到“三通一平”，施工场地内的地面、地下障碍物均应排除或处理，对影响施工机械运行的松软场地应进行适当处理，并有排水措施。

(2)测定桩位后应做好标志，施工前应检查复核，并经过预检签字。

(3)钻机就位时必须保持平稳，不发生倾斜、移位。为准确控制钻孔深度，应在机架或机管上作出深度控制标尺，以便在施工中进行观测、记录。

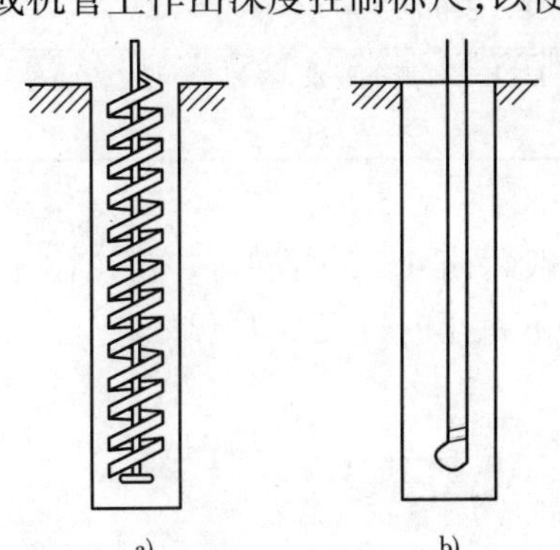

图 1-4-12　螺旋钻孔灌注桩成孔过程

a)螺旋钻机成孔；b)空转清土后掏土

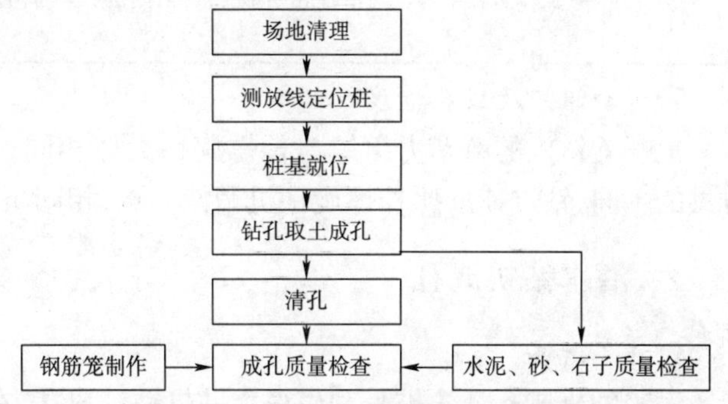

图 1-4-13　螺旋钻孔灌注桩施工工艺流程图

(4)钻进成孔

①钻进成孔应根据土层类别选用钻头类型。常用钻头有四种类型:尖底钻头、平底钻头、耙式钻头、筒式钻头。尖底钻头适用于黏性土层,如在刃口镶焊硬质合金刀头,可钻硬土及冻土层;平底钻头适用于松散土层;耙式钻头适用于含有大量砖头、瓦块的杂填土层;筒式钻头适用于钻混凝土块、条石等障碍物,每次钻进厚度小于筒身高度,钻进时应适当进行水冷却。

②开始钻进前,应调整机架挺杆,对好桩位(用对位圈),达到控制深度后停钻、提钻。

(5)清孔

钻到预定深度后,必须在孔底处进行空转清土,然后停止转动;提钻杆,不得曲转钻杆。孔底虚土厚度超过质量标准时,要分析原因,采取措施处理。钻进过程中散落在地面上的土,必须随时清除运走。

(6)成孔质量的检查、验收

成孔质量检查主要包括孔深、孔径和孔底虚土厚度的检查,孔深用测绳(锤)或手提灯测量。虚土厚度应满足设计和规范要求,一般不应超过10cm。

4.施工注意事项

螺旋钻孔灌注桩施工中应注意的事项见表1-4-8。

螺旋钻孔灌注桩施工注意事项 表1-4-8

施工阶段	操作注意事项
开钻前的准备	(1)纵横调平钻机,对长螺旋钻孔机应安装导向管; (2)掌握长、短螺旋钻机成孔的施工特点。长螺旋钻孔机成孔,宜采用中高钻速、低扭矩、少进刀工艺;短螺旋钻成孔,在大直径、深桩孔的情况下施工较为合适
钻进成孔	(1)注意土层变化,当钻具穿过软硬土层交界处,为保持钻杆垂直,应缓慢进尺; (2)在含有砖块、瓦块的复杂土层或含水率较大的软塑黏土层中钻进时,应尽量减少钻杆晃动,以免扩大孔径; (3)如发现钻杆跳动、机架摇晃、不能钻进等异常现象,应立即停车检查,待查明原因,确定对策后再钻; (4)钻进过程中,应随时清理孔口积土和地面散落土。如遇砂卵石或泥塑淤泥,孔内深水、塌孔、缩颈等异常情况时,应会同有关部门研究处理; (5)在砂层中钻进如遇地下水,钻深不应超过初见水位,以防塌孔; (6)采用短螺旋钻孔机钻进时,每次钻进深度应与螺旋长度大致相同
清孔	操作过程中要及时清理孔内虚土。确保孔内虚土厚度满足设计和规范要求,必要时,可二次投钻清土

5.劳动组织及成孔进度

短螺旋钻机的劳动力组织与长螺旋钻大体相同,一般每班4~5人即可。由于出土方式的不同,钻进速度比长螺旋钻机稍慢一点,相同条件下每小时进尺少1~3m。

六、潜水钻机成孔

1.施工概述

潜水钻机成孔灌注桩是利用潜水钻机钻进成孔,在桩孔中浇灌混凝土成桩的一种成桩施工方法。潜水钻机成孔的主要设备是潜水钻机。潜水钻机是一种旋转式钻孔机械,其动力、变速机构和钻头连接在一起,并加以密封,因而可以下放至孔中地下水位以下切削岩土,其钻机构造示意如图 1-4-14 所示。钻孔作业时,由孔底动力直接带动钻头钻进,用泥浆泵压送高压泥浆(或用清水泵压送清水),使其从钻头底端射出,与切削的土颗粒混合,以正循环的方式不断由孔底溢出,将泥渣排出;或用砂石泵或空气吸泥机用反循环的方式排出钻渣,如此连续钻进,直至形成设计深度的桩孔。

2. 施工工艺

潜水钻机成孔施工的一般过程为:平整场地—泥浆制备—埋设护筒—安放潜水泵—钻进成孔—清孔并检查成孔质量。

(1)埋设护筒

护筒的制作和埋设应满足前述的要求。

(2)安装潜水钻机、钻进

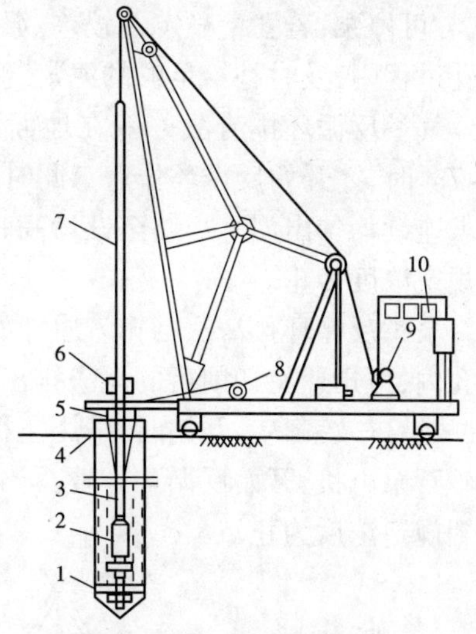

图 1-4-14 潜水钻机构造示意图

1-钻头;2-潜水钻机;3-电缆;4-护筒;5-水管;6-滚轮支点;7-钻杆;8-电缆盘;9-卷扬机;10-控制箱

用第一节钻杆(每节长约 5m,按钻进深度用钢销连接)接好钻机,另一端接上钢丝绳,吊起潜水电钻对准护筒中心,徐徐下放至土面,先空转,然后缓慢放入土中,至整个潜水电钻基本入土内,待运行正常后再开始钻进。每钻进一节钻杆,即连接下一节继续钻进,直至满足设计要求桩孔深度为止。钻进中应根据钻速、进尺情况及时放松电缆及进浆胶管,并使电缆、胶管和钻杆下放同步进行。启动、下钻及钻进时须有专人收、放电缆和进浆胶管。钻进时电流值不得超过规定值。应设过载保护装置,使能在钻进阻力过大时自动切断电源。

在钻进过程中,应根据不同土类选择不同类型的钻头和钻进速度,可参考表 1-4-9 选用。

钻头类型选择 表 1-4-9

地层类别	钻头类型	钻进速度
一般性黏性土、淤泥及淤泥质土、砂土	笼式钻头	对淤泥及淤泥质土,最大钻进速度不宜大于 1m/min;对风化岩或其他硬层的钻进速度以钻机不产生跳动为主;对其他土层,钻机速度以钻机不超过负荷为准
不厚的砂夹卵石层	镶焊硬质合金刀头的笼式钻头	
强风化岩	镶焊硬质合金刀头的笼式钻头	
孤石或旧基础	带硬合金齿的筒式钻头	

(3)护壁泥浆

在黏性土中钻孔时,可注射护壁泥浆。当穿过砂夹层时,宜投入适量黏土加大泥浆稠度;如砂夹层较厚或在砂土中钻孔,应采用制备泥浆。

(4)成孔排渣及清孔

潜水钻机成孔灌注桩有成孔排渣、正循环排渣和反循环排渣三种排渣方式。反循环排渣方式又分气举反循环法、泵举反循环法和泵吸反循环法。泵吸反循环法已被泵举反循环法所替代。正循环法排渣原理如图 1-4-15 所示。用潜水泥浆泵把泥浆池中的泥浆或清水从钻机中心送水管或钻机侧面分叉管射向钻头。当钻至设计高程后,停止电机运转,泥浆泵继续工作,正循环排泥渣。若孔壁稳定性较好,泥浆密度达到 1.1mg/cm^3 左右时，方可停泵；若孔壁稳定性较差，泥浆密度达到 1.15 ~ 1.25mg/cm^3 方可停泵。注意在清孔过程中，及时补给足够的泥浆，保持浆面稳定。

气举反循环排渣法一般在地面以下 6m 范围内仍采用正循环作业，当压风口浸到 6 ~ 7m 时，才开始反循环作业。此时应卸开与泥浆泵连接的变径管，即可进行压风作业，要求连续均匀出泥。当钻至设计高程后，钻机停止运转，但继续压风出浆直到泥浆密度至规定浓度为止。

泵举反循环排渣法的排渣原理如图 1-4-16 所示。由图可知，将砂石泵随主机一起潜入孔内，可迅速将切削后的泥渣排出孔外，不必借助钻头将切削下来的土块搅动切成浆状，故钻进效率高。开钻时，采用正循环开孔，当钻机超过砂石泵叶轮位置以后，即可启动砂石泵电机，开始反循环作业。当钻至设计深度后，停止钻进，砂石泵继续排渣，至泥浆到规定浓度为止。

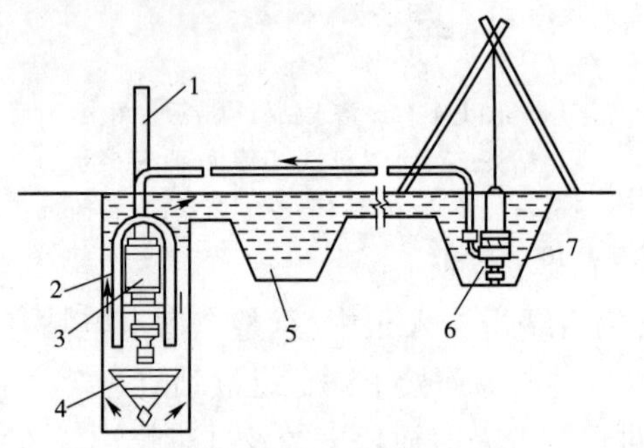

图 1-4-15　正循环排渣法

1-钻杆；2-送水管；3-主机；4-钻头；5-沉淀池；6-潜水泥浆泵；7-泥浆池

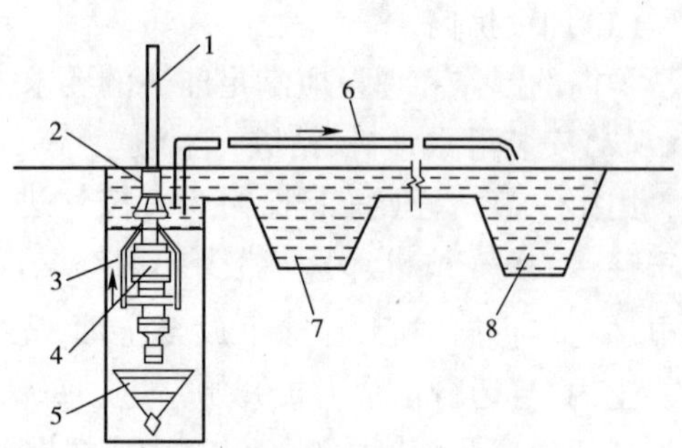

图 1-4-16　泵举反循环排渣法

1-钻杆；2-砂石泵；3-抽渣筒；4-主机；5-钻头；6-排渣胶管；7-泥浆池；8-沉淀池

潜水钻机成孔灌注桩清孔要求与回转钻机成孔灌注桩相同。对以原土造浆的钻孔，钻到设计要求的孔深时，可使钻机空转，同时射水，待孔底残余的泥块磨成浆，排出泥浆密度降到 1.1mg/cm^3 左右（手触泥浆无颗粒感觉），即可认为清孔合格；清孔完成后，孔底沉渣的厚度应满足表 1-4-10 的要求。

灌注桩施工孔底沉渣容许厚度　　表 1-4-10

项　目	规定值或允许偏差
钻孔桩	摩擦桩：符合设计规定。设计未规定时，对于直径 ≤1.5m 的桩，≤200mm；对于桩径 >1.5m 或桩长 >40m 或土质较差的桩，≤300mm
	支撑桩：不大于设计规定；设计未规定时 ≤50mm

3. 施工注意事项

钻孔时要注重钻机的各项钻进技术参数要求，适当根据地层具体情况及时进行调整；下钻时应注意先将钻头垂直吊稳后，再导正下入孔内。进入孔内后，先缓慢钻进，当孔位和钻机的稳定性、钻杆的垂直度确定准确后，再正常钻进；钻进中，当发现塌孔、偏孔、斜孔时，应及时处理。发现缩颈时，应经常提动钻具，维护孔壁，以防埋钻；整个成孔过程中，应注意始终保持孔内液面比地下水位高 1.5 ~ 2.0m，保持孔壁稳定。

4. 劳动组织及钻孔进度

潜水钻机每个施工班组一般需配工人 6 名，其中指挥兼操纵卷扬机 1 人，机电工兼记录 1 人，收放电缆、胶管及装卸钻杆 2 人，清除沉淀泥沙 2 人。

钻孔进度：对于一般细砂和细粒土，当钻孔直径为1.2m左右时，每小时平均钻进6～7m，最快为10m。

七、冲抓钻机成孔

1. 施工概述

冲抓成孔主要是利用冲抓锥向孔底冲击，使锥瓣切入地层，然后用卷扬机通过钢丝绳提升冲抓锥时，切入地层的锥瓣收拢并抓取土层。提出冲抓锥，卸去土渣，如此反复循环，即达到钻孔延深成孔的目的。

2. 成孔工艺

(1)钻机就位

冲抓钻机的就位主要控制冲抓锥的中心（也就是起重绳中心）与孔位的对中。具体操作为：首先安装吊架、风缆、斜撑等，起吊冲抓锥使其落入护筒内，然后检查起吊钢丝绳是否在护筒中心位置（一般孔中心偏差不得大于2cm），如不符合要求，应旋转钻架上的校正联杆和调动两侧风缆或斜撑，直到起重绳居中为止。

(2)钻进

①钻机就位后，提升冲抓锥，并松开先前钩住挂砣的自动挂钩，使得冲抓锥的叶瓣张开。

②开动卷扬机松绳，将张开叶瓣的冲抓锥落入护筒中，冲抓锥落下，待距离孔底适当位置松开卷扬机离合器，叶瓣落入土中。冲抓锥的落锥高度控制如下：在护筒范围内，一般为1～2m；冲抓锥顶部低于护筒刃脚后，可增大至2～3m。同时，可根据抓取效果进行适当调整。

③开动卷扬机收紧钢丝绳，叶瓣抓土，继续收绳，将装满土的冲抓锥提出工作平台以上1.5m高度左右停住，准备出渣。

3. 出渣

钻渣被提出护筒后，首先将冲抓锥悬挂于钻架上，再缓慢放松起吊钢丝使得冲抓锥叶瓣张开，卸除钻渣。

4. 施工注意事项

(1)冲抓钻机成孔落锥高度的控制相当重要，直接关系到钻机的安全和钻进功效。为了既不造成落空锥，又不引起松绳过多，一般采取在钢绳上做标记的方法进行控制，具体操作为：当冲抓锥处于孔底位置，且钢绳处于紧收状态时，在钢绳上与平台同一高程处设置标志。在钻进过程中，起吊冲抓锥，当标志上升高出平台一个落锥高度（一般2～3m）时，松开卷扬机离合器，抓锥自由下落，待绳上标志下落到平台以下0.5～1.0m时，先制动，后立即合上离合器，准备提吊冲抓锥。如此控制，每进尺0.5m时，应重设钢绳上的标志；同时，施工过程中要加强对钢绳上标志的保护。

(2)一般在细粒土、腐殖土、砂类土等松散土层钻进时，为了控制不让其成孔进尺过快，落锥高度应按照1.0～1.5m选取。同时，经常会出现因叶瓣不密闭、冲抓锥里的渣土被水冲掉、抓瓣空上空下的现象。为了避免此种现象的发生，在此种土层钻进时，应对冲抓锥的叶瓣进行补焊，使其闭合后保持密缝。

(3)为了解决强透水层（如砂层、卵石层）钻进中水头损失问题，一般采取倒入黏土、增强护壁的办法。具体操作为：钻进过程中发现护筒内水位下降较快，可向孔内倾倒大量黏土，再用张开的冲抓锥（为了保持冲抓锥叶瓣张开，应把自动挂钩挂住挂砣一起用铁丝捆紧）在孔内反复冲击一段时间，一部分黏土用来增大泥浆相对密度，另一部分黏土被挤入松散孔壁内。水头稳定后，应及时取下捆扎的铁丝，恢复正常冲抓钻进。

（4）为了解决坚实的砂卵石层中钻进困难问题，一般采取加大冲抓锥配重及提高落锥高度（可比一般黏性土层高出2～3m）的方法；同时，也可以采用冲击及正常冲抓交替施工的方法，即先绑住挂钩反复冲击一段时间，再抓一段时间，交替钻进工艺。

（5）由于冲抓钻依靠叶瓣张开闭合的取土工艺，本身就有一定的适应范围，当钻进过程中遇到漂石或探头石、松软土质（需投片石、卵石冲击加固孔壁）或强度较大的坚硬岩层时，可换用冲击锥钻进，待穿过此底层再恢复正常冲抓。

八、二次成孔

1. 施工概述

二次成孔原理是“逐渐扭矩消减法”，在较坚硬地层进行钻孔施工时，当现有钻机扭矩不能满足施工要求时，可先用较小钻锥钻至设计孔底高程，再换符合孔径要求的钻锥钻至孔底高程。回旋钻、旋挖钻等可更换钻头的钻机均可采用二次成孔工艺施工。

2. 二次成孔工艺

（1）二次成孔的具体步骤

①小钻锥钻进至设计高程

根据孔位地质情况及钻机最大扭矩，选择合适的小直径钻锥钻至孔底设计高程。具体钻进工艺、泥浆循环方式与其相应设备钻进工艺相同。

②回填部分小孔

更换标准钻头后（钻头直径为设计孔径），在扩孔过程中孔壁钻渣会掉入先前钻进的小孔中，使小孔重新被填埋、密实，扩孔无法进行。为避免这种情况的发生，可在小孔成孔后向孔内回填部分松散软泥或黏土，回填高度一般在孔深的1/3～1/2。

③更换大钻锥钻进至设计高程

小钻头钻至孔底高程，并向小孔内回填部分泥土后，更换符合设计孔径要求的钻头，削切小孔壁与设计孔径之间的土层，直至设计孔底设计高程。具体钻进工艺、泥浆循环方式与其相应设备钻进工艺相同。

（2）二次成孔的施工特点

①能够最大限度地利用现有设备生产能力，可降低生产成本。

②二次成孔钻进中，降低了钻进扭矩，可一定程度的降低偏孔、斜孔的风险，如第一次钻进存在较严重偏孔、斜孔，在二次钻进中可及时调整、补救。

③在二次钻进中，钻叶对孔壁扰动较大，应采用优质泥浆护壁，故二次成孔对泥浆指标要求较高。

（3）二次成孔施工注意事项

①开钻前应充分了解钻机性能及地层情况，根据钻机最大扭矩和地层坚硬程度，选择初次钻进钻头尺寸，以使二次钻进钻机扭矩满足要求。

②根据不同钻机（旋挖钻、回旋钻等）施工，还应注意坍孔、斜孔、偏孔、扩孔、缩径、埋钻等质量、安全事故的发生。

九、成孔检测

(一)成孔检测的目的和意义

灌注桩的施工分为成孔和成桩两部分,其中成孔是灌注桩施工的第一个环节。由于成孔作业是在地下、水下完成,质量控制难度大,复杂的地质条件及施工中的失误都有可能产生坍孔、缩径、桩孔偏斜、沉渣过厚等问题。

成孔质量的好坏直接影响到混凝土浇筑后的成桩质量,桩孔径偏小则使得成桩的侧摩阻力、桩尖端承力减小,整桩的承载能力降低;桩孔扩径将导致成桩上部侧阻力增大,而下部侧阻力不能完全发挥,同时单桩的混凝土浇注量增加,费用提高;桩孔偏斜在一定程度上改变了桩竖向承载受力特性,削弱了基桩承载力的有效发挥,并且孔斜还易产生吊放钢筋笼困难,塌孔、钢筋保护层厚度不足等问题;桩底沉渣过厚使桩长减小,对于端承桩则直接影响桩尖的端承能力。因此,灌注桩在混凝土浇注前进行成孔质量检测对于控制成桩质量显得尤为重要。

目前,我国桩基检测中的成孔质量检测技术尚未完全普及,但随着行业管理力度的加大、施工水平的提高、监理制度的推广和完善,成孔质量检测作为桩基工程检测中的一个重要部分,将日益受到重视和加强。

(二)成孔检测

桩基成孔检测按照不同的施工阶段和不同的施工工艺,有以下几种常规的检测方法,成孔检测的项目包括:桩位偏差检查、孔径与孔形检测、孔倾斜度(垂直度)的检测及孔深和孔底沉渣的检测。

1. 桩位偏差检查

施工中由于各种因素的影响,如测量放线误差、护筒埋设时的偏差、钻机对位不正、孔斜造成的偏差、钢筋笼下放时的偏差等,都会造成桩位偏离设计位置。为此,要保证桩位的正确性,首先在施工中就应将每个环节的偏差控制在最小范围内。

桩位在基桩施工前按设计桩位平面图放样桩的中心位置,在施工后对全部桩位进行复测,检查桩中心位置并在复测平面图上标明实际桩位坐标。复测桩位时,桩位测点选在新桩头面的中心点(基坑开挖前测量护筒中心),然后测量该点偏离设计桩位的距离,并按坐标位置,分别标明在桩位的复测平面图上。测量仪器选用精密经纬仪或红外测距仪。

桩位中心位置的偏差要求,应满足桩的设计规定或相关的规范标准。

2. 桩孔径、垂直度检测

桩孔径、垂直度检测是成孔质量检测中的两项重要内容。目前用于孔径检测的仪器大多可同时测量桩的垂直度。

(1)检孔器

钢筋笼孔径器形似小型钢筋笼,其外径应不小于桩孔直径,长度直为桩径的 4~6 倍。孔径器采用钢筋制作,有一定刚度,防止在使用过程中发生变形;同时孔径器必须规则,减少周壁突出,防止在检孔过程中对孔壁造成破坏。检测时,将检孔器吊起,使笼的中心与孔的中心保持一致,慢慢放入孔内。上下通畅无阻表明孔径满足桩径设计要求,若中途遇阻则有可能在遇阻部位有缩径、孔斜或孔形异常等其他现象,则表明孔径小于设计桩径,应重新扫孔或重新钻至设计高程。

当检孔器在孔顶对中下落后，通过在护筒顶观测吊绳相对于放样中心点偏移情况，可计算成孔后的倾斜度。

类似钢筋笼式的另一种方法是圆球式检孔器检测，如图 1-4-17 所示，孔径器为一钢筋弯制的圆球，直径比孔径略小。

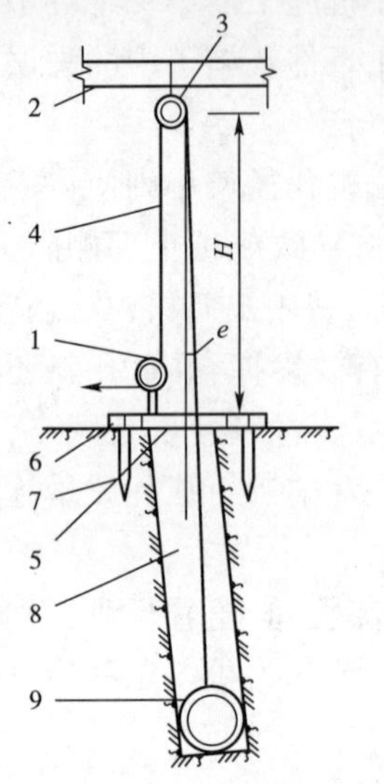

图 1-4-17　圆球检测法示意图

1-导向滑轮；2-横梁；3-滑车；4-钢丝绳；5-标尺；6-木桩；7-定位桩；8-桩孔；9-圆球

检测孔径时，若圆球可以顺利放进孔底，表明孔径正常。当检测桩孔倾斜度时，在孔口沿钻孔直径方向设一标尺，标尺中点与桩孔中心吻合，将圆球系于测绳上，量出滑轮到标尺中点距离 H。将圆球慢慢放入孔底，待测绳静止不动后，读得测绳在标尺上的偏距 e，再根据 $\tan\alpha = e/H$ 求得孔斜值并作图。该法工具简单，操作方便。

(2)伞形孔径测定仪

伞形孔径测定仪是由孔径仪、孔斜仪、沉渣厚度测定仪三部分组成的测试系统，由于系统中的孔径仪的孔中探测头部分形似伞状，而它也是系统中重要的部分，因此称为伞形孔径测定仪。伞形孔径测定仪中测量孔径、孔斜、沉渣的孔中仪器部分是独立的，地面仪器为共用。

①孔径测量

伞形孔径测定仪是国内目前采用较多的一种孔径测量仪器。仪器由孔径测头、自动记录仪、电动绞车等组成。仪器通过放入桩孔中的一专用测头测得孔径的大小，通过在测头上安装的电路将孔径值转化为电信号，由电缆将电信号送到地面被仪器接受、记录，根据接收、记录的电信号值可计算或直接绘出孔径。

伞形孔径测定仪仪器主要型号有 JJC－1A 型灌注桩桩孔径检测系统和 JJY－5 型大口径孔径仪。仪器的主要技术指标见表 1-4-11。

伞形孔径仪型号、技术指标　　表 1-4-11

项　目	仪器型号		项　目	仪器型号	
	JJC－1A	JJY－5		JJC－1A	JJY－5
孔径测量范围	ϕ500～ϕ1 200mm	ϕ800～ϕ1 500mm，ϕ1 300～ϕ2 200mm	最大工作电流	5mA	10mA
			工作电源	220V	220V
孔径测量误差	±15mm	不大于±20mm	总质量（孔径仪、记录仪、绞车、电缆、孔口滑轮）	77kg	80kg
电缆长度	100m	100m			
仪器耐压	20MPa	300MPa			

上述两种仪器的工作原理基本相同，为了适应测量的要求，JJY－5 型大口径孔径仪在侧头、侧腿构造上进行了特殊处理。侧头仪器内注满变压器油，其下端装有压力平衡装置且与密封筒贯通，该措施可使仪器在深桩孔中不致因内外压力不平衡而损坏。为了测量 1 500mm 以上桩孔，四条测腿的前端装有扩展腿，扩展腿还可加长，以测量更大直径的桩孔。仪器的电缆长度也可根据测量桩孔深度的要求由厂家进行特殊定制。JJC－1A、JJY－5 型孔径仪的一个特点是在检测的同时，打印绘出检测的结果图，但无法将检测数据保存起来，这对于检测后的数据处理和检测结果文稿、报告的处理非常不方便。目前

厂家对仪器进行了改进，增加了测量数据的采集、存储功能，使用户可方便地在计算机上调用和处理现场检测的数据资料。

②垂直度测量

采用伞形孔径测定仪测试系统中配套的专用测斜仪，在孔内不同深度连续多点测量其顶角和方位角，根据所测得的顶角、方位角可计算孔的倾斜度。

由于桩孔垂直度主要取决于桩孔在垂直方向上的偏移量，因此实际工程中，一般以测量桩孔的顶角参数值为主，通过顶角值计算得到桩孔垂直度。其计算公式如下：

$$E = \sum_{i=1}^{n} E_i = \sum_{i=1}^{n} (H_i - H_{i-1}) \sin \frac{\theta_i - \theta_{i-1}}{2} \tag{1-4-1}$$

$$K = \frac{E}{H} \times 100\% \tag{1-4-2}$$

式中：K——桩孔垂直度；

E——桩孔总偏移量(m)；

H——桩孔深度(m)；

i——第 i 个测点；

n——测点总数；

H_i——测头在第 i 点的读尺深度(m)；

E_i——桩孔在读尺深度 H_{i-1} 至 H_i 的偏移量(m)；

θ_{i-1}——测点的顶角值。

工程中桩孔的倾斜并非如图1-4-17所示为一条平直的倾斜线，而常常是弯曲线，要求得 H_i 的真实值较为复杂，因此上式采用以相邻测点 i 和 $i-1$ 的顶角值 θ_i 和 θ_{i-1} 的平均值推算偏移量 E_i，这是一种较为简便、实用的方法。当然，假如将测点间距缩小，则两测点之间可近似为一条直线，计算的偏移量也会越准确，但测量的工作量增大。

测量中测斜仪测头可沿孔壁或孔的中心向下逐点测量，测点深度可等间距，也可任意间距。假设测头是沿孔壁(或孔中心)向下测量，若测量至孔底顶角值均为零度，则表示桩孔的偏移量小于孔的直径(或半径)；反之，则桩孔的偏移量大于桩孔的直径(或半径)。若测头沿孔壁向下测量，孔斜仪一开始就发生非零的顶角读数，则表示孔已经偏移了某个距离。孔斜仪一般外加扶正器放入孔中测量，如果要求更准确的测量，可在成孔刚结束而钻杆尚未提起时，将专用高精度测斜仪放入钻杆内分点测斜，并将各点数值在坐标纸上描点作图，得到桩孔偏斜情况。

根据用途、测量精度要求的不同，测斜仪有多种型号，以下仅介绍常用的两种。

a. JJX－3 型测斜仪：适用于直径大于 65mm 的非磁性钻孔内连续多点的测量方位角和顶角。

仪器主要技术指标如下：

顶角(θ)测量范围：0°～15°；

顶角(θ)测量误差：≤6′；

方位角(α)测量范围：4°～356°；

方位角(α)测量误差：≤±3°；

电源：直流 9～18V；

密封性能：承受液压不低于 15MPa；

下孔仪器:外径55mm,长度1 450mm,质量20kg。

b. JJM－1型高精度测斜仪:采用高分辨率传感器并以计算机进行数据处理的精密测斜系统。

使用时将仪器放入钻杆中逐点测量,并要求钻杆与孔壁的斜度保持一致。该仪器顶角测量精度优于一般测斜仪,但不作方位测量,仪器主要技术指标如下:

顶角(θ)测量范围:0°～10°;

顶角(θ)测量误差:≤±10′;

分辨率:36″;

可存贮255个测量数据;

电源:220V;

密封性能:耐压10MPa;

下孔仪器:外径50mm,长度1 050mm;

仪器质量:20kg。

(3)声波法检测

①测量原理

声波法检测是目前灌注桩孔径、垂直度检测中使用较多的一种方法,国外、国内已有较为成熟的声波孔壁测定仪。声波孔壁测定仪由超声仪、声波探头(由发射和接收换能器组成)、记录仪(或由计算机组成的数据采集系统)、提升机构等组成:图1-4-18a)为日本生产的一种声波孔壁测定仪,图1-4-18c)为仪器测孔后绘出的桩孔孔形图。

声波测量孔径、垂直度的原理如图1-4-18b)所示。超声仪振荡器产生一定频率的电脉冲并同时打开计时门,电脉冲经放大后由发射换能器转换为声波,并射入钻孔内的泥浆中向孔壁方向传播。当声波穿过泥浆到达孔壁后,由于泥浆的声阻抗远小于土层(或岩石)介质的声阻抗,声波几乎从孔壁产生全反射,反射波经过泥浆传播后被接收换能器接收。超声仪在接收到第一个声波信号后计时门关闭并记录下声波从发射到接收所经过的时间,该时间就是声波在孔内泥浆中的传播时间t(简称声时)。

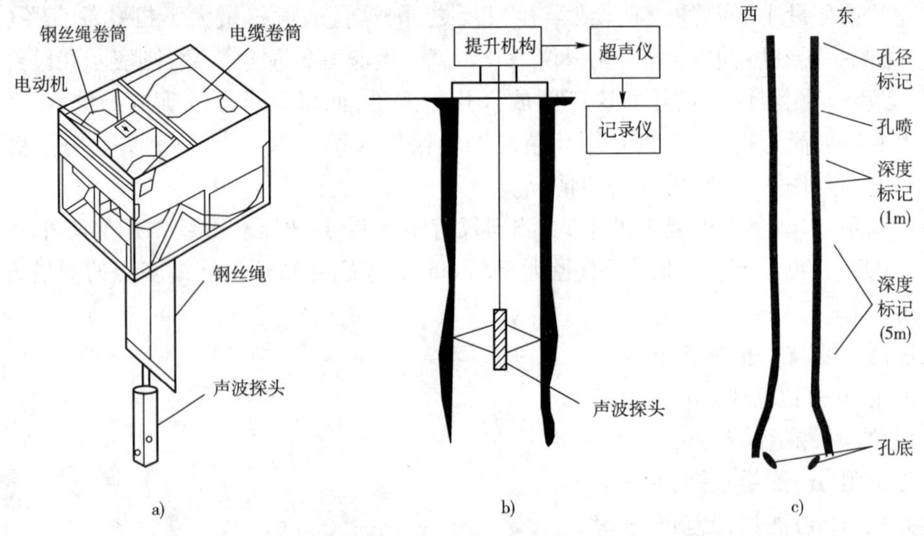

图1-4-18 声波孔壁测定仪

a)测量仪器;b)测量原理;c)测量结果图

声波探头上共布置四组换能器(一发、一收为一组),四组探头成正交十字探测钻孔两个方向的孔壁剖面。以一个剖面上的两组探头测量为例,探头下到孔内某高程测点,声波探头两方向相反的换能器至孔壁的距离为l_1、l_2,测得声波在路径l_1、l_2下的往返传播时间分别为t_l、t_2,假设泥浆的声波速度为c(c可通过实测得到),那么有$l_1=(ct_l)/2$、$l_2=(ct_2)/2$,桩孔在该断面测点的孔径即为$D=l_1+l_2+d$,其中d为两方向相反换能器的发射(接受)面之间的距离。同样方法可测得钻孔在该断面另一方向测点剖面的孔径。

声波孔壁测定仪的提升结构将声波探头从孔口下降至孔底(或从孔底提升至孔口),超声仪在下降(或提升)过程中,每隔一定深度间距测量一组(四个)声时值作为该断面测点声时,记录仪(或计算机)记录下不同高程的测点声时值并计算断面直径。当声波探头完成一次下降(或提升)过程,记录仪(或计算机)即可绘出测量孔的孔壁剖面图,如图1-4-18c)所示。

当声波孔壁测定仪提升机构在提升探头的过程中保持吊点不变且钢丝绳及电缆垂直,那么通过所测的桩孔壁剖面图可以得到桩的垂直度。

②检测方法

a. 泥浆波速的测定

声波孔径检测中的一项重要工作是测定泥浆的波速:一种是根据经验设定,这样会产生一定的误差;另一种是通过实测测定,测定可在所测桩的孔口进行,一般孔口的尺寸是容易测量的,根据孔口所测的声时值和丈量的孔径,就可以得到泥浆的波速值。

b. 孔径、垂直度计算

声波法测量孔径、垂直度主要通过两种方法对测量结果进行判断。一种是直接利用测量所得到的孔径剖面图判断孔径的大小和垂直度结果:由于孔径剖面图上一般都有刻度尺寸,孔径的大致尺寸可以直接读出;垂直度可在图上量取某位置深度H的偏移量E,然后以偏移量E与深度值H之比的值乘以100%,即得到桩孔在深度H处的垂直度K。该方法比较简便,快速,但得到的结果比较粗糙。另一种方法是利用测量得到的声学参数值,通过计算得到桩孔深度上每一测点的孔径,垂直度的具体值,该方法的优点是比较精确。

c. 测量中应注意的问题

(a)声波孔壁量测距离大小和泥浆密度密切相关,泥浆密度太大或含砂量多,声传播路径中反射、散射增加,声波信号难于接收。当采用信号前置放大或增加仪器灵敏度后,反射波还是杂乱的,无法判别,遇到这种情况,应继续清孔以减小泥浆相对密度。

(b)刚钻完的孔,泥浆中含有大量气泡,而微量的气泡也影响声波的传播,只有待气泡消失后才能测试。当泥浆很稠时,气泡长期不能消失的就难于测试。

(c)孔口提升机构的安装必须使其牢固、稳定,测量过程中不能产生移动,以保证测量结果的一致、准确。

(d)当桩孔倾斜导致探头下降过程中与孔壁相碰,此时应调整探头的吊点位置从孔口重新开始测量,使探头能从孔口顺利下降至孔底。为避免发生上述情况后的重复测量工作,另一种测量方式是,首先将探头下降至孔底,在下降过程中进行位置调整,然后在提升探头时进行测量。

③检测仪器

以下介绍几种国外、国内生产的声波孔壁测定仪的基本情况及主要技术参数。

a. 图 1-4-20 是日本研制并生产的钻孔监测仪检测装置：它将超声波传感器放进钻孔中泥浆介质里，可以方便地对钻孔 2 个或 4 个方向同时进行孔壁状态测试，可获得钻孔垂直度、孔壁坍塌状况，钻孔直径（或者连续墙槽宽）、钻孔深度等检测指标，并将孔壁情况清晰地打印在电敏记录纸上，即使泥浆相对密度达到 1.2。

用于钻孔孔壁检测的安装 8 个声波探头，底盘 4 个角各安装一个发射探头和一个接收探头，可以同时测定正交两个方向孔壁形状。声波探头固定在方形底盘 4 个角上，底盘是钢制的，通过两个定滑轮、钢丝绳和提升机构连接，两个定滑轮对钢丝绳的约束作用，以及底盘的自重，使探头在下降或提升过程不会扭转，稳定探头方位。

探头由无级变速电动卷扬机提升或下降，它和电敏刻痕记录仪的走纸速度是同步的，或成比例调节，因此探头每提升或下降一次，可以自动在记录纸上连续绘出孔壁形状和垂直度。当探头上升到孔口或下降到孔底都设有自动停机装置，防止电缆和钢丝绳被拉断。

日本研制生产的钻孔监测仪型号有 DM－682、DM－684（图 1-4-19）、DM－684－150 三种，仪器主要技术参数如下：

测量系统：超声脉冲反射系统；

通道：DM－682 为 2 通道，DM－684 为 4 通道；

记录方式：电敏打印，DM－682 为两向打印，DM－684 为四向打印；

测试范围（半径）：0.5m、1.0m、2.0m、4m；

测量精度：±0.2%；

最大测量深度：DM－682/684 为 100m，DM－684-150 为 150m；

探头下降/提升速度：0～20n/min 可调（DM－682/684），0～24m/min 可调（DM－684－150）；

电源：220V；

仪器质量：传感器加 20kg，记录器 40kg，卷扬机 105kg。

a)

b)

图 1-4-19　DM－682/684 型钻孔监测仪

a）卷扬机及探头；b）记录器

b. 日本公司研制并生产的 KF－400 型超声波侧壁测定仪，如图 1-4-20 所示，与 KODEN 公司生产的 DM－684 仪器的测试工作原理和构造相似，它除了具有 DM－684 仪器的主要功能外，还具有如下功能：微电脑控制的记录仪，自动记录各种与测试有关的信息，比如测试日期、比例尺、钻孔直径、测试方向、记录深度等，同时可在 LCD 液晶显示屏显示；集成化的电缆卷盘，它和探头连接成一体，使振荡减到最小程度；采用热敏记录方式消除了早期型号记录器中难闻的气味。

仪器主要技术参数如下：

测量系统：超声脉冲反射系统；

通道：2、4 通道可选；

测试范围(半径):0.5m、1.0、m、2.0m、4.0m;

记录方式:热敏打印四向同时记录系统,可选择仪打印两向;

测量精度: ±0.2%

最大测量深度:110m;

探头下降/提升速度:0~20m/min 可调;

电源:220V;

仪器质量:传感器 20kg,记录器 33kg,卷扬机 135kg。

图 1-4-20 KE-400 型超声波侧壁测定仪

a)卷扬机及探头;b)记录仪

c.我国研制生产的 CDJ-I 型超声波大口径桩孔检测仪,主要用于检测大口径灌注桩成孔质量和地下连续墙成槽质量,是一种在泥浆和其他工业水介质中工作的测量仪器。仪器功能是测量孔径(槽宽)、孔斜(槽斜)、孔(糟)深和孔(槽)底沉渣厚度 4 个参数,由打印机打出测量数据。

仪器主要技术指标如下:

测量系统:超声脉冲反射系统;

径向测量范围:0.7~3m;

径向测量精度:≤2%;

最大测量孔深:100m;

深度测量精度:<0.5%;

沉渣厚度测量范围:0~20cm;

沉渣厚度测量精度:端承桩≤1cm,非端承桩≤2cm;

适用泥浆条件:相对密度<1.20,黏度<21s;

单点、连续测量间距:0.1m,0.5m,1.0m,2.0m,3.0m,4.0m,5.0m,10.0m;

电源:220V;

仪器质量:地面仪 20kg,井下仪 43kg,绞车 180kg;井口支架 19kg,三角铁 5kg。

关于国外、国内仪器的使用方法可阅读其使用说明。

由于声波孔壁测定的检测原理是利用声波回波的方法,仪器主要部分是超声仪,因此可利用市场现有成熟的仪器设备进行配套改装的方法,制作一套简单的声波孔壁测定仪。主要方法如下:采用 50kHz 的平面换能器作为声波探头,换能器及信号接线插座进行密封,保证在深水中正常工作。制作探头支架安装换能器,按正交 4 个方向排列,每个方向一发一收,4 个方向,总共 8 个。也可在 4 个方向上各布置一个平面换能器作为发射,而且一个柱状换能器作为接收(柱状换能器可接收 360°方向上的信号),

这样可少3个换能器，且探头的空间，质量、电缆等都可以节省，如接收换能器有信号前置放大功能，增大孔径的测量范围。换能器之间进行隔声处理，避免换能器之间的声传播干扰信号。探头支架配有一定的质量并有防扭(旋)转的措施，使探头在测量时平稳下降或上升；探头提升、下降可采用手动、或机械式的卷扬设备，钢丝绳或电缆上标有深度标尺，声波的发射、接收可采用非金属超声仪，超声仪接收信号输入端前，制作一个可以完成4通道发射，接收的通道转换开关。超声仪有数据存储功能并可以与计算机进行数据交换，在计算机上编制数据处理程序，将所测速值换算为孔径，并绘出深度—孔径图。

3. 孔深和孔底沉渣检测

孔深和孔底沉渣检测一般采用标准锤检测。测锤一般采用锥形锤，锤底直径13～15cm，高20～22cm，质量4～6kg。孔深检测时应先复查护筒顶固定位置的高程，按设计桩底高程反推钻孔应达到的深度。孔深检测时，按不同的位置测取3点，取平均值。其次，及时复核测绳上的深度标志，标志在施工过程中因经常检测来回发生移动，检测前后用标准钢尺予以校核，保证实际孔深不小于设计值。

孔底沉渣检测详见清孔第五节清孔的相关内容。

4. 成孔质量检验标准

我国的国家标准以及交通、建筑等行业颁布的有关桩基础施工技术及验收规范中，对混凝土灌注桩成孔质量的检验内容、检验标准、检查方法等提出了具体规定和要求；成孔质量检验的内容包括桩孔位置、孔深、孔径，垂直度、沉渣厚度、泥浆指标等。现摘录国家标准及交通、建筑行业的基桩成孔质量检验标准及检查方法的有关内容如下。

(1)国家标准换成交通部的标准

《建筑地基基础工程施工质量验收规范》(GB 50202—2002)中对灌注桩成孔质量的检验内容、检验标准及检查方法进行了规定。

①检验内容及检验标准

a. 成孔的桩位、孔径、垂直度允许偏差见表1-4-12。

灌注桩的平面位置和垂直度的允许偏差 表1-4-12

成孔方法		桩径允许偏差(mm)	垂直度允许偏差(%)	桩位允许偏差(mm)	
				1～3根、单排桩基垂直于中心线方向和群桩基础的边桩	条形桩基沿中心线方向和群桩基础的中间桩
泥浆护壁钻孔桩	$D \leq 1\,000$mm	±50	<1	$D/6$，且不大于100	$D/4$，且不大于150
	$D > 1\,000$mm	±50		$100+0.01H$	$150+0.01H$
套管成孔灌注桩	$D \leq 500$mm	-20	<1	70	150
	$D > 500$mm			100	150
干成孔灌注桩		-20	<1	70	150
人工挖孔桩	混凝土护壁	±50	<0.5	50	150
	钢套管护壁	±50	<1	100	200

注：①桩径允许偏差的负值是指个别断面。

②采用复打、反插法施工的桩，其桩径允许偏差不受上表限制。

③H(mm)为施工现场地面高程与桩顶设计高程的距离，D(mm)为设计桩径。

b. 成孔的孔深、泥浆密度、沉渣厚度指标：

(a)孔深允许偏差为 +300mm，只深不浅，嵌岩桩应确保进入设计要求的嵌岩深度。

(b)泥浆密度(黏土或砂性土中)允许值为 1.15 ~1.20g/cm^3。

(c)沉渣厚度允许值：端承桩≤50mm，摩擦桩≤150mm。

②检查方法

成孔质量检查方法见表 1-4-13。

成孔质量检查方法 表 1-4-13

项目	桩位	孔深	垂直度	桩径	泥浆密度	沉渣厚度
检查方法	基坑开挖前量测护筒，开挖后量测桩中心	只深不浅，用重锤测，或测钻杆、套筒长度	测套管或钻管，或用超声波探测，干施工时吊垂球	井径仪或超声波检测，干施工时用钢尺量	用比重计测，清空后在距孔底 50cm 处取样	用沉渣仪或重锤测量

(2)行业标准

①交通运输部部标准

《公路桥涵施工技术规范》(JTG/T F50—2011)中对钻孔混凝土灌注桩的成孔质量检验内容、检验标准及检查方法作出了如下规定：

a. 钻孔灌注桩在终孔后，应对桩孔的孔位、孔径、孔深和倾斜度进行检验，清孔后，应对孔底的沉淀厚度进行检验。

b. 孔径、孔形和倾斜度宜采用专用仪器测定，当缺乏专用仪器时，可采用外径不小于钻孔直径，长度为 4 ~6 倍外径的钢筋检孔器吊入钻孔内检测。

c. 钻孔成孔质量标准见表 1-4-14。

钻孔成孔质量标准 表 1-4-14

项目	规定值或允许偏差
孔的中心位置(mm)	群桩：100；单排桩：50
孔径(mm)	不小于设计桩径
倾斜度	钻孔：小于 1%；挖空：小于 0.5%
孔深	摩擦桩：不小于设计规定；支撑桩：比设计深度超深不小于 50mm
沉淀厚度(mm)	摩擦桩：符合设计要求。当设计无要求时，对于桩径≤1.5m 的桩，≤200mm；对桩径 >1.5m 或桩长 >40m 或土质较差的桩，≤300mm； 支撑桩；不大于设计规定
清孔后泥浆指标	相对密度：1.03 ~1.10；黏度：17 ~20s；含砂率：<2%；胶体率：> 98%

②住房和城乡建设部部标准

《建筑桩基技术规范》(JGJ 94—2008)对灌注桩成孔质量的检验内容、检验标准作出了如下规定：

a. 成孔的控制深度

(a)摩擦型桩：摩擦桩以设计桩长控制成孔深度；端承摩擦桩必须保证设计桩长及桩端进入持力层深度；当采用锤击沉管法成孔时，桩管入土深度控制以高程为主，以贯入度控制为辅。

(b)端承型桩：当采用钻(冲)、挖掘成孔时，必须保证桩孔进入设计持力层的深度；

当采用锤击沉管法成孔时,沉管深度控制以贯入度为主,设计持力层高程对照为辅。

b. 成孔的桩径、垂直度、桩位允许偏差

成孔的桩径,垂直度、桩位允许偏差见表1-4-15。

灌注桩施工允许偏差 表1-4-15

成孔方法		桩径允许偏差(mm)	垂直度允许偏差(%)	桩位允许偏差(mm)	
				单桩、条形桩基沿垂直轴线方向和群桩基础中的边桩	条形桩基岩轴线方向和群桩基础中的间桩
泥浆护壁冲(钻)孔桩	$d \leqslant 1\ 000$mm	$0.1d$,且≤ -50	<1	$d/6$,且不大于100	$d/4$,且不大于150
	$d > 1\ 000$mm	-50		$100 + 0.01H$	$150 + 0.01H$
锤击振动沉管、振动冲击成管成孔	$d \leqslant 500$mm	-20	<1	70	150
	$d > 500$mm			100	150
螺旋钻、机动洛阳铲钻孔扩底		-20	1	70	150
人工挖孔桩	现浇混凝土护壁	±50	0.5	50	150
	长钢套管护壁	±20	11	100	200

注:①桩径允许偏差的负值是指个别剖面。

②采用复打、反插法施工的桩径允许偏差不受本表限制。

③H为施工现场地面高程与桩顶设计高程的距离,d为设计桩径。

c. 沉渣厚度及泥浆密度指标

(a)灌注混凝土之前,孔底沉渣厚度指标应符合下列规定:

ⓐ端承桩≤50mm。

ⓑ摩擦端承桩、端承摩擦桩≤100mm。

ⓒ摩擦桩≤300mm。

(b)灌注混凝土前,孔底500mm以内的泥浆相对密度应<1.25;含砂率≤8%;黏度≤28s,对照以上三个标准,国家标准与住房和城乡建设部标准的内容、允许偏差值等大致相同。由于国家标准是在建设部部标准之后颁布,因此国家标准在建设部标准的基础上有局部调整。如国家标准中增添了检查方法的内容,泥浆护壁钻孔桩桩径偏差允许值,人工挖孔桩桩径只允许正偏差,摩擦桩的沉渣厚度允许值减小到150mm等。

交通运输部标准中对成孔的允许偏差值,主要以桩的设计要求作为依据标准。

总之,成孔质量的检验首先应按桩的设计规定作为依据,当设计中无明确规定时,可依照国家或行业标准执行。

第五节 清 孔

一、清孔的目的

一般钻孔灌注桩施工需要进行两次清孔作业。第一次清孔是在桩孔施工达到设计深度之后进行,以替换泥浆为主,清除沉渣为辅,以泥浆性能基本达到要求为标准,其主要目的是探明实际的孔底深度，以便第二次清孔的时候计算沉渣厚度，同时调整泥浆相对密度以便于检孔。

钻孔灌注桩在成孔后灌注水下混凝土以前，还要进行下放钢筋笼和导管两道工序，在此时间内，孔内泥浆中悬浮的颗粒势必大量下沉而使孔底沉渣厚度加大。同时，在下放钢筋笼的过程中可能会因为钢筋笼触碰孔壁造成孔壁局部坍塌，或刮带孔壁泥皮落至孔底，从而增大孔底沉渣厚度。因此，为保证钻孔灌注桩成桩质量，在灌注水下混凝土前必须进行二次清孔。二次清孔是在浇注混凝土之前进行，以清除沉渣为主，替换泥浆为辅，以孔底沉渣厚度达到设计要求为标准。其主要目的是清理孔底的沉渣，减少沉渣厚度以免降低桩的承载力，同时调整泥浆性能以满足混凝土灌注条件。

二、抽浆法清孔

抽浆法清孔比较彻底，适用于各种钻孔方法的摩擦桩、支承桩和嵌岩桩，但孔壁易坍塌的钻孔使用抽浆法清孔时，应始终保持孔内原有水头高度，防止坍孔。

当用反循环方法成孔时，泥浆相对密度一般控制在 1.1 以下，孔壁不易形成泥皮。钻孔终孔后，只需将钻头提离孔底钻渣面 10～30cm，维持泥浆的反循环并经常测量孔底沉渣厚度和孔中泥浆性能指标，满足要求后立即停止清孔。用反循环钻机成孔时，也可等安好灌浆导管后再用反循环方法清孔，以清除下放钢筋笼和灌浆导管过程中沉淀的钻渣。

当用正循环方法成孔时，可采用空气吸泥机配合进行抽浆法清孔。空气吸泥机清孔原理与气举反循环原理相同，但以灌注水下混凝土的导管作为吸泥管。用正循环方法成孔时，也可采用砂石泵或射流泵配合进行抽浆法清孔。此时采用浇注水下混凝土的导管作为吸浆管。它的好处是清孔完毕，将特别弯管拆除，装上漏斗，即可开始灌注水下混凝土。

三、换浆法清孔

换浆法清孔是采用泥浆泵，通过钻杆以中速向孔底压入相对密度 1.15 左右、含砂率 $<4\%$ 的泥浆，把孔内悬浮钻渣多的泥浆替换出来。对正循环回转钻来说，不需另加机具，且孔内仍为泥浆护壁，不易坍孔。但本法缺点较多，首先，若有较大泥团掉入孔底很难清除；其次就是相对密度小的泥浆是从孔底流入孔中，轻重泥浆在孔内会产生对流运动，要花费很长时间才能降低孔内泥浆相对密度，清孔所花时间太长；当泥浆含砂率较高时，绝不能用清水清孔，以免砂粒沉淀达不到清孔目的。对于大直径、深孔可将正循环机具迅速拆除，改用抽浆法。

四、掏渣法清孔

掏渣法清孔是用掏渣筒或冲抓锥清掏孔底粗钻渣，适用于冲抓和冲击成孔的初步清孔。掏渣前可投入水泥 1～2 袋，通过冲击锥低冲程的反复冲拌数次，使孔内泥浆、钻渣和水泥形成混合物，然后以掏渣工具掏出，以提高掏渣工效。

五、喷射法清孔

喷射法清孔是在灌注混凝土前，对孔底进行高压射水或射风数分钟，使孔底剩余少量沉渣飘浮后,立即灌注水下混凝土。喷射法清孔只宜在其他方法清孔后或清孔过程中配合使用。喷射清孔法采用射水或射风的时间约 3 ~ 5min,所需射水(射风)的压力应比孔底水(泥浆)压力大 0.05MPa。射水压力过大易引起坍孔,过小则不能使沉渣漂浮。

六、砂浆置换法清孔

砂浆置换法清孔适宜于掏渣清孔后使用。先用掏渣筒尽量清除大颗粒钻渣,然后以活底箱在孔底灌注 0.6m 厚的特殊砂浆(其相对密度小,能浮托在混凝土之上),采用比孔径稍小的搅拌器慢速搅拌孔底砂浆,使其与孔底残留钻渣混合。最后吊出搅拌器,安装钢筋笼后灌注水下混凝土。连续灌注的混凝土把混有钻渣并浮在混凝土之上的砂浆一直推到孔口,达到清孔的目的。

本法使用的特殊砂浆中加入适量的缓凝剂,使初凝时间延长到 6 ~ 12h 以上,该特殊砂浆常用配合比为水泥 : 粉煤灰 : 砂 : 水 : 引气剂 = 1 : 0.4 : 1.4 : 0.007(质量比)。

七、清孔的质量要求及检查方法

(一)质量要求

清孔的质量要求见表 1-5-1。

钻、挖孔成孔质量标准 表 1-5-1

项　目	允许偏差
沉淀厚度(mm)	摩擦桩:符合设计要求,当设计无要求时,对于直径≤1.5m 的桩,≤000; 对桩径 >1.5m 或桩长 >40m 或土质较差的桩,≤300; 支承桩:不大于设计规定;设计未规定时≤50
清孔后泥浆指标	相对密度:1.03 ~ 1.10;黏度:17 ~ 20s;含砂率: <2%;胶体率: >98%

注:①清孔后的泥浆指标,是从桩孔的顶、中、底部分别取样检验的平均值。本项指标的测定,限指大直径桩或有特定要求的钻孔桩。

②对冲击成孔的桩,情况后泥浆相对密度可适当提高,但不宜超过 1.15。

(二)沉淀层厚度检测方法

1. 沉淀厚度的测算基准面

(1)用平底钻锥和冲击、冲抓锥时,沉淀层厚度宜从锥头或抓锥底部所到达的孔底平面算起。

(2)用底部带圆锥的笼式锥头时,沉淀层厚度宜从锥头下端的圆锥体高度的中点高程算起。

2. 检测方法

沉淀厚度的检测方法有如下几种。

(1)测锤法

测锤法是惯用的简单方法。使用测量水下混凝土灌注高(深)度的测锤,慢慢地沉入孔内,凭人的手感探测沉渣顶面的位置,其施工孔深和测量孔深之差,即为沉淀厚度。

(2)沉淀盒检测法

这是较为通行的方法。具体做法是在清孔后用沉淀盒(即开口铁盒)吊到孔底,待到灌注混凝土前取出,测量沉淀在盒内的沉渣厚度。

(3)沉渣测定仪测定

沉渣测定仪为测定孔底沉淀厚度的专用仪器,按其测定原理可分为电阻型、阻力型、超声波型等。沉渣测定仪具有测量精确的优点,具体使用方法应参见产品使用说明。

第六节　钢筋骨架施工

一、钢筋骨架制作

(一)选材、配料

钢筋原材料的选材和加工制作应符合《公路桥涵施工技术规范》(JTG/T F50—2011)中相关规定办理。

钢筋笼的配料应遵循不截断或少截断的原则,主筋一般按钢筋型号定尺 9m 或 12m 下料;螺旋筋根据设计直径进行卷制,应尽量加大每段钢筋的长度,减少分节;加强圈、吊耳钢筋及保护层钢筋等按照设计尺寸进行配料即可。

(二)钢筋笼分节长度

钢筋笼的加工一般可根据胎具及场地的实际情况分为长线法或短线法两种工艺。一般情况下,钢筋笼的分节长度主要依据主筋的定尺长度 9m 或 12m 来确定,另在施工现场运输设备及起重设备的条件允许下,也可以将几个节段拼装成整体加大钢筋笼的分节长度。

钢筋笼按照标准分段长度在胎架上加工成型,胎架的长度一般能放置两节或两节以上的的钢筋笼。首先按照设计要求加工完成两节钢筋笼,首节钢筋笼可以吊离存放,留下次节钢筋笼作为下一节钢筋笼加工的匹配件。钢筋笼加工时要注意节段间的匹配,存放时要编号,防止混淆。

(三)钢筋笼成型方法

钢筋笼通常采用胎架成型法加工,另外还有卡板成型法、支架成型法、箍筋成型法、加劲筋成型法等,随着科技的发展,又产生了钢筋笼自动成型机,各种工艺见表 1-6-1。

钢筋笼成型方法　　表 1-6-1

制作方法	工艺概述
胎具成型法	胎具成型法相对为最为常用的方法,详细工艺在下面具体介绍
卡板成型法	卡板成型法,即用钢板按钢筋笼直径加工成两个半圆卡板,在卡板上按照钢筋骨架纵向主筋的间距设置凹槽辅助定位。制作骨架时,首先按照要求设置卡板的间距,然后把主筋放入凹槽,用绳扎好,再安装螺旋筋或箍筋,并用铁丝将其与主筋绑扎牢固,完成钢筋骨架所有钢筋的安装。之后再拆除卡板,并将主筋同螺旋筋或箍筋按照设计要求焊接牢固

制作方法	工艺概述
支架成型法	支架成型法先制作一个圆形同心支架，由固定支架和活动支架组成；然后在钢筋骨架制作时，先按照骨架的长度，每隔2.0~3.0m设一个支架，各支架圆心应位于同一水平直线上，且应互相平行；再把主筋逐根放入凹槽，将已经预先弯绕好的箍筋按设计位置套在骨架外围，并与主筋点焊连接；最后，箍筋焊好后，拆除整个支架
箍筋成型法	先按设计尺寸加工制作箍筋圈，并在箍筋上标出主筋相对应的位置；之后将两根主筋插入到已经按照主筋长度放好的箍筋圈内，对准、扶正后，将主筋与箍筋连接位置一一点焊；将其余主筋按照上述方法依次点焊在箍筋上；最后安装加强钢筋圈及箍筋等
加劲筋成型法	首先加工钢筋圈，确定其大小、数量以及位置；在放在工作平台上的主筋上标注加劲筋的位置，将加劲筋对准主筋上的标记点放置，扶正，确保相互垂直后点焊；之后转动骨架，依次完成剩余主筋与加劲筋的焊接，最后套入箍筋，点焊牢固
钢筋笼自动成型机	钢筋笼成型机为近几年来新型的加工机器，具有成型快，加工精度高的特点，其工艺在下面具体介绍

本节就常用的胎架长线法成型工艺及新兴的自动成型机进行钢筋笼的成型工艺介绍。

1.胎具成型法

胎具成型法相对应用较广，钢筋笼制作胎具一般由型钢和钢板焊接组合而成，每组胎具主要由上横梁、立梁、底梁、斜杆及内部的设有凹槽的钢板等几部分构成。上横梁和立梁分别通过插轴、型钢与底梁连接，整个胎具内部钢板组拼合到都成为一个同径圆（按照同一钢筋骨架设计尺寸），在主筋位置设有凹槽。同时，为防止胎架纵向倾斜，通过在两侧设置斜拉杆将胎架固定，斜拉杆连接可采用销接。结构示意如图1-6-1所示。

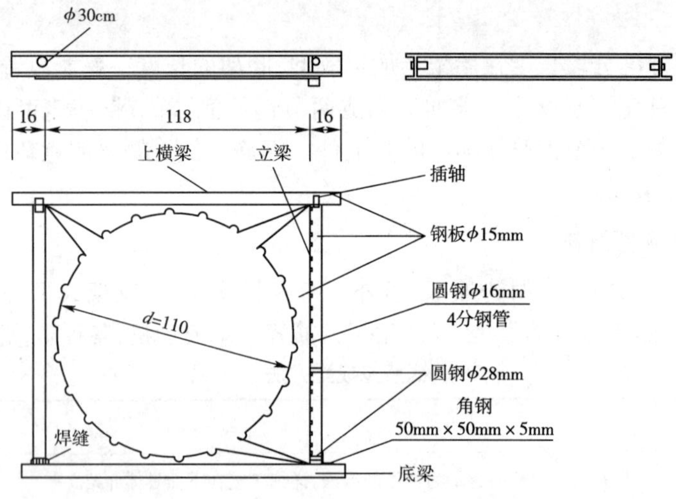

图1-6-1 胎具结构示意图（尺寸单位：cm）

骨架制作时，首先对其场地进行平整、夯实（必要时应进行场地硬化），再安装胎具，胎具的数量按每节钢筋骨架的加劲箍筋数量确定；安装胎具时要使胎具垂直于地面，且各胎具的轴线应在同一条直线上。然后，按胎具的凹槽摆放主筋（注意过程中将加劲箍筋就位于每道胎具的同侧)，按照设计间距焊接主筋和箍筋。施焊完毕后，本节骨架加工结束。

2. 钢筋笼自动成型机

钢筋笼自动成型机亦称钻孔桩钢筋笼滚焊机，是近几年发展起来的新型钢筋骨架加工机械。钢筋笼自动成型机一般由拖动轨道、控制台、拖动驱动系统、主筋料架、钢筋笼液压支撑装置、固定旋转驱动机构、移动旋转驱动机构、主筋固定器、主筋导管、主筋承接分隔系统、箍筋放线架、箍筋校直机构、主筋上料系统等组成，其主体构成如图 1-6-2 所示。

图 1-6-2　钢筋笼滚焊机图片

根据钢筋笼自动成型机型号的不同，其各项性能指标也不尽相同，现列举国内部分厂家生产的钢筋笼自动成型机型号及主要性能参数，见表 1-6-2 ~ 表 1-6-3。

TL 型可调式钢筋笼成型机主要性能参数　　表 1-6-2

钢筋笼直径	TL-1500	ϕ600 ~ ϕ1 500mm
	TL-1800	ϕ1 000 ~ ϕ1 800mm
	TL-2000	ϕ1 000 ~ ϕ2 000mm
钢筋笼长度		12 ~ 20m
材料规格		主筋 ϕ12 ~ ϕ32mm、箍筋 ϕ5 ~ ϕ16mm
操作方式		两人以上，手动焊接
设备总功率	TL-1500	11.2kW
	TL-1800	13.5kW
	TL-2000	13.5kW
外形尺寸	TL-1500	长(根据加工笼子长度的变化 31 ~ 44m)、宽 2.2m、高 2.38m
	TL-1800	长(根据加工笼子长度的变化 31 ~ 44m)、宽 2.5m、高 2.63m
	TL-2000	长(根据加工笼子长度的变化 31 ~ 44m)、宽 2.8m、高 2.92m
设备质量		7.5 ~ 13.5t/套

LH 型钻孔桩钢筋笼滚焊机性能参数表　　表 1-6-3

钢筋笼直径	LH-1500	ϕ300 ~ ϕ1 500mm
	LH-2000	ϕ400 ~ ϕ1 800mm
	LH-2500	ϕ400 ~ ϕ2 000mm
钢筋笼长度		2 ~ 12m 根据需求可加长至 27m
材料规格		主筋 ϕ12 ~ ϕ40mm、箍筋 ϕ5 ~ ϕ16mm
操作方式		两人以上，自动/手动任选
设备总功率	LH-1500	10kW
	LH-2000	23kW
	LH-2500	23kW
设备质量		15 ~ 25t/套

采用钢筋笼自动成型机进行钢筋笼加工，主要包括上料、穿筋、固定、起始焊接、正常焊接、终止焊接、切断箍筋等几个步骤。具体施工时，首先将备好的主筋及箍筋按要求放置在主筋料架及箍筋料架上，通过人工穿过固定旋转盘相应模板圆孔至移动旋转盘的相应孔中进行固定，把盘筋（绕筋）端头先焊接在一根主筋上，然后通过固定旋转盘及移动旋转盘转动把绕筋缠绕在主筋上（移动盘可一边旋转一边后移），同时进行焊接施工，逐步形成钢筋笼骨架。当一节钢筋笼箍筋焊接到主筋末端时，箍筋并排绕两圈与主筋焊接牢靠并切断箍筋，完成单节钢筋笼加工。重复以上操作完成整个钢筋笼的制作。

（四）钢筋的接头形式

钢筋的接头形式及施工要求应满足设计及《公路桥涵施工技术规范》（JTG/T F50—2011）中相关规定。钢筋的接头形式主要有焊接接头、绑扎接头、钢筋机械连接接头等，其中钢筋机械连接接头又分为套筒挤压接头、锥螺纹接头、镦粗直螺纹连接接头和滚轧直螺纹连接接头。

（五）钢筋骨架保护层的设置

钢筋保护层厚度是指受力主筋外边缘到混凝土表面距离。其主要作用是有效地保护、延缓钢筋被锈蚀，另外还有钢筋骨架限位、固定及钢筋骨架黏结锚固的作用。

桩基施工中常采用在钢筋笼主筋外侧安装混凝土（砂浆）预制块、塑料垫块和定位钢筋等形式的构件来确保钢筋保护层的厚度，各种保护层垫块的特点见表 1-6-4，可根据实际施工情况灵活选用。

钢筋保护层垫块　　表 1-6-4

垫块种类		制作工艺	特点
混凝土（砂浆）预制块	绑扎混凝土预制块	用混凝土预制而成，在与钢筋骨架接触的一面设有十字凹槽，以便同时卡住主筋和箍筋。在预制块内预埋钢丝，便于与骨架固定（图 1-6-3）	同孔壁接触面积大，制作简单，但遇到碰撞易破碎
	焊接钢筋混凝土预制垫块	其结构和形状同上，不同的是在十字凹槽底部埋设钢筋，以便于与主筋和箍筋焊接	更为牢固，不易破坏
	砂浆圆盘垫块	采用砂浆制作，直径根据钢筋笼保护层厚度设定，在中心设有 ϕ10mm 左右的钢筋为轴，钢筋两端焊接在主筋上，圆盘可绕钢筋轴转动（图 1-6-4）	下放方便、灵活
塑料垫块		外形为圆盘轮状，开有卡口，中心有孔眼，便于卡在钢筋笼的螺旋筋上，并以螺旋筋为轴进行转动（图 1-6-5）	轻巧，可于工厂成批生产，不需要现场预制
定位钢筋	焊接钢筋“耳朵”	钢筋“耳朵”用短节钢筋弯制成，长度不小于 15cm，耳朵高度根据钢筋笼保护层厚度确定，焊在骨架主筋外侧	克服了混凝土易压碎的缺点，但与孔壁接触小，易陷入孔壁土中，且不利于桩基防腐
	钢垫环	结构和形状同钢筋耳朵，只是采用厚 5mm 以上、宽 10cm 左右的钢板代替钢筋加工而成	定位效果好，但不利于桩基防腐

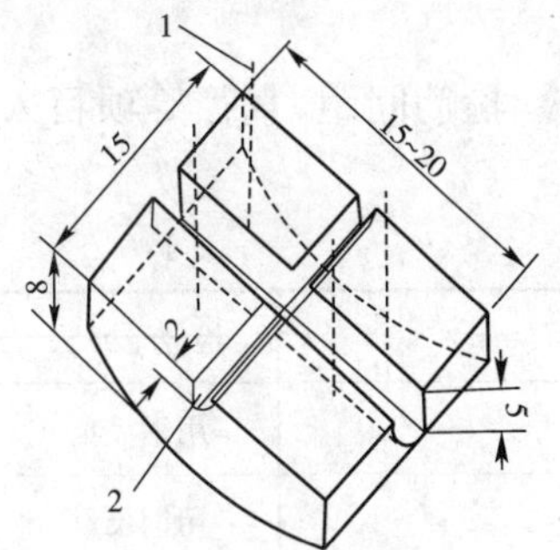

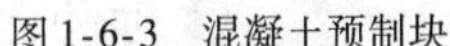
图1-6-3　混凝土预制块

图1-6-4　砂浆圆盘垫块图片

图1-6-5　塑料垫块图片

(六)声测管

声测管是灌注桩超声检测系统的重要组成部分,是灌注桩进行超声波检测法时探头进入桩身内部的通道,它在桩基横截面上的布置形式及施工质量,将直接影响检测结果。在施工时应严格控制埋置的质量,以确保检测工作顺利进行。

1. 声测管的选择

声测管要求透声率大、便于安装,目前国内主要采用的声测管有钢管、钢质波纹管和塑料管三种,声测管类型的选择应充分考虑工程实际情况。三种声测管的特点如下。

(1)钢管:优点是便于安装,可直接焊接在钢筋骨架上。由于钢管刚度较大,埋置后可基本上保持其平行度和平直度,目前许多大直径灌注桩均采用钢管作为声测管。

(2)钢质波纹管:具有管壁薄、省钢材和抗渗、耐压、强度高、柔性好等特点。用作声测管时,可直接绑扎在钢筋骨架上,接头处可用大一号波纹套接,由于波纹管很轻,因而操作十分方便。

(3)塑料管:声阻抗率较低,用做声测管具有较大的透声率,通常可用于较小的灌注桩。

声测管的直径,通常比径向换能器的直径大10mm即可,内径一般为50~60mm。管子的壁厚对透声的影响很小,原则上对管壁厚度不作限制,但管壁应能承受新浇混凝土的侧压力。

2. 声测管的埋置数量和布置

布置声测管的埋置数量及其在桩的横截面上的布置主要考虑检测的控制面积,一般桩径小于0.6~1m时,沿直径布置两根;桩径为1~2.5m时,布置3根,呈等边三角形;桩径大于2.5m时,布置4根,呈正方形布置。

3. 声测管的安装方法

声测管可直接固定在钢筋笼内侧,固定方式可采用焊接或绑扎,声测管之间应基本上保持平行,在钢筋笼放入桩孔时应防止扭曲。

声测管一般随钢筋笼分段安装,每段之间的接头可采用反螺纹套筒接口或套管焊接方式连接,若采用波纹管则可利于大一号的波纹管套接,并在套接管的两端用胶布缠绕密封。声测管安装时,接头应保证在较高的静水压力下不漏浆,接口内壁应保持平整,不应有焊渣、毛刺等凸出物,以免妨碍探头的自如移动。声测管的底部也应密封,安装完毕后应将上口用木塞堵住,以免浇灌混凝土时落入异物,致使孔道堵塞。

(七)钢筋笼的检测

钢筋笼的质量检测主要从主筋间距、长度、钢筋材质检验、箍筋间距、直径等项目入手,检测标准见表1-6-5。

钢筋笼质量检验标准　　表1-6-5

项　目	序　号	检 查 项 目	允许偏差或允许值(mm)	检 查 方 法
主控项目	1	主筋间距	±20	用钢尺量
	2	长度	±50	用钢尺量
	3	骨架外径	±10	用钢尺量
一般项目	1	钢筋材质检验	设计要求	抽样送检
	2	箍筋间距	±20	用钢尺量
	3	垂直度	$<D/200$	吊线检查

注:D为基桩直径。

二、钢筋骨架的运输和安装

(一)钢筋骨架存放与运输

1. 钢筋骨架的存放

钢筋骨架的存放必须做到整齐有序、不被锈蚀、便于运输、起吊安装等。钢筋骨架存放必须选择在干燥、较高的场地,并进行平整、压实(有条件的尽可能硬化)。一般骨架在存放时,每个加劲筋与地面接触处都应垫等高的方木,将其抬高,避免与地面直接接触;同时,下雨天要将其用篷布进行覆盖,避免直接被雨水淋湿而锈蚀。

为了便于使用时能够按顺序装车、出运、下放接长,每组骨架的节段要按次序排放。同时,在骨架每个节段上都要挂上标志牌,注明相关信息,如墩号、桩号、节号等。

2. 钢筋骨架的运输

钢筋骨架的运输以"保证骨架刚度,不发生变形"为总体要求,总体上可分为陆地运输和水上运输两种情况。

陆地运输一般采用带托架的平板车作为运输工具,其钢筋骨架的分节不宜太长,适用于陆上桩基或设有栈桥平台的水中桩基施工,其钢筋骨架直接通过平板车运输至施工现场起吊、安装。

水上运输一般采用驳船作为运输工具,适用于水中桩基,尤其是运距比较大且无栈桥的深水桩基施工。一般是骨架在加工场制作完成后,用平板车运至栈桥头,起吊装船运至施工现场,下放安装。

(二)钢筋骨架的安装

1. 钢筋骨架的起吊

钻孔灌注桩钢筋骨架的吊装一般指在钻孔施工完成后,通过吊装设备将钢筋笼从水平状态转换为竖直状态,然后竖直放入钻孔中的过程。钢筋骨架的安装,可采用的吊装设备主要有龙门吊、动臂吊、浮吊、汽车吊、履带吊、钻机塔架、扒杆等,设备的选择应根据施工现场实际情况选取。

钻孔桩钢筋笼的起吊方式常用的有两点式和四点式，两点式起吊一般适用于小直径桩基钢筋笼吊装，对于大直径桩基钢筋笼吊装一般采用四点起吊的方式进行吊装施工，见图1-6-6。

图1-6-6　四点吊具钢筋骨架安装

钢筋骨架在起吊过程中（特别是上部吊点），一般要借助于专用吊具，以消除各个钢绳产生的水平分力，确保钢筋骨架吊点处只受竖向力，避免钢筋骨架失圆。两点式吊具相对比较简单，一般可采用长度与钢筋骨架直径相当的小型钢作为扁担梁水平设置，上部利用两根钢绳与吊装设备连接（钢绳与扁担梁夹角一般不小于60°），下部设两根竖直的钢绳，与钢筋骨架第一个加强圈连接，确保起吊后钢筋骨架竖直。四点式吊具与两点式吊具的原理相似，将两点式吊具的扁担梁调整为彼此正交的"十字"形，再在各端点之间用小型钢连接形成正方形框状（此正方形一般为骨架加强圈的内接四边形），上端采用4根钢绳与吊装设备相连（注意夹角），下端采用4根竖直钢绳与钢筋骨架第一个加强圈连接。

无论采用何种方式起吊钢筋笼，施工中应全过程控制钢筋笼的变形，避免钢筋笼失圆等问题的出现，以确保桩基施工质量。

2.钢筋骨架的就位

受钢筋笼单节加工长度、吊装设备起吊高度等限制，钢筋笼一般需采用分节接高整体下放的工艺进行安装，在每一节钢筋笼下放到位后需临时定位。具体做法如下：

在首节钢筋笼下放至钻孔中，且上部第一个加强圈与孔口接近平齐时，根据钢筋笼重量，选用木方或型钢等穿过加劲圈下方，将钢筋笼临时支撑于孔口，起吊下一节钢筋笼并与已安装完成的钢筋笼完成接头连接后，拆除木方或型钢，继续下放；待钢筋骨架最后一节下放到最后阶段时，应根据测定的孔口高程计算定位钢筋的长度，经反复核对后再焊接定位。

为便于钢筋笼的定位以及桩基混凝土的浇注，防止在混凝土浇注过程中钢筋笼上浮，在整个钢筋笼下放完成后，应采取钢筋笼临时定位措施，一般可在定位钢筋骨架顶端的顶吊圈下面插入两根平行的型钢，使得整个骨架支撑于护筒顶口，两平行型钢之间净间距要大于导管外径，便于混凝土的浇注；采用短小钢筋将临时支撑型钢与护筒焊接成一个整体，可有效防止由于导管或其他机具的碰撞而使整个钢筋骨架变位或落入孔中，同时保证在桩基混凝土浇注过程中钢筋笼不产生上浮等事故。

3.钢筋骨架的接头处理

钢筋骨架的节段间连接主要涉及纵向的主筋和声测管的连接。

主筋的连接一般分为机械连接、焊接、绑扎连接等。其连接要求及工艺应满足设计及规范的要求，可参照本节"钢筋的接头形式"中的介绍处理。

声测管同主筋一样，采用分节加工。声测管的连接一般有焊接对接和采用比声测管大一个型号的钢管套接连接两种工艺。无论采用哪种方式，都应确保声测管的连接质量，确保连接管在钢筋骨架下放及水下混凝土浇筑过程中不发生变形、漏水现象。

（三）安装精度要求

钢筋骨架的制作和吊放的允许偏差为：主筋间距 ±10mm、箍筋间距 ±20mm、骨架外径 ±10mm、骨架倾斜度 ±0.5%、骨架保护层厚度 ±20mm、骨架中心平面位置 20mm、骨架顶端高程 ±20mm，骨架底面高程 ±50mm。

第七节 灌注水下混凝土

水下混凝土灌注是钻孔灌注桩施工的关键工序，目前国内水下混凝土一般用钢导管灌注，对于箱袋法、铺石灌浆法和混凝土泵输送法应用较少，本节针对钢导管法进行水下混凝土灌注施工进行介绍。

采用钢导管法灌注水下混凝土时，首先完成首批混凝土封底，钢导管底口被混凝土埋置一定深度，后期灌注的混凝土通过导管底口进入到初期灌注的混凝土下面，并顶托着初期灌注的混凝土及其上面的泥浆上升，实现钻孔桩水下混凝土灌注。

一、准备工作

（一）主要设备及备用设备

1. 钢导管

钢导管一般采用无缝钢管或钢板卷制而成，内径一般为 200 ~ 350mm，壁厚不宜小于 3mm，具体可根据桩长、桩径和单位时间混凝土浇注量进行选择。导管的分节长度视工艺要求确定，底管长度一般不宜小于 4m。导管在使用前应试拼装，并进行水密度承压和接头抗拉试验。进行水密性试验的水压应不小于孔内水深 1.3 倍的压力，也不应小于导管壁和焊缝可能承受灌注混凝土时的最大内压力 P 的 1.3 倍，P 可按下式计算：

$$P = \gamma_c h_c - \gamma_w H_w \tag{1-7-1}$$

式中：P——导管可能受到的最大内压力，kPa；

γ_c——混凝土拌和物的重度，取 24kN/m^3；

h_c——导管内混凝土柱最大高度，m，以导管全长或预计的最大高度计；

γ_w——井孔内水或泥浆的重度，kN/m^3；

H_w——井孔内水或泥浆的高度，m。

下放导管时，应使其位置居中，轴线顺直，慢速下放，以避免导管碰触钢筋骨架或孔壁。导管应自下而上顺序编号，单节导管作好标示尺度，导管吊装设备能力应充分满足施工要求。导管提升时，为避免挂住钢筋笼，可设置防护三角形加劲板或设置锥形法兰护罩，同时为方便施工，应配置与导管相匹配的混凝土灌注牵引导管夹具。

导管一般采用丝扣、卡口两种连接方式。丝扣连接时，导管两端外周有公、母丝扣，连接时用管钳扳手拧紧，此法一般应用于无缝钢管制成的导管。卡口式连接与法兰接头类似，如图 1-7-1 所示。

2. 漏斗

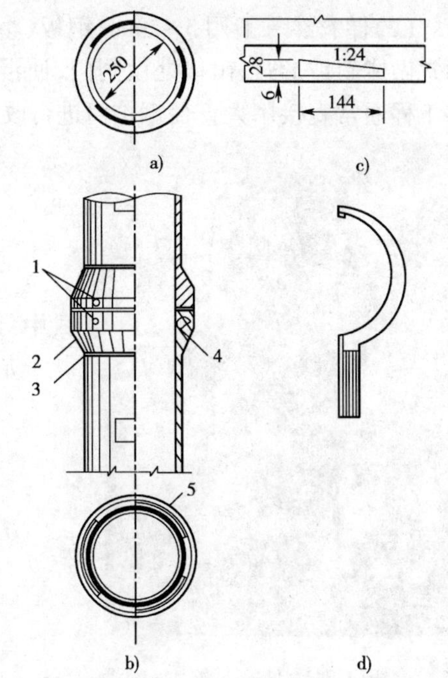

图 1-7-1　快速接头导管(尺寸单位:mm)
a)上节导管的下接头;b)下接导管的上接头;
c)齿板展开图;d)拆装工具(需 1 对)
1-拆装用孔;2-防挂斜边;3-焊缝;4-O 形密封胶圈;5-安全螺钉

漏斗设置在钢导管顶口,常用漏斗一般为 5～6mm 厚钢板制作成圆锥形或棱锥形,漏斗上口通常对称地焊接吊环,以便灌注中漏斗安装及导管提升。圆锥形漏斗上口直径一般为 100～120cm,高 120～140cm。棱锥形漏斗一般为 120cm×120cm×100cm,插入导管的一段长度,不论圆锥或棱锥均为 15cm。上述漏斗的容量约为 0.7～1.0m^3。为了增加圆锥漏斗的刚度,可沿漏斗上周边外侧加焊直径 14～16mm 的加劲钢筋。棱锥形漏斗可沿斗口周边外侧焊小型钢加强。

漏斗上设有溜槽、储料斗等混凝土灌注辅助设备,漏斗应具备一定的高度,一般以操作方便为宜。同时还应考虑钻孔桩灌注至最后阶段时,导管内混凝土柱对导管外混凝土及其上部泥浆仍有足够压力差。在钻孔桩混凝土灌注过程中,漏斗底口应比桩顶和泥浆面中较高水平面高出 4～6m,当计算漏斗高度大于上述规定时,应按计算高度选用。漏斗高度(即导管内混凝土柱高度)可按下式计算:

$$h_c \geqslant (P_0 + \gamma_w H_w)/\gamma_c \tag{1-7-2}$$

式中:h_c——漏斗底口至预计灌注的桩顶以上所需高度,m;

H_w——井孔内混凝土面至钻孔时泥浆面高差,水或泥浆深度当预计桩顶高出水面时,此项不计入,m;

γ_c——混凝土拌和物重度,kN/m^3,用 24kN/m^3;

γ_w——钻孔内水或泥浆重度,kN/m^3;

P_0——使导管内混凝土下落至导管底并将导管外的混凝土顶升时所需的超压力,钻孔灌注桩采用 100～200kPa,桩径 1m 左右时取低限;不小于 4m 时取高限,1～4m取插入值。

如果施工现场有足够吊装能力的吊装设备,可加大漏斗容量,直接利用漏斗存储首批混凝土,这样可不设储料斗。

3. 溜槽

混凝土从储料斗放出,经溜槽流入漏斗,溜槽可用铁皮卷制而成,其具体结构形式应根据实际需要确定,但应保证其满足混凝土灌注使用要求。

4. 储料斗

储料斗的主要功能是储放灌注首批混凝土必需的储量,然后经溜槽送入漏斗。如果施工现场有足够吊装能力的吊装设备,可不设储料斗,而加大漏斗容量,直接利用漏斗存储首批混凝土。储料斗设置原则主要有以下几个方面:

(1)首盘混凝土储料斗设计容积应满足导管初次埋置深度大于 1.5m 的条件。

(2)储料斗一般用5~6mm钢板、小型角钢、槽钢制作。考虑施工方便，储料斗底部通常做成斜坡形式，出口处设闸门，使混凝土混合物能迅速自动经过溜槽流入漏斗。一些工程通常直接用大直径钢护筒进行改造，加工成储料斗，见图1-7-2。

图1-7-2 储料斗、漏斗

(3)储料斗储存的首盘封底混凝土数量计算如下：

$$V \geqslant \frac{\pi d^2 h_1}{4 + \pi D^2 H_c / 4} \qquad (1\text{-}7\text{-}3)$$

式中：V——首批混凝土所需数量，m^3；

h_1——桩孔混凝土面高度达到 H_c 时，导管内混凝土柱平衡导管外水（或泥浆）压所需要的高度，即 $h_1 = \frac{H\gamma}{\gamma_c}$，m；

H_c——灌注首批混凝土时所需桩孔内混凝土面至孔底的高度，m，$H_c = h_2 + h_3$，h_2 为导管初次埋置深度，$h_2 \geqslant 1.0$m；h_3 为导管底端至钻孔底间隙，取0.4m，$H_c \geqslant 1.4$m；

H_w——桩孔内混凝土面以上水或泥浆深度，m。

5. 混凝土输送设备

根据钻孔桩水下混凝土灌注要求，混凝土的运输时间和距离应尽量缩短，满足混凝土凝结和浇筑速度的需要，使浇筑过程不间断，且混凝土运至浇筑点时仍保持良好的和易性和坍落度。如有离析或坍落度损失过大现象应进行再次搅拌。混凝土输送和浇筑延续时间不宜超过表1-7-1的规定。

混凝土从拌和机卸出到浇筑完毕的延续时间 表1-7-1

气温(℃)	无搅拌设施运输(min)	有搅拌设施运输(min)
20~30	30	60
10~19	45	75
5~9	60	90

根据上述要求，水下灌注混凝土的泵送机具宜采用混凝土泵，距离稍远的宜采用混凝土搅拌运输车。采用普通汽车运输时，运输容器应严密坚实，不漏浆、不吸水，便于装卸，混凝土不应离析。

(1)混凝土泵

如果桩位离拌和站较近，在混凝土泵送范围之内，可利用混凝土泵直接从拌和站输送至混凝土灌注料斗。

混凝土泵是利用压力沿管道将混凝土拌和物连续输送到浇注地点的设备，它能同时完成水平输送和垂直输送，比起重机加吊罐等传统的浇灌设备效率高、劳动力省、费用低、质量好。同时混凝土泵的采用对保证混凝土拌和物质量起到了检验作用，因为不可泵送的混凝土拌和物大部分也是不符合质量要求的。混凝土泵主要根据泵送距离、泵送量等合理选用。

表1-7-2~表1-7-5列出一些常用混凝土输送泵的性能参数。

BSA14000HP－D 混凝土输送泵主要性能参数 表 1-7-2

技 术 参 数	BSA14000HP－D
理论混凝土输送量(m^3/h)	82/54
理论混凝土输出压力(bar)	185/260
主油缸直径×行程(mm)	ϕ180×2 100
柴油机功率(kW)	470
理论最大输送距离(125mm)(m)	3 000(水平)
	450(垂直)

注:1bar = 10^5Pa。

HBT90CH－2122D 混凝土输送泵主要性能参数 表 1-7-3

技 术 参 数	HBT90CH－2122D
理论混凝土输送量(m^3/h)	90/60
理论混凝土输出压力(MPa)	14/22
主油缸直径×行程(mm)	ϕ160×2 100
主油泵排量(cm^3/转)	190×2
柴油机功率(kW)	181×2
理论最大输送距离(125mm)(m)	1 500(水平)
	480(垂直)

HBT80C－2118 混凝土输送泵主要性能参数 表 1-7-4

技 术 参 数	HBT80C－2118
理论混凝土输送量(m^3/h)	80/48.8
理论混凝土输出压力(MPa)	10.8/18
主油缸直径×行程(mm)	ϕ160×2 100
主油泵排量(cm^3/转)	335
柴油机功率(kW)	132
理论最大输送距离(125mm)(m)	1 000(水平)
	320(垂直)

HBT60C－1816D 混凝土输送泵主要性能参数 表 1-7-5

技 术 参 数	HBT60C－1816D
理论混凝土输送量(m^3/h)	75/60
理论混凝土输出压力(MPa)	15.7
主油缸直径×行程(mm)	ϕ160×2 100
主油泵排量(cm^3/转)	
柴油机功率(kW)	161
理论最大输送距离(125mm)(m)	800(水平)
	180(垂直)

(2)搅拌运输车

如果桩位离拌和站较远,可利用混凝土运输罐车运至现场后直接倒入料斗或再利用混凝土泵泵送至料斗。

混凝土搅拌运输车主要由汽车底盘和混凝土搅拌运输专用装置组成。其专用机构主要包括取力器、搅拌筒前后支架、减速机、液压系统、搅拌筒、操纵机构、清洗系统等。混凝土搅拌输送车一般按两种不同的工艺进行工作。

搅拌运输车的容量主要根据工程量和道路通行性情况而定。大容量可提高输送能力,降低运输成本,但受汽车底盘和交通条件的限制。从经济性和适应性综合考虑,容量为6m³ 的中型搅拌输送车是混凝土主流运输设备。此外,3~12m³ 的各种容量的搅拌输送车均有生产。

6. 吊装设备

钻孔桩水下混凝土灌注过程中需要提吊漏斗,提升、拆除导管等吊装作业,根据所用导管长度、直径以及漏斗容量可计算出吊装重量,然后根据吊装重量选择吊装设备,一般25t汽车吊可满足吊装施工,对于直径大于1.8m,桩长大于50m桩基一般可选用50t履带吊。

(二)混凝土的准备

1. 原材料的储备

根据储备周期内所需灌注混凝土数量确定应储备的水泥、碎石、砂子、粉煤灰、外加剂等混凝土原材料数量,还应根据水源情况存储一定量的拌和用水。

2. 混凝土的拌和

混凝土的拌和指将一定配合比的水泥、砂石、水和外加剂、掺和料拌制成具有一定匀质性、和易性要求的混凝土拌和物。混凝土的强度不仅与原材料及配合比有关,而且也取决于搅拌的均匀性。桩基混凝土的拌和一般均采用混凝土拌和机(站)进行拌制,拌和机都相应作为拌和站(楼)的配套主机。

混凝土拌和机按照进料、搅拌、出料是否连续,可分为周期作业式和连续作业式两大类。

周期作业式混凝土拌和机按其搅拌原理可分为自落式和强制式两种。自落式搅拌原理是:物料由固定在旋转拌和筒内的叶片带至高处,靠自重下落而进行搅拌(图1-7-3);强制式搅拌原理是:物料由于处于不同位置和角度的旋转叶片强制其改变运动方向,产生交叉料流而进行搅拌(图1-7-4)。自落式搅拌原理决定了其搅拌作用不如强制式的强力有效,而且搅拌筒钻速不能提高,因为转速提高离心力增大,使物料贴在筒壁上不能下落。

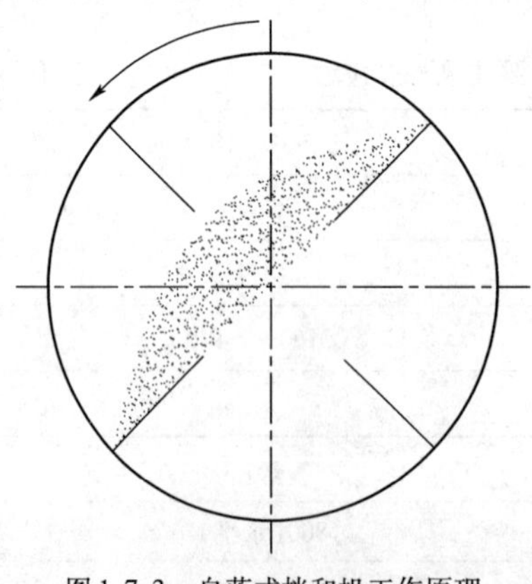

图1-7-3　自落式拌和机工作原理

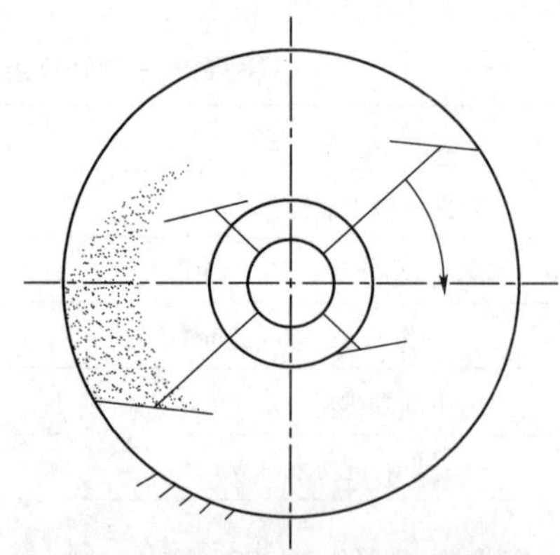

图1-7-4　强制式拌和机工作原理

连续作业式混凝土拌和机由于拌和物在搅拌机里的搅拌时间较短,一般都做成强制式的。

钻孔桩混凝土拌和设备应结合实际情况选用,一般可根据单台拌和机的生产能力、需要灌注的混凝土数量和适当的灌注时间确定混凝土拌和机数量,拌和机数量一般应保证有2套以上,以确保在一套出现故障的情况下,仍可保证混凝土灌注的连续性。灌注时间过长会增加灌注质量事故和坍孔事故的风险,而过多的压缩灌注时间,又需增加不必要的设备和劳动力投入。根据当前钻孔桩水下混凝土灌注经验,混凝土灌注时间一般随桩长变化而变化,其经验值见表1-7-6。

桩基灌注时间表 表1-7-6

钻孔桩长度(m)	<20	20~40	40~60	60~70	70~80	80~100
适当灌注时间(h)	1.5~2	2~3	3~4	4~5	5~6	7~8

混凝土拌和机械的数量可以按照下式计算:

$$n = V/(hP) \tag{1-7-4}$$

式中:V——钻孔中应灌注的混凝土数量,包括桩顶超灌高度和扩孔体积,m^3,扩孔率取1.1~1.2;

h——适当灌注时间,查表1-7-6;

P——混凝土拌和机生产率,m^3/h,

$$P = V_0 \varepsilon S \alpha \tag{1-7-5}$$

V_0——每次拌制的混凝土体积,m^3;

ε——为拌和机的时间利用系数,一般取0.9~0.95;

S——每小时的拌料次数;

α——拌和机体积利用系数,一般取0.75~0.85。

计算出的n值应取整数。另外还应有备用台数,以备在机械发生故障时换用。目前施工一般宜采用混凝土拌和站或拌和楼集中拌制混凝土。

3. 隔水栓、提板软垫、阀门

首盘混凝土浇筑时,导管内充满了泥浆,需采取一定的隔水措施以避免混凝土与泥浆混合,影响桩底混凝土质量,根据以往施工经验,主要可采取以下措施。

(1)球栓

利用木料、混凝土或塑麻袋、料布内包锯屑或麻絮等制成表面光滑的球体。当使用剪球法时,球的直径宜比导管内径小2~2.5cm;当使用拔球法时,球的直径宜比导管内径大1~2cm。

采用剪球法时,开始灌注混凝土前,将球置于孔内水面以上0.3m左右导管内,用粗麻绳或铁丝悬吊固定,待有足够混凝土初存量后,剪断吊绳,球和混凝土将导管内水压走而落入孔底。为避免球下落时卡管,除按前述做球的通过试验外,并可拌制少量高强度等级砂浆置于球的上部。

一般剪球法容易造成卡栓堵管事故,目前常采用软球式隔水栓,用塑料布包新拌混凝土制成的软球作为球栓,其使用效果较好,不易造成卡栓事故。

拔球法是将球栓置于导管顶口，利用铁丝或麻绳引出，球栓下垫一层塑料布，当漏斗内达到一定量的混凝土后，迅速拔出球栓，混凝土将塑料布压入导管形成隔水层，排出导管内的泥浆或水。

(2)提板软垫

提板软垫隔水原理与拔球法相似，只是将球栓换成带有活页连接的钢板，钢板中心焊接吊环，利用钢绳引出，在漏斗内混凝土达到一定量后，提升钢绳，使钢板打开，混凝土将软垫压入导管内形成隔水层。

(3)阀门

阀门隔水原理同拔球法，即混凝土将塑料布压入导管形成隔水层。阀门设置及操作方法如下：在漏斗下口以下两节导管间安设阀门，用一层塑料布在漏斗颈口覆盖好，关闭阀门后向漏斗上料，混凝土将塑料布压入导管并堵塞于阀门上。当漏斗有足够数量的混凝土后打开阀门，混凝土与塑料布即迅速下落到孔底。

以上各法比较，提板软垫、阀门二法较好，消耗少，操作简单，无卡栓堵管现象。

二、水下混凝土的配制

(一)普通混凝土的配置要求及方法

1.原材料的要求

(1)粗集料

粗集料宜优先选用卵石，如采用碎石，宜适当增加混凝土配合比的含砂率。集料的最大粒径不应大于导管内径的1/6～1/8和钢筋最小净距的1/4，同时不应大于40mm。如果粒径过大会影响混凝土的流动性能，从而影响混凝土自流平自密实性能。

粗集料应选用连续级配，连续级配碎石可加大混凝土的流动性。粗集料中应避免有大粒径的泥块存在，如果泥块超过一定数量和粒径，不但影响强度，还会影响混凝土的质量。

(2)细集料

细集料宜选用中砂，细度模数应控制在2.3～2.8。如果砂过于粗糙，会影响混凝土自流平性能。

(3)水泥

可采用火山灰水泥、粉煤灰水泥、普通硅酸盐水泥或硅酸盐水泥，使用矿渣水泥时应采取防离析措施。水泥的初凝时间不宜早于2.5h，水泥的强度等级不宜低于32.5。

(4)粉煤灰

应使用Ⅰ、Ⅱ级粉煤灰，粉煤灰是水下混凝土不可缺少的掺和料，因粉煤灰的细度小于水泥，用粉煤灰取代部分水泥，不但可以改善混凝土的工作性能，还可以使混凝土后期强度有更大提高。粉煤灰中的颗粒呈玻璃珠体状态，在混凝土中增加了润滑作用，从而加大了混凝土的流动性能。

2.混凝土的性能要求

(1)坍落度

水下混凝土属于自流平自密实混凝土，应具有良好的扩展与流动性能，要求混凝土的坍落度在 180 ~ 220mm,其扩展度大于 500mm。

(2)和易性

水下混凝土应具有良好的和易性,不应产生离析和泌水现象。含气量不能大于 3%,含气量过大会影响混凝土的表观密度,从而影响混凝土自流平自密实效果。

(3)初凝时间

混凝土的初凝时间应与现场混凝土的方量与浇注时间相联系,初凝时间应不小于浇注时间,要求外掺剂具有合适的缓凝效果。水泥比表面积不宜太大,如果水泥太细会增加需水量,增强混凝土的早期裂缝。

(二)高性能混凝土的配置要求及方法

高性能混凝土是一种新型高技术混凝土,是在大幅度提高普通混凝土性能的基础上采用现代混凝土技术制作的混凝土。它以耐久性、和易性作为设计的主要指标,同时兼顾适用性、强度、体积稳定性和经济性。为此,高性能混凝土在配置上的特点是采用低水胶比,选用优质原材料,按需求掺加一定数量的矿物细掺料和高效外加剂。

1. 高性能混凝土的特性

(1)自密实性

高性能混凝土的用水量较低,流动性好,抗离析性高,从而具有较优异的填充性。因此,配好恰当的大流动性高性能混凝土有较好的自密实性。

(2)体积稳定性

高性能混凝土的体积稳定性较高,表现为具有高弹性模量、低收缩与徐变、低温度变形。

(3)强度

高性能混凝土抗拉强度与抗压强度值较普通混凝土有明显增加,高性能混凝土的早期强度发展加快。

(4)收缩和徐变

高性能混凝土的总收缩量与其强度成反比,强度越高,总收缩量越小。但高性能混凝土的早期收缩率,随着早期强度的提高而增大。

高性能混凝土的徐变变形显著低于普通混凝土,高性能混凝土与普通强度混凝土相比较,徐变总量(基本徐变与干燥徐变之和)显著减少。在徐变总量中,干燥徐变值的减少更为显著,基本徐变仅略有一些降低。而干燥徐变与基本徐变的比值,则随着混凝土强度的增加而降低。

(5)耐久性

高性能混凝土除通常的抗冻性、抗渗性明显高于普通混凝土之外,高性能混凝土的 Cl^- 渗透率,明显低于普通混凝土。高性能混凝土由于具有较高的密实性和抗渗性,因此,其抗化学腐蚀性能显著优于普通强度混凝土。

2. 高性能混凝土的配置要求

配置高性能混凝土除应符合本节有关规定外,尚应符合现行行业标准《水运工程混凝土质量控制标准》(JTS 202-2—2011)和《水运工程混凝土施工规范》(JTS 202—2011)的有关规定。

抗氯离子渗透性试验用的混凝土试件应在标准条件下养护 28d,试验在 35d 内完成。

高性能混凝土原材料应符合下列规定：

(1)宜选用标准稠度低强度等级不低于42.5的中热硅酸盐水泥和普通硅酸盐水泥，不宜采用矿渣硅酸盐水泥和火山硅酸盐水泥粉煤灰硅酸盐水泥。

(2)细集料宜选用级配良好细度在2.6~3.2的中粗砂。

(3)粗集料宜选用质地坚硬级配良好针片状少空隙率小的碎石，其岩石强度宜大于100MPa，碎石压碎值不大于10%。

(4)减水剂应选用与水泥匹配的坍落度损失小的高效减水剂，其减水率不宜小于20%。

(5)配置高性能混凝土的掺和料适宜掺入量(%)，磨细粒化高炉矿渣50~80，粉煤灰25~50，硅灰5~10。

(三)海工混凝土的配置要求及方法

海工混凝土配制的材料除应满足强度要求外，尚应充分考虑环境条件的影响，具有所需的耐久性。其所用的材料应有证明书或检验报告单，使用时应按现行行业标准《水运工程混凝土试验规程》(JTJ 270—1998)进行检验，并按现行行业标准《水运工程混凝土质量控制标准》(JTS 202-2—2011)进行质量控制，其质量应符合国家现行有关标准的规定，并满足设计要求。

海工混凝土的配置要求及方法可参照“第四章　特殊地区钻(挖)孔灌注桩”中的相关内容。

三、水下混凝土的灌注

(一)灌注混凝土表面测深和导管埋深控制

1.灌注混凝土表面测深

测深是水下混凝土灌注中一项至关重要的工作，直接影响水下混凝土灌注是否成功。灌注水下混凝土前，应探测泥浆面以下的孔深，灌注过程中应探测所灌注的混凝土面高度，以控制孔底沉淀层厚度、导管埋置深度、混凝土灌注高程等控制参数。如探测不准确，将造成沉淀过厚、导管提漏、导管拔不出、短桩、夹层断桩等事故。在水下混凝土灌注过程中，测深应及时、准确。目前施工中常用测深方法如下。

(1)测锤法测深

目前多采用测绳系重锤吊入孔中。测绳宜使用质轻、拉力强、遇水不伸缩、标有尺度的尼龙测绳；测锤宜使用平底的圆锥形或棱锥形，且底面积不宜太小(防止测锤切入混凝土太深)，测锤重不小于40kN。测锤通过泥浆沉淀层而停留在混凝土表面(或表面下10~20cm)，根据测绳测得锤的沉入深度作为混凝土的灌注深度。

本法探测结果的精度完全在于测者对手中所提测锤不同重力感觉的灵敏程度。测锤未接触混凝土顶面时，手中所感到的重力是：测锤重加测绳重减测锤和测绳在泥浆(或水)中的浮力，再减测绳和测锤在泥浆中的静切力(如在水中探测本项可忽略不计)。当测锤接触到混凝土面以后，手中所感到的重力是：测绳重减测绳在泥浆中的浮力减测绳在泥浆中的静切力。前后重力相差只是测锤在泥浆中减去浮力和静切力后的重力。因此，如测锤太轻或其重度太小，而测绳又太重，使锤比测绳重不了多少，则探测者对前后重力不同的感觉就较为迟钝。当测深桩在测锤快接近桩顶面时，由于沉淀增加和泥浆变稠的原因,更容易发生误测。因此,在用测锤测深时,除选择合适的测锤和测绳外,测量人员还应对所用测锤的重力感觉熟悉,加强判断能力。在接近桩顶时,应采用钢管取样盒法、灌入的混凝土数量等方法加以复核防止错误。测绳应经常用钢尺校核,每根桩应在灌注前至少校核一次。

(2)钢管取样盒

当灌注接近桩顶时,由于桩顶沉淀的增加、泥浆变稠,使得测锤法无法准确的测得混凝土面实际浇筑高度,此时需使用钢管取样盒测混凝土浇筑高度。

用一端为阳螺纹,另一端为阴螺纹的钢管,每节钢管长约1~2m,可以互相套入拧紧接长;钢管最下端设一带有活盖的铁盒,用细绳系着随钢管向上引出。测量时,钢管取样盒插入混合物内,牵引细绳将活盖张开,混合物进入盒内,然后提出钢管,鉴别盒中之物是混凝土还是泥渣。不论采用何种测深仪测深,当水下混凝土灌注至桩顶时,均须使用取样盒作出正确鉴定,如图1-7-5所示。

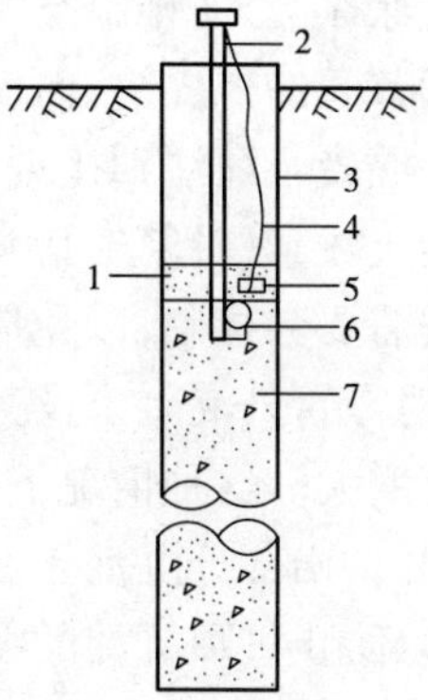

图1-7-5　铁盒取样器

1-沉淀土;2-可接长的铁管;3-钻孔;4-绳;5-盖;6-铁盒;7-混凝土

(3)其他探测方法

其他探测方法还有测深仪、热敏电阻测深仪、感应式测深仪、电导式测深仪等,这些方法在现场施工是较少用到,此处不做详细介绍。

2. 导管埋深控制

根据《公路桥涵施工技术规范》(JTG/T F50—2011)的要求,导管埋置深度一般宜控制在2~6m,导管提升前需仔细探测混凝土面深度,用测深锤测深时,需由2人用2个测锤测深并相互校对,防止误测。

(二)混凝土灌注工艺

在成孔施工、钢筋笼下放等工作完成后,即可开始混凝土灌注工作。在灌注前,应对现场设备、准备工作做一次全面的检查,包括孔底沉渣厚度是否在设计及规范要求之内、各种机械是否正常运转、储料斗和漏斗阀门是否开关自如、灌注平台有无安全隐患、操作人员是否经过技术安全交底并各就各位、钢筋笼是否已设置有防止上浮措施等,然后即可进行首批混凝土灌注施工。

开始灌注首批混凝土之前,应提前计算出首批混凝土储量,配备相应大小的储料斗,并保持导管下口至孔底的距离在40cm左右。首批混凝土灌入孔底后,立即测探孔内混凝土面高度,计算出导管内埋置深度,判断封底是否成功,如符合要求,即可正常灌注。如发现封底失败,导管内大量进水,表明出现灌注事故,应按后述事故的处理方法进行处理。

正常灌注开始后,应保证连续、紧凑地进行,不得中途停工。灌注过程中,应注意观察漏斗内混凝土下降和孔内水位升降情况,每隔一定时间测量孔内混凝土面高度,正确指挥导管的提升和拆除。

提升导管应保持轴线竖直和位置居中,提升速度应均匀、慢速。当导管提升到接头露出孔口以上一定高度后,可拆除1~2节导管,但必须保证导管底口具有2m以上的埋深。目前一般采用吊装能力较强的履带吊配合混凝土灌注施工,拆除导管时,可直接连同漏斗一起提吊待拆导管,将拆除的导管放入指定位置后,再将漏斗与孔口导管对接好,开始灌注混凝土。拆除导管的时间应尽量缩短,确保混凝土灌注连续性,一般不宜超过15min。拆除过程中应注意安全,慢速起吊,还应注意防止人员、工具坠入孔内,已拆下的导管要清洗干净,堆放整齐。

在灌注过程中,应严格控制混凝土质量,随时检测混凝土坍落度,并根据规范要求抽样制作混凝土试件,以检验桩基混凝土质量。若导管内混凝土不满、含有空气,后续混凝土要徐徐灌入,排出空气,不可整斗地灌入漏斗和导管,以免在导管内形成高压气囊,挤出管节间的橡皮垫,而使导管进水。

混凝土灌注到接近设计高程时,工地值班人员应根据浇注实际情况计算出还需要的混凝土数量(计算时应将导管内及混凝土输泵泵管内的混凝土数量估计在内),安排拌和站按需要数拌制,以免造成浪费。同时,在浇注临近桩顶时,由于导管内混凝土柱高度减小,对导管外混凝土及其上泥浆压力差降低,且导管外的泥浆及所含渣土稠度增加,相对密度增大。这种情况下,可能出现混凝土上升困难,影响正常灌注,可在孔内加水稀释泥浆,并掏出部分沉淀土,使灌注工作顺利进行。在拔出最后一段长导管时,拔管速度要慢,以防止桩顶沉淀的泥浆挤入导管下形成泥心。

为确保桩顶质量,应在桩顶设计高程以上超灌一定高度,灌注结束后可将此段部分混凝土挖除。超灌高度,一般不宜小于0.5m,长桩不宜小于1.0m。

为减少以后破桩头的工作量,可在灌注结束后、混凝土凝结前,挖除多余的一段桩头,但应保留30~50cm,以待随后修凿,浇注墩柱或承台。旱地施工用的钢护筒,如需回收,可在灌注结束、混凝土初凝前拔出。当使用两半式钢护筒或木护筒时,要待混凝土强度达到5MPa后方可拆除。

整个钻孔桩混凝土灌注过程中,应指定专人做好施工记录,包括每批灌注时间、数量、混凝土面的高度、导管埋深、导管拆除以及发生的异常现象等。

(三)桩基成品保护

桩基浇筑完成后应对桩头钢筋、声测管等进行保护。声测管应做好标记防护,并在管道顶口焊接盖板,防止泥浆、杂物掉入堵塞声测管。

(四)桩头处理措施

桩头处理一般在承台封底完成后,形成干施工条件下进行,桩头高于设计高程的混凝土可采用风镐凿除,凿除的混凝土残渣通过起吊设备吊出转运至指定弃渣地点。如桩基施工中打设有护筒,在桩头处理前应首先将护筒割除,完成桩头处理的准备工作。

(五)劳动组织

钻孔桩水下混凝土浇注除应做好材料、设备的准备外,还应安排好施工劳动组织,其施工劳动组织原则应根据工地条件、混凝土材料的运距、运输方法和灌注量大小等因素来决定。目前钻孔桩水下混凝土灌注机械化程度较高,一般劳动力相对可适量减少。根据一般情况,其劳动组织可参照表1-7-7。

灌注水下混凝土劳动组织表 表1-7-7

人员分组	工作职责	人员配备			说明
		技工	普工	技术人员	
总负责人	安排工作、检查工作、指挥施工	1		1	由班长担任
导管组	指挥导管升降	1			
	装卸导管	1	3		
	洗涮导管		2		
	卷扬机司机	1			
灌注组	储料斗内铲耙拌匀混凝土	1	2		
	开关储料斗阀门，掌握漏斗进料	1			
	测量混凝土高度，计算导管埋入深度		1	1	

(六)混凝土灌注注意事项

(1)灌注混凝土必须连续进行，不得中断，否则先灌入的混凝土达到初凝，将阻止后灌入的混凝土从导管中流出，造成断桩。

(2)混凝土从开始搅拌后，在1.5h之内应尽量灌注完毕，特别是在夏季天气干燥时，必须在1h之内完成灌注。对于商品混凝土，如需长途运输，应事前调查外界气候等条件，然后按实际需要掺加缓凝剂。

(3)当混凝土面升到钢筋笼下端时，为防止钢筋笼被混凝土顶托上升，应采取措施防止钢筋笼上浮。

(4)随孔内混凝土的上升，需逐节快速拆除导管，时间不宜超过15min。拆下的导管应立即冲洗干净。

(5)在灌注过程中，当导管内混凝土不满含有空气时，后续的混凝土宜通过溜槽徐徐灌入漏斗和导管，不得将混凝土整斗从上边倾入管内，以免在导管内形成高压气囊，挤出导管节间的橡胶垫而使导管漏水。

第八节 钻孔灌注桩事故的预防和处理

灌注桩属于隐蔽工程，影响灌注桩施工质量的因素很多，如地质因素、钻孔工艺、护壁泥浆、混凝土灌注等。灌注桩施工过程中应对各种影响因素作详细的考虑，并严格要求，若稍有不慎或措施不严，就会发生质量事故，以致影响工程质量。

一、常见成孔事故的预防和处理

在成孔阶段，可能造成如坍孔、糊钻和埋钻、钻孔漏浆、钻孔偏斜、掉钻落物、扩孔、缩孔、卡锥、钻杆折断、梅花孔、护筒变形、桩基中心偏位、地质不符、遇障碍物、涌砂等事故的发生。常见钻孔事故的预防与处理措施见表1-8-1。

钻孔事故的预防和处理　　表 1-8-1

事故名称	现　　象	原 因 分 析	预防与处理
坍孔	孔内水位突然下降,孔口冒细密的水泡,出渣量显著增加而不见进尺,钻机负荷显著增加等	(1)泥浆性能指标不符合要求; (2)出渣后未及时补充泥浆(或水)等原因造成水头高度不够; (3)护筒埋置太浅或钻机直接接触在护筒上,由于振动使孔口坍塌; (4)在松软土层中钻进进尺太快; (5)提出钻锥钻进,回转速度过快,空转时间太长; (6)冲击(抓)锥或掏渣筒倾倒,撞击孔壁,或爆破处理孔内孤石、探头石,炸药量过大,造成过大振动; (7)水头太高,使孔壁渗浆或护筒底形成反穿孔; (8)清孔后泥浆指标降低; (9)清孔操作不当,供水管嘴直接冲刷孔壁、清孔时间过久或清孔后停顿时间过长; (10)吊入钢筋骨架时碰撞孔壁	(1)在松散砂土或流沙中钻进时,应控制进尺速度,选用较大相对密度、黏度、胶体率的泥浆或高质量泥浆; (2)汛期或潮汐地区水位变化过大时,就采取升高护筒,增高水头,或用虹吸管、连通管等措施保证水头相对稳定; (3)严格控制冲程高度和炸药用量; (4)清孔时指定专人补浆(或水),保证孔内必要的水头高度。供浆(水)管最好不要直接插入钻孔中,应通过水槽或水池使水减速后流入钻孔中,可免冲刷孔壁。应扶正吸泥机,防止触动孔壁; (5)吊入钢筋骨架时应对准钻孔中心竖直插入,严防触及孔壁; (6)发生孔口坍塌时,可立即拆除护筒并回填钻孔,重新埋设护筒再钻; (7)发生孔内坍塌时,判明位置,回填砂和黏质土(或砂砾和黄土)混合物到坍孔处以上 1～2m;如坍孔严重时,应全部回填,待回填物沉积密实后再行钻进
糊钻和埋钻	回转钻进中,在细粒土层中钻进时进尺缓慢,甚至不进尺,出现憋泵现象;在黏土层中冲击成孔时,出浆口堵塞	(1)泥浆黏度过高,相对密度过大; (2)冲程太大,钻渣量大、钻杆内径过小; (3)钻机泵量小,不适宜细粒土钻进	(1)选择泵量适宜、刮板齿小、出浆口大的钻锤; (2)对钻杆内径、钻渣进出口和排渣设备的尺寸进行检查计算; (3)清除泥包,调节泥浆的相对密度和黏度,向孔内投入适量砂石,解决泥包糊钻; (4)若已严重糊钻,应停钻,清除钻渣; (5)减少冲程适当控制进尺,以解决冲击成孔中的糊钻和埋钻
钻孔漏浆	在成孔过程中或成孔后,泥浆向孔外漏失	(1)遇强透水性或地下水流动的地层,泥浆外渗; (2)护筒埋置太浅,致使刃脚漏浆; (3)护筒接缝不严密,造成漏浆; (4)水头过高,造成反穿孔	(1)加稠泥浆灌入黏土,慢速转动,或在回填土内掺片石、卵石,反复冲击,增强护壁; (2)在有护筒防护范围内,接缝处可由潜水工用棉絮堵塞,封闭接缝,稳住水头; (3)如漏水严重,应挖出护筒,修理完善后重新埋设
钻孔偏斜	钻进过程中,孔径偏离设计位置,发生偏斜现象	(1)钻孔中遇有较大的孤石或探头石; (2)在有倾斜的软硬地层交界处、岩面倾斜处钻进;或者粒径大小悬殊的砂卵石层中钻进,钻头受力不均; (3)扩孔较大处,钻头摆动偏向一方; (4)钻机底座未安置水平或产生不均匀沉陷、位移; (5)钻杆弯曲,接头不正; (6)护筒沉设垂直度不满足要求	(1)安装钻机时要使转盘、底座水平,起重滑轮边缘、固定钻杆的卡孔和护筒中心三者应在一条竖直线上,并经常检查核正; (2)在钻架上增设导向架,控制提引水龙头的方向; (3)钻杆接头应逐个检查,及时调正,当主动钻杆弯曲时,要用千斤顶及时调直; (4)在有倾斜的软、硬地层钻进时,应吊着钻杆控制进尺,低速钻进,或回填片、卵石冲平后再钻进;

续上表

事故名称	现　　象	原 因 分 析	预防与处理
			(5)用检孔器等查明钻孔偏斜的位置和偏斜的情况,在偏斜处吊住钻头上下反复扫孔; (6)冲击钻进时,应回填砂砾石和黄土待沉积密实后再继续钻进; (7)确保护筒的沉设垂直度
掉钻落物	钻头、钻杆或施工用具等落入钻孔内	(1)卡钻时强提强扭,操作不当,使钻杆或钢丝绳超负荷或疲劳断裂; (2)钻杆接头不良或滑丝; (3)电动机接线错误,钻机反向旋转,钻杆松脱; (4)冲击钻头合金套灌注质量差致使钢丝绳拔出; (5)转向环、转向套等焊接处断开; (6)钢丝绳与钻头连接处钢丝绳的绳卡数量不足或松弛; (7)钢丝绳过度陈旧,断丝太多,未及时更换; (8)操作不慎,落入扳手、撬棍等物	(1)开钻前应清除孔内落物,然后在护筒上加盖; (2)经常检查钻具、钻杆、钢丝绳和联结装置; (3)为便于打捞落锤,可在冲击锥或其他类型的钻头上预先焊打捞环、打捞杠; (4)掉钻后应及时摸清情况,若钻锥被沉淀物或坍孔土石埋住应先清孔,使打捞工具能接触钻杆和钻锥; (5)对严重的坍孔埋锥,可采用比钻锥直径大的空心冲击锥或冲抓锥将坍在原锥上面的土、石清除掉,接触原锥后,再换用比原锥直径稍大的栅式圆柱形的空心锥,冲钻至原锥底部,使原锥与周围孔壁分离后,提出空心锥;再将前述的打捞钩入孔钩捞,先将原锥身扶正,再用卷扬机会同链滑车同时提拉
缩孔	当使用探孔器检查成孔时,探孔器下放到某一部位时,无法顺利检查到孔底	(1)地质构造中含有软弱层,在钻孔通过该层时,软弱层在土压力的作用下,向孔内挤压形成缩孔; (2)地质构造中有塑性土层,遇水膨胀,形成缩孔; (3)钻头磨损过快,未及时补焊,从而形成缩孔	(1)根据地质钻探资料及钻井中的土质变化,若发现含有软弱层是塑性土时,要注意经常扫孔; (2)经常检查钻头,当出现磨损时要及时补焊,把磨损较多的钻头补焊后,再进行扩孔至设计桩径; (3)当出现缩孔后,可用钻头反复扫孔,直到满足设计桩径为止
扩孔	表现为水位降低,局部孔径过大	在地下水呈运动状态、土质松散地层处或钻锥摆动过大,易于出现扩孔,扩孔原因同"本节坍孔"的原因,轻则为扩孔,重则为坍孔	(1)预防措施如上坍孔的方法; (2)若钻孔内局部发生坍塌而扩孔,钻孔仍能达到设计深度而不必处理,只需混凝土灌注量大大增加; (3)若因扩孔继续坍塌影响钻进,应按坍孔事故处理
卡锥	当以冲击锥钻进时,冲击锥在孔内提不起来,发生卡锥现象	(1)钻孔成梅花形,冲锥被狭窄处卡住; (2)未及时焊补冲锥,钻孔直径逐渐变小,而焊补后的冲锥变大,又用高冲程猛击,极易发生卡锥; (3)伸入孔内不大的探头石未被打碎,卡住锥脚或锥顶; (4)孔口掉下石块或其他物件,卡住冲锥;	(1)及时补焊冲锥,以适应施工的正常进行; (2)将泥浆调适当,且清除探头石时需用适当的冲锥,盖好井盖,避免落物发生; (3)当为梅花孔卡钻时,若锥头向下有活动余地,可使钻头向下活动并转动至孔径较大方向提起钻头; (4)卡钻不宜强提,以防坍孔、埋钻;宜用由下向上顶撞的办法,使钻头上下活动,脱离卡点;

续上表

事故名称	现　　象	原因分析	预防与处理
		(5)在黏土层中冲击的冲程太高,泥浆太稠,以致冲锥被吸住; (6)大绳松放太多,冲锥倾倒,顶住孔壁	(5)用较粗的钢丝绳带打捞钩或打捞绳放进孔内,将冲锥钩住后与大绳同时提动; (6)在打捞过程中,要继续搅拌泥浆,防止沉淀埋钻; (7)用小的冲锥、小掏渣筒等下到孔内冲击,将卡点的石块挤进孔壁,或碰撞冲锥使之脱离卡点; (8)用压缩空气管或高压水管下入孔内,对准卡锥一侧适当冲射一段时间,使卡点松动后强行提出; (9)使用专用的工具将顶住孔壁的钻头拨正; (10)用以上方法提升卡锥无效时,可试用水下爆破提锥法
钻杆折断	在正、反循环回转钻进时,当钻机的负荷立即减轻,驱动机械的运转噪声减小,钻进速度接近于零,即使提钻后再钻进仍无效,则证明确系发生了折杆故障	(1)用水文地质或地质钻探小孔径钻孔的钻杆来作桥梁大孔径钻孔桩用,其强度、刚度太小,容易折断; (2)钻进中选用的转速不当,使钻杆所受的扭转或弯曲等应力增大,因而折断; (3)钻杆使用过久,连接处有损伤或接头磨损严重; (4)地质坚硬,进尺太快,使钻杆超负荷工作; (5)孔中出现异物,突然增加阻力而没有及时停钻	(1)选择钻杆直径和管壁厚度尺寸时,应按计算手册中提供的方法进行计算后,合理选用; (2)不使用弯曲严重的钻杆,要求各节钻杆的连接和钻杆与钻头的连接丝扣完好,以螺套连接的钻杆接头要有防止反转松脱的固锁设施; (3)钻进过程中应控制进尺速度。遇到坚硬、复杂的地质,应认真仔细操作; (4)钻进过程中,要经常检查钻具各部分的磨损情况和接头强度是否足够;不合要求者,及时更换; (5)在钻进中若遇异物,需经处理后再钻进; (6)如已发生钻杆折断事故,采用本节中的打捞方法将掉落钻杆打捞上来。并检查原因,换用新钻杆或大钻杆继续钻进
梅花孔 十字孔	当以冲击锥钻进时,冲成的孔不圆,其断面为形似梅花的形状,称为梅花孔或十字孔	(1)锥顶转向装置失灵,冲锥不转动; (2)泥浆相对密度和黏度过高,冲击转动阻力太大; (3)操作时钢丝绳太松或冲程太小,冲锥刚提起即落下,钻头转动时间不充分或转动很小,改换不了冲击位置; (4)有非均质地层,如卵石层、探头石等,造成局部孔壁凸进,钻孔不圆	(1)应经常检查转向装置的灵活性,及时修理或更换失灵的转向装置; (2)选用适当黏度和相对密度的泥浆,并适时掏渣; (3)用低冲程时,每冲击一段换用高一些的冲程,交替冲击修整孔形;出现梅花孔后,可用片、卵石混合黏土回填钻孔,重新冲击
护筒变形		(1)护筒采用沉桩锤打设时,遇到坚硬地层,导致护筒底口变形; (2)由于护筒下孔内大面积坍孔,导致地层发生变化,从而使钢护筒下沉并倾斜; (3)由于地下障碍物或护筒内外压力差过大,使护筒局部变形、开裂、漏水,失去护筒作用	(1)护筒在加工时,对护筒刃口进行加强处理; (2)当由于坍孔导致护筒下沉倾斜情况时,应将护筒拔除,然后回填重新埋设; (3)如果变形的部位在钢护筒的底部,且长度不大,钢护筒不漏水,则可以让潜水员下水,用水下氧割的办法把已变形的部位割掉提出;

续上表

事故名称	现　　象	原因分析	预防与处理
			(4)如果变形的部位在钢护筒的上部,且距表土的深度在1m以内,钢护筒不漏水,则可以在钢护筒内打米字撑,抽水至变形部位,用千斤顶调整已变形的钢护筒; (5)如果变形的部位在钢护筒的中部且漏水,宜将整个钢护筒提出,查出原因,修补后重新埋设; (6)当钢护筒破损失效后,为防止护筒范围内的孔壁坍塌,根据实际情况,在旧护筒内或外加套一个孔径或小或更大的新护筒,然后再对旧护筒进行处理
桩基中心偏位	破除桩头后,经测量放样检查,钻孔桩中心与设计要求存在偏差	(1)桩位定位存在误差; (2)护筒的形状不符合要求或埋设时出现偏差; (3)钢筋笼定位不准确	(1)在桩位定位时要认真复核,做好骑马式控制桩并采取一定的保护措施,以便能够准确确定钻头中心,对钢筋笼进行准确定位; (2)护筒的形状要符合要求,埋设时其四周的回填要密实,防止在钻进过程中发生移动; (3)钢筋笼定位要准确、固定要牢固,经复核无误后方可灌注混凝土; (4)当中心偏差在《公路桥涵施工技术规范》(JTG/T F50—2011)允许范围之内时,可以通过调整截面钢筋使钢筋笼的中心达到设计要求; (5)若偏差超过《公路桥涵施工技术规范》(JTG/T F50—2011)允许范围时,可视其偏位方向及偏差的大小由设计单位来决定处理方案
地质不符	钻进速度比正常钻进时速度过快或过慢,出现异常事故,如卡钻、糊钻、坍孔等	(1)地质勘探频率不够或有误; (2)该段地质情况复杂	(1)掌握详尽的地质勘探资料; (2)在地质情况变化大的地区进行勘探点加密,以详尽的地质资料,指导钻孔的正确施工; (3)钻孔时如发现地质情况与设计单位提供的勘探资料不符时,应立即停止施工作业,并及时报告监理、设计代表及业主,根据现场实际情况做变更设计并确定施工方案(必要时应重新进行地质钻探),然后按照批准的施工设计图和新确定的施工方案进行施工
遇障碍物	(1)井架产生晃动,钻杆倾斜; (2)进尺速度缓慢或不能进尺	在钻孔过程中,由于遇到较大孤石、障碍物或掉落物,致使钻头被挤向一侧,形成斜孔或进尺缓慢	(1)认真研究钻探资料,合理安排钻机,适时进行地下处理; (2)在钻进过程中如遇到大孤石或障碍物后,应改用冲击钻进行钻孔; (3)用掏渣筒或磁铁打捞掉落物
涌沙	出渣量增大,进尺缓慢	(1)冲击锥的上下起落引起孔内水位波动; (2)泥浆稠度不够;护筒内水头偏低	(1)据地质情况调制适宜的泥浆,以保证孔壁的稳固; (2)保持较高的水头,以制止流沙的涌进; (3)发现涌沙现象后,多投入黏土并掺和一些片石、碎石、卵石,低锤稳进,同时提高护筒内的水位

二、水下混凝土浇注事故的预防和处理

水下混凝土灌注施工是成桩的关键性工序，也是保证桩基质量的关键环节，施工过程应准备充分，明确分工，密切配合，统一指挥，做到快速、连续施工，避免质量事故的发生。

混凝土灌注过程中常见的事故有导管进水、卡管、坍孔、埋管、堵管、钢筋笼上浮、灌短桩头、桩身夹泥断桩、孔底沉渣超标、钢筋笼变形、保护层不够等。一旦出现事故，应仔细分析原因，采取合理的技术措施，及时设法补救。常见灌注事故的预防和处理见表1-8-2。

灌注事故的预防与处理　　表1-8-2

事故名称	现　　象	事故原因分析	预 防 与 措 施
导管进水	在首批混凝土的灌注或混凝土的灌注过程中，导管出现进水现象	(1)首盘混凝土总量计算不当，造成导管底口进水； (2)导管拼装时接头不严，接头渗水； (3)灌注混凝土时导管内形成高压气囊，导致接头密封被破坏而漏水； (4)导管提升过猛，或测深时误判造成导管提升过量，致使导管底口脱离孔内混凝土液面，使泥水进入	(1)导管气密性试验合格后方能使用； (2)导管口距孔底距离要精确测量，反复校核，灌注初期导管被混凝土埋入的深度尽可能大，在灌注过程中，要严格把握施工进度和时间，经常地略微提升导管，以使混凝土均匀注入； (3)一旦发生首灌底口进水，应立即停止灌注，将导管提出，清孔，将孔底的混凝土清出，不得已时需要将钢筋笼提出采取复钻清除。然后重新下放骨架、导管并投入足够储量的首批混凝土，重新灌注
卡管	在灌注过程中，混凝土在导管中下不去，出现卡管现象	(1)由于各种原因使混凝土离析，粗集料集中而造成导管堵塞； (2)由于灌注时间持续过长，最初灌注的混凝土已初凝，增大了管内混凝土下落的阻力，使混凝土堵管； (3)突然灌注大量的混凝土导管内空气不能马上排出混凝土灌注导管内含空气，形成压力差，可能导致堵管； (4)灌注混凝土过程中未按程序要求及时拔管，导管埋入混凝土过深	(1)桩基混凝土灌注前做好施工组织，保证桩基混凝土的质量和及时性，确保混凝土连续灌注； (2)混凝土灌注前对导管进行上下提放，将导管内的空气排放干净，控制混凝土流量和下放速度，保持均匀的流量和流速； (3)导管不宜埋置过深，拆除导管应迅速及时，控制导管埋深在2～4m； (4)如灌注开始不久发生堵管时，可用长杆冲、捣或用振动器振动导管。若无效果，拔出导管，用空气吸泥机或抓斗将已灌入孔底的混凝土清除，换新导管，重新灌注； (5)当灌注时间已久，孔内首批混凝土已初凝，导管内又堵塞有混凝土，此时应将导管拔出，重新安设钻机，利用较小钻头将钢筋笼以内的混凝土钻挖吸出，用冲抓锥将钢筋骨架逐一拔出；然后以黏土掺砂砾填塞井孔，待沉实后重新钻孔成桩
坍孔	灌注混凝土过程中，发现井孔护筒内水位忽然上升溢出护筒，随即骤降并冒出气泡	(1)灌注混凝土过程中，孔内外水头未能保持一定高差；在潮汐地区，没有采取措施来稳定孔内水位； (2)护筒周边堆放重物或机械振动等； (3)导管卡挂钢筋笼碰撞孔壁，即发生堵管，长时间停灌时，均易发生坍孔	(1)灌注混凝土过程中，要采取各种措施来稳定孔内水位，还要防止护筒及孔壁漏水； (2)桩基清孔到灌注混凝土前，要保证桩内泥浆的比重，混凝土灌注应快速、连续； (3)坍孔较严重或坍孔部位较深时，宜将导管、钢筋笼拔出，回填黏土，重新钻孔

续上表

事故名称	现　　象	事故原因分析	预 防 与 措 施
埋管	在混凝土灌注过程中,导管无法上拔,产生埋管现象	(1)混凝土灌注过程中,导管拆除不及时,埋入混凝土过深; (2)导管内外混凝土已初凝使导管与混凝土间摩阻力过大,提管过猛将导管拉断	(1)严格控制埋管深度,一般不得超过6~8m; (2)在导管上端安装附着式振捣器,拔管前或停灌时间较长时,均应适当振捣,使导管周围的混凝土不致过早地初凝; (3)首批混凝土掺入缓凝剂,加速灌注速度,导管接头螺栓事先应检查是否稳妥,提升导管时不可猛拔; (4)埋管初时可用链滑车、千斤顶试拔;如仍拔不出,可插入一直径稍小的护筒至已灌混凝土中,用吸泥机吸出混凝土表面泥渣;派潜水工下至混凝土表面,在水下将导管齐混凝土面切断;拔出小护筒,重新下导管灌注
堵管	浇注在导管中的混凝仍不能涌翻上来	(1)混凝土发生离析,粗集料集中而造成导管堵塞; (2)浇注时间持续过长,最初浇注的混凝土已初凝,加大了管内混凝土下落的阻力,使混凝土堵在管内	(1)浇注混凝土的坍落度宜为18~22cm,并保证具有良好的和易性,确保在运输和浇注过程中不发生显著离析和泌水现象; (2)保证混凝土的连续浇注,浇注中断间隔时间不应超过30min
钢筋笼上浮	(1)在灌注混凝土时钢筋笼上浮; (2)在提升导管时,钢筋笼上浮	(1)混凝土品质差,易离析、初凝时间短、坍落度损失大的混凝土,都会使混凝土面上升或至钢筋笼底端时,钢筋笼难以插入而造成顶托上浮。或有时混凝土面升至钢筋笼内一定高度,表层混凝土开始初凝,也会使其上浮; (2)钢筋笼孔口固定不牢,稍受上冲力即引起上浮;或没有固定好钢筋笼,抗浮筋断裂; (3)混凝土面到达钢筋笼底部时,导管埋深浅,灌注量大,混凝土对笼的上冲力过大; (4)桩基灌注混凝土前,清孔不符合要求,泥浆相对密度过大或沉渣过多;当首灌混凝土下灌较快,导管内的泥浆冲击孔底沉渣,沉渣上翻对钢筋笼冲击较大,极易造成钢筋笼上浮; (5)混凝土灌注速度太快,混凝土的上浮力大于钢筋的自重; (6)灌注混凝土时,因导管不对中,提升导管时导管法兰盘挂钢筋笼而使钢筋笼上浮	(1)钢筋骨架上端在孔口处与护筒相接固定; (2)桩基二次清孔孔底沉渣及泥浆指标必须符合规范要求,方能灌注水下混凝土; (3)灌注中,当导管底口低于钢筋笼底部3m至高于钢筋笼底1m(指非通常钢筋笼),且混凝土表面在钢筋笼底部上下1m之间时,应放慢混凝土灌注速度,并应使导管保持较大埋深,使导管底口与钢筋笼底端间保持较大距离; (4)在施工半笼的桩基时,当浇注的混凝土接触到钢筋时,要将浇注混凝土的速度适当放缓,待浇注的混凝土高度高出钢筋笼子底面1~2m时,再加快混凝土的浇注速度; (5)混凝土一定要搅拌好:当混凝土坍落度偏小或和易性差时钢筋笼易上浮,应严格控制混凝土配制、坍落度,坚决禁止使用不合格的混凝土; (6)混凝土需连续灌注,尽可能减少浇注时间:减少灌注时间,争取在最短的时间灌注完混凝土,防止混凝土表面形成硬壳带动钢筋笼上浮; (7)应考虑运输距离、气温影响;以至于在灌注时出现混凝土极易包裹导管,提导管时带动笼子上浮,遇这种情况应经常活动导管,加快灌注; (8)导管的配置要好:导管的配置要使混凝土灌注到钢筋笼底部时不拆导管,导管口距离钢筋笼底较远,拆除导管后导管口进入钢筋笼底部以上;

续上表

事故名称	现　　象	事故原因分析	预 防 与 措 施
			(9)法兰盘导管注意挂笼子:法兰盘导管容易挂住笼子,当导管提升有困难时,应旋转导管,不可硬提; (10)如果条件允许的情况下,采用在主筋上焊"倒刺"的方法,来防止钢筋笼上浮,效果很好。钢筋笼同一截面焊3~4个"倒刺",每个笼子设两道即可; (11)加大吊筋直径,在井口加配重,并牢固地焊在护筒上
灌短桩头	灌注混凝土桩完毕,发现桩顶高程未达到设计高程,造成短桩现象	(1)混凝土灌注前孔底部沉积物未清理或清理不达标,沉渣厚度过厚; (2)混凝土灌注后期,浆渣过稠,由于探测时,仪器不精确,或将过稠的浆渣、坍落土层误判为混凝土表面; (3)灌混凝土中,顶层混凝土从开始灌注到灌注完成,泥浆、钻渣等杂物混入,质量较差,必须在灌注后凿去,在凿除后桩顶低于设计高程	(1)混凝土灌注前,必须精确测量孔底沉渣厚度,满足设计要求后方可进行灌注; (2)尽量采用准确的水下混凝土表面测探仪,提高判断的精确度;当使用标准的测探锤检测时,可在灌注接近结束时,用取样盒等容器直接取样,鉴定良好混凝土面的位置; (3)为防止剔桩头造成桩头短浇事故,必须在设计桩顶高程之上,适当增加高度; (4)灌注临近结束时,加清水稀释泥浆,并掏出部分沉淀土; (5)当由于桩顶高程偏差导致短桩,无地下水时,可开挖后做接桩处理;有地下水时,接长护筒,沉至已灌注的混凝土面以下,然后抽水、清渣、按接桩处理; (6)因钻孔桩底部沉积物未清理干净造成的桩全长小于设计现象处理的难度较大。一般可以在征得设计单位同意的前提下,采取钻孔桩底部压浆或者高压注浆处理
桩身夹泥断桩	(1)在灌注混凝土过程中,由于导管拔脱,泥浆进入导管内,致使孔内泥浆突然迅速下降; (2)导管接头处密封不好,致使泥浆进入导管,若继续灌注混凝土,则会在混凝土中出现泥浆夹层; (3)在无破损检测中,桩的某一部分存在夹泥层	(1)混凝土的坍落度过小,集料级配不良,混凝土灌注中发生离析,或导管进水等使桩身混凝土产生中断; (2)灌注中,发生堵塞导管又未能处理好,或灌注中发生导管卡挂钢筋笼,埋导管,严重坍孔,导管拔出混凝土面,而处理不良时,都会演变为桩身严重夹泥,混凝土桩身中断的严重事故; (3)灌注时间过长,首批混凝土已初凝,而继续灌注的混凝土冲破顶层与泥浆相混;或导管进水,一般性灌注混凝土中坍孔,均会在两层混凝土中产生部分夹有泥浆渣土的截面; (4)清孔不彻底,泥浆相对密度过大或孔内沉渣过多。该情况主要表现在破除桩头后,桩头周边夹泥或混凝土未完全包裹钢筋笼,钢筋笼与混凝土之间有泥夹层	(1)桩基混凝土灌注前,桩基清孔必须符合规范要求; (2)选择和易性好的配合比,加缓凝剂,严格控制坍落度,并加强施工过程中混凝土的和易性控制; (3)断桩或夹泥发生在桩顶部时,可将其剔除,然后接长护筒,并将护筒压至灌注好的混凝土面以下,抽水、除渣,进行接桩处理; (4)对桩身在用地质钻机钻芯取样,表明有蜂窝、松散、裹浆等情况(取芯率小于40%时),桩身混凝土有局部混凝土松散或夹泥、局部断桩时,应采用压浆补强的方法处理; (5)对于夹层较严重的,在钻孔桩中心处钻一个直径75mm孔探明缺陷范围;而后,以钻孔桩中心为圆心,钻一直径80~100cm的孔,而后人工入孔清理,清理结束后,灌注高强混凝土

续上表

事故名称	现　　象	事故原因分析	预防与措施
混凝土浇注前孔底沉渣超标	泥渣回淤深度过大，导管无法下放到位	(1)清孔不彻底； (2)清孔后放置时间较长，未及时灌注水下混凝土； (3)钢筋笼下放时，刮、碰孔壁，致使孔壁土掉落	(1)进行二次清孔，尽量减少沉渣厚度，防止桩底沉渣过厚而降低桩的承载力； (2)二次清孔须一次清到符合设计或规范要求； (3)清孔后及时灌注混凝土； (4)不可用加深孔底深度来代替清孔
钢筋笼变形	钢筋笼在吊装就位过程中，起吊后，钢筋发生过大的扭转或弯曲变形	(1)钢筋笼较长时，未加设临时固定杆； (2)吊点位置不对； (3)加劲箍筋间距大，或直径小，刚度不够； (4)吊点处未设置加强筋	(1)钢筋笼上每隔2.0~3.0m增设一道加强筋，加强筋上加做十字钢筋来提高钢筋笼的刚度，以增强抗变形能力，钢筋笼下放时再将十字交叉钢筋割除； (2)钢筋笼尽量减少分段，以减少入孔时间；分段的钢筋笼也要设临时固定杆，两钢筋笼对接时，上下节中心线保持一致； (3)吊点位置应选好，钢筋笼较短时可采用一个吊点，较长时可采用两个吊点，吊点处钢筋宜加强； (4)重新整形，达到设计标准后，采取有效措施后，重新吊入孔内； (5)若钢筋笼发生严重扭曲变形后，则必须将钢筋笼拆开重新制作，方可使用
钢筋笼下沉或偏位	(1)钢筋笼就位后突然下沉； (2)钢筋笼中心偏位	(1)钢筋笼固定不牢或固定措施不得当(如固定在护筒上，钢筋笼自重大于护筒与土的摩擦力时，钢筋笼就会下沉)； (2)测量定位出现误差或在灌注混凝土过程中，导管碰撞钢筋笼； (3)在施工过程中，桩位控制点未采取保护措施，出现人为转移	(1)在钢筋笼定位后，将钢筋笼牢固地固定在位于护筒之上的垫木上； (2)护筒周围的回填土要夯实，防止护筒移位； (3)测量定位要准确，并做好控制桩(要做明显标志，以便保护)，钢筋笼中心定位时，要用控制桩进行复核，复核无误后方可进行水下混凝土灌注； (4)对于下沉或偏位的钢筋笼，在浇注混凝土前或未浇注至钢筋笼时，可用吊车将其吊起进行复位
钢筋笼保护层不够	钢筋笼入孔后，保护层厚度不足或根本没有保护层	(1)局部出现缩孔； (2)钢筋笼就位后偏位，中心靠向一侧； (3)控制保护层厚度的钢筋或混凝土块设置不当	(1)钢筋笼外侧均匀地设置保护层垫块； (2)下钢筋笼前，要用检孔器进行检孔，若出现缩径，应用钻头反复扫孔，直至符合要求； (3)钢筋笼就位要准确，不可偏位； (4)利用辅助杆件调整钢筋笼位置，如不能起作用，则必须利用吊车吊起落架，采取措施后重新下钢筋笼，保证钢筋笼的保护层厚度

三、大直径钻孔桩事故预防和处理

对于大直径，超长桩，由于桩径增大、桩长增长，桩基施工对护筒、施工设备的要求也更高，桩基施工工艺更加复杂，常见的施工事故预防和处理见表1-8-3。

大直径钻孔桩事故预防和处理 表1-8-3

事故名称	现象	原因分析	预防与措施
大直径护筒中心偏位	大直径护筒中心与设计中心不符	(1)柱桩地质层面不平; (2)沉拔桩锤与护筒两中心不在一条直线上; (3)静压施工中工程进尺不均,使护筒倾斜; (4)护筒因单侧过量挖而产生倾斜; (5)地质硬度不一,软者进尺快;遇有孤石	(1)认真研究地质资料,针对不同地质条件,采取相应的施工方法; (2)测量放样,固定十字线于工作台上,沉拔桩锤与护筒放出对称线,随时振沉,随时吊线、校正; (3)派潜水员摸清河床地貌,清理找平; (4)观察水标尺,采取高位增压、低位减压以校正护筒; (5)观测进尺标尺,挖高点,停止挖低点以保持平衡; (6)停止低位挖除土和振沉,即改高位挖除土,待孤石支撑松动,使孤石向外或向内移动,然后用冲抓或微爆法震炸松动,清除孤石纠偏
护筒漏水和漏浆	在护筒下沉过程中或下至高程后,出现漏水与漏浆现象	(1)水头水压过大,导致反穿孔; (2)钻孔地层下伏卵石(粗砾石)层,加上泥浆性能差,产生漏水、漏浆; (3)有承压水或有潮汐变化的桩孔,因水头水压和泥浆未达标导致漏水、漏浆; (4)护筒刃口未进入不透水层或不透水层厚度未达到深度者渗漏; (5)河床面受洪水或超常水流冲刷造成护筒部分埋入深度不合格	(1)认真调查地质水文情况,据不同的地质水文条件,筒内采用不同的水头水压,调制适合的泥浆,保证不漏水、不漏浆; (2)降低水头水压,使用高效 PHP 泥浆,适当增大泥浆浓度和黏度; (3)适当增加护筒埋设深度,穿过不透水层; (4)护筒外填砂砾石加注水泥浆形成稳定覆盖层,以增强防渗和防冲能力
灌注桩质量不达标	成桩后,经超声波和钻芯样取检查,发现有夹泥断桩、桩底沉渣、局部有空洞或桩身局部缩颈等严重缺陷	同"桩身夹泥断桩"	预防措施同"桩身夹泥断桩"; 治理方法: (1)压浆补强法; (2)钻孔旋喷水泥浆止水重浇混凝土处理法; (3)人工凿孔浇筑混凝土处理法
护筒内外水头不稳	施工中,护筒内外水头变化较大,影响护筒正常下沉	(1)水位涨落幅度过大,影响水头稳定; (2)潮汐影响造成水头不稳; (3)不稳定承压水影响	(1)认真分析、调查水位变化规律,制定相应的稳定水头方案,包括稳压设备及泥浆调制等; (2)设泥浆船连通管船阀自动水头稳压系统; (3)设泥浆船虹吸管船阀自动水头稳压系统; (4)超过平均承压水高度过高者;采用增重剂调节泥浆保护能力

事故名称	现象	原因分析	预防与措施
水下压浆的一般事故	在水下填石压浆混凝土施工中,水下压浆时会出现沉砂浆离析、管路堵塞、漏浆、注浆管被卡等现象	(1)浆液过稠及砂浆配合比不当导致砂浆的流动性和黏聚性不良; (2)暂停注浆中断时间过长等引起; (3)注浆程度不合理,出现漏浆现象; (4)注浆管停拔时间过长或被石块挤住	(1)确保砂浆优良的流动性和黏聚性,砂灰比应在1.5以下;预填粗集料粒径不宜过小,注浆管间距宜在1.0~1.5m/h,对直径小于2m的桩宜在1.5~2m/h; (2)输浆软管管路应平顺,无死弯和压扁处;控制好砂浆配合比和流动度,加强浆液过滤;注浆暂停时间每超过5min,应使水平输浆管路活动一次,输浆管路应尽量缩短; (3)注浆管应完好,保证其注浆正常;注浆管的连接应采用管箍内接头,以保证管外壁平整光滑; (4)发现砂浆离析,立即调整浆液稠度,满足设计要求; (5)当管路堵塞时,可将注浆管扭转1/4~1/2周或向注浆管内压注纯水泥浆,循环松动加压;或提升注浆管,但下口不得提出浆面; (6)发现孔外清水中有冒泡现象时,表示有漏浆,应立即中止压注砂浆;停注5min后,再继续压注砂浆; (7)发现卡管时,应及时处理,可用千斤顶上拔或振松后提管

第九节 钻孔灌注桩的季节性施工措施

一、冬期施工

(一)冬季施工的一般规定

冬期施工是指根据当地多年气温资料,室外日平均气温连续5d稳定低于5℃时,混凝土、钢筋混凝土、预应力混凝土及砌体工程的施工。冬期钻孔灌注桩施工一般规定如下:

(1)钻孔灌注桩的冬期施工,应预先做好冬期施工组织计划及准备工作,对各项设施和材料应提前采取防雪、防冻等措施,对钢筋的施工,还应专门制订施工工艺要求及安全措施。

(2)冬期施工期间,用硅酸盐水泥或普通硅酸盐水泥配制的混凝土,在抗压强度达到设计强度的40%及5MPa前,用矿渣硅酸盐水泥配制的混凝土,在抗压强度达到设计强度的50%前,不得受冻。

(3)冬期施工时,应制定相应的防火、防冻等安全措施,并与当地气象部门取得联系,做好气温观测工作。

(二)低温对钻孔成桩的不利影响分析

这里所指的低温,包括低于5℃的正温、0℃的临界温度和低于0℃的负温度3种情况。资料表明,前两种温度情况对水泥混凝土的硬化和强度的形成已属于不利。这种低正温使混凝土强度增长延缓,支架和模板的使用周期加长,各种设备的利用率降低,工程成本增加。至于负温对施工的不利影响更是不可低估的。

钻孔灌注桩是钢筋混凝土结构和岩土掘进工程的组合体,低温对其影响如下:

(1)负温对混凝土、钢筋性能及施工操作的影响

①在冬季混凝土施工中,水的形态变化是影响混凝土强度增长的关键。当温度降低到0℃时,存在于混凝土中的水有一部分开始结冰,逐渐由液相(水)变为固相(冰),当存在于混凝土中的水完全变成冰,也就是完全由液相变为固相时,水泥水化作用基本停止,此时强度就不再增长。水变成冰后,体积约增大9%,同时产生约2.5MPa的冰胀应力,这个力值常常大于水泥石内部形成的初期强度值,这样就可以使混凝土受到不同程度的破坏而降低强度。此外,当水变成冰后,还会在集料和钢筋表面上产生颗粒较大的冰凌,减弱水泥浆与集料和钢筋的黏结力,从而影响混凝土的抗压强度。当冰凌融化后,又会在混凝土内部形成各种各样的空隙,从而降低混凝土的密实性及耐久性。

②钢筋在负温条件下,其力学性能发生显著变化:屈服点和抗拉强度增大;伸长率和抗冲击韧性降低,脆性也增大。冬季钢筋接头经焊接后,热影响区内的韧性也将降低,若焊接工艺掌握不好,将导致钢筋塑性和韧性下降,综合性能变劣;若焊接后的接头冷却过快或接触冰雪,也会使接头产生淬硬组织,影响钢筋的使用。

③负温下混凝土的拌制、养护,需要采取加热、保温、技术监控、安全防护等措施,加大了能源、设备、原材料的投入。

(2)低温对生产人员及机械设备的影响

当人们在严寒低温条件下施工时,由于寒冷难耐、衣着厚重给现场操作带来许多不便,对高空作业者更为不利,一旦遇到风雪,操作更加困难。

机械设备在严寒低温的情况下很难保证最佳工作状态。由于油压设备的油路受冻,其灵敏度下降,机械不能正常运行。钻机在钻进过程中,喷出的泥浆有时把孔口板或垫叉冻住,泥浆泵也会因停泵而冻结。

(3)低温对循环成孔泥浆的影响

负温条件下,泥浆的技术指标随之发生变化,因“泥水不合”,黏度降低3~5s,胶体率下降3%~5%,失水率也相应增大;若泥浆受冻,各项技术指标下降更加严重。

对于正循环钻机,由于泥浆质量的下降,浮携钻渣能力也相应下降,成孔周期加长,成孔后孔底的沉淀层变厚,并造成重复清孔的麻烦,增加了人力、物力和材料用量的消耗。

对于反循环钻机施工,低温下泥浆护壁能力下降,因此能否保持反循环钻机成孔的孔壁稳定性,是施工的关键。

对于钻孔施工中的泥浆流槽、泥浆池、输浆管等循环系统及真空管路,易在负温下冻结,造成泥浆滞流、真空度下降等而停工。

(4)低温对深水钻孔成桩作业的影响

在负温条件下,河面冻结,给钻孔施工使用的船只移位和停靠造成了巨大的障碍。因此,要求施工组织事先准备充分,能源、物资、器材供应及时。

(三)冬期对钢筋焊接施工要求

过低的负温对钢筋骨架的焊接质量会产生一定的影响。因此,钢筋骨架的焊接成型均应采取供暖保温措施,使生产作业场地有适当的防风、雨、雪、严寒设施。环境温度在 -10~5℃,施焊采取技术措施;低于 -20℃时,不得进行焊接。工地一般建设不易发生火灾的活动房,内设暖器或火炉,作为钢筋骨架的生产采暖房屋。

在钢筋骨架入孔就位时,如果孔内泥浆温度在 10℃以上,由于骨架入孔到混凝土灌注前要经过 2h 左右的准备时间,则骨架与泥浆的温度可以达到平衡;如果入孔泥浆温度低于 10℃,则需要用蒸汽针预热泥浆后,骨架才可吊装入孔。为了增加负温下钢筋笼整体连接的可靠性,如果设计有焊接要求,在焊缝部位应尽量采取电热器或蒸汽预热措施。

(四)冬期混凝土的施工质量要求

1. 冬期施工混凝土对原材料的要求

(1)优先选用硅酸盐水泥、普通硅酸盐水泥,应注意其中掺和材料对混凝土抗冻、抗渗等性能的影响,水泥强度等级不应低于 42.5 级,混凝土的水泥最小用量不应少于 $300kg/m^3$,水灰比不应大于 0.5。

(2)混凝土所用集料必须清洁,不得含有冰雪等冻结物及易冻裂的矿物质。在掺用含有钾、钠离子防冻剂的混凝土中,集料中不得混有活性材料,以免发生碱—集料反应。

(3)拌和水,一般饮用的自来水及洁净的天然水都可作为拌制混凝土用水,但污水、工业废水、pH 值小的酸性水、硫酸盐含量(按 SO_4)超过水重约 1% 的水,不得用于混凝土中。为了减少冻害,应将配合比中的用水量降低。办法是控制坍落度,加入减水剂,优先选用高效减水剂。

2. 混凝土的拌制

(1)外加剂的选择

冬期施工中外加剂的选择应考虑:改善混凝土的和易性,减少用水量,提高拌和物的品质,提高混凝土的早期强度;在保证质量的情况下,缩短工期,缩短加热养护,降低成本;外加剂的选择要注意其对混凝土后期强度的影响、对钢筋的锈蚀作用及对环境的影响,如含氨的混凝土外加剂;灌注桩混凝土冬期施工不得掺加防冻剂、抗冻剂和尽量不使用水化热较小的矿渣水泥等。

(2)混凝土的拌制

混凝土搅拌站严格按照试验室发出的配合比通知单进行生产,不得擅自修改配合比。搅拌前先用热水冲洗搅拌机 10min,混凝土搅拌时间为常温搅拌时间的 1.5 倍。搅拌时投料顺序为石→砂→水→水泥和掺和料→外加剂。生产期间,派专职人员负责集料仓的下料,以清除砂石冻块。保证水灰比不大于 0.5,从拌和水中扣除由集料及防冻剂溶液中带入的水分,严格控制粉煤灰最大取代值。搅拌站要与气象单位保持密切联系,对预报气温仔细分析取保险值,分别按 -5℃、-10℃和 -15℃对防冻剂试验,严格控制其掺量。必须随时测量拌和水的温度,水温控制在 50℃ ±10℃,砂子温度控制在 20~40℃,保证水泥不与温度≥80℃的水直接接触。保证混凝土的坍落度不超过 200mm。

3. 混凝土的运输、浇注

保证混凝土在运输中,不得有表层冻结、混凝土离析、水泥砂浆流失、坍落度损失等现象。保证运输中混凝土降温速度不得超过 5℃/h,混凝土入模温度不得低于 5℃。做好准备工作，提高混凝土的浇筑速度。在混凝土泵体料斗、泵管上包裹保温材料，严禁使用有冻结现象的混凝土。

4. 混凝土的养护和质量控制

冬季施工气温较低，混凝土硬化时间较长，养护措施十分关键，正确的养护能避免混凝土产生不必要的温度收缩裂缝和受冻。冬期施工的关键是防止混凝土早期受冻，必须十分重视水下混凝土的养护。

一般采取供热、保温、在混凝土中配入外掺剂等措施保证混凝土的质量。施工中经常采取的做法是：

(1)为提高混凝土水化作用后的温度和抗冻性，可以采用 FDN、NNO、木钙等外掺剂。

(2)应提前对混凝土贮料斗、混凝土漏斗、导管等进行预热清洗，以减少不必要的热量损失。

(3)适当延长混凝土的搅拌时间，并采用掺入温水的热拌工艺，提高其灌注时的温度与和易性。

(4)混凝土拌和物的出机温度不应低于 10℃，浇筑温度不应低于 5℃。

(5)对冰冻线以上的桩身，可采取局部漫水并用蒸汽针加温，以提高养护温度或者采取蓄热养护。

(五)冬期钻孔灌注桩的质量控制

1. 泥浆温度的监控

泥浆除应保证泥浆的各项技术指标(主要是相对密度、黏度、含砂率等)外，为了防止泥浆受冻，应每隔 3 ~ 4h 对黏土、搅拌池、沉淀池、泥浆槽、护筒内泥浆及作业棚、泥浆棚内的温度测定一次，发现温度异常及时采取加热措施。

2. 混凝土温度、坍落度及桩身温度变化的监控

(1)拌和水、砂、石的加热温度，混凝土的出罐温度及灌注温度等，均每隔 2h 测定一次。

(2)集料的含水率，每 4h 测定一次。

(3)对混凝土坍落度每 10 ~ 20m^3 测定一次，可疑时可随时测定。

(4)对不能获得地温保温的桩身混凝土要预留测温孔。前 7d 每隔 3 ~ 4h 测定一次，后 7d 每隔 4 ~ 6h 测定一次，15 ~ 28d 每天测一次桩身混凝土的温度，发现问题，及时处理。

3. 混凝土试体管理

冬期钻孔灌注桩的施工，在留取混凝土试体时，除留足按常温下施工需要留取的数量外，应另增加 4 组作为同体养生试体，并获取 R7、R14、R28 的同体养生试体的强度值，作为对冬期施工质量的评估依据。

(六)施工的防冰毁措施

在有流冰破坏性的江河中进行钻孔桩的冬期施工，流冰对钻孔桩本身和施工机械设施有着直接的威胁。因此，必须考虑防冰毁问题，否则将可能造成严重后果。地处寒区冬期施工较多的施工单位的施工经验是：本着"以疏导为主、加强分流、提前破冰"的原则，采取积极的防冰抢险措施；在冰汛到来之前将一切施工机具设备转移出危险地区。

1. 防冰毁结构措施

钻孔灌注桩的冬期冰上施工组织中，应考虑防冰毁设施。例如在采取围水施工时，

就可以在围水工程中加入预防冰毁设施,如前哨破冰体和近卫破冰体。前哨破冰体由大型工字钢若干根打入河底,构成具有破冰尖的组合钢结构;近卫破冰体可在围堰上游一端加出一个凸出的直角三角形空间,这部分钢板桩要加强相互之间的结构联系,在三角区内填筑河砂;最后在前哨和近卫破冰体之间用型钢联结成一体,形成一个足以抵抗流冰撞击的组合结构物,从而保证已完成的孔桩不被流冰破坏。关于这类设施的形式与规模,可因地而异。

2. 疏导主河道冰排

为排泄上游在流冰(包括洪水)期间的流量,应将各墩之间的沙滩、残土进行疏导清理,使之分担宣泄一部分流量,减轻主河道的压力和对已完工桩基的冲击,确保施工结构安全地度过冰汛。

3. 开凿断水槽、构成疏导流冰道

在桥位主槽部位,采取人工刨槽及钻冰机钻孔等措施,开凿一条疏导流冰的泄洪(冰)道,其宽度及长度因具体情况而定,以保证在冰汛期间,绝大多数的冰排由这条泄洪道漂流通过。

4. 提前爆破流冰道和临时爆破冰排

在流冰到来之前,必须把桥位及上下游附近供流冰通过的泄洪道提前爆破开,以免在流冰到来时由于桥位处的冰面冻结阻塞,造成冰坝将桥梁及附近建筑物和施工设备严重毁坏。

5. 其他治理措施

(1)及时转移施工机械、人员物资,离开危险地带;立即采取措施,防护结构物的冰毁。

(2)被冰撞击的已施工结构物,在冰消失后,即进行无破损检测,如不合格,则进行补桩。

二、热期施工

夏季施工重点是要考虑人员的防暑降温,机具设备在高温下的正常运转以及保证混凝土的施工质量等内容。

(一)人员的防暑降温

适当调整作息时间,尽量避开中午高温时间作业,必要时安排凌晨和晚间气温降低时施工。现场要保证茶水的供应,并备好防暑降温用品,防止中暑事故的发生,制订中暑急救应急措施。

(二)机具设备的保证措施

(1)热期受高温影响,机械设备运转受到严峻考验,维修人员要经常对机具设备进行检查、维修,防止出现不安全因素,防止伤人或造成不应有的财产损失。

(2)热期天气炎热,各种电力设备、电缆受气温影响,很容易造成损坏或中断使用,所以尽量避开高温时段施工或采用冷却装置。

(三)混凝土质量的保证

钻孔灌注桩热期混凝土施工,为了保证混凝土在高温下的施工质量可以采取以下措施:

1. 混凝土拌和前的降温准备

(1)对混凝土配合比进行优化,适当增大集料粒径。使用大集料级配的混凝土,可以减少水泥用量,从而可减小水泥水化热温升。掺用活性材料粉煤灰取代部分水泥和掺加减水剂,以减少水泥用量并提高混凝土的早期强度。

(2)在砂石料场搭建遮阳篷,防止太阳光直射砂石料,并在使用前 1h 向集料洒水,通过蒸发冷却降低集料的温度。

(3)有条件的可以配备制冰机,提前制好冰片,在拌和前 1h 加入拌和混凝土用的水池中,冷却拌和用水。

(4)冷却水池用聚苯泡沫板封闭覆盖,以保持水处于低温状态。

2. 混凝土拌和及运输过程的降温及保温

(1)拌和站料斗、储水器、皮带运输机、拌和楼都要尽可能遮荫。尽量缩短拌和时间。经常测混凝土的坍落度,以调整混凝土的配合比,满足施工所必需的坍落度。

(2)混凝土搅拌时,加入高效减水剂,增大混凝土的坍落度。大的坍落度能够减小拌和过程中集料颗粒之间的摩擦,减缓运输搅拌车的拌和筒中的热积聚。

(3)运输时尽量缩短时间,宜采用混凝土运输搅拌车,运输中应慢速搅拌。

(4)运输搅拌车灌体用聚乙烯隔热板包裹严实,外加白色反光材料反射阳光的辐射热能,防止灌体因暴晒传热加温混凝土。另外,在装入混凝土前,先对包裹灌体的聚乙烯隔热板浇水,让其保持湿润。

(5)不得在运输过程加水搅拌。

3. 浇注时的措施

(1)热期施工混凝土、钢筋混凝土、预应力混凝土应有全面的组织计划,准备工作充分,施工设备有足够的备件,保证连续进行;从拌和机到入仓的传递时间及浇注时间要尽量缩短。

(2)每个搅拌车、指挥车和拌和站保持通信畅通,随时掌握现场情况,根据现场需要的数量和时间来拌和。避免集中拌和后在现场长时间排队等候造成不必要的坍落度损失。

(3)监测运到工地上的混凝土的温度,如果过高则需查明原因,并及时通知搅拌站予以调节。

(4)浇注前先应精心计划,保证连续、快速地浇注。

(5)混凝土的浇注温度应控制在 30℃以下,宜选在一天中温度较低的时间内进行。

三、雨期施工

雨期施工是指在降雨量集中季节且对混凝土的质量造成影响时进行的施工。雨期应掌握施工区域的天气预报和气候趋势及动态,做好雨季施工安排,注重施工安全、做好防洪预案。

1. 雨期施工准备

(1)准备雨期施工的防洪材料、机具和必要的遮雨设施。

(2)工程材料特别是水泥、钢筋应防水、防潮,施工机械防洪水淹没。

(3)易损及易耗物资备足、备齐,防止雨大脱货,造成停工。

(4)雨季来临前,应组织一次电气设备接零、接地的检查,施工机械的电动机应进行覆盖防雨;电源开关箱要防雨,露天照明灯具设防雨罩。

(5)雨季施工现场应有值班电工巡检,对用电设备进行检查维护,防止绝缘破坏,造成触电事故。

(6)雨季施工现场应有可靠的排水设施,雨季来临前,应对原有的排水系统进行检查,疏浚、修补、加固,必要时增加排水设施。

2.施工方法及技术措施

(1)要注意收听天气预报,及时掌握天气情况,如遇雷阵雨、台风等恶劣天气,及时采取相应对策,将灾害造成的损失尽量减少。

(2)雨季施工时,应保证现场运输道路的畅通,经常打扫路面,清除积水。

(3)混凝土浇注应尽量避开雨天,如确需施工时,混凝土搅拌站要定期测定砂、石的含水率,及时调整混凝土配合比。

(4)雨期施工的工作面不宜过大,应逐段、逐片分期施工;对受洪水危害的工程应停止施工,若必须施工时,应有防洪抢险措施。

(5)做好已到设备的维保工作,露天放置的设备应做好防雨措施,随设备供应的仪表以及其他精密设备应入库保存,设备裸露的接口应可靠封闭。

(6)有关物资存放仓库要有防潮、吸湿、加热等设施。

(7)焊接用电焊条受潮后,应烘干后再使用,雨天室外无遮蔽设施应停止施焊。在潮湿的环境里从事焊接作业,应采取防触电措施。

(8)雨天作业要有防滑措施。

(9)设备堆场、建筑加工场旷地太大,应增加防雷接地装置并在雷雨季节前,组织对现场所有的防雷接地装置进行安全测试。沿海地区应考虑防台风措施,露天使用的电器设备要有可靠的防漏电措施。

第十节 桩的质量检测

一、概述

灌注桩基础是地下隐蔽工程,其成孔质量、桩底沉淀、钢筋加工与安装质量、混凝土施工质量、施工机械状况、桩和桩间土的相互作用、施工工艺等众多因素都会直接或间接地影响到基桩桩身质量与基桩承载力是否达到设计要求。因此,加强桩基施工过程中的质量管理和施工后的质量检测,提高基桩检测工作的质量和检测评定结果的可靠性,对确保整个桩基工程的质量与安全有重要意义。

二、检测内容

(一)钢筋笼施工质量

钢筋笼施工质量应从钢筋原材料、钢筋、机械连接器,焊条等的品种、规格和技术性能、焊口规格、焊缝长度、焊缝质量、主筋和箍筋的制作偏差、钢筋笼垂直度等方面进行全面检查,其施工质量应满足《公路桥涵施工技术规范》(JTG/T F50—2011)、《公路工程质量检验评定标准》(JTG F80/1—2004)、《建筑基桩检测技术规范》(JGJ 106—2003)等相关规范中规定的内容。

(二)混凝土施工质量

混凝土施工质量检测主要内容是对水下灌注混凝土施工质量的检验,检验内容如下。

1. 留取试件

桩基混凝土强度应符合设计规定,每桩的试件取样组数应各为3~4组。对桩身的完整性进行检验时检测的数量和方法符合设计要求。选用有代表性的桩采用无破损法进行检测,重要工程或重要部位的桩宜逐桩检测;设计有规定或对桩身质量有疑问时,应采用钻芯取样法进行检测,检验桩底沉淀与地层的结合情况时,芯样钻至桩底0.5m以下。

本地区采用的新桩型或新工艺的桩基,检测数量在同一条件下不应少于3根,且不宜少于总桩数的1%;当工程桩总数在50根以内时,不应少于2根。

高应变动测法的抽检率可由工程设计或监理单位酌情决定,但不宜少于相近条件下总桩数的5%,且不少于5根。

2. 混凝土质量要求

水下混凝土的质量应符合下列要求:

(1)强度须符合要求,评定方法应按现行《公路桥涵施工技术规范》(JTG/T F50—2011)或《公路工程质量检验评定标准》(JTG F80/1—2004)规定执行。

(2)无夹层断桩。

(3)桩身无混凝土离析层。

(4)钻孔桩桩底不高于设计高程,桩底沉淀厚度不大于设计规定。

(5)桩头凿除预留部分后无残余松散层、薄弱混凝土层,无空洞、缩径等缺陷。

(6)须嵌入承台内的桩头及锚固钢筋长度应符合要求。

(三)桩底沉淀厚度

孔底沉渣是影响灌注桩承载能力的主要因素之一,清除孔底沉渣通过清孔来实现,使混凝土与岩基结合完好,提高桩基的承载力。

桩底沉淀层应对沉淀厚度、清孔后泥浆性能指标进行检测。

(四)桩身完整性

桩身完整性是反映桩身截面尺寸大小、桩身材料密实性和连续性的综合指标,检测的目的是发现某些可能影响单桩承载力的缺陷。桩身完整性类别及特征见表1-10-1。

桩身完整性类别及特征 表1-10-1

桩身完整性类别	特征
Ⅰ	桩身完整
Ⅱ	桩身有轻微缺陷,不会影响桩身结构承载力的正常发挥
Ⅲ	桩身有明显缺陷,对桩身结构承载力有影响
Ⅳ	桩身存在严重缺陷

桩的检测数量应符合下列规定:

(1)公路工程基桩应进行100%的完整性检测,各种方法的选定应具有代表性和满足工程检测的特定要求。

(2)重要工程的钻孔灌注桩应理设声测管,检测的桩数不应少于50%。

(3)高应变动测法的抽检率可由工程设计或监理单位酌情决定,但不宜少于相近条件下总桩数的5%且不少于5根。

三、检测前的准备

(1)被检工程应进行现场调查,搜集其工程地质资料、基桩设计图纸和施工记录、监理日志等,了解施工工艺及施工过程中出现的异常情况。

(2)检测方法和制订检测方案应根据调查结果和检测目的合理选用。

(3)检测时间应满足拟用检测方法对混凝土强度(或龄期)和地基土休止期的规定。

四、成桩质量检测方法

桩的检验目的,一是了解其承载力;二是检验桩本身混凝土质量是否符合质量要求;三是查明桩身的完整性,查清缺陷及其位置,以便对影响桩承载力和寿命的桩身缺陷进行必要的补救,以保证工程质量,不留下事故隐患。成桩质量检测的方法和检测内容见表1-10-2。

成桩质量检测的方法和检测内容 表1-10-2

检测方法	检测内容
钻芯取样法	检测灌注桩桩长、桩身混凝土强度、桩底沉渣厚度,判定或鉴别桩底岩土性状,判定桩身完整性类别
低应变反射波法	检测桩身缺陷位置及影响程度,判定桩身完整性类别
高应变动测法	分析桩侧和桩端土阻力,推算单桩轴向抗压极限承载力;检测桩身缺陷位置、类型及影响程度,判定桩身完整性类别;试打桩及打桩应力监测
超声波透射法	检测灌注桩中声测管之间混凝土的缺陷位置及影响程度,判定桩身完整性类别

为保证检测结论的可靠性,可根据不同被检对象和检测要求,选用多种测试方法进行综合分析判断。以下对上表中的检测方法进行详细说明。

(一)钻芯取样法

用钻机钻取芯样以检测桩长、桩身缺陷、桩底沉渣厚度以及桩身混凝土的强度、密实性和连续性,判定桩底岩土性状的方法。

钻芯法理论上讲对所有混凝土灌注桩均可检测,但实际上,当受检桩长径比较大时,成孔的垂直度和钻芯孔的垂直度很难控制,钻芯孔容易偏离桩身,如果要求对全桩长进行检测,一般要求受检桩桩径不宜小于800mm、长径比不宜大于30;如果仅仅是为了抽检桩上部的混凝土强度,可以不受桩径和长径比的限制,有些工程由于验收的需要,对中小直径的沉管灌注桩的上部混凝土也进行钻芯法检测。

1. 仪器设备

取芯检测所用的钻机、钻具及芯样加工、试验等主要设备的技术性能,将直接影响到检测效果。

(1)钻芯设备(图1-10-1)

①钻机:应具有稳固、运转平稳、操作灵活及移动方便的特点,并应有循环水冷却系

统。目前工程中使用较多的地质勘探岩石钻机基本能满足芯样钻探要求;钻机设备参数应符合以下规定:

图 1-10-1　钻芯设备

额定最高转速不低于 790r/min;

转速调节范围不少于 4 挡;

额定配用压力不低于 1.5MPa。

②钻头:应根据混凝土设计强度等级选用合适粒度、浓度、胎体硬度的金刚石钻头,且外径不宜小于 100mm。钻头胎体不得有肉眼可见的裂纹、缺边、少角、倾斜及喇叭口变形。

③钻具:保证芯样采取率和完整性,以及桩身局部含泥或夹泥处不至于被循环水冲洗掉,应采用双管单动钻具,并配备相应的孔口管、扩孔器、卡簧、扶正稳定器及可捞取松软渣样的钻具。钻杆应顺直,直径宜为 50mm。

④水泵:应选用排水量为 50~160L/min、泵压为 1.0~2.0MPa 的水泵。

(2)芯样加工试验设备

对采取的芯样进行加工试验,可按表 1-10-3 选用设备和仪器。

芯样加工试验设备　　表 1-10-3

设　备	性能与功用
切样机	为了把长芯样加工成符合试验要求的试件,宜采用锯切方法。为了保证芯样锯切质量,锯切机应具有冷却系统和加紧固定装置。锯片采用具有足够强度的金刚石圆锯片
填补、磨平装置	由于抗压强度试验对芯样试件断面平整度和垂直度的要求很高,而锯切下来的芯样往往不能满足试验要求。为此,尚需要采用专用设备对芯样端面局部凸凹部分进行填补、磨平
压力机	芯样试件抗压强度试验所用的压力机,压板精度和试验步骤要求与混凝土立方体试块试验要求一样。应按现行国家标准《普通混凝土力学性能试验方法标准》(GB/T 50081—2002)有关规定进行

压力机应满足以下要求:

①压力机应能连续加载而不发生冲击并具有足够的吨位,保证试验在总吨位的 20%~80% 进行。

②压力机的承载板必须具有足够的刚度,球座灵活轻便,板面必须平整光滑。

③承压板的直径应不小于试样直径且不宜大于试样直径的 2 倍。

④压力机的校正和检验应符合有关计量标准的规定。

2. 芯样钻取

(1)钻芯孔数和钻孔位置宜符合的规定

①桩径小于 1.2m 的钻一个孔,桩径为 1.2~1.6m 的桩钻两个孔,桩径大于 1.6m 的桩钻三个孔。

②当钻芯孔为一个时,宜在距桩中心 10~15cm 的位置开孔;当钻芯孔为两个或两个以

上时,开孔位置宜在距桩中心(0.15 ~0.25)D 内均匀对称布置。

③对桩底持力层的钻探,每根受检桩不应少于一孔,且钻探深度应满足设计要求。

(2)芯样钻取操作

钻进前,要掌握了解场地水文工程地质条件、桩底持力层和桩周地层情况、桩身结构、桩的施工情况、桩身内部有无落入物、混凝土养护时间和强度等资料。根据取芯验桩要求,在桩顶布设孔径,一般可布在桩的中心点或其附近。如要检查桩身外侧情况,可将孔位偏向外侧布置。

钻机设备安装必须周正、稳固、底座水平。钻机立轴中心、天轮中心(天车前沿切点)与孔口中心必须在同一铅垂线上。应确保钻芯过程不发生倾斜、移位,钻芯孔垂直度偏差不大于0.5%。

当桩顶面与钻机底座的距离较大时,应安装孔口管,孔口管应垂直且牢固。

钻进过程中,钻孔内循环水流不得中断,应根据回水含砂率及颜色调整钻进速度。每回次进尺,在凝固良好的混凝土层,可控制在1.5 ~2.0m;凝固不良层、断桩层、缩径部位等宜控制在0.5m左右。开孔钻进,桩底持力层面以上1.0m以内及持力层钻进,回次进尺以不超过1.0m为宜。为控制回次进尺,减轻混凝土芯在岩心管内的碰撞磨损,粗径钻具的长度一般为2.0 ~2.5m。

提钻卸取芯样时,应拧卸钻头和扩孔器,严禁敲打卸芯。

钻进中发现钻速变慢,孔内有异常声响,动力机负荷过大的现象,则可能钻遇混凝土中的钢筋笼或其他异物。遇此情况应停车提起钻具,检查钻头是否损坏,并测量钻孔斜度。如需继续钻进,宜换合金钻头入孔切磨钢筋或其他异物。遇钻速突然加快,泥浆返出孔口改变颜色或呈黄水、泥浆水,有时携有大量混凝土拌和用砂或桩周的砂土,则可能钻遇断层、夹层、混凝土严重稀释层或严重离析层、严重缩径层、灌注时坍落进入桩身的砂土等。遇此情况应即停,测量孔深位置,记录异常情况,然后提起钻具,换用专门钻进上述质量病害层的三层管取芯钻具入孔钻进,穿过病害层并取出相应层位的芯样。

常用取芯工具为单动双层取芯管,配有取芯卡簧。钻进时卡簧随混凝土芯上行至短管处;停钻提动岩心管,卡簧下落卡紧混凝土芯,使其不能从岩心管内掉出。对质量病害事故层,使用上述单动双管往往不易采上芯来,可改用在岩心管内装有一半合式岩心容纳管的三层取芯管取芯,如图1-10-2所示。

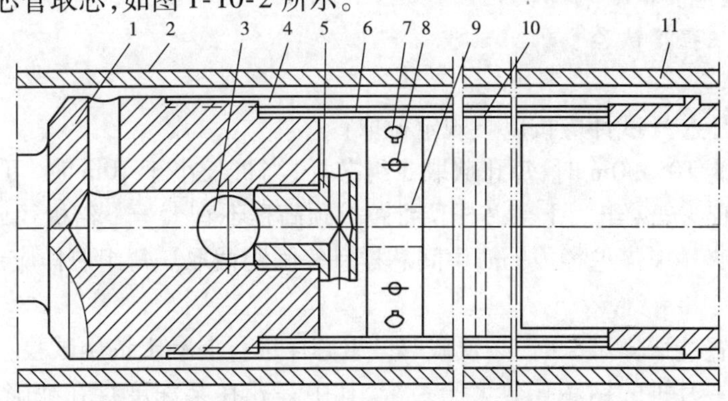

图1-10-2 装有半合管的三层取芯管

1-内管接头(芯轴);2-外管;3-球阀;4-内管;5-球阀座;6-黏合管;7-黏合管锚钉;8-对位销;9-黏合管连接座;10-胶黏带(胶黏半合管用);11-短接头

金刚石钻进的钻孔泥浆选用抗钙润滑剂或非离子型润滑剂配制,如 DR-1 型润滑剂、改性松香酸钠润滑剂、十二烷基苯磺酸钠、太古油,加量一般为 0.3% ~0.5%。

(3)芯样采取要求

要求采取率达到95%以上,并保持原始状态,无自磨破碎现象,取出的芯样不得以水冲洗。柱桩的芯样应超过桩底 50cm。取出的芯样,应按先后顺序摆放到岩心箱内,保护好断口形状;芯样侧面上应用油漆色笔清晰标明回次数、块号、本回次总块数,钻机操作人员应按表 1-10-4 的格式及时记录钻进情况和钻进异常情况。对和基岩胶结的混凝土芯样和质量缺陷层芯样,应予以蜡封,装入铁皮箱或不透气的容器内保存。

钻芯法检测现场操作记录表 表 1-10-4

桩 号			孔 号			工程名称		
时间		钻进(m)			芯样编号	芯样长度(m)	残留芯样	芯样初步描述及异常情况记录
自	至	自	至	计				
检测日期					机长:	记录:	页次:	

应对芯样和标有工程名称、桩号、钻芯孔号、芯样试件采取位置、桩长、孔深、检测单位名称的标示牌的全貌进行拍照。

当单桩质量评价满足设计要求时,应采用 0.5 ~1.0MPa 压力,从钻芯孔孔底往上用水泥浆回灌封闭;否则应封存钻芯孔,留待处理。

3. 芯样外观检查

应对混凝土芯样进行现象描述,作出质量记录,说明芯样的凝固情况、连续性、密实性。

(1)每个桩号的芯样,应详细描述有关裂缝(缝中不含泥)、夹层断桩(层中夹泥土)状况。

(2)密实性检查:检查芯样存在的离析状况和气孔、泥洞及其位置、尺寸与分布情况,必要时应拍下照片。

(3)其他状况:桩底有无沉淀土及其厚度;基岩持力层的岩性和高程、嵌岩深度、与基岩胶结情况;其他质量缺陷等。

4. 芯样抗压强度试验

(1)取样

混凝土抗压芯样试件应按以下规定截取:

①当桩长为 10 ~30m 时,每孔截取 3 组芯样;当桩长小于 10m 时,可取 2 组,当桩长大于 30m 时,不少于 4 组。上部芯样位置距桩顶高程不宜大于 1 倍桩径或 1m,下部芯样位置距桩底不大于 1 倍桩径或 1m,中间芯样宜等间距截取。每组芯样应制作 3 个芯样抗压试件。

②缺陷位置能取样试验时,必须截取一组芯样进行混凝土抗压试验。

③如果同一基桩的钻芯孔数大于一个,其中一孔在某深度存在缺陷,则必须在其他孔的该深度处取样进行混凝土抗压试验。

④当桩底持力层为中、微风化岩层且岩芯可制作成试件时,应在接近桩底部位截取一组岩石芯样;如遇分层岩性时宜在各层取样。

(2)测量尺寸

在试验前应对芯样试件的几何尺寸和外观质量进行检测。当芯样尺寸或质量不符合表1-10-5时,不得用作抗压强度试件。

抗压强度试验岩芯试样质量要求 表1-10-5

岩芯试样	质量要求	岩芯试样	质量要求
经端面补平后的芯样盖度	$0.95d \sim 2.05d$	芯样端面与轴线的不平整度	≤2°
芯样任一直径与平均直径相差	≤2mm	芯样外观质量	无裂缝和较大缺陷
芯样端面的不平整度	在100mm长度内≤0.1mm		

注:d为芯样的平均直径。

(3)温、湿度控制

试验前将试件放在20℃ ±2℃的水中浸没40h,从水中取出后立即进行试验。

(4)芯样端面处理

锯切后的芯样,当不满足平整度和垂直度要求时,宜采用磨平机磨平或用水泥砂浆(或水泥净浆)材料补平;水泥砂浆(或水泥净浆)补平厚度不宜大于5mm。

(5)抗压试验

芯样试件制作完毕后立即进行抗压强度试验。混凝土芯样试件的抗压强度试验应按现行国家标准《普通混凝土力学性能试验方法标准》(GB/T 50081—2002)的有关规定执行。

抗压强度试验后,若发现芯样试件平均直径小于2倍试件内混凝土粗集料最大粒径,且强度值异常时,则该试件的强度值不得参与统计平均。

混凝土芯样试件抗压强度应按公式(1-10-1)计算:

$$f_{cu} = \xi \cdot \frac{4P}{\pi d^2} \tag{1-10-1}$$

式中:f_{cu}——混凝土芯样试件抗压强度,MPa,精确至0.1MPa;

P——芯样试件抗压试验测得的破坏荷载,N;

d——芯样试件的平均直径,mm;

ξ——混凝土芯样试件抗压强度折算系数,应考虑芯样尺寸效应、钻芯机械对芯样扰动和混凝土成型条件的影响,通过试验统计确定;当无试验统计资料时,宜取1.0。

5.检测数据分析与判定

混凝土芯样试件抗压强度代表值应按一组三块试件强度值的平均值确定。同一受检桩同一深度部位有两组或两组以上混凝土芯样试件抗压强度代表值时,取其平均值为该桩该深度处混凝土芯样试件抗压强度代表值。

受检桩中不同深度位置的混凝土芯样试件抗压强度代表值中的最小值为该桩混凝土芯样试件抗压强度代表值。

桩底持力层性状应根据芯样特征、岩石芯样单轴抗压强度试验、动力触探或标准贯入试验结果,综合判定桩底持力层岩土性状。

桩身完整性类别应结合钻芯孔数、现场混凝土芯样特征、芯样单轴抗压强度试验结果以及相关规范的规定进行综合判定。

应根据桩的钻芯孔数、现场混凝土芯样特征,并结合《建筑基桩检测技术规范》(JGJ 106—2003)的规定和芯样试件抗压试验结果,参照表1-10-6对桩身完整性进行分类。

桩身完整性分类表 表 1-10-6

类别	特　征
Ⅰ	混凝土芯样连续、完整、表面光滑、胶结好、集料分布均匀、呈长柱状、断口吻合，仅见少量气孔
Ⅱ	混凝土芯样连续、完整、胶结较好、集料分布基本均匀、呈柱状、断口基本吻合，局部见蜂窝、麻面、沟槽
Ⅲ	大部分混凝土芯样胶结较好，无松散、夹泥、严重离析或分层现象；局部混凝土芯样破碎且破碎长度小于 10cm、集料分布不均匀、多呈短柱状或块状，蜂窝、麻面、沟槽连续
Ⅳ	钻进很困难；芯样任一段松散、夹泥或分层；芯样局部破碎且破碎长度大于 10cm

当出现下列情况之一时，应判定该受检桩不满足设计要求：

(1)桩身完整性类别为Ⅳ类的桩；

(2)受检桩混凝土芯样试件抗压强度代表值小于混凝土设计强度等级的桩；

(3)桩长、桩底沉渣厚度不满足设计或规范要求的桩；

(4)桩底持力层岩土性状(强度)或厚度未达到设计或规范要求的桩。

钻芯检测报告应包括：

(1)委托方名称，工程名称、地点，建设、勘察、设计、监理和施工单位，基础、结构形式，层数，设计要求，检测目的，检测依据，检测数量，检测日期。

(2)地质条件描述。

(3)受检桩的桩号、桩位和相关施工记录。

(4)钻芯设备情况，检测方法，检测仪器设备，检测过程叙述。

(5)检测桩数、钻孔数量，架空、混凝土芯进尺、岩芯进尺、总进尺，混凝土试件组数、岩石试件组数、动力触探或标准贯入试验结果。

(6)按规范要求格式编制的每孔柱状图。

(7)芯样单轴抗压强度试验结果。

(8)芯样彩色照片。

(9)异常情况说明。

(10)各桩的检测数据，实测与计算分析曲线、表格和汇总结果；与检测内容相应的检测结论。

孔偏出桩外时，仅对钻取芯样部分进行评价。

(二)低应变法检测

低应变法包括稳态激振的稳态机械阻抗法和共振法、瞬态激振的反射波法、瞬态动力法、水电效应法、动力参数法等。由于反射波法具有简单、快速、实用等特点，目前被国内外普遍采用。

1. 反射波法

低应变反射波法是在桩顶施加低能量冲击荷载，实测加速度(或速度)响应时程曲线，运用一维线性波动理论的时域和频域分析，对被检桩的完整性进行评判的检测方法。

(1)基本原理及适用范围

反射波法基本理论是假设桩为连续弹性一维均匀介质的杆状物体，当应力波在杆中传播时，其大小不会发生变化，波的传播方向与应力波中质点运动方向相同，但与拉伸波中质点的运动方向相反。反射波法检验桩的结构完整性就是利用应力波的这种性质，当桩身某截面出现扩、缩颈或有夹泥截面等情况时，就会引起介质的阻抗变化，从而使一部分波产生反射并到达桩顶，由安装在桩顶的拾振器测试并记录，由此可以判断基桩的完整性，如图 1-10-3 所示。

本方法适用于检测基桩的竖向抗压承载力和桩身完整性；进行灌注桩的竖向抗压承载力检测时，应具有现场实测经验和相近条件下的可靠对比资料。

对于大直径扩底桩和 $Q-S$ 曲线具有缓变型特征的大直径灌注桩，不宜采用本方法进行竖向抗压承载力检测。

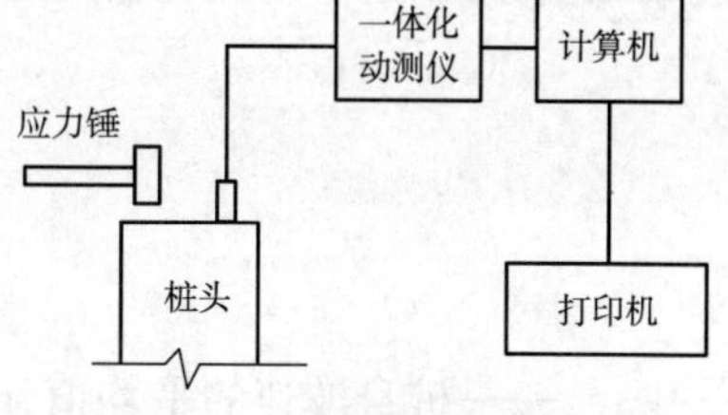

图 1-10-3　反射波法试验装置

(2)仪器设备

仪器由传感器和放大、滤波、记录、处理、监视系统以及激振设备和专用附件组成。

传感器可选用宽频带的速度型或加速度型传感器。速度型传感器灵敏度应大于 300V/m/s，加速度型传感器灵敏度应大于 100m/g。

放大系统的增益应大于 60Db，长期变化量应小于 1%，折合输入端的噪声水平应低于 30μV，频带宽度应不窄于 10～10 000Hz，滤波频率可调整。

模数转换器的位数不应小于 8bit，采样时间宜为 50～1 000μs，可分数挡调整。每个通道数据采集暂存器的容量不应小于 1kB。

多道采集系统应具有一致性，其振幅偏差应小于 3%，相位偏差应小于 0.1ms。根据激振条件试验要求及改变激振频谱和能量满足不同的检测目，的应选择符合材质和重量要求的激振设备。

(3)现场检测

一般是在桩基施工完成后，达到测试要求时，凿去桩顶浮浆或松散、破损部分，并露出坚硬的混凝土表面，桩顶表面应平整干净且无积水；应将敲击点和响应测量传感器安装点部位磨平，妨碍正常测试的桩顶外露主筋应割掉。

激振操作应通过现场试验选择不同材质的锤头或锤垫，以获得低频宽脉冲或高频窄脉冲。除大直径桩外，冲击脉冲中的有效高频分量可选择不超过 2 000Hz。桩直径小时脉冲可稍窄一些。

选择激振设备没有过多的限制，如力锤、力棒等。测试参数设定：从时域波形中找到桩底反射位置，仅仅是确定了桩底反射的时间，根据 $\Delta T=2L/c$，只有已知桩长 L 才能计算波速 c，或已知波速 c 计算桩长 L。因此，桩长参数应以实际记录的施工桩长为依据，按测点至桩底的距离设定。测试前桩身波速可根据本地区同类桩型的测试值初步设定。根据前面测试的若干根桩的真实波速的平均值，对初步设定的波速调整。

传感器用耦合剂黏结时，黏结层应尽可能薄；必要时可采用冲击钻打孔安装方式，传感器底安装面应与桩顶面紧密接触。激振以及传感器安装均应沿桩的轴线方向。激振点与传感器安装点应尽量远离钢筋笼的主筋，传感器安装点与激振点距离和位置不同，所受干扰的程度各异。研究成果表明安装点在距桩中心约 $2/3R$(R 为半径)时，所受干扰相对较小。

检测过程中，同一工程的同一批试桩的试验操作宜保持同等条件，根据桩径大小，桩心对称布置 2～4 个检测点；每个检测点记录的有效信号数不宜少于 3 个，而且应具有良好的重复性，通过叠加平均提高信噪比。

(4)检测数据分析与判定

①确定桩身波速平均值

当桩长已知、桩底反射信号明确时，在地质条件、设计桩型、成桩工艺相同的基桩中，选取不少于5根Ⅰ类桩的桩身波速值按下式计算其平均值：

$$c_m = \frac{1}{n}\sum_{i=1}^{n} c_i \tag{1-10-2}$$

$$c_i = \frac{2\,000L}{\Delta T} \tag{1-10-3}$$

$$c_i = 2L \cdot \Delta f \tag{1-10-4}$$

式中：c_m——桩身波速的平均值，m/s；

c_i——第 i 根受检桩的桩身波速值，m/s，且 $|c_i - c_m|/c_m \leqslant 5\%$；

L——测点下桩长，m；

ΔT——速度波第一峰与桩底反射波峰间的时间差，ms；

Δf——幅频曲线上桩底相邻谐振峰间的频差，Hz；

n——参加波速平均值计算的基桩数量，$n \geqslant 5$。

当无法按上述公式确定时候，波速平均值可根据本地区相同桩型及成桩工艺的其他桩基工程的实测值，结合桩身混凝土的集料品种和强度等级综合确定。

②桩身缺陷位置计算

$$x = \frac{1}{2\,000}\Delta t_x \cdot c \tag{1-10-5}$$

$$x = \frac{1}{2} \cdot \frac{c}{\Delta f'} \tag{1-10-6}$$

式中：x——桩身缺陷至传感器安装点的距离，m；

Δt——速度波第一峰与缺陷反射波峰间的时间差，ms；

c——受检桩的桩身波速（m/s），无法确定时用 c_m 值替代；

$\Delta f'$——幅频信号曲线上缺陷相邻谐振峰间的频差，Hz。

③桩身完整性类别判定

依据实测时域或幅频信号特征进行桩身完整性判定的分类标准见表1-10-7，显然缺陷类别的判定是定性的。这里需特别强调，仅依据信号特征分析桩身完整性是不够的，需要检测分析人员结合缺陷出现的深度、测试信号衰减特性以及设计桩型、成桩工艺、地质条件、施工情况等综合分析判定。

桩身完整性判定 表1-10-7

类别	时域信号特征	幅频信号特征
Ⅰ	$2L/c$ 时刻前无缺陷反射波，有桩底反射波	桩底谐振峰排列基本等间距，其相邻频差 $\Delta f \approx c/(2L)$
Ⅱ	$2L/c$ 时刻前出现轻微缺陷反射波，有桩底反射波	桩底谐振峰排列基本等间距，其相邻频差 $\Delta f \approx c/(2L)$，轻微缺陷产生的谐振峰与桩底谐振峰之间的频差 $\Delta f' > c/(2L)$
Ⅲ	有明显反射波，其他特征介于Ⅱ类和Ⅳ类之间	
Ⅳ	$2L/c$ 时刻前出现严重缺陷反射波或周期性反射波，无桩底反射波； 或因桩身浅部严重缺陷使波形呈现低频大振幅衰减振动，无桩底反射波	缺陷谐振峰排列基本等间距，相邻频差 $\Delta f' > c/(2L)$，无桩底谐振峰； 或因桩身浅部严重缺陷只出现单一谐振峰，无桩底谐振峰

注：对同一场地、地质条件相近、桩型和成桩工艺相同的基桩，因桩端部分桩身阻抗与持力层阻抗相匹配导致实测信号无桩底反射波时，可按本场地同条件下有桩底反射波的其他桩实测信号判定桩身完整性类别。

表 1-10-7 没有列出桩身无缺陷或有轻微缺陷但无桩底反射这种信号特征的类别划分。事实上,低应变法测不到桩底反射信号这类情形受多种因素和条件影响,例如:

——软土地区的超长桩,长径比很大;

——桩周土约束很大,应力波衰减很快;

——桩身阻抗与持力层阻抗匹配良好;

——桩身截面阻抗显著突变或沿桩长渐变;

——预制桩接头缝隙影响。

其实,当桩侧和桩端阻力很强时,高应变法同样也测不出桩底反射,所以,上述原因造成无桩底反射也属正常。此时的桩身完整性判定,只能结合经验、参照本场地和本地区的同类型桩综合分析或采用其他方法进一步检测。

绝对要求同一工程所有的Ⅰ、Ⅱ类桩都有清晰的桩底反射也不现实。对同一场地、地质条件相近、桩型和成桩工艺相同的基桩,因桩端部分桩身阻抗与持力层阻抗相匹配而导致实测信号无桩底反射波时,只能按本场地同条件下有桩底反射波的其他桩实测信号判定桩身完整性类别。

桩身完整性分析判定,从时域信号或频域曲线特征表现的信息判定相对来说较简单直观,而分析缺陷桩信号则复杂些。有的信号的确是因施工质量缺陷产生的,但也有是因设计构造或成桩工艺本身局限性导致的不连续(断面)而产生。例如预制打入桩的接缝、灌注桩的逐渐扩径再缩回原桩径的变截面、地层硬夹层影响等。因此,在分析测试信号时,应仔细分清哪些是缺陷波或缺陷谐振峰,哪些是因桩身构造、成桩工艺、土层影响造成的类似缺陷信号特征。另外,根据测试信号幅值大小判定缺陷程度,除受缺陷程度影响外,还受桩周土阻尼大小及缺陷所处的深度影响。相同程度的缺陷因桩周土性不同或缺陷埋深不同,在测试信号中其幅值大小各异。因此,如何正确判定缺陷程度,特别是缺陷十分明显时,如何区分是Ⅲ类桩还是Ⅳ类桩,应仔细对照桩型、地质条件、施工情况,结合当地经验综合分析判断。不仅如此,还应结合基础和上部结构形式对桩的承载安全性要求,考虑桩身承载力不足引发桩身结构破坏的可能性,进行缺陷类别划分。

2. 机械阻抗法

机械阻抗法是把理论计算和实验测试相结合的结构动态分析方法,对于简单结构,可以建立振动方程求解,而复杂的桩—土系统,振动方程难于建立。用机械阻抗法进行桩的检测或动态分析是低应变动力试桩法中理论较完善、结果较可靠的方法,它是在动态力(输入)和桩—土系统响应(输出)为已知的情况下,识别桩身结构完整性,如断桩、缩径、扩径、混凝土离析和空洞等缺陷的一种判断方法。

(1)基本原理和适用范围

电工学中的电阻抗是将电压和电流联系起来的参数,用它描述电路系统的基本特性。在结构系统中,机械阻抗是把与电阻抗相类似的运动响应和引起运动的力相联系的一个参数。在频域中,动态力和由它产生的运动响应(位移、速度或加速度)之比称为机械阻抗 Z,机械阻抗的倒数称为机械导纳 Y。据量测响应量的不同,可分为位移阻抗、速度阻抗和加速度阻抗。桩的检测通常用速度阻抗和速度导纳。

作为桩—土系统的灌注桩,其动刚度以 K_d 表示。K_d 恰好是速度导纳曲线开始部分直线段斜率的倒数,可以从实测的速度导纳曲线求得。

设桩支承在无限刚性和无限柔性的两种极端地基上时的刚度为 K_{max} 和 K_{min},这其实是桩刚度的上下极限值，实际桩刚度 K_d 介于二者之间，即 $K_{min} < K_d < K_{max}$。从实测的 K_d 接近 K_{max} 或 K_{min} 的程度，可判别桩身质量，缺陷桩的 K_d 一般小于正常桩的 K_d。

本方法有稳态激振和瞬态激振两种方式，适用于检测桩身混凝土的完整性，推定缺陷类型及其在桩身中的部位。当有可靠的同条件动静对比试验资料时，本法可用于推算单桩承载力。

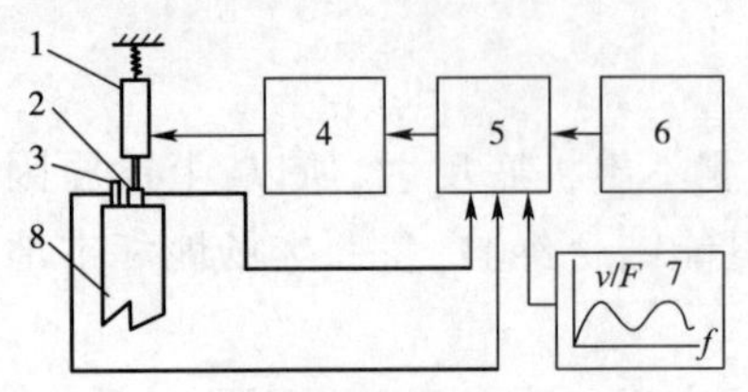

图 1-10-4　稳态激振机械阻抗法试验装置

1-激振器；2-力传感器；3-速度传感器；4-功率放大器；5-振动检测仪；6-跟踪滤波器；7-绘图仪；8-桩

本方法的有效测试范围为桩长与桩径比值应小于 30，对于摩擦端承桩或端承桩其比值可小于 50。

(2)稳态激振机械阻抗法

稳态激振机械阻抗法试验装置由激振、拾振和记录三部分构成，如图 1-10-4 所示。

振动部分由永磁式激振器、信号源和功率放大器组成。激振器和桩顶连接有悬吊式与半刚性悬挂式两种方式。拾振是用安装在桩顶的速度或加速度传感器量测桩—土系统响应信号，信号记录用 x-y 函数记录仪。

激振器产生的简谐竖直力通过力传感器作用在桩顶上。力传感器、功率放大器和检测仪形成闭环系统，可使激振力的频率为 5 ~ 1 500Hz，而力幅值保持恒定。

激振力作用下，桩—土系统响应信号由速度传感器或加速度传感器（积分成速度）量测，通过检测仪放大和跟踪滤波器滤波，再由检波器变为直流信号，推动 x-y 函数记录仪的 y 轴，检测仪同时输出与激振频率成正比例的直流信号推动 x 轴，从而绘出速度导纳 (v/F) 随频率 (f) 变化曲线。

试验装置主要仪器包括：

①激振力 200N 或 600N 电磁激振器一台。

②压电式力传感器、磁电式速度传感器或压电式加速度传感器各一只。

③功率放大器一台。

④检测仪（包括电压、电荷放大；扫频信号源；跟踪滤波器；测力装置和交直流交换）一台。

稳态激振机械阻抗法作用在桩上的力是恒定的，整个频带上能量均匀，所以测试精度较高，重复性好。但全套仪器质量近 200kg，较为笨重，现场使用不够方便。目前扫频控制、信号接收和处理可由笔记本电脑完成，可大大减轻仪器质量。

(3)瞬态激振机械阻抗法

瞬态激振机械阻抗法是用安装有石英晶体力传感器的手锤或自由落锤敲击桩顶，给桩作用一脉冲力，脉冲力以应力波形式沿桩身传播，通过安装在桩顶的速度或加速度传感器量测响应信号，对信号进行传递函数分析，得到导纳曲线或时域波形，从而判断桩身质量。

瞬态激振机械阻抗法的试验装置由力锤、检测仪、速度传感器或加速度传感器和绘图仪组成，如图 1-10-5 所示。

①力锤：力锤分手锤和自由落锤两种形式，它们都由锤把、锤体、压电晶体力传感器和锤头组成。手锤敲击容易因手劲掌握不好、作用力不易竖直和用力不易均匀等缺点而使信号重复性不够好。自由落锤是靠锤自重自由下落打在桩顶上，可以做到作用力竖直

作用,每一锤垂落高一样,作用力大小均匀,单锤敲击和多锤敲击平均的效果基本一样。锤头由铝、尼龙或硬橡胶等材料制成,用不同材料的锤头可以调整脉冲力的持续时间,以得到不同频宽的力谱。图1-10-6是铝、尼龙和硬橡胶三种材料的锤头敲在同一根桩上的脉冲力持续时间和力谱曲线,其持续时间分别为0.8ms、1.3ms和2.7ms,相应的力谱宽度依次是铝头最宽,尼龙头次之,硬橡胶头最窄。

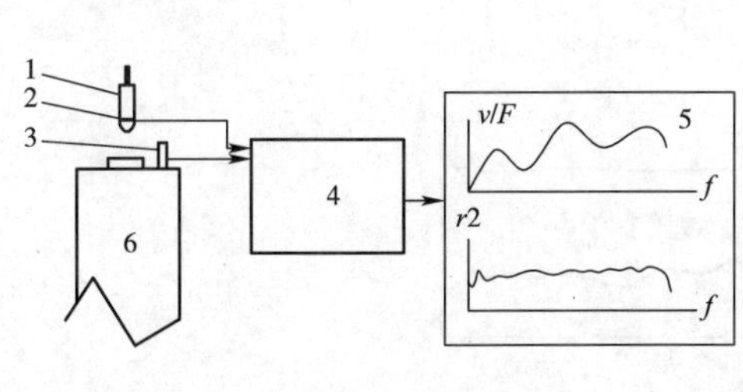

图1-10-5　瞬态激振机械阻抗法试验装置

1-力锤;2-力传感器;3-速度或加速度传感器;4-瞬态桩基检测仪;5-绘图仪;6-桩

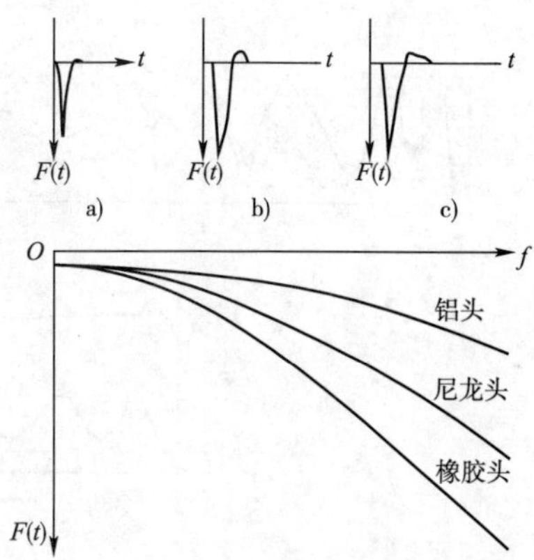

图1-10-6　不同材料锤头的脉冲力和谱曲线

根据不同的桩型、桩长和土层情况,可以换锤体质量和锤头材料,得到不同的力谱宽度,以达到最佳检测效果。

②检测仪:检测仪包括电压放大(速度传感器)、电荷放大(力传感器)。

加速度计驱动电源和软件系统,软件程序包括监控、信号采集和信号处理(数字滤波、窗函数设置、量化、平滑、趋势项处理、FFI、运算、平均和绘图程序等)。软件系统可以采用CMOS集成电路程序固化或者借助便携式计算机完成。例如TVM-1型瞬态桩基检测仪是做应力波反射法(采样频率为20kHz)和瞬态机械阻抗法(采样频率为4kHz)的专用仪器,全部计算程序固化在EPROM(27C64)中,仪器具有轻便(质量5kg)、抗干扰能力强、操作简单(各项操作都通过面板按键完成)和耐用等优点。

③消除噪声干扰:瞬态激振的响应信号随机噪声干扰较大,试验现场环境噪声影响尤其显著,因此采用在一根桩上进行多次重复敲击,然后在频域里进行平均,可以有效地降低环境随机噪声引入的误差,提高测试精度。

图1-10-7是用TVM-1型瞬态桩基检测仪对一根桩进行一次和三次敲击平均的速度导纳曲线比较。该桩为人工挖孔桩,桩径1.0m,桩长12.5m,用锤体质量7kg自由落锤敲击,图1-10-7a)是一次敲击的速度导纳曲线,图1-10-7b)是三次敲击平均的导纳曲线和相干函数曲线,前者导纳曲线低频段毛刺较多,后者在相同频率位置波形较光滑,但相应的相干函数 c/F 还有些波动。

(4)测试结果分析

稳态激振和瞬态激振机械阻抗法,虽然试验方法不一样,但试验结果都可得到导纳随频率变化曲线。瞬态激振还可以得到力和响应时域波形、力谱和响应谱、相干函数等曲线,通过这些波形分析和计算,可以得到以下参数:a.桩的波速 v 和测量桩长 L_0;b.计算导纳 N 和实测导纳 N_0;c.动刚度 K_d;d.第一谐振峰频率(基频)f_1。

有了以上参数就可以对桩身结构完整性进行判断。

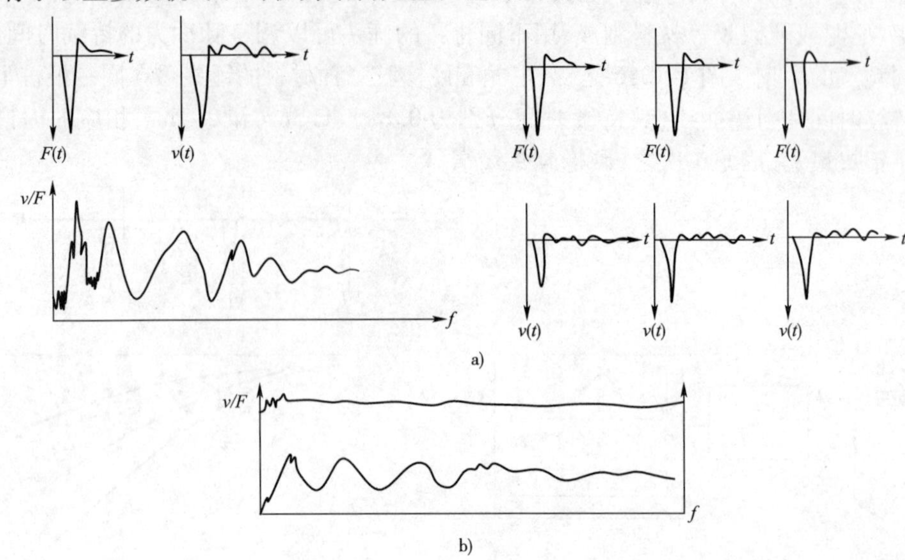

图 1-10-7　一次和三次敲击平均结果比较

①完整桩：完整桩的混凝土是连续的，桩身波阻抗不会有太大变化，一般从时域波形可以看到桩尖反射，导纳曲线为等间隔的谱峰，测量桩长 L_0 接近施工桩长。

②断桩：断桩的混凝土不连续，一般应力波从断裂处产生全反射，看不到桩尖反射，测量桩长小于施工桩长，且 $N_0>N$，K_d 较低，导纳曲线为等间隔的谱峰。

③缩径：缩径桩可看到桩尖反射波和缩径处的反射波，且 $N_0>N$，K_d 较低，导纳曲线有整桩的频差，也有反映缩径的频差。

④扩径：扩径桩 $N_0<N$，K_d 较高，导纳曲线有反映整桩和扩径处的频差。

⑤离析：混凝土离析的桩，离析层是一个渐变过程，不像断桩有明显的反射界面，往往频差 Δf 不明显。若能看到桩尖反射，得到的波速要低于正常桩很多。

⑥桩底沉渣（虚土）定性判断：当基频 f_1 接近 $v/(4L)$ 时，表明沉渣较少；当 f_1 接近 $v/(2L)$ 时，表明沉渣较厚或桩身有较大缺陷。

桩埋入土中，尤其灌注桩，其断面不太规则，以及桩侧土有硬夹层都可能产生应力波的反射；各种干扰可能使波形掺杂虚假因素；波阻抗和桩长互相牵制，又均为未知值，因此对桩质量要客观判断，需积累更多的波形分析经验和熟悉桩的施工工艺。对于瞬态激振机械阻抗法，可以将时域波形的相位和导纳曲线两者相结合进行分析，这样对扩径和缩径或离析缺陷的判断可更准确。表 1-10-8 可以作为机械阻抗法桩身结构完整性的参考判据。

机械阻抗法桩身结构完整性判据　　表 1-10-8

测量桩长 L_0，施工桩长 L	实测导纳 N_0，计算导纳 N	动刚度 K_d	完　整　性
$L_0\approx L$	$N_0\approx N$	一般	完整桩
$L_0\approx L$	$N_0>N$	低	缩径或低质混凝土
$L_0<L$	$N_0>N$	很低	断桩
$L_0<L$	$N_0<N$	很高	扩径
$L_0\approx L$	$N_0<N$	高	扩底桩

续上表

测量桩长 L_0，施工桩长 L	实测导纳 N_0，计算导纳 N	动刚度 K_d	完整性
$L_0 \approx L$	$N_0 \approx N$	高	桩尖嵌固好的完整桩
$L_0 \approx L$	$N_0 \approx N$	低	桩尖嵌固差的完整桩
多种 L_0	$N_0 < N$	高	断面不规则（扩大）
多种 L_0	$N_0 > N$	低	断面不规则（缩小）

（三）高应变法检测

高应变法检测是在桩顶施加高能量冲击荷载，实测力和速度信号，运用波动理论反演来推算被检桩的完整性、轴向抗压极限承载力或选择桩型和桩长、监控桩锤工作效率和打入桩桩身承受的最大锤击应力。

一般来说，高应变法冲击荷载作用下的桩顶瞬时变形峰值与静荷载试验至极限承载力时的静变形值相当，使桩土体系进入充分的非弹性工作阶段，桩和桩周土之间出现瞬时的剪切破坏，从而充分地激发桩周土对桩的全部阻力作用。

通过采集检测桩身截面在冲击荷载作用下的轴向应变和桩身运动的时程曲线，获得该截面的轴向内力 $F(t)$ 和轴向运动速度 $v(t)$，从而观察到应力波在桩身中的传播过程。运用一维波动方程对桩身阻抗和土阻力进行分析和计算，以判定桩身完整性和单桩承载力。

1. 适用范围

（1）检测基桩的竖向抗压承载力和桩身完整性；监测预制桩打入时的桩身应力和锤击能量传递比，为沉桩工艺参数及桩长选择提供依据。

高应变法的主要功能是判定单桩竖向抗压承载力是否满足设计要求。这里所说的承载力是指在桩身强度满足桩身结构承载力的前提下得到的桩周岩土对桩的抗力（静阻力），所以要得到极限承载力，应使桩侧和桩端岩土阻力充分发挥，否则不能得到承载力的极限值，只能得到承载力检测值。

（2）对于大直径扩底桩和 Q-S 曲线具有缓变型特征的大直径灌注桩，不宜采用本方法进行竖向抗压承载力检测。

2. 仪器设备要求

（1）检测仪器的主要技术性能指标不应低于现行行业标准《基桩动测仪》（JG/T 3055—1999）中的相应要求，且应具有保存、显示实测力与速度信号和信号处理与分析的功能。

（2）锤击设备宜具有稳固的导向装置；打桩机械或类似的装置（导杆式柴油锤除外）都可作为锤击设备。

（3）高应变检测用重锤应材质均匀、形状对称、锤底平整。高径（宽）比不得小于 1，并采用铸铁或铸钢制作。当采取自由落锤安装加速度传感器的方式实测锤机力时，重锤应整体铸造，且高径（宽）比应在 1.0 ~ 1.5 内。

（4）进行高应变承载力检测时，锤的重力应大于预估单桩极限承载力的 1.0% ~ 1.5%，混凝土桩的桩径大约大于 600mm 或桩长大于 30m 时取高值。

（5）桩的贯入度可采用精密水准仪等仪器测定。

3. 现场检测技术

现场检测流程如图 1-10-8 所示。

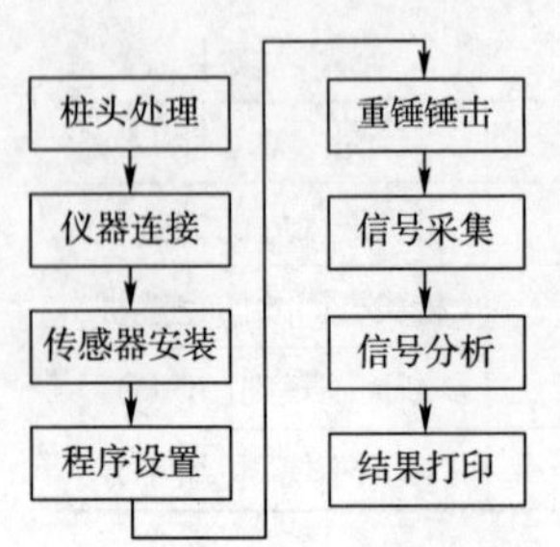

图 1-10-8 现场检测流程框图

(1)检测混凝土预制桩和钢桩极限承载力的最短休止期应满足下列条件:砂土 7d,粉土 10d,非饱和黏性土 15d,饱和黏性土 25d。

(2)检测前的桩头处理应符合下列规定:桩顶面应平整,桩头高度应满足安装锤击装置和传感器的要求,锤重心应与桩顶对中。

加固处理桩头时应满足下列要求:

①新接桩头顶面应平整,且垂直于被检桩轴线,侧面应平直,截面积应与被检桩相同,所用混凝土的强度应高于被检桩的强度。

②被检桩主筋应全部接至新接桩头内,并设置间距不大于150mm 的箍筋及上下间距不应大于1 200mm 的2~3 层钢筋网片。

(3)检测时在桩顶面铺设锤垫,锤垫宜由 10~30mm 厚的木板或胶合板等均质材料制作,垫面略大于桩顶面积。

(4)传感器的安装(图 1-10-9)。

传感器的安装应符合下列规定:

①桩顶下两侧面对称安装加速度传感器和应变传感器各1只,其与桩顶的距离不应小于1.5 倍的桩径或边长。传感器安装面应平整,所在截面的材质和尺寸与被检桩相同。

②应变传感器与加速度传感器的重心应位于同一水平线上,同侧两种传感器间的水平距离不宜大于 80mm,传感器的中轴线应与桩的轴线保持平行。

③在安装应变式传感器时,应对初始应变进行监测,其值不得超过规定的限值。

当连续锤击监测时,应将传感器连接电缆有效固定。

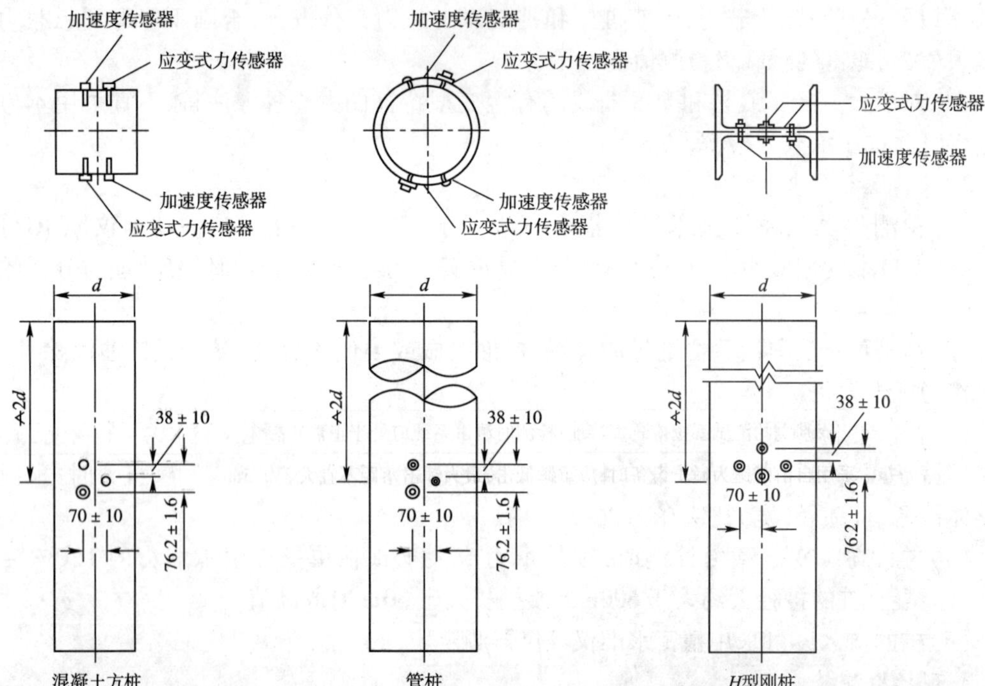

图 1-10-9 传感器安装示意图(尺寸单位:mm)

(5)参数设定和计算应符合下列规定：

①采样时间间隔宜为 50～200μs，信号采样点数不宜少于 1 024 点；

②传感器的设计值应按计量检定结果设定；

③自由落锤安装加速度传感器测力时，力的设定值由加速度传感器设定值与重锤质量的乘积确定；

④测点处的桩截面尺寸应按实际测量确定，波速、质量密度和弹性模量应按实际情况设定；

⑤测点以下桩长和截面积可采用设计文件或施工记录提供的数据作为设定值；

⑥桩身材料质量密度如表 1-10-9 所示。

桩身材料质量密度(单位：t/m^3)　　表 1-10-9

钢　桩	混凝土预制桩	离心管桩	混凝土灌注桩
7.85	2.45～2.50	2.55～2.60	2.40

⑦桩身材料弹性模量公式如下：

$$E = \rho \cdot c^2 \tag{1-10-7}$$

式中：E——桩身材料弹性模量，kPa；

c——桩身应力波传播速度，m/s；

ρ——桩身材料质量密度，t/m^3。

桩身平均波速可结合本地经验或按同场地同类型已检桩的平均波速初步设定，现场检测完成后，根据图 1-10-10 中下行波波形起升沿的起点到上行波下降沿的起点之间的时差与已知桩长值确定；桩底反射信号不明显时，可根据桩长、混凝土波速的合理取值范围以及邻近桩的桩身波速值综合确定。

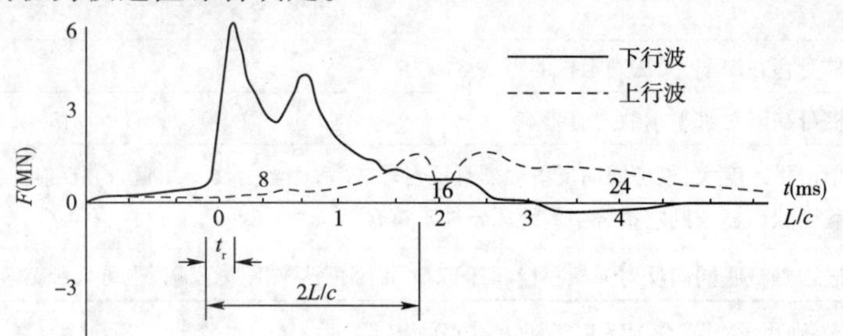

图 1-10-10　桩身波速的确定

⑧现场检测应符合表 1-10-10 要求。

现场检测要求　　表 1-10-10

项　目	检 测 要 求
1	交流供电的测试系统应良好接地；检测时测试系统应处于正常状态
2	采用自由落锤为锤击设备时，应重锤低击，最大锤击落距不宜大于 2.5m
3	检测时应及时检查采集数据的质量；每根受检桩记录的有效锤击信号应根据桩顶最大动位移、贯入度，以及桩身最大拉、压应力和缺陷程度及其发展情况综合确定
4	发现测试波形紊乱，应分析原因；桩身有明显缺陷或缺陷程度加剧，应停止检测
5	承载力检测时宜实测桩的贯入度，单击贯入度宜在 2～6mm

注：现场检测的试验目的为确定预制桩打桩过程中的桩身应力、沉桩设备匹配能力和选择桩长时，应按《建筑基桩检测技术规范》(JGJ 106—2003)附录 G 执行。

4. 检测数据分析与判定

(1)锤击信号选取与调整应符合表1-10-11的要求。

锤击信号选取与调整要求　　表1-10-11

项　目	要　求
1	分析被检桩的承载力时,宜在第一和第二击实测有效信号中选取能量和贯入度较大者
2	当测点处原设定波速随调整后的桩身波速改变时,桩身材料弹性模量和锤击力信号幅值的调整应符合,桩身材料弹性模量应按本手册式(1-10-7)重新计算。当采用应变式传感器测力时,应同时对原实测力值校正
3	力和振动速度信号的上升沿重合性差时,应分析原因,不得随意调整
4	承载力分析计算前,应结合地质条件、设计参数,对实测波形特征进行定性检查,实测曲线特征反映出的桩承载性状

(2)锤击信号不得作为承载力计算依据的情况,见表1-10-12。

锤击信号不得作为承载力计算依据的情况　　表1-10-12

项　目	情　况
1	传感器安装处混凝土开裂或出现严重塑性变形,使力曲线最终未归零
2	严重锤击偏心,两侧力信号幅值相差超过1倍
3	触变效应的影响,预制桩在多次锤击下承载力下降
4	四通道测试数据不全

(3)需采用静载法进一步验证的情况,见表1-10-13。

采用静载法验证的情况　　表1-10-13

项　目	情　况
1	桩身存在缺陷,无法判定桩的竖向承载力
2	桩身缺陷对水平承载力有影响
3	单击贯入度大,桩底同向反射强烈且反射峰较宽,侧阻力波、端阻力波反射弱,即波形表现出竖向承载性状明显与勘察报告中的地质条件不符合
4	嵌岩桩桩底同向反射强烈,且在时间$2L/c$后无明显端阻力反射;也可采用钻芯法核验

(4)采用实测曲线拟合法推算被检桩的极限承载力应符合下列规定:

①采用的桩和土的力学模型应能分别反映被检桩和地基土的物理力学性状;在各计算单元中,所用土的弹性极限位移不应超过相应桩单元的最大计算位移。

②曲线拟合时间段长度在t_1+2L/c后的延续时间不应小于20ms或$3L/c$中的较大值。

③分析所用的模型参数应在岩土工程的合理范围内,可根据工程地质和施工工艺条件进行桩身阻抗变化或裂隙拟合。

④拟合曲线应与实测曲线基本吻合,贯入度的计算值应与实测值基本一致,且整体曲线的拟合质量系数宜控制在合适的范围之内。

采用实测曲线拟合法对单桩承载力的统计和单桩竖向抗压承载力特征值的确定应符合下列规定:

a. 参加统计的试桩结果,当满足其级差不超过30%时,取其平均值为单桩承载力统计值。

b.当极差超过30%时,应分析极差过大的原因,结合工程具体情况综合确定,必要时可增加试桩数量。

c.单位工程同一条件下的单桩竖向抗压承载力特征值 R_a 应按本方法得到的单桩承载力统计值的一半取值。

(5)凯司法判定桩承载力,应符合下列规定:

①只限于中、小直径桩。

②桩身材质、截面应基本均匀。

③阻尼系数 J_c 宜根据同条件下静载试验结果校核,或应在已取得相近条件下可靠对比资料后,采用实测曲线拟合法确定 J_c 值,拟合计算的桩数应不少于检测总桩数的30%,且不少于3根。

④在同一场地、地质条件相近和桩型及其截面积相同情况下,J_c 值的极差不宜大于平均值的30%。

(6)凯司法判定桩承载力

凯司法是以波动方程行波理论为基础的动力量测和分析方法,它是在美国俄亥俄州凯斯大学G.C.Goble教授的主持下,进行了为期12年的研究,提出了一种简单近似的确定单桩承载力和判断桩身质量的动测方法。

①凯司法的基本原理。

凯司法是通过量测桩顶力波和速度波(加速度积分),对波形进行实时分析的方法。

凯司法在推导承载力公式时,做了如表1-10-14所示数学物理假定。

基本假定 表1-10-14

项目	假定
1	桩身阻抗恒定,即截面不变、材质均匀、无显著缺陷
2	动阻力主要来自桩尖,忽略桩周动阻力
3	应力波沿桩身传播过程没有能量耗散和信号畸变

②凯司法判定单桩承载力可按下列公式计算:

$$R_c = \frac{1}{2}(1 - J_c) \cdot [F(t_1) + Z \cdot v(t_1)] + \frac{1}{2}(1 + J_c) \cdot \left[F\left(t_1 + \frac{2L}{c}\right) - Z \cdot v\left(t_1 + \frac{2L}{c}\right)\right] \tag{1-10-8}$$

$$Z = \frac{E \cdot A}{c} \tag{1-10-9}$$

式中:R_c——由凯司法判定的单桩竖向抗压承载力,kN;

J_c——凯司法阻尼系数;

t_1——速度第一峰对应的时刻,ms;

$F(t_1)$——t_1 时刻的锤击力,kN;

$v(t_1)$——t_1 时刻的质点运动速度,m/s;

Z——桩身截面力学阻抗,kN·s/m;

A——桩身截面面积,m^2;

L——测点下桩长,m;

c——桩身应力波传播速度,m/s。

注:公式(1-10-8)适用于 $t_1 + 2L/c$ 时刻桩侧和桩端土阻力均已充分发挥的摩擦型桩。

对于土阻力滞后于 t_1+2L/c 时刻明显发挥或先于 t_1+2L/c 时刻发挥并造成桩中上部强烈反弹这两种情况，宜分别采用以下两种方法对 R_c 值进行提高修正：

a. 适当将 t_1 延时，确定 R_c 的最大值。

b. 考虑卸载回弹部分土阻力对 R_c 值进行修正。

(7)桩身完整性判定方法

①采用实测曲线拟合法判定时，根据桩的成桩工艺，拟合时可采用桩身阻抗拟合或桩身裂隙(包括混凝土预制桩的接桩缝隙)拟合。

②对于等截面桩，可参照表 1-10-15 并结合经验判定；桩身完整性系数 β 和桩身缺陷位置 x 应分别按下列公式计算：

$$\beta=\frac{[F(t_1)+Z\cdot v(t_1)]-2R_x+[F(t_x)-Z\cdot v(t_x)]}{[F(t_1)+Z\cdot v(t_1)]-[F(t_x)-Z\cdot v(t_x)]} \tag{1-10-10}$$

$$x=c\cdot\frac{t_x-t_1}{2\ 000} \tag{1-10-11}$$

式中：β——桩身完整性系数；

t_x——缺陷反射峰对应的时刻，ms；

x——桩身缺陷至传感器安装点的距离，m；

R_x——缺陷以上部位土阻力的估计值，等于缺陷反射波起始点的力与速度乘以桩身截面力学阻抗之差值，取值方法见图 1-10-11。

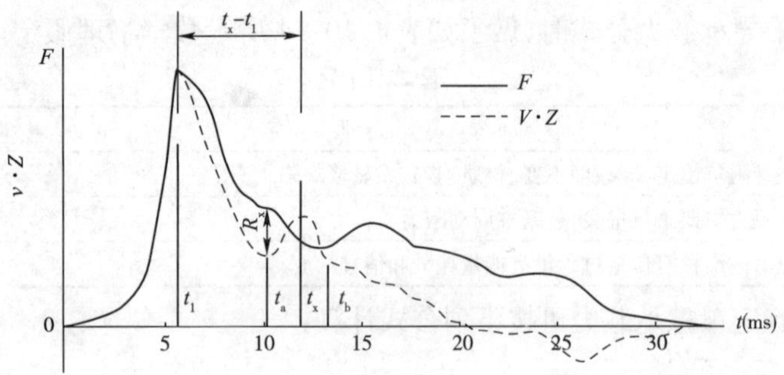

图 1-10-11　桩身完整性系数计算

桩身完整性判定　　表 1-10-15

类　别	β　值	类　别	β　值
Ⅰ	$\beta=1.0$	Ⅲ	$0.6\leq\beta<0.8$
Ⅱ	$0.8\leq\beta<1.0$	Ⅳ	$\beta<0.6$

(8)出现下列情况之一时，桩身完整性判定宜按工程地质条件和施工工艺，结合实测曲线拟合法或其他检测方法综合进行：

①桩身有扩径的桩。

②桩身截面渐变或多变的混凝土灌注桩。

③力和速度曲线在峰值附近比例失调，桩身浅部有缺陷的桩。

④锤击力波上升缓慢，力与速度曲线比例失调的桩。

(9)桩身锤击应力检测。

①桩身锤击应力监测应符合下列规定：

a. 被监测桩的桩型、材质应与工程桩相同；施打机械的锤型、落距和垫层材料及状况应与工程桩施工时相同；

b. 桩身锤击应力应包括桩身锤击拉应力和锤击压应力两部分。

②为测得桩身锤击应力最大值，监测时应符合下列规定：

a. 桩身锤击拉应力宜在预计桩端进入软土层或桩端穿过硬土层进入软夹层时测试。

b. 桩身锤击压应力宜在桩端进入硬土层或桩周土阻力较大时测试。

③最大桩身锤击拉应力可按下式计算：

$$\sigma_t = \frac{1}{2A}\left[Z \cdot v\left(t_1 + \frac{2L}{c}\right) - F\left(t_1 + \frac{2L}{c}\right) - Z \cdot v\left(t_1 + \frac{2L - 2x}{c}\right) - F\left(t_1 + \frac{2L - 2x}{c}\right)\right] \tag{1-10-12}$$

式中：σ_t——最大桩身锤击拉应力，kPa；

x——传感器安装点至计算点的距离，m；

A——桩身截面面积，m^2。

④最大桩身锤击压应力可按下式计算：

$$\sigma_P = \frac{F_{max}}{A} \tag{1-10-13}$$

式中：σ_P——最大桩身锤击压应力，kPa；

F_{max}——实测的最大锤击力，kN。

⑤锤击能量监测。

桩锤实际传递给桩的能量应按下式计算：

$$E_n = \int_0^{t_e} F \cdot V \cdot dt \tag{1-10-14}$$

式中：E_n——桩锤实际传递给桩的能量，kJ；

t_e——采样结束的时刻。

其中桩锤最大动能宜通过测定锤芯最大运动速度确定。桩锤传递比应按桩锤实际传递给桩的能量与桩锤额定能量的比值确定；桩锤效率应按实测的桩锤最大动能与桩锤的额定能量的比值确定。

(10)高应变检测报告应给出实测力与速度的实测信号曲线。

(11)检测报告包括如下内容：

①委托方名称，工程名称、地点，建设、勘察、设计、监理和施工单位，基础、结构形式，层数，设计要求，检测目的，检测依据，检测数量，检测日期；

②地质条件描述；

③受检桩的桩号、桩位和相关施工记录；

④检测方法，检测仪器设备，检测过程叙述；

⑤各桩的检测数据，实测与计算分析曲线、表格和汇总结果；

⑥与检测内容相应的检测结论；

⑦计算中实际采用的桩身波速值和 J_c 值；

⑧实测曲线拟合法所选用的各单元桩土模型参数、拟合曲线、模拟的静荷载—沉降曲线、土阻力沿桩身分布图；

⑨实测贯入度；

⑩试打桩和打桩监控所采用的桩锤型号、锤垫类型，以及监测得到的锤击数、桩侧和桩

端静阻力、桩身锤击拉应力和压应力、桩身完整性，以及能量传递比随入土深度的变化。

5. 具体实验装置

凯司法试验装置由锤击设备和量测仪器两部分组成。

(1)锤击设备

要使桩土间产生一定相对位移，作用在桩上要有较大能量，所以都要用重锤锤击桩顶。对于钻孔桩必须专门制作锤击设备，根据桩承载力大小，配备不同锤重的系列锤。摩擦桩或桩尖支承力较大的摩擦桩，锤重一般为单桩极限承载力的1%；柱桩则要用更重的锤，才有可能把桩打出一定的贯入度。图1-10-12是由电动卷扬机通过滑轮组提升锤头[图1-10-12a)]和由起重吊车起锤[图1-10-12b)]的两种锤击装置，锤提升高度都是由自动脱钩器控制，锤自由下落通过锤垫打在桩顶上。锤击锤见图1-10-13。

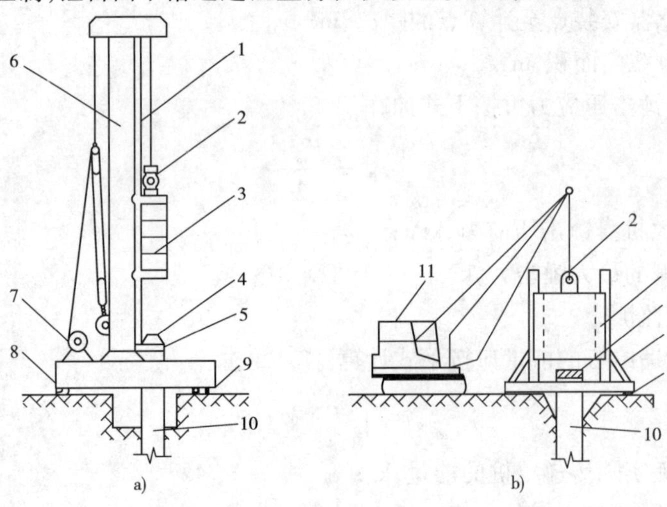

图1-10-12　锤击装置

1-导向架;2-自动脱钩;3-锤;4-砧座;5-锤垫;6-导向柱;7-电机;8-底盘;9-道木;10-桩;11-吊车

a)

b)

图1-10-13　锤击锤

a)组合锤;b)整体锤

(2)量测仪器

目前已批量生产并在工程中应用的量测仪器，国内的有中国建筑科学研究院的 FEI-C 桩基动测分析系统和 DJ-3 测桩仪，中国科学院武汉岩土力学所的 RSM 系列基桩动测仪，武汉岩海工程技术开发公司的 RS 系列基桩动测仪，长沙旭华仪表厂的 GJY-12 工程测振仪，东南大学和深圳亚科技术开发公司的 PDAS-IV 测桩仪，成都工程检测研究所 Bg-ZKK-7 智能测桩系统和冶金建筑研究总院的 YJ5 测桩仪等。国外的有美国桩基动力学公司(PDI)的 PDA(GB 型、GCP 型和 PAK 型)打桩分析仪，荷兰建筑材料和结构研究所(TNO)的 FPDS-4 基桩诊断系统，瑞典乌伯萨大学和打桩技术发展公司的 PiD 打桩分析系统等。

现在几乎所有测桩仪都采用以笔记本电脑为主体数据采集箱的测桩系统，便于工地使用。随着测桩仪计算机化，可以完成数据采集、信号显示、数据处理、计算分析和文件存储的全部功能，质量仅有几千克，携带方便。

现场试验时，在距桩顶 1.5 ~ 2.0 倍桩径的桩两侧对称安装应变式力传感器和加速度计，量测在竖向锤击力作用下测点处的力和速度(加速度积分)波形，在时域里对波形进行分析。图 1-10-14 是高应变动力试桩现场试验装置示意图，量测仪器由传感器、信号采集装置和计算机组成。

(3)传感器

量测灌注桩的承载力时，常使用工具式应变传感器，如图 1-10-15 所示。它是用铝合金环形框架作为传感元件，在框架内侧贴四片箔式电阻片，阻值各为 350Ω，当受轴向力时，两片受压，另两片受拉，全桥接法，直流桥压 1.5V 供电，输出灵敏度约 140με/V，满量程输出 54V。使用时用胀锚螺栓固定在桩侧面。

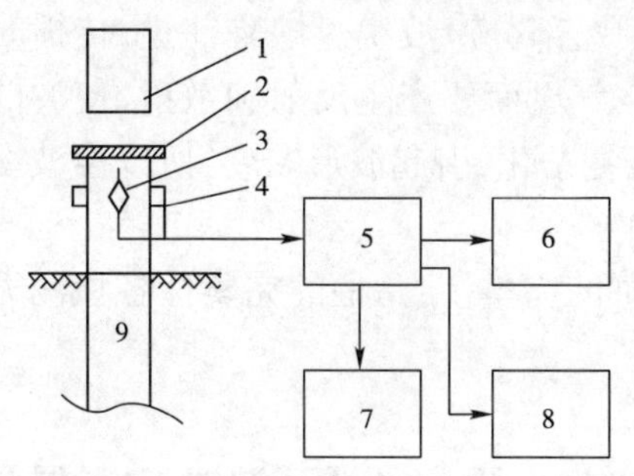

图 1-10-14 高应变动力试桩现场试验装置

1-锤；2-锤垫；3-应变式力传感器；4-加速度计；5-PDA 打桩分析仪；6-示波器；7-磁带机；8-绘图仪；9-桩

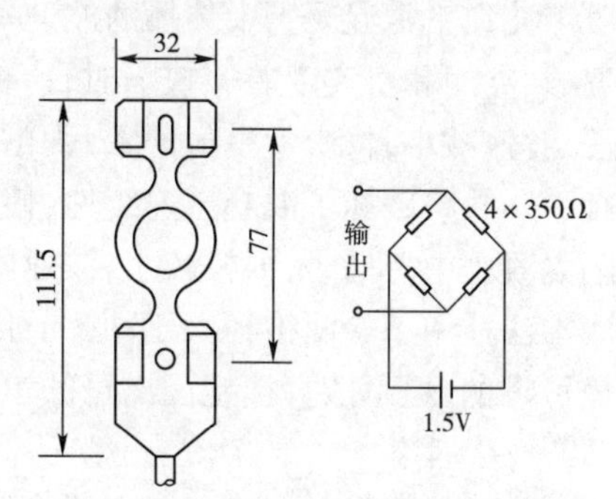

图 1-10-15 工具式应变传感器(尺寸单位：mm)

工具式应变力传感器较轻便，安装使用都很方便，还可以重复使用。但它量测的是桩身 77mm(传感器标距)段的应变值，换算成力，还要乘以桩身材料的弹性模量 E，E 又是通过波速 c 计算的，对混凝土桩波速 c 不是定数，所以用它测力不如筒式力传感器准确。

量测加速度的方法，一般都采用压电式加速度计。它具有体积小、重量轻、低频特性好和频带宽等性能。国产加速度计是电荷输出型的，它对导线接头、长短和其固定方法都要求较高，否则干扰信号较大；而 PDI 公司采用的是美国 PCB 公司内装放大式的压电加速度计，其信号经预放大和阻抗变换后以电压信号输出，这样可以减小长导线的噪声干扰和信号衰减，提高信噪比。加速度计的量程，用于混凝土桩为(1 000 ~ 2 000)g，输出灵敏度约为 5mV/g。加速度信号经一次或二次模拟或数字积分得到速度或位移信号，从理论和实践表明，加速度信号经二次积分所得动位移和实际基本吻合，但残余变形和实测值出入较大，用这办法量测的打桩贯入度只能作参考。

(4)信号采集装置

国内测桩仪的信号采集装置都是单成一体，用总线和电脑连接。PLD 公司 GB 型的是把数据采集和微机合为一体的专用机，它由模拟和数字系统两部分组成。模拟系统包括信号预处理，如信号放大、滤波、基线修正、信号积分和取平均等功能，并有模拟信号输出口，能在 FM 磁带机上进行记录。数字系统包括模数(A/D)和数模(D/A)转换器，转换精度 12 位，采样频率 10kHz，存储容量 64k，微处理机为 16 位的 Motorola 68000，最高速度可对 120 锤/min 的数据进行计算处理，打印结果。输出系统包括示波器、绘图仪、微型打印机，通过 RS-232 接口可与计算机、数字记录仪连机，当信号经调制解调器后，可用电话线解决远距离传送。

笔记本电脑的应用，使得许多原来靠硬件实现的功能可以用软件完成；计算程序的修改更加灵活，还自带信号液晶板显示和数据存储功能，使仪器体积大大缩小和轻便化。但是对操作人员有更高要求，要熟练计算机的使用，同时往往也受计算机病毒的困扰。

(四)超声波透射法检测

超声波透射法是根据超声波透射原理，在桩身混凝土内发射并接收超声波，通过实测超声波在混凝土介质中传播的历时、波幅和频率等参数的相对变化来判定桩身完整性的检测方法。

1. 基本原理

声波在正常混凝土中传播的波速一般为 3 000 ~ 4 200m/s，当传播路径上遇到混凝土有裂缝、夹泥和密实度差等缺陷时，声波将发生衰减，部分声波绕过缺陷前进，传播时间延长，波速减小，将产生漫射现象；而遇有空洞的空气界面要产生反射和散射，使波的振幅减小。缺陷破坏了混凝土连续性，使波传播路径复杂化，引起波形畸变，所以声波在有缺陷混凝土中传播时，振幅减小，波速降低，波形畸变。

本法适用于检测桩径大于 0.8m 混凝土灌注桩的完整性，是桩的完整性各检测方法中最可靠的，但不能直接检测出桩的承载力。

2. 仪器设备

超声波检测仪包括发射和接收探头、声波脉冲发生器、放大整形装置、显示器和计算机。

发射和接收探头外形为圆柱状，外径 30mm，长度 200mm，为径向水平面无指向性的，工作频率 20 ~ 50kHz，发射电压宜选 0.5 ~ 1.0kV，同时探头是增压形的，在 1MPa 水压下不漏水。

接收放大器频率宜在 5 ~ 200kHz，放大增益大于 100dB，并有 60 ~ 80dB 的衰减器，衰减器误差小于 1dB，挡间误差小于 1%。

显示器可同时显示接收波形及声波传播时间，显示声时范畴大于 2 000μs，计时精度优于 0.5μs，计时误差不大于 2%。

有的超声波检测仪还带有 RS232 接口，可以把信号输入计算机进行频谱分析或进一步计算处理。超声波检测装置如图 1-10-16 所示。

3. 现场检测

(1)声测管的埋设及要求

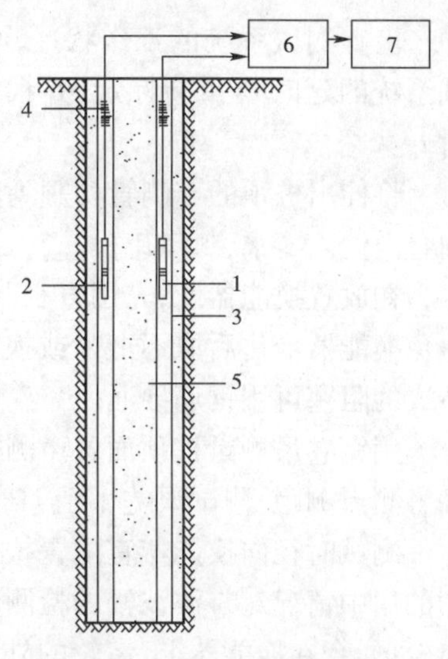

图 1-10-16 超声波检测装置

1-发射探头;2-接收探头;3-测管;4-水耦合剂;5-桩身混凝土;6-检测仪;7-记录仪

声测管是声波透射法测桩时,径向换能器的通道,其埋设数量决定了检测剖面的个数,同时也决定了检测精度:声测管埋设数量多,则两两组合形成的检测剖面越多,声波对桩身混凝土的有效检测范围更大、更细致,但需消耗更多的人力、物力,增加成本;减小声测管数量虽然可以缩减成本,但同时也减小了声波对桩身混凝土的有效检测范围,降低了检测精度和可靠性。

当桩径小于 150cm 时,应埋设 3 根管;当桩径大于 150cm 时,应埋设 4 根管。声测管之间应保持平行,否则对测试结果造成很大影响,甚至导致检测方法失效。

目前常用的声测管有钢管、钢质波纹管、塑料管三种。

钢管的优点是便于安装,可用电焊焊在钢筋笼骨架上,可代替部分钢筋截面,而且由于钢管刚度较大,埋置后可基本上保持其平行度和平直度,目前许多大直径灌注桩均采用钢管作为声测管,但钢管的价格较贵。

声测管的壁厚对透声率的影响较小,一般不作限制,但从节约成本的角度出发,管壁在保证一定刚度(承受新浇混凝土的侧压力)的前提下,尽可能薄一点。

声测管的连接通常有两种方式:螺纹连接和套筒连接,如图 1-10-17 所示。

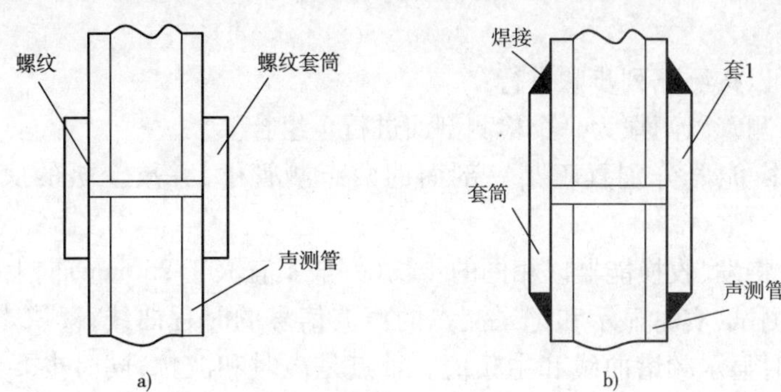

图 1-10-17 声测管的连接

a)螺纹连接;b)套筒连接

声测管一般用焊接或绑扎的方式固定在钢筋笼内侧,在成孔后,灌注混凝土之前随钢筋笼一起放置于桩孔中,声测管应一直埋到桩底,声测管底部应密封,如果受检桩不是通长配筋,则在无钢筋笼处的声测管间应设加强箍,以保证声测管的平行度。安装完毕后,声测管的上端应用螺纹盖或木塞封口,以免落入异物,阻塞管道。

声测管的连接和埋设质量是保证现场检测工作顺利进行的关键,也是决定检测数据的可靠性以及试验成败的关键环节,应引起高度重视。

(2)测试前准备工作

测试前应调查、收集待检工程及受检桩的相关技术资料和施工记录。比如桩的类型、尺寸、高程、施工工艺、地质状况、设计参数、桩身混凝土参数、施工过程及异常情况记录等信息。

检查测试系统的工作状况，必要时（更换换能器、电缆线等）应按“时－距”法对测试系统的延时 t_0 重新标定，并根据声测管的尺寸和材质计算耦合声时 t_w，声测管壁声时 t_p。

将伸出桩顶的声测管切割到同一高程，测量管口高程，作为计算各测点高程的基准。向管内注入清水，封口待检。

在放置换能器前，先用直径与换能器略同的圆钢作吊绳。检查声测管的通畅情况，以免换能器卡住后取不上来或换能器电缆被拉断，造成损失。有时，对局部漏浆或焊渣造成的阻塞可用钢筋导通。

用钢卷尺测量桩顶面各声测管之间外壁净距离，作为相应的两声测管组成的检测剖面各测点测距，测试误差小于1%。

测试时径向换能器宜配置扶正器，尤其是声测管内径明显大于换能器直径时，换能器的居中情况对首波波幅的检测值有明显影响。扶正器就是用1～2mm厚的橡皮剪成一齿轮形，套在换能器上，齿轮的外径略小于声测管内径。扶正器既保证换能器在管中能居中，又保护换能器在上下提升中不致与管壁碰撞，损坏换能器。软的橡皮齿又不会阻碍换能器通过管中某些狭窄部位。

（3）现场检测

现场的检测过程一般分两个步骤进行，首先是采用平测法对全桩各个检测剖面进行普查，找出声学参数异常的测点。然后，对声学参数异常的测点采用加密测试、斜测或扇形扫测等细测方法进一步检测，这样一方面可以验证普查结果，另一方面可以进一步确定异常部位的范围，为桩身完整性类别的判定提供可靠依据。

①平测普查

平测普查可以按照下列步骤进行：

a. 将多根声测管以两根为一个检测剖面进行全组合。

b. 将发、收换能器分别置于某一剖面的两声测管中，并放至桩的底部，保持相同高程。

c. 自下而上将发、收换能器以相同的步长（一般不宜大于250mm）向上提升。每提升一次，进行一次测试，实时显示和记录测点的声波信号的时程曲线，读取声时、首波幅值和周期值，宜同时显示频谱曲线和主频值。重点是声时和波幅，同时也要注意实测波形的变化。

在同一桩的各检测剖面的检测过程中，声波发射电压和仪器设置参数应保持不变。

②对可疑测点的细测（加密平测、斜测、扇形扫测）

通过对平测普查的数据分析，可以根据声时、波幅和主频等声学参数相对变化及实测波形的形态，找出可疑测点。

对可疑测点，先进行加密平测（换能器提升步长为10～20cm），核实可疑点的异常情况，并确定异常部位的纵向范围，再用斜测法对异常点缺陷的严重情况进行进一步的探测。

斜测就是让发、收换能器保持一定的高程差，在声测管内以相同步长同步升降进行测试，而不是像平测那样让发、收换能器在检测过程中始终保持相同的高程，如图1-10-18a）所示。斜测又分为单向斜测和交叉斜测。由于径向换能器在铅垂面上存在指向性，因此，斜测时，发、收换能器中心连线与水平面的夹角不能太大，一般可取30°～40°。

局部缺陷：如图 1-10-19a)所示，在平测中发现某测线测值异常(图中用实线表示)，进行斜测，在多条斜测线中，如果仅有一条测线(实线)测值异常，其余皆正常，则可以判断这只是一个局部的缺陷，位置就在两条实线的交点处。

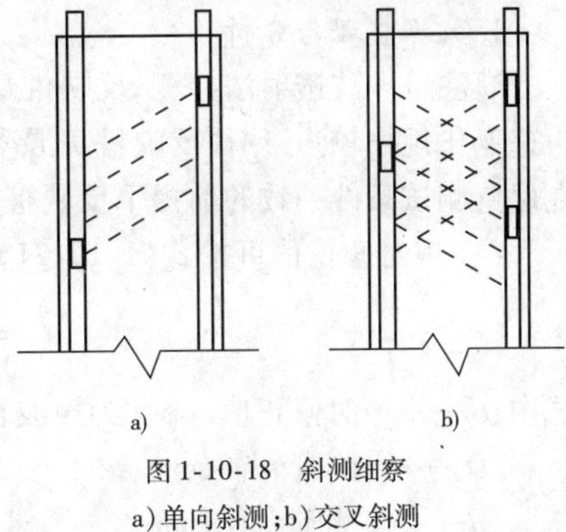

图 1-10-18　斜测细察

a)单向斜测；b)交叉斜测

缩径或声测管附着泥团：如图 1-10-19b)所示，在平测中发现某(些)测线测值异常(实线)，进行斜测。如果斜测线中通过异常平测点发收处的测线测值异常，而穿过两声测管连线中间部位的测线测值正常，则可判断桩中心部位是正常混凝土，缺陷应出现在桩的边缘，声测管附近，有可能是缩径或声测管附着泥团。当某根声测管陷入包围时，由它构成的两个测试面在该高程处都会出现异常测值。

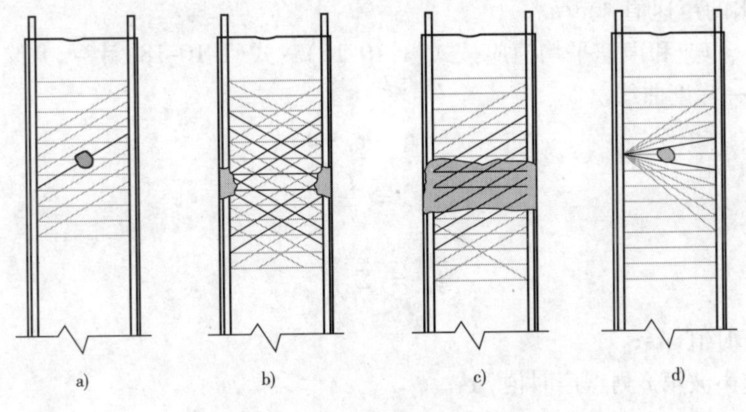

图 1-10-19　灌注桩的交叉斜测和扇形扫测

a)局部缺陷；b)缩径或声测管附着泥团；c)层状缺陷(断桩)；d)扇形扫测

层状缺陷(断桩)：如图 1-10-19c)所示，在平测中发现某(些)测线值异常(实线)，进行斜测。如果斜测线中除通过异常平测点发收处的测线测值异常外，所有穿过两声测管连线中间部位的测线测值均异常，则可判定该声测管间缺陷连成一片。如果三个测试面均在此高程处出现这样情况，若不是在桩的底部，测值又低下严重，则可判定是整个断面的缺陷，如夹泥层或疏松层，即断桩。

斜测有两面斜测和一面斜测。最好进行两面斜测，以便相互印证，特别是像图 1-10-19b)那种缩径或包裹声测管的缺陷，两面斜测可以避免误判。

扇形扫查测量：在桩顶或桩底斜测范围受限制时，或者为减少换能器升降次数，作为一种辅助手段，也可扇形扫查测量，如图 1-10-19d)所示。一只换能器固定在某高程不动，另一只换能器逐点移动，测线呈扇形分布。要注意的是，扇形测量中各测点测距是各不相同的，虽然波速可以换算，相互比较，但振幅测值却没有相互可比性(波幅除与测距有关，还与方位角有关，且不是线性变化)，只能根据相邻测点测值的突变来发现测线是否遇到缺陷。测试中还要注意声测管接头的影响。当换能器正好位于接头处，有时接头会使声学参数测值明显降低，特别是振幅测值。其原因是接头处存在空气夹层，强烈反射声波能量。遇到这种情况，判断的方法是：将换能器移开 10cm，测值立刻正常，反差极大，往往属于这种情况。另外，通过斜测也可作出判断。

4. 数据整理与分析

灌注桩声波透射法检测，反映桩身质量的声学参数是声时、声速、波幅和主频。其中声速变化规律较强，往往反映桩身混凝土的均匀性；波幅变化反映桩身质量较灵敏；主频在保持测试条件一致的前提下反映桩身质量也有较好规律性。

(1)声时修正值可按式(1-10-21)计算：

$$t' = \frac{D - d}{v_t} + \frac{d - d'}{v_w} \tag{1-10-15}$$

式中：t'——声时修正值，μs，t 为声波在混凝土中的传播时间，简称声时；

D——声测管外径，mm；

d——声测管内径，mm；

d'——换能器外径，mm；

v_t——声测管壁厚度方向声速值，km/s；

v_w——水的声速值，km/s。

(2)声时、声速和声速平均值应按式(1-10-16)～式(1-10-18)计算，并绘制声速—深度曲线、波幅—深度曲线。

$$t = t_i - t_0 - t' \tag{1-10-16}$$

$$v_i = \frac{l}{t} \tag{1-10-17}$$

$$v_m = \sum_{i=1}^{n} \frac{v_i}{n} \tag{1-10-18}$$

式中：t——声时值，μs；

t_i——超声波第 i 测点声时值，μs；

t_0——声波检测系统延迟时间，μs；

t'——声时修正值，μs；

v_i——第 i 个测点声速值，km/s；

l——两根检测管外壁间的距离，mm；

v_m——混凝土声速平均值，km/s；

n——测点数。

(3)单孔折射法的声时、声速值应按式(1-10-19)、式(1-10-20)计算：

$$\Delta t = t_2 - t_1 \tag{1-10-19}$$

$$v_i = \frac{h}{\Delta t} \tag{1-10-20}$$

式中：Δt——两个接收换能器间的声时差，μs；

t_1——近道接收换能器声时，μs；

t_2——远道接收换能器声时，μs；

v_i——第 i 测点的声速值，km/s；

h——两个接收换能器间的距离，mm。

(4)桩身混凝土缺陷应根据下列方法综合判定：

①声速判据

当实测混凝土声速值低于声速临界值时应将其作为可疑缺陷区。

$$v_i < v_D \tag{1-10-21}$$

式中：v_i——第 i 个测点声速值，km/s；

v_D——声速临界值，km/s。

声速临界值采用正常混凝土声速平均值与 2 倍声速标准差之差，即

$$v_D = \bar{v} - 2\sigma_v \tag{1-10-22}$$

$$\bar{v} = \sum_{i=1}^{n} \frac{v_i}{n} \tag{1-10-23}$$

$$\sigma_v = \sqrt{\sum_{i=1}^{n} \frac{(v_i - \bar{v})^2}{n-1}} \tag{1-10-24}$$

式中：$\bar{v}$——正常混凝土声速平均值，km/s；

σ_v——正常混凝土声速标准差；

v_i——第 i 个测点声速值，km/s；

n——测点数。

当检测剖面 n 个测点的声速值普遍偏低且离散性很小时，宜采用声速低限值判据。即实测混凝土声速值低于声速低限值时，可直接判定为异常。

$$v_i < v_L \tag{1-10-25}$$

式中：v_i——第 i 个测点声速值，km/s；

v_L——声速低限值，km/s。

声速低限值应由预留同条件混凝土试件的抗压强度与声速对比试验结果，结合本地区实际经验确定。

②波幅判据

用波幅平均值减 6dB 作为波幅临界值，当实测波幅低于波幅临界值时，应将其作为可疑缺陷区。

$$A_D = A_m - 6 \tag{1-10-26}$$

$$A_m = \sum_{i=1}^{n} \frac{A_i}{n} \tag{1-10-27}$$

式中：A_D——波幅临界值，dB；

A_m——波幅平均值，dB；

A_i——第 i 个测点相对波幅值，dB；

n——测点数。

③*PSD* 判据

采用斜率法作为辅助异常判据，当 *PSD* 值在某测点附近变化明显时，应将其作为可疑缺陷区。

$$PSD = \frac{(t_i - t_{i-1})^2}{z_i - z_{i-1}} \tag{1-10-28}$$

式中：t_i——第 i 个测点声时值，μs；

t_{i-1}——第 $i-1$ 个测点声时值，μs；

z_i——第 i 个测点深度，m；

z_{i-1}——第 $i-1$ 个测点深度，m。

(5)桩身完整性类别判定:

Ⅰ类桩:各声测剖面每个测点的声速、波幅均大于临界值,波形正常。

Ⅱ类桩:某一声测剖面个别测点的声速、波幅略小于临界值,但波形基本正常。

Ⅲ类桩:某一声测剖面连续多个测点或某一深度桩截面处的声速、波幅值小于临界值,PSD 值变大,波形畸变。

Ⅳ类桩:某一声测剖面连续多个测点或某一深度桩截面处的声速、波幅值明显小于临界值,*PSD* 值突变,波形严重畸变。

本章参考文献

[1] 徐维钧. 桩基施工手册[M]. 北京:人民交通出版社,2007.

[2] 戴永宁,等. 南京长江第三大桥主桥技术总结[M]. 北京:人民交通出版社,2005.

[3] 交通部第一公路工程总公司. 公路施工手册　桥涵[M]. 北京:人民交通出版社,2004.

[4] 任必年,张学锋,陈建阳. 湖北省军山长江公路大桥技术总结[M]. 北京:人民交通出版社,2004.

[5] 徐伟,吕凤梧. 深水区域特大型施工平台与钢吊箱结构分析方法[M]. 北京:中国建筑工业出版社,2009.

[6] 欧阳效勇,任回兴,徐伟. 桥梁深水桩基础施工关键技术——苏通大桥南塔基础工程施工实践[M]. 北京:人民交通出版社,2006.

[7]《桩基工程手册》编写委员会. 桩基工程手册[M]. 北京:中国建筑工业出版社,1995.

[8] 刘金砺,等. 桩基工程技术[M]. 北京:中国建筑工业出版社,1996.

[9] 中华人民共和国行业标准. JGJ 106—2003　建筑基桩检测技术规范[S]. 北京:中国建筑工业出版社,2003.

[10] 中华人民共和国行业标准. JTG F80/1—2004　公路工程质量检验评定标准[S]. 北京:人民交通出版社,2004.

[11] 中华人民共和国行业标准. JTG/T F50—2011　公路桥涵施工技术规范[S]. 北京:人民交通出版社,2011.

[12] 中华人民共和国行业标准. JGJ 94—2008　建筑桩基技术规范[S]. 北京:中国建筑工业出版社,2008.

第二章 人工挖孔灌注桩

第一节 概 述

一、概况

挖孔灌注桩基础系用人力和适当的凿除设备，必要时配以适当的爆破。配合简单机具设备下井挖掘成孔，灌注混凝土成桩，适用于无地下水或地下水量很少的密实土层或岩石地层。

二、优缺点

1. 优点

(1)成孔机具简单，作业时振动少，噪声少。当施工场地狭窄，邻近建筑物密集、大型设备不便调入或桩数较少时尤为适用。

(2)施工工期短，可按施工进度要求分组同时作业，若干根桩孔齐头并进。

(3)便于清底，孔底虚土能清除干净；施工质量可靠。

(4)便于检查孔壁和孔底，同时可以核实桩孔地层土质情况，保证质量。

(5)桩径和桩深可随承载力的情况而变化。

(6)桩端可以人工扩大，以获得较大的承载力，满足一柱一桩的要求。

(7)不动用大型钻机设备，以人工费用为主，可节约设备成本。故人工挖(扩)孔桩造价低。

(8)灌注桩身各段混凝土时，井孔或桩身混凝土采用振捣棒捣实，混凝土灌注质量较好。

2. 缺点

(1)桩孔内空间狭小，劳动条件差，施工文明程度低。

(2)人员在孔内上下作业，稍一疏忽，容易发生人身伤亡事故。

(3)人工挖孔受许多条件限制，对安全要求高，不宜使用在地质条件过于复杂，桩孔过深、桩径过小等条件下，禁止用在存在安全隐患的地区。

三、适用条件

(1)在无地下水或有少量地下水,且较密实的土层或风化岩层中,或无法采用机械成孔或机械成孔非常困难且水文、地质条件允许的地区,可采用人工挖孔施工;岩溶地区和采空区不宜采用人工挖孔施工;山区等地质条件下多使用。孔内空气污染物超过现行国家标准《环境空气质量标准》(GB 3095)规定的三级标准浓度限值,且无通风措施时,不得采用人工挖孔施工。

(2)挖孔桩直径不应小于 1 200mm,挖孔的深度不宜大于 15m,孔深大于 10m 时必须强制采取机械通风措施。

(3)桩孔直径应符合设计规定。挖孔过程中,应经常检查桩孔尺寸、平面位置和竖轴线倾斜情况,如有偏差应随时纠正。

第二节　施工准备

人工挖(扩)孔灌注桩施工准备主要有以下几点:

施工前应根据地质和水文条件,按照安全施工,提高挖掘速度和因地制宜的原则,选择合适的孔壁支护类型。一般采用的支撑材料,应考虑用后拆除,否则不得用于护壁支撑。

另外,平整场地,清除坡面危石浮土;坡面有裂缝或坍塌迹象者应加设必要的保护,铲除松软的土层并夯实。施测墩台十字线,定出桩孔准确位置;设置护桩并经常检查校核;孔口四周挖排水沟,做好排水系统;及时排除地表水,搭好孔口雨棚;安装提升设备;布置好出渣道路;合理堆放材料和机具,使其不增加孔壁压力,不影响施工。

井口周围须用木料、型钢或混凝土制成框架或围圈予以围护,其高度应高出地面 20 ~ 30cm,防止土、石、杂物滚入孔内伤人。若井口地层松软,为防止孔口坍塌,须在孔口用混凝土护壁,高约 2m。若井口地层有较大的渗水量时,应用井点法降低地下水位。

人工挖(扩)孔灌注桩施工用的机具设备比较简单,主要有:

(1)电动葫芦等提升设备,用于材料和弃土的垂直运输以及供施工人员上下。

(2)扶壁钢模板(国内常用)或波纹模板。

(3)潜水泵,用于抽出桩孔中的积水。

(4)鼓风机和送风管,用于向桩孔中强制送入新鲜空气。

(5)镐、锹、土筐等挖土工具,若遇到硬土或岩石还需准备风镐。

(6)插捣工具,以插捣护壁混凝土。

(7)混凝土泵送设备,泵送导管,泵车。

(8)应急软爬梯。

第三节　挖孔施工

一、挖掘方法

条件具备时,可采取连续作业,出料可采用电动葫芦或支架提升,或用相配套的慢速卷扬机提升。

二、挖掘施工工艺流程

挖掘程序按照土层性质及桩孔布置而定。土层紧密、地下水渗透量不大,一个墩台基础的所有桩孔可同时开挖,便于缩短工期,但渗水量大的一孔应超前开挖、集中抽水,以降低其他孔水位。土层松软、地下水位较大者,宜对角开挖,避免孔间间隔层太薄造成坍塌。若为梅花式布置,则先挖中心孔,待混凝土灌注后再对角开挖其他孔。

挖掘有承台的桩孔有两种顺序:第一,先挖桩孔,后挖承台座板基坑;第二,先挖承台座板基坑,后挖桩孔。一般多用前者,优点是便于排除地表水,场地宽敞,立架、支撑、提升、灌注等操作方便,特别是陡坡地形,若先挖承台底板基坑,刷方边坡高时,易造成挖孔事故。

采用现浇混凝土分段护壁的人工挖孔桩的施工工艺流程如下:

1. 放线定位

测量人员按设计图纸进行放线、定桩位。

2. 开挖土方

采取分段开挖,每段高度决定于土壁保持直立状态的能力,一般以 0.8 ~ 1.0m 为一施工段。

挖土由人工从上到下逐段用镐、锹进行,遇坚硬土层用锤、钎破碎。同一段内挖土次序为先中间后周边。扩底部分采取先挖桩身圆柱体,再按扩底尺寸从上到下削土修成扩底形。

弃土装入活底吊桶或罗筐内。垂直运输则在孔口安支架、工字轨道、电葫芦或搭三角架,用 10 ~ 20kN 慢速卷扬机提升。桩孔较浅时,亦可用木吊架或木辘轳借粗麻绳提升。吊至地面上后用机动翻斗车或手推车运出。

在地下水以下施工应及时用吊桶将泥水吊出。如遇大量渗水,则在孔底一侧挖集水坑,用高扬程潜水泵排在桩孔外。

3. 测量控制

桩位轴线采取在地面设十字控制网、基准点。安装提升设备时,使吊桶的钢丝绳中心与桩孔中心线一致,以作挖土时粗略控制中心线用。

4. 支设护壁模板

模板高度取决于开挖土方施工段的高度,一般为 1m,由 4 块或 8 块活动钢模板组合而成。

护壁支模中心线控制,系将桩控制轴线、高程引到第一节混凝土护壁上,每节以十字线对中,吊大线锤控制中心点位置,用尺杆找圆周,然后由基准点测量孔深。

5. 设置操作平台

在模板顶放置操作平台,平台可用角钢和钢板制成半圆形,两个合起来即为一个整圆,用来临时放置混凝土拌和料和灌注护壁混凝土用。

6. 灌注护壁混凝土

护壁混凝土要注意捣实,因它起着护壁与防水双重作用,上下护壁间搭接 50 ~ 75mm。护壁分为外齿式和内齿式两种,如图 2-3-1 所示。外齿式的优点:作为施工用的衬体,抗塌孔的作用更好;便于人工用钢钎等捣实混凝土;增大桩侧摩阻力。

护壁通常为素混凝土，但当桩径、桩长较大，或土质较差、有渗水时，应在护壁中配筋，上下护壁的主筋应搭接。

分段现浇混凝土护壁厚度，一般由地下最深段护壁所承受的土压力及地下水的侧压力（图2-3-2）确定，地面上施工堆载产生侧压力的影响可不计。护壁厚度可按式（2-3-1）计算：

$$t \geqslant \frac{k \cdot N}{R_a} \tag{2-3-1}$$

式中：t——护壁厚度；

N——作用在护壁截面上的压力，

$$N = p \times \frac{d}{2} \tag{2-3-2}$$

p——土及地下水对护壁的最大压力，N/cm^2；

d——挖孔桩桩身直径，cm；

R_a——混凝土的轴心抗压设计强度，N/cm^2；

k——安全系数，取1.65。

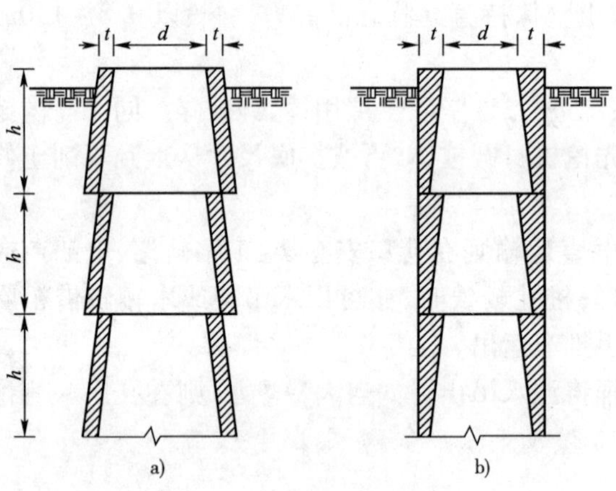

图2-3-1　混凝土护壁形式

a）外齿式；b）内齿式

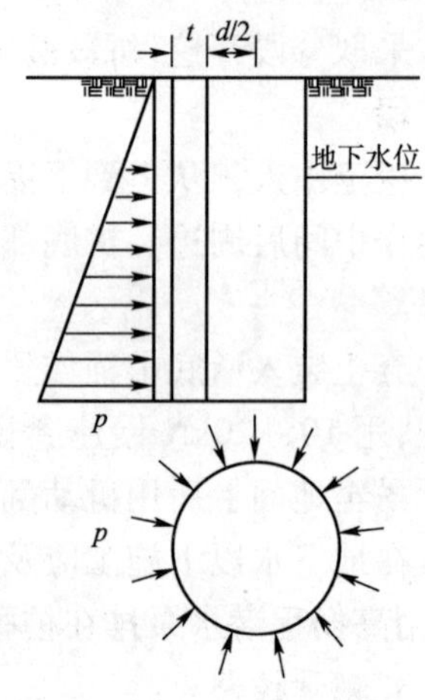

图2-3-2　护壁受力简图

护壁混凝土强度采用C25或C30，厚度一般取10～15cm；加配的钢筋可采用直径6～9mm的光圆钢筋。

第一节混凝土扶壁宜高出地面20cm，便于挡水和定位。

7. 拆除模板继续下一段施工

当护壁混凝土达到一定强度（按承受土的侧向压力计算）后便可拆除模板，一般在常温情况下约24h可以拆除模板，再开挖下一段土方，然后继续支模灌注护壁混凝土，如此循环，直到桩孔达到设计要求的深度。

8. 钢筋笼沉放

钢筋笼就位，对质量1 000kg以内的小型钢筋笼，可用带有小卷扬机和活动木搭的小型吊运机具或汽车吊吊放入孔内就位。对直径、长度、质量大的钢筋笼，可用履带吊或大型汽车吊进行吊放。对不具备大型设备作业条件的桩孔，宜采用人工现场或在桩孔位上进行成笼并下放安装的方法。

9. 排除孔内积水，灌注桩身混凝土

在灌注混凝土前，应先放置钢筋笼，并再次测量孔内虚土厚度，超过要求应进行清理。混凝土坍落度为 8 ~ 10cm。

混凝土灌注可用吊车吊混凝土吊斗，或用翻斗车，或用手推车运输向桩孔内灌注。混凝土下料用串桶，深桩孔用混凝土导管。混凝土要垂直灌入桩孔内，避免混凝土斜向冲击孔壁，造成塌孔（对无混凝土护壁桩孔的情况）。

混凝土应连续分层灌注，每层灌注高度不得超过 1.5m。对于直径较小的挖孔桩，距地面 8m 下利用混凝土的大坍落度（掺粉煤灰或减水剂）和下冲力使之密实；8m 以内的混凝土应分层振捣密实，对于直径较大的挖孔桩应分层捣实，第一次灌注到扩底部位的顶面，随即振捣密实；再分层灌注桩身，分层捣实，直至桩顶。当混凝土灌注量大时，可用混凝土泵车和布料杆。在初凝前抹压平整，以避免出现塑性收缩裂缝或环向收缩裂缝。表面浮浆层应凿除，使之与上部承台或底板连接良好。

三、挖掘的一般工艺要求

（1）开挖前，应从桩中心位置向桩四周引出四个桩心控制点，用牢固的木桩标定。当一节桩孔挖好安装护壁模板时，必须用桩心点来校正模板位置，并应设专人严格校核中心位置及护壁厚度。

（2）修筑孔圈护壁应遵守下列规定：

①护壁厚度，配筋，混凝土强度等级应符合设计要求。

②桩孔开挖后应尽快灌注护壁混凝土，且必须一次性灌注完毕。

③上下护壁间的搭接长度不得少于 50mm。

④灌注护壁混凝土时，可用敲击模板或用插入棒等反复插捣。

⑤不得在桩孔水淹没模板的情况下灌注护壁混凝土。

⑥护壁混凝土拌和料中宜掺入早强剂。

⑦护壁模板的拆除，应根据气温等情况而定，一般可在 24h 后进行。

⑧发现护壁有蜂窝，漏水现象应及时加以堵塞或导流，防止孔外水通过护壁流入桩孔内。

⑨同一水平面上的孔圈正交直径的级差不宜大于 50mm。

（3）挖掘时，不必将孔壁修成光面，要使孔壁稍有凸凹不平，以增加桩的摩阻力。对摩擦桩更应如此。

（4）在挖孔过程中，须经常检查桩孔尺寸和平面位置：群桩桩位误差不得大于 100mm，排架桩桩位误差不得大于 50mm；直桩倾度不超过 1%，斜桩倾度不超过 ±2.5%；孔径、孔深必须符合设计要求。

（5）挖孔时如有水渗入，应及时支护孔壁，防止水在孔壁浸泡流淌造成坍孔。渗水应设法排除（如用井点法降水或集水泵排）。

（6）遇到流动性淤泥或流沙时，可按下列方法进行处理：

①减少每节护壁的高度（可取 0.3 ~ 0.5m），或采用钢护筒，预制混凝土沉井等作为护壁。待穿过松软层或流沙层后，再按一般方法边挖掘边灌注混凝土护壁，继续开挖桩孔。

②当采用方法①后仍无法施工时，应迅速用砂回填桩孔到能控制坍孔为止，并会同有关单位共同处理。

③开挖流沙严重的桩孔时，应先将附近无流沙的桩孔挖深，使其起集水井作用。集水井应选在地下水流的上方。

(7)扩底时，为防止扩底部塌方，可采取间隔挖土扩底措施，留一部分上方作为支撑，待灌注混凝土前挖除。

(8)挖孔达到设计深度后，应进行孔底处理，详见本章“第六节　成孔检查”。

(9)在多年冻土地区施工，当季节融化层处于冻结状态，不受土层和水文地质的影响时，可采用孔底热融法，以提高挖孔效率。在季节融化层融化的夏季，一般不宜采用挖孔桩。

四、孔内爆破施工

为确保施工安全，提高生产效率，孔内爆破施工应注意以下事项：

(1)导火线起爆应有工人迅速离孔的设备；导火线应作燃烧速度试验，据以决定导火线所需长度；孔深超过 10m 时应采用电雷管引爆。

(2)必须打眼放炮，严禁裸露药包。对于软岩石炮眼深度不超过 0.8m，对于硬岩石炮眼深度不超过 0.5m。炮眼数目、位置和斜插方向，应按岩层断面方向来定，中间一组集中掏心，四周斜插挖边。

(3)严格控制用药量，以松动为主。一般中间炮眼装硝铵炸药 1/2 节，边眼装药 1/3 ~ 1/4 节。

(4)有水眼孔要用防水炸药，尽量避免瞎炮；如有瞎炮要按安全规程处理。

(5)炮眼附近的支撑应加固或设防护措施，以免支撑炸坏引起坍孔。

(6)孔内放炮后须迅速排烟。可采用铁桶生火放入孔底，促进空气对流；或用高压风管或电动鼓风机放入孔底吹风等措施。

当孔深大于 10m，每次放炮后立即测定孔内有毒气体浓度；无仪表测定时，可将敏感性强的小动物先吊入孔底试验，数分钟取出观察，如其活动正常，人员方可下孔施工。

(7)一个孔内进行爆破作业，其他孔内的施工人员也必须到地面安全处躲避。

五、挖掘的安全技术措施

人工挖孔施工安全应符合下列规定：

(1)施工前应制订专项安全技术方案并应对作业人员进行安全技术交底。

(2)挖孔作业前，应详细了解地质、地下水文等情况，不得盲目施工。

(3)桩孔内的作业人员必须戴安全帽、系安全带，安全绳必须系在孔口。每作业班组不得少于 3 人。

(4)桩孔内应设防水带罩灯泡照明，电压应为安全电压，电缆应为防水绝缘电缆，并应设置漏电保护器。

(5)人工挖孔作业时，应始终保持孔内空气质量符合本章适用条件中的规定。孔深大于 10m 时，必须采取机械强制通风措施。

(6)桩孔内遇岩层需爆破作业时，应进行爆破的专门设计，且宜采用浅眼松动爆破法，并应严格控制炸药用量，在炮眼附近应对孔壁加强防护或支护。孔深大于 15m 时，必须采用电雷管引爆。桩孔内爆破后应先通风排烟 15min 并经检查确认无有害气体后，施工人员方可进入孔内继续作业。爆破作业的安全管理应按现行国家标准《爆破安全规程》(GB 6722)中的有关规定执行。

(7)人工挖孔灌注桩孔桩倾斜及桩顶位移偏差大防治措施具体如下：

①应严格按图放桩位，并有复检制度。桩位丢失应正规放线补桩。轴线桩与桩位桩应用颜色区分，不得混淆，以免挖错位置。

②开始挖孔前，要用定位圈（钢筋制作的圆环有刻度十字架）放挖孔线，或在桩位外设置定位龙门桩，安装护壁模板必须用桩心点校正模板位置，并由专人负责。

③井圈中心线与设计轴线偏差不得大于20mm。

④挖孔过程中，应随时用线坠吊放中心线，特别是发现偏差过大，应立即纠偏。要求每次支护壁模板都要吊线一次（以顶部中心的十字圆环为难）。扩底时，应从孔中心点吊线放扩地中心桩C应均匀环状开挖进尺，每次以四周进尺100mm为宜，以防局部开挖过多造成塌壁。

⑤成孔完毕后，应立即检查验收，紧随下一工序，吊放钢筋笼，浇筑混凝土，避免晾孔时间过长，造成不必要的坍孔，特别是雨季或有渗水的情况下，成孔不得过夜。

(8)人工挖孔灌注桩成孔困难塌孔防治措施

①人工挖孔要有详细的地质与水文地质报告，必要时每孔都要有探孔，以便事先采取防治措施。

②遇到上层滞水、地下水，出现流沙现象时，应采取混凝土护壁的办法，例如使用短模板减小高度，一般用30～50cm高，加配筋，上下两节护壁搭接长度不得小于5cm。混凝土强度等级同桩身，并使用速凝剂，随挖随验随浇筑混凝土。

③遇到塌孔，还可采用预制水泥管、钢套管、沉管护壁的办法。

④混凝土护壁的拆模时间应在24h之后进行。塌孔严重部位也可采取不拆模永久留入孔中的措施。

⑤水量大、易塌孔的土层，除横向护壁，还要防止竖向护壁滑脱，护壁间用纵向钢筋连接，打设护壁土锚筋。必要时也可用孔口吊梁的办法。

⑥雨季施工，孔口做混凝土护圈，防止水灌孔。

⑦护壁混凝土随挖随验随浇筑，不得过夜。

⑧必要时采取降水措施。

⑨正式开挖前要做试验挖桩，以校核地质、设计、工艺是否满足要求，及时制定出可行性技术规范。

⑩人工挖孔桩应采取跳挖法，特别是有扩底的挖孔桩，应考虑扩孔直径采取相应措施，以免塌孔贯穿。

⑪扩地部位遇到承压水，可选用高压旋喷技术，进行人工固结方法再行扩挖。

⑫扩大头部位若沙层较厚，地下水或承压水丰富难于成孔，可采用高压旋喷技术进行固结，在进行挖孔。

第四节　支撑护壁

支撑形式视土质、渗水情况、工期、工地条件而定。对岩层、较坚硬密实土层，不透水，开挖后短期不会坍孔者，可不设支撑。在其余土质情况下，应设支撑护壁，以保证安全。

支撑护壁具体分为以下几种。

一、木支撑

一般分框架式和排架式两种。图2-4-1a)为对榫式框架,图2-4-1b)为燕尾式框架。

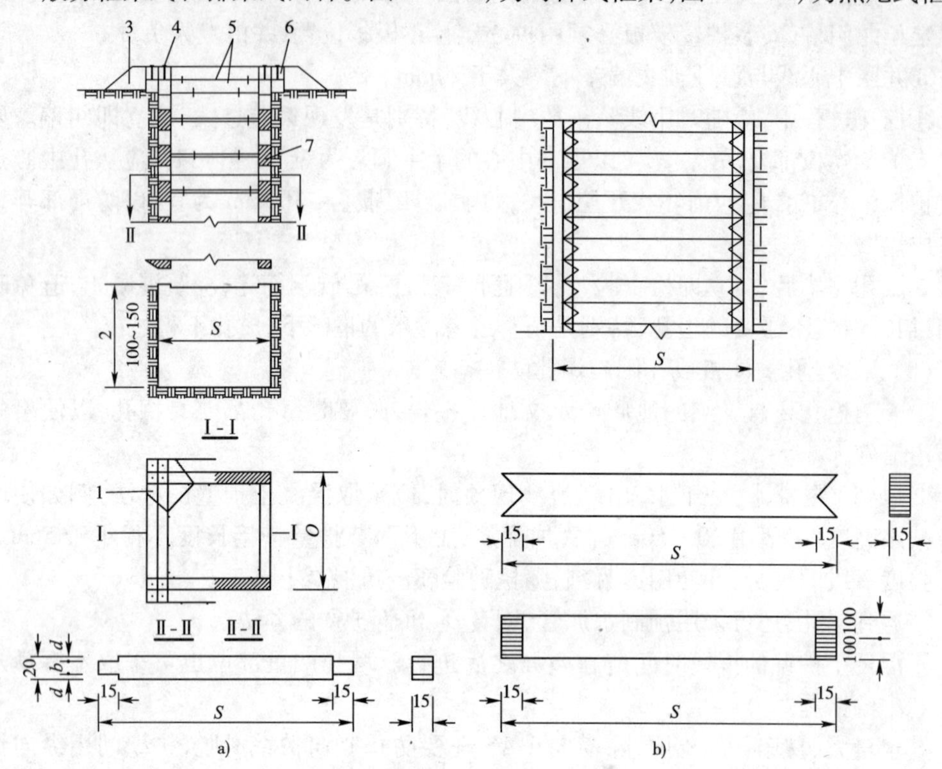

图2-4-1 木框架支撑(尺寸单位:cm)

a)对榫式;b)燕尾式

1-绳梯;2-悬空净距1.0~1.5m,视土质决定;3-换土;4-长梢钉;5-扒钉;6-孔口护木;7-支撑木

前者适用于一般土层、漂石、卵石、砾石夹土层,可不密排支撑,间距0.3~0.8m;后者适用于粉土、淤泥质软塑土层。图2-4-2为木排架支撑,适用于土压力不大、渗水量少的黏质土层。木排架一般用15cm×15cm的封闭式木框做成。排架间用立柱联系,排架间距一般为1.0~1.5m。排架与孔壁间需用木板劈柴、边材、竹篱、柳条或荆笆等铺设。若用劈柴及边材,上下层应交错排列。

无论用何种支撑,均应与孔壁密贴、顶紧。若有不密贴处,需用草帘、树枝等塞紧。木模连接处可用铁丝、铁钉进行连接,保证灌注桩的成型。遇流沙时,加草袋堵塞。

二、现浇混凝土护壁

现浇混凝土护壁是当今应用最广泛的支撑形式,有三种主要形式。

1. *等厚度护壁*

如图2-4-3所示。适用于各类土层,多用于有渗水、涌水的土层和薄层流砂、淤质土层中,在穿过块石、孤石的堆积层需要放炮时,也可使用。每挖掘1.2~1.5m深时,即立模灌注混凝土护壁,厚度10~15cm,强度等级一般用C15;专用作桩身截面的一部分时，其强度等级应与桩身相同。两节护壁之间留 20~30cm 空隙，以便灌注施工。空隙间宜用短木支承。为加速混凝土凝结，可掺入速凝剂。若土层松软，或需多次放炮开挖时，可在护壁内设置钢筋（$\phi 8$，靠内径放）。模板不需光滑平整，以利于与桩体混凝土联结。

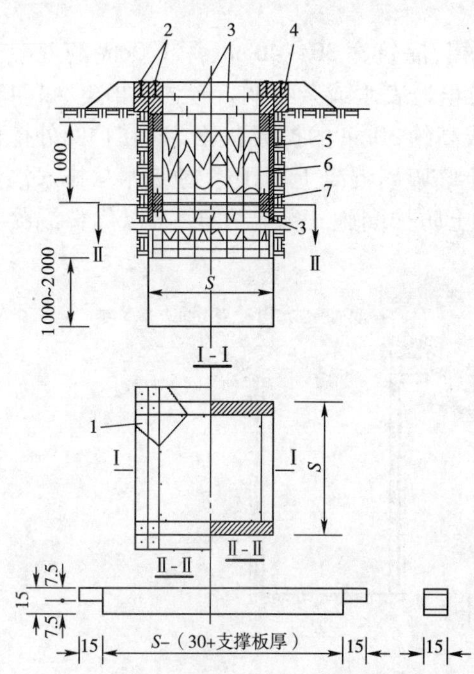

图 2-4-2　木排架支撑（尺寸单位：cm）

1-绳梯；2-长销钉；3-扒钉；4-孔口护木；5-支撑木板；6-排架间纵撑；7-密闭式排架

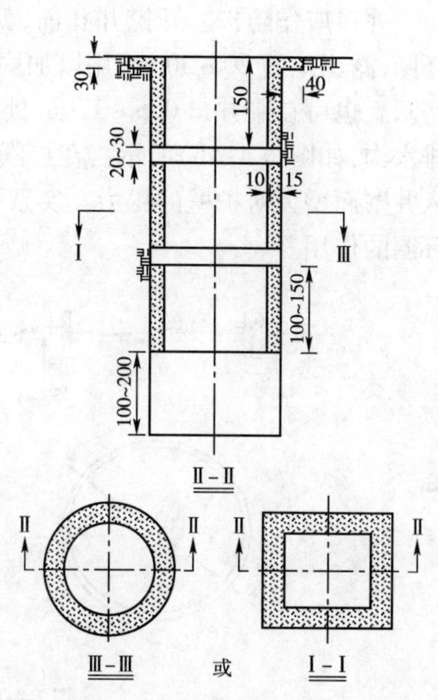

图 2-4-3　就地灌筑混凝土护壁（尺寸单位：cm）

2. 外齿式护壁

如图 2-3-1a）所示，其优点是作为施工用的衬体，抗塌孔的性能更好；便于人工用钢钎等捣实混凝土；增大桩侧摩阻力。

3. 内齿式护壁

如图 2-3-1b）所示，其结构特点为护壁外侧面为等直径的圆柱，而内侧面则是圆锥台，上下护壁间搭接 50~75mm。

分段浇注的上述三种形式的混凝土护壁厚度，一般由地下最深段护壁所承受的土压力及地下水的侧压力（图 2-3-2）确定，地面上施工堆载产生的侧压力的影响可不计。

三、预制钢筋混凝土套壳护壁

一般用于渗水、涌水较大和流沙、淤泥的土层中。对于黏质土层、大块石、孤石地层，往往因下沉困难而发生倾斜，应慎重采用。通常用 C20 或 C25 混凝土预制。如作为桩身截面的一部分，其混凝土强度等级应与桩身同，壁厚一般为 10~15cm，每节长度视吊装能力而定。每节上下口宜有 5cm 高的接榫，上口并预埋吊环。

四、喷射混凝土护壁

一般适用于渗水量不大的、土质为黏土质砂、含砂黏土及卵石夹土的井孔,其优点是施工进度较快,机械设备简单。

1. 喷射混凝土护壁施工工艺

井口应作防护。开挖井孔前,就地挖沟为模,灌筑宽 30 ~ 40cm、深 100cm 的混凝土环圈,露出地面 20 ~ 30cm,用以加固井口,并防止地表水或杂物调入孔内,如图 2-4-4a)所示。也可在距井口 0.5 ~ 1.0m 处用弃土堆成高约 30cm 的护圈。必要时在护圈外挖设排水沟,如图 2-4-4b)所示。在护圈及排水沟上需喷射混凝土,以防止地表水从排水沟渗入井壁而增大对护壁的压力。实践证明,用堆土防护圈施工简易方便,可以代替混凝土环圈的作用。

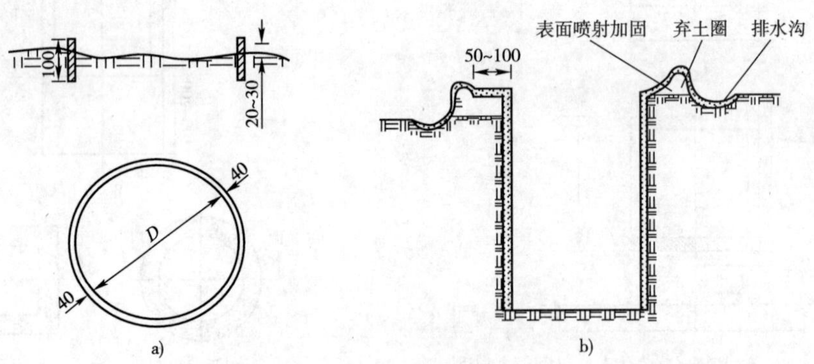

图 2-4-4 井口防护圈(尺寸单位:cm)

a)混凝土防护圈;b)堆土防护圈

井孔开挖,根据具体情况安排劳力。每下挖 0.5 ~ 1.0m,即喷护一次。喷护组由 4 ~ 8 人组成。混凝土配合比,工地一般采用水泥∶砂石∶水 = 1∶4∶(0.4 ~ 0.5)的比例。其他工艺设备与隧道喷射混凝土基本相同。其中速凝剂掺入量可为水泥用量的 3% ~ 4%。

2. 喷层厚度的确定

喷层厚度可按静水压力公式计算,设井壁为圆形,如图 2-4-4 所示。均匀受力平衡方程式为:

$2N = pD$,因 $N = d[\delta]$,故

$$d = \frac{pD}{2[\delta]} \tag{2-4-1}$$

式中:d——喷层厚度,m;

D——井孔直径,m;

$[\delta]$——喷射混凝土容许压应力,Pa,采用 5.5MPa;

p——土的侧压力,Pa,其值为

$$p = \Sigma \gamma h \tan^2\left(45° - \frac{\varphi}{2}\right) \tag{2-4-2}$$

γ——土的重度,N/m³;

h——土层厚度,m;

φ——土的休止角。

五、钢井圈背板支撑

如图 2-4-5 所示，适用于饱和、湿陷性土层。井圈用符合受力条件的钢圈组成，分段组装，以插入式螺栓连接。井圈间距一般为 1.0m，可视土层情况增减。井圈之间用数根 ϕ20mm 圆钢挂钩连系，竖直吊挂在孔口护木上。井圈后背木板长 1.2～1.3m，在井圈处插花或重叠排列，并用木楔塞紧。

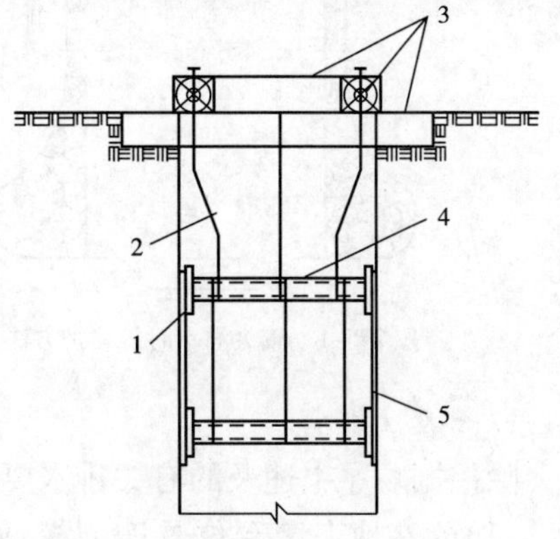

图 2-4-5　钢井圈背板支撑

1-木楔；2-挂钩；3-井口护木；4-钢井圈；5-水背板

本法拆装方便，在同一桩孔中，如土质好坏交错，可越过非湿陷性的好土层分段支护，分段井圈不需要吊挂，可由螺栓眼向孔壁内插入钢筋锚固。

六、砖井圈护壁

适用于易坍的土层，且钢木材缺乏、砖料丰富的情况下，用于边挖土边用水泥砂浆砌砖的圆井圈护壁。先砌井圈，随着挖土逐渐下沉，上面逐步加砌。民间人工挖水井常采用此法支护。

第五节　排　　水

在挖孔桩成孔的施工过程中，排水工作至关重要。随着护壁种类的不同，排水施工也具有一些不同的特点。一般说来喷射混凝土护壁的排水施工比较特殊，而其他五种护壁的排水施工相互的差异较小，故而合并表述。

一、喷射混凝土护壁的排水

此种护壁在排水工程中遇到的最主要问题是涌水和坍塌处理。

对少量的渗透水，喷射无困难，一经喷射即可完全止水。对集中的水流或稍大的渗水。则喷射应从无水或水量少的地段开始，逐步喷向水大地段，最后用竹管或胶管将集中的水流引至坑底。至于较大涌水层或股水，上述方法无效时，可按图 2-5-1 办理，即开挖进入较大涌水层时，每次下挖深度不宜大于 0.5m；先挖中心部分，使水汇集在井底坑中；开挖周边时向外扩挖 40cm 左右；随挖随将大小略有级配的卵、片石干砌回填，塞满开挖限界，使涌水从砌石背后流入坑底；干砌表面无大渗水时，即可进行喷射。

对易坍塌的流沙、淤泥层，可先在坑壁打入 ϕ7～10cm、长 100cm 的杂木桩，与井壁成 30°角打入 50cm。在打好的桩上编制竹篱或荆笆，或塞以草袋等，再行喷射，如图 2-5-2 所示。

二、常规护壁的排水

常规护壁指前述的木支撑、现浇混凝土护壁、预制钢筋混凝土套壳护壁、钢井圈支撑、砖井圈护壁五种类型。其排水施工的工作内容如下。

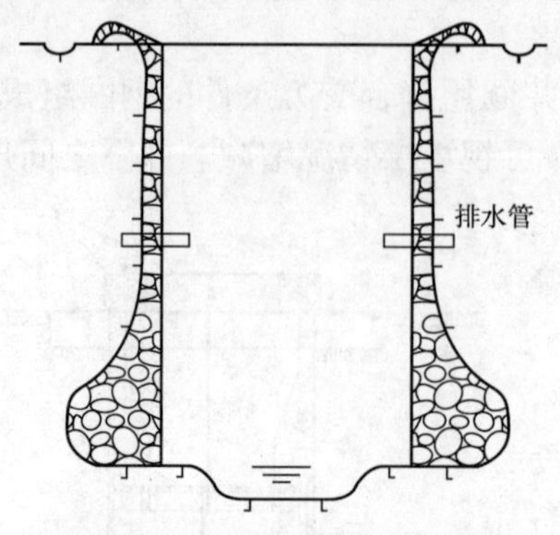

图 2-5-1 较大涌水时的喷护方法

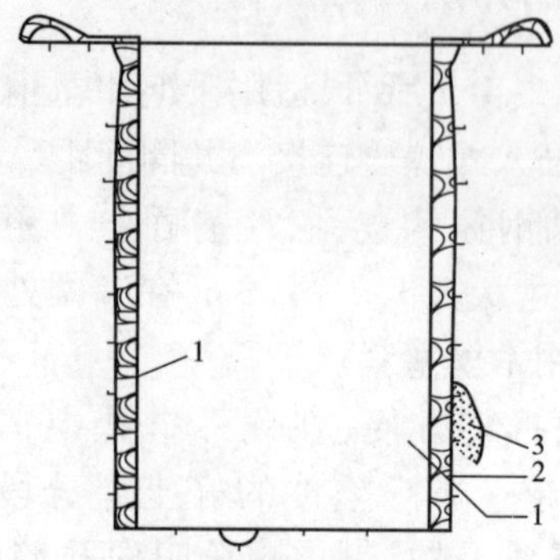

图 2-5-2 易坍塌井壁处理方法

1-杂木;2-竹篱;3-草袋填塞

1. 一般性排水

除挖掘顺序中述及的有关排水要求外,还要注意下列事项:

(1)除在地表墩台位置四周挖截水沟外,并应对孔内排出孔外的水妥善引流远离桩孔。

(2)孔内渗水量不大时,可用铁皮桶盛水,人工提引排走,渗水量大时,可用小水泵排走。孔深小于水泵吸程时,水泵可设在孔外;倘孔深大于水泵吸程,需将水泵吊入孔内抽水。

(3)在灌注混凝土时,若数桩孔均只有小量渗水,应采取措施同时灌注,以免将水集中一孔增加困难。若多孔渗水量均大,影响灌注质量时,则应于一孔集中抽水,降低其他各孔水位,此孔最后用水下灌注混凝土施工。

2. 挖孔遇到潜水层承压水的处理

挖孔时如果遇到涌水量较大($90m^3/h$ 以内)的潜水层承压水(水头 9m,压力 90kPa),可采用水泥砂浆压灌卵石环圈将潜水层进行封闭处理,效果较好。封闭处理示意如图 2-5-3所示。

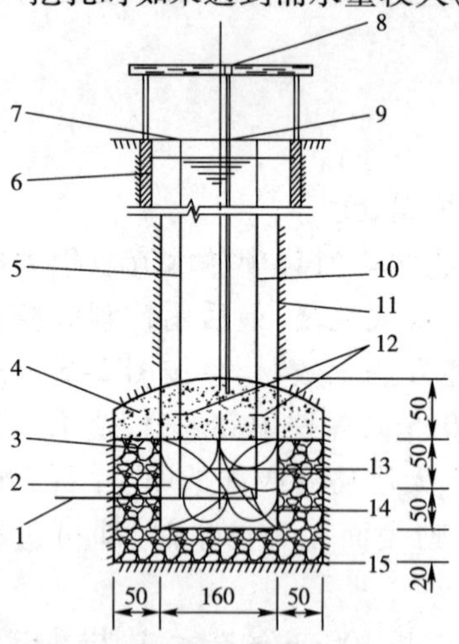

图 2-5-3 封闭处理示意(尺寸单位:cm)

1-基面;2-潜水面;3-钢板隔离圈;4-C10 混凝土顶盖;5-25mm 压浆管;6-钢筋混凝土护筒;7-压浆胶管;8-百分表;9-50mm 变位传递杆;10-备用压浆管;11-孔壁;12-焊钢板;13-装泥麻包(草包);14-填卵石;15-干铺卵石

(1)首先用水泵将井孔内水排尽,然后把潜水面沿孔壁周边完全开挖出来,再在孔壁设计半径外面开挖环形槽。

(2)在孔底干铺 20cm 厚卵石层,其上安设厚 5mm、高度稍大于潜水层的钢板圈,其内径等于桩径。在钢板圈内卵石层上设置 2 根直径 25mm 的压浆钢管,其中 1 根作为(当另一根堵塞时)备用。压浆管埋入混凝土顶盖处焊一钢板,以利定位及防止压入的水泥浆沿管壁上流。

(3)钢板隔离圈与孔壁之间填充卵石,其孔隙率要求在 40% 左右。

(4)为了省工、省料,便于继续开挖,在隔离圈内填充装泥麻包(草包),要求填塞密实,减少孔隙。

(5)灌注水下混凝土顶盖,强度等级 C10,厚 50cm。

(6)压浆:同一压浆管按材料分的给进程序为:先压泥浆,将钢板圈内的空隙用泥浆填充,以节省水泥;次压纯水泥浆,因其流动性好,裂缝很小亦可压浆;最后压进水泥砂浆,其配合质量比为 1∶1。砂浆中可掺入合适的早强剂,各种压浆均以黏度来控制。测定器测定,以 s(秒)表示。泥浆黏度要求 2 ~6s,稠水泥浆或水泥砂浆黏度要求 2 ~10s。压浆机具可用灰浆泵,压力为 0.3 ~0.4MPa 即可。

(7)封闭完成继续开挖:封闭完成 48h 以后可将水抽尽,水位不上升,即可用风镐将混凝土顶盖凿去孔径范围之内的部分,并吊出装泥麻包,拆除钢板圈,继续进行挖孔工作。

第六节　成孔检查

挖孔达到设计高程后,应进行孔底处理。必须做到平整,无松渣、污泥及沉淀等软层。嵌入岩层深度应符合设计要求。开挖过程中应经常检查了解地质情况,倘与设计资料不符,应提出变更设计。若孔底地质复杂或开挖中发现不良地质现象(如溶洞、薄层泥岩、不规则的淤泥分布等)时,应先查明孔底以下地质情况。

对于喷射混凝土护壁,为排水作业而钉入孔壁中的木桩,其凸出壁面的木桩头也需锯去,以免削弱基桩的受力断面。

第七节　钢筋骨架制作、运输及安装

根据施工条件,挖孔灌注桩钢筋骨架可在孔外预扎后吊入孔内,也可在孔内绑扎。为使钢筋骨架正确牢固定位,除主筋上安设钢筋"耳环"或混凝土垫块外,也可在孔壁上打入钢钎,用钢丝与主筋绑扎使其牢固定位。

一、孔内制作钢筋笼工艺流程

钢筋笼制作之前,要按规范要求将钢筋分批取样送检,并进行焊接拉伸试验,合格后按下列工艺流程制作、安装:

按设计(或计算)尺寸下料→主筋对焊→加劲箍筋加工→螺旋筋加工→半成品钢筋运输→孔内下入箍筋→固定#字架→固定外加劲箍筋→逐根安放主筋→固定主筋→固定内加劲箍筋→绑扎螺旋筋。

其中,桩孔内可分段固定"井"字架。

二、孔外半成品加工

1. 下料

将不同种类、型号、用途的钢筋,按不同桩的设计(或经计算)尺寸要求截开。

2. 主筋加工

单根螺纹钢长度不够时,需采用对焊方式进行连接,使其长度与钢筋笼长度一致,但要注意控制同一截面焊点或机械连接点不超过 50%。

3. 加劲箍筋加工

外加劲箍筋内径按钢筋笼外径加工，内加劲箍筋按设计尺寸加工，均采用单面焊接，搭接长度因钢筋直径不同而异，但不小于10倍钢筋直径。

4. 螺旋筋加工

螺旋筋圈直径可根据不同桩孔护壁台阶直径加工。成型后应进行分组，每组圈数按各节护壁高度和螺旋筋设计螺距而定。钢筋笼上部2m范围内螺旋筋每组为10圈，下部每组为5圈。

5. 人工挖孔桩底层钢筋绑扎

钢筋下料完后，用吊车将钢筋吊入孔内，人工穿戴安全带下井绑扎钢筋，绑扎完成后，项目部质检员进行验收，再报监理验收。

6. 人工挖孔桩中层钢筋绑扎

底部钢筋验收完后，将中部钢筋吊入孔内，人工穿戴安全带下井绑扎钢筋（搭接长度为1m，在搭接范围内两端头及中部绑扎扎丝），绑扎完成后，项目部质检员进行验收，再报监理验收。

三、孔内制作安装工艺

(1)首先将加工好的螺旋筋按组绑扎好，送入孔内，放置在相应的护壁混凝土台阶上。

(2)在对应桩的上部、中部和下部各安放一个具有一定强度和刚度的"#"字架，以控制钢筋笼居中，使保护层厚度均匀且达到75mm，并起到支撑整个钢筋笼自重的作用。

(3)根据桩的长度和加劲箍筋间距，分段送入一定数量的加劲箍筋，在每个"#"字架上固定一个加劲箍筋，要确保其居中，并在加劲箍筋上按主筋分布做好标记。

(4)安放主筋时要逐根下入。孔外可3人一组，1人在前扶住对正孔口，1人在中部托住，1人在尾部用一定高度的叉杆撑起，缓慢放入孔内。同时，孔内1～2人负责接纳，安放在标记好的位置，并与加劲箍筋用铁丝绑牢，绑扎时要控制好钢筋笼的高程。

(5)按设计要求的间距，自上而下将外加劲箍筋绑扎在主筋上，并在上部、中部和下部各绑扎1个内加劲筋。

(6)最后将事先放置好的螺旋筋按顺序绑扎在钢筋笼的主筋上。

四、质量保证措施

1. 半成品加工质量控制

(1)严把原材料进场验收关。钢筋的种类、品级、规格等必须符合设计要求；钢筋必须有出厂质量证明书和实验报告。凡手续不全或质量不合格的产品一律不得验收。

(2)钢筋在使用前必须按规范要求分批进行材料抽样检验和焊接拉伸试验，合格后方可使用。主筋对焊加工，要求每300个焊头做一次检验。

(3)搞好技术管理，严格按照设计和施工技术规范要求进行加工。

(4)对加工的半成品，严格按要求认真检查验收并报驻地监理工程师验收。

(5)控制主筋长度与钢筋笼设计长度一致，偏差≤±100mm；外加劲箍筋直径与钢筋笼直径一致,偏差≤±100mm。

2. 孔内制作安装钢筋笼质量控制

见第九节第一条。

3. 灌注混凝土质量控制

见第九节第二条。

五、吊放钢筋笼不当防治措施

(1)成孔验收后,应立即调防钢筋笼,发现高程不够时,应测孔深,把多余的孔底虚土、回落土清除掉,保证有效校长。

(2)吊放钢筋笼要选择好吊点位置。吊立时,要慢起,速度均匀,若起吊较长的钢筋笼,要采取加固措施,避免出现变形。

(3)吊放钢筋笼,要均匀慢放,不得撞孔、刮孔、猛放。遇到卡笼时,要找出原因,排除故障,正常放入。

(4)吊放钢筋笼前;对超偏的混凝土护壁进行处理,以保证钢筋笼顺利吊入。吊放钢筋笼前,就要放好孔口护孔漏斗。

(5)混凝土配合比要计算准确,保证坍落度均匀。运输时间过长,出现初凝要重新搅拌。不得随意加水。

(6)浇注混凝土前,要放空口漏斗,并再次测孔内虚土厚度。浇注混凝土时,必须通过溜槽,当高度较大时,应用插入式振捣器振实。当浇注扩地混凝土时,第一次应灌到扩底部位的顶面,随即振捣密实,特别是浇注桩顶以下5M范围内混凝土时,应随浇随振捣,每次浇注高度不得大于1.5m。

(7)当渗水量过大时,应采取有效措施,保证混凝土的浇筑质量。

(8)浇注混凝土要连续进行,不得过夜,否则晾孔时间过长,造成局部塌孔,易出现夹泥现象。

六、相关规定

(1)制作时应采取必要措施,保证骨架的刚度,主筋的接头应错开布置。大直径长桩的钢筋骨架宜在胎架上分段制作,且宜编号,安装时应按编号顺序连接。

(2)应在骨架外侧设置控制混凝土保护层厚度的垫块,垫块的间距在竖向不应大于2m,在横向圆周不应少于4处。

(3)钢筋骨架在运输过程中,应采取适当的措施防止其变形。骨架的顶端应设置吊环。

(4)安装钢筋骨架时,应将其吊挂在孔口的钢护筒上,或在孔口地面上设置扩大受力面积的装置进行吊挂,不得直接将钢筋骨架支撑在孔底。

第八节　灌注混凝土

从孔底及附近孔壁渗入的地下水的上升速度较小(参考值小于6mm/min)时,可采用在空气中灌筑混凝土桩的方法,应注意以下事项:

(1)混凝土坍落度，当孔内无钢筋骨架时，宜小于6.5cm；当孔内设置钢筋骨架时，宜为7～9cm。如用导管灌注混凝土，可在导管中自由坠落，导管到浇注面2m，混凝土离析，导管应对准中心。开始灌注时，孔底积水深不宜超过5cm，灌注的速度应尽可能加快，使混凝土对孔壁的压力尽快地大于渗水压力，以防水渗入孔内。泵送混凝土应用混凝土输送泵车浇注，系用一台或多台混凝土输送泵车(简称泵车)，通过全液压布料杆或连接管，将混凝土压送到基础或结构模板内浇注。本工艺具有机械化程度高准备工作少，操作灵活，机动性强，浇注方便且功效高，能大量节省搭设脚手架的人力和机具质量好，施工速度快施工费用较低等优点。但需一定数量的专用机械设备，一次性投资较高。本工艺标准适用于工业与民用建筑现浇结构应用泵车进行混凝土浇注工程。

(2)桩顶或承台、联系梁底部2m以下灌注的混凝土，可依靠自由坠落捣实，不必再用人工捣实；在此线以上灌注的混凝土应以振捣器捣实。

(3)孔内的混凝土应一次性连续浇注完毕。

(4)混凝土灌注至桩顶以后，应将表面已离析的混合物和水泥浮浆等清除干净。

(5)泵送混凝土系用一台或多台混凝土输送泵车，通过全液压布料杆或连接管，将混凝土压送到基础或结构模板内浇筑。本工艺具有机械化程度高准备工作少，操作灵活，机动性强，浇注方便功效高，能大量节省搭设脚手架的人力和机具质量好，施工速度快，施工费用低等优点。但需一定数量的专用机械设备，一次性投资较高。本工艺标准是用于工业与民用建筑现浇结构应用泵车进行混凝土浇筑工程。其中，人工挖孔灌注桩不允许进行超灌。灌注混凝土材料按表2-8-1选取。

灌注混凝土材料表 表2-8-1

材料	水泥	砂	石子	粉煤灰	外加剂
说明	P.O32.5或P.O42.5普通硅酸盐水泥、火山灰质硅酸盐水泥或粉煤灰水泥	中砂	卵石或碎石	工业Ⅱ级粉煤灰	木钙或其他NNO、UNF减水剂

(6)孔内无积水方可不采用水下灌注混凝土施工，不采用水下灌注混凝土时，可按以上方法施工。桩顶混凝土质量的控制方法如下：

①混凝土干施工法，并用插入式振动棒振捣密实。

②当采用水下灌注混凝土施工时，超灌混凝土宜高出设计桩顶高程1.0～1.5m。

第九节 质量保证措施

一、钢筋笼的制作

(1)钢筋笼制作严格按设计加工，主筋位置用钢筋定位支架控制等分距离。主筋间距允许偏差±10mm；箍筋或螺旋筋螺距允许偏差±20mm；钢筋笼直径允许偏差±10mm；钢筋笼长度允许偏差±50mm。

(2)钢筋保护层的厚度，无护壁时为70mm、混凝土护壁时为35mm。保护层用水泥砂浆块制作，当无混凝土护壁时严禁用黏土砖或短钢筋头代替(砖吸水、短钢筋头锈蚀后会引起钢筋笼锈蚀的连锁反应)。垫块每1.5～2m一组，每组3个，圆周上相距120°，每组之间呈梅花形布置。保护层的允许偏差为±10mm。

二、混凝土灌注施工

(1)检查成孔质量合格后应尽快灌注混凝土。在灌注混凝土前，应进行清孔工作，要求孔壁、孔底必须清理干净，孔底无浮渣，孔壁无松动。孔底沉渣厚度应符合端承桩50mm、摩擦端承桩和端承摩擦桩100mm、摩擦桩300mm。

(2)当有地下水而渗水量不大时，则应抽除孔内积水后，用串筒法灌注混凝土，串筒末端离孔底高度不宜大于2m，混凝土宜采用插入式振捣器振实。如果渗水量过大，积水过多不便排干，则应用导管法水下灌注混凝土。

(3)混凝土的粗集料可选用碎石或卵石，其最大粒径不宜大于50mm，并不大于主筋净距的1/3。

(4)坚持按配合比投料，混凝土坍落度不宜过大，以5~8cm为宜，每50cm为一层及时振捣，混凝土灌注要保持连续。坍落度损失大于5cm/h时，要调整配比。

(5)混凝土拌和料质量控制，每盘混凝土的拌和时间不得少于90s。开始搅拌时必须做一次坍落度检测，调整好流动性，且具有较好的黏聚性，灌注时作坍落度损失的观察，以指导混凝土配合比的调整，拌好的混凝土应立即使用，有离析现象严禁灌入桩孔，具体见表2-9-1。

(6)注意桩头混凝土的高程，应适当超出设计高程，以保证在凿除浮浆层后，桩头进入承台内50~100mm。

(7)桩身混凝土必须留有试件，对直径大于1m的桩，每根桩应有1组试块，且每100m^{3}混凝土及每个灌注台班不得少于1组，每组3件，试件的制作必须客观真实，严禁"开小灶"。

(8)气温高于30℃时注意缓凝，气温低于0℃时注意抗冻。

挖孔灌注桩的技术要求　　表2-9-1

名　称	位　置	要　求
孔口护圈	孔口	应设置高出地面300mm的护圈
桩孔间净距	桩孔之间	不得小于3倍桩径
护壁段高	护壁	要求为1m，软弱地层，涌水涌砂地层，护壁段高可减少为0.3~0.5m一段
孔口周边环境	孔口	孔口四周5m范围内不得堆积余土杂物，严禁车辆在孔边5m内行驶

第十节　质量验收措施

一、成孔的质量验收

(1)为核对地质资料、检验设备、工艺及施工技术要求是否适宜，桩在施工前，宜进行"试成孔"。

(2)当桩净距小于2倍桩径且小于2.5m时，应采用间隔开挖。

(3)第一节井圈护壁的中心线与设计轴线的偏差不得大于20mm；井圈顶面应比场地高出150~200mm，壁厚比下面井壁厚度增加100~150mm。

(4)修筑钢筋混凝土井圈护壁应保证:护壁的厚度、配筋、混凝土强度符合设计要求;上下节护壁的搭接长度不得小于50mm;每节护壁在当日施工完毕;护壁模板在24h后拆除;发现护壁有蜂窝、漏水现象时,应及时补强以防造成事故。

(5)成孔的允许偏差应满足:桩径±50mm,垂直度0.5%,桩位±50mm,且底部扩大段要按设计挖成圆台状,保证尺寸。

二、钢筋笼质量验收

(1)钢筋进场要验收,要有质保单,并要求作力学性能试验和焊接试验,合格后才能启用。

(2)焊条要有质保单,型号要与钢筋的性能相适应。

三、成桩质量检验

(1)混凝土试块强度的质量检验和桩身动检,桩身动检包括大应变和小应变,可测出桩长、缩径、扩径、断桩及可估算出混凝土强度,质量检验和桩身动检必须合格。

(2)建议有条件的按1%~2%抽样,按慢速维持荷载法做竖向静荷载试验,必须满足设计要求。

第十一节 工程实例

一、工程概述

某大桥为分离式双幅设计,桥址位于两山体之间谷地,地面高程20~40m,桥位中央为龙江河小支流,常年流水,枯水期水深0.5m左右,丰水期水深5m左右。总计32根桩,桩径1.8m,桩最深高程-8.0m,桩长29m,最浅高程16.5m,桩长15m,地质以依次为黏土、砂砾、强风化砂岩为主。设计桩孔全部采用人工挖孔并结合局部爆破作业相结合施工,采用分节现浇混凝土护壁支护。桩顶横系梁采用明挖、排水等常规施工方法施工。图2-11-1为人工挖孔桩基施工现场。

图2-11-1 人工挖孔桩基施工现场

二、施工方法、工艺及施工过程

1.主要施工方法

(1)首先在平整的场地上准确放出桩位并在四周设置护桩,在桩孔周围用红砖水泥砂浆砌筑,孔径2.1m,砖砌体高出地面0.5m,顶面用砂浆抹平,采用挂线吊锤球法,把中心引到砖墙顶用红油漆画三角线并报验复核桩位。人工挖孔桩基施工顺序如图2-11-2所示。

(2)开挖时,根据设计尺寸,保证护壁墙厚度,深度至1.2m时,即可立模浇筑首节混凝土护壁,护壁每节高1~1.1m,且护壁顶应高于地面30cm作为井口围护,以防止土、石、杂物滚入孔内伤人。

(3)混凝土护壁采用内齿式,上下护壁间搭接50~75cm。混凝土强度等级C15,并掺入早强剂,以加速混凝土凝结。模板采用木模,不需光滑平整,应注意保持护壁内径最小处不小于设计桩径。护壁混凝土浇捣时应用钢钎捣实,如有条件尽量采用小型插入式振捣器予以振捣力求把护壁混凝土振捣密实。

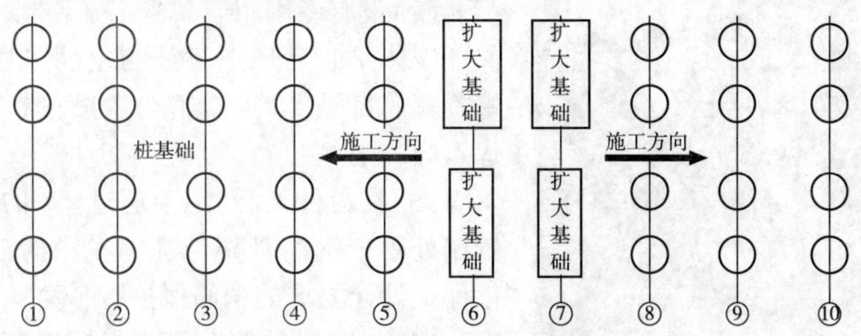

图2-11-2 人工挖孔桩基施工顺序

护壁厚度根据式(2-3-1)和式(2-3-2)计算。

护壁混凝土强度采用C25或C30,厚度一般取10~15cm;加配的钢筋可采用6~9mm光圆钢筋。第一节混凝土扶壁宜高出地面20cm,便于挡水和定位。

(4)等到首节混凝土强度超过75%设计强度后,即可拆除模板后继续下挖,一般土层采用镐、锹,遇较坚硬土层则使用风镐、挖掘时,不必将孔壁修成光面,要使孔壁稍有凹凸不平,以增加桩的摩阻力。

(5)在挖孔过程中,须经常检查桩孔尺寸和平面位置,桩位误差不得超过50mm,倾斜度不超过1%,并做好挖孔记录。

(6)垂直运土,浅时可直接用绳提,深时用电动葫芦,桩位较深时用鼓风机和输送管向孔中送入新鲜空气,提土桶或筐上下均用电铃随时联系。桩孔较深时用橡皮电缆的低压灯照明。

(7)每挖掘1.2~1.5m深时,即立模浇筑混凝土护壁,厚10~15cm。桩孔挖掘与支撑护壁两道工序必须连续作业,不宜中途停顿,以防坍孔。挖孔工序按照挖孔→护壁→挖孔→护壁的程序进行,挖至设计或监理认可的深度。

(8)挖孔时如有水渗入,应及时支护孔壁,防止水在孔壁浸泡流淌造成坍孔。渗水较少时,可用手摇绞车或小卷扬机配合提升,渗水量大时,采用水泵抽排。如涌水量较大时,可采用水泥砂浆压灌卵石环圈及其他有效措施如埋管等。孔内遇岩石确定需要爆破时,采用浅眼爆破法,严格控制炸药用量,并在炮眼附近加强支护防止震塌孔壁。桩孔较深时需用电引爆,爆破后应通风排烟,经检查孔内无毒后施工人员方可下孔施工。

(9)挖孔深度至岩层强度较高或至设计高程时,无需混凝土护壁,直接连续开挖至设计孔底,以减少岩层的曝露时间。

(10)挖孔过程中随时检查桩孔尺寸和平面位置,经常检查孔内CO_2浓度,当孔深大于10m时或孔内CO_2浓度超过0.3%时,采用机械通风。

(11)每作业班组需在交接班时捞出渣样,以便判明地质情况并做好挖孔记录,若与设计资料不符时,应及时报监理工程师或设计研究处理措施。

2. 终孔检查处理

挖孔达到设计高程后,应进行孔底处理。孔底必须做到平整,无松渣、污泥及沉淀等软层，嵌入岩层深度应符合设计要求。

3. 钢筋笼制作及安装

(1)钢筋笼整体制作一次吊装到位；采用钢筋弯曲模具，按设计要求和规范加工钢筋笼，见图2-11-3。

图2-11-3　桩基钢筋笼制作

(2)设有专用胎架和施工平台制作钢筋笼，以保证笼体平直。环形箍筋与主筋采用点焊连接，螺旋箍筋每隔1～1.5箍与主筋按梅花形用电弧焊点焊固定。

(3)在沿桩长、间距不超过2m的护壁四周设置四处等于钢筋骨架与孔壁净距的混凝土垫块，以保证设计要求的钢筋保护层厚度。

(4)加工后的钢筋笼应根据规范和设计要求认真检查验收，不合格的部分进行修正，合格后方可下入孔内。

(5)钢筋笼的堆放和搬运，应保持平直，防止弯曲变形。

(6)钢筋笼下放入孔时，应持垂直状态，对准孔位徐徐轻放，避免碰撞孔壁，下笼中若遇障碍不得强行下放，应查明原因，处理后继续下放。

(7)钢筋笼安装深度应符合设计要求，待全部入孔经确认符合要求后，将钢筋笼进行固定，并采取措施防止灌注混凝土过程中钢筋笼上浮。

(8)钢筋所用电焊条要有出厂检验单和质保书，并要按规程要求进行原材料和焊接试验。

(9)钢筋笼制作安装标准见表2-11-1。

钢筋笼制作安装标准　　表2-11-1

序　号	项　目	允许偏差	检验方法
1	钢筋骨架在承台埋置长度	±100mm	尺量检查
2	钢筋骨架直径	±20mm	尺量检查
3	钢筋间距	±0.5d(d为钢筋直径)	尺量检查
4	加劲筋间距	±20mm	尺量检查
5	箍筋间距或螺距	±20mm	尺量检查
6	钢筋骨架垂直线	1%	吊线或尺量检查

4. 灌注混凝土

从孔底至附近孔壁渗入的地下水的上升速度较小(小于6mm/min)时，可采用干法灌注混凝土桩的方法。

混凝土采用导管法，混凝土在导管中自由坠落，导管对准孔底中心，开始灌注时，孔底积水深不宜超过5cm，灌注的速度应尽可能加快，使混凝土对孔壁的压力尽快地大于渗水压力，以防止渗入孔内。

桩顶或承台底部2m以下灌注的混凝土，可依靠自由坠落密实，不必再用人工捣实，在此线以上灌注的混凝土应以振捣器捣实。孔内的混凝土必须一次连续浇筑完毕，混凝土灌注至桩顶后，立即将表面离析的混合物和水泥浮浆等清除干净。

在意外情况下，渗入水的上升速度可能会较大(大于6mm/min)，则视为有水桩，采用水下混凝土灌注方法施工。施工前先向孔内灌水,混凝土施工前,孔内的水位略高出孔外稳定水位。

导管进行水密承压和接头抗拉试验合格后,搭设水下混凝土灌注平台,下导管,灌注水下混凝土。水下混凝土采用导管法,导管直径 ϕ250mm,使用前做好水密性试验。混凝土中水泥用量≥350kg/m^3,坍落度在 18 ~22cm 为宜,首批混凝土数量应能满足首次埋置深度(≥1.0m)和填充导管底部的需要。灌注开始后连续进行,中途不得停工,并经常测量混凝土面高度,以便正确指挥导管的提升和拆除,灌注时导管埋深一般控制在 2 ~4m,任何情况不得小于2m 或大于6m。灌注的桩顶高程应比设计高出 0.5 ~1.0m。在灌注将近结束时,缓慢拔出最后一节导管,防止桩顶的泥浆挤入导管下形成泥心。

混凝土灌注过程中:

(1)试验人员随时检测混凝土拌和物的和易性,达不到要求时立即调整。

(2)技术人员随时准确量测混凝土顶面高程,拆除导管长度和基准面至导管顶的距离,结合成孔的扩、缩孔的情况,根据每斗混凝土拌和物的方量,及时调整导管埋深,埋管深度在 2.0 ~4.0m 为宜。为防止混凝土灌注过程中发生塌孔、缩孔,保持孔内水头高度,禁止碰撞钢筋笼,防止导管过度倾斜。水下混凝土灌注至设计桩顶高程后再多灌注0.8m,在桩基检测前凿除浮渣至设计高程。桩基成桩后,逐桩检测质量。

桩基质量检验标准见表 2-11-2。

桩基质量检验标准 表 2-11-2

项　次	检 查 项 目	规定值或允许偏差
1	混凝土强度(MPa)	符合设计要求
2	桩位(mm)	50
3	孔的倾斜度	0.5%
4	钢筋骨架底面高程(mm)	±50

三、实施效果

(1)本项目机械施工用量少,节约了项目成本,使投资利用率最大化。

(2)泥浆渣堆放在指定地点晾干水分后,用渣土车运至甲方指定地点,没有带水运输,污染环境。现场施工环境充分与周围整洁、文明环境协调一致。

本章参考文献

[1] 中华人民共和国行业规范. JTG/T F50—2011　公路桥涵施工技术规范[S]. 北京:人民交通出版社,2011.

[2] 孔丙伦,王湘涛,栾国栋,等. 孔内制作钢筋笼新技术在大直径超深人工挖孔桩施工中的应用[J]. 地质调查与研究,2008(3).

第三章 钻(挖)孔灌注斜桩

第一节 概 述

斜桩可以抵抗横向荷载引起的剪力和弯矩,充分发挥桩的轴向受压能力,因此当桩基础要求承受较大的水平荷载时,工程上有时会采取设置斜桩的方法。其依据主要来自结构分析结论,即在水平荷载方向设置斜桩可以减小结构的水平位移,部分水平荷载将由斜桩沿其轴向承受,因此,斜桩在拱桥桥台、高桥墩台、港口的桩基得到广泛应用。

第二节 施 工 机 具

凡是设有钻杆联结钻锥、伸出孔外并且由井口以上的机体施加旋转动力(扭矩)或反弹力的钻机,都可用于斜桩钻孔。因此,正、反循环回转和用钻杆连接钻锥上端伸出孔外导向的潜水钻机,均可用于钻斜孔;而冲抓锥、冲击锥和用钢丝绳升降的潜水钻以及虽有钻杆而钻杆不承受扭矩作用的潜水钻机则不能用于钻斜孔。

目前斜桩钻机主流形式是座顶式,即将钻机直接座套在斜桩顶上,再夹紧或锁定,这样容易保证钻杆与桩孔同心,不会错位,而且多用液压传动,动力部分与主机分离,只以软油管联系,这有利于减轻主机质量,并有利于用油缸对钻头加压,提高钻进效率。

国外有专门生产斜桩钻机的厂家,如 BG 系列旋挖钻机、IHI-L3B、WIRTH-B6 等,大都采用钻桶跟套管钻挖或者采用跟套管冲抓锥钻挖方式。采用专业斜桩钻机钻孔长度可达到 69m,钻孔直径介于 600 ~ 2000mm,斜度可达 1∶10 ~ 1∶4,斜度越大,桩径越小。国内用得更多的是对直桩钻机进行改装。旋挖钻机斜桩施工工艺可参照第一章内容。本节主要介绍改装直桩钻机进行斜桩施工的工艺。

对于斜桩钻孔,钻头及钻杆必须附加稳定器,才能保证钻孔的斜度。具体改装措施有以下几点。

一、设计角度

改装钻机适应斜桩施工的主要办法是采用将钻机底座前部垫高的方式,使底座、钻塔、转盘和立轴钻杆形成一定的顶角,并按照设计尺寸加工相应的钻机底座钢质座垫,使其满足斜桩施工的需要。将底垫上部和钻机底座焊接在一起,底座下部和施工平台局部焊接在一起,保证钻机的稳定性,防止因施工振动而发生位移。同时,在钻机底座后部分垫加一定厚度的钢板,增大底座与施工平台的摩擦力,并用槽钢作为斜支撑,将底座和施工平台连接起来,增加其整体稳定性。

二、钻塔加固

钻塔的加固采用安装斜支撑附腿的方法,用铰链方式连接在钻塔及钻机底座上,以增加钻塔施工过程中的稳定性和承载力。

三、游动滑车导正

在钻塔顶部和钻机底座前部焊上连接环,两端固定钢丝绳,游动滑车和钢丝绳之间采用小滑车连接。钢丝绳一方面可以对游动滑车进行导正,保证游动滑车的落点位置正确,另一方面可适当降低钻杆对滑道的压力。

四、钻具改装

1. 钻具防挂措施

斜桩大都采用钻桶跟套管钻挖或者跟套管冲抓锥钻挖方式。在提钻时,钻具凸台有可能挂住套管底部,造成钻具拉不动或卡钻的事故。为此,将提钻时有可能挂住钢管底部的部位用钢板焊接斜边状的防挂圈,将钻头、加重锤和有可能挂套管底部同样采用钢板封闭或焊接防挂圈,以达到防挂的目的。

2. 钻具的导正

斜桩施工中,钻具在自重作用下将造成钻具下垂弯曲,对钻具的连接部位造成损伤,易发生钻具连接螺纹折断或断钻杆的事故,造成钻孔顶角发生变化,使其满足不了设计要求。为此,应在钻具上设置导正器,使导正器外圈和斜桩套管内壁接触,但不能产生较大的摩擦。

导正器原理为:在导正器外圈上安装有由低摩阻力材料制成的滚轮,导正器中心轴两端与钻杆连接,中心轴上安装有止推轴承,这样导正器中心轴随钻杆转动,而导正器不转动。如果发生轴承损坏或卡死时,导正器随中心轴一起转动,导正器外圈上的滚轮即可与套管内壁产生滚动摩擦,减小套管内壁的磨损。

五、钻杆

与竖直孔相比,由于斜角角度的存在,钻杆承受的弯矩、扭矩较大,因此要求钻斜孔的钻杆有更大的强度、刚度,防止在钻井过程中的破坏,引起施工事故。

六、钻锥

采用加装导向圈的圆笼式钻锥。

七、护筒

护筒主要起保护孔口和施工钻进过程中导向圈安全的作用，确保斜桩成孔的倾斜度不偏差，并维持正常的泥浆压力。宜采用专用导向钢护筒，两端各 0.5m 处制作成喇叭口，方便钻头的起落，护筒的埋设深度不宜小于 2 ~ 3m，直径应比钻锥大 2 ~ 3cm，斜度比设计斜桩的斜度稍大，并要求埋筑密实。

八、灌注导管导正和灌注支架

浇注混凝土时，为确保导管水下混凝土的均匀性，须保证导管始终位于中心，同时又要防止导管挂住钢筋笼，因此，可将最下面的一节导管改为一根通长导管。另外，上部将一节导管中部用钢板制成橄榄状的凸起导正器，凸起的部位用钢板封闭成橄榄球状。使用时，凸起部位与斜桩套管内壁接触，形成一个环状间隙，这个间隙应大于钢筋笼保护层的厚度，这样可防止挂钢筋笼并准确将导管下入钢筋笼中心到孔底。导管导正器一般下入 2 个即可。下部的导正器应距套管底口 5.0 ~ 6.0m。

此外，斜桩灌注混凝土时，由于导管是倾斜的，漏斗也是倾斜的，灌注混凝土时，其在重力作用下易造成导管弯曲或螺纹折断，需加工一个灌注支架，支架上部制成斜面，斜角与斜桩顶角一致，下部为平面，可稳定地固定在施工平台上。

第三节 斜桩钻孔

一、放样

斜桩有一定的倾角且往往设计桩顶高程与自然地面高程有一个差值，使得设计桩顶位置与钻入时的定位位置上下不在一条铅垂线上，放线时必须根据设计桩顶位置、自然地面与设计桩顶的高差以及桩的倾角计算出斜桩的放样前置量 a，即

$$a = h \cdot \tan\alpha = (h_1 - h_Z) \cdot \tan\alpha$$

式中：h_1——自然地面高程；

h_Z——设计桩顶高程；

α——斜桩倾角。

并据此放出斜桩的打入位置。

二、钻机就位

钻机就位要保证首钻的精度及钻机施工过程中的稳定性。

将机首撑脚梁垫高，机尾不动。根据转盘与护筒顶面的高差，按桩的设计斜度算出护筒中心到转盘中心的水平距离。然后在护筒顶拉好十字中心线，一面垫高机首，一面测量转盘中心位置，当接近要求位置后，将钻机的中间撑脚放下，微动撑脚螺钉，使其顶住工作台的方木，调整斜度和钻架的垂直面。

在钻进的过程中，由于撑脚的下陷和因钻杆自重及钻头受到的阻力，可能发生机架斜度逐渐变陡或左右偏移等情况。目前在实际工作中采用加大钻架斜度的办法来解决，

增加值为2%较为合适。

为保证钻架的稳定，钻架就位后，应去掉供移架用的底部滚筒，换垫以木楔并固定好。转向滑轮应设在钻架底部斜桩的后向，不宜设在前向。钻架顶部须用风缆拉住。

三、钻进

斜桩施工保证前期施工斜度的精度，采用缓慢进尺的方式，待进尺超过护筒后再按照正常施工钻进速度。

泥浆护壁是斜钻孔灌注桩的关键施工技术之一，泥浆护壁的好坏直接关系到成孔的施工质量。特别是在工程地质条件复杂，土层中存在含泥粗砂与含泥砾砂层的地区，若采用原土造浆易造成塌孔，必须采用人工制备的泥浆。考虑到钻孔的斜度较大，泥浆的质量要求较高，宜采用膨润土造浆。添加剂为碱粉、水玻璃及纤维织物。

在钻进过程中要严格控制泥浆的相对密度，在穿过含泥粗砂与含泥砾砂层时，泥浆的相对密度要较穿过一般土层时大。因为如果泥浆相对密度过小，泥浆护壁就容易失去阻挡土体坍塌的作用；如果泥浆的相对密度过大，则容易使泥浆泵产生堵塞甚至使混凝土的置换产生困难，使成孔质量难以得到保证。

同时有斜桩、竖桩的桩基施工应按照先竖桩后斜桩的次序。

斜孔施工的钻进尺度及施工组织参照竖桩施工章节。

第四节 斜桩挖孔

斜桩挖孔施工首要问题就是预防坍孔，保护人员、机具的安全。因此护壁施工时斜桩挖孔施工的重点，具体工艺如下。

一、斜桩挖孔工艺

1. 护筒及滑坡垫块

护筒平面尺寸及滑道垫块轨道钢筋位置要求要准确，以免安装时发生错位现象。

2. 开挖导孔

先将地面整平，定出斜桩顺桥向中线，按地面高程及斜桩设计尺寸推算并定出斜桩顺桥中线方向滑坡垫块底面与地面交点——即起坡点的平面位置。以此点为准，用与竖直方向成斜度坡度尺挖好斜坡道。斜坡道长度至少要有桩长的一半，以便固定斜桩位置和减少护筒下沉时的摩阻力。导孔顶部挖成长方形，导孔下部挖成圆形以方便操作并减少土方数量。导孔边坡底侧按设计斜度，斜桩表侧部分可根据土质设置适当坡度，以免发生坍塌。导孔最小平面尺寸，除滑道垫块底部外，每侧较护筒大10~20cm。

3. 安装滑道垫块

滑道垫块混凝土达到设计强度后，从导孔底按斜桩顺桥中心位置向上逐块安装，要求滑道垫底面与土接触密实，保持轨道钢筋上下成一直线。

4. 安装护筒

护筒混凝土达到设计强度后，用扒杆及手摇绞车或吊车起吊安装。起吊后使护筒与竖直方向成一定角度，沿滑轨道钢筋滑至孔底，再依次安装以后各节。

护筒连接采取在护筒内部进行电焊，焊点在护筒端部的预埋钢筋环上，均匀分布在护筒内的圆周上。

5. 开挖

先将孔底挖成与斜桩轴线垂直的锅底形，再自斜桩内侧沿护筒向外将护筒底挖空，挖空范围比护筒外壁向四周扩大 10 ~ 15cm，每次挖深 15cm，挖出的土先积在孔底中部，待护筒下沉后，收土装入四轮活底小车，顺护筒底面用卷扬机拉出卸掉。人员上下亦乘此小车。

若孔内有水，须在斜桩内侧孔底挖一个积水坑，以潜水泵排出。

护筒在开挖过程中，须用 200kN 滑车组通过 50kN 绞车吊着，钢丝绳方向与桩斜度一致。待护筒底挖空后，将护筒上吊少许，突然下落，以克服下沉时护筒壁摩阻力。

6. 安全措施

(1)桩孔区地表防护为了阻止桩顶下沉，在开挖之前对桩顶表面 3m 范围内用灰土进行换填，换填后要碾压密实，做好桩孔区地表防护。在挖孔桩施工前，作好桩孔地表截水和防渗工作。孔内土石方运出孔口后，应临时堆放在距孔口不少于 5m 的位置，以免增大孔壁侧压力，造成坑壁坍塌。同时，为确保施工安全，地表堆放的材料、配件及机具应及时清理，不能堆放在孔口及斜桩延伸方向所处区域内。

(2)孔口四周必须设栅栏。各种材料及施工机具距孔口应有一定距离，以防落入孔内伤人。孔上设专人指挥，各工序必须有安全员。孔内作业人员必须佩戴安全帽，经常检查钢丝绳及各连接部位。锁口必须浇筑平整，其顶面应高出原地面 30cm，以防止土、石、杂物滚入孔内伤人。护壁混凝土必须及时紧跟开挖。作业时电器部位设有接地装置，防止漏电。孔内照明必须使用安全电压。桩身施工前设置观测设施，有专人负责观测，发现有不利于安全的滑动情况，及时通知作业人员撤离现场，并迅速疏解通行车辆。配备必要的孔内有毒气体报警器，确保施工人员人身安全。

挖孔工作暂停时。孔口必须罩盖。井口应安设牢固可靠的安生的荷载，增加脚手架的稳定性。脚手板是人员在其上活动的工作面所在，在铺设脚手板的操作层上，要设置护栏和挡脚板，栏杆高度为 0.9 ~ 1.0m，挡脚板高不得低于 180mm，栏杆的外侧应挂安全立网(密目网)。

二、成孔质量检测

钢筋检孔器仅可用于对中、小桥梁工程桩孔检测，检孔采用外径为钻孔桩钢筋笼直径加 100mm(不得大于钻头直径)，长度为 4 ~ 6 倍外径的钢筋检孔器吊入钻孔内检测；采用钻杆测斜法量测桩的斜度时，量测应从钻孔平台顶面起算至孔底。

第五节　斜桩钢筋骨架安装

斜桩钢筋笼制作宜采用整体成形、错位截断的方法，在孔口进行连接，为了确保钢筋笼有足够保护层厚度，每间隔 1.5m 用 C30 混凝土预制穿心块沿周边布置一道，每道在 6 块以上。钢筋笼吊装采用钻机塔架和小型吊车共同完成，为了防止钢筋笼偏位，特制钢筋笼导向架和导向杆，呈弧形将钢筋笼紧紧托住，不得偏移。

第六节　灌注斜桩混凝土

一、导管安装

灌注桩斜桩浇注水下混凝土时，不同于直桩，浇注混凝土导管因自重作用而会偏向下方，如没有导向定位器，浇注导管不能下放到桩底，而且导管必然会卡钢筋笼，因而必须采用导管导向定位器。

导管导向方法参见机具改装小节。

二、水下混凝土灌注

水下混凝土浇注是灌注斜桩施工最后一道关键性的工序，施工质量将严重影响桩的质量。施工中抽动导管使混凝土面上升的力度要适中，要保证有序地拔管和连续浇注，升降的幅度不能过大。如大幅度抽拔导管则容易造成混凝土体冲刷孔壁，导致孔壁下坠或塌落，这种现象尤其在砂层厚的地方比较容易发生。在浇注过程中，必须每浇注 2m 长左右测一次混凝土面上升的高度，以确定每段桩体的充盈系数，桩身混凝土的充盈系数必须大于 1。

灌注混凝土时，由于护筒和钢筋笼是倾斜的，用测锤从钢筋笼中心测量混凝土面是不容易做到的。测量斜桩混凝土面采用测量钢筋笼外保护层的混凝土面，用直径小、长度大的测锤进行测量。测锤直径为 30mm、长度为 350mm。直径小的测锤可沿着斜桩孔壁下滑至保护层混凝土面，长度大可起到导正作用，不易掉入钢筋笼内被卡住，采用这种方法即可准确测量混凝土面深度。

本章参考文献

[1] 交通部第一公路工程总公司. 公路施工手册　桥涵（上册）[M]. 北京：人民交通出版社，2000.
[2] 中华人民共和国行业标准. JTG/T F50—2011　公路桥涵施工技术规范[S]. 北京：人民交通出版社，2011.
[3] 中华人民共和国行业标准. JTG D63—2007　公路桥涵地基与基础设计规范[S]. 北京：人民交通出版社，2011.
[4] 徐维钧. 桩基施工手册[M]. 北京：人民交通出版社，2007.
[5] 潘术文. 钻孔灌注斜桩施工技术研究[J]. 安徽建筑，2009(4).
[6] 谭欣. 人工开挖斜桩支护选择及施工方法[J]. 科技传播，2011(1).
[7] 刘广志. 德国宝峨公司大直径斜桩施工图解[J]. 国外地质勘探技术，1995(3).

第四章 特殊地质地区钻孔灌注桩

第一节 岩溶区钻孔灌注桩

一、概述

岩溶地貌又称为喀斯特地貌,岩溶地貌在我国有着广泛的分布,主要集中于广西、云南、贵州、湖南等省区。岩溶地貌是水对可溶性岩石(碳酸盐岩、石膏、岩盐)进行以化学溶蚀作用为主而形成的地貌。岩溶地区因其特殊的地质情况——溶洞发育的不规则性、分布的不确定性、溶洞孔壁的不稳定性、溶洞内充填情况的不确定性以及是否漏水等,给岩溶区钻孔带来巨大的困难。本节主要阐述特殊地质条件下钻孔桩所采用的特殊工艺,对于一般地区常规施工工艺不予赘述。

二、成孔方案选择

冲击钻能广泛适应各种复杂地质构造。在钻进过程中有挤压侧壁的作用。处理刃脚、斜面开孔、半岩面和石笋溶槽、溶沟及裂隙漏水、漏浆等情况时较其他钻机更为方便,而且成本较低,在发生漏浆时,提钻快、不易埋钻,因此广泛使用于岩溶地区钻孔灌注桩的施工。

三、钻孔桩的成孔工艺

鉴于冲击钻钻机在岩溶区钻孔桩施工中得到广泛的应用,本节重点阐述对岩溶处理及岩溶区冲击钻成孔工艺。

(一)施工准备

(1)岩溶区地质水位构造复杂,施工中突发情况多,钻前准备工作要充分细致。

每根桩必须用地质钻机超前钻探,遵循"一孔三探,一桩一分析"原则,即对每根桩增加 3 个地质超前钻孔,孔位按照正三角形布置,详细记录地质状况、溶洞深度、高度、填充物类型,画图列表,为制定每一根桩基施工的相应施工方案提供详实依据。

根据调查和钻探资料,将溶洞划分类别。溶洞从工程上分为以下几种。

①按溶洞大小：凡溶洞垂直高度 $h \geq 2\text{m}$ 者称为大溶洞或大溶槽；凡溶洞垂直高度 $h < 2\text{m}$ 者称为小溶洞。

②按溶洞内填充情况：a. 填充溶洞，包括半填充体溶洞；b. 空溶洞有水流或称暗河；c. 空溶洞无水无填充物。

③按溶洞垂直分层情况：分为 1 层溶洞和 2 ~ 4 层以上的多层溶洞。

(2) 采用加强型护壁泥浆。由于溶洞构造复杂，裂隙发育，易漏浆，施工中应加强护壁，造好壁。需配制优质泥浆护壁，必要时还应选用烧碱、水泥、锯木屑、草袋等，以加强泥浆护壁效果及加速溶洞孔壁封闭成环。

钻孔前在孔口附近贮备大量黏土、片石及一定数量的袋装水泥。钻孔施工过程中，要求配备泵流量较大的水泵，同时具备充足的泥浆和水泥，一旦漏浆，可以保证立即进行补水、补浆。

(3) 对填充物进行土工试验，分析其物理力学特性，检测重度、含水率、孔隙率等。

(4) 根据地质钻探资料和填充物情况，对每根桩设计出相应的溶洞处理方案、成孔方法及施工措施。

(5) 对每种处理方案，都要进行仔细的计算，施工前在桥位外进行溶洞注浆及钻孔试桩试验，取得经验数据，完善施工方案，指导施工。

(二) 岩溶处理

根据溶洞大小及填充情况，确定经济可行的处理方案，选定原则见表 4-1-1。

岩溶处理方案选定原则 表 4-1-1

溶洞高度	填充情况	处理方案
2m 以下		填黏土块、片石
2 ~ 6m	全填充、半填充	填黏土块、片石
	无填充	灌注低强度等级号混凝土
6 ~ 10m	全填充、半填充	压双液浆
	无填充	灌砂、压浆
10m 以上	全填充	填黏土块、片石
	半填充、无填充	钢护筒跟进
斜岩		填卵石
		地质钻钻孔

1. 双液注浆法

压双液浆是钻孔前溶洞预处理方法之一，目的是为了加固溶洞填充物和填满溶洞空间并达到一定的强度（20MPa 以上）。为确保施工效果，浆材配比需符合要求（现场配制试验），防止钻孔桩施工时泥浆流失、流沙及塌孔等情况的发生，保障成孔及水下混凝土浇筑等一系列施工工序的顺利完成。溶洞预处理施工，在钻孔桩施工之前进行，相当于在桩基础施工过程中，于钻孔桩施工工序之前加入一道预处理工序，与桩基施工的各工序一起形成流水作业。施工步骤如下：

(1) 根据地质情况在每一根桩的中心位置或桥墩承台的四角钻注浆孔，钻注浆孔也是对地质情况的进一步勘探，通过取芯探明溶洞的高度及填充物的详细情况。注浆量的多少以溶洞内体积的大小以及是否漏浆确定。小溶洞或少量漏浆的溶洞，采用一次灌满的方法进行。对于大溶洞、特大型溶洞或漏浆严重的溶洞，考虑到浆液固结的密实度及浆液的流失，则要控制每次注浆量，进行多次注浆，以确保洞内完全被水泥浆充填。

(2)用注浆泵注浆，注浆压力不宜太大，控制在0.5~1.0MPa，具体压力值由现场试验确定；速度为15~20L/min，其目的是使浆液渗透到填充物内(包含灌入的砂或碎石)，然后固结，渗透最小直径定为3.0m，以保证冲钻成孔时有足够的固结体。注浆时注浆管必须插入到填充物的底部，然后边注浆边缓慢上提，提管速度不宜太快，根据注浆速度确定，应使渗透半径控制在允许范围内。浆液可选用水泥浆、水泥砂浆或双液浆、水泥砂浆的配合比及双液浆中水玻璃的含量根据现场试验确定。

(3)单花管注浆，管头花管段长度为100cm，孔眼直径和间距根据现场试孔后确定，注浆管外径为70mm，比钢套管内径要小。注浆时，通过注浆泵上的PQ仪分析确定注浆的速度和结束时间，压入量根据渗透半径、固结体积来计算，公式如下：

$$Q = \pi R^2 \beta \mu \alpha (1 - \gamma) \lambda$$

式中：R——渗透半径；

H——溶洞高度；

μ——填充物的孔隙率；

α——超灌系数；

λ——地区性经验系数；

γ、β——分别为充填率与充填系数。

这些参数和系数可根据现场试验确定。

(4)为防止浆液流失太远造成浪费，采用间歇注浆方式，使得先注入的浆液与砂子(或碎石)初步达到胶结后再注浆，循环注浆多次，直至达到规定最小注浆量和注浆压力控制值为止。

注完一个孔后，继续对其余孔进行注浆，后注浆的压力必须调高，最后封孔。

2. 灌砂、压浆法

灌砂、压浆也是溶洞预处理方案之一，施工前，根据地质资料确定溶洞大小、位置等情况，确定采用先灌砂，后压浆法(浆液一般采用水泥净浆)。灌砂可分几次进行，第一次灌砂时高度为4~5m，然后将注浆管插入灌入的砂中一定深度进行注浆，待水泥浆初凝后，进行下一次灌砂、压浆，直至溶洞充满。

3. 填充黏土和片石法

填黏土块和片石处理方法，在钻孔进入岩溶地层时，孔内投入大量潮湿的黏土块和片石并立即补水，利用钻头冲击将黏土块和片石挤入溶洞及其裂缝中，堵住溶洞和岩溶裂缝，形成一个封闭的环形壁，完成钻孔桩成孔。岩溶地区的钻孔桩施工易发生漏浆，因此要备足黏土块和片石，出现漏浆要马上补充，保持孔内水头高于地下水位1.5m。采用填充黏土、片石处理多层溶洞时，钢护筒必须穿透砂砾、卵石等透水层，坐落在不透水层上，以防止溶洞漏水、钻孔内水头急剧下降而造成塌孔。

4. 灌注低强度等级混凝土法

对于较大溶洞，一般采用填黏土块和片石的方法难以成孔，即使成孔后，在灌注水下混凝土时也可能被压垮致使超灌混凝土，此时可采用灌低强度等级混凝土的方法处理。施工准备和开孔方法同填黏土块和片石方法，当击穿溶洞顶壳发生漏浆时，为节约混凝土灌注量，可先填黏土块和片石，反复冲挤，待溶洞填筑基本饱满时，再灌注低强度等级混凝土，混凝土灌至溶洞顶1m以上，待混凝土达到一定强度后再继续钻孔。

5. 钢护筒跟进法

根据超前地质钻孔资料，如果溶洞特别大（洞高大于10m），且为漏水溶洞，则采用钢护筒跟进法施工。根据桩孔穿过大溶洞的数量，确定内护筒级数，每增加一级，内护筒内径增加0.25m，最小一级内护筒直径要大于桩径0.2m。为保证钢护筒刚度，防止受压变形，钢护筒采用8～10mm的钢板卷制。下沉内护筒时，由大到小分级根据钻进位置逐次下沉。

6. 斜岩处理方法

（1）填卵石法

在钻进过程中偏孔，且钻进深度无变化，初步判断遇到斜岩，此时可提起钻头向孔内填10～40mm卵石，高度超过斜岩顶高程，然后用钻头冲击，反复加卵石，直至锤碎斜岩，保证在孔位能继续正确冲孔。

（2）地质钻钻孔法

斜岩无法用填卵石法解决时，停止冲击，提起钻头，在护筒上方架设扁担梁，使地质钻坐落在梁上，根据斜岩分布，用钻头80～110mm地质钻在斜岩上钻3～4个孔，孔位距斜岩顶1/3处，孔深50～80cm，拆除地质钻，用钻头冲击，即可锤碎斜岩。

（三）岩溶处成孔

经过处理后的岩溶处，成孔方法基本上与普通石质地层成孔方法相同，采取用冲击钻冲击的方式成孔。成孔时应注意以下几点。

（1）冲击成孔必须待注浆凝固后才能进行，一般等待时间为10d左右。

（2）为防止意外，冲孔前应有备用措施，备好材料，一旦泥浆泄露，及时向孔内投放黏土、水泥和片石，依靠冲挤在溶洞内形成片石夹黏土的围护结构墙，保持孔内泥浆高度，使得冲钻顺利进行。

（3）加大泥浆质量和密度。采用优质泥浆，当缺少优质黏土时，可在泥浆中掺入适量的水泥、烧碱和锯末，以提高泥浆胶体率和悬浮能力。

（4）当岩面的倾斜较大时，钻头摆动撞击护筒或孔壁时，回填片石，使孔底出现一个平台后再转入正常冲孔。

（5）接近岩溶地段，采取轻锤冲击、加大泥浆密度的方法成孔，以防卡钻和掉钻。

（6）若溶洞内进尺过快，则在孔底穿过溶洞底后，再次提升钻头，投入片石、黏土，重新进行冲砸。目的是使块石与黏土在溶洞内形成一道环壁，保证成孔质量。每遇到一层溶洞，无论是否漏浆，是否为充填溶洞，均应向孔中投入一定数量的比例为1∶1的片石和黏土。然后用小冲程冲击投下的混合物，使其挤入裂隙、溶洞内。如此反复操作，多次充填挤压溶洞通道以加固孔壁。

（7）对于空溶洞或半充填的溶洞，特别是超前钻显示漏浆的溶洞，在击穿洞顶之前，要有专人密切注意护筒内泥浆面的变化。一旦泥浆面下降，首先应迅速补水，然后用吊机及时将准备好的片石、黏土、水泥按适当的比例抛入，直至孔中的泥浆停止下降，并慢慢上升。然后用冲锤进行适当挤压，直至把桩基周围的溶洞都填满或堵死为止，只有当泥浆漏失现象全部消失后才转入正常钻进。

（8）遇到较大的溶洞，特别是溶洞底部原本存在漏浆口的半充填溶洞，在溶洞形成过程中充填的粉土、卵石等已将漏浆口堵住。但在冲孔时，由于充填物滑落或被重新揭开，从而造成重新漏浆。为了堵住漏浆口，发现漏浆后，在向孔中补水的同时，应立即向孔中抛填袋装水泥，然后投入黏土、片石（或施工废弃的混凝土块）混合物，待漏浆停止后重新冲孔(不循环),冲孔到漏浆部位的时间宜控制在水泥终凝时间之前,然后停止6~10h。如此反复操作,直到凝固后的水泥黏土浆把漏浆口堵死为止。

(9)水下混凝土的灌注混凝土采用导管法灌注,为了防止孔壁存在没有完全充填的溶洞,而使在灌注过程中混凝土的流失,进而造成导管埋入深度不够,形成断桩。要求导管的埋入混凝土深度确保在5~9m,每次拆导管前要在不同的位置测量2~3个点,确认无误后才能进行。

四、钻孔桩成孔的事故预防及处理

对于不能完全探明地下地质、溶洞水系的变化情况。岩溶地质的特殊性决定施工过程中出现各种事故的现象不可避免。由于岩溶地区一般采用冲击钻成孔,因此施工中的事故处理及预防措施都属于冲击成孔的范畴,主要事故有卡钻、掉钻、漏浆、斜孔、坍孔、孤石。

1.卡钻、掉钻

应在钻头布置防止卡钻、掉钻的打捞环。打捞时可采用偏心钩、钢绳套及潜水员打捞等常用办法。如不能奏效,可采用振动爆破法处理,即水下放炮,待钻头松动后提出。

2.漏浆

漏浆主要是钻头进入溶洞或遇见裂隙时,泥浆向外流出,严重时会造成坍孔。处理措施是地质钻孔时,向孔中灌注水泥浆,及钻孔过程中向孔中回填黏土夹片石、卵石等,反复冲击增加护壁的密实度和强度。反复漏浆或漏浆严重时,在抛黏土、片石的同时加入适量的水泥堵漏。

3.斜孔

斜孔是岩溶地质钻孔桩施工时常遇到的问题。主要原因是孔内底岩石软硬不匀,或半洞半岩,或"斜坡岩"而导致的钻头无法水平就位。施工时,当钻头穿越溶洞时要密切注意大绳的情况,以便判断是否偏孔。若偏孔应按1:1的比例回填黏土和片石至弯孔处0.15m以上,再重新冲砸。

若斜孔的原因是由于孔底存在孤石,则参照孤石处理办法。

4.坍孔

坍孔主要是漏浆补水(或补浆)不及时,孔内形成负压而造成的。对易出现孔壁坍塌的地层应有事先估计,预备好供加长用的钢护筒,必要时采用双护筒。

准备足够的水泵和水源(泥浆池),一旦发现漏浆,迅速进行补水或补浆。在补水或补浆的同时,向孔中大量抛黏土、片石进行堵漏处理。

另外,冲击钻倾倒、撞击孔壁或者施工时采用爆破装药量过时,也会引起坍孔。施工时对冲击钻的冲程高度、炸药用量也要进行控制。

5.孤石

冲击成孔过程中,若遇到孤石,可抛填硬度相近的片石或卵石,将钻机稍移向孤石一侧,然后用高冲程冲击或高低冲程交替冲击,将大孤石击碎挤入孔壁。

若孤石非常坚硬,也可采用内爆破法,即定向聚能爆破的方式,在孤石上打眼装炸药,放炮炸碎后在冲击钻进。

第二节　海洋环境钻孔灌注桩

一、概述

公路桥梁深水基础以高桩承台或低桩承台结构为主。施工方案的选择要根据桥梁基础结构、桥梁附近水域情况、墩位离岸远近，墩位处水下地形、覆盖层厚度和土层性质、基岩埋深及表面状况，水深及水位变幅、水流速度和流态、施工期通航要求等方面来选择确定。海洋环境下的钻孔灌注桩基础施工面临的主要难题就是在深水环境、强涌潮环境、海水腐蚀环境以及由于海水的经常性冲刷造成的岩面裸露而无覆盖层的环境下的钻孔平台的搭设及如何保证施工期间钻孔平台的稳定性。

二、无覆盖层、强涌潮区、深水区钻孔灌注桩施工方案

(一)无覆盖层

在河流或海上建桥，经常碰到因水流冲刷等影响，造成岩面裸露而无覆盖层的情况。在钻孔灌注桩的施工上，首先必须解决的技术难题就是如何搭设钻桩平台和钢护筒的沉放和稳定问题。无覆盖层地质情况下的钻孔灌注桩施工一般采取的方案有人造基床、套箱基床、导管架方案等，施工前可在对比各个方案技术和经济合理性的基础上进行选择。另外，兼顾各个方案的优缺点的组合施工方案，如“人造基床—组合平台”，也得到了越来越多的应用。

1. 钢护筒导管架平台

在桩周围附近有一定的覆盖层，可以稳定导管架平台。此时若具备导管架施工的基本条件，可以考虑用导管架方案作为比选方案之一。

导管架可以作为永久性建筑的一部分由设计单位统一考虑，此时钢护筒可以作为导管架结构的组成部分与导管架焊接在一起。钢护筒和导管架的高度则由地形高程决定。导管架也可作为临时施工结构，此时钢护筒作为导管架结构的一部分与导管架用螺栓连接以便施工后期拆除。

不管是临时结构还是永久结构，钢护筒与裸岩之间均需用袋装混凝土围好，并在钢护筒内加注1m左右厚的水下混凝土，以防岩面不平施工时产生斜孔或者漏浆而无法施工。也可在钢护筒周围用袋装砂(或碎石)围好，在护筒内填1m以上砂，并在钢护筒内外用高压旋喷注浆，以防漏浆。

导管架一般适用于海水深度小于30m的情况，对于海床比较平坦、海况条件较差、可作业的时间较短的情况下使用较好，但因为要在大型工厂制造，吊高、吊重均比较大，需用大型起重及运输设备，成本往往较高。

对于高差加大的海床，如需导管架作为钻孔平台，则需详细测量各导管位置的高程，做成长短不等的管架支腿，以便更好地安装、找平；如果很难测准高程，则可在四只脚的导管内预先放入四根钢管桩，先做临时固定，与导管架同时起吊就位，然后利用四只脚上的钢管沉桩后与导管架找平固定，再施工下沉其他导管内的钢桩。

导管架设计和施工时，还应考虑浮游稳定和施工期的稳定等相关安全事项。特别是

导管架支撑在有一定倾角的岩基上时,更应采用措施防止滑移和失稳。必要时,可在裸岩上做人工基床,一方面对稳定和找平导管架平台有利,同时也可稳定嵌岩桩的钢护筒,有利于后续工程的施工。

“板凳”方案是钢护筒导管支架在施工过程中的成功应用,“板凳”很通俗、形象,就是用钢管或钢桁架作“板凳”支腿,用贝雷架或工字钢与支腿连接,上面铺槽钢或钢板,组成一个似“板凳”的钢平台,四周拉锚固定,在埋设钢护筒前,先用冲机或水下爆破在桩位处冲一个比钢护筒大、深约1m的坑,再下钢护筒,用水下灌注混凝土的方法灌注混凝土或抛填砂包固定护筒。

2. 人造基床

在裸露的岩基上施工嵌岩桩,施工平台的搭设除采用导管架或水上工作平台外,采用人造基床的方式也是一种很好的办法。对高低不平的基岩可采用水下炸礁的办法将基岩基本炸平,也可根据当地的地质、地貌的特点,用袋装砂或者袋装混凝土在水下围一圈潜堤,中间抛填砂或细石,顶部用袋装砂封顶,以防水流将潜堤内的砂子掏空。抛砂层的厚度与稳定钢护筒有关,如采用钢护筒作为钻孔平台的支承,则应根据水流、波浪、靠船力等外荷载进行设计。如采用导管架方式做钻孔平台,也应该按有关荷载进行施工期稳定计算。

大面积人造基床的整平,可以利用水下基床整平机。

为防止在护筒与岩石交界面钻孔时漏浆或漏砂,常常在岩石面护筒外围的沙土中进行高压旋喷或深层搅拌,加固这部分土体以利于进行正常的钻孔或冲孔作业。

3. 套箱基床

套箱基床也是一种人造基床,可以用于裸露的岩基上。与普通人造基床不同的是,用袋装砂或袋装混凝土在高低不平的岩基上围成一些同一高程的围堰,然后将套箱安放在低围堰上。在套箱内放上土工布,里面抛砂,沉放钢护筒,顶部铺一层袋装混凝土或袋装碎石,以防砂子被水流带走。采用此种方法往往是水深较深,潜水员水下工作时间较短,如用普通人工基床则耗费时日或者裸岩坡度较陡,若全用袋装混凝土或袋装砂,则围堰底角很宽、工程量大。采用套箱可直立地站在袋装混凝土或袋装砂的基础上,以减少工程量。

4. 人造基床—组合平台方案

“人造基床—组合平台”一般适用于海水深度为30~50m的情况,是在借鉴其他方案的优点基础上不断优化,最终出现的一种组合方案。即先根据具体墩位处的河床坡度设计、预制无底套箱,预制套箱运输至现场后焊接平台支承钢管,由起重船安装就位并固定后,搭设水上施工平台面,安放钢护筒,然后在套箱内分块浇筑水下封底混凝土(人造岩)。此方案最大的优点是浇筑的水下混凝土与河床岩面、套箱黏结成一体,相当于造了一个岩层覆盖层,平台整体性、稳定性好,钢护筒不会移位、不漏浆、不塌孔。同时,套箱体积较小,施工速度快,钢管、平台可回收利用,比较经济。

(二)涌潮区

海洋及近海江河在星体之间的万有引力、水域地形、水流流速等各种因素作用下会产生涌潮现象。涌潮期水域与平时相比,波峰较高,水流向前推进速度快,对固定物的冲击力大,而涌潮过后的潮位高,涌潮过后流速急。这种环境下的钻孔灌注桩施工有较高的难度。

1. 水文地质勘察

涌潮区钻孔灌注桩施工首要的工作就是对施工区域内涌潮的水文地质资料的掌握。

包括涌潮的时间、潮水波峰高度、水流速度、退潮后的水位等。

2. 钻孔平台计算及施工

计算原则、荷载及荷载组合基本上与第一章中的内容近似，但是需要在计算中充分考虑到强潮对固定物的强大冲击力及对基础冲刷力。计算中，钻孔平台的高度、强度、基础的入岩深度均需有应对大潮的安全富余。

施工组织安排时应注意规避年、日内的强潮，尽量在小潮期、平潮期进行水上作业。对于由于恶劣天气情况引起的涌潮，应及时做好天气预报，保证施工安全。

(三)深水区

浮动式钻孔平台是深水中完成钻孔桩基础施工的一种简便而有效的方法，它是指利用水上设备(民用船舶或工程浮箱)以及军用器材等搭设作业平台进行钻孔桩施工的方法。按构造形式主要分为钢吊箱浮式钻孔平台和浮箱式钻孔平台。

1. 钢吊箱浮式钻孔平台

浮式钢吊箱一般为有底结构，钢吊箱利用桩基钢护筒上的牛腿悬挂并稳固于水中，钻孔平台依靠钢吊箱作为其承载结构，其上设置相应的承重分配梁、面层及附属结构，能较好地解决墩位水深较大的情况。

2. 浮箱式钻孔平台

浮箱式钻孔平台主要采用浮箱或船只拼装而成，浮箱、船只的大小应根据水流情况、施工平台尺寸和需要的载质量决定。

详细的介绍可参见第一章内容。

三、海洋环境钻孔灌注桩施工注意事项

(一)钢护筒的防腐措施

海洋环境钻孔灌注桩采用的钢护筒，除具有一般环境下钢护筒功能外(见第一章)，还应具备防腐蚀功能，防腐设计与施工一般与结构的设计与施工同步进行。钢护筒的防腐措施主要包括预留腐蚀厚度、采用防腐蚀涂层、外壁包覆盖层、选用耐腐蚀钢、水下阴极保护法、喷涂金属层等。应根据环境条件、设计年限、保护要求等选用一种或多种上述措施同时保护。

1. 钢护筒预留腐蚀厚度

钢护筒设计壁厚应由有效厚度和预留腐蚀厚度两部分组成，有效厚度应根据使用期和施工期的强度和稳定性计算。钢护筒的预留腐蚀厚度一般可参照类似环境下钢结构腐蚀的实测数据确定，无实测数据时亦可按式(4-2-1)计算：

$$\Delta\delta = v[(1-P)t_1 + (t-t_1)] \tag{4-2-1}$$

式中：$\Delta\delta$——在使用年限 t 内，钢护筒所需要的管壁预留单面腐蚀厚度，mm；

v——钢材的单面平均腐蚀速度，mm/a，可参照表4-2-1，也可根据现场实测确定；

P——采用涂层保护或阴极保护与涂层联合防腐蚀措施的保护效率，%，可按表4-2-2取值；

t_1——用涂层保护或阴极保护，或阴极保护涂层联合防腐蚀措施时的设计使用年限，年；

t——被保护的钢护筒设计使用年限。

海洋工程碳素钢的单面年平均腐蚀速度 v　　表 4-2-1

部　位	年平均腐蚀速度 v(mm/s)
大气区	0.05 ~ 0.10
浪溅区	0.20 ~ 0.50
水位变动区、水下区	0.12 ~ 0.20
泥下区	0.05

阴极保护效率 P　　表 4-2-2

部　位	阴极保护效率 P(%)
平均潮位以上	$0 \leqslant P < 40$
平均潮位至设计低水位	$40 \leqslant P < 90$
设计低水位以下	$P \geqslant 90$

2. 防腐蚀涂层

钢护筒防腐蚀涂层应根据设计使用年限、环境介质、施工条件、经济等因素综合分析研究,确定涂料的品种、厚度、表面处理等级。处于浪溅区和水位变动区的防腐蚀涂料应能适应干湿交替变化,并具有耐磨损、耐冲击等性能;处于水下区、平均潮位以下的水位变动区和泥下区防腐蚀涂料,应能与阴极保护系统配套,具有较好的耐电位性和耐碱性;处于受石油污染水域,应选用耐油性能良好的防腐蚀涂料。由于环境条件和各部位的要求不尽相同,设计时可按现行《海港工程钢结构防腐蚀技术规范》(JTS 153-3)的有关规定选用。

在防腐层涂装前,应进行钢材表面处理,由于不同品种涂料对表面处理质量等级要求不尽相同,应保证其适应性。一般而言,常规油性涂料湿润性和浸透性较好,对除锈质量要求可略低,而高性能涂料如富锌涂料对除锈要求较高,施工前应进行针对性研究。

涂层施工时,应控制环境相对湿度在85%以下,气温在5℃以上。涂装方法主要有刷涂、滚涂和高压无气喷涂等方式,应根据涂料的物料性能、施工条件、涂装要求和被涂结构的情况进行选择。

3. 包覆层防腐

包覆层防腐也是钢结构常用的防腐方法之一,它是以玻璃纤维为骨架,以油漆或树脂作为填料和黏合剂组成的防腐层。这种防腐层厚度大,耐水性能好,具有良好的耐冲击性能。

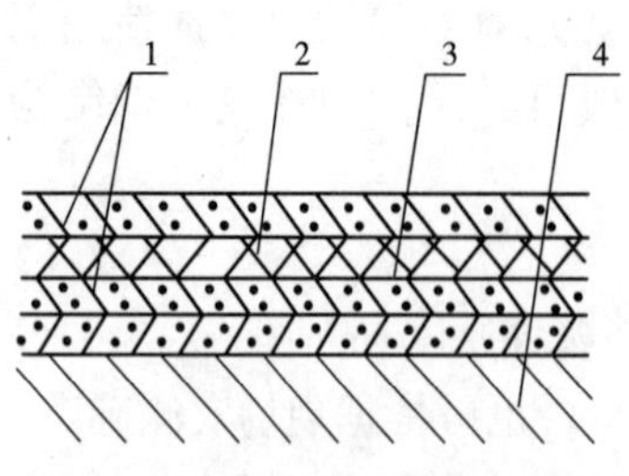

图 4-2-1　包覆层结构

1-面漆;2-玻璃纤维;3-底漆;4-基体

玻璃纤维的包覆通常 2 ~ 5 层,黏结剂常用油漆、环氧树脂或不饱和树脂(用树脂作黏结剂的包覆层俗称玻璃钢),包覆层结构如图 4-2-1 所示。此外,还有用聚乙烯热塑套管作为钢桩的包覆层。

底漆层作为基体和包覆层的交联层,应选择高性能防锈底漆,以增强防腐效果。一般使用环氧富锌防锈漆或其他环氧类防锈底漆。面漆层材料要求能与玻璃纤维有良好结合力以及较强的耐水和耐腐蚀能力。玻璃纤维常用钠钙硅酸盐玻璃丝,无碱或中碱,碱金属氧化物含量不大于12%,并经脱蜡处理。玻璃纤维包覆一般有手工缠绕和机械缠绕两种方法,所用的玻璃纤维也有所区别,前者可选用厚度为0.1 ~0.4mm、经纬密度在 2 ~8 根/cm 的网眼玻璃丝布,后者可选用单丝直径为 10 ~ 40μm 的玻璃纤维丝。

包覆层施工顺序一般为:基体表面处理—底漆—面漆—玻璃纤维—面漆—玻璃纤维—面漆—罩面漆。具体施工方法为:认真清理除锈后的基体表面,用高压空气吹去浮尘并用丙酮擦去浮锈,涂刷底漆并按规定时间进行固化,然后进行面漆—玻璃布—面漆不间断地涂刷或缠绕,直至达到规定包覆层道数,最终待包覆层完全固化后罩上最后一道面漆。

在包覆层施工过程中,玻璃布缠绕和黏结剂的涂刷是保证包覆层质量的最重要工序,施工时应严格遵守以下规则:

(1)采用螺旋型缠绕,每圈之间搭接宽度控制在 10 ~ 20cm,上下两层的搭接缝位置应错开。

(2)面漆应渗透玻璃纤维,并填满所有空隙。

(3)玻璃纤维布缠绕应拉挺平整,不可有皱折现象。

(4)电焊缝处凸出部位应用环氧沥青胶泥进行修补并进行光顺过渡,保证玻璃纤维布缠绕后不产生空隙现象。

(5)在缠绕过程中每绕一层应用滚子或软刮板赶净层间所有气泡。

4. 选用耐腐蚀钢材

根据护筒施工区域腐蚀介质的不同,合理选择耐腐蚀钢材。随着冶金工业的不断发展,特种用钢也在断开发出新产品,如海水中选用 16MnCu、10CrMoAl、10CrMoCuSi 等钢材类型,但使用时应进行技术经济论证并配合其他防护措施。

5. 阴极保护

阴极保护主要适用于平均潮位以下钢护筒的防腐蚀,其一般采用外加电流保护系统、牺牲阳极保护系统或上述两种系统的联合保护。

采用阴极保护时,需掌握钢护筒所处的环境条件,必要时应进行现场测定,测定内容主要包括:介质的化学成分(氯离子、钙离子、镁离子、硫离子等);介质的电阻率;介质的流速、温度、波浪、潮位及其变化;介质的污染状况;邻近钢结构的防腐蚀状况及其与被保护钢结构相互间的腐蚀影响。阴极保护用的参比电极应具有极化小、稳定性好、不易损坏、使用年限长等特性,并适应所处的环境介质,其类型及主要技术性能可参照现行《船用参比电极技术条件》(GB/T 7387)相关规定。

阴极保护的总保护面积一般包括平均潮位以下的钢结构表面积(包括水中及泥下)。当平均高潮位高出平均潮位较多时,也可按平均高潮位以下的表面积计算。计算保护面积时应分区段计算,然后再分别计算其保护电流量。总保护电流 I(A)可按式(4-2-2)计算:

$$I = K\sum_{n=1}^{m} I_n = K\sum_{n=1}^{m} i_n s_n \tag{4-2-2}$$

式中:K——安全系数,一般取 1.1 ~ 1.2;

I_n——分部位的保护电流,A;

i_n——分部位的初期保护电流密度,A/m^2;

s_n——分部位的保护面积,m^2;

m——部位的数量。

采用阴极保护的钢结构应短路连接成一通电整体,其连接方式可用直接焊接、钢筋连接或电缆连接。连接点面积应大于连接用钢筋或电缆芯的横截面积。

(二)海水泥浆

对于海洋环境下的钻孔灌注桩,由于钻孔施工均处于海洋环境,在海上进行钻孔桩施工时,如采用淡水拌制泥浆可能会受到海水的污染,影响泥浆的性能,而且在外海施工,淡水供应非常困难,费用高,且没有足够的容器存储泥浆,故在条件允许的情况下,可用海水取代淡水进行泥浆拌制,配浆材料易寻且价格低廉。

海水泥浆抗污染能力强,抗盐耐 Ca^{2+}、Mg^{2+} 的能力较强,且它已被 NaCl 所饱和,故对盐的敏感性较低,可以抗较高盐类污染,性能变化小;由于泥浆中存在大量的无机盐类,故黏土在其中不易水化膨胀分散,可保持较低的固相含量;因为被钻出的岩渣不易在其中水化分散,可获得较大的岩屑而便于地面清除。海水泥浆的重要参数如失水量、黏度和泥皮等的调整,均可采用 CMC 和聚丙烯酰胺调制,且 CMC 无毒无害,可在养殖业的海域内应用。海水泥浆性能调整及原材料用量可参照以下原则执行:

(1)海水泥浆性能要求一般为密度:1 100 ~ 1 180kg/m³;黏度:25 ~ 30s;失水量 16 ~ 20mL/30min。

(2)膨润土预水化后再来配制泥浆,要用优质黏土配制基浆,膨润土加量控制在 40 ~ 80kg/m³。

(3)采用纯碱 Na_2CO_3,促进泥浆分散,把钙质土改良为钠质土,调节 pH 值。

(4)用羧甲基纤维素钠盐 CMC 的加量来调节泥浆失水量和黏度。

(5)由于用海水调制泥浆,造浆速度慢,配浆时黏土需提前浸泡。

(三)深水桩基钻孔泥浆的循环和净化

海洋环境桩基施工一般均在搭设的钻孔平台上进行,泥浆的循环可由设置在钻孔平台上的制浆池、储浆池、沉淀池构成循环系统,也可在孔位护筒内进行泥浆的循环。对于海洋环境桩基础施工一般打设有大量钢护筒,可直接利用钢护筒完成钻孔泥浆的净化与循环。

(四)水下混凝土的配置

1. 海工混凝土的配置要求及方法

配制的材料除应满足强度要求外,尚应充分考虑环境条件的影响,具有所需的耐久性。其所用的材料应有证明书或检验报告单,使用时应按现行行业标准《水运工程混凝土试验规程》(JTJ 270)进行检验,并按现行行业标准《水运工程混凝土质量控制标准》(JTJ 269)进行质量控制,其质量应符合国家现行有关标准的规定,并满足设计要求。

材料在运输及存储过程中应设标志,并按品种,规格分别堆放,不得混杂,不得接触海水,并防止其他污染。

(1)水泥应符合的规定

海工混凝土配制宜采用硅酸盐水泥、普通硅酸盐水泥、矿渣硅酸盐水泥、火山灰质硅酸盐水泥、粉煤灰硅酸盐水泥及复合硅酸盐水泥,其质量应符合现行国家标准《通用硅酸盐水泥》(GB 175)的有关规定,强度等级不得低于 32.5 级。

普通硅酸盐水泥和硅酸盐水泥的熟料中铝酸三钙含量宜控制在 6% ~12%。

受冻地区的混凝土宜采用普通硅酸盐水泥和硅酸盐水泥,不宜采用火山灰质硅酸盐水泥。

不受冻地区的浪溅区混凝土宜采用矿渣硅酸盐水泥,特别是矿渣含量大的矿渣硅酸盐水泥。

不得使用立窑水泥和烧黏土质的火山灰质硅酸盐水泥。

当采用矿渣硅酸盐水泥,粉煤灰硅酸盐水泥,火山灰质硅酸盐水泥时,宜同时掺加外加剂或高效减水剂。

(2)集料应符合的规定

集料应选用质地坚固耐久,具有良好级配的天然河砂,碎石或卵石。

集料的质量应符合现行行业标准《水运工程混凝土施工规范》(JTS 202)的有关规定。

细集料不宜采用海砂。当受条件限制不得不采用海砂时,海砂带入浪溅区或水位变动区混凝土的氯离子量,对钢筋混凝土,不宜大于水泥质量的0.07%,对预应力混凝土,不宜大于0.03%。当超过上述限值时,应通过淋洗降低到小于此限值,当淋洗有困难时,可在拌制的混凝土中掺入适量的亚硝酸钙或其他经论证的阻锈剂。当拌和用水的氯离子含量不大于200mg/L,外加剂的氯离子含量不大于水泥质量的0.02%时,细集料的氯离子含量允许适当提高,但应满足《水运工程混凝土施工规范》(JTS 202—2011)第3.0.9条的规定。

粗集料的最大粒径应满足下列要求:

①不大于80mm;

②不大于构件截面最小边尺寸的1/4;

③不大于钢筋最小净距的3/4;

④在浪溅区,不大于保护层厚度的2/3,当保护层厚度为50mm时,不大于保护层厚度的4/5;在其他区,不大于保护层厚度的4/5。

不得采用可能发生碱—集料反应的活性集料。

(3)拌和用水应符合的规定

拌和用水宜采用城市供水系统的饮用水,一般不宜采用海水。当采用其他水源时,应符合现行行业标准《水运工程混凝土施工规范》(JTS 202)的有关规定。

钢筋混凝土和预应力混凝土的拌和用水的氯离子含量不宜大于200mg/L。

(4)掺和料应符合的规定

当采用硅酸盐水泥,普通硅酸盐水泥拌制混凝土时,宜适当掺加优质掺和料。

混凝土掺和料宜采用粒化高炉矿渣、粉煤灰、硅灰等,掺和料的品质应符合现行国家标准《用于水泥和混凝土中的粒化高炉矿渣粉》(GB/T 18046),《用于水泥和混凝土中的粉煤灰》(GB/T 1596)及现行行业标准《水运工程混凝土施工规范》(JTS 202)的规定,硅灰的品质应符合现行行业标准《海港工程混凝土结构防腐蚀技术规范》(JTJ 275)。掺和料的掺量应通过试验确定。

粒化高炉矿渣的粉磨细度不宜小于4 000cm^2/g,其掺量宜通过试验确定。用硅酸盐水泥拌制的混凝土,其掺量不宜小于胶凝材料质量的50%;用普通硅酸盐拌制的混凝土,其掺量不宜小于胶凝材料的40%。

粉煤灰的质量,应满足2级以上粉煤灰的要求。

对普通混凝土,粉煤灰取代水泥质量的最大限值应符合下列规定:

①硅酸盐水泥拌制的混凝土不宜大于25%;

②普通硅酸盐水泥拌制的混凝土不宜大于20%;

③矿渣硅酸盐水泥拌制的混凝土不宜大于10%;

④试验论证,最大掺量可不受以上限制。

硅灰的掺量不宜大于水泥质量的10%。

外加剂应符合下列规定:

外加剂质量应符合现行国家标准《混凝土外加剂》(GB 8076)的规定。

外加剂对混凝土的性能应无不利影响,其氯离子含量不宜大于水泥质量的0.02%。

外加剂的应用应符合现行国家标准《混凝土外加剂应用技术规范》(GB 50119)的规定,其掺量应通过试验确定。

(5)混凝土质量

混凝土拌和物的稠度、均匀性、含气量等质量指标的检验应符合现行行业标准《水运工程混凝土质量控制标准》(JTJ 269)的有关规定。

混凝土拌和物中的氯离子最高限值应符合表4-2-3的规定。

混凝土拌和物中氯离子的最高限值(按水泥质量百分率计)　　表4-2-3

预应力混凝土	钢筋混凝土
0.06	0.10

不同暴露部位混凝土拌和物水灰比最大允许值应符合表4-2-4的规定。

海水环境混凝土水灰比最大允许值　　表4-2-4

环境条件		钢筋混凝土,预应力混凝土	
		北方	南方
大气压		0.55	0.50
浪溅区		0.50	0.40
水位变动区	严重受冻	0.45	
	受冻	0.50	
	微冻	0.55	
	偶冻,不冻		0.50
不受水头作用		0.60	0.60
受水头作用	最大作用水头与混凝土壁厚之比小于5	0.60	
	最大作用水头与混凝土壁厚之比5~10	0.55	
	最大作用水头与混凝土壁厚之比大于10	0.50	

不同暴露部位混凝土最低强度等级应符合表4-2-5的规定。

不同暴露部位的混凝土最低强度等级　　表4-2-5

地区	大气压	浪溅区	水位变动区	水下区
南方	C30	C40	C30	C25
北方	C30	C35	C30	C25

不同暴露部位的混凝土拌和物的最低水泥用量应符合表4-2-6的规定。

海水环境混凝土的最低水泥用量(单位:kg/m³)　　表4-2-6

环境条件		钢筋混凝土,预应力混凝土	
		北方	南方
大气压		300	360
浪溅区		360	400
水位变动区	F350	395	360
	F300	360	
	F250	330	
	F200	300	

2. 高性能混凝土

一般规定对暴露于浪溅区的混凝土,宜采用高性能混凝土。

海洋环境下钻孔灌注桩基施工所采用的高性能混凝土,除应具有高耐久性,高抗氯离子参透性,高尺寸稳定性外,尚应具有良好的工作性及较高强度。配置高性能混凝土除应符合本节有关规定外,尚应符合现行行业标准《水运工程混凝土质量控制标准》(JTJ 269)和《水运工程混凝土施工规范》(JTS 202)的有关规定。见表4-2-7。

高性能混凝土的技术指标参数表 表4-2-7

项 目	水 胶 比	胶结物质总量(kg/m^3)	坍落度(mm)	强 度 等 级	抗氯离子参透性
指标	≤0.35	≥400	≥120	≥C45	≤1 000

抗氯离子渗透性试验用的混凝土试件应在标准条件下养护28d,试验在35d内完成。

高性能混凝土原材料应符合下列规定:

(1)宜选用标准稠度低强度等级不低于42.5的中热硅酸盐水泥和普通硅酸盐水泥,不宜采用矿渣硅酸盐水泥、火山硅酸盐水泥和粉煤灰硅酸盐水泥。

(2)细集料宜选用级配良好细度在2.6~3.2的中粗砂。

(3)粗集料宜选用质地坚硬级配良好、针片状少、空隙率小的碎石,其岩石强度宜大于100MPa,碎石压碎值不大于10%。

(4)减水剂应选用与水泥匹配的坍落度损失小的高效减水剂,其减水率不宜小于20%。

(5)配置高性能混凝土的掺和料适宜掺入量(%)磨细粒化高炉矿渣50~80,粉煤灰25~50,硅灰5~10。

四、环境保护、气象预报

1. 环境保护

海上施工过程中,要严格遵守国家有关环境保护的法律、法规和规章,树立环境保护意识,并制定专项措施保护环境。对施工过程中产生的建筑垃圾及生活垃圾、桩基施工生产泥浆、施工废弃临时设施等必须做到及时处理、无害排放。

2. 气象

海上施工时,在台风季节受台风侵袭的可能性极大,加之施工现场和办公、生活区域全部在海边台风影响区域内,因此生产和生活临时结构设施设计时均考虑台风的影响进行设计。

考虑到台风的危害性和风力的不确定性,在台风来临之前仍必须作好充分的防台防汛准备工作。为便于指挥机构组织抗灾抢险及各部门之间的协同作战,保障项目施工人员生命财产的安全,将自然灾害可能造成的损失降低到最低程度。

桩基施工过程中各道工序的防台风措施如下。

(1)成孔过程

在成孔施工过程中,若气象预报有台风,则必须立即停止施工,将钻机及各种配套设备固定牢固,台风过后重新进行钻孔作业。

(2)下钢筋笼

若接到台风预报时,正在下钢筋笼,则将已接长的钢筋笼下放至孔内,并设反压牛腿将钢筋笼与钢护筒固定牢固,同时将剩余的钢筋笼固定,孔口搭设型钢,并用钢板封盖牢固。

(3)混凝土灌注

当项目进入二级防台部署时(台风72h以内到达施工区域),混凝土不允许开盘;若当时正在灌孔,则要尽快组织将孔灌完,然后安排混凝土泵等机械设备撤退。

第三节 冻土地质下的钻孔灌注桩

一、概述

冻土是指温度在0℃或0℃以下,并含有冰的各种岩石和土壤。冻土区别于常规融土的最本质的特征是冰的存在,也就是说,通常情况下融土是三相体系,而冻土是四相体系。在我国青藏高原、西北高山和东北北部的大、小兴安岭及松嫩平原等地区分布着大片的多年冻土,而贺兰山至哀牢山一线以西的广大地区,以及此线以东,秦岭—淮河线以北地区是季节冻土区。这些地区的地表层都存在一层冬冻夏融的冻结融化层,作为地基的冻结融化层。因此,冻土地区钻孔灌注桩基础施工与常规地质情况下的桩基础施工有较大的区别。

二、成孔方案的选择

为有效降低成孔过程热量对桩周冻土的扰动,多年冻土区提倡采用旋挖钻机干法成孔。暖季视冻土融化程度采用泥浆护壁成孔。

三、钻孔桩的成孔工艺

1. 施工准备

(1)钻机选择

经过多年冻土桩基础的工程实践,旋挖钻机得到普遍认可,这种钻具具有功效高、机动性强的优势,能适应多年冻土区的各种地质情况,而且无需采用正反循环排渣,不会污染环境,同时可以把对桩周冻土热平衡的影响降到最低限度。

(2)钻孔场地布置

场地布置时采用以填代挖的方式,减少对原地面开挖引起的热扰动。钻机底座下发动机散热部位,铺设聚苯乙烯保温板,以减少对地基土的热侵入。

2. 护筒埋设

除起到常规护筒埋设的作用外,多年冻土区护筒还兼有降低冻土对桩基础冻拔力的作用。护筒直径宜大于孔径20cm,将护筒埋入冻土上限以下不少于0.5m,并于护筒外涂1cm厚的沥青渣油,减少护筒外表面的亲水程度,降低冻土对桩基础的上拔力。护筒埋设,先用比护筒稍大的旋挖钻头,钻至冻土上限以下0.5m深度后,安放护筒。护筒外侧事先满涂渣油,护筒准确就位后,护筒外侧空隙用渣油拌制的粗粒土回填密实。护筒埋设平面误差不大于5cm,上下竖直,误差不大于1%护筒长度。

3. 钻孔桩成孔工艺

多年冻土区采用旋挖钻机干法成孔工艺。

(1)护筒埋设完毕,经检查无误后,进行钻进。旋挖钻进是利用旋挖钻头钻杆顶的液压马达往下压,同时利用旋挖钻头旋转切入土体,土被挤入料斗中,再提出孔外,直接装入自卸汽车。

(2)钻进过程中,根据地质情况选用不同的钻头。一般黏性土、砂土地层选用筒式钻头,砂砾石地层选用平底钻头,岩层选用尖底钻头。

(3)开始钻进时,应保证钻杆竖直,加大钻杆对土层压力,缓慢进尺,采用高钻速、小跟进量、均压钻进。

(4)钻进过程中,对孔口周围进行防护,防止地表水流入孔内,因故停钻时,及时将钻头提出孔外。及时清理孔口周围积土,确保孔口稳定,钻孔弃土按要求运到指定弃土场,集中处理。

(5)当钻进至设计高程时,在原处正向空转数圈,然后停止,提升钻杆。空钻时不得加深钻进,提钻时不得回转钻杆。

(6)孔底虚土清理。利用筒式钻头将孔底虚土清理干净。

4. 钻孔桩成孔的事故预防及处理

(1)冻土钻进时"糊钻"的处理

所谓"糊钻"是指,在桩基施工钻进过程中,因钻头与切削土体的摩擦,产生一定的热量,这部分热量虽不能全部融化冻土层,但会造成随钻头带上来的土体部分融化而粘附于钻头上。在干作业成孔过程中多采用螺旋钻施工,融化黏附岩屑会导致进尺效率低下,影响成孔速度。

一般采取以下措施解决这个问题:将双向进土螺旋钻改为单向进土螺旋钻;增加螺距,减小成孔过程中的挤密效应;提钻前多反转,使挤密在螺旋片中的岩土体松散;制作专用刮土器,起钻后螺旋钻叶片在刮土器作用下快速刮除。

(2)含土冰层、冰层钻进时滑钻的处理

钻进过程中如遇到含土冰层、冰层时,有可能出现钻头滑钻的情况。一般采用中空的岩芯钻先对冰体进行切割,然后再用桶式钻头或螺旋钻头将其取出孔外的方法进行处理。在部分土层施工时,尽量减少反转,可用岩芯钻直接将切割冰柱体取出孔外。

(3)有地下水涌出时岩层的钻进

在地下水涌出时,螺旋钻不能将所钻岩屑带出孔,需要螺旋钻、桶式钻头配合使用。桶式钻头因其有良好的密封性能,可将钻孔中岩屑悉数取出,并在施工中具有泥浆置换功能。

(4)热融坍塌的处理

受气温及人为活动影响,在暖季多年冻土热平衡状态受到破坏。施工措施不当,会造成钻孔上部坍孔,严重的还会造成串孔,影响邻桩施工,更有甚者会导致机毁人亡的安全事故。为防止成孔过程中的热融坍塌和成桩后的冻胀,在充分考虑温度影响造成的多年冻土最大融化深度的变化趋势以及桩基处地质条件的前提下,一般采用加长护筒的方法来预防热融坍塌对成孔造成的不良影响。钢护筒的埋入,采用旋挖钻机动力头加压稳定下压或边钻进边跟进护筒的方式埋设,减小了对高温不稳定区多年冰土层的扰动。

(5)混凝土温度的控制

在多年冻土区的施工环境下,钻孔灌注桩施工要解决好混凝土的温度控制问题,既要保证好混凝土本身的强度和耐久性,又要减少施工对地基冻土的扰动,保证经施工扰动的桩周多年冻土在工期容许的时间内回冻,及早形成桩基承载力,以便上部结构施工。

在寒季低温、负温环境下,可通过对原材料进行预热,加强保温、保湿养护,应用低温、早强复合外加剂等措施保障混凝土的施工质量和早期强度(包括临界抗冻强度)。

多年冻土的热扰动影响因素主要有混凝土水化热、桩基施工因素(成孔方式等)和桩基混凝土的入模温度三种。在暖季,桩基混凝土的入模温度控制能在一定程度上减少对桩周多年冻土的热扰动,但它不是唯一和主要的影响因素。通过利用新型混凝土添加剂,改善混凝土的配合比,减少混凝土的水化热,可以弥补因入模温度较高所增加的显热。将桩基混凝土的入模温度适度提高所造成的冻土热扰动与桩基施工其他因素(如桩的成孔方式等)造成的热扰动相比是次要的。因此,在特定条件下,适当提高桩基混凝土的入模温度是可行的,也是有必要的,这不仅可降低施工成本和施工难度,保障施工进度,也有利于整体施工质量的提高。

四、桩基回冻监测

桩身混凝土灌注后,必须等桩周地基土回冻达到设计要求后方可进行承台以上部分的施工。桩基回冻监测具体工序为:在混凝土灌注前,先预埋温度传感器,传感器埋在桩身顶部、中部和底部各1只,分别用铁丝固定好温度传感器,并沿钢筋笼将导线引到地面以上,防止损坏。在浇注混凝土前先测地温及环境温度,并做好记录。混凝土浇注后,用测温仪检测3点的温度,并做好记录。温度趋于稳定后,即表示回冻完成。一般情况下,桩基回冻时间一般不少于1个月。

第四节 富含地下沼气地质下的钻孔灌注桩

一、概述

桩基础到达沼气区时,由于地下压力作用,地下沼气可以燃烧着冲出地面,甚至造成地层塌陷,严重危害桩基施工安全。因此在含有地下沼气地质下的钻孔灌注桩施工中,对地下气体的勘察、释放是一项十分重要的工作。

本节主要阐述地下沼气的排放工程及施工方法。

二、地下沼气排放工程

(一)施工准备

1. 地质勘察

施工前仔细核对地质资料,对存在浅层沼气的地段应了解沼气的分布范围、埋置深度、压力及储量大小。

2. 预排放施工

在桩基施工之前,在含气层的桥桩附近,先布设装有放气阀门的钢管,根据地下的气压、气量控制放气阀,在最佳的时段内将沼气排空。此方法适用于气层连续性较好、含气量高、地下沼气补给充分的地区。此法在杭州湾大桥施工时得到推广应用,称为“集中排气法”。

零星放气是指钻探设备直接钻探,钻探采用优质泥浆护壁,回转钻进,进行零星放气的办法。此方法适用于气层连续性较差的地区。

3. 集中排放

(1)集中排放施工控制原则

①均衡放气原则:浅层气释放的速率应不产生放气孔周围地层显著扰动,缓慢均衡放气,以不带出泥砂为控制标准,释放过程注重压力的动态平衡。筛管设置深度要准确,高于含气层放不出气,过低则造成气托水、泥水上涌的现象。

②安全性原则:放气作业早于钻孔作业一段时间,注重防火、防喷的措施,不影响主体结构施工。

③经济性原则:针对本地区的气藏特点,借助油气开采通用设施和技术,采用简易放气法。

(2)集中排放操作要求

①集中排放在钻孔桩施工前6个月进行,用打桩船设置钻孔及操作平台,单井放气需要2个月。

②施工前仔细核对前期浅层气物探报告和相关地质资料,对存在浅层气的地段应了解其分布范围、埋置深度、压力及储量大小。

③在钻进含气层时,采取慢速减压钻进措施,并加大泥浆相对密度,加强泥浆护壁,防止因少量气体逸出引起孔壁坍塌。

4. 零星放气施工

零星放气利用钻探船抛锚定位直接钻探放气。钻探采用优质泥浆护壁,回转钻进。遇6级以上大风停止作业。

5. 气体的检测

(1)气体浓度的检测

为了更准确地检测出孔口是否有沼气溢出,施工过程中可采用甲烷检测报警仪进行检测。气体检测前先在清洁的空气中打开仪器,待仪器稳定进入待测状态后,将仪器直接放置在孔口进行检测。为了更能准确地检测孔内是否有气体溢出,每次检测时先将孔口捂住以防因气量太小而从旁边溢出而影响检测结果。

(2)气体压力的检测

气体压力的检测采用气砂水分离仪上进行压力测定。

(3)气体流量的检测

气体的流量采用流量计进行量测。

(二)施工注意事项

在钻进进入含气层时,采取慢速减压钻进措施,并加大泥浆相对密度,平衡气压,加强泥浆护壁,防止因少量气体逸出而引起孔壁坍塌。

搭设施工人员工作平台应尽量抬高,避免沼气喷发时引火上身。同时应设置快速逃生通道,事发时能及时、安全地疏散工作人员。

钻进施工时,钻孔平台处应配置相应的气体检测设备及火警安全设施。

第五节　卵石透水层地质下的钻孔灌注桩

一、概述

卵石透水层地质下的钻孔灌注桩，在穿越卵石砂土层时的工艺较复杂，难度较大，成桩时间长。本节介绍钻孔灌注桩穿越卵石砂土层的施工方法。

二、钻机选择

冲击钻机适用的地层和土质广泛，遇到较大的卵石和漂石时，比其他钻机有较大优势；同时冲击锥往下冲击时，部分钻渣被挤入孔壁加强了孔壁的稳定性，增加了土层与桩身间的侧摩擦阻力以及冲击钻机泥浆制备简单等特点，因此，卵石透水层地质下的钻孔灌注桩优先选择冲击钻机施工。

回旋钻机采用筒状肋骨合金钻头、滚轮钻头、钢粒全面钻进钻头，同时配合以气举反循环方式清孔，循环能力和排渣能力都比较强，不但排渣比较干净，而且颗粒比较大的钻渣（像鸡蛋大小的钻渣）也能排出来，所以也适合于在卵石层等颗粒比较大的地层中钻进成孔。

本节主要介绍冲击钻施工卵石透水层地质下的钻孔灌注桩工艺。

三、卵石透水层地质下钻孔灌注桩成孔工艺

1. 施工难点

(1) 漏浆问题

如果在卵、砾石地层存在着地下联系通道，那么在成孔过程中用于孔内护壁的泥浆可能在短时间内流失，从而造成孔壁压力失衡，引起孔壁坍塌。

(2) 成孔困难

在卵、砾石地层中钻进成孔时，由于卵、砾石密实度较高，采用普通单腰带犁式钻头钻进速度缓慢，从而导致成孔效率低，机械损耗大。

(3) 成孔缩径问题

由于地层的差异，容易引起在卵、砾石地层与黏土等相邻地层交界处的成孔缩径现象的出现。

(4) 孔底沉渣

在卵、砾石中成孔中，特别是当卵、砾石地层比较厚时，难以将颗粒较大的卵、砾石携带出孔内，从而形成孔底沉渣，桩端承载力不能得到保证。

2. 施工重点

(1) 泥浆护壁

卵石地层钻孔施工，必须采用泥浆护壁，其作用有两方面：首先，护筒内泥浆的相对密度和水位高都大于孔壁周围渗透水，在静水压力下泥浆在孔壁形成一层泥皮；其次，泥浆还起着悬浮钻渣的作用，方便掏渣筒或潜水泵掏渣清孔，使钻进正常进行。因此，泥浆的质量、护壁的好坏是钻孔成败的关键。由于冲击钻孔一般是在孔内直接造浆，在施工时应选用水化快、造浆能力强、黏度大、含砂率低的优质黏土或膨润土，并尽量就地取材。

在一些缺乏合适黏土的地区掺入一些外加剂(如水泥、纯碱)以改善泥浆性能,增强护壁效果。

卵石地层钻孔施工,容易造成泥浆含砂率太高以致相对密度太大的情况,因此应经常检查泥浆密度、观测钻头的冲击情况,发现泥浆密度偏大即停止进尺,采用掏渣筒将钻渣掏出。待含砂率和相对密度符合要求后,再补充合格的泥浆或补充水和黏土,利用钻锥自制泥浆。

(2)冲击频率与冲程

增加冲程与冲击频率都可以提高钻进效率,但这两个参数是成反比例函数,互相制约,不能同时增加。不同钻深及穿过不同地层时宜采用不同的冲程。实际施工时,在钻孔开始阶段及穿过细砂层或流沙层时均采用小冲程,以控制钻进速度,避免塌孔事故的发生;在穿过松散沙砾类土层时采用中冲程;在穿过坚硬砂卵石层及进入岩层后,则采用大冲程,以提高钻进效率。

(3)出渣及清孔

卵石、砾石、岩石地层冲孔会产生大量的冲渣,这些冲渣必须及时排出。排渣可采用泥浆循环法和抽渣筒法。泥浆循环法就是把泥浆管插入冲孔下部,用泥浆泵将泥浆池中的泥浆抽入冲孔中,下部的泥浆夹带着冲渣翻出护筒溢出口。抽渣筒法就是把抽渣筒压入冲孔中,将冲渣提出冲孔的方法。抽渣筒下放时,底部会自动打开,提出时底部又会自动关上。采用抽渣筒法排渣时要注意及时补充泥浆,让泥浆液面高度符合要求,以免发生坍孔等情况。泥浆从冲孔中流出来后,泥浆中夹着部分冲渣会在流动过程沉淀在泥浆沟中,剩余部分冲渣会沉淀在泥浆池中。不管是沉淀泥浆沟中还是泥浆池中的冲渣,都要及时进行清理。

冲孔经过检验达到设计深度后,即可进行清孔。清孔有两个目的:一是把仍悬浮在泥浆中还未排出的冲渣清除掉;二是使孔底泥浆相对密度符合浇注混凝土的要求。清孔也可使用泥浆循环法或抽渣筒法。为提高清孔质量及功效,建议采用采用气举反循环二次清孔。

(4)交界面处置

通过对卵、砾石地层与其他地层的交界处进行反复扫孔,保证成孔直径满足设计要求。

3. 常见事故处置及预防办法

(1)坍孔

坍孔是砂卵石地层中较常见的现象,主要发生在钻孔穿过细砂层或粉砂层的地层,因此在钻头通过这些地层时,应控制钻进速度采用小冲程进行钻进,适当增加水泥造浆和泥浆密度,以稳定护壁。一旦发生坍孔,尽快查明坍孔位置、范围大小,立即回填密实,待孔壁稳定后重新钻进。

(2)缩孔

沉积地层中常夹杂淤泥质地层,钻孔穿过这些地层时,因孔壁稳定性差易造成缩孔。发现缩孔后,及时向孔内投入小片石,减少钻头冲程,控制钻进速度,使投入的片石挤入周围地层,稳定孔壁。

(3)卡钻

卡钻的原因主要有以下几种:钻孔不圆,钻头被狭窄部位卡住;上部坍落物卡住钻头;穿过淤泥层时因缩孔;泥浆黏度过大钻头被吸住。遇卡钻时要先查清卡钻原因再采用相应的处理方法,如放下钻头转动到孔径较大的方向提起、用打捞钩或打捞活套助提、清除坍落物、水下爆破提锥法等。若坍方规模较大掩埋钻头,使打捞发生困难时,应及时与业主和设计单位取得联系,变更设计,重新钻孔,这样既可以节约成本,又可以加快施工进度。

(4)钻孔偏斜

沉积地层常伴有大漂石,当钻孔内有探头石、漂石、基岩面非水平、钻塔移位等的情况下易引起钻孔偏斜。当发现探头石、漂石、非水平基岩时应及时回填片石,采用短冲程、高频率冲击;待冲击面平整稳固后,采用长冲程冲击钻进。同时经常检查钻井平台是否发生移位并及时调整,特别是场地比较松软时更应注意钻塔移位。

本章参考文献

[1] 交通部第一公路工程总公司. 公路施工手册　桥涵(上册)[M]. 北京:人民交通出版社,2000.

[2] 徐维钧. 桩基施工手册[M]. 北京:人民交通出版社,2007.

[3] 陈昌富,杨明辉,龙正聪,等. 岩溶区桩基人工挖孔的常见问题及处理方法[J]. 公路,2003(1).

[4] 罗新梅. 岩溶复杂地质条件下桥梁钻孔桩施工技术[J]. 铁道标准设计,2006(7).

[5] 白双喜. 岩溶地质钻孔桩施工工艺[J]. 山西建筑,2009(17).

[6] 周正江. 岩溶地区桥梁桩基施工技术措施的商榷[J]. 公路交通技术,2003(1).

[7] 徐建平,郭洪涛,蔡建军. 溶岩地质区桥梁桩基施工探讨[J]. 山东交通科技,2006(2).

[8] 谢煜新. 溶洞地区桩基的施工实践[J]. 广东公路交通,2004. (51).

[9] 陈潭龙. 桥梁嵌岩桩基施工的溶洞处理[J]. 广东公路交通,2002(2).

[10] 胡蓉. 高速铁路岩溶地质条件下钻孔桩施工工艺试验研究[J]. 铁道技术监督,2009(6).

[11] 李秋强. 青藏铁路清水河特大桥钻孔灌注桩施工[J]. 施工技术,2004(5).

[12] 马天明. 青藏铁路多年冻土区桥梁桩基础施工技术[J]. 桥梁建设,2003(2).

[13] 马辉,廖小平,赖远明. 青藏铁路多年冻土区桩基础施工中的混凝土温度控制问题[J]. 冰川冻土,2005(2).

[14] 伍军,孟庆斌,狄为民. 海相强潮差条件浅层沼气区长大钻孔桩施工[J]. 公路,2006(9).

[15] 蔡正凡. 钻孔灌注桩在卵与砾石地层中的施工改进方法[J]. 太原科技,2011(11).

[16] 肖云辉. 砂卵石地层钻孔灌注桩基础的施工[J]. 南平师专学报,2003(2).

第五章 大直径、超长桩施工

第一节 概 述

一、大直径、超长桩的发展

钻孔灌注桩基础以其造价低,效果好、速度快、适应性好等多种优点而得到迅猛发展。特别是近10年来,随着我国经济高速发展,大批跨越大江、大河、海峡的大型及特大型桥梁工程不断修建,加速了桩基施工工艺及施工设备的发展,同时也对桥梁基础提出了更高的要求。

由于钻孔灌注桩的承载性状与桩径、桩长密切相关,为满足桥梁结构发展需要,钻孔灌注桩的直径、长度也在相应的增加,大量大直径、超长桩被采用,其施工工艺、施工方法及各种配套的施工设备都相应得到了长足发展。国内近几年一些大桥的桩基规模见表5-1-1。

从表5-1-1可以看出,目前国内公路桥梁工程灌注桩直径大于2.5m的情况已较普遍,且最大的桩长已超过120m。由此可见,大直径、超长桩作为具有相当竞争力的基础形式,将会进一步的得到推广和应用。

二、大直径、超长桩的定义

根据《公路桥涵施工技术规范》(JTG/T F50—2011),将直径大于或等于2.5m的钻孔灌注桩界定为大直径桩,将桩长大于或等于90m的钻孔灌注桩界定为超长桩。

三、大直径、超长桩与普通桩的比较

在施工工艺方面,大直径、超长桩与传统的中小直径桩相比有以下施工技术特点:

1.对钻机的性能要求更高

桩基桩径增大、桩长增长后,成孔阻力成级数增加,导致成孔机械额定扭矩加大,使钻具工作状况更加恶化,主要体现在对钻杆强度要求更高,滚刀锁紧装置受力状况恶化及边刀磨损加剧等。因此,在大直径、超长桩施工时应对钻机选择进行技术与经济指标

的综合分析。

国内大直径、超长桩应用实例表　　表5-1-1

工程名称	桥型	基础形式	桩径	桩长	通车时间
青岛海湾大桥	(80+190+260+80)m独塔自锚式悬索桥	海上群桩基础	ϕ2.5m	80m	2011.6
东海大桥	主跨420m钢混叠合梁斜拉桥	群桩基础	ϕ2.5m	110m	2005.12
瑞安飞云江三桥	最大跨径240m独塔双索面预应力混凝土边箱梁斜拉桥	群桩基础	ϕ2.5m	109m	2009.1
舟山西堠门跨海大桥	主跨1 650m悬索桥	群桩基础	ϕ2.8m	40m	2010.1
润扬长江公路大桥	1 490m钢悬索桥	群桩基础	ϕ2.8m	80m	2005.4
苏通大桥	主跨1 088m连续钢箱梁双塔双索面斜拉桥	群桩基础	ϕ2.8m	120m	2008.7
杭州湾跨海大桥	主跨318m单塔双索面钢箱梁斜拉桥	群桩基础	ϕ2.8m	120m	2008.5
芜湖长江大桥	主跨312m公铁两用斜拉桥	群桩基础	ϕ3.0m	40m	2000.9
南京长江三桥	主跨648m双塔钢箱梁斜拉桥	钻孔灌注桩与承台组合基础	ϕ3.0m	110m	2005.10
南京长江二桥	主跨628双塔钢箱梁斜拉桥	群桩基础	ϕ3.0m	108m	2001.3
武汉二七长江大桥	(90+160+616+616+160+90)m三塔结合梁斜拉桥	群桩基础	ϕ3.4m	85m	2011.12
嘉绍大桥	70+200+5×428+200+70=2 680(m)六塔独柱斜拉桥	单桩独柱式钻孔灌注桩基础	ϕ3.8m	108m	2013.7
南昌新八一大桥	两座独塔2×160m斜拉桥	群桩基础	ϕ4.0m	60m	2009.12

2.钢护筒的施工难度增大

在大直径、超长桩基施工中,钢护筒不仅起到固定桩位,引导钻头方向,防止地面水流入孔内等作用,更多的可能参与到桩基受力,起到桩基防腐的作用,因此,对钢护筒的长度、壁厚、直径等性能都有更高的要求。由于钢护筒的直径增大,其质量也增大,增加了在运输、打桩及辅助吊装的难度,增大了钢护筒的加工质量及打设定位精度保证的难度。

3.钢筋笼的施工难度增大

随桩径增大,桩长增长,钢筋的接头数量大,现场的对接工作量大;另外,钢筋笼的质量增大后,对吊装工艺、吊装设备及防变形的要求高。

4.对护壁泥浆的性能提出了更高的要求

随着孔径的加大,孔壁环拱作用急剧减弱,孔壁稳定性减小,特别是淤泥质沙黏土、粉砂土等覆盖层处易产生孔壁滑坍现象。并且桩径增大、桩长增长后护壁泥浆的循环时间增长,清孔的难度增大,增大了孔壁的泥皮厚度及桩底的沉渣厚度,对桩基的桩侧和桩端承载力影响大。因此,对护壁泥浆的性能提出了更高的要求。

5.水下混凝土的灌注质量控制难度增大

因桩径、桩长的加大,单桩混凝土灌注量大,灌注时间长,对混凝土的生产供应设备,导管的水密性及刚度,混凝土的施工性能即混凝土的和易性、流动性、初凝时间等提出了更高的要求。

第二节 施工准备

对于大直径、超长桩,无论是在施工工艺方面,还是在对施工设备选择及施工质量控制等方面都有别于一般桩基工程。因此,大直径、超长桩施工前宜做好施工策划,进行系统、详细的准备工作,确保这类桩基施工的顺利进行。本节就大直径、超长桩钻孔时的特殊准备工作予以介绍,其他常规准备工作可参照第一章中相应内容。

一、钻机及其他设备

桩径增大、桩长增长后,成孔的难度相应增大,其成孔设备是确保成孔质量的关键。钻孔作业时,应根据不同桩径、桩长、地质情况选用不同的钻孔设备,并采用合理的钻压、转速、配重、进尺速度等。

(一)钻机及配套设备的选择

钻孔机械是灌注桩基础施工的主导设备。随钻孔灌注桩的不断发展,市场上出现了多种类别、多种型号的成孔钻机,但总体上大直径、超长桩成孔施工主要以回旋钻机、旋挖钻机和冲击钻机为主,此三种类型钻机在大直径、超长桩成孔施工中占了相当大一部分。

无论是何种类型的钻机,其选择主要依据桩基的直径、桩长及钻进地层的阻力、扭矩、钻压和钻进速度确定。对于回旋钻及旋挖钻的选择,扭矩是一个重要控制因素。大直径、超长桩钻孔所需扭矩可按式(5-2-1)计算:

$$M = KM_0A \tag{5-2-1}$$

式中:M——钻机额定扭矩,kN·m;

K——机械传递过程中,克服摩阻增加系数;

M_0——单位破岩面积所需的扭矩,一般取经验值6~8kN·m/m^2;

A——钻头破岩面积,m^2。

(二)钻机的主要性能、特点及适用范围

1.全液压动力头大直径回转钻机

全液压动力头大口径回转钻机适用于土层及软岩和中硬岩地层,这类钻机由动力头驱动钻杆带动钻头旋转切削岩土,采用气举或泵吸反循环排渣方式将孔内钻渣排出孔外。钻机采用液压缸升降钻具,可进行减压钻进,工作方便。油缸联合动作可实现快速装拆钻杆,在装卸钻头时,门式钻架可以倾斜,底盘上装有油缸驱动井口板开合,因此该类钻机具有工作效率高,安装操作简便等特点。全液压动力头大口径回转钻机适用范围较广,无论是陆上施工还是水上平台作业,均能胜任。国产全液压动力头大口径回转钻机见表5-2-1。

国产全液压动力头大直径回转钻机 表 5-2-1

钻机型号	排渣方式	钻孔直径(cm)	钻孔深度(m)	扭矩(kN·m)	转盘转速(r/min)	驱动动力功率(kW)	质量(kg)	外形尺寸(m)		
								长度	宽度	高度
KTY2500B	空气/泵吸反循环	400(土)/250(岩)	120	60,120	0~14	256	28 000	3.34	3.365	7.8
KTY3000A	空气/泵吸反循环	600(土)/300(岩)	130	100,200	0~16 0~8	238	34 000	7.82	4.432	6.77
KTY4000	气举反循环	400(120MPa) 350(200MPa)	130	120,300	0~15 0~6	285	46 000	7.38	7.47	8.16
GD25	空气/泵吸反循环	250	150	60,160	4~20 4~10	165	25 000			
GD30	空气/泵吸反循环	300	150	100,200	4~20 4~10	230	35 000			
GD35	空气/泵吸反循环	350	150	120,250	4~20 4~10	255	37 000			
GD40	空气/泵吸反循环	400	150	150,300	4~16 4~8	330	43 000			
KP3500	正/反循环	350	130	210	0~24	120	47 000	5.9	4.8	9
KT5000	气举反循环	500	120	400	0~12	315		12	7.5	10

2. 旋挖钻机

旋挖钻机作为工程机械行业的新兴产品,具有装机功率大、输出扭矩大、轴向压力大、机动灵活、施工效率高、环保等特点,该类钻机一般采用液压履带式伸缩底盘、自行起落可折叠钻桅、伸缩式钻杆、带有垂直度自动检测调整、旋挖钻机孔深数码显示等,整机操纵一般采用液压先导控制、负荷传感,具有操作轻便、舒适等特点。主、副两个卷扬可适用于工地多种情况的需要。配合不同钻具,适应我国大部分地区的地质条件,成为适合建筑基础工程中成孔作业最理想的施工机械。近年来,青藏铁路、北京地铁、奥运场馆、首都机场新航站楼等大型工程的施工中,旋挖钻机高效、环保、效益高的优势得到公认。旋挖钻机成为发展最快的桩工机械产品,而且在大直径桩基施工中也应用的越来越广泛,国产的大直径旋挖钻机见表 5-2-2。

国产大直径旋挖钻机 表 5-2-2

型　号	最大成孔直径(mm)	最大成孔深度(m)	最大输出扭矩(kN·m)	钻机转速(r/min)	工作质量(t)
SR360	2 500	90	360	5.6~28	105
SR420	3 000	110	420	5.6~28	145
ZR250B	2 500	84	250	6~24	76
XR280	2 500	88	280	7~22	82

续上表

型　　号	最大成孔直径（mm）	最大成孔深度（m）	最大输出扭矩（kN·m）	钻机转速（r/min）	工作质量（t）
XR280D	2 500	87	280	7～22	82
XR360	3 000	96	360	6～25	90
TR250D	2 500	80	250	6～27	68
TR360C	2 500	95	310	6～23	
TR400C	3 000	105	380	6～21	130

（三）其他设备

为安装钻机、拆装钻杆、下放钢筋笼以及辅助作业需要，还需要使用大型吊机；而采用气举反循环还需要大型空气压缩机；大直径桩基为了满足桩底沉渣要求，其泥浆含砂率往往控制在1%以内，可在泥浆循环净化系统中安装旋流除砂器，见图5-2-1。在整个桩基施工中还会使用大量其他的设备，钻孔辅助设备主要根据钻机的形式而配套选择。

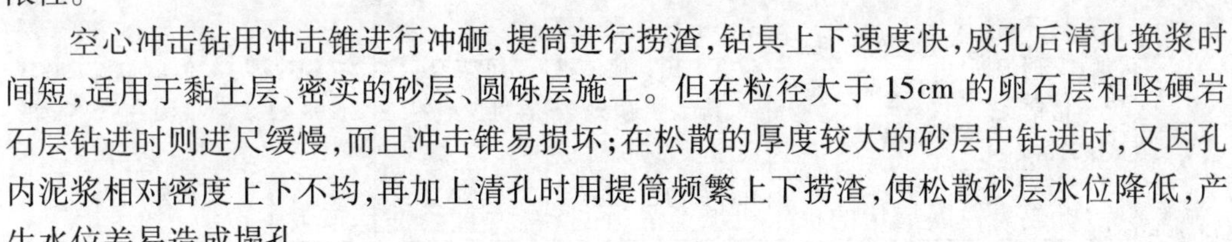

图5-2-1　旋流除砂器

（四）常用钻孔设备的技术效果比较

大直径、超长桩施工工艺复杂，施工周期比较长，对于施工设备选择除满足施工性能以外，还应综合分析各类钻机的特点、性能和技术经济参数等各项指标，选择与现场施工环境相匹配的钻机，方能达到效益、进度、安全和质量的平衡与统一。

1.钻机的种类及技术特点

目前钻孔桩施工采用的大都是大直径钻机，常见的有三种类型：第一类是冲击钻机，如冲击钻、冲抓钻机等，根据冲锤的不同又分为实心锤和空心锤；第二类是回转钻机，包括正循环钻机和反循环钻机，依据配备的钻头的不同又分为合金钻、牙轮钻和滚刀钻等；第三类就是目前市场上应用比较广泛的旋挖钻机。各类钻机都有着各自不同的特点，对各种施工环境都有着一定的适应性和局限性。

空心冲击钻用冲击锥进行冲砸，提筒进行捞渣，钻具上下速度快，成孔后清孔换浆时间短，适用于黏土层、密实的砂层、圆砾层施工。但在粒径大于15cm的卵石层和坚硬岩石层钻进时则进尺缓慢，而且冲击锥易损坏；在松散的厚度较大的砂层中钻进时，又因孔内泥浆相对密度上下不均，再加上清孔时用提筒频繁上下捞渣，使松散砂层水位降低，产生水位差易造成塌孔。

实心冲击钻机适用于卵石层、坚硬岩层的钻进，由于锤头质量大（一般为5～7t铸铁钻头），冲程长、落距大、在卵石层和坚硬岩石中成孔效果较好；对于松散厚度较大的砂层，如果同时采用泥浆泵进行循环排浆，护壁效果明显，不会造成水头降低，一般不易塌孔。但对于黏土层和密实砂层而言，其进尺速度要低于旋挖钻机和回转钻机的速度。

正循环回转钻机的特点是进尺速度比冲击钻略快，但由于清孔时间长，特别是在钻进坚硬岩石层时必须配置滚刀钻头或牙轮钻头。

反循环钻机适用于黏土层和密实砂层，进尺速度较快，但在钻进粒径大于10cm的卵砾石层时常会因吸水管堵塞而很难钻进；对于厚度较大的松散砾层，由于砾层所含泥浆相对密度小，护壁效果不好，经常造成塌孔；对于坚硬岩石，必须配置滚刀钻头或牙轮钻头，钻进速度与正循环回转钻机相似。

旋挖钻机适用于黏土层和密实砂层，进尺速度优势明显，无需大量制造浆液，排浆工作量小。但其缺点是对于厚度较大的松散砂层在钻进时易塌孔，在卵石含量较大的卵石层钻进时速度慢，更不适用坚硬岩石。

2. 钻机选择

在确定施工方案时，宜根据各类钻机的特性，针对不同地层的地质特点选择钻机类型。对于黏土层和密实砂层，可选用冲击钻机、回转钻机和旋挖钻机的任一种；对于砾石土层和松散砂层，可选用回转钻机和旋挖钻机；对于黏土层中含卵石大于 20% 或粒径大于 15cm 漂石的地层，可选用冲击钻机；对于卵石含量小于 20% 或漂石粒径小于 10cm 的土层，可选用冲击钻机和回转钻机；对于软岩、强风化岩和破碎岩石，可选用冲击钻和回转钻机；对于弱风化、微风化、坚硬岩石，可选用实心锤冲击钻、牙轮钻或滚刀钻；对于抗压强度大于 120MPa 的硬岩，可采用滚刀钻。

从技术和地质特点上分析，除要大致了解设备性能和适用性外，还应全面细致地分析地质报告中各种土工试验指标、施工地层的地质年代构造和岩性等，从而做到准确对钻机进行初步选型。最后，基于经济成本方面的考虑，还必须熟知钻机设备的功率、配套设施和各种消耗量，以及进尺速度等，以进一步确定钻机类型。下面对各种常用钻机技术经济指标进行比较，见表 5-2-3。

常用钻机技术经济指标比较表 表 5-2-3

<table>
<tr><th colspan="2">钻机类型</th><th>动力情况</th><th>泥浆情况</th><th>配套设施</th><th>消耗量指标</th><th>进尺速度</th></tr>
<tr><td rowspan="2">冲击钻</td><td>空心冲击钻</td><td rowspan="2">电机 45 ~ 75kW，泥浆泵 22kW，离心泵 3 ~ 5kW</td><td rowspan="2">泥浆相对密度要求大于 1.3，泥浆可随时排放，泥浆量一般是成孔体积的 2 ~ 3 倍</td><td rowspan="2">泥浆泵、离心泵</td><td rowspan="2">充盈系数为 1.15 ~ 1.25</td><td rowspan="2">土层 1.5 ~ 2m/h；卵砾石层 0.5 ~ 0.8m/h；岩石 0.1 ~ 0.4m/h</td></tr>
<tr><td>实心冲击钻</td></tr>
<tr><td rowspan="2">回转钻</td><td>正循环钻（钻岩层时配置牙轮钻头或滚刀钻头）</td><td>电机 30 ~ 50kW，泥浆泵 22kW，搅拌机 5 ~ 15kW</td><td>泥浆相对密度要求小于 1.2，泥浆质量要求比其他钻机高，所需泥浆池较大，泥浆量一般是成孔体积的 3 倍左右</td><td>泥浆泵、搅拌机</td><td>充盈系数为 1.08 ~ 1.17</td><td>土层 1.8 ~ 2.5m/h；卵砾石层 0.4 ~ 0.6m/h；软岩 0.3 ~ 0.5m/h；硬岩 0.3 ~ 0.5m/台班</td></tr>
<tr><td>反循环钻（钻岩层时配置牙轮钻头或滚刀钻头）</td><td>电机 30 ~ 50kW，离心泵 3 ~ 5kW</td><td>泥浆相对密度一般为 1 ~ 1.05，泥浆池一般是正循环钻机的 2 倍，泥浆量是成孔体积的 4 倍左右</td><td>反循环泵、搅拌机、离心泵</td><td>充盈系数为 1.08 ~ 1.17</td><td>土层 2.8 ~ 4.2m/h；卵砾石层 0.7 ~ 1.0m/h；岩层同正循环</td></tr>
<tr><td colspan="2">旋挖钻</td><td>电机 55 ~ 90kW</td><td>钻进中泥浆补充较少</td><td>配置装载机</td><td>充盈系数为 1.05 ~ 1.15</td><td>6 ~ 9m/h</td></tr>
</table>

(五)钻孔施工机械选择实例

苏通大桥南塔墩位于主航道南侧,河床高程 -14.3 ~ -20m。地质资料显示:河床1~4层为松散覆盖层,以亚黏土和淤泥质亚黏土为主,5层为中密~密实粉砂和亚砂层。河床覆盖层抗冲刷性能较好,河床面较为稳定。

南塔墩采用131根D2.8~2.5m钻孔桩基础,桩长为114m。根据地质资料并分析国内多种型号钻机的性能及施工经历,选用中昇300、KP3500、JZP-350、GW-35B四种型号钻机。在实际施工中,中升300、KP3500钻机具有成孔效率高、故障率低的特点。各型号钻机投入的数量及主要性能见表5-2-4~表5-2-8。

钻机投入数量表　　表5-2-4

钻机型号	中昇300	KP3500	JZP-350	GW-35B
钻机数量	2	4	2	1
用途	钻孔	钻孔	钻孔	扫孔

中昇300型钻机技术参数表　　表5-2-5

钻孔直径(m)	岩层2.5,松散层3.0	钻杆内径(cm)	27.5
钻孔深度(m)	140	主机功率(kW)	95
最大扭矩(kN·M)	210	辅助电机功率(kW)	8
转速(r/min)	0~8	起重功率(kW)	75
提升能力(kN)	1 500	主机质量(t)	45
最大配重(kN)	200		

KP3500型钻机技术参数表　　表5-2-6

钻孔直径(m)	岩层3.5,松散层6	钻杆内径(mm)	215
钻孔深度(m)	140	主机功率(kW)	30×4=120
最大扭矩(kN·m)	210	辅助电机功率(kW)	8
转速(r/min)	0~24	起重功率(kW)	75
提升能力(kN)	1 200	主机质量(t)	47
最大加压力(kN)	600	整机外形尺寸(m)(长×宽×高)	5.9×4.8×9
油压	18		

GW-35B型钻机术参数表　　表5-2-7

钻孔直径(m)	3.5(摩擦桩)	钻杆内径(mm)	281
钻孔深度(m)	150	主机功率(kW)	110
最大扭矩(kN·m)	210	辅助电机功率(kW)	4.5
转速(r/min)	4~32	起重功率(kW)	75
提升能力(kN)	1 200	主机质量(t)	45
标准钻杆(mm)	ϕ325×22×4 000	整机外形尺寸(m)(长×宽×高)	8.4×4.5×8.5

JZP－350 型钻机术参数表表 表 5-2-8

钻孔直径(m)	3.5	钻杆内径(mm)	275
钻孔深度(m)	150	主油泵(mL/r)	145
最大转矩(kN·m)	210	辅助油泵(mL/r)	10
转速(r/min)	5～19	起重功率(kW)	75
提升能力(kN)	1 200	排渣方式	反循环
标准钻杆(mm)	ϕ325×25×3 000	整机外形尺寸(m)(长×宽×高)	8.3×4.8×7

二、场地准备

大直径、超长桩的场地准备与一般钻孔灌注桩的场地准备工作相类似，可以参考第一章的相关内容。本节主要介绍钢护筒钻孔平台搭设工艺及注意事项。

钢护筒平台一般适应于深水区、大型群桩基础施工。钢平台作为施工的辅助设施，其设计宜结构简单、受力明确、施工方便、稳定性好、安全可靠，且施工平台要设置相应的功能分区，如人员生活区、材料设备存放区、施工区、混凝土拌和区等，其平台的大小应综合考虑上述因素确定。钢护筒平台的搭设现场的实际情况选用合适的施工设备和施工工艺。为明确的说明钢护筒平台的施工特点，此处以苏通大桥南塔墩钻孔平台施工为例进行介绍。

(一)钻孔平台总体结构布置

苏通大桥南塔墩钻孔桩施工采用钢管桩与钢护筒共同承力施工平台，其中钻孔区完全依靠钢护筒作为支撑；平台设计采用梁柱组合式结构，由钢管桩、钢护筒基础以及分配梁和面板组成。施工平台根据使用功能划分为三个区域，上游部分为供电、施工人员办公与休息区，中间部分为钻孔施工区，下游部分为混凝土拌和站布置区。施工平台整体结构布置图如图 5-2-2、图 5-2-3 所示 。

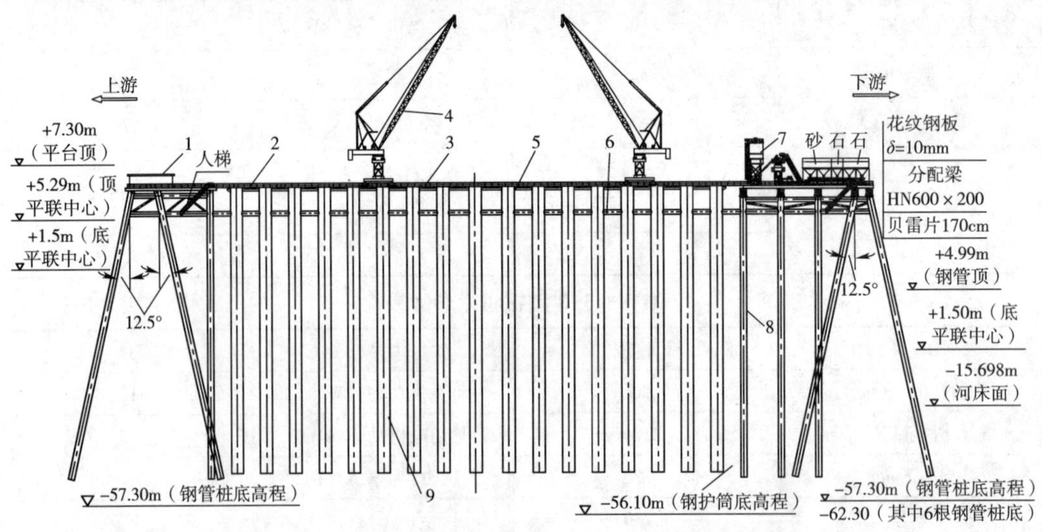

图 5-2-2 施工平台整体布置立面图

1-箱变;2-分配梁(吊箱底板);3-栏杆;4-动臂吊;5-上平联;6-下平联;7-拌和站;8-钢管桩;9-钢护筒

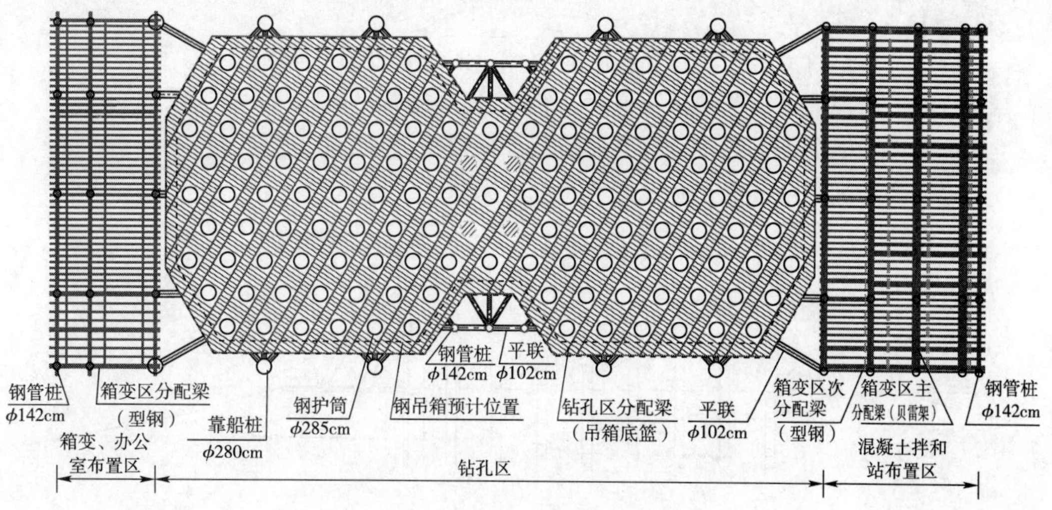

图 5-2-3　施工平台整体布置平面图

(二)钢护筒平台的搭设步骤

1. 步骤一(图 5-2-4)

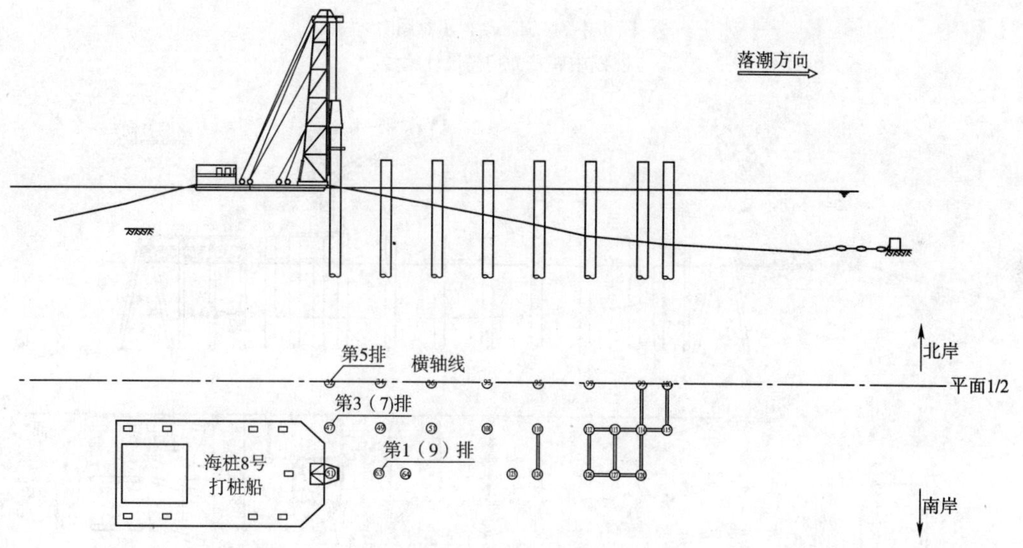

图 5-2-4　施工流程示意图一

注:图中编号为护筒设计编号。

(1)海桩 8 号打桩船抛锚定位。

(2)进行钻孔区首批 60 根定位钢护筒插打:自下游至上游逐排插打。

(3)平联焊接跟进:第一排钢护筒插打完毕及时施工平联及斜撑,增强其稳定性。平联施工优先施工动臂吊机轨道下 12 根钢护筒。

2. 步骤二(图 5-2-5)

(1)继续进行首批钢护筒插打及平联焊接。

(2)海桩 8 号进行护筒插打时,在空间允许的情况下,建基 1501 号打桩船进行拌和区平台钢管桩插打。

3. 步骤三(图 5-2-6)

(1)动臂吊机轨道下钢护筒焊接临时斜撑(HN600×200 工字钢)。

(2)在护筒顶铺设动臂吊机轨道梁及轨道,安装动臂吊机。

(3)使用振动沉桩机打设 8 根靠船桩及 6 根辅助钢管桩。

(4)拌和区平台钢管桩平联施工及主次梁安装。

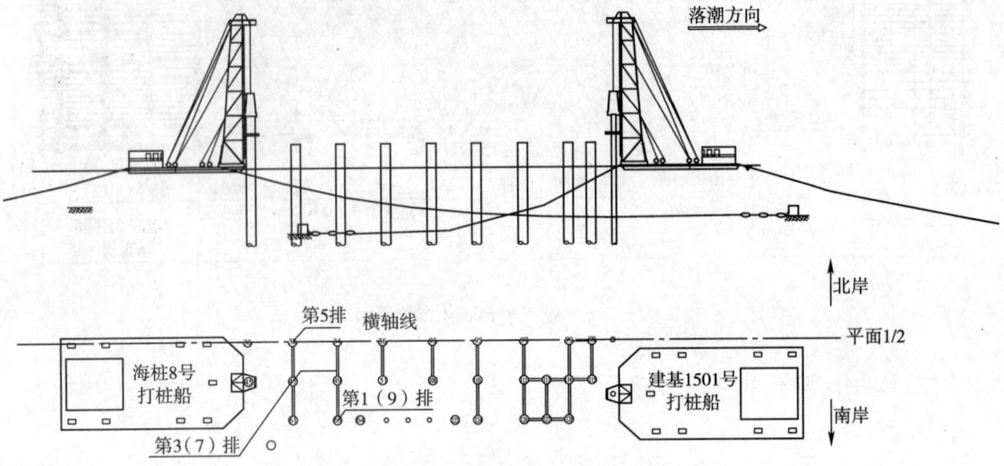

图 5-2-5　施工流程示意图二

注:图中编号为护筒设计编号。

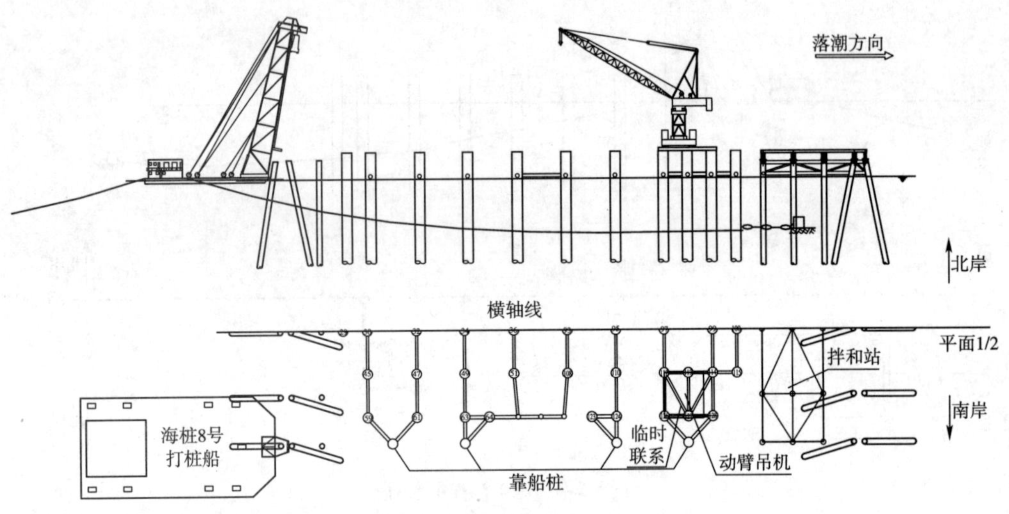

图 5-2-6　施工流程示意图三

注:图中编号为护筒设计编号。

4. 步骤四(图 5-2-7)

(1)利用海桩 8 号打桩船已打设的首批钢护筒作为支撑,安装振动沉桩机打设钢护筒用导向架。

(2)以相邻的 4 根钢护筒形成局部平台,为增大平台的整体刚度,将钢护筒与周边相邻护筒进行联结。

(3)在钢护筒顶面安装定位梁形成顶层定位系统。

(4)以护筒平联为基础,在护筒下层平联上安装定位井字架形成下层定位系统。

(5)利用已精确定位的上下两层定位系统，起吊安装钢护筒导向架。

(6)安装上游供电设施及下游混凝土拌和站。

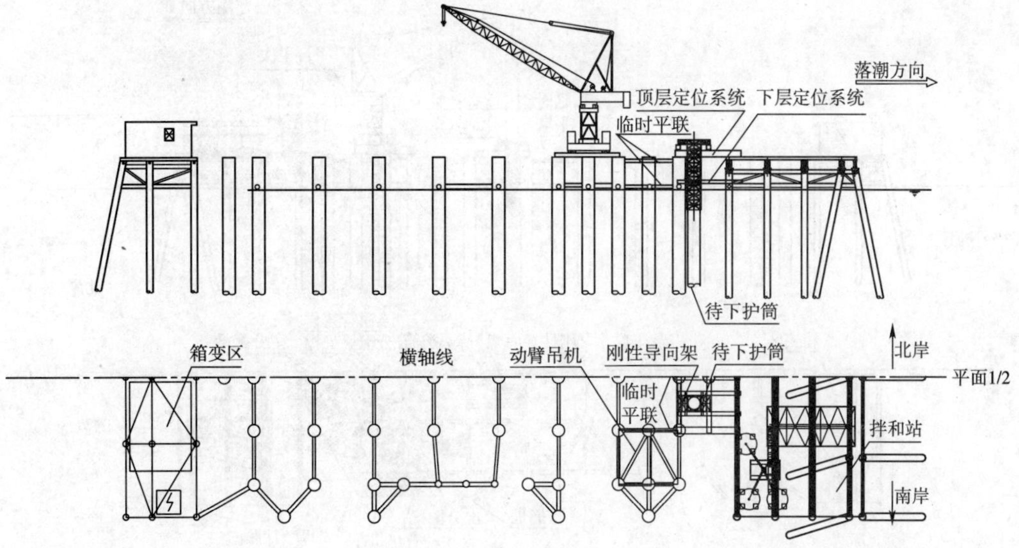

图 5-2-7　施工流程示意图四

5. 步骤五(图 5-2-8)

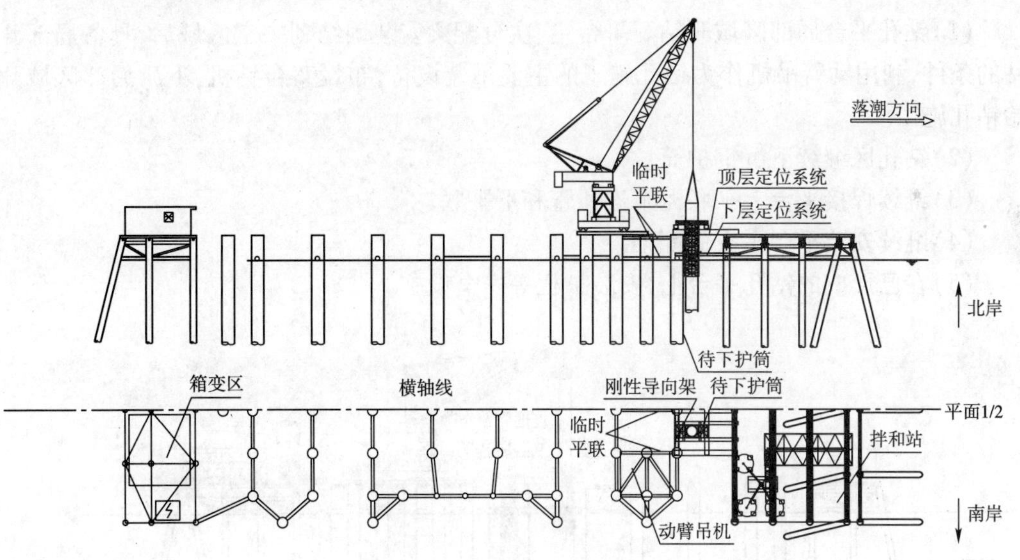

图 5-2-8　施工流程示意图五

以导向架定位，使用振动沉桩机下沉第二批（打桩船未插打完的钢护筒）钢护筒。

(1)采用动臂吊机吊装首节钢护筒（长 36m），放置于已精确定位的导向架内。

(2)吊放振动沉桩机于首节钢护筒顶，振动下沉钢护筒。首节插打到位后对接次节钢护筒（长 27.4m），利用振动沉桩机再次打设就位。

6. 步骤六(图 5-2-9)

(1)继续利用导向架和沉桩机打设钢护筒，并及时进行平联施工。

(2)钢护筒上平联兼作泥浆连通管和平台顶板支撑，钢护筒打设到位后及时焊接上平联，为安装平台顶板做好准备。

(3)安装钻孔平台顶板，在已形成的平台上布置泥浆循环系统。

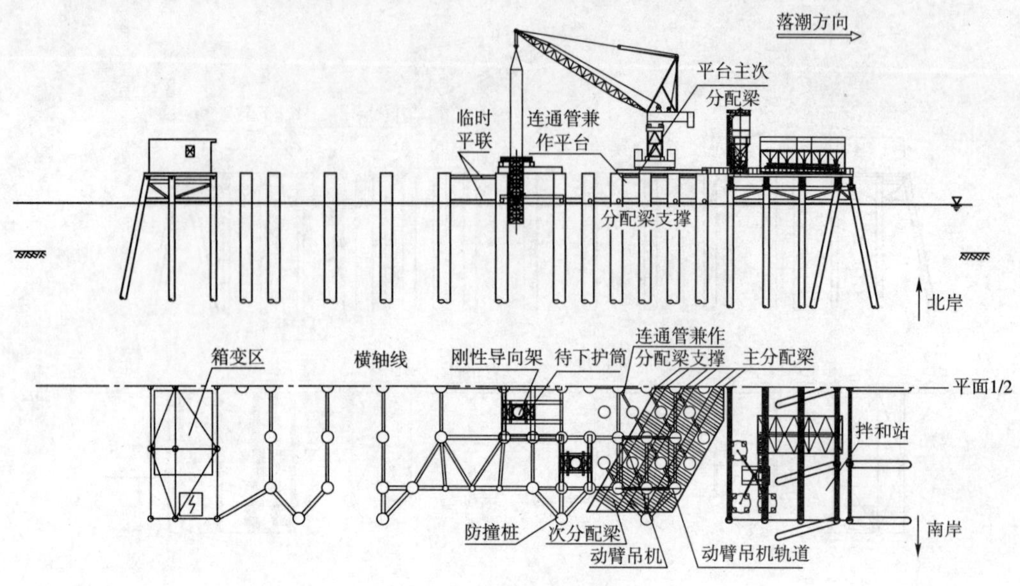

图 5-2-9　施工流程示意图六

7. 步骤七(图 5-2-10)

(1)钻孔平台局部区域开钻。平台主、次分配梁安装固结到一定区域后，具备局部开钻的条件，利用动臂吊机作为钻孔施工的主要吊装设备，布设 2 台钻机，下游局部区域开始钻孔施工。

(2)钻孔区继续下沉钢护筒。

(3)继续焊接平台上平联泥浆连通管和下平联。

(4)继续安装平台主次分配梁。

(5)在已形成的钻孔平台上，安装护栏等安全设施。

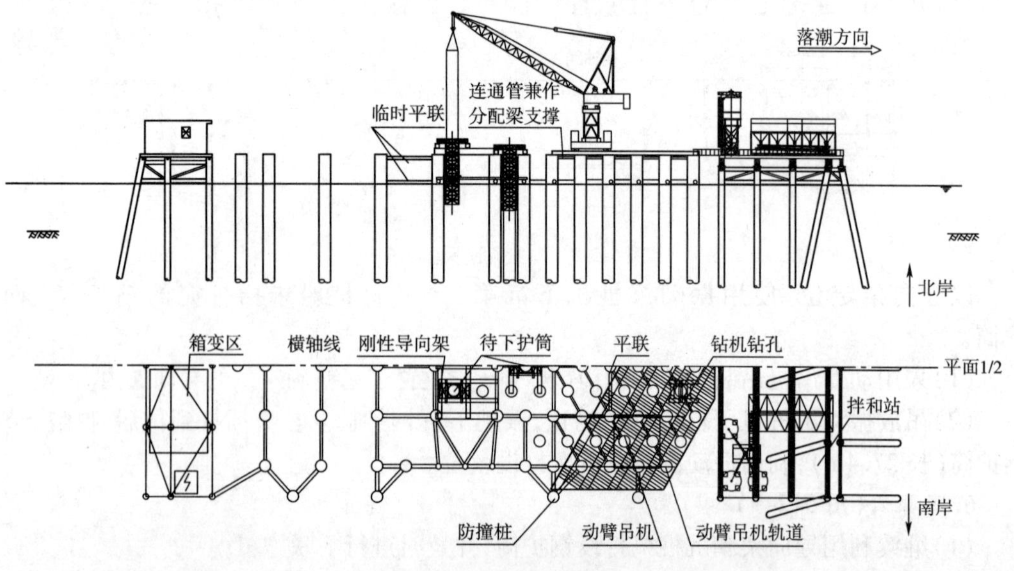

图 5-2-10　施工流程示意图七

8. 步骤八(图 5-2-11)

(1)根据河床监测结果进行河床防护施工。

(2)继续平台施工及钻孔施工。

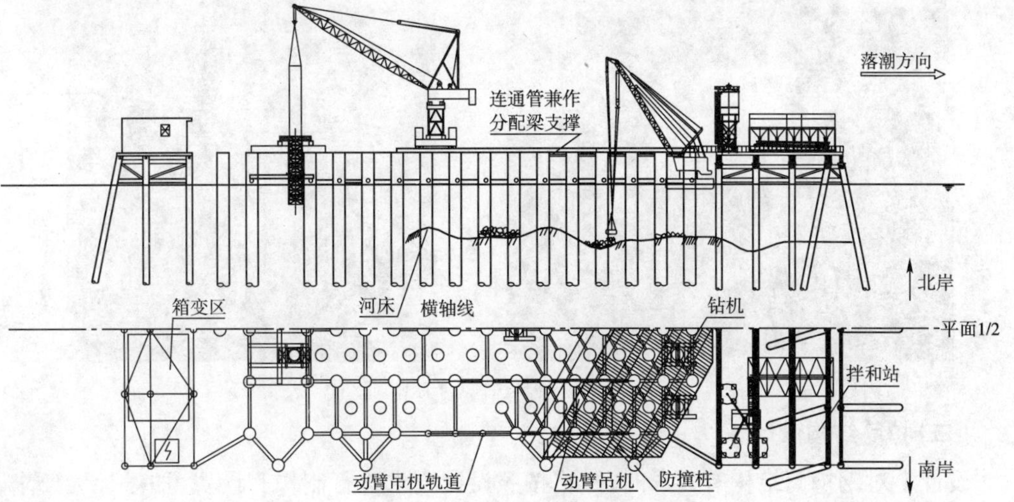

图 5-2-11　施工流程示意图八

9. 步骤九(图 5-2-12)

(1)完成钻孔区施工平台的搭设。

(2)继续完成所有钻孔桩的施工。共配置 4 台动臂吊机、8 台钻机进行钻孔施工。

(3)钻孔桩施工完毕,及时检测并进行桩底压浆。

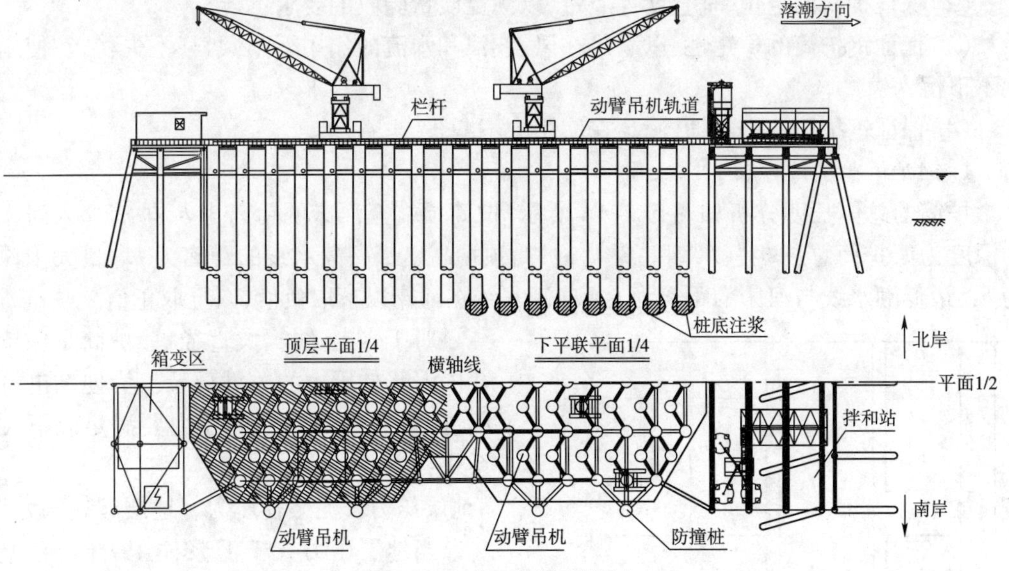

图 5-2-12　施工流程示意图九

三、护筒

(一)钢护筒的功能

对于大直径、超长桩,钢护筒不仅仅起到固定桩位,引导钻头方向、保护井壁的作用,更多的是参与到桩基受力、桩基防腐等功能。钢护筒的功能发生变化后,钢护筒的性能、施工质量等都有了较高的要求，本节重点针对大直径、超长桩钢护筒（图 5-2-13）的功能及施工方法、常见的护筒施工质量事故处理作简要介绍。

图 5-2-13　护筒上、下平联施工

（二）护筒结构设计

设计上对钢护筒结构有要求时，严格按照设计要求进行制作和设置，如设计无要求，钢护筒的结构应满足现行《公路桥涵施工技术规范》（JTG/T F50—2011）中规定的相关内容。当考虑钢护筒受力时，需进行专门设计，如不考虑钢护筒参与受力，宜以节约为主。

无论钢护筒是否参与受力，其结构和施工还应满足以下要求：

（1）钢护筒本身要有足够的刚度，以保证沉设时不变形，在地层压力作用下保证不被损坏；

（2）保证护筒的定位、垂直度等质量，以满足质量验收的要求；

（3）保证钢护筒的稳定性，以满足在风、波浪和水流的作用下不倾斜、不失稳，在使用中不下沉；

（4）保证钢护筒的密封性，满足在使用中不漏浆。

1. 钢护筒长度的分析

护筒的总体长度分析如图 5-2-14 所示，护筒顶端至河床的距离为 h，护筒埋入河床的深度为 I，护筒总长度为 L，潮差为 h_1，护筒顶端高出最高潮水线的距离为 h_2，最大水深为 h_3，最低潮水线与河床的距离为 h_4（当潮水线在河床以下取负值，以上取正值）。

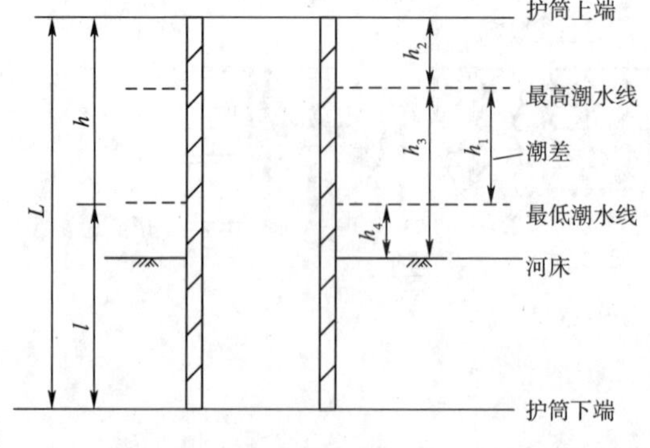

图 5-2-14　护筒长度分析示意图

对于水上超长、大直径桩，护筒是保持孔内泥浆柱压力的关键部位。为使钻进持续进行，孔内泥浆柱的压力要满足以下关系式：

地层压力 < 泥浆柱压力 < 地层破裂压力

当地层压力大于泥浆柱压力时，孔壁将在裸眼部分产生坍塌；当泥浆柱压力大地层破坏压力时，泥浆柱压力将在护筒底口造成反串造成泥浆漏失。

（1）护筒顶端 h_2 的确定：由于潮差的影响，地层压力的波动范围为：

$$P_b = \gamma_h h_1 \tag{5-2-2}$$

式中：γ_h——水或者海水的相对密度。

当泥浆性能与护筒设定后，泥浆柱压力是个定值，不受潮汐的影响，当水位处于最高潮时，要满足“泥浆柱压力 > 地层压力”的关系，便要增高 h_2，泥浆柱的压力随 h_2 的增高而加大，但 h_2 抬的太高，当落潮时，泥浆柱的压力将压裂地层而产生反串漏失，所以 h_2 宜有一个最佳取值：

$$h_2 = \text{平台甲板厚度} + \text{泥浆槽高度} + \text{安全储备高度} \tag{5-2-3}$$

（2）护筒埋入深度 I 的确定：从护筒的角度考虑，护筒埋入河床的深度越大，护筒越长，保护孔壁效果越好。但随着 I 的增大，沉设护筒的施工难度与成本也将随之增加。若 I 减小，护筒埋置浅，落潮时，泥浆柱的压力有可能压裂地层造成反串漏失，所以 I 也有个最佳值。

护筒的埋置深度应进行抗渗稳定及管涌验算。抗渗稳定和管涌验算的基本原则是使钢护筒底端的土体的有效压力大于地下水向上的渗透力。管涌验算公式为：

$$I \geqslant [K(h_1 + h_2)\gamma_w - \gamma'(h_1 + h_2)]/2\gamma' \tag{5-2-4}$$

式中：I——钢护筒埋置深度，m；

$h_1 + h_2$——护筒内外水头差，即钢护筒顶端至最低潮水位的距离，m；

γ'——土的浮重度，kN/m^3；

γ_w——地下水的重度，kN/m^3；

K——抗管涌安全系数，宜大于1.2。

（3）潮差 h_1 的确定：h_1 宜取该施工区域大于20年一遇的最大潮差。

（4）护筒的入土深度满足《公路桥涵施工技术规范》（JTG/T F50—2011）中的相关规定。

2. 钢护筒厚度的分析

根据《公路桥涵施工技术规范》（JTG/T F50—2011）的要求，大直径桩、超长桩钢护筒的壁厚宜按刚度要求经计算确定。在确定钢护筒的壁厚时，特别是对于参与桩基受力的，还需充分考虑在流水力、波浪力、潮差、设计水位、沉设方式、下沉的深度等条件下的稳定性和刚度问题。当钢护筒长度大于10m，需要锤击或振动下沉时，其径厚比不宜大于120。

3. 类似工程钢护筒结构参数

国内类似工程，如苏通大桥、舟山连岛工程金塘大桥、杭州湾大桥等钢护筒设置情况见表5-2-9。

国内类似工程钢护筒设置情况　　表5-2-9

工程名称	护筒直径（m）	护筒壁厚（mm）	护筒入土长度（m）	护筒材质	主要穿过土层	备注
苏通大桥	2.8	25	23	Q345	淤泥与黏土	
舟山连岛工程金塘大桥	2.5	25	21.5	Q235	淤泥与黏土	
杭州湾大桥	2.8	18	31.5	Q235	淤泥质黏土与黏土	由于护筒壁厚较小造成护筒屈曲变形，拖延工期8个月

(三)软土地基桩基钢护筒的应用

随着经济和交通建设的发展,我国在沿海修建了密集的交通网络,而沿海地区广泛分布第四系全新统海相淤泥层,淤泥呈饱和、流塑状态,层厚有时达数十米。在这类地区修筑桥梁对桥梁桩基的施工有其一定的特殊性要求,其桩基施工时宜注意以下几点。

(1)软土地基灌注桩施工主要采用填土筑岛法构筑钻孔施工平台,填土压力及附加施工荷载将对桩基产生一定的水平推力。在水下混凝土灌注后如拔除钢护筒将对桩基产生较大的质量风险和安全风险,因为拔除护筒时需要使用使用大型吊装设备,甚至会采用大功率振动锤辅助施工,这些施工荷载都将对桩基造成较大的附加水平力,并且在拔护筒时,桩基混凝土尚未形成强度,易造成混凝土的扰动、变形甚至夹土、开裂,对桩基施工质量有很大危害。为保证施工过程及结构安全,宜设计采取使用永久钢护筒,并且钢护筒底口穿过淤泥层2m以上。

(2)在软土地基条件下,若不打设钢护筒或钢护筒未穿越淤泥层,桩基成孔过程中存在极大的缩径、坍孔、埋钻等风险,甚至无法成孔,这将会给桩基工程带来很大的质量风险。因此设置穿过淤泥层的永久钢护筒是保证成孔安全、确保结构质量的必要措施。

(3)在软土地基中,设置永久性钢护筒不仅可以保证桩基施工过程中的孔壁稳定性,而且还能显著提高桩的抗弯刚度。

(四)钢护筒施工

对于大直径、超长桩来说,钢护筒的埋设质量将直接影响到桩基成孔工序的进行。在其钢护筒的长度、直径、壁厚都有较大增大的情况下,其吊装质量也将增大,这些都大大增加了钢护筒的施工难度。为确保钢护筒施工质量,特别是在风力、波浪的深水区域的施工质量,常常还需要一些特殊的施工设备,如动臂吊机、浮吊、打桩船等。本节以苏通大桥南主墩钢护筒施工为例进行大直径、超长钢护筒的施工工艺介绍。

苏通大桥南索塔基础采用高桩承台结构,桩基由131根直径ϕ2.85~2.5m、长约114m的变截面钻孔灌注桩组成。其钢护筒采用内径2.85m、壁厚25mm的结构,钢护筒长度达65m,单根质量约113t。超长、超重钢护筒对现场的施工工艺和沉设工艺提出了很高的要求。

1. 钢护筒加工

(1)钢护筒材料

钢护筒采用厚25mm的钢板卷制拼焊而成,索塔和近塔辅助墩钢材材质为Q345C,远塔辅助墩和过渡墩钢材材质为Q235C。钢材应有质保证书和出厂材质证明。

(2)护筒制作方案

钢护筒在钢结构加工厂内加工,分上、下两节制作。首先在车间内制成10m长的标准节段,用拖车运至江边码头,进行分段接长,然后用650kN浮吊装船运至施工现场。

钢护筒在焊接时应注意以下几点:

①钢板在焊接时,不仅要考虑外界的温度,还应考虑焊件的厚度。

②在施焊前焊条应按要求进行烘焙。焊丝应除净锈蚀和油污。

③施焊前焊工应复查组装质量和焊缝坡口区两侧的清理情况,如不符合要求,应清理合格后方可施焊。施焊完后应清除熔渣及金属飞溅物。

④多层焊接应连续施焊,其中每一层焊道焊完后应及时清理焊渣,如发现有影响焊

接质量的缺陷，必须清除后再焊。

⑤严禁在焊缝区以外的母材上打火引弧。

⑥纵向对接焊缝应在焊件的两端临时配置引弧板和熄弧板，其材质、板厚及坡口形式与焊件相同，当施焊完成后用气割切除并修磨平整，不得用锤击落。

⑦焊接完毕后，用机械方法或火焰方法进行校正。

⑧钢护筒上口与端头处接口，以及部分厚板采用V形坡口，如图5-2-15所示。

2. 钢护筒沉设方案

钢护筒采用两批沉设方法，首批采用打桩船直接打设，以便形成初步平台，第二批采用振动沉桩锤打设钢护筒。

(1)主要打设设备

①打桩船

根据钢护筒的质量及入土深度，首批钢护筒选用大型打桩船并配置一台15t桩锤进行首批钢护筒的打设。

②ZSL43140动臂吊机

为方便钢护筒的施工，吊装设备除浮吊外，另配备4台ZSL43140动臂吊机，动臂吊机起吊能力9 600kN·m，是钻孔平台上主要的起重机械。此动臂吊机的吊重曲线如图5-2-16所示。

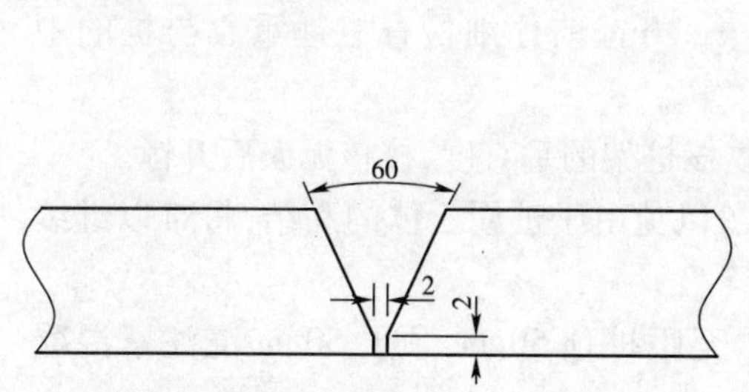

图5-2-15 钢板V形坡口详图(尺寸单位:cm)

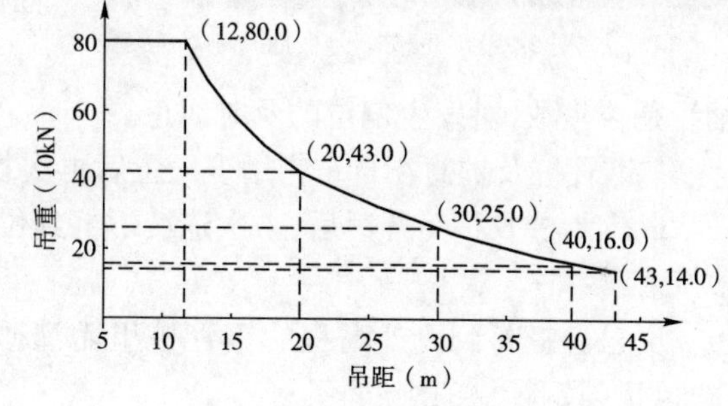

图5-2-16 ZSL43140动臂吊机吊重曲线

③振动沉桩机

钢护筒的振动下沉采用两台DZJ200振动沉桩机并联，单台振动沉桩机激振力为1 820kN，两台并联后激振力折减约20%，最终激振力约为2 900kN。DZJ200振动沉桩机技术参数见表5-2-10。

DZJ200沉桩机技术参数表 表5-2-10

项 目	DZJ200	项 目	DZJ200
电机功率	200kW	空载振幅	0～12.2mm
静偏心力矩	0～3 528kN·m	允许拔桩力	686kN
激振力	0～1 822kN	振动质量	13 900kg
转速	680r/min	质量	29 500(含钢管夹头)kg

(2)打设下沉

钢护筒分两期打设，第一期钢护筒采用海桩8号打桩船插打(图5-2-17)，打设钻孔平台第1、3、5、7、9排护筒，该部分钢护筒共50根，辅助钢管桩及靠船桩14根。第二期钢护筒，即第2、4、6、8排护筒则采用在已成护筒上安装定位框及导向架，依靠振动沉桩机下沉的方法施工。

①打桩船打设钢护筒

利用打桩船上配置的GPS－RTK测控系统作为钢护筒初始定位手段，另外，将测量控制点引至钻孔平台上游160m处的南塔墩试桩平台，以全站仪测量精确定位，确保钢护筒打设精度。

图5-2-17　海桩8号插打护筒

实际施工控制原则：

a.首根钢管桩和所有钢护筒入床均选择在平潮期，每天水流速度较小时进行。

b.密切注意并随时调整打桩船及运桩驳锚绳，防止锚绳相互冲突或挂靠钢管桩。

c.钢管桩打设精度要求：平面位置偏差小于20cm，垂直度偏差小于1/100。

钢护筒打设精度要求：平面位置偏差小于10cm，垂直度偏差小于1/200。

d.沉桩前对打桩船的桩架、桩锤、动力机械以及电力线路等主要设备部件进行全面的检查，确保在打桩过程中的连续性。

e.开锤前仔细检查桩锤重心与桩的中轴线是否一致，对发生偏位的及时纠正。

f.钢管桩及护筒在自重作用下入土后再次复核桩架的垂直度，校核无误后开锤。

g.钢管桩及护筒开锤后，一次连续下沉到位，以免由于桩周土体的黏结，将难以继续下沉。

h.已经插打到设计高程的钢管桩里需灌砂至距桩顶50cm，顶层50cm浇注素混凝土，以增强钢管桩的刚度。

②振动沉桩机沉设钢护筒

首批钢护筒打设完成，形成初始施工平台后，利用振动沉桩机配合导向架进行剩余钢护筒的打设。导向架上定位框设于已就位并与待下护筒相邻的钢护筒顶面；下定位框设于护筒下层平联上。导向架采用小型钢加工成笼式结构，其构造图及限位如图5-2-18、图5-2-19所示。

③钢护筒现场接长

钢护筒接长是至关重要的环节，对于钢护筒的整体质量及垂直度、偏位都有着重要的影响。施工中的关键控制措施如下：

a.护筒接长全过程，导向架不得拆除，确保焊接过程中，护筒不发生移位。

b.接长焊缝采用45°坡口熔透对接焊，焊条采用J502焊条；沿焊缝周边加8块加强板，板材采用Q235钢板，板厚20mm，如图5-2-20所示。

④钢护筒打设控制要点

a.沉桩前对打桩船的桩架、桩锤、动力机械以及电力线路等主要设备部件进行全面的检查，确保在打桩过程中的连续性。

b.沉桩前要调整好桩架的角度，在打直桩时应保证桩架的垂直度，在打斜桩时确保桩架的斜度与桩的斜度一致。

c. 开锤前要仔细检查桩锤重心与桩的中轴线是否一致，如有偏位及时纠正。

d. 第一节桩在自重作用下并用桩锤打入 3.0m 后要复核桩架的垂直度，如发现问题必须校正后方可继续下沉。

e. 每节钢管桩的沉桩工作要一次下沉到位，以免由于土的恢复将难以下沉。

f. 钢管桩下沉深度均以设计的入土深度为标准。

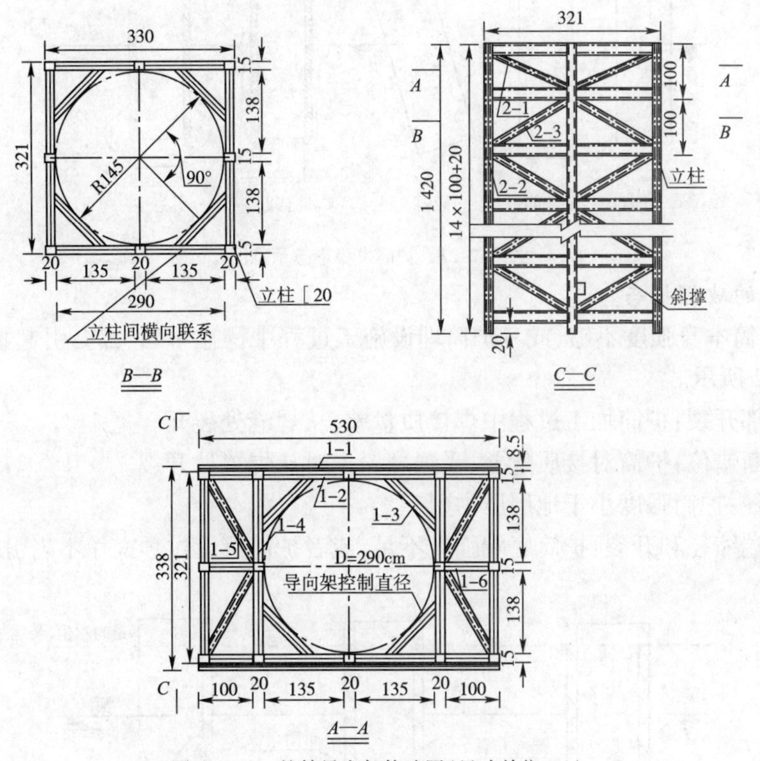

图 5-2-18 护筒导向架构造图(尺寸单位:cm)

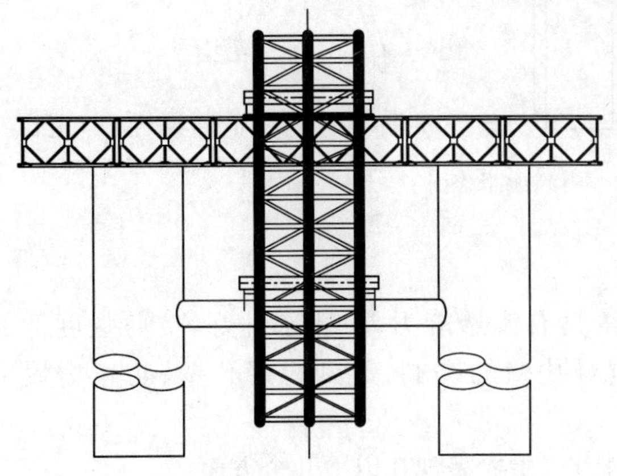

图 5-2-19 护筒导向架限位图

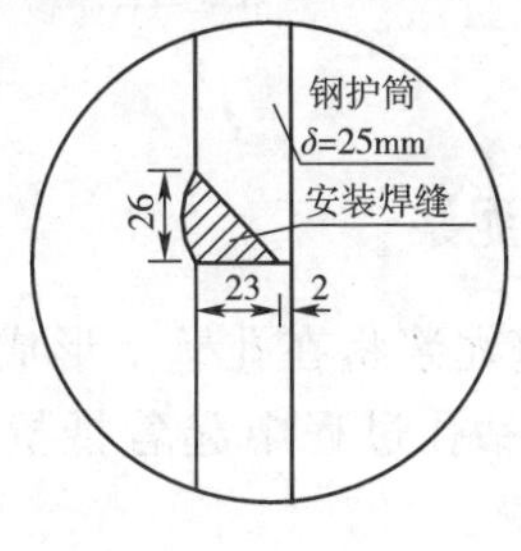

图 5-2-20 护筒对接焊缝图(尺寸单位:mm)

(五)钢护筒常见施工事故分析

1. 护筒失稳分析

在使用中，钢护筒常出现的失稳形态有以下几种，如图 5-2-21 所示。

(1)下沉:由于地基承载能力不足引起护筒下沉。

(2)倾斜:由于地基被动土压力小于水压引起的水平荷载而倾斜。

(3)渗漏:由于护筒埋设深度不够,泥浆从护筒下端渗漏。

(4)悬空:护筒下端坍塌形成空洞,护筒处于悬空状态。

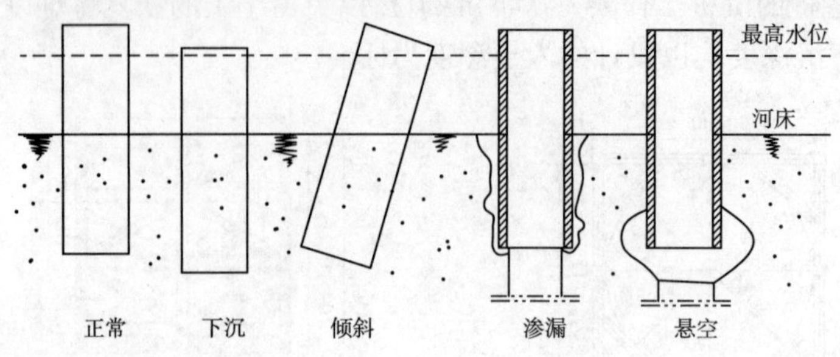

图 5-2-21　护筒失稳形态示意图

2. 常见的破损状态

由于护筒本身强度不够,或者护筒埋设施工过程中操作不当,都会引起护筒的损坏,如图 5-2-22 所示。

(1)局部开裂:护筒加工过程中焊接质量差,从焊缝处裂开。

(2)折断错位:护筒对接质量差,受强烈振击时从焊缝处开裂。

(3)缩径:护筒强度小于地层压力引起。

(4)底端缩径和开裂:护筒底端强度不足,或者护筒沉设过程操作不当引起。

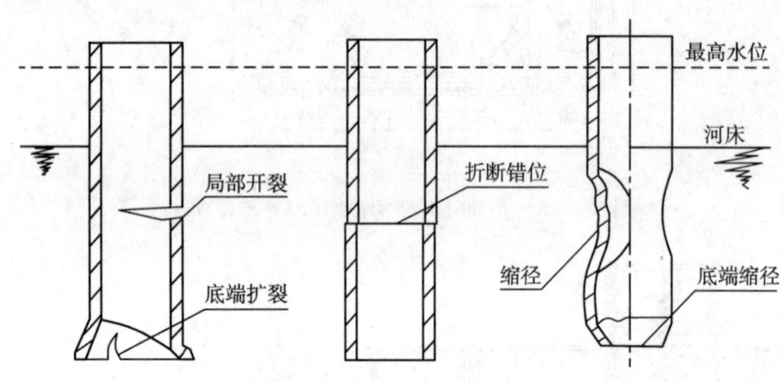

图 5-2-22　护筒破损状态图

四、泥浆

护壁泥浆将在孔壁上形成泥皮,泥皮具有渗透能力差、止水性好、抗剪强度低的特点,在钻孔过程中起着抵抗冲刷介质对孔壁的冲刷,起到稳定孔壁、防止坍塌的作用。

大直径、超长桩成孔施工具有自身的特点,主要表现在以下几个方面:

(1)随桩径、桩长的增大,泥浆在孔内的循环时间也将增长,其泥皮也在不断地加厚,影响了混凝土与桩侧土的直接结合,降低了桩侧摩阻力,泥皮愈厚,降低程度越大。

(2)随桩径、桩长的增大,清孔的难度也增大,孔底钻渣难以清理干净,在孔底形成软垫层,这样必然降低桩端承载力,增加沉降,尤其是降低加载初期桩的刚度。

(3)随桩径、桩长的增大,孔壁环拱作用急剧减弱,使得孔壁不稳定因素增加,特别是淤泥质沙黏土、粉砂土等覆盖层易产生孔壁滑坍现象。另外,在混凝土灌注阶段,性能不好的泥浆的液柱静切力对混凝土面上升起阻碍作用,容易造成混浆,即桩身混凝土中夹杂泥浆,从而影响桩身混凝土强度。

由此可见,护壁泥浆的性能对大直径、超长桩的施工中的作用更为重要。《公路桥涵施工技术规范》(JTG/T F50—2011)在大直径、超长桩章节规定大直径、超长桩钻孔泥浆宜选用 PHP 高性能泥浆。本章针对大直径、超长桩施工过程中所需的高性能泥浆进行介绍。

(一)高性能泥浆的概念

高性能泥浆又称 PHP 泥浆,全称为聚丙烯酰胺不分散低固相泥浆,其主要成分包括膨润土、碳酸钠、聚丙烯酰胺的水解物,根据地质的不同还可以加入锯木屑、稻草、水泥或有机纤维复合物,以防止漏浆现象的发生。PHP 泥浆的配比应通过试验确定。

(二)PHP 泥浆的性能

1.触变性好

配制成功合格的 PHP 泥浆呈嫩白色。由于黏度较大在静止状态时呈冻胶状。当钻头旋转泥浆流动时,又改变了泥浆结构,触变成黏度小的泥浆增加流动性,从而减少钻头阻力。泥浆从流动到静止时,其黏度又能恢复增大产生悬浮作用,阻止钻屑下沉。PHP 泥浆这种触变性能是其他泥浆所没有的,它同时满足了钻进时阻力少和静止时稳定性好的两项要求。

2.密度轻,低固相

由于使用造浆能力最强的土——膨润土做原料,故制造的泥浆含砂率极低(0% ~ 0.3%),即几乎全部土颗粒陡变成胶体,没有废余料,这是普通黏土所做不到的。膨润土的原浆密度小($1.02 \sim 1.04\mathrm{g/cm^3}$),故能携带的钻屑就多,固相(低密度黏土和钻屑)的含砂率可由 2% 提升到 4%。另外由于泥浆密度轻,对钻头阻力就小,故能提高钻进速度,减少钻机内部各种零件的磨损。

3.黏度高

原因是使用特效增黏剂——聚丙烯酰胺(PHP),而不是通常所用膨润土,它的掺用量是泥浆十万分之三,而羟基纤维素(CMC)掺量是泥浆的千万分之一,两者相差 30 倍,由此减少了掺料的总质量和工作量。PHP 泥浆单价虽高,但总价却低。PHP 泥浆黏度高,相应要求胶体率大(100%),这样 PHP 泥浆胶体在粉细砂粗砂砾石的孔隙土中形成一层化学膜,封闭孔壁保持稳定,不易塌孔。这和冲击钻用黏土形成的厚泥皮(物理膜)有本质上不同。

4.泥皮薄

PHP 泥浆的重要指标是泥皮厚度 $K \leqslant 1\mathrm{mm}$,这是其他泥浆所做不到的。愈薄则桩水下混凝土与桩侧土壤接触面的夹层愈小,使桩侧土壤极限摩阻力 $\tau_{\max}$ 愈大。应当注意在钻进时由于需要携带了很多钻屑,提高了黏度的同时也使孔壁泥皮加厚,所以在清孔时应将孔内泥浆的黏度调低,即注入淡基浆,有条件时应将全孔泥浆置换。特别应当提出清孔后吊装钢筋笼之前,在孔内还要用 $\phi 4\mathrm{cm}$ 水管伸入孔内,压注稀泥浆进行低流量的小循环，防止孔内泥皮厚度的增长而影响承载力。

5. 失水量小

泥浆在钻井中有水渗入孔壁的现象叫失水。失水是指一个大气压差30min从泥浆里渗出的体积(mL)。泥皮厚度与泥浆过滤失水率成正比。为了不增大泥皮厚度就必须尽量减少失水量，所以在清孔过程中调整失水量小于10是确保成孔质量的关键。

6. 不分散

系指泥浆中黏土颗粒不向1μm方向发展被控制在1~30μm内的特性。钻进中钻屑混在泥浆中，通过钻杆的水龙头进入到沉淀池前，在泥浆管扩大处要加入淡膨润土基浆，使PHP在泥浆中的浓度降至20%~40%发生絮凝作用。这样淤泥类细颗粒钻屑就能进一步变成较大的颗粒沉淀，容易被机械除砂装置清除。PHP泥浆这种保留优质的造浆黏土，絮凝除去劣质钻屑的特殊功能十分有利于泥浆循环、净化。

7. 环保好

PHP泥浆废料pH=8，无毒、无害，对农作物生长不影响，对环境污染减少到最低程度，被誉为“工农泥浆”。

(三)泥浆的制备

1. 泥浆的原料性能要求及用量计算

(1)泥浆原料膨润土的性能和用量

膨润土分为钠质膨润土和钙质膨润土两种。前者质量较好，大量用于炼钢、铸造中，钻孔泥浆中用量也很大。膨润土泥浆具有相对密度低、黏度低、含砂率小、失水量少、泥皮薄、稳定性强、固壁能力高、钻具回转阻力小、钻进率高、造浆能力大等优点。一般用量为水的8%，即8kg的膨润土可掺100L的水。对于黏质土层，用量可降低到3%~5%。较差的膨润土用量为水的12%左右。

(2)泥浆外加剂及其掺量

①CMC(Carboxy Methyl Cellulose)全名羧甲基纤维素，可增加泥浆黏性，使土层表面形成薄膜而防护孔壁剥落并有降低失水量的作用。掺入量为膨润土的0.05%~0.01%。

②碳酸钠(Na_2CO_3)又称碱粉或纯碱。它的作用可使pH值增大到10。泥浆中pH值过小时，黏土颗粒难于分解，黏度降低，失水量增加，流动性降低；小于7时，还会使钻具受到腐蚀；若pH过大，则泥浆将渗透到孔壁的黏土中，使孔壁表面软化，黏土颗粒之间凝聚力减弱，造成裂解而使孔壁坍塌。pH值以8~10为宜，这时可增加水化膜厚度，提高泥浆的胶体率和稳定性，降低失水量。其掺入量为膨润土的0.3%~0.5%。

③PHP，即聚丙烯酰胺絮凝剂。其作用为：在泥浆循环中能清除劣质钻屑，保存造浆的膨润土粒。它具有低固相、低相对密度、低失水、低矿化、泥浆触变性能强等特点，掺入量为孔内泥浆的0.003%。

④重晶石细粉($BaSO_4$)，可将泥浆的相对密度增加到2.0~2.2，提高泥浆护壁作用。为提高掺入重晶粉后泥浆的稳定性，降低其失水性，可同时掺入0.1%~0.3%的氢氧化钠(NaOH)和0.2%~0.3%的橡胶粉。掺入上述两种外加剂后，最适用于膨胀的黏质塑性土层和泥质页岩土层。重晶石粉掺量根据原泥浆相对密度和土质情况检验决定。

⑤FCI,又称铬铁木质素磺酸钠盐,为分散剂,可改善因混杂有土、砂粒、碎石、卵石及盐分等而变质的泥浆性能,可使上述钻渣等颗粒聚集而加速沉淀,改善护壁泥浆的性能指标,使其继续循环使用。掺量为膨润土的0.1% ~0.3%。

⑥硝基腐殖碳酸钠(简称煤碱剂),其作用与FCI相似。它具有很强的吸附能力,在黏质土表面形成结构性溶剂水化膜,防止自由水渗透,能使失水量降低,使黏度增加,若掺入量少,可使黏度不上升,具有部分稀释作用,掺用量与FCI同。FCI、煤碱剂两种分散剂可任选一种。

⑦纸浆、干锯末、石棉等纤维质物质,其掺量为水量的1% ~2%,其作用是防止渗水并提高泥浆循环效果。

以上各种外加剂的掺入量,宜先做试配,试验其掺入外加剂后的泥浆性能指标是否有所改善。各种外加剂宜先制成小剂量溶剂,按循环周期均匀加入,并及时测定泥浆性能指标,防止掺入外加剂过量。

(3)调制泥浆的原料用量计算

在黏质土层中钻孔,钻孔前只需调制不多的泥浆。以后可在钻进过程中,利用地层黏质土造浆、补浆。

在砂类土、砾石土和卵石土中钻孔时,钻孔前应备足造浆原料,其数量可按式(5-2-5)计算:

$$m = V\rho_1 = \frac{\rho_2 - \rho_3}{\rho_1 - \rho_2} - \rho_1 \tag{5-2-5}$$

式中:m——每立方米泥浆所需原料的质量,t;

V——每立方米泥浆所需原料的体积,m^3;

ρ_1——原料的密度,t/m^3;

ρ_2——要求的泥浆密度,t/m^3,$\rho_2 = V\rho_1 t(1-V)\rho_3$;

ρ_3——水的密度,取$\rho_3 = 1t/m^3$。

若造成的泥浆的黏度为20 ~22s时,则各种原料造浆能力为:黄土胶泥1 ~$3m^3/t$,白土、陶土、高岭土3.5 ~$8m^3/t$,次膨润土为$9m^3/t$,膨润土为$15m^3/t$。

从以上资料得知,膨润土的造浆能力为黄土胶泥的5 ~7倍。

2.泥浆的配合比设计

护壁泥浆在钻孔中非常重要,尤其是对大直径、超长桩,土层为砂层,泥浆控制显得尤为重要。为保证钻孔桩成孔施工的顺利进行,在正式开钻之前进行泥浆配比试验,选用不同产地的膨润土和不同比例的水、膨润土、纯碱、PHP等进行试配,选择泥浆各项指标最优的泥浆配比。有条件的情况下,可在试桩施工中得以检验和调整后用于正式钻孔桩施工中。

大直径、超长桩采用的高性能PHP泥浆的配比应通过试验确定,参考配比如下:

(1)膨润土为水质量的6% ~8%;

(2)碳酸钠为膨润土质量的0.3% ~0.5%;

(3)羧甲基纤维素(CMC)为膨润土质量的0.5% ~0.1%;

(4)聚丙烯酰胺(PHP)为泥浆量的0.003%。

孔内有渗漏时,加锯木屑为水质量的1% ~2%,稻草末或水泥添加量为每立方米泥浆17kg;孔内有承压水或地下水位高,渗漏严重时,加重晶粉、珍珠岩粉及方铝矿粉,添加量为每立方米泥浆 17kg。

钻孔时泥浆根据不同的地质情况和不同的钻孔深度对配合比进行适当的调整。

3. 制浆系统

一座大桥钻孔桩所需泥浆近万立方米，故应结合工地实际情况，选择效率和经济效益好的制浆系统。

(1)制浆原料估算

可按第一章调制泥浆的黏土用量计算进行。

(2)制浆设备

在第一章介绍了机械搅拌、人工搅拌和钻锥搅拌三种制浆方法，这里补充制浆设备系统。

常用制浆系统由拌浆设备、储浆设备、运输设备、检验设备四部分组成。拌浆设备是制浆系统的主体，其他设备列于循环净化设施中。

①拌浆设备。

a. 胶质灰浆搅拌机（与第一章介绍的泥浆搅拌机相似）。

b. 螺旋式搅拌机，分立轴式和卧轴侧倾式两种。

c. 压缩空气搅拌，即将压缩空气通入膨润土和水的混合物容器内进行拌浆。

d. 离心泵重复搅拌机。

e. 泥浆泵配合水流喷射制浆。

②储存设备：一般用阶梯形泥浆池、泥浆塔（桶）储存。

③运浆设备：一般用泵送，远距离用罐车，或制浆设备置于高处，让其自流。

④检验设备：见第一章第二节之四。

(3)制浆站设施

大直径钻孔桩需要大量泥浆，应建立专门的制浆站。一般制浆站与泥浆循环净化系统合并组成，以减少泥浆的运输。制浆站有以下三种形式。

①岸边泥浆制造站，一般设在河岸边，如图 5-2-23 所示。

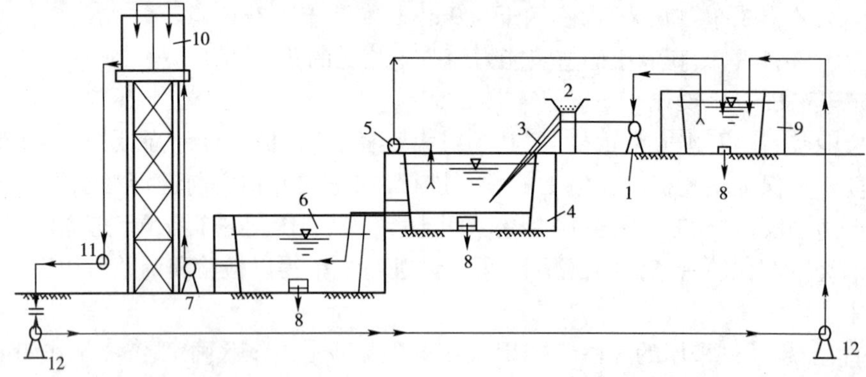

图 5-2-23 岸边泥浆制造站

1-造浆高压水泵；2-膨润土加料斗；3-高压水枪；4-造浆池；5-循环泥浆泵；6-储浆池；7-水塔高压泵；8-排渣孔道；9-回收泥浆池；10-泥浆塔；11-自流阀门；12-回收高压泵

②船上泥浆制造站，如图 5-2-24 所示。

③工作平台较大时，也可将制浆站设在平台上，如图 5-2-25 所示。

④桩孔内制浆,在没有上述条件时,也可在桩孔钢护筒内制浆。

(4)制浆工艺

①制浆站制浆一般采用 PHP 高级泥浆,造浆量宜为实际泥浆体积的 1.2 ~1.6 倍。掺入泥浆中其他处理剂用量和搅拌工艺见第一章,掺入 PHP 的水解过程及掺量已如前述。具体造浆工艺,一般采用喷射制浆,膨润土及处理剂从加料斗和配料斗中通过高压水泵和水枪喷射,在制浆池中形成泥浆。因一次喷射难以使泥粉与水流混合均匀,需循环喷射拌和多次,才能制成不分散、低固相、高黏度的 PHP 泥浆。然后将泥浆用高压泵泵入或流入储浆池。制好的泥浆需经过多个梯级布置的储浆池沉淀或过滤,残渣通过排渣孔道排出(用水力冲洗)。泥浆塔可采用 $\phi 3m\times 3m$ 的护筒 4 ~6 个制成,每个容量可达 $20m^3$,塔下装有阀门和管道,供给每个墩位钻孔使用。新鲜泥浆经过钻孔循环使用后,含有大量废渣杂质,可经回收泵重新泵入(或流入)沉浆池沉淀。经过排渣处理,再泵入制浆池使用。但应注意根据废浆的成分重新配料,经检验合格后再用。

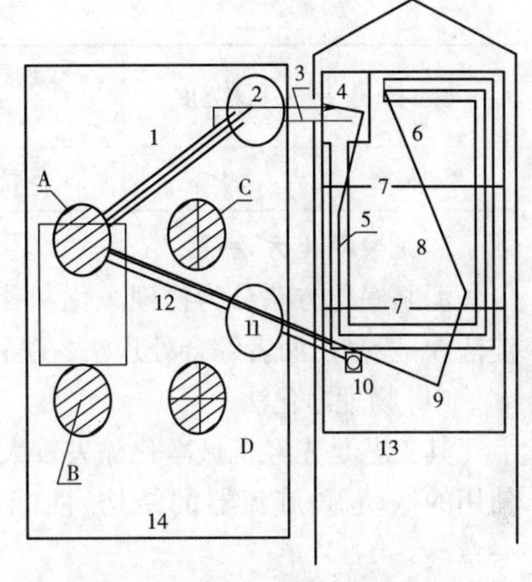

图 5-2-24 船上泥浆制造站

1-钻机出渣管;2-沉砂罐;3-出口筒;4-缓冲池;5-循环沉砂槽;6-1 号沉砂池;7-隔舱板;8-2 号沉砂池;9-配供浆池;10-泥浆泵;11-储备罐;12-回浆槽;13-泥浆船;14-工作平台;A、B、C、D-钻孔桩

②钻孔内制浆。将钻头提起距孔底 1.2m 左右空转,钻杆水龙头的泥浆水通过软管又喷到孔内,如此重复,直至全部护筒及泥浆筒都灌满合格泥浆为止。本法宜用在护筒长度大的情况下。

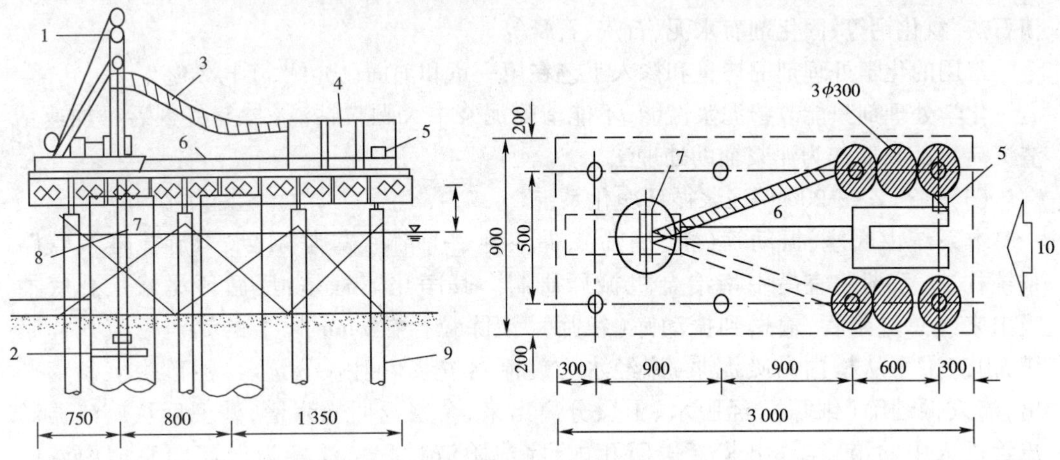

图 5-2-25 工作平台制造泥浆站(尺寸单位:cm)

1-钻机;2-钻头;3-出渣管;4-沉渣池;5-出口阀;6-沉淀渠;7-进浆管;8-钢护筒;9-$\phi 1m$ 钢管桩;10-流向

③水泥(砂)浆拌和系统造浆。该设备一般设置在驳船上,停靠在工作平台旁,可随时提供钻孔使用。其制浆工艺与制浆站的制浆相同。

(四)泥浆的循环净化

泥浆循环净化方法除按照第一章有关原则施工外,对大直径、超长桩增加如下补充。

1. 泥浆弃置标准

泥浆经过钻孔循环使用后，必然造成污染、劣化，为了充分利用泥浆，必须经过高效的净化系统，使泥浆性能符合要求，继续使用。当泥浆污染严重，净化处理不经济，则宜舍弃。舍弃标准可参考表5-2-11。

常用泥浆舍弃标准值 表5-2-11

项 目	相对密度	黏度(s)	含砂率(%)	失水量(mL/30min)	酸碱度(pH)
舍弃标准	>1.2	>42	>5~40	>25	<7或>12.5

2. 泥浆净化方法

泥浆净化方法分为物理净化和化学净化两大类。前者又分为机械处理法和重力沉淀法，一般采用两者综合处理法，在桥基钻孔中以物理处理法为主。

(1)物理净化法

其工艺是先经机械净化除去较大钻渣，再流经沉淀池沉淀的综合处理法。机械净化使用的振动筛、旋流器的结构、性能和使用工艺及沉淀池的布置、面积计算等详见第一章。

(2)化学净化法

先检验钻孔流出的泥浆的各项性能指标，当不符合要求时，掺配适量的化学处理剂，通过循环系统处理并达标后可继续使用。

化学处理剂品种分为有机处理剂和无机处理剂两大类。前者有保水剂，如羧甲基纤维素(CMC)、水解聚丙烯腈、木质素磺酸盐、煤碱液等；稀释分散剂如铁铬木质素磺酸盐(FCL)、丹麦宁碱液等；絮凝剂，如聚丙烯酰胺(PHP)、水解聚丙烯腈等。无机处理剂有消石灰、氯化钙等；固化剂有水泥、石灰、石膏等。

常用的化学处理剂的掺量和掺入工艺在第一章和前面已介绍，不再赘述。

化学处理剂只能改善泥浆性能，不能清除泥浆中大颗粒钻渣(掺絮凝剂后可加速钻渣沉淀)，故只能作为泥浆辅助处理法。

(3)国产ZX—200型泥浆循环净化系统

本系统由底座、振动筛(粗、细筛)、储浆池、中储箱、渣浆泵、水力旋流器及管路系统构成，系湖北宜昌中南冶金机械厂研制。其净化流程是：反循环泥浆从孔底抽吸出来经总进浆管，输送到振动筛(粗筛)，清除粒径在2mm以上的钻渣后流入储浆槽，由渣浆泵从槽内吊吸泥浆，流经水力旋流器进浆口射入分选后，泥砂由沉砂嘴排出，流入振动筛(细筛)，经脱水、干燥分离出来，余浆返回储浆槽，处理后从旋流器溢流管进入中储箱，经总出浆管送回孔内，完成除渣过程。浮标为保证储浆槽内液面高度而设置。

本循环系统的特点是：

①整机处理能力大，沉渣分选能力强，除渣净化效果好，最大泥浆处理量为200m^3/h；净化除渣效率可达90%以上(处理后粒径0.7mm)，渣料筛分能力25 000~80 000kg/h(随钻孔土层而异)；筛分出渣料含水率小于30%；处理后泥浆相对密度小于1.2、黏度小于40s，含砂率小于20%。

②设备成龙配套,节省安装,占用施工场地面积小。

③该机是闭路循环净化方式,不致污染周围环境。

④整机操作方便,适用性能好,吊装、运输方便,特别宜用于水中平台。

(4)固相含量控制及渣液分离主要设备(表5-2-12)

固相含量控制及渣液分离主要设备 表5-2-12

设备名称	产地	主要配件	占地面积(m^2)	处理能力(m^3/h)
GJD-1500型钻孔泥浆净化系统	张家口探矿机械厂	振动筛、旋流器	13	70-200
KZS(ZBZ×1224)型直线振动筛	南昌矿山机械厂	直线振动筛	4.5	200
FX-250KZS型水力旋流器	宝鸡石油机械厂	旋流离心泵	2	200
斜板(管)沉淀池	浙江玉环净水设备厂	塑料斜板或斜管	30	150
PBF-10型连续水平过滤机	华东地勘局262队	真空泵、过滤机	400	200
新重力沉淀装置	上海特种基础工程研究所	反应箱	70	200
ZX-200型泥浆循环净化装置	宜昌冶金部中南冶金机械厂	振动筛、水力旋流器、离心式渣浆泵、自动液面平衡器	22.8	200

3.泥浆的回收

回收时将钻孔桩内干净泥浆通过泥浆泵将泥浆直接泵送到上游的泥浆回收箱内,抽入回收箱内泥浆经沉淀去除钻渣后加入新鲜泥浆进行调和,制备成合格的泥浆再重复利用到钻孔施工中。

(五)钻进中的泥浆管理

(1)泥浆调配由经培训合格的工地实验室人员专门负责。

(2)钻进过程中做到勤测量、勤观察、勤试验和勤维护。

①勤测量:每班至少测量2次,发现问题及时汇报,商讨对策。测量记录要做到真实、准确、齐全。

②勤观察:经常注意泥浆动态,观察泥浆有无漏失,泥浆液面有无下降。

③勤试验:每次在加高分子化学药品前应对泥浆取样,经过实验室试验,确保泥浆基本性能达到指标,尽量减少药品消耗。

④勤维护:勤除砂、勤取样,发现问题及时处理。处理过程中,药品加入要缓慢均匀,确保孔内泥浆性能均匀一致。

(3)严禁在未经允许的情况下擅自向孔内泥浆加入大量清水。

(4)做好泥浆的回收工作,把返上来的泥浆抽到其他未施工的护筒内或抽到泥浆船上储存起来,以备下一根桩使用。要注意的是,距混凝土顶4m左右的泥浆因含有大量的水泥浆($CaSO_4$),需抽到专用泥浆船上,运至指定地点进行废弃处理。

第三节 成孔工艺

一、大直径、超长桩成孔

1. 成孔设备选型原则

大直径超长桩成孔钻机选择除按照本章第二节要求外,还应满足以下原则:

(1)选择钻机类型,应根据钻孔位的地质(土壤及土层结构)情况结合钻机的适用能力而选型。

(2)钻机的型号应根据设计钻孔的直径和深度结合钻机钻孔能力而定。

(3)一台钻机配备有不同型式的钻头,而钻头的选择应根据地质结构情况而选择。

(4)钻机的选择还应考虑钻架设立的难易程度,钻机的运输条件及钻机安装场地的水文、地质、钻机钻进反力等情况,力求所选钻机结构简单,工作可靠,使用及运输方便。

(5)钻机的选择要考虑其生产率应符合工程进度的要求,在保证工程质量和工作进度的前提下,生产率不宜过大。因为生产率高的钻机费用高,工程造价高。

2. 各种钻机成孔方法

大直径、超长桩成孔一般采用反循环回旋钻进、泵吸式或气举式排渣,或者采用旋挖钻机钻进成孔,也有一部分采用冲击钻机成孔,其成孔工艺与一般桩径的大致相同,具体成孔施工工艺参见第一章第四节相关内容,这里不再赘述。

这里特别需要指出的是,在大直径、超长桩钻机成孔施工时,由于钻孔直径大、钻孔深度较深,若选用的钻机额定扭矩小于钻孔的计算扭矩时,应采取以下技术措施进行施工:

(1)可采用分级扩孔方式。

(2)通过改变钻头底部形状。

(3)调节钻压和转速(降低速度)。

当大直径、超长桩为群桩时,为避免当桩孔净间距过小时,出现孔内串穿等事故影响成桩质量,应采取间隔跳跨的顺序进行钻孔施工,同时保证钻进移位、安装满足使用要求。

钻孔灌注桩因其施工情况的特殊性,钻孔时可能遇到的不定因素较多,因此开钻前应制定详细可行的基桩施工作业指导书,包括施工工艺、钻孔前的设备检修、人员培训与准备、泥浆循环系统等材料准备、事故预案、安全方案、质检方案等,并备有可靠的供电系统和满足要求的混凝土供应。每钻进一定孔深(如每钻进2m)或地层变化时应捞取钻渣样品,查明土类,并与地质剖面图相核对。如不相符应分析原因,采取必要的解决处理方案。

二、变截面桩的成孔工艺

1. 变截面桩的构造

常规钻孔灌注桩一般设计成等截面形式，但某些特大型桥梁桩基通常嵌入岩层中（嵌岩桩），对于桩身嵌岩及以上一定范围内桩身只承受竖向荷载，故直径往往无需太大，而桩身的上部除承受竖向荷载外，还需承受桥梁横向、纵向水平推力，故要求桩身直径较大。因此，常在此种情况下设计成变截面桩，以使桩身各截面充分发挥作用，有效利用资源。

2. 变截面桩的成孔方法

变截面桩基成孔施工设备的选择与等截面桩基基本相同，施工工艺略有差异。变截面桩基成孔一般采用全断面一次成孔或再分级扩孔钻进，分级扩孔时变截面桩开始使用大直径钻头，钻到变截面处换小直径钻头钻进，达到设计高程后，再换钻头扩孔到设计直径，依次作业 2 ~3 次直到完成符合设计要求的变截面桩。钻孔时为保持孔壁稳定，覆盖层进尺不能过快，宜采用减压吊钻钻进。现以国内某大桥主墩变截面桩基施工为例，对变截面的大直径、超长桩成孔方法进行介绍。

某大桥主墩桩基在覆盖层内直径为 2.8m、基岩内直径为 2.5m，桩顶高程 +7m，桩底高程 -64m，桩长为 71m，入岩深度 38 ~44m，均按照摩擦桩设计。

桩基成孔主要分为三个阶段：护筒内钻进，护筒以下覆盖层的钻进和基岩内钻进。

（1）护筒内钻孔：护筒内钻进采用回旋钻机配置刮刀钻头的形式。

（2）护筒以下覆盖层的钻进成孔：

①针对钻头出护筒时由于钻头与护筒间隙较小，易拖挂护筒刃脚，采取在刮刀钻头环顶部加工导向防挂装置。

②出护筒时，钻进采取低转速（控制在 6 ~8rad/min）、低进尺（小于 1m/h）、低压。

③ϕ2.75m 钻头出护筒后，一次钻至岩面，减少提升下放钻头次数。

（3）岩层内钻孔：桩位岩层厚度达 40m 以上，采用牙轮钻具，大配重、减压、低挡慢速（8rad/min 左右）、优质浓泥浆、大泵量钻进的方法钻进保证钻孔的竖直度和进尺。

三、大直径、超长桩钻孔技术要求及注意事项

大直径、超长桩成孔主要采用回旋钻机、旋挖钻机、和冲击钻机，其钻孔工艺与一般小直径桩大致相同，此节主要针对回旋钻机反循环排渣成孔技术要点及注意事项进行补充说明，其他相关内容可参见第一章。

（一）钻孔技术参数

在回旋钻机反循环排渣成孔钻进过程中，应严格控制钻压、转速及终孔泥浆等技术指标。

1. 钻压

钻压作为影响反循环回旋钻机成孔的重要因素之一，一般以每个滚刀给予孔底的压力进行计算；具体以刀具数量乘以单个滚刀的钻压大于所钻岩石抗压强度进行控制。由回旋钻头产生的振动、剪切、压碎等作用使得岩石破碎，进而排渣进尺。钻机在钻孔过程中应保持足够的钻压力，并增加配重块；给压方式应采用减压钻进，以保证钻杆伸直使钻孔竖直无弯曲，孔底承受的钻压不得超过钻具重力之和（扣除浮力）的 80%，保证成孔垂

直度。一般情况下各地层的钻压情况见表 5-3-1。

不同地层钻压参数表

表 5-3-1

地　层	钻压(kN)	地　层	钻压(kN)
淤泥、淤泥质黏土	<150	护筒底口地层	<150
粉细砂	200 ~ 400	岩层	根据岩层硬度确定
粗砂层	200 ~ 400		

2. 钻速

钻压确定后,钻速也就是转盘的转速就显得尤为重要了。钻速一般以线速度作为转速指标。在使用滚刀破岩时,具体按照应以轴承转速不超过 120R/min 来进行控制(指边刀)。对于滚刀钻头的适宜转速可按式(5-3-1)计算:

$$\eta = 120d/D \tag{5-3-1}$$

式中:η——钻具转数(即转盘转数),r/min;

d——滚刀大头直径,m;

D——钻头直径,m。

根据以往的施工经验,在不同的地层中钻进的转速及进尺见表 5-3-2。

不同地层转数、钻速参数表

表 5-3-2

地　层	转数(r/min)	钻速(m/h)
淤泥、淤泥质黏土	10 ~ 20	1.5 ~ 2.5
粉细砂	10 ~ 20	1.5 ~ 2.5
粗砂层	5 ~ 10	1 ~ 2
护筒底口地层	5 ~ 10	0.5 ~ 1

3. 终孔时泥浆性能指标

终孔一般采用两次清孔工艺,确保桩底沉淀厚度满足要求。

一次清孔:清孔时将钻头提离孔底 30cm 左右,钻机慢速空转,保持泥浆正常循环,同时置换泥浆。当泥浆指标达到相对密度 1.03 ~ 1.10,黏度 17 ~ 20s 时,测得孔底沉渣厚度小于 10cm,可停止清孔,拆除钻具,移走钻机。

在钢筋笼下放到位后,再次对桩底沉淀进行检测,如不满足桩底沉渣要求,采用混凝土浇注导管进行二次清孔,确保做到沉渣量满足设计要求。

(二)钻孔注意事项

由于桩基工程属于地下隐蔽工程,施工工序较多,工艺流程相互衔接紧密,环环相扣,不宜长时间中间停顿;主要工序的施工过程都在水下及地下进行,不便监视;同时影响施工正常进行和施工质量的因素很多,难以全部预见,则不可避免的会出现诸如钢护筒变形、坍孔、偏孔、卡钻、埋钻、桩身缩径、沉渣过厚等各种形态的问题,影响桩基施工顺利进行及桩身的完整性和单桩的承载能力。在大直径、超长桩施工中常见事故的预防和处理与一般桩径的钻孔桩基本相同,具体参见第一章第八节相关内容。本小节只对钻孔施工注意事项进行补充说明。

1. 防止沉渣过厚或清孔过深

(1)钻机钻孔至距孔底高程 50cm 左右,钻具不再进尺,先停钻停气,清理掉沉渣池沉渣，以增加沉渣效果；再采用大气量低转速开始清孔循环，泥浆进行全部净化，持续一段时间后，停机下钻杆探孔深，根据测探结果确定补钻深度，此项工作应提前在钻孔桩工艺试验中得出钻具距孔底多少距离清孔达到高程的参数。通过此工艺可有效保证孔不会超钻，不会清孔过深，导致出现沉渣少的假象。

(2)防止沉渣超标的一个重要方法是成孔后，孔内泥浆指标要达到规定要求，规范规定含砂率应小于2%。但对于孔深较大的钻孔桩(桩长超过100m)，在保证足够沉淀时间的情况下，泥浆中的砂子一般沉淀下来10%~20%。如果钻渣厚度控制在20cm以内，则含砂率要降至1%以下，需采用泥浆净化装置循环去砂，降低含砂率。

2. 防止声测管孔底堵塞、超声波检测不到位

对于孔深较大的钻孔桩，声测管在每一节焊接完后，孔内应灌水，施工时用来灌声测管的水不能直接用江水(尤其汛期江水含泥量高)，要经过净化处理后才能用来灌声测管，以防止探测管底部堵塞、超声波检测不到位的。声测管施工时接头焊接要牢固，不得漏浆，顶、底口封闭严实，声测管与钢筋笼用钢筋箍连接，确保每根声测管均能够检测到底。

四、清孔

大直径超长桩清孔的目的同一般钻孔灌注桩相同，即确保桩端承载力、保证水下混凝土浇筑质量。大直径超长桩清孔方法和一般钻孔灌注桩基本相同，一般利用反循环清孔、正循环清孔、掏渣清孔等常规方法。

五、钻孔施工实例

以苏通桥南主塔墩变截面钻孔灌注桩施工为例进行介绍。

(一)钻孔设备布置

主要钻孔设备选用中昇300、KP3500、JZP-350、GW-35B型钻机，钻孔吊装设备选用4台80t的动臂吊机。施工设备布置如图5-3-1所示。

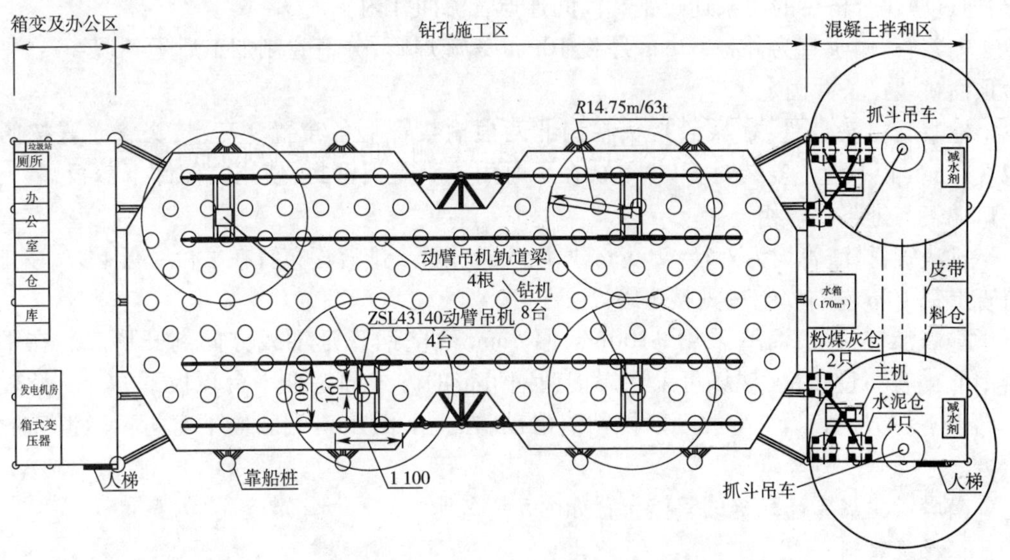

图5-3-1　钻孔平台施工设备布置示意图(尺寸单位：cm)

注：图中带阴影护筒为备用桩位。

(二)泥浆循环系统

1. 泥浆循环总体方案的比选

泥浆循环工艺具有以下特点:桩基规模巨大、施工高峰期泥浆需求量高达 1 000m³/d 以上,泥浆每小时的循环净化数量达到 3 200m³、出渣量达到 100m³ 以上;场地狭小的,施工交叉影响大。为此对以下方案进行了选择和比选,见表 5-3-3。

泥浆循环方案比选表　　表 5-3-3

方　案	集中制备、集中净化	集中制备、分散净化	分散制备、分散净化
优点	节约场地、联合供浆效率高、净化器并联后利用率高、泥浆质量稳定且回收率高、与其他环节施工的相互干扰小	节约场地、供浆效率高、泥浆质量稳定且回收利用率高	化整为零、便于随钻机移动
缺点	钻孔排除的泥浆回送到集中净化池十分困难	需一定的净化场地、净化器利用率低、与其他施工环节交叉影响较大	占用较大的场地、且与其他施工环节交叉影响大、现场较为零乱、不便于管理、净化器利用率及泥浆回收利用率太低
优选方案		选定	

对于该方案存在的缺点,利用对称分散布置于平台周边的防撞桩做临时小平台,布置净化设备,使净化地点相对固定,便于排渣且减小了各施工环节的相互干扰。

2. 泥浆循环系统的布置

南塔墩泥浆循环系统采用在钻孔平台上游设置制浆池集中造浆,通过输浆管输送到各钻孔位处,钻机排出带钻渣的泥浆通过布置在钻孔平台侧面的泥浆净化器分散进行净化,通过净化合格后的泥浆通过钢护筒间连通管流回孔内。

输浆管:输浆管为外径 63cm、厚度 10mm 螺旋焊管,分节卷制加工后运到现场,在平台顶面拼装接长并固定。

输浆管接头部件:输浆管接头在南北两根输浆管上各布置 9 套,接头管布置按照 12~14m间距布置。安装时管口平放,在平时用接头盖板密封,使用之前卸下盖板,装上出口端管与进浆软管相连。

排渣管:排渣管均为外径 42.6cm、厚度 8mm 钢管,排渣管布置在平台底板下方,在排渣管上每 10m 左右安装一处接头管。

排渣溜槽:排渣溜槽采用 ϕ100cm、厚 5mm 薄壁钢管延轴线方向剖开形成。在平台南北向各布设 2 根,现场可采用焊接型钢吊带的方式固定在平台顶板下方。从桥轴线向上下游方向设置 3% 坡度以便钻渣滑动,在上下游出口端斜向下弯折至运渣船舱上方。

南塔墩泥浆循环系统的整体布置如图 5-3-2 所示。

3. 泥浆配制

泥浆制备在钻孔平台上游进行。根据平台结构及泥浆制备需要,在钻孔平台上游布置了 3 个容量为 234m³ 的泥浆池,1 个为造浆池、1 个为储浆池、1 个为钻孔泥浆回收池。

泥浆池间相互连通。泥浆制备场地布置如图 5-3-3 所示。

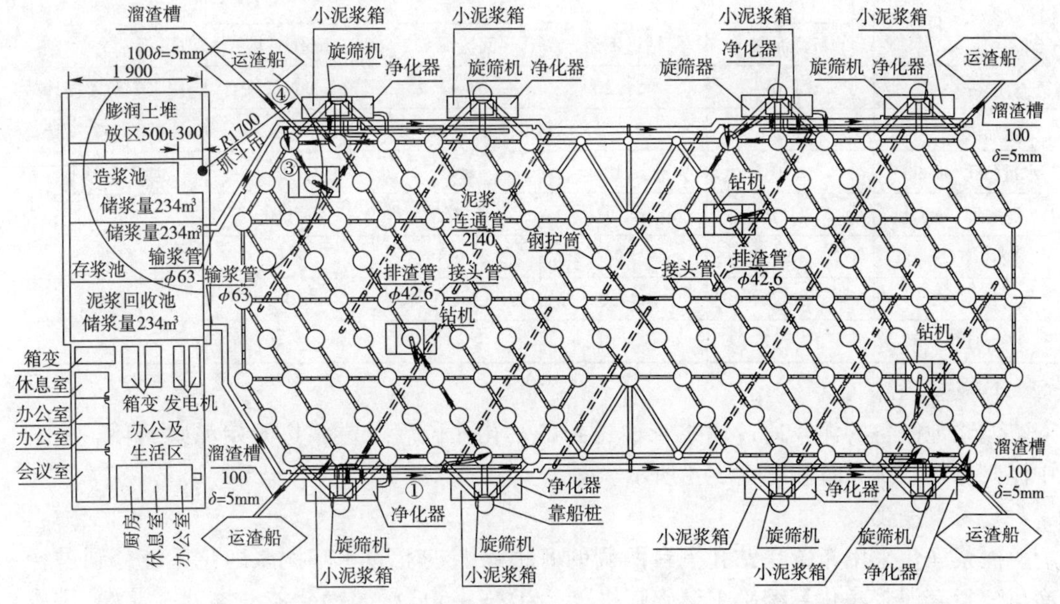

图 5-3-2 南塔墩泥浆循环系统整体布置示意图

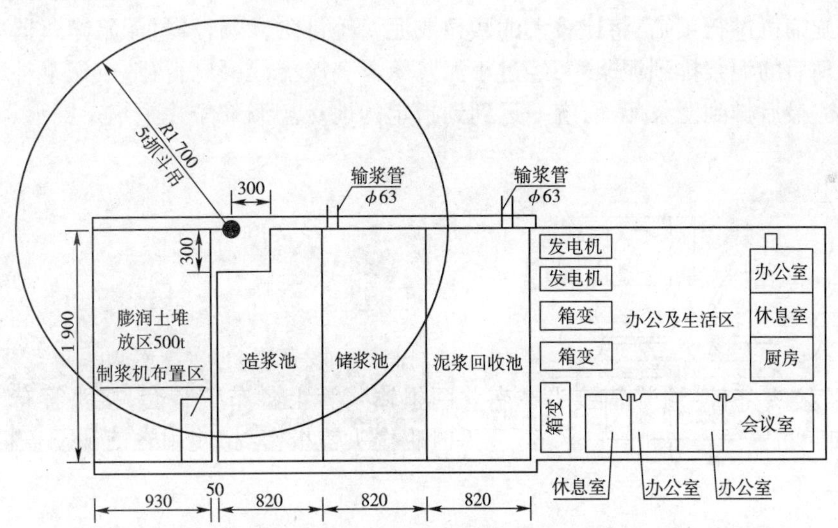

图 5-3-3 泥浆制备场地布置示意图(尺寸单位:cm)

膨润土及泥浆制备材料均采用布置在平台上的抓斗吊机进行吊装。

泥浆配置采用 5 台 ZJ—80 强制式拌浆机进行配置,造浆时 PHP 需事先充分水解,膨润土需充分搅拌,且应先加水再加膨润土,最后加外加剂搅拌,制备成泥浆。经过强制式拌浆机拌制的泥浆放入造浆池储存。由于拌制的新鲜泥浆需通过强劲的搅动才能形成胶体,进入造浆池中的泥浆还需用抓斗吊机进行多次搅动。

在钻孔施工的不同阶段,通过增加新鲜泥浆或加入少量膨润土的方法对钻孔泥浆的性能进行不同的调整,各阶段钻孔中泥浆性能指标见表 5-3-4。

各阶段钻孔中泥浆性能指标　　表 5-3-4

项　目	阶　段				试验方法
	新鲜泥浆	钻进泥浆	回流泥浆	清孔泥浆	
密度(g/cm^3)	≤1.04	≤1.20	1.08～1.25	1.06～1.1	泥浆相对密度计
黏度(s)	19～32	19～25	19～23	18～22	标准漏斗黏度计
水量(mL/30min)	≤10	≤18	≤15	≤10	滤纸、玻璃板
泥皮厚(mm)	≤1.0	≤2.0	≤1.5	≤1.0	尺
胶体率(%)	100	≥96	≥98	100	量筒
含砂率(%)	≤0.5	≤4.0	0.5～1.0	≤0.5	含砂率计
pH 值	10～12	9～10	9～10	8～10	试纸

4. 泥浆循环

泥浆池制备的泥浆通过输浆管输送到各钻孔孔位后通过钻机开始泥浆循环。施工中泥浆循环系统布置如图 5-3-4 所示。

5. 泥浆净化

泥浆净化采用布置在钻孔平台两侧的 8 根靠船桩上的 8 套泥浆净化系统分别进行净化。每套泥浆净化系统由 1 台旋筛机、1 台 DZX－500 泥浆净化器、1 个小泥浆箱、排渣槽、运渣船等组成。

钻渣的排除采用多级沉淀的方法,即钻机经反循环排出的泥浆首先经过泥浆净化装置顶面的旋筛机进行预筛,将比较大的颗粒或泥块等排除,然后经过泥浆净化器净化,经净化器处理后的泥浆排到泥浆箱,经过小泥浆箱再一次沉淀,最后再形成泥浆补回孔内。排出的钻渣最后排到泥浆船上,统一运到到指定的地点。泥浆净化系统布置示意图如图 5-3-5 所示。

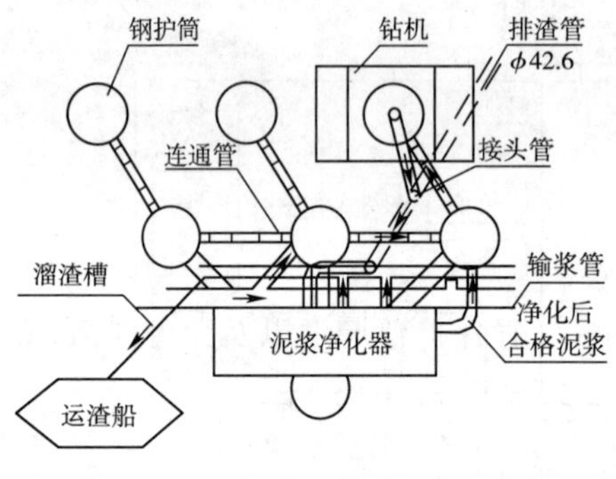

图 5-3-4　泥浆循环系统现场布置示意图

图 5-3-5　泥浆净化器

6. 泥浆的回收

南塔墩钻孔桩混凝土浇注时,对孔内泥浆均进行回收。回收时将钻孔桩内干净泥浆通过泥浆泵将泥浆直接泵送到上游的泥浆回收箱内,抽入回收箱内泥浆经沉淀去除钻渣后,加入新鲜泥浆进行调和,制备成合格的泥浆,再重复利用到钻孔施工中。

经过回收,钻孔泥浆的重复利用率达到了 50% 左右,大大地节约了施工成本。

(三)钻孔准备

1. 钻机就位

在打设好的钢护筒上对称的用油漆标出桩位中心。由浮吊配合动臂吊机将钻机在平台上组装完毕，然后根据桩位中心和钻机底盘尺寸在平台上作出钻机底盘边线标志，根据定位标志，用浮吊吊钻机入位，并找平稳固，确保桩位中心偏差不大于20mm。

2. 钻具安装及钻机调试

钻头采用双腰带四翼笼式钻头，利用浮吊将钻头、风包钻杆及配重拼装在一起，在钻机就位后将其吊入孔内固定。检查钻杆，并安装接长钻杆，将钻头下到离孔底泥面约30cm处，接通供风及泥浆循环管路，开动空压机，开启供风阀供风，在护筒内用气举法使泥浆开始循环，观察钻杆、供风管路、循环管路、水龙头等有无漏气、漏水现象，并开动钻机空转，如持续5min无故障时，即可开始钻进。

图5-3-6　双腰带四翼笼式钻头

根据南塔实际情况，每台钻机分别配备ϕ280cm和ϕ250cm两种钻头。钻头如图5-3-6所示。

(四)钻进施工

钻孔灌注桩因其施工情况的特殊性，钻孔时可能遇到的不定因素较多，因此开钻前制定详细可行的基桩施工作业指导书，包括施工工艺、钻孔前的设备检修、人员培训与准备、泥浆循环系统等材料准备、事故预案、安全方案、质检方案等，并备有可靠的自发电系统和满足要求的混凝土供应。每钻进2m或地层变化时在泥浆池中捞取钻渣样品，查明土类并记录，以便与地质剖面图相核对。因苏通桥桩基地质情况较复杂，当钻孔至砂层等易塌地层时采用加大泥浆相对密度并增加泥浆的黏度，减慢钻孔速度等方法通过该地层。

(1)钻孔前，绘制钻孔地质剖面图，钻孔作业采用减压钻进，根据不同土层选择与之相适应的进尺和转速。对于淤泥质土层，采用低挡慢速、大泵量、稠泥浆钻进，以免发生先扩孔后缩孔现象，对于亚黏土层，采用低挡慢速、优质泥浆、大泵量钻进的方法钻进；对于黏土层采用中等钻速大泵量、稀泥浆钻进，对于砂层，采用轻压、低挡慢速、大泵量、稠泥浆钻进，以免孔壁不稳定，发生局部扩孔或局部坍孔，并充分浮渣、排渣，以防埋钻现象；对砂砾层，采用轻压、低挡慢速、优质浓泥浆钻进，确保护壁厚度以及充分浮渣，对不同的地层段采用相应的钻进工艺参数，详见表5-3-5。

不同地层钻进参数表　　表5-3-5

地　　层	钻压(kN)	转数(r/min)	钻速(m/h)
淤泥、淤泥质黏土	<150	10~20	<2
粉细砂	200~400	10~20	1~2
粗砂层	200~400	5~10	0.5~2
护筒底口地层	<150	5~10	0.5~1

(2)钻机安装就位后，调整底座并保持平稳，以保证在钻进和运行中不产生位移及沉陷，否则找出原因，及时处理。

(3)当钻进至接近钢护筒底口位置1~2m时，须采用低钻压、低转数钻进，并控制进尺,以确保护筒底口部位地层的稳定,当钻头钻出护筒底口 2 ~ 3m 后,再恢复正常钻进状态。

(4)钻进过程随时注意往孔内补充浆液,维持孔内的水头高度。孔内泥浆面任何时候均应高于江水面 2m 以上。

(5)升降钻具应平稳,尤其是当钻头处于护筒底口位置时,必须谨慎操作、防止钻头钩挂护筒,避免冲撞钢护筒扰动钻孔孔壁。

(6)钻孔作业分班连续进行;经常对钻孔泥浆进行试验,不合要求时,及时调整;随时捞取渣样,检查土层是否有变化,当土层变化时及时报监理工程师并记入记录表中,且与地质剖面图核对。

(7)水中基桩钻孔施工由于受潮水涨落影响,潮来临前,增加护筒内的泥浆,使泥浆面高程高于最高潮位 3m 以上,保证护筒内外水头差满足要求。

(五)成孔检测及清孔

成孔检测设备采用超声波探测仪进行检测,并采用气举反循环清孔。清孔时将钻头提离孔底 20cm 左右,钻机慢速空转,保持泥浆正常循环,同时置换泥浆。当泥浆指标达到相对密度 1.05 ~ 1.10,黏度 17 ~ 20s,含砂率小于 0.5% 后,可停止清孔。

第四节　钢筋骨架的制作、运输及吊装就位

大直径、超长灌注桩施工,同样需要相应长度和直径的钢筋笼,对于大直径超长钢筋笼的加工成型方法、保护层设置等可参照第一章普通桩基施工第七节钢筋骨架的制作中的内容。钢筋笼增长增大后其接桩钢筋工作量增大,刚度减小,本章着重从大直径超长钢筋笼在制作与安装上,如何绑扎牢固准确、吊装不变形,灌注混凝土时不错位及施工设备等方面进行针对性介绍。

一、制作场地的选择

制作场地宜选择在制作和运输比较方便的地方,场地离施工现场近且有足够的施工面积来保证钢筋的堆放与加工。制作场和临时堆场应有较好的排水设施,地面适当硬化,要设有简易的钢筋加工棚和存储棚。

在储存保管时宜按钢筋的不同型号、直径与长度分别堆放,通常都在施工现场附近进行绑扎,然后将绑扎好的半成品放置在现场附近,在沉放前用吊车装运。为了使吊装工作能顺利进行,制作场地需满足吊车的操作,并有车辆或移动式吊车的通行道路。

当施工现场相当狭窄,或即使在同一现场内也都分散在整个场地面积内时,可另选在其他场地制作,如企业的加工场等。对此应注意在公路上用卡车运输半成品钢筋笼的长度限制、卡车转弯半径及长距离运输时防止变形等问题。如仍需在施工现场制作时,可以采取随着施工桩位的不断移动,制作场地也跟着不断搬移的办法。

二、制作方法

对于大直径、超长桩钢筋笼,其主筋直径比较大、数量多,有时采用双肢主筋结构,为提高制作效率、确保加工质量,首先应选择合适的绑扎成型方法,确定合适的分节长度。

对于超长钢筋笼一般采用直螺纹接头,长线法加工,在加工场地预拼装后进行现场拼装下放,以确保对接质量及施工速度。现以72m长钢筋笼加工程序为例进行说明:

根据主筋的定尺长度,钢筋笼按照12m标准节段分6节加工、预拼。具体制作流程可分为以下几个步骤:

(1)安装钢筋笼加工胎具。胎具按照3m间隔安设,且保证所有胎具在同一条轴线上。

(2)钢筋笼节段加工。按12m一节的长度在胎具上连续加工3个钢筋笼节段(图5-4-1)。

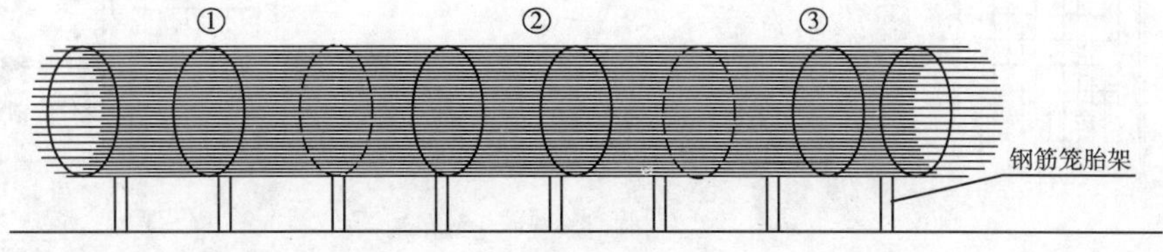

图 5-4-1

(3)将加工好的钢筋笼在第1、2节段位置拆开,将钢筋笼的1节段作为钢筋笼的第一节(图5-4-2)。

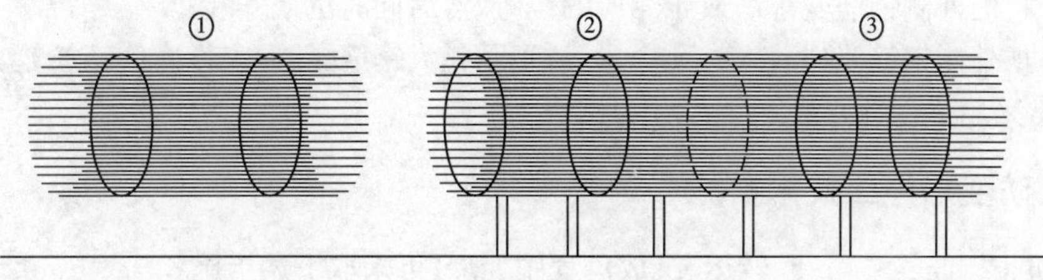

图 5-4-2

(4)以2~3号钢筋笼节段为基础,将钢筋笼按12m一节的长度加工下一节段钢筋笼(图5-4-3)。

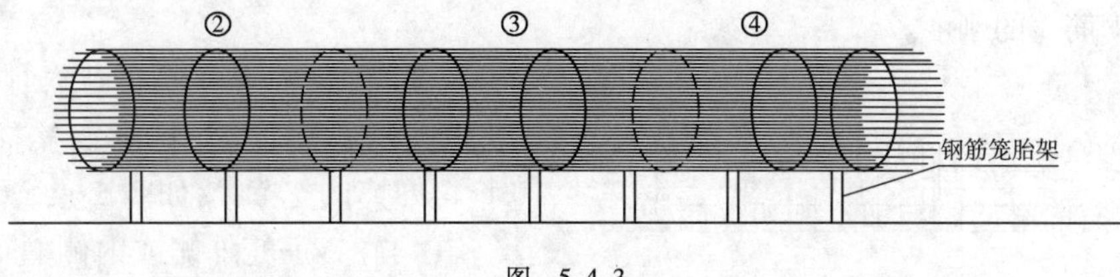

图 5-4-3

(5)依此类推,按照以上步骤完成钢筋笼的加工。

三、吊装沉放与连接

大直径、超长桩钢筋骨架的吊装施工主要过程和操作方法与一般桩径基本相同,在此只对其相关施工要点进行补充。

大直径超长钢筋笼,一般采用逐节吊装沉放的安装工艺,分节数量多,现场的接桩工程量大,一般钢筋接头采用直螺纹连接。钢筋笼通常采用吊车吊装沉放,下放时要使钢筋骨架中心与桩孔对中后才能沉入桩孔中,一般在距离桩位10m左右设置约2m高的吊线坠,至少从两个方向观测控制钢筋笼的垂直度。下放过程中注意缓慢、匀速,尽量避免钢筋骨架与孔壁之间的碰撞。

采用逐段吊装逐段接长沉放钢筋笼的方法时，已插入桩孔的下段钢筋笼，利用较大钢筋、钢管或型钢通过其架立筋将该段承托临时固定，如图5-4-4所示。上段钢筋笼由吊车临时吊住呈悬吊状态，上下两段对中使其成为一直线后，进行绑扎或焊接。这时，应将上下两段钢筋笼的主筋位置找正，可利用吊线坠由前后左右控制垂直度。

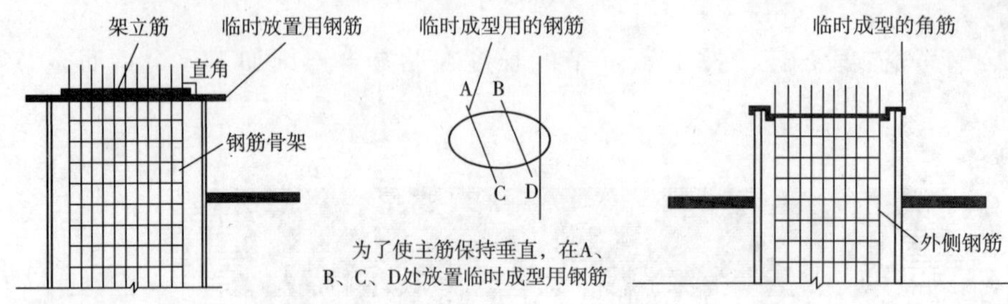

图5-4-4　临时放置所用的角钢

下一步就是拔掉承托用的大钢筋、钢管或型钢，继续沉放钢筋笼。为了避免钢筋笼碰撞孔壁，应缓慢沉放，并将吊索位于钢筋笼的轴线上，不使笼体摇晃。

当设计采用双层钢筋笼时，其安装有两种方法：

(1)将内外侧钢筋笼都吊放于相应的位置，然后同时沉放安装；

(2)把外侧钢筋笼先放入桩孔内，并放置承托大钢筋，然后安设内侧钢筋笼。

通常采用后一种方法。

四、防变形施工技术措施

为防止钢筋笼在吊装、转运、沉放过程中变形，可采取下述措施：

(1)在设计时宜采用闭口螺旋箍筋，绑扎时，主筋与箍筋接点梅花形错开用铁丝固定后，其余采用点焊连接。

(2)每隔一定的间距(一般是2m或更密)布置架立筋，并与主筋点焊或绑扎牢固，以此提高钢筋笼的刚度。

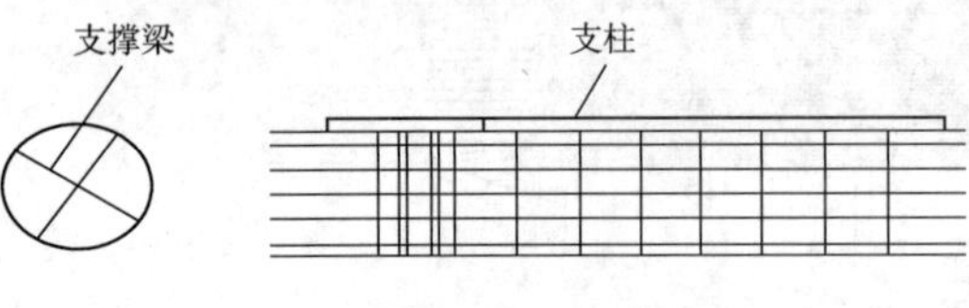

图5-4-5　防止钢筋骨架变形的方法

(3)在钢筋笼内侧安设临时支撑梁，以此进行补强加固，将钢筋笼插入桩孔时，再卸掉该支撑梁；如图5-4-5所示。

(4)在钢筋笼外侧或内侧的轴线方向安设支柱。

五、钢筋笼制作与安装实例

1.钢筋笼制作

南塔钻孔灌注桩钢筋笼长度为117.4m。钢筋笼分4节进行加工，分节长度为36m+36m+24m+21.4m。

桩基钢筋笼在驳船上制作，钢筋的连接采用镦粗直螺纹接头连接。为尽量减少钢筋笼在加工和吊装过程中的变形，在制作钢筋笼时，钢筋笼用长线胎模固定，加劲骨架加强，钢筋笼胎模及加劲骨架如图5-4-6和图5-4-7所示。

钢筋笼的制作工艺流程如图5-4-8所示。

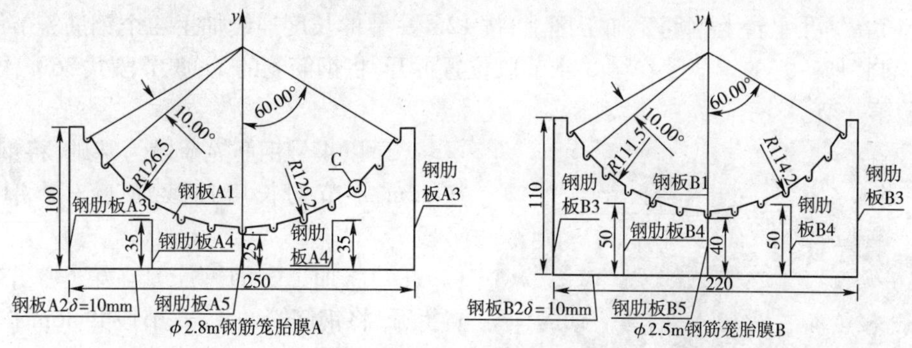

图 5-4-6　钢筋笼胎模示意图(尺寸单位:cm)

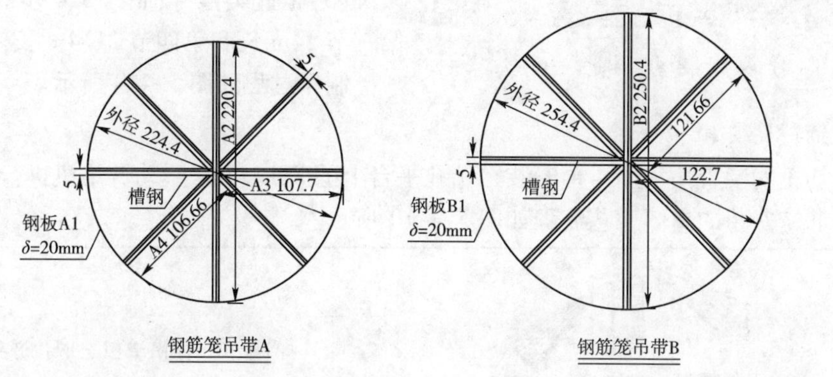

图 5-4-7　加劲骨架示意图(尺寸单位:cm)

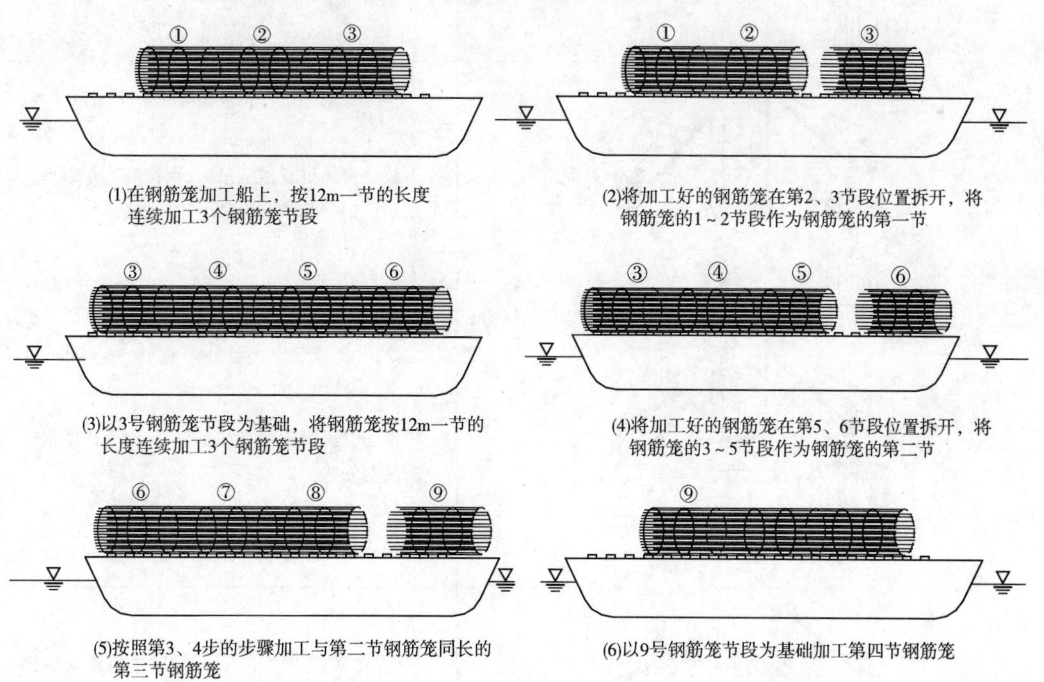

图 5-4-8　钢筋笼制作工艺流程图

钢筋笼接头的镦粗直螺纹工艺要求主筋的加工精度必须保证，因此其加工必须与试拼同时进行，即以长线法施工。钢筋笼加工工序如下：

(1)在钻孔平台上钢筋笼加工区上,按 12m 一节的长度连续加工 4 个钢筋笼节段。

(2)将加工好的钢筋笼在第 3、4 节段位置拆开,将钢筋笼的 1 ~ 3 节段共 36m 作为钢筋笼的第一节。

图 5-4-9 南塔墩钢筋笼制作

(3)以 4 号钢筋笼节段为基础,将钢筋笼按 12m 一节的长度连续加工 3 个钢筋笼节段。

(4)将加工好的钢筋笼在第 6、7 节段位置拆开,将钢筋笼的 4 ~ 6 节段共 36m 作为钢筋笼的第二节。

(5)依此类推,按照第 3、4 步的步骤加工第三节 24m 长和第四节 21.4m 长钢筋笼。

制作过程如图 5-4-9 所示。

2. 钢筋笼安装

钢筋笼安装直接采用 4 台安装在钻孔平台上的 ZSL43140 型动臂吊机进行吊装。钢筋笼安装的具体工艺流程如图 5-4-10 所示。

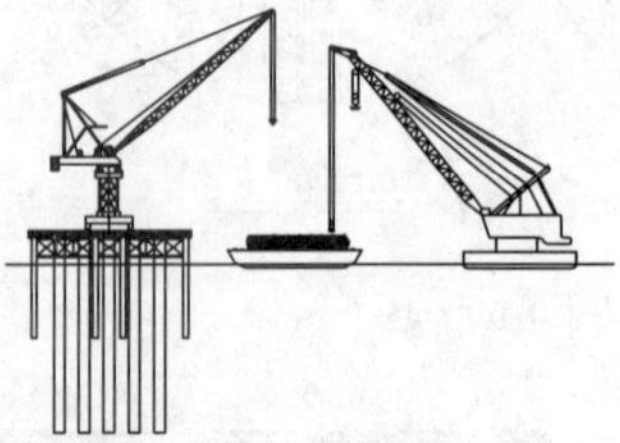	将 1 台 63t 浮吊牵引至墩位旁钢筋笼加工船尾
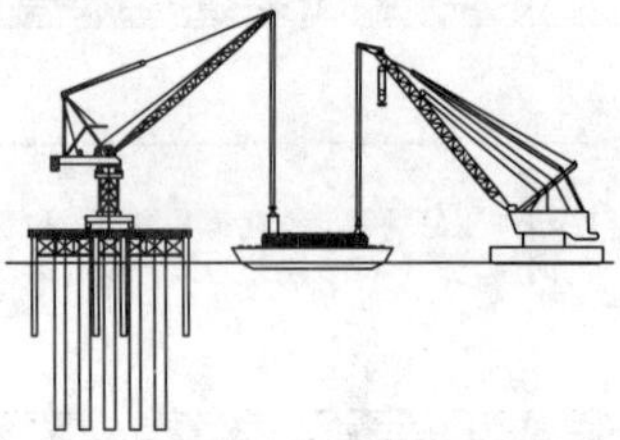	下放动臂吊机及浮吊吊钩,用钢筋笼专用吊具分别吊住钢筋笼的上口和下口的加强骨架
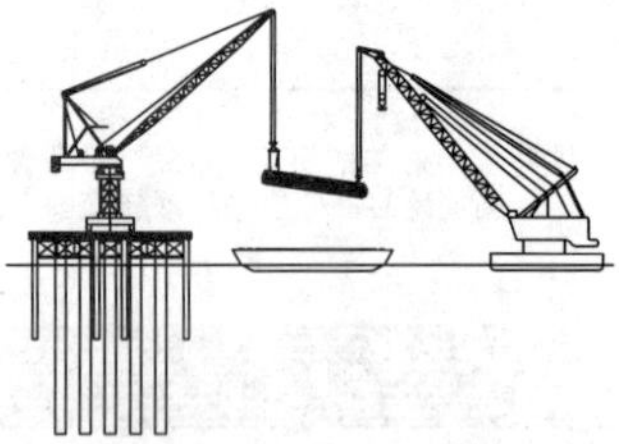	将钢筋笼吊离钢筋笼加工船后,用动臂吊机迅速起吊钢筋笼上口
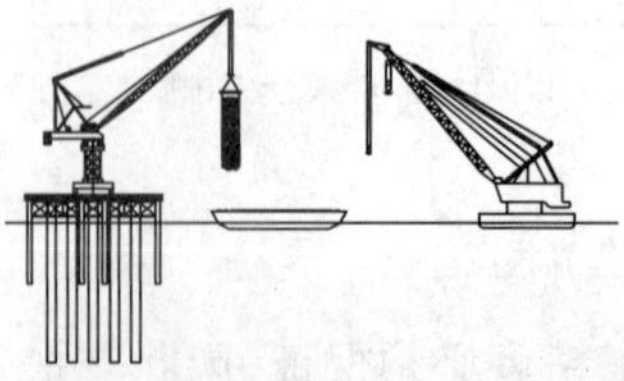	63t 浮吊缓慢下放吊钩,使动臂吊机迅速将钢筋笼起吊至 90°,拆除浮吊吊钩,转动动臂吊机到需要安装钢筋笼的孔位

图 5-4-10 钢筋笼安装工艺流程图

施工高峰期，为减小钢筋笼的安装时间，采取了在施工桩位周边已完成扫孔的护筒内预拼钢筋笼，是钢筋笼安装时仅需完成3次对接，安装时间控制在了平均32h左右，最快达到了仅24h。钢筋笼下放及接长如图5-4-11所示。

图5-4-11 南塔墩钢筋笼下放

第五节 水下混凝土灌注

大直径、超长桩水下混凝土灌注的方法、工艺跟普通钻孔灌注桩基本相同，但因桩径的增大、桩长的增长，所需要的混凝土的方量较大、作业时间长，故对混凝土的性能，灌注设备的规格性能、数量、灌装过程中的施工组织、质量控制等要求较高，这里加以补充。

一、灌注前的准备工作

(一)混凝土拌和设备、运输设备

1. 拌和设备的选择

大直径超长桩单次混凝土灌注方量较大，一般超过400m^3(按2.5m桩径，80m桩长计算为392.5m^3)，灌注速率要求较快，一般要求50～60m^3/h，故要求拌和设备有较强的生产能力。

当前，一般选择混凝土搅拌站作为大直径超长桩施工混凝土拌和设备，搅拌站的规格大小是按其每小时的理论生产能力来命名的，目前我国常用的规格有HZS25、HZS35、HZS50、HZS60、HZS75、HZS90、HZS120、HZS150、HZS180、HZS240等。一般HZS75搅拌站可满足大直径超长桩混凝土灌注速率，但为确保灌注的连续性，在一台拌和设备出现故障停机后，仍可满足现场施工，需另准备一套作为备用拌和设备。根据工程规模，一般选择2套HSZ75(或以上型号)作为混凝土拌和设备。

2. 运输设备的选择

混凝土运输设备的数量和运输能力应根据运距、混凝土初凝时间、混凝土灌注速度的需要等因素综合考虑，既要保证水下混凝土灌注工作按照灌注速度要求不间断进行，还应满足混凝土运送浇筑地点时仍保持良好的和易性和坍落度。

当混凝土搅拌站离桩位的距离在混凝土输送泵泵送范围内时，可直接利用卧泵泵送至桩位处，也可采用无搅拌器的运输车运输；当运距较远时，宜采用 6～8m^3 的混凝土罐车运输。

用无搅拌器的运输工具运送混凝土时，应采用不漏浆、不吸水、有顶盖且能直接将混凝土倾入浇注位置的装置。

(二)导管及其附属设备

水下混凝土一般采用钢导管灌注，大直径超长桩混凝土浇筑导管直径一般宜为300～350mm，视桩径大小而定。导管应进行水密试验及接头抗拉试验，确保施工过程中的质量。其他附属设备，如漏斗、球栓、阀门、操作平台等与第一章第七节中介绍的一般钻孔灌注桩混凝土施工介绍的设备大体相同，储料斗应根据首批混凝土方量确定容量。

(三)大直径、超长桩首批混凝土方量

首批混凝土方量计算和控制的目的主要在于，当桩基混凝土开始灌注时，首批混凝土下落时需具有一定的冲击能量，能把泥浆从导管中排出，且能有效保证导管的埋置深度。首批混凝土方量计算与储料斗对应，具体计算方法见第一章第七节相关内容，在此不再赘述。

二、水下混凝土的灌注

(一)准备工作

(1)成孔检测完成。成孔检测主要检测孔径、孔型、孔深、孔底沉淀等。

(2)钢筋笼吊放到位。

(3)清孔工作完成。清孔方法、清孔要求及检查方法按上文相关章节叙述进行。

(4)水下混凝土灌注和故障处理所需各种机械设备已准备齐全。需特别注意的是导管的连接拼装、隔水栓阀、吊装设备、漏斗溜槽等均须检查符合要求。

(5)灌注的混凝土所需的各种材料已准备充足；混凝土的配合比已试验确定。

(6)首批灌注的混凝土的数量已计算确定。

(7)灌注混凝土过程中，检测混凝土表面深度的仪具和混凝土灌注完后的取样盒等检查仪器已配备齐全。

(二)水下混凝土的灌注

水下混凝土灌注过程中，重点技术要求是控制导管的最大、最小埋深和防止钢筋骨架被顶托上升，以及大直径钻孔变截面处的灌注工艺。

1. 混凝土导管施工

导管吊放入孔时，应将橡胶圈或胶皮垫安放周正、严密、确保密封良好。导管在桩孔内的位置应保持居中，防止跑管，撞坏钢筋笼并损坏导管，导管底部距孔底(或孔底沉渣面)高度，以能放出隔水塞及首批混凝土为度，一般为300～500mm。导管全部入孔后，计算导管柱总长和导管底部位置，并再次测定孔底沉渣厚度，若超过规定，应再次清孔。

2. 首批混凝土施工要点

(1)全桩混凝土灌注能否成功关键在于首批混凝土的灌注，应采取必要的措施保证成功封底。根据大直径超长桩特点,其首批混凝土灌注主要特点有两点:一是首批混凝土方量大,二是孔底截面大,因此,要求混凝土和易性好,需要根据计算确定布设两根及以上导管同时封底,确保混凝土落下后能迅速充满整个断面。

一般漏斗无法储存首批混凝土全部数量,因此,应在漏斗斜上方设置储料斗,将首批混凝土其余数量存放在储料斗中。漏斗下的栓阀开启时,储料斗阀门也同时开启,混凝土通过溜槽迅速连贯地通过漏斗,进入导管下落。受吊装能力或其他原因限制,无法准备储料斗,或者场地条件较好,混凝土可直接由罐车卸至漏斗,则可准备一个 3 ~ 5m^3的漏斗,2 ~ 3 台罐车运输混凝土至现场,先储存满料斗,再确保 2 台罐车可同时向料斗供料,2 台罐车混凝土加料斗内混凝土方量应大于首批混凝土方量,然后开始封底。

首批混凝土准备好后,即可按一般方法通过栓、阀等不同隔水栓设置开始进行灌注。

(2)混凝土灌注过程中施工要点。

①导管埋深控制

导管埋深过大,一是容易造成堵管现象,二是容易造成导管拔不出来,难以继续浇筑。导管埋深过小,一是导管容易被拔出混凝土表面以致导管内进水,造成夹层断桩等事故;二是容易使混凝土拌和物和表层覆盖的沉淀泥渣混合,同样造成夹层断桩事故。因此,准确测量导管埋深并严格控制导管埋深是避免夹层断桩的重要手段,《公路桥涵施工技术规范》(JTG/T F50—2011)规定在灌注过程中,导管的最大埋深不宜大于 6m,最小埋深 2m。

目前主要的测深工具仍是测锤,测锤法测深操作简单,快速可行,但测量人员必须要对此有丰富的经验已判定测锤是否落在混凝土表面,另外测锤一定要按规范规定制作,测锤不宜小于 4kg,必须为锥形且底面应尽量大,并采用遇水不伸缩、质轻、能抗张拉的测绳系挂探测。

为避免因对混凝土灌注高度误测造成断桩等质量事故,可采取如下措施:

a. 大直径桩其截面大,需多点测量。

b. 提升导管前,采用 2 人复测,以确保测量结果准确。

c. 如有条件,应使用感应测量元件、热敏电阻等电子测量方法加以复核。

d. 接近桩顶时必须利用取样盒取样判断,以免造成桩顶缺陷。

②钢筋笼防上浮

钢筋笼在水下混凝土灌注中上浮也是常见事故,如不采取有效措施很难避免,而且一经发生,基本难以复原。

大直径超长桩一般都配筋至桩底,钢筋笼底一般距孔底 20cm。钢筋笼上浮主要发生在首批混凝土浇筑及桩身下部混凝土浇筑时。要求首批混凝土浇筑速度快,才能顺利封底,这样增大了钢筋笼上浮的风险,主要预防和处理措施参见第一章第八节二。

③大直径钻孔变截面桩灌注工艺

变截面钻孔桩其灌注工艺与技术要求同等截面桩相同,主要是灌注至扩大截面处时,应加强导管埋深控制和混凝土坍落度控制。当混凝土灌注高度接近扩大截面时,导管应提升至扩大截面下约 4m,并稍加大混凝土灌注速度和混凝土的坍落度,以便混凝土拌和物易于向扩孔边缘流动。当混凝土表面高于扩大截面处 5m 后,应将导管底口提升至扩大截面处上 1m,继续灌注至桩顶。

④接近灌注完成时的技术要求

a. 漏斗底口需要高度

大直径超长桩灌注混凝土接近完成时,首灌混凝土拌和物在桩孔内已停留很长时间,将近初凝,其坍落度、流动性已大为降低,需要较大的灌注高度才能使混凝土拌和物从导管内下落,产生较大的超压力,将首批灌注的混凝土全面顶托上升,并顺利流向桩身边缘。此时插入导管中的漏斗底部所需最小高度可按相关公式计算,计算结果再乘以 1.2 ~1.4 的安全系数。一般直径 4.0m 的长灌注桩,灌注到终期时,要求灌注漏斗的高度需高于桩顶或水面 8 ~9m。

b. 导管底端最小埋深

大直径超长桩灌注近终期时,其上可能存在较厚的沉淀物或沉淀物与混凝土拌和物的混合物,且不易通过测深发现,故要求灌注到接近完成时,导管深度最小为 6m,以避免上述事故的发生。

c. 灌注完成前桩顶超灌高度

由于首批灌注混凝土从桩底顶托到桩顶,长期与钻孔中的泥浆接触,清孔时泥浆中未清除干净的泥砂、钻渣逐步沉淀在首批灌注的混凝土覆盖层上,所以,《公路桥涵施工技术规范》(JTG/T F50—2011)规定,灌注到顶时应按设计高程超出 0.5 ~1.0m,可按孔深、成孔方法、清孔方法、灌注时的泥浆相对密度和孔壁地质情况决定。一般清孔差,泥浆相对密度大和孔壁地质为砂类土层时宜采取高限,否则取低限。

当桩顶设计高程在水中时,灌注完毕后,必须立即采用管柄可以接长的取样盒,从水上插入刚灌注完的混凝土中取样,进行鉴定。如取出的样品系泥砂、土块等物,则须将取样盒的管柄接长,再插入深处取样鉴定,直至取出的样品为良好的混凝土为止。取样盒从水中插入混凝土前,应将系绳放松,使取样盒平面板被强力弹簧拉紧盖严。待取样盒进入取样深度时,再上提系绳,将盖板拉开,使样品进入盒内。如采用取样盒鉴定真正的混凝土表面高程,则超灌高度 0.5m 即可。

d. 其他技术要求

混凝土灌注快完成时,应计算混凝土还需要的数量,通知拌和站作为进料的依据,并按需要数量拌制,防止浪费。

灌注完成,拔出底节导管时,拔管动作宜缓慢,必要时采用振捣器进行振捣,以增加混凝土的扩散能力,防止后期桩顶泥浆挤入导管底口。

三、水下混凝土的配制

大直径超长桩对混凝土的需求量大、作业时间长,为确保水下混凝土浇筑的顺利进行及浇注质量,混凝土在配置时应加强和易性的要求,并确定适当的缓凝时间。

四、水下混凝土浇注实例

苏通大桥南塔墩的钻孔灌注桩施工中,桩身混凝土强度等级为 C35,混凝土配合比设计通过试配确定。

在苏通大桥南塔墩钻孔灌注桩施工中水下混凝土中粗、细集料采用级配良好的碎石、中粗砂。水下混凝土要求具有良好的和易性,灌注时保持有足够的流动性,混凝土的初凝时间大于 20h。根据设计要求,桩基钢筋布置密度较大,混凝土拌制一定要保证良好的流动性,集料最大粒径为 25mm,要求 12h 后坍落度不小于 10cm,混凝土出仓时的坍落度要达到22cm左右。施工过程中采用表5-5-1所示的配合比。

桩基C35号水下混凝土配合比　　表5-5-1

混凝土强度等级	坍落度(cm)	水灰比	配合比(kg)					
			水泥	砂	碎石	粉煤灰	水	外加剂
C35	18~22	0.43	352	781	973	88	183	3.08

根据混凝土浇注量，在钻孔平台上设置2座生产能力为$75m^3/h$的混凝土拌和站，可节省工期并能保证混凝土浇注速度要求。按3倍浇注桩身混凝土体积备齐砂、石、水泥、外加剂等原材料，当钻孔灌注桩成孔时间较集中时加大储备量。混凝土浇注施工时设备、船舶等布置如图5-5-1所示。

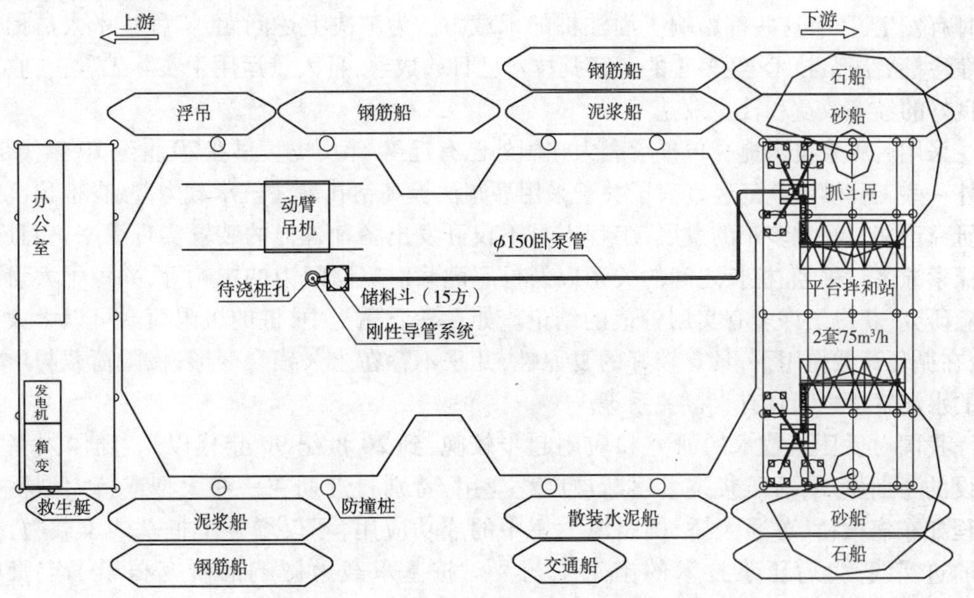

图5-5-1　钻孔桩混凝土浇注施工布置示意图

钻孔桩水下混凝土采用钢导管法灌注。灌注设备主要由导管、混凝土储料斗($15m^3$)漏斗($1m^3$)等组成。导管接头为卡口式，壁厚$\delta=12mm$，直径$\phi_{外}=325mm$的钢导管，容许承受的最小内压力为2.5MPa，采用动臂吊机提拔、拆除钢导管。开始灌注首批混凝土时，首批混凝土储量控制在$14m^3$左右。导管下口至孔底的距离控制在40cm左右，且使导管埋入混凝土的深度不小于2m。

首批混凝土灌注后，连续灌注，并尽可能缩短拆除导管的间隔时间。灌注过程中每隔20min左右用测深锤探测孔内混凝土面高程，以便及时调整导管埋深，一般情况下导管埋深控制在2~6m。混凝土导管不宜埋置过深，拆除导管应迅速及时，拆除后导管要检查密封圈好坏，及时更换密封圈，并保证导管有足够的安全埋管深度。测算混凝土上升高度和导管埋深要勤、要准，如图5-5-2所示。

图5-5-2　南塔墩桩基混凝土浇注

灌注混凝土过程中，严格控制混凝土质量，随时检测混凝土坍落度，并根据规范要求抽样制作混凝土试件，以检验桩基混凝土质量。为确保成桩质量，桩顶加灌0.8~1.0m高度。

第六节　大直径、超长桩后压浆技术

一、概述

灌注桩因具有地质适应性强，承载能力大，经济性好等优点得到广泛应用，但灌注桩自身的弱点也是很明显的。由于桩端沉渣难以彻底清除使得桩基承载力偏小，孔壁泥皮过厚使得桩侧摩阻力减小，施工过程的质量控制和检测较难掌握，坍孔、串孔、断桩等事故时有发生，所有这些都影响了灌注桩的承载力。为解决上述问题，工程技术人员提出了灌注桩后压浆技术，经多年的实践其技术已日趋成熟，且大量运用于实际工程中，收到了良好的经济效益和社会效益。

采用后压浆技术提高单桩承载力在国外已有近40年历史。早在20世纪70年代初，国外一些工程学者就已经发表了关于采用灌浆法提高钻孔灌注桩承载力，减少桩顶沉降的研究论文。经过多年的发展，工程人员不仅开发出各种各样的装置实现灌浆，而且开始探索灌浆与桩径、桩长之间的关系以及桩底灌浆对侧摩阻力的影响等，并做了大量的试验研究，获得了许多有实用价值的结论。如在砂质黏土中，桩的极限荷载可以大大提高；在循环荷载作用下，具有较好的复原性，几乎不存在永久残余变形；极限荷载与所注入的水泥浆量之间具有直接关系等。

我国对后压浆技术的研究和应用起步较晚，到20世纪90年代以来，随国内基础建设的不断发展，后压浆技术逐渐被广泛应用，特别是近期在一些大型或特大型桥梁工程如东海大桥、苏通大桥、杭州湾大桥中的成功应用，不仅增强了桩基的承载力，而且通过实践，为后压浆技术的施工工艺及对桩基承载力影响的研究积累了宝贵的经验。

二、基本原理

灌注桩成孔后，桩底和桩周土体因土体应力释放，土体的密度和强度降低，即使在灌注混凝土后土体强度仍无法恢复。由于施工工艺所限，灌注桩的清孔工作不可能完全将沉渣清除。混凝土采用导管法施工，桩中心部位的沉渣被冲向四周，仅直径 d 的中心部位能与原状土接触，而桩底的沉渣被冲向四周形成盆形沉渣区，因而影响到桩基承载力，如图5-6-1所示。

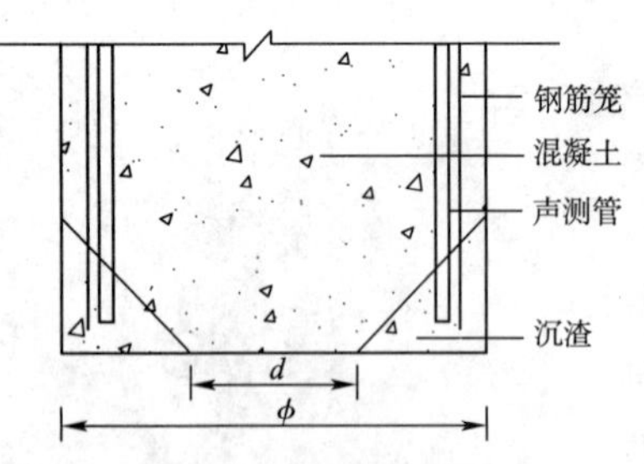

图5-6-1　盆形沉渣区

而后压浆技术就是指通过桩端压浆和桩侧压浆的措施来改善桩基础承载能力的方法。桩端压浆是指钻孔成桩后，利用预埋在桩身内的压浆管，由压力系统，将以水泥为主的浆液，经压浆系统均匀地注入桩底地层。高压浆液对桩底土层、桩底沉渣及桩底附近的桩周土体起到渗透、填充、置换、劈裂、压密及固结等不同作用，使桩底形成一个较大直径的水泥—土体固结体，改善了桩周土体的物理力学性质，从而达到提高承载力、减少沉降量的作用。桩侧压浆是指从桩侧的预埋管压入水泥浆，通过浆液的挤密方式，消除泥浆护壁灌注桩的桩侧泥皮的固有缺陷,改善桩土界面,使桩周一定范围的土体得到加固,增加土体强度,增大桩侧摩阻力,从而大幅度提高单桩承载力。

三、后压浆施工工艺

灌注桩后压浆的效果不仅与桩的受力性质(端承桩、摩擦桩、嵌岩桩等),而且还与成孔工艺、孔壁形状、护壁方式、孔壁暴露时间、孔底沉渣厚度、桩侧泥皮厚度、桩周土体、岩体性质、压浆的压力、压浆持续时间、压浆工艺、压浆量及浆液的组成等多种因素有关。因此,为确保压浆效果,除做好成孔过程中的各项监控外,其压浆前的施工准备工作也是非常重要的。

(一)施工准备

1. 压浆管路

(1)确保压浆成功的前提条件便是确保压浆管路畅通:在桩基混凝土浇筑完成后24~48h,由压浆泵用清水将桩端压浆管单向阀冲开,确保压浆管路系统畅通。对于U形管,应每天打开U形管系统1次,开泵注水循环10~15min,以促使水化热消散和防止压浆管堵塞。

(2)压浆管路连接系统检验:压水试验和压浆前,应进行压浆管路系统及接头耐压试验。试压操作时,应分级缓慢升压,试压压力宜达到压浆控制压力的1.5倍,停泵稳压后进行检查。

2. 浆液的准备

浆液配制的材料应准备充分,各种材料在浆液配制前提前计量好,保证其掺量的准确性。

(1)浆液:由水、水泥、缓凝剂等组成,材料的级配、选择应符合设计要求。根据浆液使用要求,优化浆液配制程序,一般顺序为:先放水,投入外加剂,搅拌均匀后加水泥制浆。

(2)浆液的重度、水灰比、强度等性能指标应满足规范及设计的要求。

(3)浆液应严格控制其配比,搅拌时间不宜过短,保证浆液具有良好的流动性,不离析,不沉淀。

(4)浆液制备后应放置5min后才能使用,以消除浆液中的空气。

(5)浆液应按每个循环使用量配置备用,使用前应经过过滤,防止杂物堵塞压浆孔。

3. 压浆管路的连接

(1)压浆管于安装前应进行清洗,以清除管内杂物。

(2)制作前,压浆管密封部位应用细砂纸打磨。

(3)在正式施工前,应进行地面试压试验。

(二)压浆设备

灌注桩后压浆施工设备主要包括压浆泵,浆液搅拌机,储浆桶,压浆管路,压力表,球阀,溢流阀,纱网等。压浆泵应配备卸荷阀,用以限定压浆压力,且应确保压浆泵的能力大于实际压浆时压力和流量的要求。压浆泵最小流量一般不宜大于60L/min。施工中除压浆设备外,尚应配备电焊机、切割机、称量外加剂的计量器具等。压浆设备布置如图 5-6-2 所示。

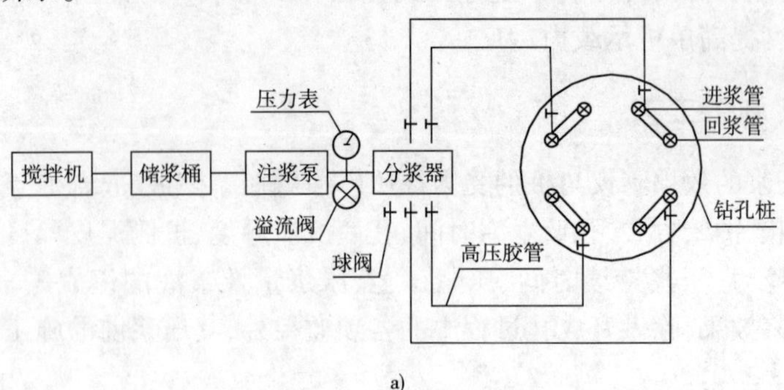

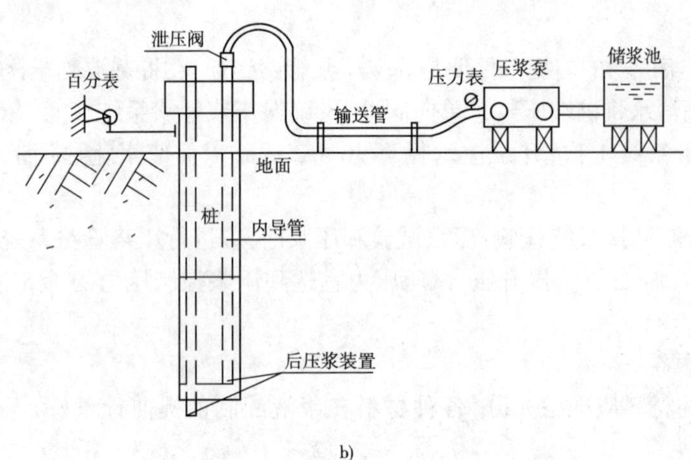

图 5-6-2　压浆设备布置图

a）压浆设备平面布置示意图；b）压浆设备立面布置示意图

1. 压浆泵

压浆泵主要分为活塞式压浆泵、桩塞式压浆泵、气压式压浆泵和代用压浆泵四大类。压浆泵作为钻孔桩底后压浆施工的关键设备，应根据工程实际情况合理选用，保证压浆质量。

2. 浆液搅拌机

浆液搅拌机一般选用双层圆桶拌和机，外形为一个双层圆桶，圆桶内设有能转动的桶轴；上、下桶轴上安设有轮叶；轴顶端安装一台电动机，用作搅拌水泥浆或水泥砂浆。

双层圆桶拌和机能精确地计算水泥浆和水泥砂浆用量。因容积小，操作方便，拌好的浆液可放入二层拌桶内与一层拌料同时搅拌。浆液在桶内不停地搅拌，不易沉淀，能实现快速、连压浆。

3. 储浆筒

储浆筒主要用于浆液的临时储存，其大小可根据压浆量和压浆速度进行选择，但应保证其密闭性良好，防止漏浆。

4. 阻浆塞

阻浆塞亦称压浆塞，是压浆过程中用以堵塞压浆段通往上部的必要设置，可用以克服施工过程中的翻浆、冒浆以及避免压浆质量不合格等问题。

5. 混合器

混合器的作用是加强水泥浆的混合，防止其离析。

6. 流量计

流量计主要用于反映累积流量和瞬时流量。前者可据以平衡各输浆管的流量，后者可据以控制压浆泵的速度。

7. 压力表

压浆施工过程中，采用压力表进行测控，为保证浆液的输送和压浆状态良好，状态异常时，可及时采取措施。

8. 阀门

应依据压浆终压的大小选择适宜的阀门。

(三)压浆管的设置

1. 压浆管的选择

压浆管路分为输浆管和压浆管两类，前者是将储浆桶里储存的浆液输送到压浆管的管路，后者是深入桩基到达桩底的压浆管。

(1)输浆管

输浆管一般有钢管、聚氯乙烯管、耐压胶管等，因钢管为固定配置，不便于作业，故宜选用柔性的耐压胶管。一根输浆管一般需要负担一根或几根压浆管的浆液输送，可采用三岔管接在输浆管前端的办法进行分配，输浆管直径可按管内流速 0.5 ~ 2m/s 和泵量来确定。为便于管道检修和清洗，可在管路的适当位置设置可拆卸、更换和防漏的接头。

(2)压浆管

压浆管有两种：一种是进浆管，另一种是回浆管，一个进浆管对应一个回浆管形成回路。压浆管的直径与压浆流量及压浆压力有关，管径应根据实际需要合理选择，不宜过大或过小，过大容易影响压浆质量，过小时则压浆阻力大，易堵塞。

压浆管可采用桩基混凝土质量检查的声测管，也可采用 $\phi25$ 的焊接钢管(黑铁管)，其钢管应符合《低压流体输送用焊接钢管》(GB/T 3091—2008)的要求。

2. 压浆管的布置

压浆管的布置除满足《公路桥涵施工技术规范》(JTG/T F50—2001)规定的要求外，还需满足以下要求：

(1)压浆管应均匀的分布于桩基钢筋笼四周，以保证压浆的均匀性，且应有 3 个及以上回路，回路优先选用 U 形回路，并应便于安装和保护。

(2)压浆管应随钢筋骨架一起下放，且应保证其固定牢靠。

(3)U 形管下端密封应可靠，并安装单向阀，既要保证不发生渗漏又要保证在混凝土浇注初凝后，在 2 ~ 5MP 的压力下可以顺利冲开橡胶皮。

(4)压浆管的接头采用专用接箍套连接，管内应注入清水进行密封性试验，确保其不漏水，密封性良好。

(5)应在桩顶压浆管管口处设置压力表和卸压阀，进行压浆流量和压力的实测。

4 回路、6 回路压浆管布置示意图分别见图 5-6-3、图 5-6-4。

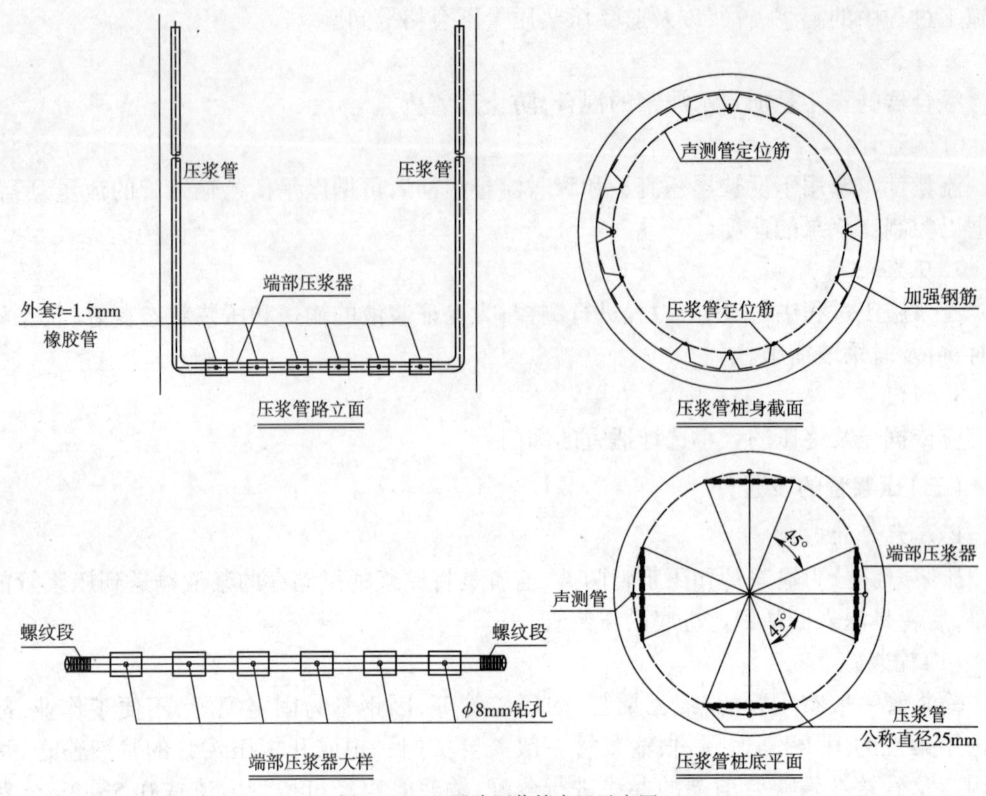

图 5-6-3　4 回路压浆管布置示意图

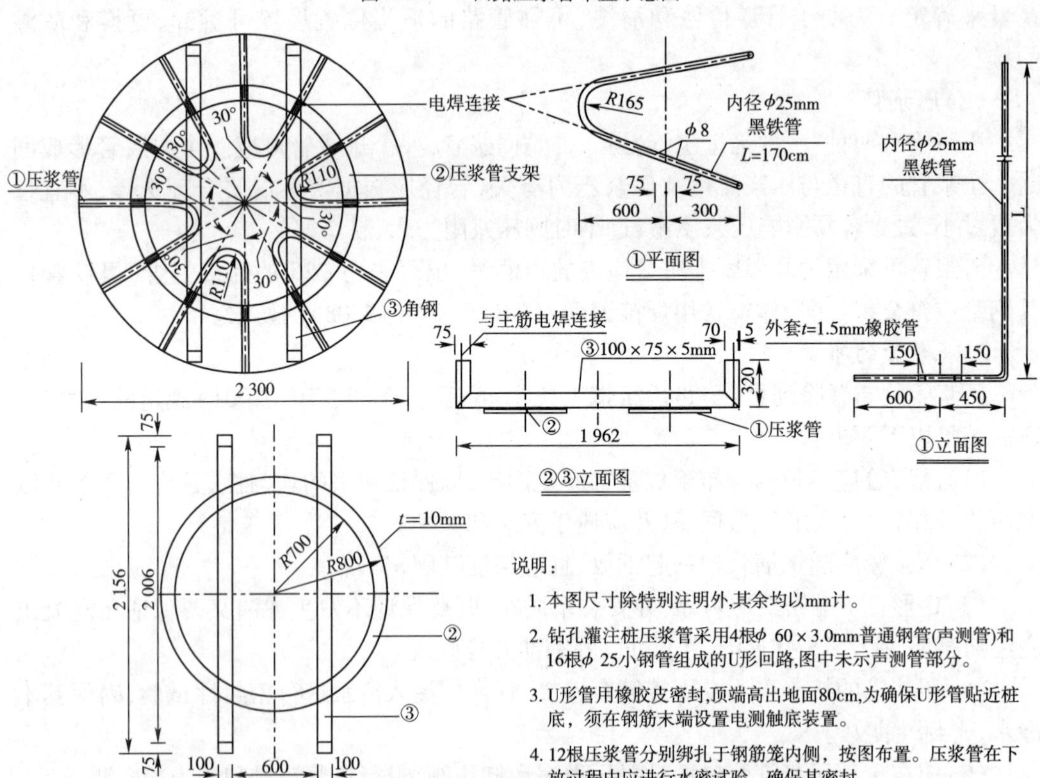

说明：

1. 本图尺寸除特别注明外，其余均以mm计。
2. 钻孔灌注桩压浆管采用4根φ 60×3.0mm普通钢管(声测管)和16根φ 25小钢管组成的U形回路，图中未示声测管部分。
3. U形管用橡胶皮密封，顶端高出地面80cm，为确保U形管贴近桩底，须在钢筋末端设置电测触底装置。
4. 12根压浆管分别绑扎于钢筋笼内侧，按图布置。压浆管在下放过程中应进行水密试验，确保其密封。

图 5-6-4　6 回路压浆管布置示意图

(四)压浆施工

1. 压浆技术参数的选择

(1)压浆压力

压浆压力可按下式计算：

$$p = (2 \sim 4)p_0 = 2.5 \sim 4.8\text{MPa} \tag{5-6-1}$$

式中：p——压浆压力，MPa；

p_0——静水压力，MPa。

以计算值为基础，结合工程的具体情况，根据压浆工艺试验及桩基承载性能试验，对计算值作出适当调整，保证压浆压力满足要求。压浆时应保证桩顶上升量控制在允许范围内。

(2)进浆流量

进浆流量单孔按50L/min控制，具体根据实际情况调整。

(3)压浆量控制

压浆量应根据工程具体情况进行计算，并考虑一定的施工损耗，可采取以单根压浆管压浆量进行控制。

2. 压浆施工

(1)压浆施工工艺

①钻孔灌注桩成孔施工，成孔质量应满足要求。

②安放钢筋笼及桩端压力压浆装置。压力压浆装置绑扎在钢筋笼内侧，随钢筋笼同步放入孔内。

③按有关规范、规程要求灌注桩基混凝土。

④进行压力压浆。当桩身混凝土强度达到一定值(通常为75%)后，通过地面压力系统经桩端压力压浆装置向桩端土层压浆。

⑤卸下压浆接头。

(2)压浆施工控制

①压浆一般控制原则：采取压浆量与压浆压力双控，以压浆量(水泥用量)控制为主，压浆压力控制为辅。

②压浆次序与压浆量分配：浆液可分三次循环，每一循环的压浆管采用均匀间隔跳压；压浆量分配：第一循环为40%；第二循环为40%；第三循环为20%。

③压浆时间及压力控制：

第一循环：每根压浆管压完后，清洗管路，间隔时间不小于2.5h，不超过3h进行第二循环。

第二循环：每根压浆管压完后，清洗管路，间隔时间不小于3.5h，不超过6h进行第三循环。

第一循环与第二循环主要考虑压浆量。

第三循环以压力控制为主。若压浆压力达到控制压力，并持荷5min，压浆量达到80%，以满足要求。

(3)桩底压浆关键技术要求

①压浆管应均匀布置于桩基钢筋笼四周并连接牢固，随钢筋笼一起下放，下放过程应防止对压浆管的损伤，每下完一节钢筋笼后安装到位的压浆管密闭性应良好，不渗

不漏。

②压浆管接头可采用丝扣或接箍套节焊，桩底压浆阀宜采用胶皮密封，并设置保护套，防止划伤撞破密封装置，避免泥浆或水泥浆进入压浆管堵塞管道。

③桩基混凝土浇注后应及时用高压清水冲洗打通压浆管，疏通压浆通道。

④混凝土浇注，桩基质量检测结束后再进行压浆施工。压浆时应尽量保持每桩压浆孔同时均匀压浆。

⑤压浆系统的管路应连接可靠，并在压浆套管管口处安装压力表和卸压阀，以便于观察压力变化，并及时调节浆液浓度和注入速度。

⑥压浆时首罐可选用2∶1单液水泥浆冲孔，此后浆液浓度逐渐提高。

⑦压浆时要同时进行压浆流量、压力的实测，施工人员应随时根据注量、压力和注入量进行分析判断，调节使用配方浆液和压力。

⑧压浆过程中，若长时间压力不升，而进浆量不减时，应立即逐级加大浓度或加快浆液凝胶时间；采取这一措施仍无改观时，应采取间歇式压浆，以免浆液沿单一通道流失很远，影响压浆质量。

⑨压浆过程中若压力上升加快，吸浆量下降也较快时，应立即采取稀浆灌注，增加可灌浆量，同时加大压浆压力，保证有足够浆液注入。

⑩压浆时要有专人观测桩顶位移、桩周土层变化，结合压浆量、压浆压力和孔口返浆情况，确定压浆终止。终止压浆后屏浆。屏浆时间一般不少于1h，以保证浆液固结。

⑪在压浆10m范围内不得有钻孔桩施工，以免串浆影响压浆效果。

⑫压浆期间，如因机械故障造成压浆中断，其间隔时间不得超过3h。

四、施工注意事项

灌注桩经后压浆处理后，桩基承载力对各种桩型均有较大幅度的提高，经济效益明显，同时还可消除桩端或部分桩侧的施工缺陷，消除沉渣对早期沉降的不利影响。但由于没有国家规范可供执行，因此施工时必须注意以下几个问题。

1. 试桩

由于各地的施工工艺和地质条件差异很大，因此使用后压浆技术时应进行荷载试验，以确定后压浆施工工艺及该工艺条件下桩的承载力和沉降。不同的桩径、桩长、施工工艺，试桩结果会有较大的出入，设计时一般不可简单类推。

2. 群桩

由于桩端压浆后都会不同程度地形成纺锤形的扩大头，群桩的效应则更加明显，因此在比较密集桩基设计中应考虑群桩效应问题。

3. 嵌岩桩

嵌岩桩作端承桩设计时，由于沉渣不可能完全清除，更需要在桩端进行压浆，以防端承面积因沉渣的存在而削减，直接影响桩基受力。

4. 压浆压力与稳桩时间

根据多根桩在同一工地、不同压力的试桩测试结果比较，超长桩、超大桩压浆压力在-10~8MPa，对提高桩的承载能力作用更大、经济效益更好。对其他较小或较短的桩应根据试验确定。稳压时间一般在达到压浆规定的压力后维持10min。压浆的持续时间长短对承载力影响较大,予以充分注意。即使压浆压力低,只要压浆持续时间长,桩尖处就能形成较大的扩大头,更利于承力的提高。

5. 缺陷桩的压浆处理

对于钻孔桩的坍孔、串孔、桩身混凝土离析、混凝土导管漏水或其他质量问题,可以通过压浆处理方式来改善。压浆可以压水泥浆或水泥砂浆,根据需要也可同时掺速凝剂、减水剂等外加剂。

6. 桩侧压浆

单纯的桩侧压浆应在粗颗粒的土层中进行,在淤泥层及粉土中加固效果不佳。桩侧及压浆出浆的设置、数量应结合土层、桩长、承载力增幅要求等因素确定,可在离桩底 5~10m 以上每隔 10m 左右在粗颗粒土层中设置一道。

压浆管一般与钢筋笼焊在一起,出浆孔同样用橡皮扎紧,其他同桩端压浆。

桩侧压浆也可在成桩后在桩外侧钻孔,在粗颗粒土层中进行高压摆喷水泥浆,也可起到桩侧压浆的效果。桩侧压浆可以提高桩的极限承载力,但因土层、工艺等情况不同,提高的结果差别较大,因此对重大工程或桩数较多的工程应通过试桩来确定。

五、压浆效果分析

通过大量的工程试验及现场的实际施工,对桩端压浆前、后的承载力进行对比测试,其结果表明,后压浆技术在提高桩基的承载力方面具有良好的效果及其经济价值。但是后压浆技术也存在其本身的不足之处,如极限承载力的提高值较为离散、浆液浪费大等,因此重大工程或桩基比较多的工程,应对后压浆工艺进行专门设计,并通过试验测定其施工效果是否满足要求,在此基础上编制工艺文件以指导设计和施工。

六、后压浆施工实例

(一)桩底压浆工艺

通过试验,确定苏通大桥桩底压浆工艺如下。

(1)压浆管的布置原则,首先应保证压浆的均匀性,同时便于安装和保护。共均匀设置 8 根竖直向的压浆管及 4 根桩底水平向压浆器,形成 4 条 U 形回路。压浆管为外径 25mm,壁厚 1.5mm 的黑铁管。压浆管布置如图 5-6-5 所示。

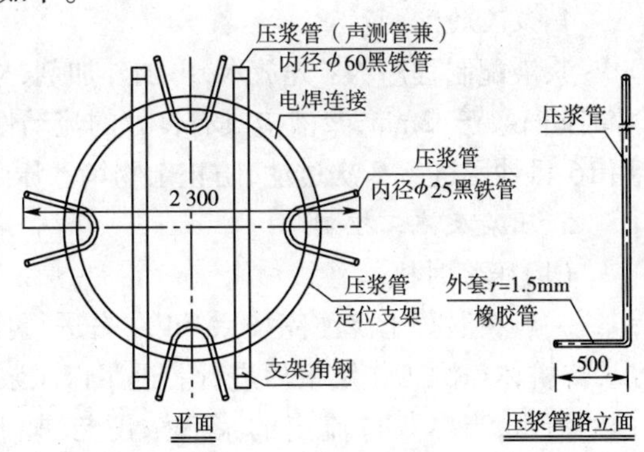

图 5-6-5 U 形管压浆布置(尺寸单位:mm)

(2)桩端设置直压浆管,在其下侧均匀设置 ϕ8mm 的钻孔;每个钻孔单独制作,形成一个单向阀。其构成由 3 层组成;第 1 层为能盖住孔眼的图钉;第 2 层为比钢管外径小 3~5mm 的橡胶管,长度 6cm;第 3 层为密封胶带,盖住橡胶带两端各 2cm。

(3)每根桩的合理压浆量为 8.5t,考虑到施工损耗,实际压浆量应为 10.5t。

(4)压浆过程中,压浆工作压力为 3MPa,压浆控制压力为 8MPa。

(二)桩底压浆施工

1. 压浆材料

(1)水泥浆

压浆采用水泥制成的浆液,其主要性能指标要求如下。采用42.5(R)无结块的双检水泥,水中压浆应采用碱性水泥。水泥浆性能要求:初凝时间3~4h;稠度17~18s;7d强度≥10MPa;外加剂为U型微膨剂(≤5%)。

(2)管材

压浆管采用符合《低压流体输送用焊接钢管》(GB/T 3091—2008)的低压流体输送用的、公称直径为25mm的焊接钢管(黑铁管)。

(3)其他

橡胶管:壁厚为1.5mm,直径应小于设计所采用的黑铁管外径。

图钉:普通标准图钉,钉帽尺寸应大于压浆管上的钻孔尺寸。

2. 压浆设备与压浆装置

压浆设备(每班组):压浆泵(2台,1台压浆,1台清洗),浆液搅拌机,储浆桶,压浆管路,12MPa压力表,球阀,溢流阀,16目纱网。压浆泵必须配备卸荷阀,限定压力为8~9MPa。压浆泵最小流量不大于60L/min。为确保压浆过程中不因机械事故而停顿,压浆设备必须有备用件。

3. 压浆前准备工作

压浆管路应编号并挂标牌明示,压浆管路按编号顺序与浆液分配器对应连接牢固。在桩身混凝土浇注完成后24~48h,由压浆泵用清水将桩端压浆管单向阀冲开,确保压浆管路系统畅通。对于U形管,必须每天打开U管系统1次,开泵注水循环10~15min,以促使水化热消散和防止压浆管堵塞。

压水试验和压浆前,进行压浆管路系统及接头耐压试验。试压操作时,要分级缓慢升压,试压压力宜达到压浆控制压力的1.5倍,停泵稳压后方可进行检查。并认真检查高压设备,确保设备正常运转。

4. 浆液的配制

浆液配制程序为:先放水,再加外加剂,搅拌均匀后加水泥。严格控制浆液配比,搅拌时间不少于2min,浆液应具有良好的流动性,不离析,不沉淀。浆液进入储浆桶时必须用16目纱网进行2次过滤,防止杂物堵塞压浆孔及管路。

5. 压浆及施工控制

(1)压浆时机

一般在混凝土浇注完毕后7d左右进行压浆(达80%设计强度)。也可根据实际情况,待桩体声测工作结束后进行。进浆口压浆时,打开回路的出浆口阀门,先排出压浆管内的清水,当出浆口流出的浆液浓度与进口浓度基本相同时,关闭出浆口阀门,开始压浆。

(2)施工控制

压浆顺序与压浆量分配:压浆分3次循环,每一循环的压浆管采用均匀间隔跳压;压浆量分配,第1循环40%,第2循环40%,第3循环20%。压浆总体控制原则为,实行压浆量与压力双控,以压浆量控制为主,压浆压力控制为辅。若压浆压力达到控制压力,并持荷5min,同时达到设计压浆量的80%,也可以认为满足设计要求。

压浆时间及压力控制：

第一循环：压浆管压完浆后，用清水冲洗管路，间隔时间不小于2.5h，不超过3h进行第2循环。

第二循环：压浆管压完浆后，用清水冲洗管路，间隔不小于3h，不超过6h进行第3循环。第一循环与第二循环主要考虑压浆量。

第三循环以压力控制为主，若压力达到控制压力，并持荷5min，压浆量达到80%，以满足要求。

(3)压浆管路清洗

每循环压浆完成后，立即用清水彻底冲洗干净，再关闭阀门。U形回路在压浆每一循环过程中，必须保证压浆施工的连续性，压浆停顿时间超过30min，应对管路进行清洗。每管3次循环压浆完毕后，进出口阀门封闭不少于40min，再卸阀门。

6. 保证压浆效果的措施

(1)桩基施工过程中，确保不损坏压浆管路。

(2)压浆管必须检查其水密性，混凝土浇注24h后及时注水清理，防止堵管。

(3)压水开塞时，若水压突然下降，表明单向阀门已打开，此时应停泵，封闭阀门10~20min，以消散压力。

(4)水泥浆制配时，严格按配合比进行配料，不得随意更改；压浆过程中专人负责记录压浆的起止时间、注入的浆量、压力及测定桩的上抬量。

(三)桩底压浆效果检测

为了解桩底压浆对单桩承载力的实际效果，在试桩完成后，通过自平衡法进行静载测试，同时进行了群桩沉降监测。

1. 自平衡法测试原理简述

桩基静载试验自平衡测试技术是把一种特制的加载装置——荷载箱，埋入桩内，将荷载箱的高压油管和位移棒引到地面，由高压油泵向荷载箱充油，荷载箱将力传递到桩身，其上部桩身的摩擦力与下部桩身的摩擦力及端阻力相平衡——自平衡来维持加载，如图5-6-6所示。测试后，将上端桩侧阻力经一定处理后与下端桩端阻力相加即为桩的极限承载力。

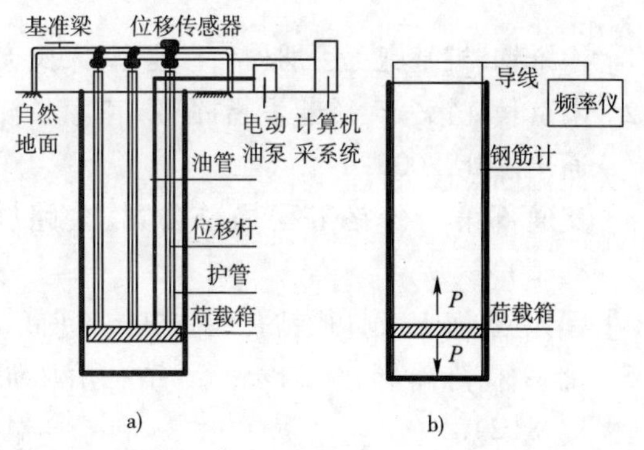

图5-6-6 桩基自平衡加载系统及桩身轴向应力测试系统

a)桩基自平衡加载系统；b)桩身轴向应力测试系统

2. 承载力测试情况

以C2－SZ5试桩简述其测试情况。为测试出桩底压浆前后桩端极限承载力和桩侧摩阻力以及桩基总承载力，该试桩设置有上下两层压力盒，分别距离桩底28.0m和1.5m。测试分两个阶段，压浆前和压浆后。压浆前对下层压力盒加压，来评价桩端承载力和压力盒以下一段桩身的侧摩阻力。压浆后，考虑到桩端承载力的增加，分为两步测试：第一步，对下层压力盒加压，来评价桩端承载力和压力盒以下一段桩身的侧摩阻力；第二步，下层压力盒完全卸载，对上层压力盒加压，主要评价压力盒以上部分桩侧摩阻力。

测试数据记录见表5-6-1。

压浆前后测试情况汇总　　表5-6-1

阶段		加载等级	上层压力盒			下层压力盒			符合终止试验条件
			最大加载量（MN）	0 – Cell 压力系	总张开量（mm）	最大加载量（MN）	0 – Cell 压力系	总张开量（mm）	
压浆前		1L – 1 ~ 1L – 17	0	关闭	–1.7	16.5	加压	+93	桩沉降量达80mm
压浆后	1	2L – 1 ~ 2L – 28	0	关闭	–1.4	27.0	加压	+119	某级荷载作用下,桩的沉降量达前一级荷载作用下沉降的5倍
	2	3L – 1 ~ 3L – 21	33.7	加压	+106.0	0	自由	+114	桩沉降量达80mm
	3	4L – 1 ~ 4L – 3	21.9	加压	+94.2	12.9	加压	+120	桩沉降量达80mm

3. 承载力测试结论

通过检测及上述数据,得出以下结论:

(1)桩底压浆效果，对于粗砂持力层效果较好,对于粉砂、细砂效果相对较差。

(2)桩底压浆后,桩端承载力提高64%,效果较为明显。

(3)桩底压浆后，桩端以上10m左右范围内的侧摩阻力有一定幅度的提高。

本章参考文献

[1] 徐维钧.桩基施工手册[M].北京:人民交通出版社,2007.

[2] 南京长江第三大桥建设指挥部.南京长江第三大桥主桥技术总结[M].北京:人民交通出版社,2005.

[3] 交通部第一公路工程局总公司.公路施工手册 桥涵[M].北京:人民交通出版社,2004.

[4] 顾元威.海上大直径钻孔灌注桩技术[M].北京:地质出版社,2004.

[5] 姚海林,陈露春,金志宏,等.钻孔后压浆灌注桩承载力试验研究[M].岩土力学,1998(2).

[6] 欧阳效勇,任回兴,徐伟.桥梁深水桩基础施工关键技术——苏通大桥南塔基础工程施工实践[M].北京:人民交通出版社,2006.

[7]《桩基工程手册》编写委员会.桩基工程手册[M].北京:中国建筑工业出版社,1995.

[8] 中华人民共和国行业标准.JGJ 94—2008　建筑桩基技术规范[S].北京:人民交通出版社,2008.

[9] 中华人民共和国行业标准.JGJ 106—2003　建筑基桩检测技术规范[S].北京:中国建筑工业出版社,2003.

[10] 中华人民共和国行业标准. JTG F80/1—2004　公路工程质量检验评定标准[S]. 北京:人民交通出版社,2004.
[11] 中华人民共和国行业标准. JTG/T F50—2011　公路桥涵施工技术规范[S]. 北京:人民交通出版社,2011.

第六章 打入桩基础

第一节 概 述

一、打入桩的定义及分类

(一)打入桩定义

桩基按成桩方法分类分为非挤土桩[分为干作业法钻(挖)孔灌注桩、泥浆护壁法钻孔灌注桩、套管护壁法钻孔灌注桩]、部分挤土桩(分为冲孔灌注桩、挤扩孔灌注桩、预钻孔沉桩、敞口预应力混凝土管桩等)及挤土桩(分为沉桩)三种。

打入桩(沉桩)是指钢、钢筋混凝土等材料制作的柱状构件,经锤击、振动、射水、静压等方式沉入或埋入地基而成的桩,包括锤击沉桩、静压沉桩、振动沉桩、振动或锤击配合射水沉桩以及沉管灌注桩等。

(二)桩的分类

一般可按打入桩的材料及打入方法进行分类。

(1)按桩的材料,可以分为:钢筋混凝土桩、预应力混凝土桩、钢桩以及钢护筒参与结构受力的钢—混凝土组合截面桩等。近年来钢桩及钢—混凝土组合截面桩应用日渐增多。

(2)按桩打入方法,可以分为:锤击沉桩、振动沉桩、振动或锤击配合射水沉桩、静力压桩以及沉管灌注桩等。近年来锤击沉桩、振动沉桩两种方法更为普遍。

二、打入桩的优缺点

打入桩的主要优点体现在效率高、质量有保证。对于承载力、沉降可控等环节,优点有:

(1)施工效率高,进度快。对于工程规模大,施工条件恶劣的跨海大桥,该优点相当明显。

(2)桩体在工厂预制,质量有保证,尤其在松软或淤泥质黏土层中打入桩不会有钻孔桩施工存在的缩径、断桩等质量风险。

(3)桩体质量在打入前可以进行检验,确保其质量。

(4)在土层变化、地质复杂的条件下,打入桩施工时易于确定和控制单桩轴向力，可减小基础不均匀沉降。

(5)桩体预制桩长、配筋等构造参数较为灵活，调整更为方便以适应设计承载力要求和复杂多变的土层地质情况。

(6)打入桩施工过程中无需使用泥浆等材料，对周围环境影响小，具有环保的特点。

(7)采用打入桩施工工艺施工的斜桩倾斜角度相对较大(可达到16°)，可大大提高结构抵抗水平荷载的能力。

打入桩的缺点则主要有：

(1)桩体穿越的底层遇较大卵石、漂石或其他障碍物时，会阻碍桩的下沉，增加施工难度，甚至将桩打坏。

(2)沉桩时会引起邻近土体隆起或发生下沉、侧向位移，危及邻近建筑物安全；锤击或振动打桩噪声大，污染环境。

(3)设备要求高，桩长受运输及桩架高度制约，需要接桩，连接构造复杂。

(4)受施工空间、水文气象条件等的限制，打桩设备作业时间受限，甚至无法进入设计位置进行施工(如打桩船易受大风大浪的影响，海上作业时间相对较短)。

第二节　桩的构造及制作

一、钢筋混凝土桩

(一)钢筋混凝土桩构造

1. 钢筋混凝土桩分类

钢筋混凝土桩主要是方桩，也有矩形桩、六角桩、八角桩、大头桩等异形桩。钢筋混凝土方桩根据施工工艺可分为锤击整根桩、锤击焊接桩和静压整根桩、静压焊接桩、静压锚接桩，根据截面形式可分为实心桩和空心桩。断面为500mm的桩身结构如图6-2-1所示。

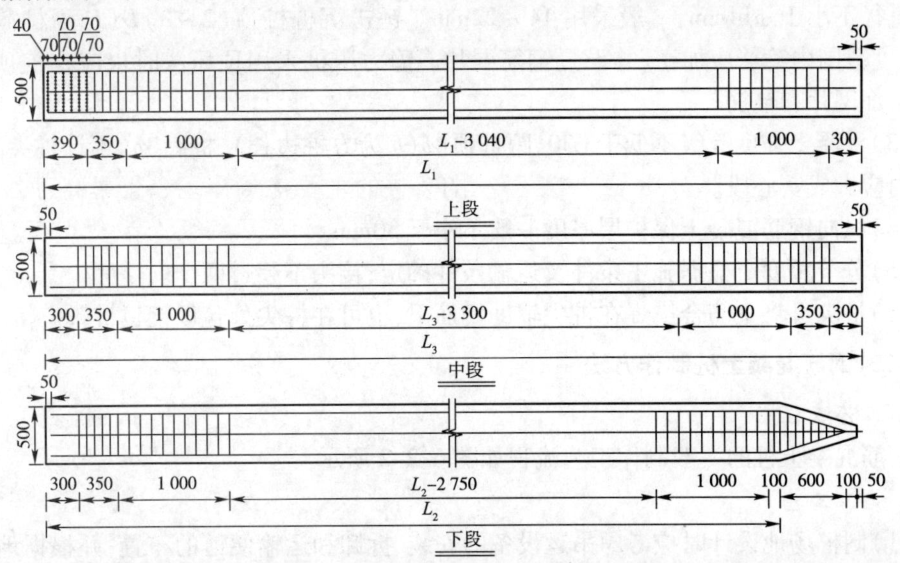

图6-2-1　混凝土桩桩身结构图(尺寸单位:mm)

2. 钢筋混凝土桩构造

(1)钢筋混凝土桩的截面边长一般不小于200mm。常见的有450mm×450mm、500mm×500mm、550mm×550mm、600mm×600mm这四种,相应的空心直径为240mm、270mm、300mm和360mm,桩身竖向承载力设计值见表6-2-1。

桩身竖向承载力设计值 表6-2-1

桩断面(mm)	组　别	混凝土强度等级	竖向承载力设计值(kN)
250×250	A	C30	515~625
	B	C30~C40	515~843
300×300	A	C30	742~900
	B	C30~C40	742~1 215
	C	C40	1 002~1 215
350×350	A	C30	1 010~1 225
	B	C30~C40	1 010~1 653
	C	C40	1 364~1 653
400×400	A	C30	1 320~1 600
	B	C30~C40	1 320~2 160
	C	C40~C50	1 782~2 560
450×450	A	C30	1 670~2 025
	B	C30~C40	1 670~2 733
	C	C40~C50	2 256~3 240
500×500	A	C30	2 062~2 500
	B	C30~C40	2 062~3 375
	C	C40~C50	2 784~4 000

注:本表摘自国家建筑标准设计图集《预制钢筋混凝土方桩》(JC 934—2004)。

(2)具体配筋按吊运、沉桩方法及桩在结构物中使用阶段受力情况等条件计算确定。主筋直径不小于ϕ14mm,一般采用14~22mm。锤击沉桩桩顶(2~3)D(D为桩截面边长)长度范围内箍筋应加密,并设置钢筋网片。静力压桩采用顶压法时也应在桩顶部位适当增加网片和箍筋。

(3)混凝土强度等级不低于C30,距桩顶4b(b为方桩边长)、桩底3b(不计桩尖高度)范围内应做成实心段。

(4)纵向钢筋混凝土保护层厚度一般不小于30mm。

(5)分节长度应根据施工条件及运输条件确定,接头不超过两个。

(6)桩尖可将主筋合拢焊在桩尖辅助钢筋上,也可在桩尖处包以钢板桩靴。

(二)钢筋混凝土桩制作方法

1. 工艺流程图

钢筋混凝土桩的一般制作工艺流程如图6-2-2所示。

2. 施工工艺

(1)制桩场地设计时应考虑吊运设备的安装、拆卸和运输便道的布置,并根据地基及气候条件做好排水设施。地基整平夯实后,其上面铺压一层砾料,再铺以5cm厚混凝土,压平抹光，作为制桩底模。在每桩范围内高差不得超过5mm。

(2)工地预制的钢筋混凝土方桩的侧模板可采用4mm厚钢板制作，空心桩的内模，可采用充气胶囊、钢管、橡胶胶管或活动木模。

为了节约场地面积和便于养护，可采用横向成排间隔法浇注制桩，或采用竖向重叠浇注法支模。间隔浇注法是每隔一桩位浇注另一批桩的混凝土，待强度达到设计强度的30%以后，拆除其侧模。第二批桩利用已浇桩作为侧模，并在已浇桩表面铺贴油毡或鞎料布等隔离层，第二批桩浇注的混凝土强度达到设计要求的起吊强度后，方可起吊移位。重叠浇注法浇注的最大层数必须根据地基的承载能力和施工条件确定，一般不能超过3层。支模方法有长夹条支模和短夹条支模两种。长夹条可用木材或型钢制作，两根夹条间用钢筋箍加硬木楔楔紧。长夹条支模的第一层桩底模座可用混凝土浇注，并兼作底模的横撑。短夹条支模，无需浇注混凝土底模座，但浇注次一层桩时，夹条需向上夹住支模，浇注混凝土时应注意不使模板左右摇晃。

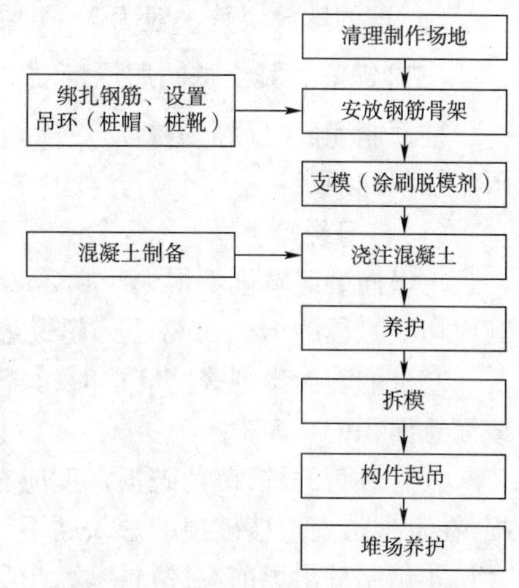

图6-2-2　钢筋混凝土桩制作工艺流程图

(3)钢筋制作时应保证钢筋位置正确，桩尖应对准纵轴线。主筋距桩顶的距离和钢筋网格的距离应按设计要求严格控制，钢筋网格的间距应均匀，桩的主筋不应与钢帽顶面钢板焊接。

主钢筋在编制成钢筋骨架前，应先以临时支架固定其位置，防止其挠曲。钢筋骨架安置于模板内时，应以悬吊或设置水泥砂浆块固定骨架位置，并保证混凝土保护层符合设计要求。

(4)同一根桩的混凝土配合比不能随意改变，浇注顺序宜由桩顶开始向桩尖连续浇注，中间不得停顿，并用振捣器严密振实。混凝土浇注完1~2h后，应覆盖洒水养护。

(5)非预应力桩的混凝土强度达到设计强度的70%时方可起吊，进行厂(场)内运输。

(6)非预应力桩的混凝土强度达到设计强度等级时方可进行厂(场)外运输。

(7)钢筋混凝土桩的主筋宜采用整根钢筋，如需接长时，宜采用对焊连接或机械连接，接头应相互错开，在桩尖、桩顶各2m长范围内的主筋不应有接头。箍筋或螺旋筋与纵筋的交接处宜采用点焊焊接；当采用矩形绑扎筋时，箍筋末端应为135°弯钩或90°弯钩加焊接；桩两端的加密箍筋均应采用点焊焊成封闭箍。

(8)采用焊接连接的混凝土桩，应按设计要求准确预埋连接钢板。采用法兰盘连接的混凝土桩，法兰盘应对准位置连接在钢筋或预应力筋上；先张法预应力混凝土桩采用法兰盘连接时，应先将法兰盘连接在预应力筋上，然后再进行张拉；法兰盘应保证焊接质量。

(9)每根或每一节桩的混凝土应由桩顶向桩尖方向连续浇注，不得留施工缝。混凝土浇注完毕后，应及时覆盖养护，并应在桩上标明编号、浇注日期和吊点位置，同时应填写制桩记录。

3. 施工注意事项

(1)混凝土强度等级必须符合设计要求。

(2)混凝土浇注时应由桩顶向桩尖方向连续进行,对桩头、桩尖应加强振捣。

(3)混凝土浇注完毕后,应在12h以内进行覆盖养护,潮湿养护期不得少于7~14d。

(4)间隔或重叠浇注的非预应力方桩开桩起吊时应加强管理,防止撬坏桩身混凝土。

(5)构件在运输时要固定牢靠,以防在运输中滑动或倾倒。

(6)桩的堆放层数一般为3~4层,各层桩垫木材质应相同,上下应对齐。

(三)钢筋混凝土桩的质量标准

桩预制完成之后需进行质量检验,检验合格后方可交付使用。钢筋混凝土桩缺陷的限制按下列规定:

(1)桩身裂缝。

①横向裂缝宽度不得大于0.2mm,深度不得大于20mm;多边形桩裂缝长度不得大于其内切圆直径的1/2,方桩不得超过边长的1/2。

②桩的表面出现蜂窝麻面时,其深度不得大于5mm,每面的蜂窝麻面面积不得超过该面总面积的0.5%。

③有棱角的桩,棱角破损深度应在5mm以内,且每10m长的边棱角上只能有1处破损,在1根桩上边棱破损的总长度不得大于500mm。

④预制桩出场前应进行检验,出场时应具备出场合格检验记录。

⑤横向裂缝每米不得超过5道。

⑥纵向裂纹不允许存在。

(2)桩端附近混凝土不得有蜂窝、掉角及露筋。

(3)用小锤轻敲桩身,如声音沙哑,应当凿开检查,小洞者可用同级水泥砂浆修补,大洞及断裂时不得使用。

(4)桩身的制作质量标准应满足表6-2-2中要求。

预制钢筋混凝土桩和预应力混凝土桩制作质量标准 表6-2-2

项目		允许偏差
混凝土强度(MPa)		在合格标准内
长度(mm)		±50
横断面	桩的边长(mm)	±5
	空心桩空心(管心)直径(mm)	±5
	空心中心与桩中心偏差(mm)	±5
桩尖对桩纵轴线偏差(mm)		10
桩轴线的弯曲矢高		桩长的0.1%,且不大于20mm
桩顶面与桩纵轴线的倾斜偏差		1%桩径或边长,且不大于3mm
接桩的接头平面与桩轴平面垂直度(%)		0.5

二、预应力混凝土桩

(一)预应力混凝土桩构造

预应力混凝土桩根据截面形式主要分为预应力混凝土方桩和预应力混凝土管桩两类。预应力混凝土管桩根据制作工艺不同又可分为先张法预应力混凝土管桩、后张法预应力混凝土大直径管桩。

1. 预应力混凝土方桩

预应力混凝土方桩主要适用于采用打桩船施工的水上锤击沉桩工程、水冲锤击沉桩工程和采用打桩机施工的陆上锤击沉桩工程。锤击桩主要适用于以黏性土为主的软土地基。当基桩需要穿过或进入较厚中密以上砂层时,一般宜采用水冲锤击沉桩的施工方法。

预应力方桩分为整根预制和分节预制两类。整根预制桩长一般为 23 ~ 58m,部分工程单桩长度达 68m,分节预制桩的单节长度一般为 16 ~ 22m,其桩身结构示例如图 6-2-3 所示。

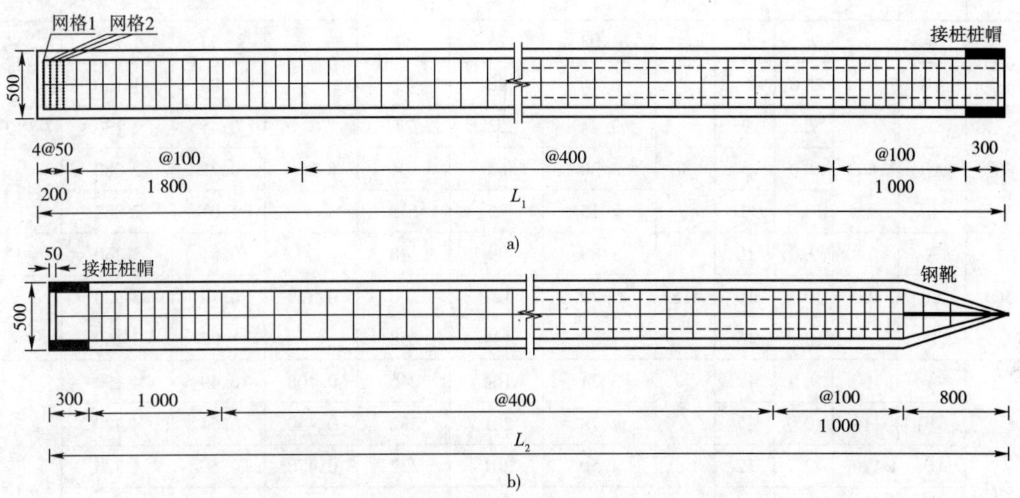

图 6-2-3　预应力混凝土焊接方桩桩身结构图(尺寸单位:mm)

a) 预应力混凝土焊接桩结构图(上段);b) 预应力混凝土焊接桩结构图(下段)

预应力混凝土方桩的截面一般不小于 400mm,采用热轧带肋钢筋作为主筋,配筋率不小于桩截面的 1%,箍筋间距宜取 400 ~ 500mm;对承受较大锤击压应力的桩,箍筋宜适当加密。在桩顶 4 倍桩宽和桩端 3 倍桩宽范围内箍筋间距应加密至 50 ~ 100mm,并在桩顶应设置 3 ~ 5层钢筋网。预应力桩的混凝土强度等级不宜低于 C40。方桩桩尖长度约为 1.0 ~ 1.5 倍桩宽,当桩需要穿过或进入硬土层时,桩尖长度宜取较大值;当桩需要打入风化岩层、砾石层或穿越柴排、抛石层等障碍物而沉桩困难时,宜设置穿透能力强的钢桩靴,钢桩靴示意如图 6-2-4 所示。

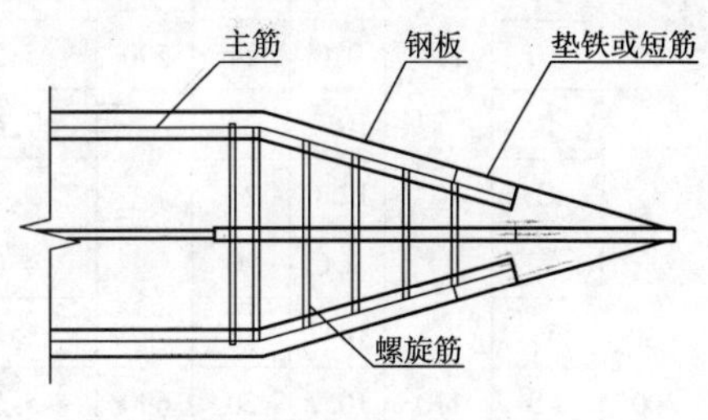

图 6-2-4　钢桩靴示意图

2. 先张法预应力混凝土管桩

先张法预应力混凝土管桩按其混凝土强度等级分为预应力混凝土管桩(代号 PC)和预应力高强混凝土管桩(代号 PHC)。PC 桩混凝土强度等级不得低于 C50(也有规定不低于 C60);PHC 桩混凝土强度等级不得低于 C80。

先张法预应力混凝土管桩按外径分为 300mm、350mm、400mm、450mm、500mm、550mm、600mm、700mm、800mm、1 000mm、1 200mm、1 300mm 和 1 400mm 等规格。按照管桩有效预压应力值分为 A 型、AB 型、B 型和 C 型。其性能规格见表 6-2-3。

预应力管桩的预应力钢筋沿其圆周均匀配置,最小配筋率不低于 0.4%,并不少于 6 根。螺旋筋的直径根据管桩规格而定,外径 450mm 以下的管桩,螺旋筋的直径不应小于

4mm;外径 500 ~600mm 的管桩,螺旋筋的直径不应小于 5mm;外径 700 ~1 200mm 的管桩,螺旋筋的直径不应小于 6mm。螺旋筋螺距最大不得超过 110mm,两端 1 000 ~1 500mm 范围内螺距为 40 ~60mm。先张法预应力混凝土管桩结构示意图如图 6-2-5 所示。

先张法高强预应力混凝土管桩的规格和技术性能 表 6-2-3

外径 D (mm)	型号	壁厚 t (mm)	主筋			混凝土有效预压应力 (MPa)	抗裂弯矩 (kN·m)	极限弯矩 (kN·m)	单位质量 (t/m)	主筋截面含筋率 (%)	单桩结构允许承载力 (kN)	单节长度 (m)
			直径 (mm)	数量 (根)	D_p (mm)							
300	A	60	7.1	6	240	4.03	23	34	0.118	0.53	1 190	7 ~12
	AB		9.0	6		6.16	28	45		0.85	1 160	
400	A	80	7.1	9	338	3.44	52	77	0.209	0.45	2 130	7 ~12
	AB		9.0	9		5.30	63	104		0.72	2 080	7 ~13
	B		10.7	9		7.15	75	135		1.01	2 030	
500	A	100	9.0	10	416	3.88	99	148	0.327	0.51	3 260	7 ~14
	AB		10.7	10		5.30	121	200		0.72	3 320	7 ~15
	B		10.7	15		7.56	144	258		1.07	3 160	
600	A	100	9.0	12	510	3.74	164	246	0.408	0.49	4 150	7 ~16
	AB_1	110	10.7	12		4.78	201	332	0.440	0.64	4 420	
	AB_2	120	10.7	12		4.50	201	332	0.470	0.60	4 720	
	AB_3	130	107	15		5.22	201	332	0.499	0.77	4 980	
	B	110	10.7	18		6.84	239	430	0.440	0.96	4 300	
	C		12.6	18		9.03	276	552		1.33	4 170	
700	A_1	110	10.7	12	590	4.03	264.9	397.3	0.530	0.53	5 370	7 ~15
	A_2		7.1	24		3.61				0.47	5 400	
	AB		9.0	24		5.55	317.9	524.5		0.75	5 270	7 ~22
	B		10.7	24		7.47	372.8	671.0		1.10	5 130	7 ~30
	C		12.6	24		9.81	441.4	882.9		1.47	4 970	
800	A_1	110	9.0	20	690	4.08	367	550	0.620	0.54	6 280	7 ~55
	A_2		10.7	15		4.28	367	550		0.57	6 260	
	AB		10.7	20		5.56	451	743		0.75	6 160	
	B		10.7	30		7.91	535	962		1.13	5 970	
	C		12.6	30		10.34	619	1 238		1.57	5 770	
1 000	A	130	9.0	32	880	4.36	689	1 030	0.924	0.58	9 330	7 ~55
	AB		10.7	32		5.92	845	1 394		0.81	9 140	
	B		12.6	32		7.87	1 003	1 805		1.13	8 900	
	C		12.6	40		9.46	1 161	2 322		1.34	8 710	
1 200	A	150	12.6	20	1 060	4.14	1 177	1 766	1.286	0.55	13 030	7 ~55
	AB		12.6	30		5.58	1 412	2 330		0.76	12 790	
	B		12.6	45		7.93	1 668	3 002		1.14	12 390	
	C		12.6	60	1 077.4	9.60	1 962	3 924		1.52	12 115	

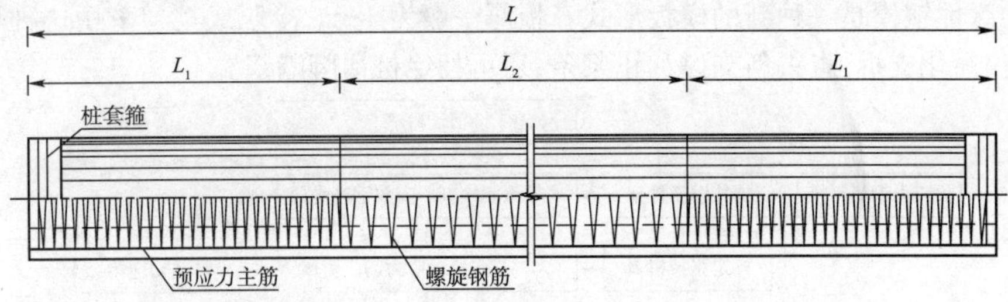

图 6-2-5　先张法预应力混凝土管桩结构图

3. 后张法预应力混凝土大直径管桩

后张法预应办混凝土管桩在国外研制开发的较早,20 世纪 50 年代就已开始生产,预应力筋采用钢绞线,在预留孔内设单股或双股钢绞线。管节为机械化生产,用后张预应力组装成桩。我国研制后张预应力混凝土管桩始于 20 世纪 80 年代中期,定名为预应力混凝土大直径管桩(简称混凝土大管桩)。国内用于桥梁结构的主要是由交通运输部第三航务工程局研制的采用复合法工艺生产的混凝土大管桩,称作复合法混凝土大管桩。

三航局的混凝土大管桩管节生产是由离心振压成形机制作,通过离心—振动—辊压等复合工艺使干硬性混凝土成形。管桩则是由管节根据设计桩长组合拼接而成。复合法混凝土大管桩由于其制作工艺先进,使混凝土具有高强度、高密度、低空隙、低渗透的特点。

预应力混凝土大直径管桩由管节组成,现在生产的混凝土大管桩管节外径有 1 200mm 和 1 400mm 两种管径,管节壁厚 130 ~ 150mm,设预留孔 16 ~ 20 只,孔径 32 ~ 40mm。管节外壁布置一层钢筋,钢筋采用 Q235 低碳热轧圆盘条 ϕ8mm,以冷拔 ϕ^b7mm 作架立筋,ϕ^b6mm 作螺旋箍筋。箍筋间距:桩顶节 50mm,普通节两端各 1m 范围为 50mm,中间 2m 长为 100mm。混凝土强度等级为 C60 特干硬性混凝土。后张法预应力混凝土大直径管桩结构如图 6-2-6 所示。

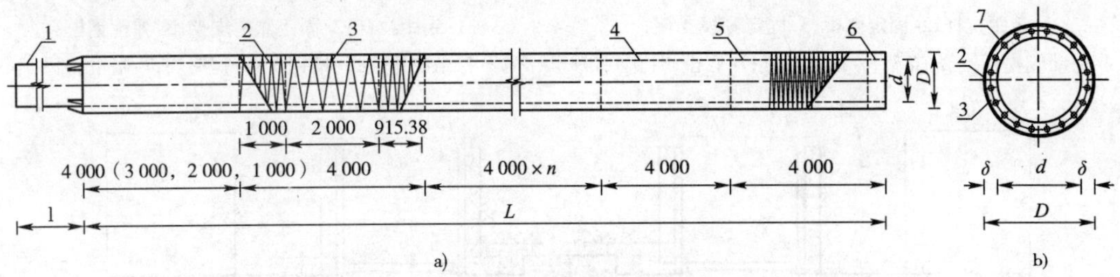

图 6-2-6　后张法预应力混凝土大直径管桩结构图(尺寸单位:mm)

a)管桩正视图;b)管桩截面图

1-钢管桩或钢桩靴;2-环向箍筋;3-纵向架立筋;4-基本管节;5-桩顶管节;6-钢板套箍;7-钢绞线

(二)预应力混凝土桩制作方法

1. 预应力混凝土方桩制作方法

(1)预应力混凝土方桩制作工艺

预应力混凝土方桩制作工艺流程如图 6-2-7 所示。

(2)模板工艺

①预应力方桩的常用模板形式有墩式台座桩模板、墩式台座桩弹性钢模板和压柱式台座桩模板三种基本形式,如图 6-2-8 ~ 图 6-2-10 所示。

其中弹性钢模是一种新的模板形式。板厚一般为4mm,冷压成型。采用这种形式的模板,不仅简化支拆,省去斜支撑和止浆条,还可杜绝桩裙脚漏浆。

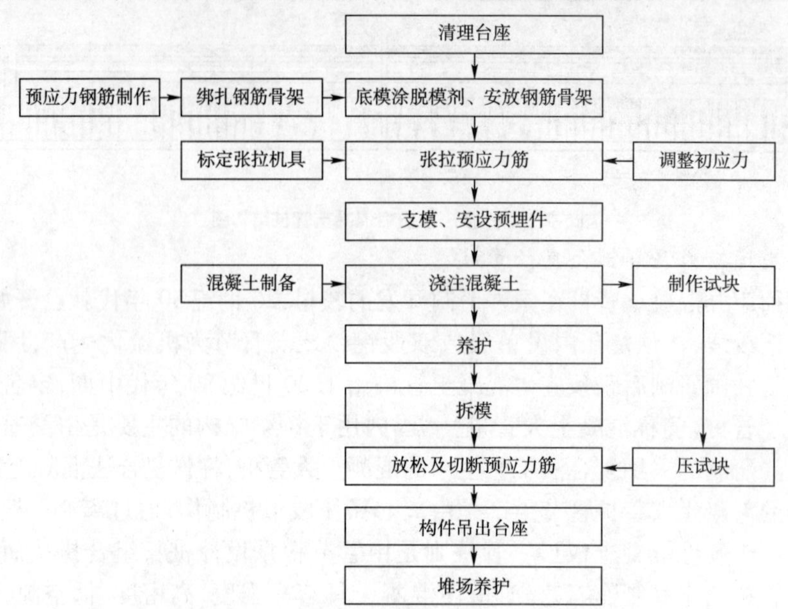

图6-2-7 预应力混凝土方桩制作流程图

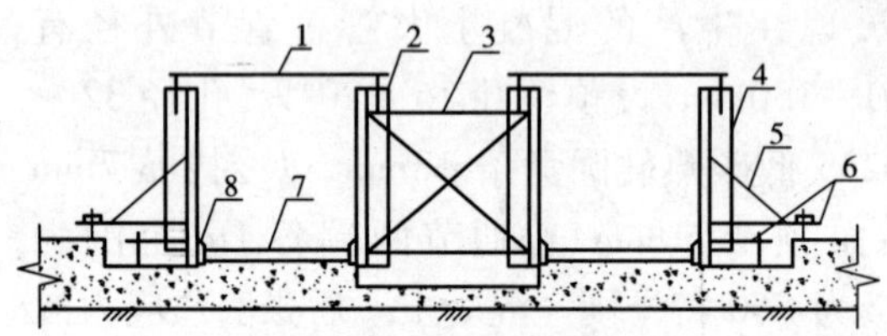

图6-2-8 墩式台座桩模板示意图

1-定距拉杆;2-固定侧模;3-固定侧模支架;4-活动侧模;5-三角支架;6-顶紧装置;7-底模;8-止浆带

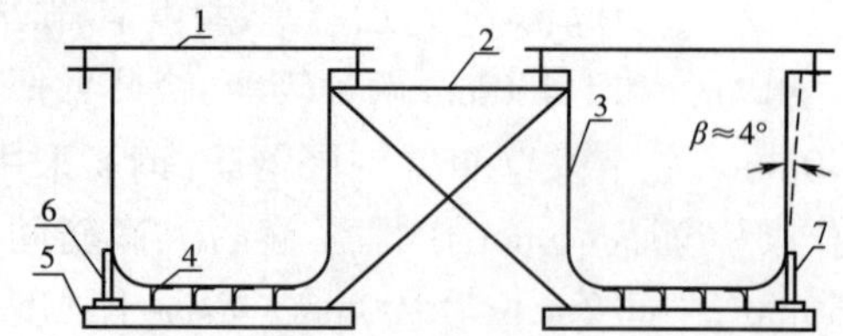

图6-2-9 墩式台座桩弹性钢模板示意图

1-定距拉杆;2-固定侧模支架;3-弹性钢模;4-纵向角钢;5-槽钢楞;6-楔形块;7-限位支腿

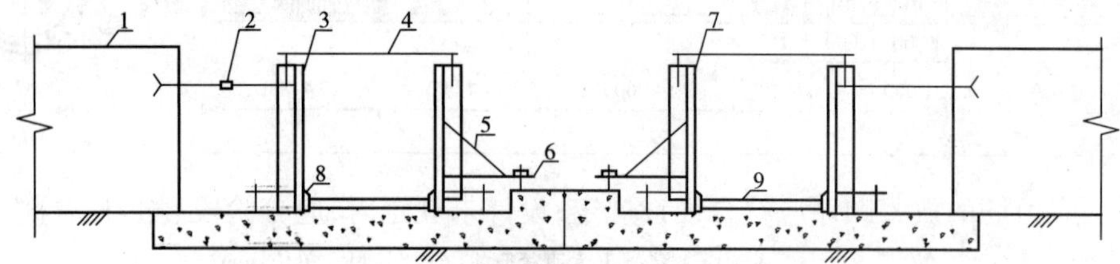

图6-2-10 压柱式台座桩模板示意图

1-定距拉杆;2-紧张器式支顶螺杆;3-固定侧模;4-定距拉杆;5-三角支架;6-顶紧装置;7-活动侧模;8-止浆条;9-底模

②预应力空心方桩的内模常采用充气胶鞋或木笼。充气胶囊内的气压宜采用0.03~0.05MPa,应能保证预留空心的设计形状和尺寸,从开始浇注混凝土到胶囊放气时止,其气压应保持稳定。

(3)张拉及放松工艺

①预应力张拉台座

a.张拉台座是用以承受顶应力钢筋张拉力的设施,一般采用长线台座先张法施工。

长线张拉台座长达100~200m，张拉力达2 000~6 000kN，应具有足够的强度、刚度和稳定性，其抗倾覆安全系数不小于1.5，抗滑移系数应不小于1.3。

b. 张拉台座可分为墩板式、压柱式、墩台—压柱式、低桩墩台—压柱式等。

②张拉应力控制

a. 预应力筋的张拉控制应力应符合设计要求。

b. 设计未规定时，其张拉程序可按表6-2-4执行。

先张法预应力筋张拉程序 表6-2-4

预应力筋种类		张拉程序
钢丝、钢绞线	夹片式等具有自锚性能的锚具	普通松弛预应力筋：0→初应力→$1.03\sigma_{con}$（锚固）； 低松弛预应力筋：0→初应力→σ_{con}（持荷5min锚固）
	其他锚具	0→初应力→$1.05\sigma_{con}$（持荷5min）→0→σ_{con}（锚固）
螺纹钢筋		0→初应力→$1.05\sigma_{con}$（持荷5min）→$0.9\sigma_{con}$→σ_{con}（锚固）

③张拉注意事项

a. 在张拉作业区两端应设置安全挡土墙。在进行张拉作业的台座周围，特别是在距其两端的一定范围内，不得有人逗留，即使是张拉操作人员，也应站在两端的侧面进行操作，以防预应力钢筋突然断裂伤人。

b. 检查各连接器，观察其是否处于良好工作状态。

c. 注意张拉钢梁的移动情况：如不平移，应通过调整油泵分油器上的进油阀，调节各千斤顶的进油量；如上下翘起，应回油放松，调正千斤顶的着力中心；如移动速度异常，应回油放松，检查各预应力钢筋有无屈服现象，或压力表有无失灵情况。

d. 张拉结束后，停止开油泵，或关闭油泵上分油器的总阀，然后插AU形插板，并将张拉端钢梁上螺丝杆的螺母逐一拧紧。

e. 张拉完毕后，如当天不能浇注混凝土，应回油、放松至张拉控制应力的70%方右，待浇注时再张拉，至张拉控制应力和安装封头模板。

f. 用热轧带肋钢筋作预应力钢筋时，张拉（或冷拉）时的温度不得低于－15℃。

④预应力放松

a. 当设计有规定时，按设计要求放松；当设计无规定时，构件混凝土强度达到设计强度的80%后，弹性模量应不低于混凝土28d弹性模量的80%，方可进行预应力放松。

b. 在预应力筋放张之前，应将限制位移的侧模、翼缘模板或内模拆除。

c. 预应力筋的放张顺序应符合设计规定；设计未规定时，应分阶段、均匀、对称、相互交错地放张。

d. 多根整批预应力筋的放张，当采用砂箱放张时，放砂速度应均匀一致；采用千斤顶放张时，放张宜分数次完成；单根钢筋采用拧松螺母的方法放张时，宜先两侧后中间，并不得一次将一根预应力松弛完。

e. 预应力筋放张后，对钢丝和钢绞线，应采用机械切割的方式进行切断；对螺纹钢筋采用乙炔—氧气切割，但应采取必要措施防止高温对其产生不利影响。

f. 放张后预应力筋的切断顺序，应由放松端开始按序向另一端切断。切割钢筋时应对称、相互交错地进行。

(4)养护工艺

一般施工阶段，在混凝土达到初凝后，采取覆盖保湿养护；冬季施工阶段，采取蒸汽养护。

2. 先张法预应力混凝土管桩制作方法

(1)工艺流程图

先张法预应力混凝土管桩均采用离心成型工艺进行预制,其工艺流程如图6-2-11所示。

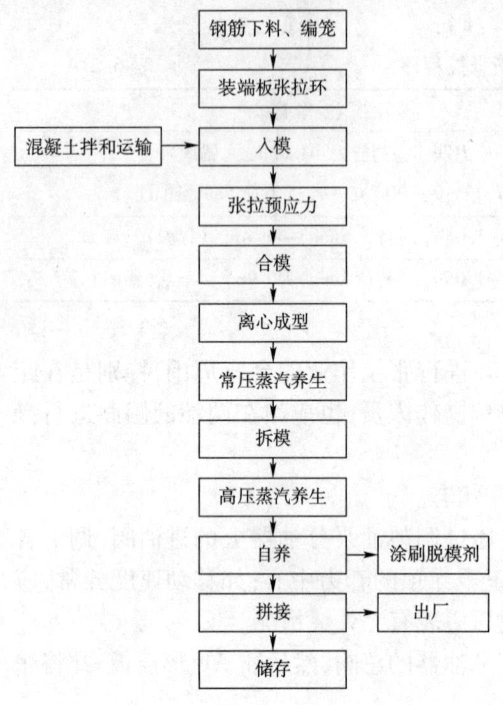

图6-2-11 先张法预应力混凝土管桩制作制作工艺流程图

(2)模具

管桩模具由筒体、跑轮、筋板、企口板、合口螺栓等部件组成,其结构示意图如图6-2-12所示。模具材料为碳素结构钢、碳钢和低合金钢铸件等。模具按其刚度的不同,分为刚性模、柔性模和半刚性模。

(3)钢筋加工

①预应力钢筋

a. 钢筋应请除油污,切断前应保持平直,不应有局部弯曲,切断后端面应平整,同根管位中钢筋长度的相对差值:长度小于或等于15m时不得大于1.5mm,长度大于15m时不得大于2mm。

b. 钢筋镦头部位的强度不得低于该材料抗拉强度的90%。

②钢筋骨架

a. 预应力钢筋应沿其分布四周均匀配置,最小配筋率不得低于0.4%,并不得少于6根,间距允许偏差为±5mm。

b. 管柱两端2 000mm范围内螺旋筋的螺距为45mm,其余部分螺旋筋的螺距为80mm。螺距允许偏差为±5mm。

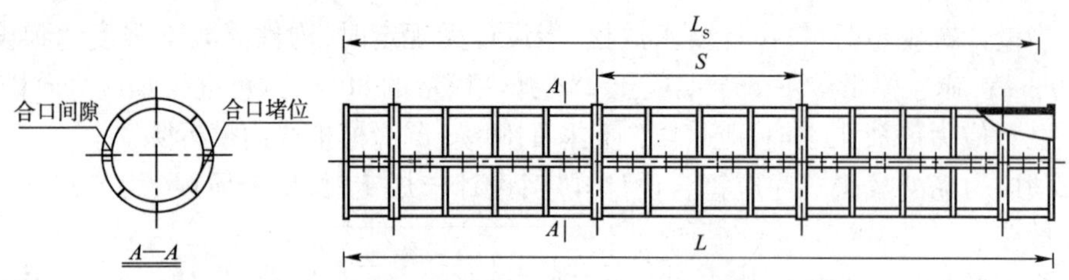

图6-2-12 先张法预应力混凝土管柱模具

③钢筋笼加工程序

钢筋笼加工程序依次为:开盘→定长切割→镦头→编制钢筋笼。先张法预应力管桩钢筋笼主要采用管桩钢筋骨架滚焊机自动编织成型。

(4)端板加工

先张法预应力管桩两端设有端板和裙板。端板既是预应力筋的锚板,也是焊接接桩的连接件,端板常用平板式,如图6-2-13所示,也有采用碗扣端型(图6-2-14)和法兰接头盒机械接头等形式。

(5)混凝土制作

混凝土原材料必须满足要求。先张法预应力管桩属高强混凝土，拌制时应采用强制式搅拌机拌和，要求严格计量，并严格控制搅拌时间。投料宜采用现行《高强混凝土结构技术规程》(CECS 104)推荐的投料顺序，如图 6-2-15 所示。

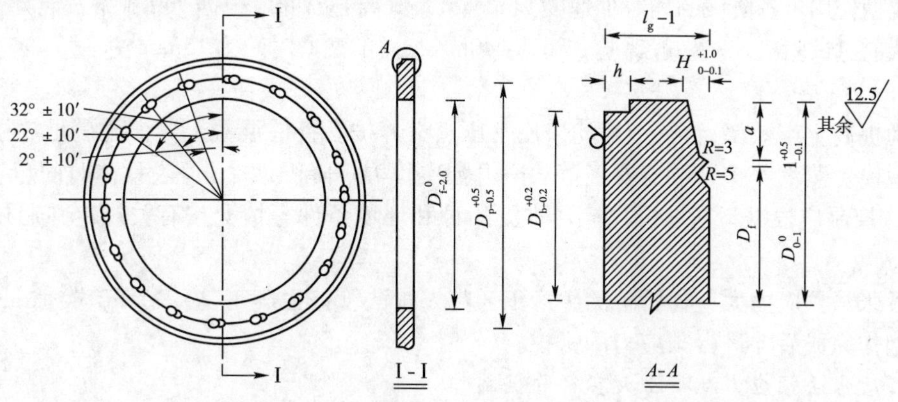

图 6-2-13　平板式端板结构示意图(尺寸单位:mm)

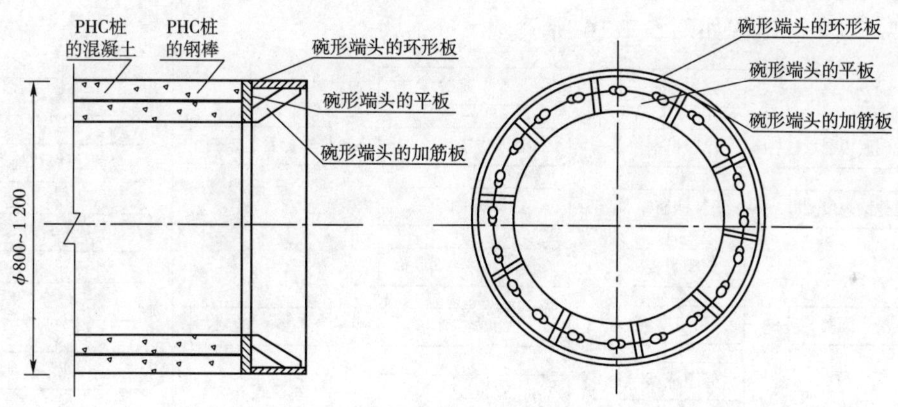

图 6-2-14　碗扣端形端板结构示意图

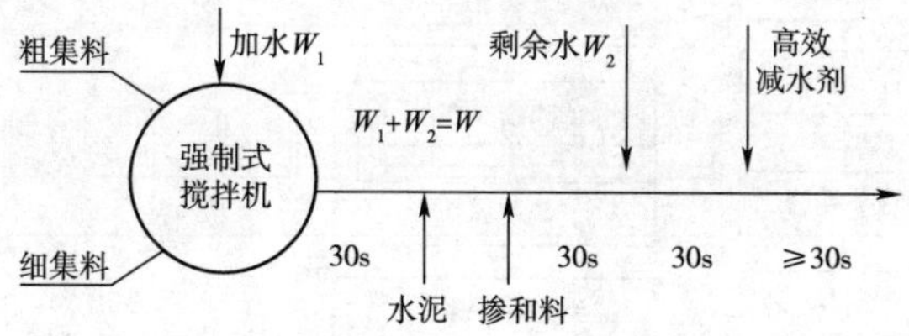

图 6-2-15　混凝土制作投料顺序示意图

混凝土制作完成后即可进行喂料，喂料基本形式有两种：一种是喂料口固定，模具移动；另一种是料斗移动，模具固定。

(6)预应力张拉及放松

先张法预应力管桩张拉以管模作为反力架，采用双作用千斤顶整体张拉。张拉头连接方式为中、大型管桩常用张拉环，小型管桩常用张拉杆。张拉控制应力 σ_{con} 为预应力筋标准强度的 0.7 倍。待混凝土强度达到 40MPa 后才可进行预应力放松，放松预应力筋与拆模过程同时进行,放松张拉环螺栓时应注意对称、均匀、同步。

(7)离心成型

先张法预应力混凝土管桩采用高速离心密实成型,离心一般为低速—中速—高速三阶段或低速—低中速—中速—高速四阶段。低、中速起布料均匀作用,高速起混凝土拌和物密实成型作用。各阶段的离心加速度 g(m/s^2)及其离心时间应根据产品规格及混凝土拌和物性状通过试验决定。一般经验 g 为 3 ~ 40m/s^2,总的离心时间为 15min 左右。

(8)养护

为提高生产效率,管桩一般均采用常压蒸汽养护。管桩混凝土养护至满足放松强度即可脱模。蒸汽养护一般需要经静停—升温—恒温—降温四个过程,具体时间(h)和温度(℃)控制应根据不同地区、季节、水泥品种和环境条件等情况按有关规定并通过实验确定。

后张法预应力大直径管桩的生产工艺与先张法管桩生产工艺各个环节类似,只是在管节制作完成后才进行预应力的张拉。

3. 后张法预应力混凝土大直径管桩制作

(1)工艺流程图

管节是由离心振压成型机生产,通过离心—振动—辊压等复合工艺使干硬性熟料密实成型。其工艺流程如图 6-2-16 所示。

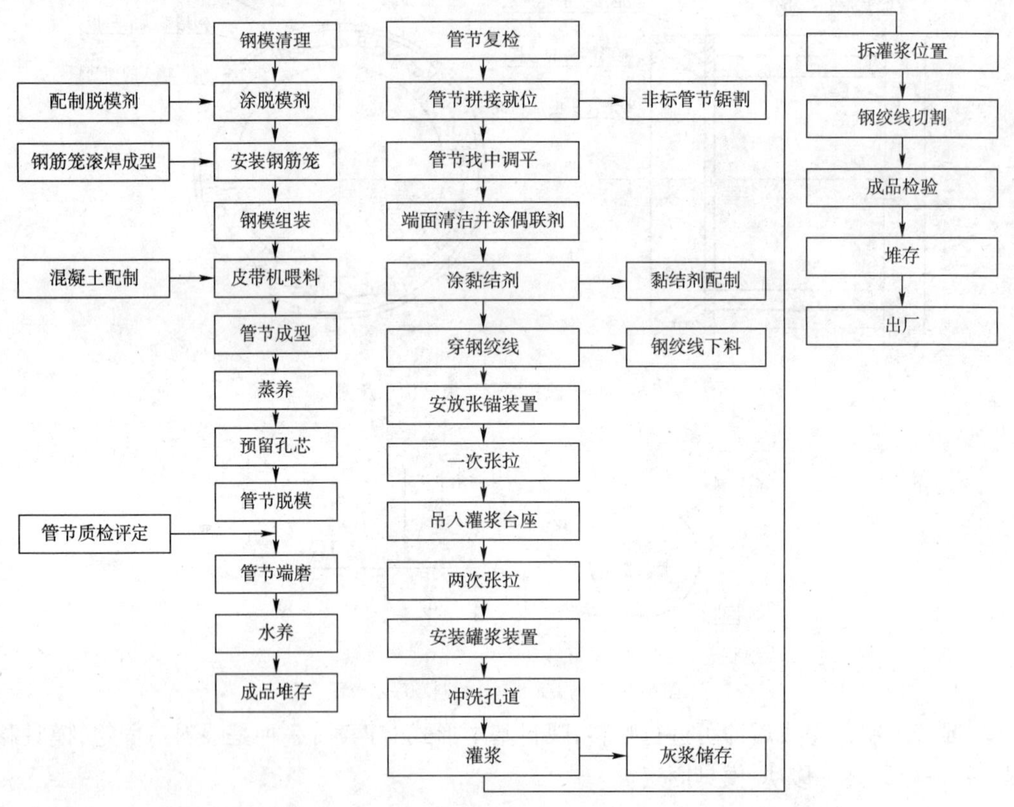

图 6-2-16 后张法预应力混凝土管桩制作工艺流程图

(2)钢模制作

钢模宜采用单开钢模,钢模制作必须保证混凝土管节各部位的设计形状尺寸及相对位置的正确性和合缝口严密性。

(3)钢筋笼加工成型

钢筋笼加工成型由专用钢筋笼自动编织机完成。钢筋采用冷拔筋，架立筋为ϕ^7，螺旋箍筋为ϕ^6，冷拔过的钢筋不宜久存，以防生锈。当钢筋出现锈迹后不得使用，以确保钢筋点焊牢固。

(4)管节预留孔成型工艺

复合法管节预留孔的成型，采取在钢模端盖锁紧拉杆上套壁厚为4~4.5mm纯橡胶套管，待管节混凝土成型后拆模时抽去拉杆和橡胶套管，则形成预应力钢筋的预留孔孔道。

(5)钢模安装工艺

钢模安装作业顺序：拧紧钢模合缝口螺母→将钢筋笼放入钢模内→安装钢模端盖→穿拉杆→上紧拉杆螺母→检查钢模安装质量。

(6)管节成型工艺操作

复合法管节成型是由离心振压成型机完成，混凝土熟料由布料皮带机向管节钢模内布料，钢模边旋转边布料。

后张法预应力混凝土大直径管桩混凝土浇注必须连续进行，在管节中不得留施工缝。

(7)蒸养工艺及养护制度

管节混凝土成型后应采用蒸汽养护，其蒸养制度应按地区和气温不同及条件差异由试验确定。

(8)拆模工艺操作

当管节混凝土强度达到设计值80%时方可进行拆模。拆模应在专用场地上进行，拆除端盖时应用机具吊住，使用专用工具顶出，严禁使端盖直接坠地。

(9)管节端磨工艺及端磨设备

管节脱模后经过质量评定，合格产品即吊到端磨台座上，由端磨机将管节两端截面上的突出管节端面的超厚部分去除，端面磨平，使管节端面暴露出光洁的石子面。端磨机是两台旋转的轮盘，轮盘上设有砂轮。砂轮旋转，轮盘转动。

(10)管节水养

管节脱模后必须水养7d，或潮湿养护10d，水养一般采用水养池，将管节吊入池内，池水完全淹没管节，并根据池水酸碱度标准或按时换水。

(11)复合法混凝土大管桩拼接张拉与压浆工艺

后张法预应力混凝土大直径管桩的管节在拼接时，应符合下列规定：

①管节混凝土强度应达到设计强度，且混凝土龄期不应少于14d。

②管节端面的浮浆应清除并磨平。表面缺陷应采用环氧砂浆修补。预留孔孔内的污物杂质，应冲洗干净，孔内积水应予排除。

后张法预应力混凝土大直径管桩的管节拼接时，钢绞线张拉应按以下要求进行：

①张拉时，对称的两束钢绞线应同时张拉，并应分组同步进行，桩长超过40m应两端同时张拉。

②锚具应按现行国家标准《混凝土结构工程施工质量验收规范》(GB 50204)及现行行业标准《水运工程混凝土施工规范》(JTS 202)规定的标准验收，其锚固力低于钢绞线破坏强度90%对严禁使用。

③张拉过程中应按要求记录，张拉预应力的实测值与设计规定值的偏差不应超过±5%。

管桩预留孔压浆水泥应采用不低于42.5级Ⅱ型硅酸盐水泥或普通硅酸盐水泥。经试件选定的外加剂、膨胀剂和拌和用水应符合现行行业标准《水运工程混凝土施工规程》(JTS 202)的规定。

(三)预应力混凝土桩的质量标准

(1)预应力混凝土方桩的制作标准参见6-2-1。

(2)先张法预应力混凝土管桩的外观质量及尺寸偏差见表6-2-5和表6-2-6。

(3)后张法预应力管桩的允许偏差应符合表6-2-7和表6-2-8。

管桩的外观质量表 表6-2-5

项目		外观质量要求
黏皮和麻面		局部黏皮和麻面累计面积不大于桩总外表面积的0.5%，每处黏皮和麻面的深度不大于5mm，且应修补
桩身合缝漏浆		漏浆深度不大于5mm，每处漏浆长度不大于300mm，累计长度不大于桩身长度的10%，或对称漏浆的搭接长度不大于100mm，且应修补
局部磕损		磕损深度不大于5mm，每处面积不大于5 000mm^2，且应修补
内外表面露筋		不允许
表面裂缝		不得出现环向和纵向裂缝，但龟裂、水纹和内壁浮浆层中的收缩裂纹不在此限
桩端面平整度		管桩端面混凝土和预应力钢筋镦头不得高出端板平面
断筋、脱头		不允许
桩套箍凹陷		凹陷深度不大于10mm
内表面混凝土塌落		不允许
接头和桩套箍与桩身结合面	漏浆	漏浆深度不大于5mm，漏浆长度不大于周长的1/6，且应修补
	空洞和蜂窝	不允许

管桩的尺寸允许偏差表 表6-2-6

项目		允许偏差
L		±0.5%L
端部倾斜		≤0.5%D
D	300~700mm	+5 -4
	800~1 400mm	+7 -4
t		+20 0
保护层厚度		+5 0
桩身弯曲	L≤15m	≤L/1 000
	15m<L≤30m	≤L/2 000

续上表

项目		允许偏差
桩端板	端面平整度	≤0.5
	外径	0 -1
	内径	0 -2
	厚度	正偏差不限 0

预制管节允许偏差 表 6-2-7

项目	允许偏差(mm)	项目	允许偏差(mm)	项目	允许偏差(mm)
管节外周长	+15,-5	管节壁厚	+10,-0	管壁端面倾斜	$\delta/100$
				管节椭圆度	不大于 5
管节长度	±3	管节端面斜率	$d/1\,000$	预留孔直径	±3

拼接后管桩的允许偏差 表 6-2-8

项目	允许偏差(mm)	项目	允许偏差(mm)
管桩长度(mm)	±100	拼接处错牙(mm)	6
桩顶倾斜(%)	$<0.5d$	拼接处弯曲矢高(mm)	8

三、钢桩

(一)钢桩

钢桩多数作为支承桩,其优点是易于按要求的长度截断,并易于拼接。沉入钢桩一般较易,尤其在非黏性土中沉入钢桩比沉入混凝土桩容易,沉桩时对土的扰动也比混凝土桩小得多。常用的钢桩有钢管桩及型钢桩等。

1. 钢管桩

钢管桩材料一般为 Q235,少量也有采用 16Mn 等低合金钢,钢管桩的直径一般为 250~1 200mm,管壁厚为 8~20mm。常用钢管桩大多是由厂家生产的螺旋焊接管,直径为 250~300mm 的小型钢管桩也可采用无缝钢管,对量少、规格又特殊的工程,也可在工地自己卷制。直径常见的(工厂生产)钢管桩规格性能见表 6-2-9。

常用钢管桩规格表 表 6-2-9

钢管桩尺寸(mm)			数量		面积			断面特性		
外径	厚度	内径	kg/m	m/t	断面积(cm^2)	外包面积(m^2)	外表面积(m^2/m)	断面系数(cm^3)	惯性矩(cm^4)	惯性半径(cm)
406.4	9	388.4	88.2	11.34	112.4	0.13	1.28	109×10	222×10^2	14.1
	12	382.4	117	8.55	148.7			142×10	289×10^2	14
508	9	490	111	9.01	141.1	0.203	1.6	173×10	439×10^2	17.6
	12	484	147	6.8	187			226×10	575×10^2	17.5
	14	480	171	5.85	217.3			261×10	663×10^2	17.5
609.6	9	591.6	133	7.52	169.8	0.292	1.92	251×10	766×10^2	21.2
	12	585.6	177	5.65	225.3			330×10	101×10^3	21.1
	14	581.6	206	4.85	262			381×10	116×10^3	21.1
	16	577.6	234	4.27	298.4			432×10	132×10^3	21

续上表

钢管桩尺寸(mm)			数量		面积			断面特性		
外径	厚度	内径	kg/m	m/t	断面积(cm^2)	外包面积(m^2)	外表面积(m^2/m)	断面系数(cm^3)	惯性矩(cm^4)	惯性半径(cm)
711.2	9	693.2	156	6.41	198.5	0.397	2.23	344×10	122×10^2	24.8
	12	687.2	207	4.83	263.6			453×10	161×10^3	24.7
	14	683.2	241	4.15	306.6			524×10	186×10^3	24.7
	16	679.2	272	3.65	394.4			594×10	212×10^3	24.6
812.8	9	794.8	178	5.62	227.3	0.519	2.55	452×10	184×10^2	28.4
	12	788.8	237	4.22	301.9			596×10	242×10^3	28.3
	14	784.8	276	3.62	351.3			690×10	280×10^3	28.2
	16	780.8	314	3.18	400.5			782×10	318×10^3	28.8
914.4	12	890.4	267	3.75	340.2	0.567	2.87	758×10	346×10^3	31.9
	14	886.4	311	3.22	396			878×10	401×10^3	31.8
	16	882.4	351	2.85	451.6			997×10	456×10^3	31.8
	19	876.4	420	2.38	534.5			117×10^2	536×10^3	31.7
1016	12	992	297	3.37	378.5	0.811	3.19	939×10	477×10^3	35.5
	14	988	346	2.89	440.7			109×10^2	553×10^3	35.4
	16	984	395	2.53	502.7			124×10^2	628×10^3	35.4
	19	978	467	2.14	595.4			146×10^2	740×10^3	35.2

钢管桩直径小于450mm者,可采用锥形桩靴,较大者可采用开口桩靴,见图6-2-17。

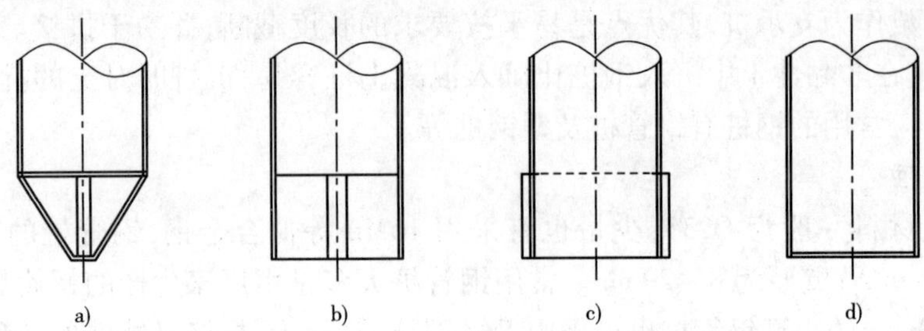

图6-2-17 钢管桩的桩靴形状

a)圆锥形;b)十字板补强形;c)补强圈形;d)平面端形

2. 型钢桩

型钢桩广泛采用的是H型和I型钢桩,这种桩型沉入比较容易,排土量较少。在沉桩条件较为困难时,常选用H型钢桩。当H型钢桩作为支承桩时,桩尖直予以加固;作为摩擦桩时,可不必加固。

(二)钢桩制作工艺

1. 钢桩制作工艺流程(图6-2-18)

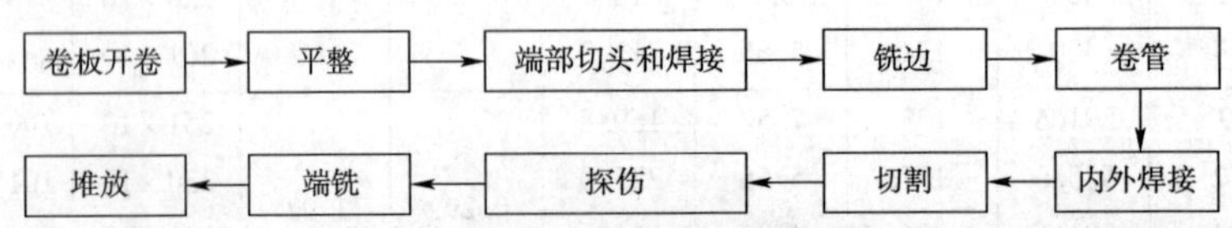

图6-2-18 螺旋焊缝钢桩制作工艺流程图

2. 钢桩材料组成及要求

钢桩的制作包括钢管桩及型钢桩的制作，但型钢桩均由厂家直接轧制而成，故本节钢桩制作主要针对钢管桩制作。

钢管桩所用材质由设计决定，常用的有 Q235、Q345 以及耐腐蚀钢如 16MnCu 等，对于到货钢材，应按规定进行质量验证，其内容包括以下方面：

(1)钢材牌号：钢材牌号应符合设计要求，如需材料代用，必须事先征得设计部门同意，但如生产厂提供的质保书中缺少设计部门提出的部分性能要求时，应做补充试验。当采用进口钢材时，必须验证其化学成分和机械性能是否满足相应钢号的标准。

(2)材料质保书：钢材必须具有生产厂提供的符合设计文件要求的质量证明书，表明钢材炉批号、化学成分和机械性能。如对钢材质量有疑义或设计文件有规定要求时，应抽样检验，其结果必须符合国家有关标准规定和设计文件要求。钢管桩钢材的化学成分和机械性能见《碳素结构钢》(GB/T 700—2006)和《低合金高强度结构钢》(GB/T 1591—2008)标准中的有关部分。

(3)表面质量检查：钢材表面不得有气泡、结疤、裂纹、折叠、分层、夹杂等缺陷，锈蚀、麻点或划痕的缺陷深度不得超过钢板厚度负公差的一半，对于低合金钢，缺陷处的实际厚度不得低于最小允许厚度。

(4)规格尺寸检查：钢材的规格应满足订货要求。

3. 钢桩制作工艺

(1)开卷和平整

生产螺旋焊缝钢管的材料是卷板，所以首道工艺即是卷板的开卷和平整。开卷和平整分别由传送辊和轧辊进行，位于整台机组的前面部位。

(2)端部切头和焊接

由钢厂生产的卷板两端是不齐正的。为了确保生产的连续性，必须对两卷板材之间的接头进行切边和焊接。切边和焊接由机械本身完成，操作中要控制端头切边、板中轴线垂直度、对接接头错边量以及焊接参数的确认。

(3)铣边

铣边由专用铣刀铣削，通过对板材两侧边的机械加工，来保证进入卷制工艺前板材的宽度、直线度以及焊接坡口尺寸。

(4)卷管

卷管通过机组卷管排轮(即轧辊)进行。卷管直径、成形角、板宽之间的关系为：

$$\cos\theta = B/\pi D \tag{6-2-1}$$

式中：θ——成形角，即卷管中心线和机组中轴线之间夹角；

B——板材宽度；

D——卷管板厚中心线直径。

在板宽已定情况下，通过成形角计算和排轮位置的调整，可得到所需管径。卷管过程中主要控制管径和椭圆度应符合产品公差要求。

(5)焊接

螺旋焊缝钢管桩焊缝一般采用埋弧自动焊，其焊接材料必须满足规范要求。

(6)切割和端铣

当卷管到所需管节长度后，应进行切割工序。管节的切割采用火焰或等离子切割。

端铣采用专用铣刀盘分别对管节两端进行铣削加工，以达到所需长度、端面平整度和环状焊接坡口尺寸。

(三)钢桩质量标准

钢管桩质量检验标准，在交通运输部《港口工程桩基规范》(JTJ 254—1998)、《水运工程质量检验标准》(JTS 257—2008)中均有规定，生产中可根据设计文件要求和工程实际情况参考使用。

1. 钢管桩外形尺寸质量标准

钢管桩的外形尺寸允许偏差见表 6-2-10。

钢管制作允许偏差、检验数量和方法 表 6-2-10

序 号	项 目	允许偏差(mm)	检查单元和数量	单元测点	检 验 方 法
1	外周长	±5S/1 000, 且不大于 10	每根(节)桩 (逐件检查)	2	用钢卷尺量周长
2	管端椭圆度	5D/1 000, 且不大于 5		2	用钢尺量管端相互垂直两直径之差
3	管端平整度	2		2	用 1/4 周长的弧形靠尺和塞尺检查两端或用 V 形尺检查，取大值
4	桩顶倾斜	5D/1 000, 且不大于 5		2	用大直角尺和楔形塞尺检查垂直两方向
5	桩长度	+300 -0		1	用钢卷尺量
6	桩纵轴线弯曲矢高	L/1 000, 且不大于 30		1	在平台上转动或拉线用钢尺量
7	桩尖对桩纵轴线偏斜	10		1	用大直角尺或拉线用钢尺量
8	管节对接错牙	δ/10, 且不大于 3		1	用焊口检查器检查，每节取一大值

注：①S 为钢管外周长，D 为钢管外径，L 为钢管桩长度，δ 为钢板厚度，单位为 mm。

②工厂分段制作在现场拼接时，其管节端头坡口的允许偏差：角度 ±2.5°；钝边为 ±1.0mm。

③圆锥形半封闭桩尖圆管直径的允许偏差为 1%，锥体母线长度的允许偏差为 5mm。

2. 钢管桩焊缝外观质量标准

钢管桩焊缝外观质量标准见表 6-2-11。

钢管桩焊缝外观缺陷的允许范围和处理方法 表 6-2-11

缺 陷 名 称	允 许 范 围	超过允许的处理方法
咬边	深度不超过 0.5mm，累计总长度不超过焊缝长度的 10%	补焊
超高	2 ~ 3mm	进行修正
表面裂缝未融合，未焊透	不允许	铲除缺陷后重新焊接
表面气孔、弧坑、夹渣	不允许	铲除缺陷后重新补焊

四、预制桩的吊运和堆放

1. 吊装及运输

预制桩可采用预制混凝土桩吊运时，桩身强度应符合设计要求，一般要达到设计混凝土强度的80%后方可起吊，达到100%后方可运输一如需提前吊运时，应根据吊点布置位置，经验算合格后才起吊。预制混凝土桩吊点一般不设吊环，起吊前应标出吊点位置，用钢丝绳捆绑。捆绑处应加麻布、木块衬垫保护，以防损坏桩的表面和棱角。吊点的位置偏差不应超过设计位置20mm。吊桩时要使各吊点同时受力，徐徐起落，避免振动损坏桩身。使用起重机或浮吊起吊时，应使桩纵轴线夹角不小于45°。

桩搬运时，其支承点应与吊点位置相一致，偏差不得大于20mm。若支承点位置相差较大时，应检验桩的应力。运输时应捆载牢固，使各支点同时受力。

在山区用汽车装运桩时，因上山爬坡易使桩向后滑脱，可用型钢制成后兜托板，用钢丝绳与前托架捆牢。驳船装桩时，应按沉桩顺序分层装驳，垫平放稳。装桩堆放形式应使驳船装卸桩时保持船身稳定。

在冰面上运桩时，可以用卷扬机或拖拉机直接拖拉。

2. 堆放要求

(1)堆放桩的场地应靠近沉桩地点，场地应平整坚实，做好必要的防水措施，防止湿陷和不均匀沉陷。

(2)堆放支点位置与吊点相同，偏差不得超过20mm。当桩需长期堆放时，为避免桩身挠曲，可采用多点支垫，各支点承木应均匀放置。

(3)长管桩或拼接整桩支垫采用多支点支撑，支垫材料宜用木楞，每层支撑点所用材料应一致，上下支承应设置在同一垂线上，各支承点的高程应在同一平面上。

(4)方桩堆放不超过4层，管桩对于直径小于400mm的，最高可堆放6层，直径550mm的管桩不宜超过4层，直径大于700mm的管桩现场堆放不宜超过2层。

(5)钢管桩的堆放，直径900mm可放置3层，直径600mm放置4层；直径400mm放置5层。对H型钢桩最多6层。

3. 施工注意事项

(1)桩长小于或等于22m时采用两点吊；桩长22~60m时采用四点吊，桩长大于60m应专门设计吊点位置，一般可采用六点吊，吊点位置偏差不宜超过设计位置左右20mm。

(2)桩在船运时应按航行安全规定进行固定，其配载量内河不超过甲板驳装载量的80%，河口及海域不超过甲板驳装载量的70%。

五、桩的连接

当施工设备条件对桩的限制长度小于桩的设计长度时，需采用多节桩组成设计桩长。多节桩的垂直承载力和水平承载力将受到影响，桩的贯入阻力也将有所增大。其影响程度主要取决于接头的数量、结构形式和施工质量。良好的接头构造形式，不仅应具有足够的强度、刚度和耐腐蚀性，而且也应符合制造工艺简单、质量可靠、接头连接整体性强、与桩其他部分具有相同断面强度，在搬运、打入过程中不易损坏，现场连接操作简单迅速等条件。

(一)钢筋混凝土及预应力混凝土桩连接

1. 法兰盘连接

(1)钢筋混凝土方桩(预应力方桩)法兰盘连接

钢筋混凝土方桩(包括空心方桩)连接的法兰盘可用不等边的角钢制成。法兰盘的长肢与桩的土筋焊接,法兰盘的短肢焊以钢板加劲肋加强,并用专用样板钻以圆孔,用螺栓将上下节桩连接起来,其连接见图 6-2-19。

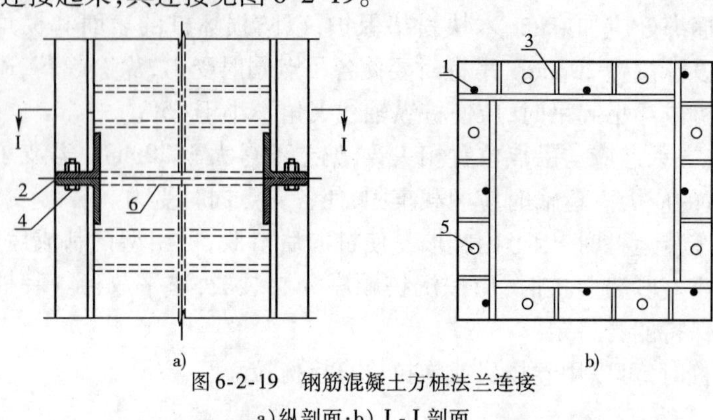

图 6-2-19　钢筋混凝土方桩法兰连接

a)纵剖面;b) I - I 剖面

1-纵向主钢筋;2-法兰盘角钢;3-法兰盘加劲肋;4-连接螺栓;5-螺栓孔;6-石棉垫

制桩时为了保证法兰盘位置正确,并垂直于桩的纵轴线,应将法兰盘用专门的样板固定在桩的两端模板上,然后在植的模板内安装钢筋骨架,将钢筋骨架与法兰盘接触点先进行点焊,再全面施焊。上下节连接时,在接头处垫 2mm 厚石棉垫。采用法兰盘以螺栓连接时,连接螺栓要拧紧并用电焊或凿毛丝扣的方法固定螺帽,然后在接头处填防腐蚀填料,做防腐蚀处理。

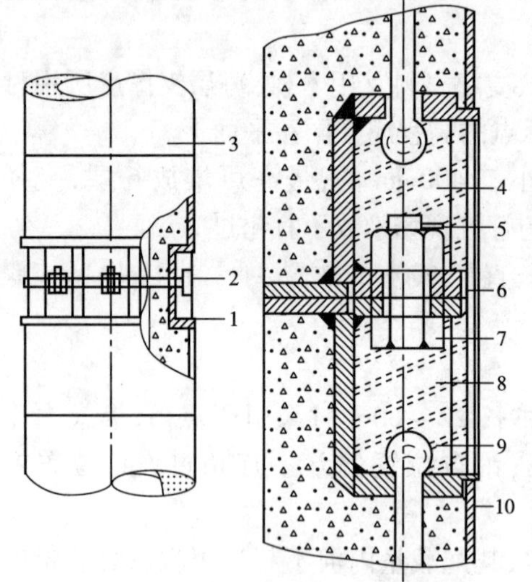

图 6-2-20　预应力混凝土管桩法兰盘连接

1-法兰盘;2-连接螺栓;3-管桩;4-防腐蚀填料(填满);5-螺母与螺栓用电焊固定;6-表面包裹;7-连接螺栓;8-防腐蚀填料;9-钢筋镦粗头;10-桩包裹

(2)预应力管桩法兰盘连接

混凝土管桩现通常都是施加预应力的,接桩一般采用法兰盘和螺栓连接,也有用钢板焊接。法兰盘连接见图 6-2-20。

2. 钢板连接

混凝土方桩可采用钢板焊接,其连接方法见图 6-2-21,图中 b 为 1/2 的桩宽。

3. 硫黄砂浆锚接连接

硫黄砂浆锚接的方法,一般是将上节桩底部伸出的预埋锚筋插入下节桩顶部预留孔中,用胶接材料固定。锚筋插入下节桩预留孔中的深度为 10 ~ 20 倍锚筋直径,根据沉桩情况而定;对于锤击沉桩采用 16 ~ 20 倍锚筋直径;静力压桩为 10 倍锚筋直径。预留孔深度大于插入锚筋长度 5cm,预留孔的直径为插入锚筋 2. 5 倍。硫黄砂浆锚接连接如图 6-2-22 所示。

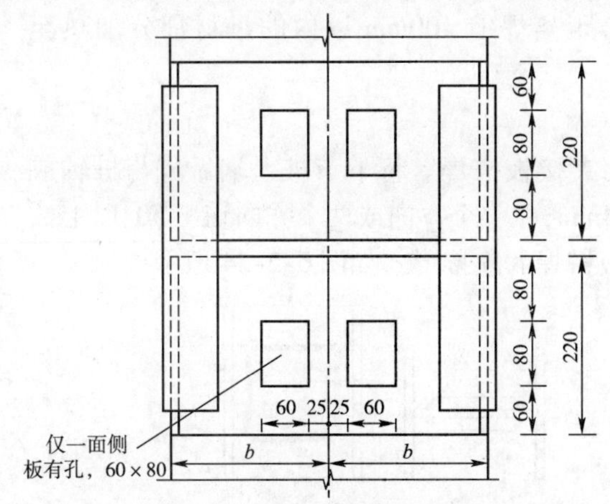

图 6-2-21　钢板连接示意图(尺寸单位:mm)

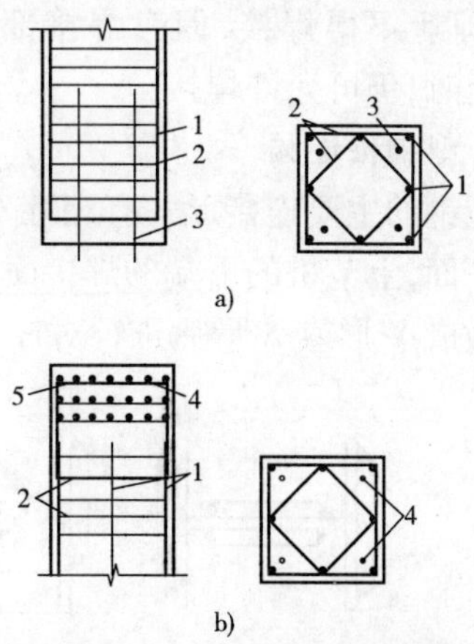

图 6-2-22　硫黄砂浆锚接连接

a)上节桩;b)下节桩

1-主筋;2-箍筋;3-锚筋;4-锚孔;5-钢筋网

胶接材料是以硫黄为胶接剂,掺入粉料、细集料和增韧剂,按适当的比例加热熬制而成。粉料一般可使用水泥石英粉等;细集料为粒径不大于 2mm 的砂;增韧剂常用的有聚硫橡胶、聚氯乙烯树脂粉等,以改善胶接料的脆性,提高其抗拉强度。

硫黄砂浆锚接接头的施工受环境的影响较大,如灌注砂浆后即遇水、灌注时锚孔不清洁等均会影响锚固能力。硫黄砂浆溶液灌注时间不得超过 2min,锤击、振动施工间歇时间由试验确定。

(二)钢桩连接

钢桩的接桩均采用焊接,为保证焊接质量必须保证焊接所需的外界条件(气候、环境)及焊缝长度。

1. 钢管桩连接

钢管桩现场接桩通常采用内衬环或内衬套,其材质应和管桩母材相同,形式和尺寸如图 6-2-23 所示。接桩时在上节桩上开设单边“V”形坡口,坡口角度 45°~55°,下节桩不开坡口。

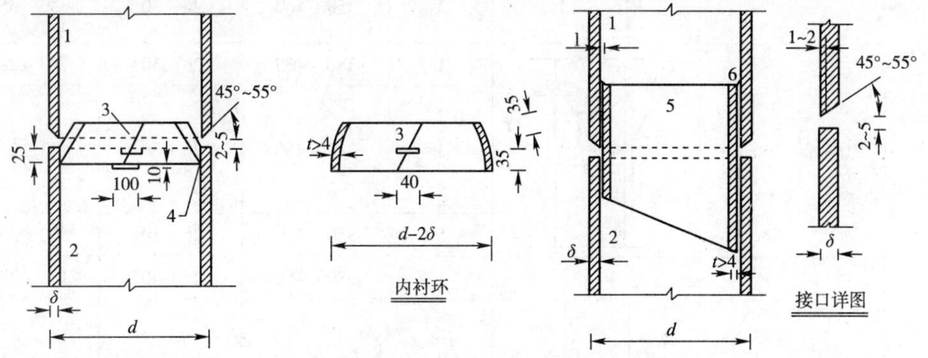

图 6-2-23　内衬环或内衬套的连接(尺寸单位:mm)

1-上节桩;2-下节桩;3-内衬环;4-托块;5-内衬套;6-电焊

焊接前检查和修正下一节桩顶因锤击而产生变形的部位,彻底清除接口两侧 20 ~ 30mm 范围内铁锈等杂物,焊接时要采用对称施焊和多层多道焊施工方法。气温在 0℃以下时，原则上不得焊接，但自焊接部分算起，距离焊缝 100mm 以内的母材部分加热至 36℃以上时，仍可允许焊接。

2. H 型钢桩连接

H 型钢的主要连接形式有相互对焊或用夹接板搭焊。将下节桩上端做成与桩轴成直角的平面，上节桩的下端的焊接面小于 2.4mm，在一个方向或两个方向切出 50°以上的倒角。做成 V 形或 X 形后进行对焊。加接板搭焊的连接形式如图 6-2-24 所示。

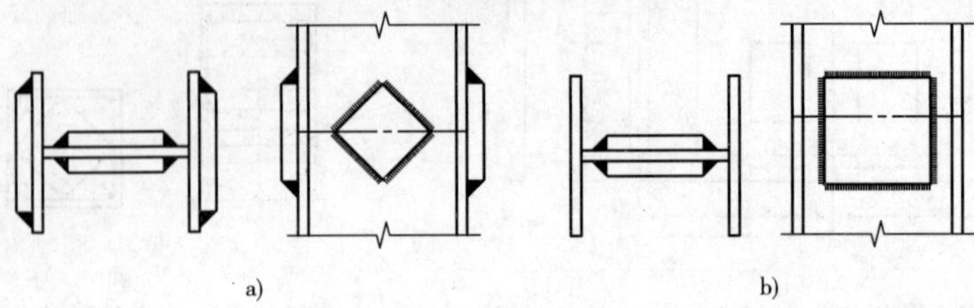

图 6-2-24 H 型钢夹接板搭焊
a) 钢板连接(一)；b) 钢板连接(二)

3. 焊接质量要求

钢桩焊接焊缝要求如表 6-2-12，角焊缝必须满足长度与焊脚尺寸。

钢桩焊缝规范要求　　表 6-2-12

	上根桩 + 下根桩		1	380 ~ 460	26 ~ 30	23 ~ 28
钢管桩	9mm + 9mm	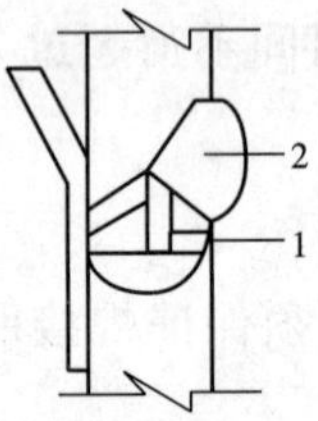	2	350 ~ 460	26 ~ 30	30 ~ 35
	12mm + 12mm	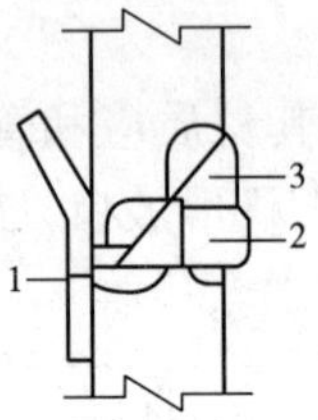	1	380 ~ 460	26 ~ 30	23 ~ 28
			2	380 ~ 460	26 ~ 30	23 ~ 28
			3	350 ~ 460	26 ~ 30	30 ~ 35
	16mm + 16mm	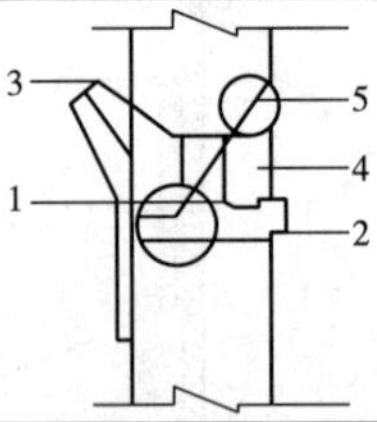	1	380 ~ 460	26 ~ 30	23 ~ 28
			2 3 4	380 ~ 460	26 ~ 30	23 ~ 28
			5	350 ~ 460	26 ~ 30	30 ~ 35
	19mm + 19mm	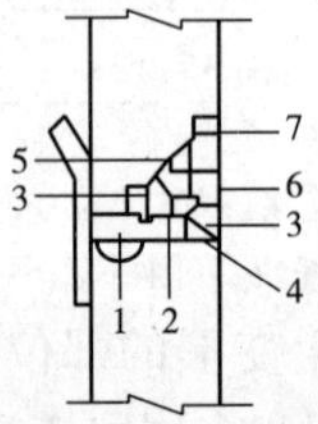	1	380 ~ 460	26 ~ 30	23 ~ 28
			2 3 4 5 6	380 ~ 460	26 ~ 30	23 ~ 28
			7	350 ~ 460	26 ~ 30	30 ~ 35

六、桩的防腐蚀措施

(一)混凝土桩防腐

在海洋环境或其他腐蚀条件下的钢筋混凝土桩防腐蚀措施主要有以下几方面。

1.增加保护层厚度

根据各类桩型的用材和结构要求,目前国内规范规定各类桩的保护层厚度见表6-2-13所示。

各类钢筋混凝土桩的保护层厚度 表6-2-13

桩型	混凝土保护层(mm)	备注
预制钢筋混凝土方桩	≥50	JTJ 275—2000
先张法预应力混凝土管桩	≥25(外径300mm管桩); ≥40(其余管桩)	B 13476—2009
	>25	
先张法预应力混凝土薄壁管桩	>20	JC 888—2001
后张法预应力混凝土大直径管桩	>50	JTJ 261—1997

2.配置高性能混凝土,提高混凝土的耐腐蚀性能

(1)高性能混凝土的原材料选择、配置要求及其性能指标等,应符合现行行业标准《公路工程混凝土结构防腐蚀技术规范》(JTG/T B07-01)和《公路桥涵施工技术规范》(JTG/T F50—2011)的相关规定。

(2)高性能混凝土的配合比应根据原材料品质、设计强度等级、耐久性以及施工工艺对工作性能的要求,通过计算、试配和调整等步骤确定。

对不同强度等级混凝土的胶凝材料总量应进行控制,C40以下不宜大于400kg/m³;C40~C50不宜大于450kg/m³;C60及以上的非泵送混凝土不宜大于500kg/m³,泵送混凝土不宜大于530kg/m³。配有钢筋的混凝土结构,在不同环境条件下其最大水胶比和单方混凝土中胶凝材料的最小用量应符合设计要求,设计未要求时应符合表6-2-14的规定。

高性能混凝土的最大水胶比和最小胶凝材料用量(kg/m³) 表6-2-14

环境作用等级	强度等级	最大水胶比	最小胶凝材料用量	强度等级	最大水胶比	最小胶凝材料用量
	设计基准期100年			设计基准期50年		
A	C30	0.55	280	C25	0.60	260
B	C35	0.50	300	C30	0.55	280
C	C40	0.45	320	C35	0.50	300
D	C45	0.40	340	C40	0.45	320
E	C50	0.36	360	C45	0.40	340
F	C50	0.32	380	C50	0.36	360

注:①大掺量矿物掺和料混凝土的水胶比应不大于0.42。

②对环境作用等级为E或F的重要工程,其混凝土材料的拌和用水量不宜高于150kg/m³。

③对冻融和化学腐蚀环境下的薄壁结构或构件,其水胶比宜适当低于表中对应的数值。

(3)对耐久性有较高要求的混凝土结构,试配时应进行混凝土和胶凝材料抗裂性能

的对比试验,并从中优选抗裂性能良好的混凝土原材料和配合比。

(4)混凝土中的氯离子总含量,对钢筋混凝土不应超过胶凝材料总质量的0.1%,对预应力混凝土不应超过0.06%。

3. 掺加钢筋阻锈剂

混凝土中掺用阻锈剂也是一种提高海洋环境中钢筋混凝土桩耐久性的有效手段。一般情况下,由于混凝土孔隙中的水分通常以饱和的氢氧化钙溶液形式存在,在这样强碱性的环境中,钢筋表面形成钝化膜,阻止钢筋进一步腐蚀。当钢筋混凝土结构处于海洋环境中,环境中的氯离子会渗入混凝土。当氯离子到达钢筋表面吸附于钝化膜处时,会形成酸区破坏钝化膜。钢筋阻锈剂实际功能不是阻止环境中有害离子进入混凝土中,而是当有害离子不可避免地进入混凝土内部之后,由于钢筋阻锈剂的存在,使有害离子丧失侵害能力,抑制和延缓了钢筋腐蚀的电化学过程,从而达到延长结构物使用寿命的目的。

先张法生产的预应力钢筋混凝土桩中掺用阻锈剂,是在配制混凝土时将阻锈剂掺入混凝土中,混凝土桩的成型过程与不掺阻锈剂时相同。

采用后张法工艺的预应力钢筋混凝土桩使用阻锈剂,相对于先张法生产预应力钢筋混凝土桩更为有利,由于后张法工艺张拉后在预留孔中压注浆体,因此阻锈剂可仅在压注的浆体中掺用,并可适当提高浓度;且灌浆材料用量远少于桩身混凝土,少量的阻锈剂即可获得非常好的效果。

4. 使用环氧涂层钢筋

(1)环氧涂层钢筋作为防腐蚀附加措施用于海洋环境桥梁工程时,其原材料、技术要求、制造工艺和质量变符合现行行业标准《环氧树脂涂层钢筋》(JG 3042)的规定。

(2)采用环氧涂层钢筋的结构或构件混凝土应为耐久性混凝土:环氧涂层钢筋可与钢筋阻锈剂联合使用,但不得与阴极保护联合使用。

(3)环氧涂层钢筋在施工中应减少吊装次数,吊装应采用不会损伤涂层的绑带、麻绳或多吊点的韧性吊架,直接接触环氧涂层钢筋的部位应设置柔软的支垫物,并不得在地上或其他钢筋上拖拽、碰撞或承受冲击荷载。

5. 钢筋混凝土桩表面进行涂装和包覆保护

为保护钢筋混凝土桩的桩身结构材料,提高桩的使用寿命,往往在桩的外层进行保护。常用的外层保护有包覆玻璃钢保护和表面涂层保护。

(1)外层包覆玻璃纤维钢

玻璃钢是以合成树脂(环氧、不饱和树脂、聚氨酯等)为黏结剂,玻璃纤维及其制品(玻璃纤布、表面毡、短切毡等)作为增强材料而制成的复合材料,称为玻璃纤维增强复合材料。因其强度高,可以和钢铁相比,故又称"玻璃钢",国外称FRP。它有良好的耐蚀性及施工方便性。不同的合成树脂及不同的玻璃纤维铺层,其玻璃钢的特性有极大的差异。作为防腐蚀玻璃钢,合成树脂应采用耐候性、韧性好的树脂,其纤维铺层树脂含量应高并满足结构力学性能。

①包覆FRP混凝土桩的施工

a. 清除混凝土表面附着的水泥及油污;

b. 混凝土表面用不饱和聚酯树脂胶泥填满表面的气孔和凹处,然后抹平,待树脂胶泥基本固化后，开始包覆玻璃钢；

c. 采用5道不饱和聚酯树脂，缠绕4层玻璃纤维布组成的FRP进行包覆，厚度为大于或等于1.8mm；采用3道不饱和聚酯树脂，缠绕2层玻璃纤维布组成的FRP进行包覆，厚度≥0.9mm。

②包覆施工注意事项

a. 玻璃纤维布要求整条连续，相邻玻璃纤维布搭边不得少于10cm；

b. 包覆时如发现表面发黏、气泡多、流胶、分层等缺陷，应及时处理；在刷涂每道胶液和缠绕每层玻璃纤维布前应对上一道胶液和玻璃纤维布进行检查；

c. 搬运时间：应待FRP树脂基本固化后方能进行搬运；

d. 包覆层厚度测定应在树脂固化后进行，一般气温20～25℃时，包覆3d后进行；

e. 若在气温较低时包覆，应采取相应的防寒保温措施。根据温度变化，相应调整固化剂配比，低于5℃时不宜包覆；

f. 为确保不饱和树脂的涂刷质量及涂刷饱和度，对玻璃纤维布涂刷不饱和树脂时，应尽量采用刷子涂刷，不宜采用滚筒涂刷；

g. 应在桩身表面干燥情况下，进行包覆。雨天不宜进行包覆。完工后应对混凝土桩的包覆进行质量验收。

(2) 外层表面涂层

现已应用于钢筋混凝土桩的外层防腐涂层有各种不同类型。依据桩所处位置环境不同和施工条件差异，有多种防腐涂料可配套使用。防腐涂层一般分底漆、中间层和面漆。大气区，水位变化区可采用喷涂环氧重防腐配套涂层或有机硅渗透剂。表面处理、涂装工艺及涂装等要求应符合厂商要求。

①涂装前清除混凝土表面附着的水泥及油污；

②施工注意事项

a. 各种涂料的使用应按产品说明书的方法进行。对各种进场涂料应取样检验及保存样品。

b. 涂装方法应根据涂料的物理性能、施工条件、涂装要求和被涂结构的情况进行选择。宜采用高压无气喷涂，当条件不允许时，可采用刷涂或滚涂。

c. 涂装前应在表干区、表湿区各找$10m^2$的试验区，按涂层系统设计的配套涂料的要求进行涂装试验，并将各种测定值应归档。

d. 涂装应在干燥环境下进行，涂装过程中应做好施工记录，完工后应对混凝土桩表面涂层进行质量验收。

e. 涂料含有易燃、易爆挥发物，应密封并置于阴凉干燥通风处，并远离水源。

(二) 钢桩防腐蚀

按照现行《港口工程桩基规范》(JTS 167-4)、《水运工程钢结构设计规范》(JTS 152)、《海港工程钢结构防腐蚀技术规定》(JTS 153-3)的规定，钢管桩必须进行防腐蚀处理。

防腐蚀措施的选择，应根据建筑物的重要性、使用年限、当地腐蚀环境、结构 部位、施工可能性、维护方法以及防腐材料来源等，经技术经济比较确定。

海港工程钢结构的部位划分符合表6-2-15的规定。

海港工程钢管桩的部位划分 表 6-2-15

掩护条件	划分类别	大气区	浪溅区	水位变动区	水下区	泥下区
有掩护条件	按港工设计水位	设计高水位加 1.5m 以上	大气区下界至设计高水位减 1.0m 之间	浪溅区下界至设计低水位减 1.0m 之间	水位变动区下界至海泥面	海泥面以下
无掩护条件	按港工设计水位	设计高水位加（η_0 + 1.0m）以上	大气区下界至设计高水位减 η_0 之间	浪溅区下界至设计低水位减 1.0m 之间	水位变动区下界至海泥面	海泥面以下
	按天文潮位	最高天文潮位加 0.7 倍百年一遇有效波高 $H_{1/3}$ 以上	大气区下界至最高天文潮位减百年一遇有效波高 $H_{1/3}$ 之间	浪溅区下界至最低天文潮位减 0.2 倍百年一遇有效波高 $H_{1/3}$ 之间	水位变动区下界至海泥面	海泥面以下

注：①η_0 值为设计高水位时的重现期 50 年，$H_{1\%}$（波列累积频率为 1% 的波高）波峰面高度。

②当无掩护条件的海港工程钢结构无法按港工有关计算设计水位时，可按天文潮位确定钢结构的部位划分。

1. 一般规定

大气区的防腐蚀应采用涂层或金属喷涂层保护。陆域结构形式复杂或厚度小于 1mm 的薄壁钢结构可采用热浸镀锌或电镀锌加涂料保护。

浪溅区或水位变动区的防腐蚀宜采用重防蚀涂层或金属热喷涂层加封闭层保护，也可采用树脂砂浆或包覆有机复合层、复合耐蚀金属层保护。

水下区的防腐蚀可采用阴极保护和涂层联合保护或单独采用阴极保护。当单独采用阴极保护时，应考虑施工期的防腐蚀措施。

泥下区的防腐蚀应用阴极保护。当将牺牲阳极埋设于海泥中时，应选用适当的阳极材料，并应考虑其驱动电压和电流效率的下降。

钢板桩岸侧、锚固桩及拉杆等海港埋地钢结构的防腐蚀采用外加电流阴极保护和涂层联合保护，也可采用牺牲阳极阴极保护和涂层联合保护。钢拉杆的防腐蚀可采用阴极保护和包缠有机防腐蚀材料联合保护。

2. 表面预处理

钢结构在涂装前必须进行表面预处理。

表面除锈清洁度的最低要求应符合表 6-2-16 的规定。重要工程主要钢结构除锈清洁度的最低等级应提高一级。

不同涂料表面清洁度的最低等级要求 表 6-2-16

涂料品种	表面清洁度最低等级	
	喷射或抛射除锈	手工或动力工具除锈
金属热喷涂层、富锌漆	S_a2.5（热喷铝涂层及无机富锌涂层为 S_a3）	不允许
环氧沥青漆、聚氨酯漆	S_a2	S_t3

表面粗糙度可根据涂装系统和涂层厚度按表6-2-17选取,并不宜超过涂装系统总干膜厚度的1/3。

表面粗糙度选择范围 表6-2-17

涂装系统	常规防腐涂料	厚浆型重防腐涂料	金属热喷涂
涂层厚度(μm)	100~250	400~800	100~300
表面粗糙度(μm)	40~70	60~100	40~85

3. 涂层保护

防腐蚀涂料宜选用经过刚才实践证明其综合性能良好的产品,选用新产品应进行技术和经济论证。同一涂装配套中的底、中、面漆宜选择同一厂家的产品。

大气区采用的防腐涂层应具有良好的耐候性。大气区的涂层系统可按表6-2-18选用。

大气区涂层系统 表6-2-18

设计使用年限(年)	配套涂料名称			平均涂层厚度(μm)
10~20	组合配套	底层	富锌漆	75
		中间层	环氧云铁防锈漆	100
		面层	聚氨酯漆、丙烯酸树脂漆、氟碳涂料	100~150
	同品种配套		聚氨酯漆、丙烯酸树脂漆、氟碳涂料	300~350
5~10	组合配套	底层	富锌漆	50
		中间层	环氧云铁防锈漆	80
		面层	氯化橡胶漆、聚氨酯漆、丙烯酸树脂漆	80~120
	同品种配套		氯化橡胶漆、聚氨酯漆、丙烯酸树脂漆	220~250

浪溅区和水位变动区采用的防腐蚀涂料应能适应干湿交替变化,并具有耐磨损、耐冲击和耐候的性能。浪溅区和水位变动区的涂层系统可按表6-2-19选用。

浪溅区和水位变动区涂层系统 表6-2-19

设计使用年限(年)	配套涂料名称			平均涂层厚度(μm)
10~20	组合配套	底层	富锌漆	75
		中间层	环氧树脂漆、环氧云铁防锈漆	300
		面层	厚浆型环氧漆、聚氨酯漆、丙烯酸树脂漆	100~125
	同品种配套		厚浆型环氧漆、聚氨酯漆、丙烯酸树脂漆、环氧沥青漆	450~500
5~10	组合配套	底层	富锌漆	40
		中间层	环氧树脂漆、聚氨酯漆、氯化橡胶漆	200
		面层	厚浆型环氧漆、氯化橡胶漆、聚氨酯漆、丙烯酸树脂漆	75~100
	同品种配套		厚浆型环氧漆、聚氨酯漆、氯化橡胶漆、环氧沥青漆	300~350

水下区和水位变动区采用的防腐蚀涂料应能与阴极保护配套,具有较好的耐电位性和耐碱性。水下区的涂层系统可按表6-2-20选用。

水下区涂层系统 表 6-2-20

设计使用年限(年)	配套涂料名称			平均涂层厚度(μm)
10~20	组合配套	底层	富锌漆	75
		中间层	环氧树脂漆、聚氨酯漆	250~300
		面层	厚浆型环氧漆、聚氨酯漆、氯化橡胶漆	125
	同品种配套		厚浆型环氧漆、聚氨酯漆、环氧沥青漆	450~500
5~10	组合配套	底层	富锌漆	75
		中间层	环氧树脂漆、聚氨酯漆、氯化橡胶漆	150
		面层	厚浆型环氧漆、氯化橡胶漆、聚氨酯漆	75~100
	同品种配套		厚浆型环氧漆、聚氨酯漆、氯化橡胶漆、环氧沥青漆	300~350

设计使用年限 20 年以上的防腐涂装应采用重防腐涂层,涂层系统可参照表 6-2-21 选用。

设计使用年限 30 年以上的防腐技术应根据涂装配套、工艺要求和环境适应性分析确定,可选择包覆厚度不小于 1mm 的耐腐蚀合金、包覆厚度不小于 5mm 的热塑性聚乙烯复合包覆层、包覆厚度不小于 3mm 的环氧玻璃钢包覆层和包缠矿脂胶带防腐系统。

设计使用年限 20 年以上的涂层系统 表 6-2-21

环境区域	配套涂料名称			平均涂层厚度(μm)
大气区	组合配套	底层	富锌漆	75
		中间层	环氧云铁防锈漆、环氧玻璃鳞片涂料	350~400
		面层	氟碳涂料	100
浪溅区、水位变动区、水下区	组合配套	底层	富锌漆	75
		中间层	环氧云铁涂料	400
		面层	环氧玻璃鳞片涂料	350
	同品种配套		环氧重型防腐涂料、厚浆型聚氨酯涂料、厚浆环氧玻璃鳞片涂料	250~300

4. 金属热喷涂

金属热喷涂饱和系统应包括金属喷涂层和封闭层,复合保护系统还应包括涂层。

热喷涂金属丝应光洁、无锈、无油、无折痕,金属丝直径宜为 2.0mm 或 3.0mm。

热喷涂材料宜选用铝、铝合金或锌合金。腐蚀严重和维护困难的部位应增加金属涂层的厚度。

金属热喷涂系统可参照表 6-2-22 和表 6-2-23 选用,并应符合下列规定。

大气区金属热喷涂系统 表 6-2-22

设计使用年限(年)	喷涂系统	最小局部厚度(μm)
≥20	喷锌+封闭	250+60
	喷铝+封闭	200+60
	喷 Ac 铝+封闭	150+60
	喷锌+封闭+涂装	250+30+100
	喷铝+封闭+涂装	200+30+100
	喷 Ac 铝+封闭+涂装	150+30+100

续上表

设计使用年限(年)	喷涂系统	最小局部厚度(μm)
10～20	喷锌＋封闭	160＋60
	喷铝＋封闭	120＋60
	喷 Ac 铝＋封闭	100＋60
	喷锌＋封闭＋涂装	160＋30＋100
	喷铝＋封闭＋涂装	120＋30＋100
	喷 Ac 铝＋封闭＋涂装	100＋30＋100

浪溅区、水位变动区金属热喷涂系统 表 6-2-23

设计使用年限(年)	喷涂系统	最小局部厚度(μm)
≥20	喷铝＋封闭	250＋60
	喷 Ac 铝＋封闭	200＋60
	喷铝＋封闭＋涂装	250＋30＋100
	喷 Ac 铝＋封闭＋涂装	200＋30＋100
10～20	喷铝＋封闭	150＋60
	喷 Ac 铝＋封闭	150＋60
	喷 Ac 铝＋封闭＋涂装	150＋60＋100
	喷铝＋封闭＋涂装	150＋30＋100
5～10	喷铝＋封闭	100＋30
	喷 Ac 铝＋封闭	100＋30
	喷铝＋封闭＋涂装	100＋30＋60
	喷 Ac 铝＋封闭＋涂装	100＋30＋60

5. 阴极保护

阴极保护可采用牺牲阳极阴极保护、外加电缆阴极保护或两种保护的联合，牺牲阳极阴极保护可适用于电阻率小于 500Ω · cm 的海水或淡海水中的钢构件防腐。

预应力桩与钢桩混合使用的过程宜采用牺牲阳极阴极保护。采用外加电流阴极保护时，严禁出现过保护现象。

当采用阴极保护时，其保护效率 P 可按表 6-2-24 取值。

阴极保护效率 *P* 表 6-2-24

部位	P(%)
水位变动区	$20 \leqslant P < 90$
水位下	$P \geqslant 90$

阴极保护测量用参比电极应具有极化小、稳定性好、不易损坏、使用寿命长和适用环境介质等特性。参比电极类型及主要技术性能可参考现行国家标准《船用参比电极技术条件》(GB-7387)和表 6-2-25 选用。

常用参比电极主要技术指标 表 6-2-25

名称	电极结构	电位(V)	适用环境
饱和甘汞电极	Hg/Hg_2Cl_2 饱和 KCl	＋0.242	淡水、海水
饱和硫酸铜电极	Cu/饱和 $CuSO_4$	＋0.316	海水、淡水、土壤
海水氯化银电极	Ag/AgCl 海水	＋0.25	海水
锌合金电极	Zn	－0.784	海水、淡水、土壤

海港工程钢结构的保护电位应符合表6-2-26的规定。

钢结构的保护电位 表6-2-26

环境、材质		保护电位(V)		
		饱和(硫酸铜)电极	海水(氯化银)电极	锌合金电极
含氧环境中的钢	最正值	-0.85	-0.78	+0.25
	最负值	-1.10	-1.05	+0.00
缺氧环境中的钢(有硫酸盐还原菌腐蚀)	最正值	-0.95	-0.90	+0.15
	最负值	-1.10	-1.05	+0.00
高强钢($\sigma_s \geqslant 700$MPa)	最正值	-0.85	-0.78	+0.25
	最负值	-1.00	-0.95	+0.10

阴极保护面积应包括水位变动区、水下区和泥下区钢结构的表面积。

海港工程钢结构的初期保护电流密度可参照表6-2-27选值,必要时可通过现场试验确定。有防腐涂层的钢结构初期保护电流密度应在表6-2-27中选值的基础上乘以涂层破损系数。

海港工程钢结构的初始保护电流密度 表6-2-27

环境介质	钢结构表面状态	保护电流密度(mA/m^2)		
		初始值	维持值	末期值
静止海水	裸钢	100~130	55~70	70~90
流动海水	裸钢	150~180	60~80	80~100
海泥	裸钢	25	0	20
海水堆石	裸钢	60~90	40~50	50~75
海水中混凝土或水泥砂浆包覆	裸钢	10~25		
水位变动区混凝土	钢筋	5~20		

用阴极保护的钢结构必须确保每一个设计单元或整体具有良好的通电连续性,连接方式可采用直接焊接、焊接钢筋连接或电缆连接,连接点面积应大于连接钢筋或电缆的截面积,连接电阻不应大于0.01Ω。

牺牲阳极材料可采用铝合金或锌合金,其品种、化学成分、电化学性能、金相组织和表面质量等应符合国家标准《铝-锌-铟系合金牺牲阳极》(GB/T 4948)和《铝-锌-镉系合金牺牲阳极》(GB/T 4 4950)的有关规定。

牺牲阳极与被保护钢结构的距离不宜小于100mm,当小于100mm时应在牺牲阳极与被保护钢结构之间设屏蔽层。

牺牲阳极的安装方式可采用焊接或螺栓连接。采用螺栓连接时应确保牺牲阳极在有效使用期内与被保护钢结构之间的连接电阻不大于0.01Ω。

牺牲阳极的主要材料为锌合金、镁合金。主要分为棒状锌合金、带状锌合金、棒状镁合金、带状镁合金。其中带状锌、镁合金的主要规格见表6-2-28、表6-2-29。

带状锌合金牺牲阳极规格型号　　表 6-2-28

阳极规格	ZR－1	ZR－2	ZR－3	ZR－4
截面尺寸 $D_1 \times D_2$(mm)	25.4×31.75	15.88×22.2	12.7×14.28	8.73×10.32
阳极带线质量(kg/m)	3.75	1.785	0.893	0.372
钢芯直径 ϕ(mm)	4.70	3.43	3.30	2.92
标准卷长(m)	30.5	61	152	305
标准卷内径(mm)	900	600	300	300
钢芯的中心度偏差(mm)	－2～＋2			

注：阳极规格中 Z 代表锌、R 代表带状，后面数字为系列号。

带状镁合金牺牲阳极规格型号　　表 6-2-29

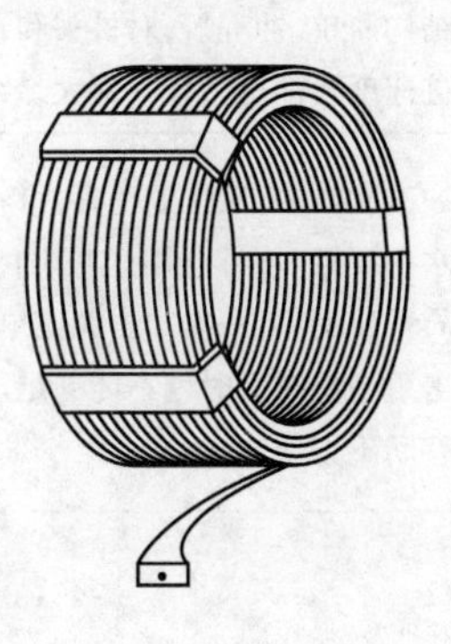

截面(mm)		9.5×19
钢芯直径(mm)		3.2
阳极带线质量(kg/m)		0.37
输出电流线密度(mA/m)	海水	2 400
	土壤	10
	淡水	3

注：土壤条件为电阻率 50Ω·m，淡水条件为电阻率 150Ω·m。

6. 其他防腐蚀措施

除以上防腐蚀措施外，还有增加管壁预留腐蚀厚度、选用耐腐蚀钢种、电弧（热）喷锌、喷铝与涂层配套使用等措施，需根据桥梁的重要性、使用年限、结构部位、施工可能性、维护方法和技术经济比较选用。

第三节　打入桩施工设备

一、桩锤、桩架及辅助设备

（一）桩锤

1. 桩锤的分类

沉桩锤按打入的方式可分为冲击型（如坠锤、蒸汽打桩锤、柴油打桩锤、液压打桩锤等）、振动型（电动沉桩锤）、振动冲击型（如液压振动沉桩机）以及静压型（如静力压桩机）、射水型等。

各种锤型的适用范围见表 6-3-1。

各种锤型适用范围参考表 表6-3-1

序号	锤型	适用范围	优缺点
1	振动锤	(1)适宜沉各种桩和沉管灌注桩； (2)使用松散砂土、亚黏土、黄土和软土； (3)在卵石夹砂及紧密黏土中效果较差	沉桩速度快，适用性大，施工操作简易安全，能辅助拔桩
2	液压锤	(1)适用于沉重型的混凝土桩、钢桩； (2)适用于黏性土、砂土、含少量砾石土等	锤质量大，冲击次数多，工作效率高，其冲程可根据不同土质人工调整，在一定条件下可控制锤对桩的锤击力，噪声小，且不会污染空气
3	柴油锤	(1)杆式锤适宜沉小型桩，钢板桩； (2)筒式锤适宜沉混凝土桩、钢管桩等； (3)不适宜在过软或过硬图中沉桩； (4)用于浮船中沉桩较为有利	附有桩架动力等设备，机架轻，移动方便、沉桩快，燃料消耗少，也可打斜桩是使用最广的一种，但振动大，噪声大
4	单动汽锤	(1)适用于沉各种桩； (2)适宜沉沉管灌注桩	结构简单，冲程短，对桩头和设备不易破坏，沉桩速度及冲击力较坠锤大，效率较高
5	双动汽锤	(1)适用于沉各种桩； (2)可用于沉斜桩； (3)使用压缩空气时可用于水下沉桩，并可用作拔桩； (4)可吊锤沉桩	冲击次数多，工作效率高，可不用桩架沉桩；在水中沉桩时，可避用送桩，冲击部分质量占总质量比例小，一次冲击能比单动汽锤小。当冲击重型桩时有时就不能满足。另外，设备笨重移动不方便
6	坠锤	(1)适用于沉木桩和断面较小的混凝土桩； (2)重型及特重型龙门锤适用于沉钢筋混凝土桩； (3)在一般黏性土、砂土、含有少量砾石土均可使用	设备简单，使用方便，冲击力大，能随意调整落距，但锤击速度慢（每分钟6~20次），效率低

2. 柴油打桩锤

柴油锤本质上是一种构造简单的二冲程柴油机，依靠柴油爆发燃烧的热能使汽缸体或活塞向上运动获得势能，当运动体下落时打击被打物体（桩）同时爆发冲击，以达到打桩的目的。按照冲击体（缸体或活塞）的不同分为导杆式柴油锤和筒式柴油锤。

(1)导杆式柴油锤

导杆式柴油锤是一种以柴油为燃料的冲击式打桩机械，按动作特点来分是汽缸冲击式柴油锤。它构造简单，质量较轻，早期产品冲击部分质量较小，打桩能量小，但现在已有缸锤重达8 000kg的产品。

①构造及原理

导杆式柴油锤将活塞与基座铸成一体，柴油爆发燃烧时使汽缸体向上运动以获得打桩所需的能量，当汽缸体向上运动到最高点后就开始下落直至落到与活塞相连的基座上，通过桩帽冲击被打物体起到锤击的作用，因此导杆式柴油锤的汽缸体也叫缸锤。

典型结构的导杆式柴油锤由活塞、汽缸体（缸锤）、导杆、顶横梁、起落架和燃油系统等组成。

导杆式柴油打桩锤的工作原理大致与二冲程柴油发动机相似，各工作过程如图6-3-1所示。

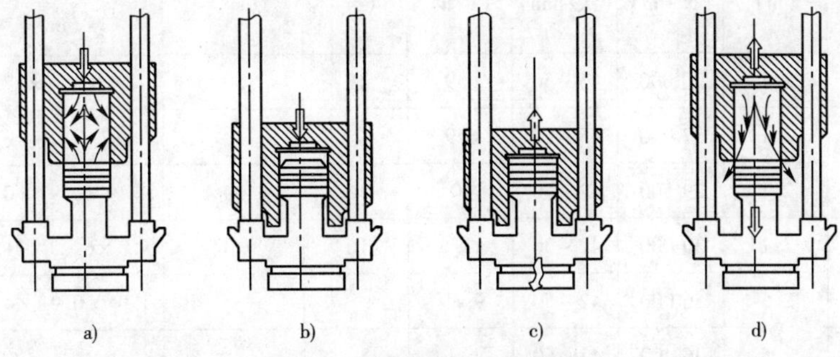

图6-3-1　导杆式桩锤的工作原理

a)压缩；b)供油；c)燃烧；d)排气、吸气

工作时，通过卷扬机将汽缸体(缸锤)提升，当提升到设计最高位时，拉动脱钩臂上的拉绳，松开锤钩，汽缸体自由下落。当汽缸体刚套到活塞时，汽缸与活塞之间的空气受到压缩[图6-3-5a)]，温度急剧升高。当压缩到一定程度时，固定在缸锤外侧的撞击销压转油泵曲臂，推动油泵柱塞，将柴油压入油管，通过喷油嘴呈雾状喷人燃烧室[图6-3-5b)]，由于汽缸内温度超过柴油燃点，雾状柴油被点燃爆发[图6-3-5c)]。爆发的动能作用在活塞上的，使桩下沉；作用在汽缸上的，使缸锤向上跳起。当跳起的汽缸体(缸锤)脱离活塞时，废气即排除，并重新吸入新鲜空气[图6-3-5d)]。然后汽缸体(缸锤)又在重力作用下下落，下一个工作循环开始，如此循环地进行打桩。

②导杆式柴油锤技术参数

常用的导杆式柴油锤技术参数见表6-3-2。

导杆式柴油锤技术参数　　表6-3-2

型号	冲击部分质量(kg)	跳起高度(m)	冲击能量(N·m)	冲击次数(次/min)	耗油量(L/h)	最大桩长(m)	卷扬机拉力(kN)	外形尺寸(长×宽×高)(m)	总质量(t)
DD1	150	1.4	1 960	70	0.9	2.8		3.5×2.35×5.65	0.58
	150	1.2	1 800	50	0.9			0.43×0.49×2.21	锤0.28
DD2	220	1.3	2 500	60~70	0.5	8	5	2.8×2.2×7.8	1.36
	250	1.2	3 000	50~70	1.3			0.51×0.495×2.14	锤0.45
DD6	600	1.87	5 500	50~70	3.1	8	15	4.4×3.9×11.4	5.6
	600	1.87	5 500	50~70	3.1	8	15	4.4×3.9×11.4	5.6
	600	1.87	11 000	50~70	3.1			0.7×0.59×3.32	锤1.266
DD18	1 800	2.1	20 000	45~50	6.9	12	30	7.5×5.6×17.5	13.9

续上表

型号	冲击部分质量(kg)	跳起高度(m)	冲击能量(N·m)	冲击次数(次/min)	耗油量(L/h)	最大桩长(m)	卷扬机拉力(kN)	外形尺寸(长×宽×高)(m)	总质量(t)
	1 800	2.1	20 000	45~50	6.9	12	30	7.5×5.6×17.5	13.9
	1 800	2.1	37 000	45~50	6.9			0.87×0.8×4.73	锤 3.125
DD25	2 500	2.1	29 500	42~50	10	16	30	4.19×0.91×0.97	锤 4.2
	2 500	2.1	30 000	42~50	13.5	16	30	8.3×6.25×21.86	17.5
	2 500	2.5	56 000	42~50	9.89			1.04×0.91×4.85	锤 4.2
	2 500	2.5	36 400	42~50					锤 4.2
DD30	3 000	2.5	352 890	42~50					锤 4.7
DD40	4 000	2.5	98 000	42~50	11.0			1.26×1.17×5.58	锤 7.2
DD63	6 300	3.0	185 000	42~50	12.5			1.37×1.3×6.04	锤 11.0
DD80	8 000	3.0	235 000	35~50	14.0			1.52×1.31×6.15	锤 14.0

(2)筒式柴油锤

筒式柴油锤是一种活塞冲击式的内燃柴油锤。细而长的冲击活塞在圆筒形汽缸内上下运动,故称筒式柴油锤。筒式柴油锤的结构合理,工作效率较高,工作性能良好,冲击能量大,另一个显著的特点就是能施打斜桩。

①构造及原理

桩锤由锤体、燃油泵和润滑系统等组成,如图 6-3-2 所示。锤体是桩锤的主体,由上汽缸、下汽缸、上活塞、下活塞等部件组成。燃油泵由泵体、柱塞、柱塞套、单向阀和曲臂等组成。锤体上装有润滑油泵,依靠活塞的动力泵油对上下活塞和缸壁进行润滑。

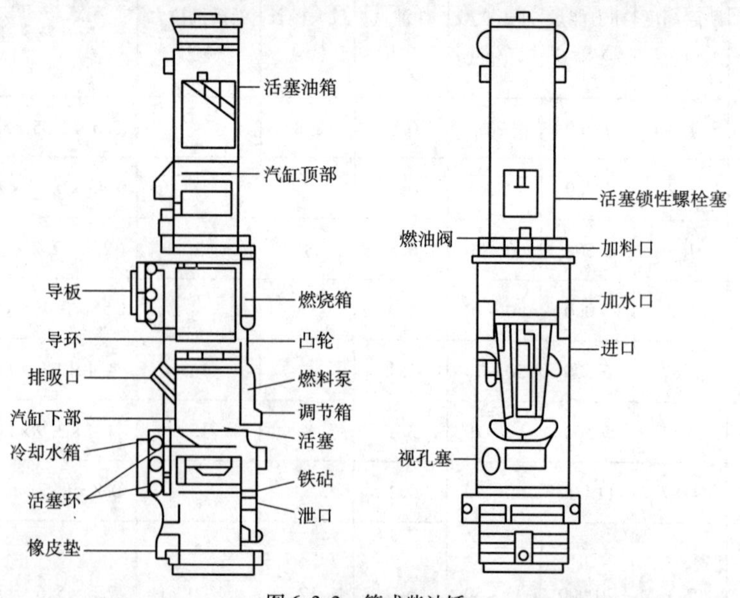

图 6-3-2　筒式柴油锤

筒式柴油锤打桩工作原理见图 6-3-3。

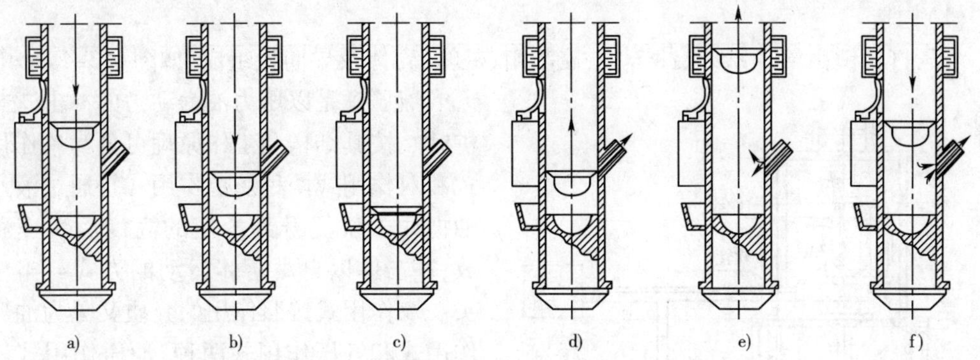

图 6-3-3　筒式柴油锤的工作原理

a)压缩；b)冲击；c)燃烧；d)排气；e)吸气；f)扫气

②筒式柴油锤性能参数

常用的筒式柴油锤技术参数见表 6-3-3。

筒式柴油锤技术参数　　表 6-3-3

型　号	D100	D80	KB80	D62	KB60	K45	K35	K25
外形尺寸	L = 6 200	L = 6 200	ϕ980 × 6 100	L = 5 900	ϕ1 400 × 5 700	ϕ1 009 × 4 825	ϕ889 × 455	ϕ789 × 4 500
总重(t)	17	14	20.5	10	15	10.5	7.5	5.2
活塞重(t)	8.8	7.3	8	5.4	6	4.5	3.5	2.5
锤击次数(次/min)	34 ~ 45	36 ~ 45	35 ~ 60	36 ~ 50	35 ~ 55	35 ~ 55	35 ~ 55	35 ~ 55
锤击能量(kg · m)	4000	31050	24000	22700	16000	13500	10500	7 500
爆发压力(kN)	—	—	3000	—	2460	1910	1500	1080
柴油耗用量(L/h)	36	30	32 ~ 40	24	24 ~ 30	17 ~ 21	12 ~ 16	9 ~ 12
适用钢管桩直径(mm)	> ϕ900	> ϕ900	> ϕ900	ϕ600 ~ 1 000	ϕ600 ~ 1 000	ϕ600	ϕ400 ~ 600	ϕ400

3. 液压打桩锤

液压锤也称液压打桩锤，是最新型的低噪声、无油烟、低能耗的打桩锤。液压锤形式有多种，按其结构和工作原理可分为单作用式和双作用式两种，工程中采用双作用液压锤比较理想。目前液压锤已被工程界看好，正在不断地扩大使用，我国正在试生产此类桩锤，但已有一些进口液压桩锤在工程中使用，效果很好。

表 6-3-4 为不同种类桩锤的能量效率比较。

不同种类桩锤的能量效率比较　　表 6-3-4

桩 锤 形 式	在钢桩上的效率(%)	在混凝土桩上的效率(%)	桩 锤 形 式	在钢桩上的效率(%)	在混凝土桩上的效率(%)
蒸汽锤	78 ~ 80	35 ~ 50	液压锤(非 IHC 型)	75 ~ 85	40 ~ 50
柴油锤	40 ~ 50	25 ~ 35	液压锤(IHC 型)	95 ~ 100	50 ~ 65

(1)构造

液压打桩锤由液压系统、冲击块、控制箱、桩帽、壳体及导向板组成,如图6-3-4所示。

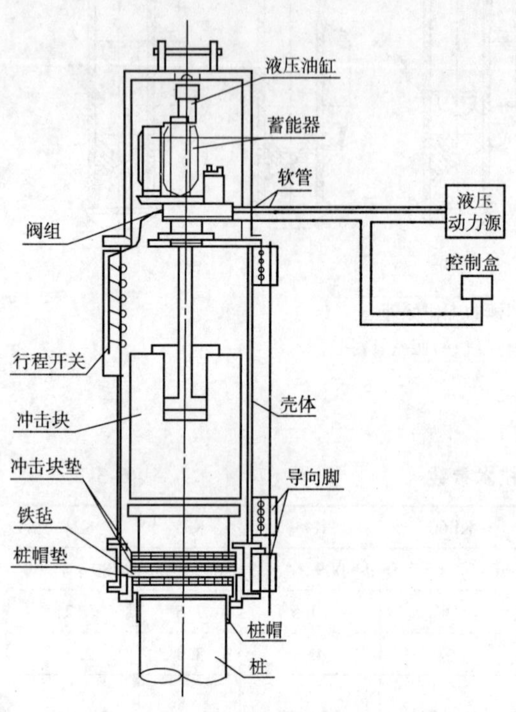

图6-3-4　液压锤构造图

液压锤是以压力油为动力的冲击式打桩锤。按其结构和工作原理可分为单作用式和双作用式两种。单作用式是通过液压油把冲击块提升到一定的高度后快速释放,冲击体以自由落体运动的方式冲击桩头。双作用式按照作用的介质又分为油压作用式和气压作用式两种,油压作用式液压锤是冲击块通过液压油提升到一定的高度后,由液压系统控制,液压油改变方向,推动冲击块以更高的加速度冲击桩头;这时冲击能除冲击块的重力外,还有压力油的强大推力;气压作用式液压锤,其冲击块通过液压油提升的同时,压缩顶部氮气,当冲击块下落时,压缩的气体也同时施压于油缸活塞顶部,使冲击块以更高的加速度冲击桩头。因此,双作用式液压锤的冲击能量要比单作用式液压锤的冲击能大、打桩工作效率更高。

(2)主要产品性能参数

常用液压锤规格见表6-3-5、表6-3-6。

BSP液压打桩锤技术参数　　表6-3-5

液压规格	锤头质量(kg)	锤头冲程(mm)	锤击频率(击/min)	最大能量(kN·m)	基本质量(kg)	长度(m)	动力站型号(kW)
SL20	3 000	20 ~ 1 200	34 ~ 100	20	4 100	3.575	71
SL30	5 000	20 ~ 1 200	33 ~ 100	30	5 400	4.575	71
CX40	5 000	20 ~ 1 200	33 ~ 100	40	5 200	4.022	71
CX50	5 000	20 ~ 1 200	33 ~ 100	51	6 100	4.022	127
CX60	7 000	20 ~ 1 200	33 ~ 100	60	7 600	4.975	127
CX75	7 000	20 ~ 1 200	33 ~ 100	71	8 700	4.975	127
CX85	9 000	20 ~ 1 200	33 ~ 100	83	9 800	4.975	127
CX110	11 000	20 ~ 1 200	33 ~ 100	106	12 050	5.475	250
CG180	11 000	20 ~ 1 500	31 ~ 100	180	17 240	7	250
CG210	14 000	20 ~ 1 500	31 ~ 100	210	20 430	7.45	250
CG240	16 000	20 ~ 1 500	31 ~ 100	240	22 760	7.75	250
CG270	18 000	20 ~ 1 500	31 ~ 100	270	25 110	8.05	250

续上表

液压规格	锤头质量（kg）	锤头冲程（mm）	锤击频率（击/min）	最大能量（kN·m）	基本质量（kg）	长度（m）	动力站型号（kW）
CG300	20 000	20～1 500	29～100	300	27 460	8.35	250
CGL370	25 000	20～1 500	32～75	370	34 650	7	390
CGL440	30 000	20～1 500	32～75	440	41 150	7.465	450
CGL520	35 000	20～1 500	32～75	520	46 650	7.93	520

芬兰永藤液压冲击锤 表6-3-6

液压规格	锤头质量（kg）	锤头冲程（mm）	锤击频率（击/min）	最大能量（kN·m）	基本质量（kg）	长度（m）	动力站型号（kW）
HHK3A	3 000	1 200	40～100	35	4 950	4 680	248
HHK5A	5 000	1 200	40～100	59	7 150	5 420	248
HHK7A	7 000	1 200	40～100	82	9 450	6 160	248
HHK9A	9 000	1 200	40～100	106	11 750	6 530	248
HHK5S	5 000	1 500	30～100	74	7 450	5 910	248
HHK7S	7 000	1 500	30～100	103	9 840	6 650	248
HHK9S	9 000	1 500	30～100	132	12 000	7 390	248
HHK10S	10 000	1 500	30～100	147	14 700	6 750	298
HHK12S	12 000	1 500	30～100	176	17 200	7 250	298
HHK15S	15 000	1 500	30～100	221	20 850	6 620	414
HHK17S	17 000	1 500	30～100	250	23 200	6 940	414
HHK20S	20 000	1 500	30～100	294	26 400	7 420	414
HHK25S	25 000	1 500	30～100	368	36 800	7 950	708

4. 振动打桩锤

振动打桩锤的原理是将机器产生的垂直振动传给桩体，导致桩周围的土体结构因振动而发生变化并降低强度。振动锤按动力可分为电动振动锤和液压振动锤；按振频可分为低频（15～20Hz）、中频（20～60Hz）、高频（100～150Hz）、超高频（1 000～1 500Hz）。

（1）构造

振动锤的主要结构包括：原动机、振动器、夹桩器和减振器，如图6-3-5所示。

①原动机

电动振动机多采用鼠笼式异步电动机作为原动机。

液压振动锤基本工作原理与电动振动锤相同，但液压振动锤的振动器由液压马达驱动，如图6-3-6所示。液压振动锤能潜入水中工作，这个优点是电动振动锤无法比拟的。

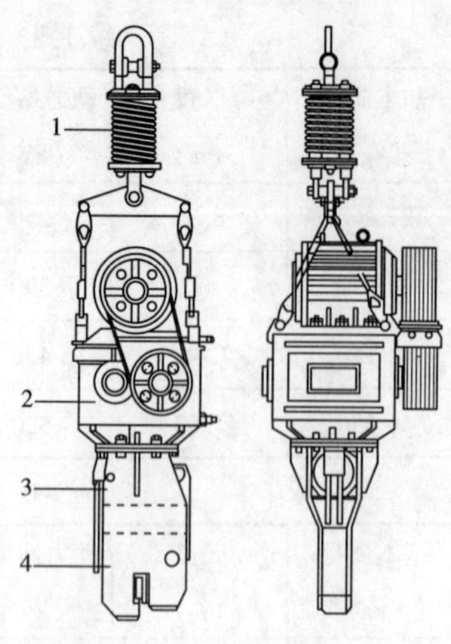

图 6-3-5　电动振动锤主要结构

1-悬挂装置;2-振动器;3-液压操纵箱;4-液压夹桩器

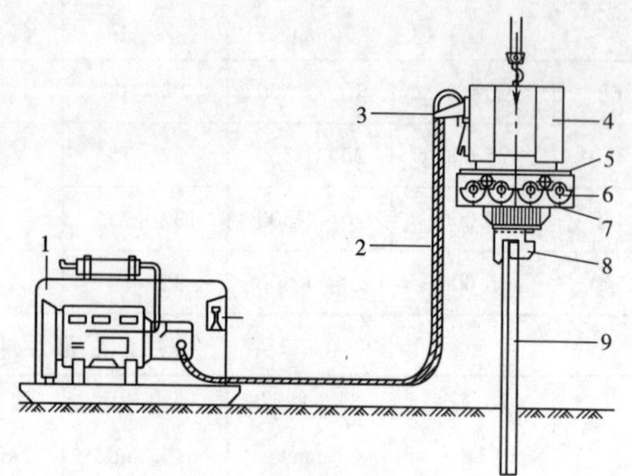

图 6-3-6　液压振动锤示意图

1-动力装置;2-液压软管;3-软管弹性悬挂装置;4-隔振器;5-液压马达;6-偏心块;7-振动箱;8-液压夹头;9-桩

②振动器

振动器是振动锤的振源。现在振动锤大都采用定向机械振动器,最常用的是具有两根轴的振动器(图 6-3-7),但也有四轴或六轴及单轴振动器。

③夹桩器

振动器沉拔桩施工时必须与桩刚性连接,这样才能把振动沉桩锤所产生的激振力传给桩身,因此,振动式桩锤下部都设有夹桩器。夹桩器将桩夹紧,使桩与振动锤成为一体,发生共振。大型振动桩锤全都采用液压夹桩器。液压夹桩器夹持力大,操作迅速,相对质量轻。如图 6-3-8 所示,是一种液压夹桩器。

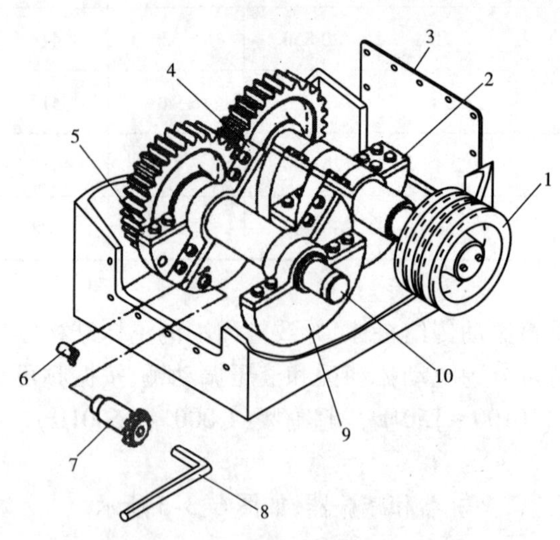

图 6-3-7　双轴振动器

1-电动传给振动箱的 V 带轮;2、5、9-固定偏心块;3-振动箱盖板;4-可调整活动偏心块;6-止动销;7-固定销轴;8-内六角扳手;10-偏心块传动轴

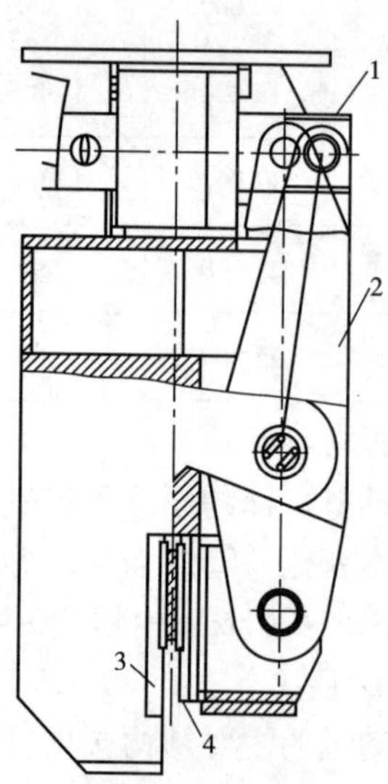

图 6-3-8　液压夹桩器

1-活塞杆;2-杠杆;3-固定压块;4-活动压块

④减振器

为了避免振动锤的振动传至起重机的吊钩，在吊钩与振动锤之间必须有一弹簧悬挂装置，即减振器。减振器一般由压缩螺旋弹簧组成，减振器在沉桩时受力较小，但在拔桩时受到较大的荷载。当超载时，螺旋弹簧被压密而失效，振动传至吊钩。但不能因此而把减振器的刚度提高，因为刚度越大，减震效果越差。因此，减振器应根据拔桩力来设计计算。

(2)主要产品性能参数

目前国内使用较多的 DZJ 系列电动振动锤是建设部建筑机械综合研究所与浙江振中工程机械有限公司联合开发的系列产品，DZJ 系列为可调偏心力矩电动振动锤。DZJ 振动锤主要技术参数见表 6-3-7。国外液压振动锤见表 6-3-8。

DZJ 系列振动锤主要技术参数　　表 6-3-7

<table>
<tr><td rowspan="2">型号
参数
项目</td><td>小型</td><td colspan="5">中型</td><td colspan="3">大型</td></tr>
<tr><td>DZJ45</td><td>DZJ60</td><td>DZJ90</td><td colspan="2">DZJ135</td><td>DZJ90KS</td><td>DZJ180</td><td>DZJ200</td><td>DZJ240</td></tr>
<tr><td>电机功率
(kW)</td><td>45</td><td>60</td><td>90</td><td colspan="2">135</td><td>45×2</td><td>180</td><td>200</td><td>240</td></tr>
<tr><td>静偏心力矩
(N·m)</td><td>0~206</td><td>0~353</td><td>0~403</td><td colspan="2">0~754</td><td>0~700</td><td>0~2 940</td><td>0~2 940</td><td>0~3 528</td></tr>
<tr><td>激振力
(kN)</td><td>0~338</td><td>0~477</td><td>0~546</td><td colspan="2">0~843</td><td>0~815</td><td>0~1 029</td><td>0~1 430</td><td>0~1 822</td></tr>
<tr><td>转速
(r/min)</td><td>1 200</td><td>1 100</td><td>1 100</td><td colspan="2">1 000</td><td>1 020</td><td>560</td><td>660</td><td>680</td></tr>
<tr><td>空载振幅
(mm)</td><td>0~6.2</td><td>0~7.0</td><td>0~6.6</td><td>0~8.5</td><td>0~7.45</td><td>0~8.2</td><td>0~17.4</td><td>0~16.7</td><td>0~12.2</td></tr>
<tr><td>允许拔桩力
(kN)</td><td>180</td><td>215</td><td>254</td><td colspan="2">392</td><td>300</td><td>588</td><td>588</td><td>686</td></tr>
<tr><td>允许加压力
(kN)</td><td></td><td></td><td></td><td colspan="2"></td><td>120</td><td></td><td></td><td></td></tr>
<tr><td>振动质量
(kg)</td><td>3 960</td><td>5 100</td><td>6 400</td><td colspan="2">9 060</td><td>8 715</td><td>13 900</td><td>13 900</td><td>17 390</td></tr>
<tr><td>质量
(kg)</td><td>4 100</td><td>5 800</td><td>7 300</td><td>10 720</td><td>12 000</td><td>10 577</td><td>19 350</td><td>20 000</td><td>29 500</td></tr>
<tr><td>钢管夹头可变
幅度(标准)
(mm)</td><td></td><td></td><td></td><td colspan="2">ϕ700~2 000</td><td></td><td>ϕ700~
1 200</td><td>ϕ700~
1 800</td><td>ϕ700~
2 000</td></tr>
</table>

国外液压振动锤主要技术参数表　　表 6-3-8

厂家	型号	偏心力矩 (10N·m)	激振力 (kN)	频率 (r/min)	最大拔桩力 (kN)	整机质量 (kg)	振动质量 (kg)	宽度 (mm)	长度 (mm)	高度 (mm)
APE	50 型	15	445	0 ~ 1 650	534	2 812	1 542	350 ~ 430	1 320	1 570
	100 型	25.35	782.89	400 ~ 1 650	569.37	3 583	2 041	350 ~ 430	2 230	1 730
	200 型	50.8	1 420	0 ~ 1 650	1 335	7 483	4 025	350 ~ 430	2 560	2 260
	200 - 6 型	76	2 700	0 ~ 1 700	1 335	9 977	4 116	350 ~ 430	3 530	2 260
	400 型	150	3 203	400 ~ 1 400	2 224	14 512	9 992	660	3 050	3 050
	600 型	230.42	4 830	400 ~ 1 400	2 224	17 236	13 633	660	4 320	4 320
ICE	216	13	450	1 750	356	1 918	1 056	410	1 270	1 550
	14 C	16	930	2 200	430	1 716	1 081	460	1 640	1 570
	416 L	25	890	1 700	356	3 561	2 173	430	2 410	1 780
	28 C	32	1 140	1 750	490	3 120	2 150	530	2 000	1 920
	44	51	1 240	1 450	725	5 647	3 579	530	2 460	2 130
	44 B	51	1 844	1 800	725	5 647	3 579	530	2 460	2 130
	66 C	76	2 490	1 700	1 423	6 918	4 850	550	2 460	2 540
	77 C	88	2 750	1 650	1 423	7 195	5 125	550	2 460	2 540
	84 C	94	2 800	1 600	1 423	7 240	5 036	550	2 460	2 540
	1 412	115	2 450	1 350	800	9 050	6 962	1 040	2 440	3 790
	110 C	129	3 642	1 600	1 423	8 392	6 217	580	2 460	2 630
	V360	130	3 720	1 600	2 000	11 750	7 030	1 070	2 440	3 790
	V360 T	260	7 440	1 600	4 000	23 500	14 060	2 140	2 440	3 790
	125 C	144	4 050	1 550	2 669	16 375	11 380	1 530	4 160	2 880
	V650	216	5 800	1 550	2 669	19 646	14 651	1 630	4 160	3 560
	V800	288	7 100	1 500	2 669	27 500	22 500	1 530	4 160	3 560

5. 静力压桩机

静力压桩机是以设备的自重(包括配重)或利用已入土桩的抗拔力来克服沉桩过程中的沉桩阻力;当静压力超过被沉桩入土阻力时,桩身就沿入土方向按加压设备的工作速度被逐步压入土中。静力压桩适用于回填土、淤泥土、黏性土和砂质土地基。静力压桩机按加压方式分为:钢丝绳加压、液压加压、钢丝绳液压联合加压三种,目前使用较多的是液压式加压,液压式加压又分为顶压和抱压两类。

(1)钢丝绳加压式静力压桩机

钢丝绳式静力压桩机主要由桩架和底盘、压桩力传动设备、压桩反力平衡设备、压桩力测量仪器组成,如图 6-3-9 所示。

(2)顶压式液压静压桩机

液压静压桩机是利用液压油缸的推动进行压桩的,顶压式压桩油缸置于桩顶部进行压桩,现就其结构作简要介绍(图 6-3-10)。

在桩架上开有方形孔,顶块在压桩时就卡入方孔中,以承受油缸压桩的反力;顶块安装在上座上面,上座下方则与压桩液压油缸相连;压桩座通过桩帽套在桩上,压桩座上方与压桩液压油缸活塞杆相连。随着压桩油缸向下顶压,便推动压桩座将桩压下;油缸行程完成后,开启控制阀将油缸收缩,这时油缸体和上座随之上行,顶块也随着转动,从桩架的方形孔中脱出。当油缸收缩接近终点时,顶块又滑入桩架下面一对方形孔中。当油缸再次伸出压桩时，顶块便通过方形孔卡位桩架承受压桩反力，如此重复多次，便完成压桩作业。

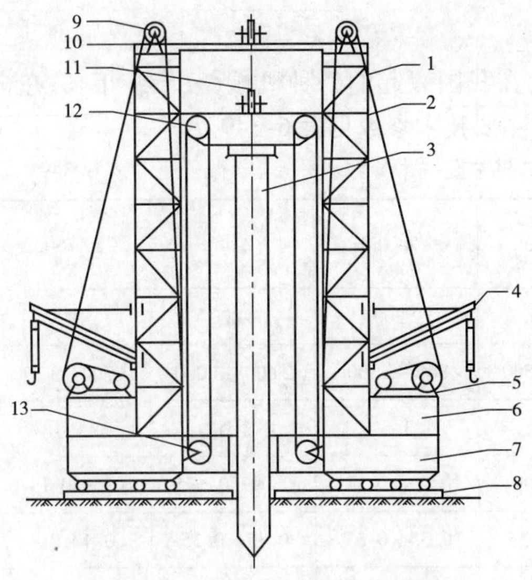

图 6-3-9　钢丝绳式压桩机压桩原理

1-桩架；2-压梁；3-预制桩；4-吊臂；5-主卷扬；6-重块；7-底板；8-走板；9-导向滑轮；10-顶梁；11-压梁提升滑轮；12-压梁动滑轮组；13-底盘定滑轮组

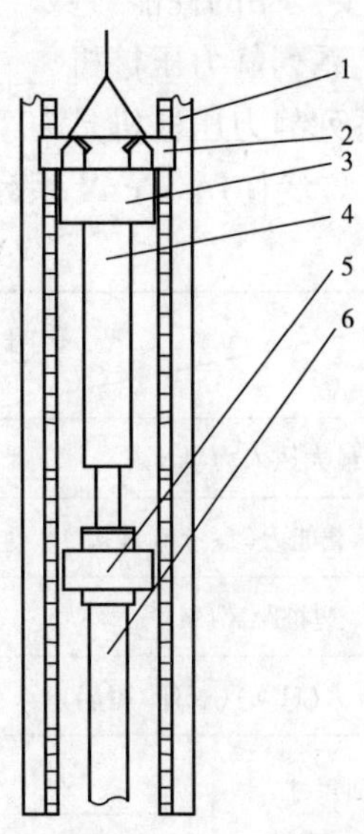

图 6-3-10　顶压式液压静力压桩机结构图

1-桩架；2-顶块；3-上座；4-液压油缸；5-压桩座；6-桩

(3)抱压式液压静压桩机

抱压式静压桩机是用液压夹桩装置夹紧桩身，压桩油缸推动夹桩装置下行，从而将桩压入。图 6-3-11 为武汉建筑工程机械厂生产的 YZY-500 型抱压式静压桩机的示意图。它由支腿平台结构、走行机构、压桩架、配重、起重机、操作室等部分组成。

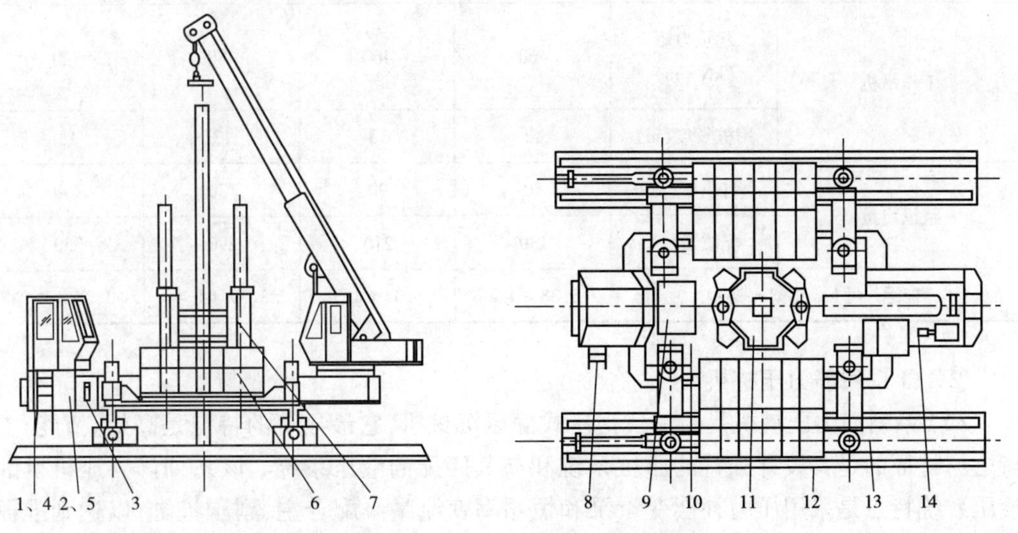

图 6-3-11　抱压式液压静力压桩机结构图

1-操作室；2-液压总装室；3-油箱系统；4-电器系统；5-液压系统；6-配重块；7-导向压桩架；8-楼梯；9-踏板；10-支腿平台结构；11-夹持机构；12-长船行走机构；13-短船行走及回转机构；14-液压起重机

液压静力压桩机较绳索式先进，全液压驱动，使整台桩机结构简单；液压产生的静压力远远高于滑轮组产生的下拉力；压桩的速度也大幅提高。

(4)主要产品的性能参数

①YZY系列静力压桩机

YZY系列静力压桩机是20世纪70年代在我国兴起的一种机械，三十余年来，在全国范围内已广泛使用。YZY系列静力压桩机主要技术参数见表6-3-9。

YZY系列静力压桩机主要技术参数 表6-3-9

参数 \ 型号		YZY200	YZY280	YZY400	YZY500
最大压入力(kN)		2 000	2 800	4 000	5 000
单桩承载能力(参考值)(kN)		1 300 ~ 1 500	800 ~ 2 100	2 600 ~ 3 000	3 200 ~ 3 700
边桩距离(m)		3.9	3.5	3.5	4.5
接地压力(MPa)(长船/短船)		0.08/0.09	0.094/0.12	0.097/0.125	0.09/0.137
压桩截面尺寸(m)(长×宽)	最小	0.35×0.35	0.35×0.35	0.35×0.35	0.4×0.4
	最大	0.5×0.5	0.5×0.5	0.5×0.5	0.5×0.5
行走速度(长船)(m/min)	伸程	5.4	5.28	4.14	4.98
压桩速度(m/min)		1.98	2.28	4.74	1.38/4.2
一次最大转角(rad)		0.46	0.45	0.4	0.21
液压系统额定工作压力(MPa)		20	26.5	24.3	22
配电功率(kW)		96	112	112	132
工作吊机	起重力矩(kN·m)	460	460	480	720
	用桩长度(m)	13	13	13	13
整机质量	自质量(t)	80	90	130	150
	配质量(t)	130	210	290	350
拖运尺寸(m)(宽×高)		3.38×4.2	3.38×4.3	3.39×4.4	3.38×4.4

②ZYJ系列静力压桩机

ZYJ系列静力压桩机是新一代抱压式静压沉桩机，它最显著的特点是高效、节能，支持这一特征的是其设计独特的压桩系统和与其匹配的液压系统。该系列静力压桩机的液压系统特点是采用压力补偿变量泵和恒功率变流量泵配合主、副压桩缸，以达到准恒功率压桩的目的，而且在高阻力阶段的恒功率特性更好。此外，采用两对压桩缸可以缩小液压缸的规格，或降低额定油压，这对大型桩机的开发非常有利。湖南山河智能机械有限公司生产的ZYJ系列静力压桩机主要技术参数见表6-3-10。

ZYJ 系列静力压桩机主要技术参数　　表 6-3-10

参数 \ 型号		ZYJ80	ZYJ120	ZYJ180	ZYJ240	ZYJ320	ZYJ380	ZYJ420	ZYJ500	ZYJ600	ZYJ680	ZYJ800	ZYJ900	ZYJ1 000	ZYJ1 200
额定压桩力(kN)		800	1 200	1 800	2 400	3 200	3 800	4 200	5 000	6 000	6 800	8 000	9 000	10 000	12 000
额定工作油压(MPa)		19.5	23.1	22.0	23.1	24.7	24.5	23.6	25	23.9	23.5	24.4	24.2	24.1	23.4
压桩速度(m/min)	高速	3.1	3.1	5.4	5.0	5.5	4.5	4.5	4.5	4.5	5.0	4.0	5.0	4.2	3.6
	低速	1.5	1.5	1.0	0.9	0.9	1.0	1.0	0.7	0.7	0.85	0.7	0.85	0.75	0.7
压桩行程(m)		1.5	1.5	1.6	1.6	1.6	1.8	1.8	1.8	1.8	1.8	1.8	1.8	1.8	1.8
位移(m)	纵向	1.6	1.6	2.2	3.0	3.0	3.6	3.6	3.6	3.6	3.6	3.6	3.6	3.6	3.6
	横向	0.4	0.4	0.5	0.6	0.6	0.6	0.6	0.6	0.6	0.7	0.7	0.7	0.7	0.7
转角(°)		11	11	12	10	10	8	8	8	8	8	8	8	8	8
升降(m)		0.6	0.65	0.75	0.9	1.0	1.0	1.0	1.0	1.1	1.1	1.1	1.1	1.1	1.1
方桩	最小	200	200	200	300	300	350	350	350	350	350	350	350	350	350
	最大	300	300	400	500	500	600	600	600	600	600	600	600	600	600
最大圆桩(mm)		ϕ300	ϕ300	ϕ400	ϕ500	ϕ500	ϕ600	ϕ600	ϕ600	ϕ600	ϕ600	ϕ600	ϕ800	ϕ800	ϕ800
边桩距离(m)		0.45	0.45	0.8	0.8	0.8	0.68	0.68	0.68	0.68	0.68	0.68	1.0	1.0	1.0
角桩距离(m)		0.8	0.8	1.15	1.35	1.35	1.2	1.2	1.2	1.2	16.0	16.0	16.0	25.0	25.0
额定起吊质量(10^3kg)		5.0	5.0	8.0	8.0	12.0	12.0	12.0	12.0	16.0	16.0	16.0	25.0	25.0	25.0
变幅力矩(kN·m)		160	160	400	400	600	600	600	600	600	800	800	900	900	900
功率(kW)	压桩	15	22	37	37	37	60	60	74	90	111	111	135	135	135
	起重	7.5	7.5	22	22	30	30	30	30	30	30	30	45	45	45
尺寸(mm)	工作长	7 000	8 000	10 000	10 000	12 000	12 000	12500	13 200	13 500	14 000	13 800	14 500	18 000	18 000
	工作宽	4 054	4 254	5 200	6 200	6 550	6 860	6 980	7 030	7 760	8 260	8 460	9 160	9 300	9 300
	运输高	2 650	2 880	2 900	2 920	2 940	2 940	2 940	2 940	3 020	3 020	3 020	3 100	3 100	3 100
总质量(含配重)(10^3kg)		≥82	≥122	≥182	≥245	≥325	≥383	≥425	≥503	≥602	≥682	≥802	≥902	≥1 002	≥1 202

(二)桩架

桩架的主要作用在于桩身起吊、定位、沉设导向以及桩锤的安装就位,并为桩锤提供动力等如打桩船、履带式打桩机等配置的桩架。桩架的倾角目前已经可以做到20°,近年来常用的桩架可分为自行移动式桩架(包括履带式、导轨式、轮胎式及打桩船等)和非自行移动式桩架(一般为木制支架)。履带式支架又分为吊杆型桩架、三点支撑型桩架、导向架型支架、悬吊型桩架等;导轨式支架又分为桅杆支撑型桩架、桅杆式桩架、龙门式桩架等。近年来桅杆式桩架、龙门式桩架及一些木制桩架已基本不采用。以下简要介绍常用的几种桩架形式。

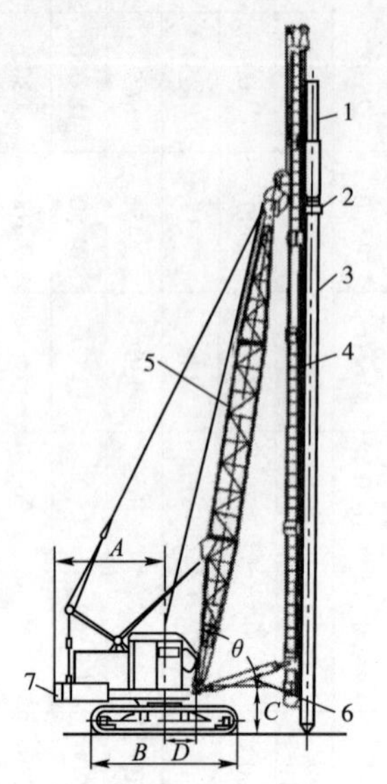

图6-3-12 吊杆型履带式打桩架结构示意图
1-打桩锤;2-桩帽;3-桩;4-挺杆;
5-吊臂;6-支撑叉;7-车体

1. 吊杆型桩架

吊杆型履带打桩架的底盘一般选用标准履带式起重机,通过吊臂把立柱铰接悬吊,立柱的下部加一个可伸缩支撑,构成打桩架三角结构。图6-3-12为吊杆型履带式打桩架结构示意图。吊杆型履带打桩架具有较好的机动性,目前这类桩架仅能用于中、小型的打桩作业。

(1)吊杆型履带打桩架的结构

吊臂与立柱的连接为铰接方式,保证立柱可绕铰接点在吊臂的平面进行一定角度的转动。下部支承结构为可伸缩组件,可满足打斜桩的施工需要。伸缩结构有机械式和液压式两种结构。由于这类桩架的侧向稳定性主要由起重机下部的支撑叉保证,因而与三点式打桩架相比,侧向稳定性较差,只能用于中小桩施工。

(2)吊杆型履带打桩架的主要技术参数

吊杆型履带打桩架的主要技术参数见表6-3-11。

吊杆型履带打桩架的主要技术参数　　表6-3-11

型　号		DJU18B	DJU25B	DJU40B	DJU60B	DJU100B
导杆长度(m)		21	24	27	33	33
导轨中心距(mm)		330	330	330	330/600	330/600
导杆倾斜范围(°)	前倾	5	5	5	5	5
	后倾	18.5	18.5	18.5	—	—
导杆水平调整范围(mm)		200	200	200	200	200
桩架负荷能力(kN)		≥100	≥160	≥240	≥300	≥500
桩架行走速度(km/h)		≤0.5	≤0.5	≤0.5	≤0.5	≤0.5
上平台回转速度(r/min)		<1	<1	<1	<1	<1
履带运输时全宽(mm)		≤3 300	≤3 300	≤3 300	≤3 300	≤3 300
履带工作时外扩后宽(mm)		—	—	3 960	3 960	3 960
接地比压(MPa)		<0.098	<0.098	<0.120	<0.120	<0.120
发动机功率(kW)		60~75	97~120	134~179	134~179	134~179
打桩架总质量(kg)		≤40 000	≤50 000	≤60 000	≤80 000	≤100 000

2. 三点支撑型桩架

(1)三点支撑型桩架的结构

三点履带打桩架由主机、前托架、导向架、导向架顶部的滑轮组、后横梁、斜撑以及前后支腿组成。导向架和主机通过两根斜撑杆支撑。后斜撑杆为管形杆与斜撑液压缸连接而成,斜撑液压缸的支座与后横梁伸出部位相连,构成了三点式支撑形式的打桩架结构,斜撑与导向架由销轴相连接。在导向架顶部有顶部滑轮组及支架,后横梁两侧有两个后支腿,上面各有一个支腿液压缸,主要用于打斜桩时克服桩架后倾压力。抚顺挖掘机厂生产的 KH180-2s(履带吊型号)、80R-3(桩架型号)的三点式履带打桩架结构如图 6-3-13 所示。

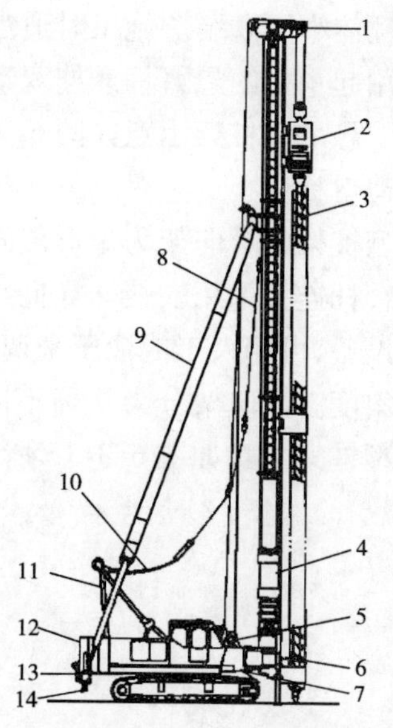

图 6-3-13 KH180-2 s、80R-3 型吊机桩架结构图

1-顶部滑轮;2-钻机动力头;3-长螺旋钻杆;4-柴油锤;5-前导向滑轮;6-前支腿;7-前托架;8-背梢钢丝绳;9-斜撑;10-导向架起升钢丝绳;11-三角架;12-配重块;13-后横梁;14-后支腿

(2)三点式履带打桩架的主要技术参数

进口的三点式履带打桩架主要来自日本的 IPD、DH、P、PD 型等,国内生产的三支点式履带打桩架主要技术参数见表 6-3-12。

三点式履带打桩架的主要技术参数 表 6-3-12

型号		DJU18	DJU25	DJU40	DJU60	DJU100	DJU72A
适用最大柴油锤型号		D18	D25	D40	D60	D100	D72
立柱长度(m)		21	24	27	33	33	26.5
锤导轨中心距(mm)		330	330	330	330/600	330/600	
立柱倾斜范围(°)	前倾	5	5	5	5	5	5
	后倾	18.5	18.5	18.5	—	—	15
立柱水平调整范围(mm)		200	200	200	200	200	
桩架负荷能力(不小于)(10^4N)		10	16	24	30	50	
桩架行走速度(km/h)		0.5	0.5	0.5	0.5	0.5	0.6~1.2
上平台回转速度(r/min)		<1	<1	<1	<1	<1	2.5
履带运输时全宽(mm)		3 300	3 300	3 300	3 300	3 300	3 460
履带外扩后宽(mm)		—	—	3 960	3 960	3 960	4 220
接地比压(Pa)		$<9.8\times10^4$	$<9.8\times10^4$	$<1.2\times10^5$	$<1.2\times10^5$	$<1.2\times10^5$	
发动机功率(kW)		80~100	130~160	180~240	180~240	180~240	135
桩架作业时总质量(t)		40	50	60	80	100	95

3. 悬吊型桩架

悬吊型桩架是利用履带式起重机的悬臂杆以钢丝绳悬挂短的导杆和桩锤。桩头配以桩套与锤体牢固联结。施工时适当控制吊绳松紧。使导杆随着桩的沉入土层而下降。还有可采用起重机的悬臂杆悬挂双动汽锤,并利用锤脚的固定装置,固定在桩头上,进行基桩下沉。悬吊型桩架示意如图 6-3-14 所示。

4. 导向型桩架

导向型桩架的导向架为矩形截面。旋臂与导向架连接采用螺栓连接,旋臂与履带式起重机悬臂杆连接采用铰接。导向架底部与起重机连接,采用套筒式支撑,导向架底端装有调整设备,可用人工或液压来调整其前后高低,使其向前后向后成一定的倾角,以适应斜桩的斜度。导向架分为几种不同长度的标准段,可以互相使用,拼成各种需要的长度。导向型桩架示意如图 6-3-15 所示。

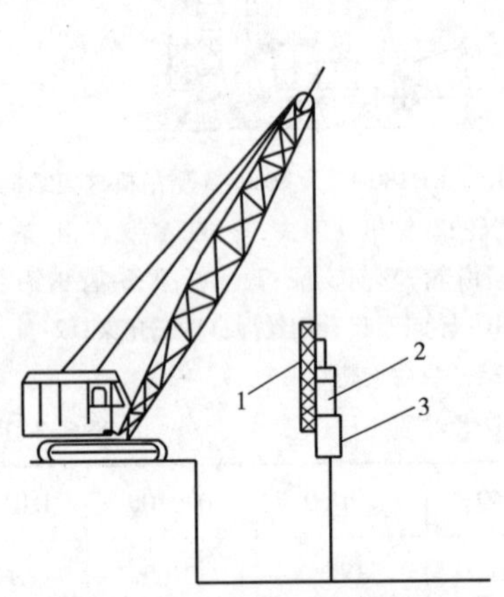

图 6-3-14　悬吊型桩架示意图

1-短导杆;2-桩锤;3-桩套

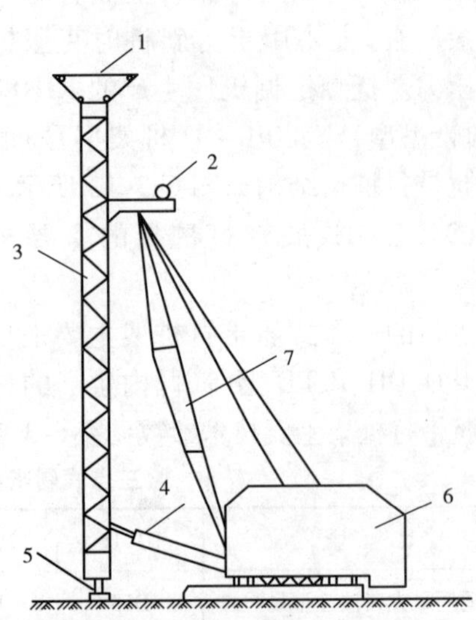

图 6-3-15　导向型桩架示意图

1-帽头;2-旋臂;3-导向架;4-套筒式支撑;5-可调整导向架脚;6-履带式起重机;7-悬臂杆

(三)桩帽

1. 桩帽的作用

桩帽主要作用是在沉桩时使锤和桩的中轴线基本保持重合,减少锤的冲击强度和偏心。其他作用主要体现在以下几点:

(1)桩帽将锤击能量均匀地传递到桩顶上。打桩时锤的冲击体不能直接打在桩顶上,否则将会损坏桩顶,尤其是混凝土桩更易损坏。柱帽能将捶击能量均匀地传递到桩顶上,从而避免桩顶的损坏。桩帽内使用不同材质的锤垫和桩垫能更有效地保护桩锤和柱的桩顶。

(2)可使同一型号的锤适用于不同规格的沉桩作业,只要能量合适。锤的冲击体尺寸是固定的,但各种桩的断面形状和尺寸各不相同,需要通过桩帽才能进行作业。桩帽可以根据需要设计制作。

(3)使桩能沉到预定的高程。在特定的情况下,锤已不能再向下运动了,而桩顶高程还未达到。此时,可以使用加长的桩帽(即送桩桩帽)将桩打到地下或水下预定的高程。

使用振动锤时,在桩帽与柱顶之间,不需要设置垫层。

2. 桩帽分类及结构形式

桩帽按制造工艺分为钢结构桩帽、铸造桩帽、锻造桩帽。按使用功能分常规桩帽、水冲桩帽、送桩桩帽及吊打桩帽。钢结构吊笼式桩帽见图 6-3-16。

最常用的是钢结构桩帽，主要有筒式、筋板式、套筒式三种结构。套筒式桩帽如图 6-3-17 所示。

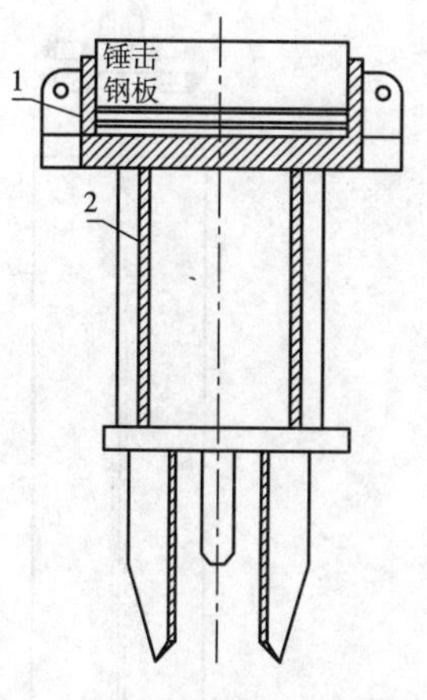

图 6-3-16　钢结构吊笼式桩帽

1-锤垫；2-替打

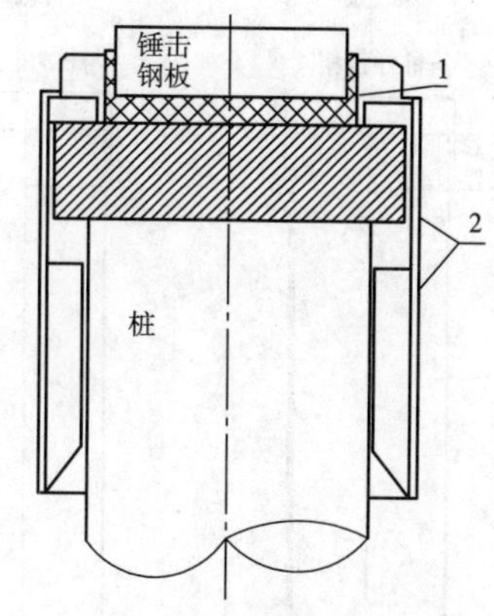

图 6-3-17　套筒式桩帽

1-锤垫；2-替打

3. 锤垫和桩垫

锤垫是装在桩帽与锤击钢板之间的被锤击材料，主要作用是缓冲锤冲击力，起着保护锤、桩帽的作用，目前应用于打桩过程中的常见锤垫有：高分子材料锤垫、硬质木材锤垫、铝质锤垫、石棉与薄钢板组锤垫和钢丝绳锤垫。

对于混凝土桩来说，桩帽的下盆口与桩顶接触的部位必须放置桩垫，以免桩帽的锤击力直接传递给桩顶而将混凝土桩顶打坏。材料一般为纸板、松木（横纹）、铝合板、白棕绳等。桩垫厚度应根据地质条件、材质、锤击能量等来选定。经多次锤击后，桩垫会因压缩而厚度减小，使其密度和硬度增大，刚度也随之增大。保持桩垫的适当刷度可以控制桩身锤击应力，提高锤击效率，尤其对混凝土桩更为重要。如选用纸板箱则应在 20cm 左右且应做到一桩一垫。

桩垫容易被打坏，应经常检查，及时更换。

（四）送桩

桩头低于导杆而仍须继续沉入，或用浮运驳船沉桩时，一般均需使用送桩（替打）。送桩一般用钢制成，其长度应为桩锤可能达到的最低高程与预制桩顶沉入高程之差，再加上适当的余量。常规送桩参见图 6-3-18。对于射水沉桩的送桩，需在送桩体上留有宽度 0.3m、高度 1 ~ 2m 的槽口。对于下沉 H 型钢柱的送桩，见图 6-3-19。

焊接的钢送桩应进行热处理增强其刚度，其结构强度应高于桩身的强度。

用送桩沉桩而最后桩顶仍在水面或地面以上，或送桩随桩头沉入土中而土方须挖除的，则送桩与桩头的连接可用螺栓连接：如基坑中的水暂时不抽下，或土方暂时不开挖，送桩当桩头的连接螺栓拆除有困难时，可用长螺栓通过 F 法兰盘孔眼插入桩头法兰盘的孔眼，不上螺母，待桩沉至高程后即可将进桩从水中或土中拔出。此种活节送桩方法非在不得已时,不宜使用。

安装送桩时应使送桩与桩的中轴线相吻合,否则送桩与桩要受偏心锤击易被损坏,特别在下沉斜桩时更应注意。

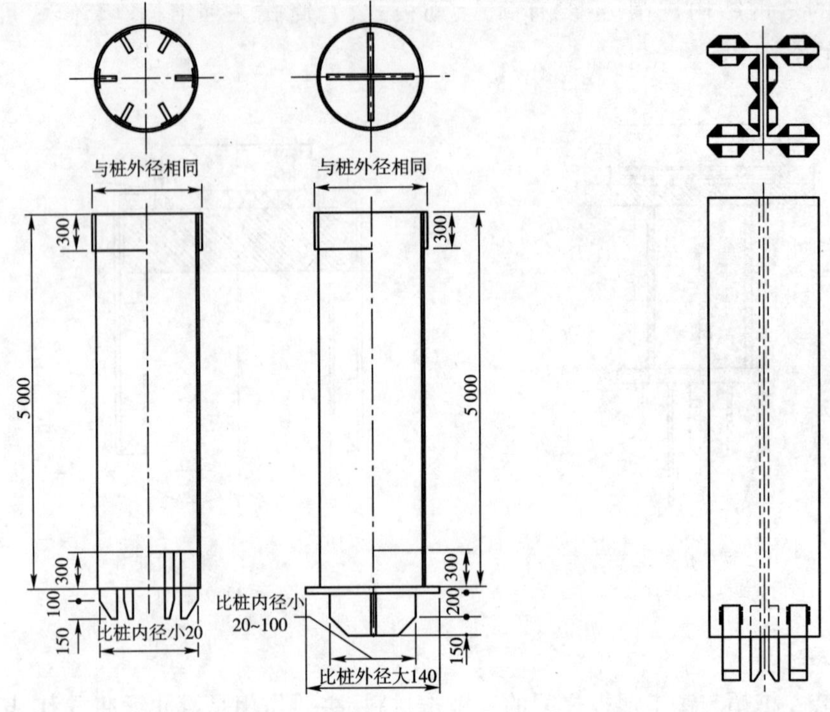

图6-3-18 钢送桩器(尺寸单位:mm)　　图6-3-19 H型钢柱用送桩器

钢送桩使用一定时期后,必须检查它的垂直度,若偏心大于1:350时应即修理。

应尽量避免混凝土管桩作为送桩使用。已作为送桩用过的管桩,不应再作为正式基桩。

(五)沉桩设备的选用

1. 陆上沉桩设备的选择

(1)桩机的选择

①选择打桩机主要依据以下几方面:

a. 工程的地质、地貌条件、桩型、桩材质、桩长、桩进入持力层深度、持力层标贯击数;

b. 施工现场条件、现场周边环境、进出场交通的条件等;

c. 选择打桩机时还要结合本企业现有设备情况和市场情况进行综合考虑。

②锤击沉桩主要设备为打桩机和打桩锤,辅助设备主要是吊机、运桩设备和接桩设备。有关桩架(打桩机的主要设备)和打桩锤的技术规格、性能指标参数等资料可查阅本节。

③采用振动锤和液压锤施工,大多情况下主要设备采用吊机,有时也用打桩机为主机的,静压桩施工主机为静压桩机,辅助设备主要也是吊机、运桩设备和接桩设备。

(2)桩锤的选择

锤击沉桩和振动沉桩工艺施工,首先是选择锤型。选锤一般应考虑地质、桩型、周围环境、工程量等因素,综合比较后选定适合工程特点的锤型和数量。

①坠锤、单动汽锤、双动汽锤和柴油锤选择

根据单桩的设计荷载估算锤需要的冲击能,可按式(6-3-1)估算:

$$E \geqslant 25P \tag{6-3-1}$$

式中:E——锤的一次冲击动能,N·m;

P——单桩设计荷载,kN。

估算锤需要的冲击能以后,再用式(6-3-2)验算其适用系数是否符合要求:

$$K = \frac{Q + q}{E} \tag{6-3-2}$$

式中:K——锤的适用系数;

Q——锤的总重力,kN;

q——桩的重力(包括送桩及桩帽桩垫),kN;

E——锤的一次冲击动能,kN·m。

算出的 K 值不宜大于下列数值:

对于坠锤　　　　　　　2.0;

对于单动汽锤　　　　　3.5;

对于双动汽锤和柴油锤　5.0。

下沉钢板桩、I 型、H 型钢桩及配合射水下沉各种桩时,上列系数可提高 50%。

凡是使用锤击法沉桩,原则上是重锤低击。为了充分发挥锤的效率,在选用单动汽锤或坠锤时,其质量最好为桩质量的 1.5~2.0 倍。如超过两倍时,可以调整落锤高度。

②振动锤选择

振动锤的振动力 F_v,应能克服桩在振动下沉中土的摩擦力 F_R:

$$F_v > F_R$$

土的摩擦力 F_R 按式(6-3-3)估算:

$$F_R = fuL \tag{6-3-3}$$

式中:F_R——土的摩擦力,kN;

L——桩的入土深度,m;

u——桩的周边长度,m;

f——土单位面积的动摩擦力,kN/m^2,可按表 6-3-13 估算。

f 值(单位:kN/m^2)　　　　表 6-3-13

砂性土		黏性土	
标准贯入击数	f	标准贯入击数	f
0~4	10	0~2	10
4~10	15	2~4	15
10~30	20	4~8	20
30~50	25	8~15	25
>50	40	15~30	40
		>30	50

③锤击应力控制标准

根据设计桩型,如桩长、截面尺寸、材质、结构形式等,计算出桩的轴心抗压和抗拉强度,分析桩的整体刚度和轴向应力性。一般桩身的锤击应力控制范围如下:

a. 混凝土桩的桩身最大锤击压应力不应超过桩身混凝土轴向抗压强度设计值。

b. 普通混凝土桩的桩身最大锤击拉应力值应不超过桩身混凝土轴心抗拉强度标准值的1.3~1.4倍(允许出现环向裂缝的除外)。如C40混凝土桩的最大锤击应力不应超过2.45×(1.3~1.4)=3.2~3.4(MPa)。

c. 预应力混凝土桩的桩身最大锤击拉应力不应超过桩身混凝土轴心抗拉强度标准值与有效预应力值之和的1.3~1.4倍。如某强度为C80的预应力混凝土管桩,桩身有效预应力5.58MPa,该桩的最大锤击拉应力不应超过12~13MPa。

d. 钢桩的锤击应力值不应超过钢材屈服强度。

e. 对有接头的混凝土桩,桩身最大锤击拉应力控制值除应考虑自身混凝土抗拉强度及有效预压应力外,还应考虑接桩处的抗拉强度。

④锤型选择参考

振动锤一般适用于沉钢管桩、钢板桩和H型钢桩。选择锤型可以参考表6-3-14。

2. 水上沉桩设备的选择

(1)打桩船的选择

打桩船的选择主要考虑下列因素:

①打桩船应满足施工作业对稳定性的要求,特别是对流急、浪大、水域开阔的区域及采用钢筋混凝土桩的工程,应优先选择船舶主尺度较大的打桩船。

②打桩船的锚重、锚型、锚车的功率要能适应工程所在地水文、气象、地质条件以及桩位布置,分析其在波浪、水流作用下不会走锚,锚缆布置能适应打所有平面扭角桩。

③根据桩位平面布置选择打桩船的主尺度、根据打桩船前平台的宽度和龙口的挑出长度检验能否顺利进行沉桩,特别是对于扭角和坡度变化较大、桩位比较密集或修复扩建工程。

(2)锤型选择

水上沉桩一般是利用柴油锤、液压锤锤击沉桩,或是利用振动锤产生的振动力来沉桩,也有一些特殊沉桩工艺来适应一些特殊的工程,如水冲锤击沉桩等。

①桩锤的分类

桩锤有柴油锤、液压锤、振动锤等。

②桩锤的特点

柴油锤结构简单,质量轻,锤击噪声大,有油烟飞溅。锤击能量利用率低,对桩的锤击应力大。液压锤是弹性碰撞性的冲击锤,锤击能量利用率高,锤击噪声低,如在锤套内接入压缩空气,能阻止水进入锤内,可用于水下沉桩。

振动锤适用于沉、拔钢板桩、钢管桩和钢护筒等,也有大功率振动锤,但不适用于混凝土方桩、预应力混凝土大管桩的施工。

(3)桩锤的选择

锤型的选择应根据地质、桩型、桩身结构强度、桩的承载力、环保要求和锤的性能,并结合施工经验试沉桩或试桩情况综合确定。

选择锤型参考表　　表 6-3-14

1	锤型		柴油锤(t)							液压锤(t)				
			1.8	2.5	3.2	4	7	8	10	3	5	7	9	11
2	锤型资料	冲击部分质量(t)	1.8	2.5	3.2	4.6	7.2	8	10	3	5	7	9	11
		锤总质量(t)	4.2	6.5	7.2	9.6	18	16.9	20.4	7.2	9.2	11.2	13.2	20.5
3	锤冲击力(kN)		2 000	1 800 ~ 2 000	3 000 ~ 4 000	4 000 ~ 5 000	5 000 ~ 7 000	5 500 ~ 8 000	6 000 ~ 10 000	2 000 ~ 4 000	3 000 ~ 5 000	4 000 ~ 6 000	5 000 ~ 7 000	6 000 ~ 8 000
4	适用桩规格	混凝土桩边长或直径(cm)	30 ~ 40	35 ~ 45	40 ~ 50	40 ~ 60	50 ~ 80	50 ~ 100	60 ~ 120	25 ~ 50	30 ~ 60	40 ~ 80	50 ~ 100	60 ~ 120
		钢管桩直径(cm)	40			60	90	100	300	40	40 ~ 60	40 ~ 80	40 ~ 100	40 ~ 300
5	黏性土	一般进入深度(m)	1 ~ 2	1.5 ~ 2.5	2 ~ 3	2.5 ~ 3.5	3 ~ 5	5 ~ 15	8 ~ 20	5 ~ 10	5 ~ 15	5 ~ 15	5 ~ 15	8 ~ 20
		桩尖可进入土层 p_s 值(MPa)	3	4	5	6	8	10	14	2	4	8	12	16
6	砂土	一般进入深度(m)	0.5 ~ 1	0.5 ~ 1	1 ~ 2	1.5 ~ 2.5	2 ~ 3	24	24	0.5	0.5	13	2 ~ 4	2 ~ 4
		桩尖可进入土层 N 值(击)	15 ~ 25	20 ~ 30	30 ~ 40	40 ~ 50	50	50	50	30 ~ 40	40 ~ 50	50	50	50
7	岩石	桩尖进入强风化深度(m)	0	0	0.5	0.5	1	1.5	2	0	0	0	0.5	0.5 ~ 2
		桩尖进入中风化深度(m)	0	0	0	0	0	0	0	0	0	0	0	0
8	锤的常用贯入度(mm/击)		50 ~ 80											
9	设计单桩极限承载力(kN)		1 200	1 600	1 600	5 000	10 000	15 000	20 000	1 500	4 000	6 000	10 000	15 000

当无试验资料时，应计算桩的轴心强度，分析桩的整体刚度和轴向应力。

当缺乏经验时，可参照表 6-3-15 选用。

水上沉桩用锤的主要性能表 表 6-3-15

锤 型	桩锤技术参数						适用桩径（mm）	适用桩类型
	锤芯质量（t）	锤总质量（t）	常用冲程（m）	锤芯最大允许跳高（m）	每分钟锤击次数（击/min）	最大锤击能量（kJ）		
MH45B	4.5	10.7	1.8～2.3	2.5	42～60	110.4	400～600	混凝土桩、钢桩
MB70	7.2	21.8	1.8～2.3	2.5	42～60	176.6	500～600	
MH72B	7.2	19.9	1.8～2.3	2.5	42～60	176.6	600～800	
MH80B	8.0	20.7	1.8～2.3	2.3	44～60	180.5	600～800	
KB45	4.5	11.0	1.8～2.3	2.5	35～60	110.4	400～600	
KB60	6.0	15.0	1.8～2.3	2.5	35～60	147.2	600～800	
KB80	8.0	20.5	1.8～2.3	2.5	35～60	190.2	600～800	
D46	4.6	10.5	可调	3.2	37～53	145.3	500～600	
D62	6.2	13.7	可调	3.5	35～50	219.0	600～800	
D80	8.0	19.18	可调	3.4	36～45	266.8	≥1 000	
D100	10.0	23.17	可调	3.4	36～45	333.5	≥1 000	
D125	12.5	20.4	可调	3.4	36～45	417.0	≥800	钢桩
D128	12.8	27.0	可调	3.4	36～45	426.5	≥800	
D160	16.0	35.0	可调	3.4	36～45	533.0	≥800	
SC-150	11.0	19.5	可调			150.0	≥1 000	
SC-200	10.0	24.5	可调			200.0	≥1 000	
HHK-18A	18.0	33.7	可调	1.5	40～100	265.0		
BSP HH30	30.0	55.0	0.2～1.2	1.2	27	333.5	≥1 000	

二、场地准备

1. 场地处理

沉桩前应将压桩地区的土层、地质情况调查清楚，根据桩的类型、地质条件、水文条件及施工环境条件等，据以估算打桩阻力，确定沉桩的方法和机具，并应对地上和地下的障碍物进行妥善处理。

无论采用锤击沉桩还是静力压桩，由于设备的自身自重及动荷载作用，对场地的承载力均有一定的要求，需对现场场地必须校核其承载力，必要时做处理。

当地面承载力较大时，原地面平整后，打桩机可直接在原地面上进行沉桩作业。对砂质地基，打桩产生的振动可能引起土质结构变化，从而使桩的四周陷落，导致打桩机倾斜，影响正常施工，此时可用长尺寸的厚钢板铺在打桩机下，防止打桩机倾斜。当地面承载力较低时，需对地面作些处理，一般可采用填土，铺砂石，垫枕木等措施。当场地坑坑洼洼，高低不平时，应先用道砟或碎石填平后，方能开始施工作业。如场地内有暗浜或暗沟，则应挖除浜沟内的淤泥，再填以道砟或碎石并整平压实。

为确保正常施工，对场地内有碍于沉桩作业的地下障碍物如防空洞、混凝土块体、钢渣等，或者地下通信电缆、供电管线、上下水道等公共设施，均需事先作周密调查并妥善处理。

对于施工水域上下游侧设置警示标志，避免非施工船舶进入施工水域。一般以施工区域上下游各 350 ~ 500m 为警戒范围，根据海事局所发航行通告的要求配备必要的警示装置，施工船舶按"沿海港口信号规定"显示信号，加强瞻望，确保安全专用通讯频道畅通，注意过往船舶动态，及时采取安全措施。在航道附近水域施工，要加强与航行船舶的联系，协同避让，以策安全。现场有巡逻艇担任警戒时，应听从其统一指挥调度。

沉桩施工前要对沉桩区域（包括船机设备锚位作业范围）进行调查探摸，必要时进行扫海作业，掌握是否有水底电缆、水下管线、水下建（构）筑物、沉排或抛石棱体等情况，分析其对沉桩施工的影响，必要时采取相应的保护措施或清障措施。

2. 桩位放样及控制

沉桩前应在陆域或水域建立平面测量与高程测量的控制网点，桩基础轴线的测量定位点应设置在不受沉桩作业影响处。

在旱地施工时，应先定出桩基的中心线，再在边排桩位以外适当距离处钉立木桩，设置纵、横两方向的定位板，在定位板上定出桩位的纵横坐标。施工时按坐标拉线，确定桩位。

在基坑内沉桩时，可将定位板设在围堰或基坑支撑上。在浅水中沉桩时，定位板可设在脚手桩上。对于水中打桩施工的可采用 GPS - RTK 系统进行测量定位。具体参见本章第四节"吊插桩"。

施工中测量放样需注意下述要点：

(1)必须按设计原图及轴线为基准，对样桩逐根复核，最好打一根复核一根，做好测量记录，复核无误后方可施工。

(2)对施工现场的轴线控制点及水准点作经常检查。

(3)轴线控制点及水准点应妥加保护。

(4)测量人员应对桩的就位、垂直度和打设高程进行监测，确保施工精度。

(5)沉桩至地面后，测量人员应根据轴线测出桩的平面偏位值，认真做好记录，办理好中间验收手续。

三、沉桩施工流程

沉桩施工一般工艺流程见图 6-3-20。

四、沉桩的施工顺序

在一个基础沉入较多的桩时，会把基底以下的土挤密或隆起（对于相对密度初始很低的非黏性土一般要下沉），如果采用从基础四周向内沉桩的办法，则愈往中间沉，基底以下的土就愈挤愈密，在受荷载后势必会使基础产生不均匀沉降。必须结合桩基的布置，确定合理的沉桩次序，便于施工的同时，解决土体挤密问题。一般顺序应遵循以下原则：

(1)当基础不大、桩数不多、桩距较大时，可从中间开始分向两边或周边对称进行沉桩，如图 6-3-21a）所示。

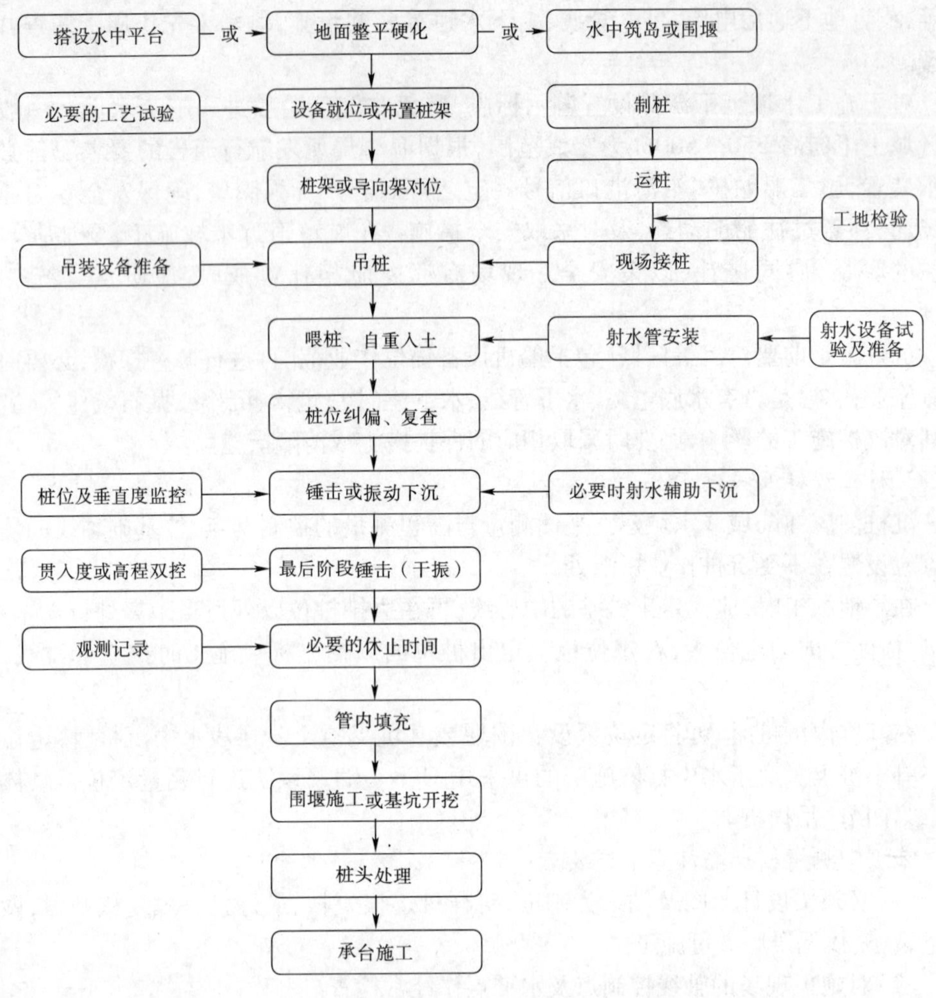

图 6-3-20　沉桩施工工艺流程图

（2）当基础较大、桩数较多、桩距较小时，应将基础分为数段，而后在各段范围内按前述第（1）条顺序分别进行沉桩，如图 6-3-21b）所示。

（3）基础内包括直桩与多方向的斜桩时，特别在水深、流急、有潮水影响的河流中，安排沉桩顺序应尽量减少移动船位、变更桩架斜度的作业次数，以提高效率。如图 6-3-21c）所示。

（4）当斜桩的水平投影相交时，应先沉相对位置在下的斜桩，避免桩头的相互干扰。

（5）当桩的规格、埋深、长度不同时，宜先大后小，先深后浅，先长后短施打。

（6）在靠近斜坡沉桩时，会使土体产生侧移，影响斜坡的稳定性。一般最靠近斜坡的桩先沉、距斜坡最远的桩最后下沉。使先下沉的桩对土体起到加固和抗侧移防护作用，以减小土向斜坡方向的侧移。

打桩顺序确定后，为了便于桩的布置和运输，还要考虑打桩机是“顶打”还是“退打”。

当打桩地面高程接近桩顶设计高程时，打桩后，许多桩的顶端还会高出地面，这主要是因为桩尖持力层高程不可能完全一致，而预制桩又不可能设计成不同长度。在这种情况下，打桩机只能采用向后退打的方法，这样就不可能事先将桩全部布置在地面上，只能边打边运；当打桩后，桩顶实际高程在地面以下时（摩擦桩一般是这样），打桩机则可以向前“顶打”。这时只要现场许可，所有桩均可事先布置在桩位上，避免场内二次搬运。顶打时地面所留桩孔应在移动打桩机前铺平。

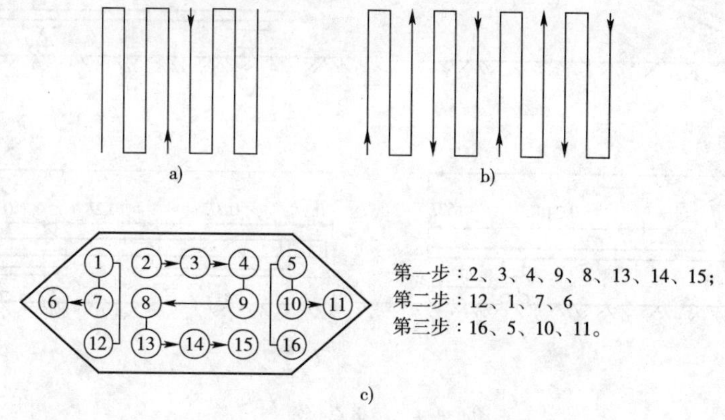

图 6-3-21　沉桩施工顺序图

第四节　打入桩施工

近年来，打入桩施工已广泛应用与桥涵施工。直径从 250mm 的小直径管桩到 3000mm 以上大直径钢桩；施工地域不仅在陆地上，而且在 20m 以上的深水环境和外海环境都有成功的应用。沉桩施工的全过程一般包括桩体运输、起吊、喂入（导向架体）、纠偏定位、沉桩入土以及桩体连接等环节。

一、吊插桩

（一）吊桩、喂桩

桩的吊点位置宜采用两个吊点，较长的桩可采用三个吊点和四个吊点：一般情况下，桩长小于等于 18m 宜采用两点吊、大于 18m 宜采用三点吊，超过 40m 可采用四点吊。沉桩直立后，一般宜采用一个吊点便于垂直度调整和控制，如图 6-4-1 所示。依据工程情况，也有采用五点吊、六点吊的，此时应进行吊点设计，桩长在 60 ~ 70m 范围内，六点吊的施工如图 6-4-2 所示。

各种吊点的位置是根据吊运、吊立过程中产生的最大正负弯矩绝对值相等，且不超过桩体容许弯矩确定的。桩的体形变化时，其吊点的位置有时要做相应的变更。在计算桩的吊运、吊立最大弯矩时，须考虑吊运、吊立时发生的振动、支点位置及恒载的偏差等，应计入一动力系数：水平吊运时取 1.4；吊立过程取 1.25。

三点及以上起吊时应注意超静定结构，吊索伸长量和长短偏差对最大弯矩的影响，必要时应采用如图 6-4-2 所示的分配方式予以克服。

起吊前应检查桩上的配件是否齐全。吊桩前应作好桩的吊点位置记号，捆好吊索，并标好监测桩下沉深度的标记。吊点应符合设计规定，不得任意变动。

起吊时桩身应平稳地吊离小车或驳船。

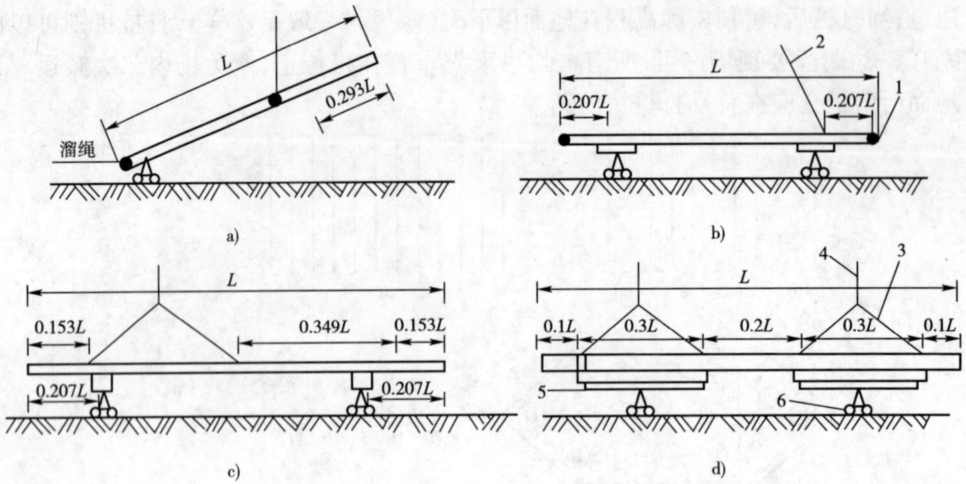

图 6-4-1 吊桩点位置

a)一吊点;b)两吊点;c)三吊点;d)四吊点

1-桩;2-吊索;3-下吊索;4-上吊索;5-铁架车;6-转盘

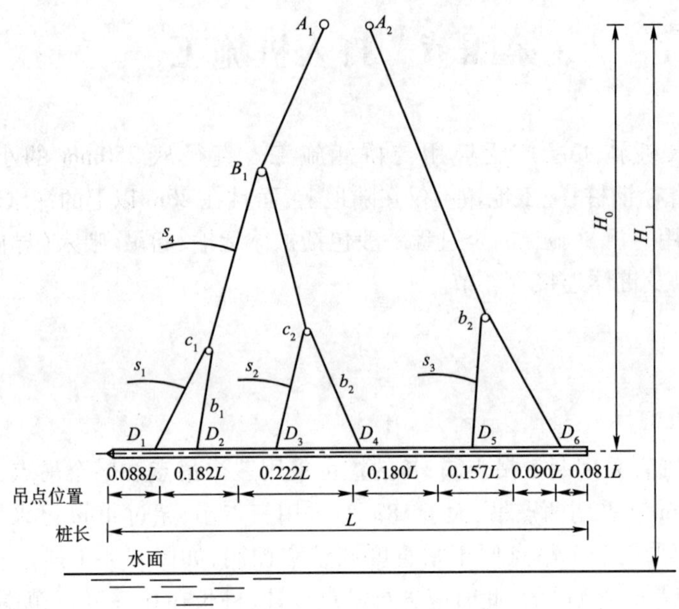

图 6-4-2 长桩六吊点示意图

采用一吊点吊立就位时,当桩吊到一定高度(即相当于 1/2 桩长加 0.5m)后,则逐渐收紧桩顶部吊绳,同步缓慢放松桩底部吊绳,直至桩身完全垂直为止,然后把桩放入导向框内。

直径超过 1.2m 的较大直径钢管桩,采用两吊点吊立就位时,桩身偏移量过大,难以进入并固定在导向框架内;此时应在上吊点的对称面增加一辅助吊点,使直立后的桩呈垂直状态,如图 6-4-3 所示。

采用三吊点吊立就位时,桩的起吊就位步骤如下(图 6-4-4):

(1)将桩水平提高至高度为 1/2 桩长加 0.5m 时,即停开 1 号卷扬机;

(2)仅开动 2 号卷扬机继续收紧上吊索,使桩旋转至基本垂直;

（3）卸除下吊索，使桩单点悬挂在上吊索上，必要时通过上辅助吊索完全调整垂直后把桩纳入并固定在导向框内。

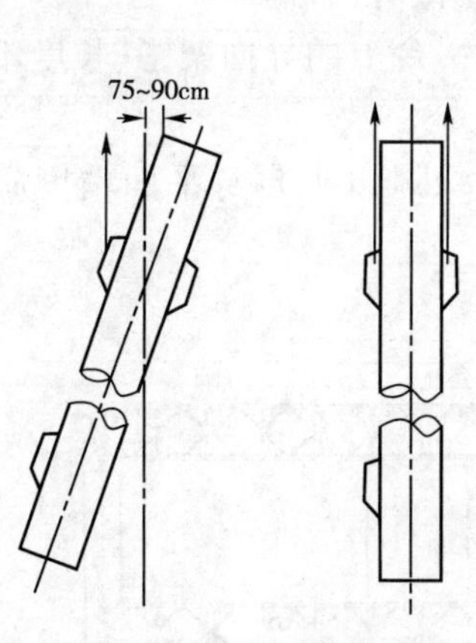

图 6-4-3　吊长桩时增加对称吊点

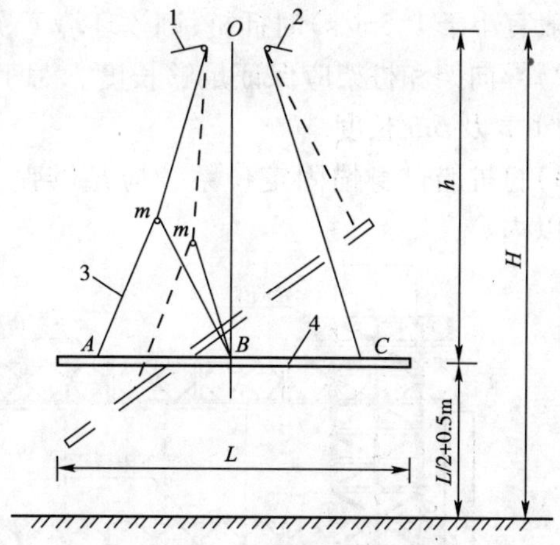

图 6-4-4　长桩三吊点吊立

1-1 号卷扬机；2-2 号卷扬机；3-下吊索（AmB）；4-桩

采用四吊点起吊时，见图 6-4-5。下吊索长度（包括捆绑长度）一般取（0.5～0.6）L，吊桩高度 H 不宜小于 0.8L。对于水中起吊时不宜小于 0.8（L－水深 h）。

用桩架沉桩时，应沉完一根桩再吊插另一根桩。在平台或围堰内沉桩时，用吊机吊桩，如有导向框架固定时，也可连续吊插几根相邻的桩，然后逐根下沉。

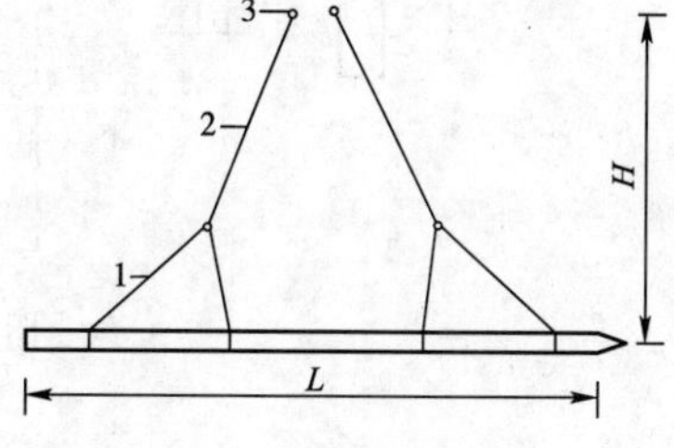

图 6-4-5　长桩四吊点起吊

1-下吊索；2-上吊索；3-顶滑轮

（二）桩体定位与导向

在喂（插）桩过程中，应采取有效措施，对桩体实施定位与导向。一般方法包括：

1. 导向架定位

在平台或围堰内插桩时，可利用定位导向架，对桩体进行导向、纠偏，并固定桩体位置，如图 6-4-6 所示。首先利用具有足够刚度的钻孔平台或围堰，固定导向架，并调整导向架中心平面位置及垂直度，并应满足沉桩前桩位及桩垂直度要求。其次在桩喂（插）入导向架后，再次利用导向架调整桩位置及倾斜度，使之满足下述精度要求。

2. GPS 定位

利用打桩船或桩架沉桩时，定位与导向方法如图 6-4-7 所示。具体步骤如下：打桩船抛锚定位—钢桩运输船定位—打桩船松、紧缆取钢桩—钢桩喂入打桩船上下抱箍并与之牢固固定—通过船体平面位置、桩架倾斜度调整钢桩位置及倾斜度满足要求—紧固打桩船—下放钢护筒至河床表面、自重下沉一定深度（流速较小状态）—复测平面位置、垂直度。

沉桩前，桩位及桩的垂直度（或倾斜度）应符合以下规定：

（1）桩位允许偏差 20mm；

（2）垂直度不得超过 1/400。

沉桩初期的精度基本确定了沉桩到位时的最终精度，因此应加强措施确保喂（插）桩

后、沉桩前的精度,尤其是深水环境下,应注意以下几点:

(1)应选择合适的施工时机。对于水深超过 15m 的施工环境,应选择在水流流速较小(一般宜小于 1.5m/s)时插桩;潮汐环境下,宜选择平潮时插桩。

(2)导向架和桩架应保证足够长度。对于固定于平台上的导向架,其长度不宜小于水深的 1/3 及 6m 长度。

(3)打桩船自身锚固定位系统应足够强大,在六级风以下自身平面精度应控制在 20mm 以内。

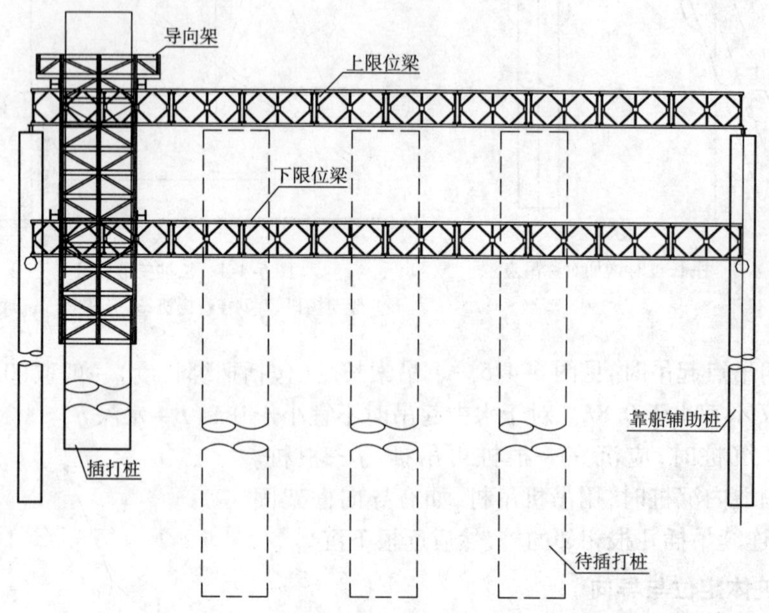

图 6-4-6　平台导向架法定位桩体示意图

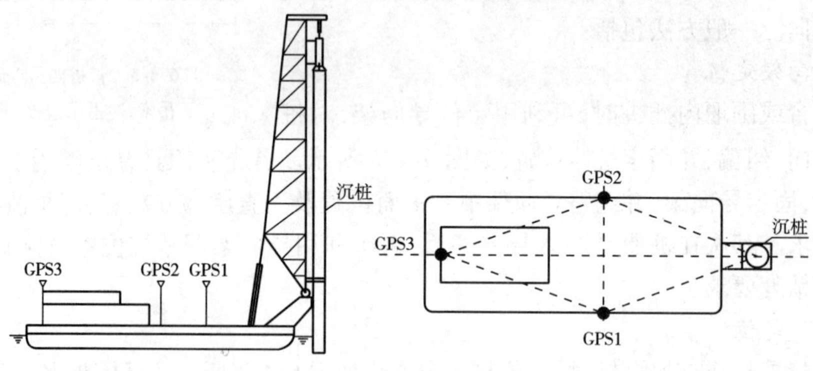

图 6-4-7　打桩船导向定位桩体系统原理示意图

二、沉桩方式

(一)锤击沉桩

1. 施工方法

(1)沉桩前应对桩架、桩锤、动力机械、射水管路、蒸汽管路、电缆等主要设备部件进行检查。沉桩开始将锤提升到桩架顶,然后吊桩插入桩位,若有偏差应将桩提起重插。插好后将桩帽、桩锤轻落在桩顶。开锤前应再检查桩锤、桩帽及送桩与桩的中轴线是否一致,如有偏差应纠正。

(2)用柴油锤沉直桩前,应将桩架导杆调成垂直。在第一节桩入土3m时,应停锤复核桩架导杆的垂直度,如发现问题必须校正后方可继续沉桩。

用单动汽锤沉桩,开始时必须严格控制锤的动能,保持桩的均匀下沉。如系松软土质,为防止下沉量过大,先不解开吊桩的钢丝绳,待安好锤再逐渐放长吊锤和吊桩的钢丝绳,使桩缓慢地沉入土中,以保安全。

沉斜桩时,桩架应符合斜桩的坡度。插好桩将锤压于桩上复测一次,如每米斜度误差大于3mm时,必须进行校正。

(3)一般开锤以后,坠锤或单动汽锤的落锤高度不宜超过0.5m;双动汽锤应降低气压,减少每分钟的锤击数;柴油锤应控制供油量,减少锤击能量。以后视桩的入土情况,逐渐加大冲击动能,直至桩的入土深度和贯入度都符合设计要求(即"双控")时为止。

(4)若桩的入土深度和贯入度都符合设计要求有困难时,可按下述方法进行处理:

①设计桩尖土层为一般黏性土时,应以高程控制。桩沉入后,桩顶高程的允许偏差为+100mm,0。

②设计桩尖土层为砾石、密实砂土或风化岩时,应以贯入度控制。当沉桩贯入度已达到控制贯入度,而桩端未达到设计高程时,应继续锤击贯入100mm或锤击30~50击,其平均贯入度应不大于控制贯入度,且桩端距设计高程不宜超过1~3m(硬土层顶面高程相差不大时取小值)。超过上述规定,应会同监理和设计单位研究处理。

③设计桩尖土层为硬塑状黏性土或粉细砂时,应以高程控制为主,贯入度作为校核。当桩尖已达到设计高程而贯入度仍较大时,应继续锤击使其贯入度接近控制贯入度,但继续下沉时,应考虑施工水位的影响;当桩尖距离设计高程较大,而贯入度小于控制贯入度时,应继续锤击贯入100mm或锤击30~50击,其平均贯入度应不大于控制贯入度,且桩端距设计高程不宜超过1~3m(硬土层顶面高程相差不大时取小值)。超过上述规定,应会同监理和设计单位研究处理。

(5)沉桩过程中,若遇到贯入度剧变,桩身突然发生倾斜、移位或有严重回弹,桩顶出现严重裂缝、破碎,桩身开裂等情况时,应暂停沉桩,查明原因,采取措施后方可继续沉桩。

(6)锤击沉桩应考虑锤击震动对其他新浇注混凝土结构物的影响,当结构物混凝土未达到5MPa时,距结构物30m范围内,不得进行沉桩。

(7)若桩架高度、起吊设备能力和桩的结构强度等条件都许可,可在现场将桩节预先连接好,一次起吊和下沉,在预先连接混凝土桩时,两节桩必须成一直线。如接头处不平造成桩身弯曲,弯曲处矢度大于10mm者,不得使用。

(8)就地接桩宜在下节桩露出地面或水面以1m时进行,并要求两节桩的中轴线必须符合。若已沉入第一节桩,直桩的垂直度或斜桩的斜度超过设计规定的1%时不得接桩。应将第一节桩拔出重新下沉,符合规定后再接桩。

凡用法兰盘接桩时应上足螺栓并拧紧,经锤击数次后将螺栓再拧紧一遍,然后点焊或将丝扣拧紧一遍,最后涂刷沥青清漆(即石罗松),并在法兰盘的空隙处全部填满沥青砂胶以防腐蚀。

凡用钢套筒接桩的桩,必须将桩头弄净、整平后进行焊接。

接桩方法见本章第二节中"五、桩的连接"。

(9)沉桩工作应一次沉到设计高程,不得中途停顿。若停顿过久,由于土的恢复将难以下沉。

(10)蒸汽锤蒸汽压力应不小于0.7MPa。沉完一根桩后应立即进行检查,确认桩身无问题后再移动桩架。沉好的桩在未经验收和必要的冲击试验以前,不得截锯桩头。截锯桩头时最好不用大锤硬砸,以免振出裂缝,可先用钢抱箍或木抱箍将桩身截锯处下面箍紧,用小锤沿箍处凿开一条沟槽,然后再进行扩大截断。截断混凝土管桩时,可采用油压式桩柱破碎机。

下沉的钢管桩可用氧割切除桩头,已沉好的桩不得作为地垄桩使用。

(11)沉桩施工应逐日收听气象预报,随时注意气候变化,如遇暴雨和大风(超过5级时)应停止沉桩作业,并对所有设备进行检查和防护。如风力达到7级时,应采取稳定桩架,如加拉缆风等措施,必要时可放倒桩架。在雷雨季节施工时,应有防雷电的措施,蒸汽锤的排汽口附近不得站人,防止烫伤。沉桩作业时,严禁施工人员攀搭桩锤上下桩架。

2.施工注意事项

(1)锤击时宜"重锤低击"。锤重、落距低可以延长锤击接触时间,从而降低锤的冲击应力,避免损坏桩头,而且比轻锤高速冲击效率高。

(2)桩帽与桩之间的垫层(包括锤垫和桩垫)要仔细安放,要有适当的厚度(根据天津、上海等地的经验,桩垫厚度采用12cm厚水泥袋纸或7.5~10cm厚的松木是比较适宜的),在锤击过程中需及时修理锤垫更换桩垫,避免桩头引起很高的压应力。桩帽要夹着垫层,减少锤击时产生振动,使锤击力能均匀地分布在桩头上。桩帽不应紧密固定在桩头上,以免引起桩扭矩的传递。

(3)不得采用大能量的锤击施工,特别是桩尖进入硬层,贯入度变小时,容易造成桩头和桩身的损伤,如图6-4-8所示。

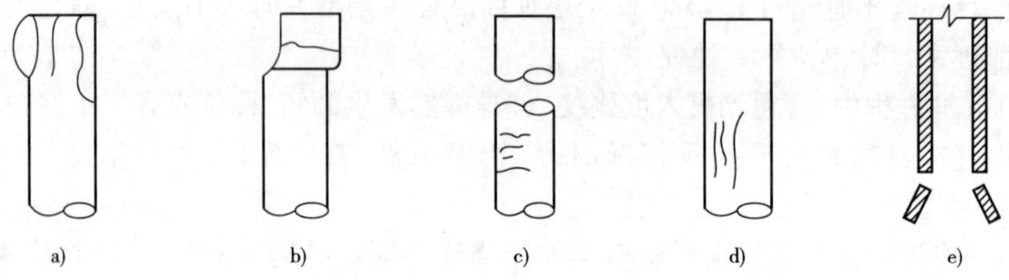

图6-4-8 混凝土桩损伤的几种情况

a)锤击应力超过桩顶混凝土的抗压强度;b)锤击应力超过桩身混凝土的抗剪强度;

c)锤击应力超过桩身混凝土的抗拉强度;d)混凝土管桩螺旋筋强度不足;

e)混凝土管桩桩脚强度不够

锤击沉桩时,桩出现的最大压应力的位置:对于等截面的混凝土桩是在桩顶;对于上段实心、中段空心的混凝土空心桩是在桩的上中部。据日本有关资料介绍,锤击沉桩的压应力约为18.7~25.0MPa。

(4)锤击时应注意桩顶的压应力,避免损坏桩头。锤击引起桩顶压应力,可按第五节进行计算。算得的锤击压应力:对于钢桩应不大于钢材屈服强度的80%;对于钢筋混凝土桩应不大于混凝土抗压强度的70%;对于预应力混凝土桩应不大于混凝土抗压强度的75%。

(5)锤击时要注意桩的疲劳程度。当锤击次数越多,锤击频率越高,桩的强度降低越大，损坏的可能性也越大，因此须控制单桩的锤击次数。锤击控制次数，一般由桩的种类、长度、形状和地基情况等因素而定。表6-4-1提供的数值可供参考。

锤击次数控制表　　表6-4-1

桩的类型 / 锤击次数	钢筋混凝土桩	预应力混凝土桩	高强度预应力混凝土桩
总锤击次数	1 000	2 000	3 000
最终10m的锤击次数	500	800	1 500

(6)当桩穿过软土层后突然进入硬土层，或穿过硬土层后突然进入软土层，沉桩应力会发生变化，前者会产生大的压应力(岩石更甚)，后者会产生拉应力。须注意观察、严格操作，否则就会打坏桩。

(7)锤击时应严格控制桩的垂直度。桩身不垂直，除了桩顶产生集中应力外，桩身还要受到压弯联合作用，产生拉应力和弯曲应力，这是很危险的。

(8)预应力混凝土桩的预应力筋与桩顶须切除得很平整，否则在锤击时会导致产生很高的应力。

(9)锤击时导杆不得把桩过分嵌制，或发生转动，否则会引起桩的扭转开裂

(10)锤击沉桩的最后贯入度，不宜定得太小，对于柴油锤不宜小于1~2mm/击，蒸汽锤不宜小于2~3mm/击，以免损坏桩锤。

(11)H型钢桩断面刚度较小，锤质量不宜大于4.5t级(柴油锤)，且在锤击过程中桩架前应有横向约束装置防止横向失稳。

(12)对发生"假极限"、"吸入"、"上浮"现象的桩，应进行复打。

3. 锤击沉桩时常遇问题及其防止措施和处理方法

沉桩时常遇问题及其防止和处理方法见表6-4-2。

锤击沉桩时常遇问题及防止措施和处理方法　　表6-4-2

常遇问题	产生原因分析	防止措施和处理方法
桩身倾斜	(1)桩头不平，桩尖制作歪斜，桩靴套得不准； (2)桩尖在土层内一侧遇石块障碍物等； (3)土层有陡的倾斜面，使桩沿斜面滑移； (4)桩帽与桩身不在同一直线上； (5)地下有流沙，桩被冲动； (6)沉群桩基础时，采用了逐排连续沉桩顺序，使土挤向一侧	(1)沉桩前须对桩头、桩尖和桩靴进行检查纠正； (2)障碍物不深，可挖除回填后重新沉桩； (3)须查明土层陡坡方向，采取适当措施； (4)随时检查纠正； (5)是否采用桩基，与设计单位研究； (6)改用分段沉桩顺序
桩身扭转或位移	(1)桩尖不对称； (2)桩身不正直	(1)偏差不大，可用锤棒慢锤低击纠正； (2)偏差过大，应拔桩重沉
桩头打坏	(1)桩头强度低，保护层过厚，桩顶凸凹不平； (2)锤与桩不垂直，落锤过高，锤击过久，垫层有问题； (3)桩尖遇坚硬土层或障碍物	分析原因，分别及时纠正
桩身破裂	桩质量不符合设计要求	混凝土预制桩可加钢夹箍，用螺栓拧紧后焊固补强。质量较差的不得使用

续上表

常遇问题	产生原因分析	防止措施和处理方法
桩涌起	(1)遇流沙或较软土层； (2)采用了由两边向中央沉桩顺序，使地基土挤密	(1)浮起量大的桩重新沉入； (2)涌起的桩进行复打
桩急剧下沉	(1)遇软土层、土洞、暗坑等； (2)接头破裂或桩尖劈裂，桩身弯曲或有严重的横向裂纹； (3)桩锤过重或落锤过高； (4)接桩不垂直	(1)如情况与钻探资料符合，属于正常现象； (2)将桩拔起检查改正重沉，或在原桩位处作补桩处理； (3)调整锤击速度或落锤高度
桩沉不下去或达不到计高程	(1)遇障碍物或碰到大石块； (2)沉到坚硬土夹层或砂夹层； (3)由于基岩面起伏较大，相同长度的桩沉不下去； (4)沉桩间歇时间过长，摩擦力增大； (5)桩锤太轻或落锤太低； (6)桩距太小，或自两边向中央沉桩，土被挤密	(1)设法清除或移动桩位或补桩； (2)地基土与钻探资料相符，属正常情况； (3)进一步探清地质资料，改用符合设计要求的不同桩长，或按上述入土深度和贯入度不用双控方法处理； (4)加大锤质量，提高落锤高度； (5)放大桩距改由中央向两边沉设
桩身跳动桩锤回弹	(1)桩尖遇树根或坚硬层； (2)桩身过曲，接桩过长； (3)落锤过高	(1)检查原因，采取措施使桩穿过或避开障碍物，如入土不深应拔起避开或换桩重沉； (2)重锤轻击，改善落锤高度

4. 沉桩复打

对发生“假极限”、“吸入”现象的桩和射水沉桩及上浮、下沉现象的桩都应进行复打。

“假极限”是桩在饱和的细、中、粗砂中连续锤击下沉时，使流动的砂紧密夹实于桩的周围，妨碍土中水分沿桩上升，在桩尖下形成水压很大的“水垫”，使桩产生暂时的极大贯入阻力。在休止一定时间后阻力就降低。“吸入”是桩在黏性土中连续锤击时，由于土的渗透系数小，桩周围水不能渗透扩散，而沿着桩身向上挤出，形成桩周围的润滑套，使桩周围的摩擦力大为减少，在休止一定时间后，桩周围水消失，桩周土摩擦力恢复增大。射水沉桩由于射水的冲刷，减少桩周围的摩擦力。桩的上浮、下沉均会影响土对桩的阻力。因此上述的几种情况，在休止一定时间后均须进行复打，以确定桩的实际承载力。

休止时间按土质不同而异，可由试验确定，若无试验资料时，一般可采用本章第五节“三、冲击试验”规定的休止时间。

5. 锤击时桩发生损坏的几种补救方法

(1)河床以上部分，桩身露筋，混凝土剥落、裂纹较多时，如为混凝土管桩，应先向管内填充不低于 C20 的混凝土。根据桩的破损情况，用薄钢板制成拼装式的套筒，然后在工作船上组拼，用吊具将套筒套人桩顶，顺桩身落在河床上，亦可由潜水员下水组拼，待套筒正确就位后，向套筒内灌注水下混凝土，如图 6-4-9 所示。套筒可以拆下重复使用。

(2)河床以下混凝土管桩断裂时，如仅桩壁的混凝土破损，钢筋未变形，可在管桩内灌注水下混凝土直至桩的顶部。如有少量钢筋弯曲，可用通桩器(图6-4-10)逐次将钢筋冲直，加设钢筋骨架或钢轨后填充混凝土。钢筋骨架或钢轨必须伸出破损部分以上和以下各1.0~1.5m。

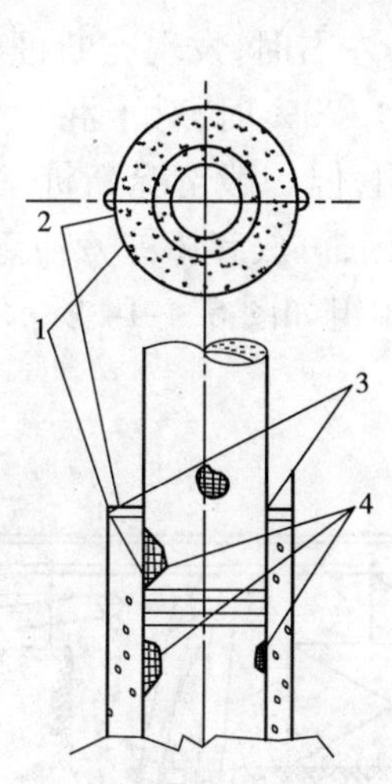

图6-4-9 用钢套筒加固混凝土桩

1-钢套筒；2-水下混凝土；3-木撑；4-破损位置

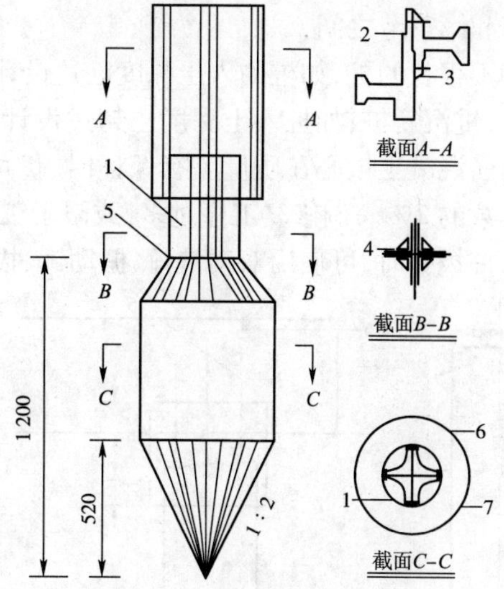

图6-4-10 通桩器(尺寸单位：mm)

1-连接角钢；2-填板；3-2根43kg钢轨；4-4L75×75×10角钢；5-电焊；6-混凝土；7-钢板

(3)混凝土管桩的桩头靠近法兰盘部分的管壁混凝土产生裂纹或微有剥落时，可采用在桩顶法兰盘下加钢夹箍(图6-4-11)、钢抱箍(图6-4-12)，或以钢丝缠绕桩头的补救方法。夹箍如需沉入土中时，应将加劲板切除，必要时可将夹箍与法兰盘焊接在一起。

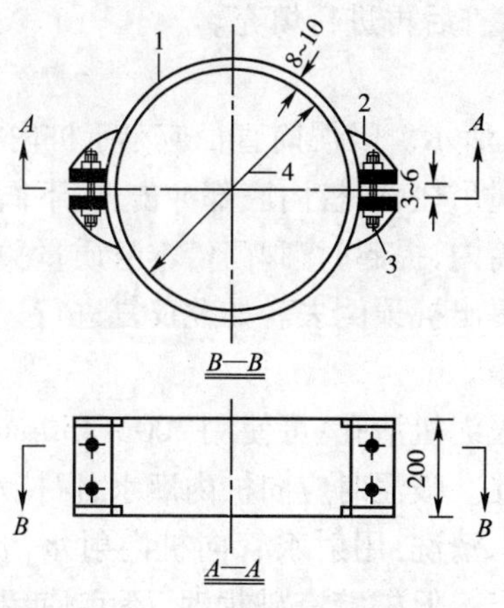

图6-4-11 钢夹箍加固(尺寸单位：mm)

1-钢夹箍；2-加劲板，厚10mm；3-ϕ19螺栓；4-钢管直径D

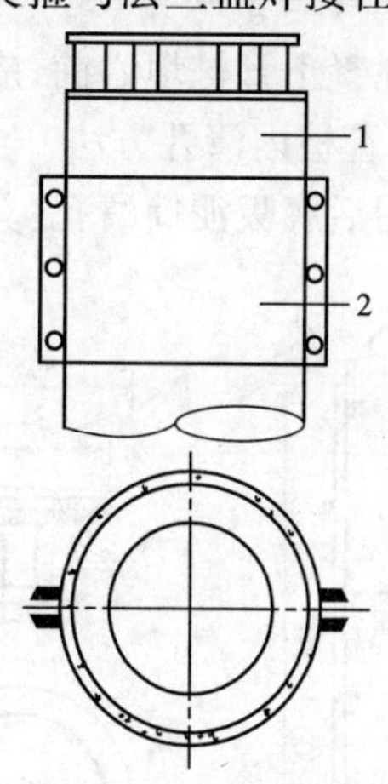

图6-4-12 钢抱箍加固

1-原有的桩头套箍；2-附加钢抱箍

(4)桩身破损部分在截除桩头以下约1m左右时，可将自破损处以上的桩身混凝土全部凿除，保留主筋并弄直。然后在该处浇注不低于桩身混凝土强度的混凝土块，混凝土块的尺寸按桩身尺寸适当增大些，其中心轴线必须与原桩中心轴线相一致。混凝土块顶部应伸入承台底面以上20cm，其底部应在桩凿除线以下20cm，即可按完整桩使用，如图6-4-13所示。

加固处理后的基桩，应进行静载试验。经试验合格后方可使用，如不合格，应另补新桩。

根据实践经验，锤击下沉的混凝土管桩在四节或四节以上时，如发生断桩多半是在第二节和第三节之间。

对不很长的桩，如桩的入土深度已达设计深度的50%左右时，发现有断桩现象，一般应拔出，重沉新桩；如桩入土深度已超过设计深度的60% ~70%时，对于混凝土管桩，确能以钢筋混凝土填心在质量上有保证时，仍可按好桩使用，但一般情况断桩率不应超过基桩总数的2%。倘修复工序过多，或限于工期和其他原因，可放弃坏桩另补新桩。

坏桩拔除时，可使用双动汽锤、振动锤、拔桩汽锤，滑车组如图6-4-14所示。

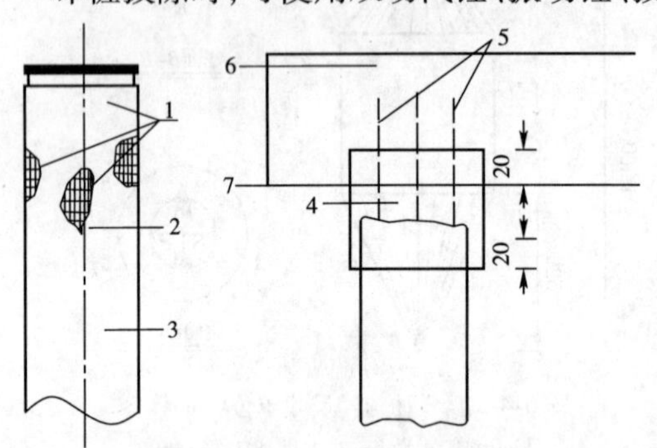

图6-4-13　被损桩头部分补浇混凝土（尺寸单位：mm）

1-桩身破损部位；2-破损面最低线；3-混凝土桩；4-补浇混凝土；5-桩顶部钢筋；6-承台混凝土；7-承台底面

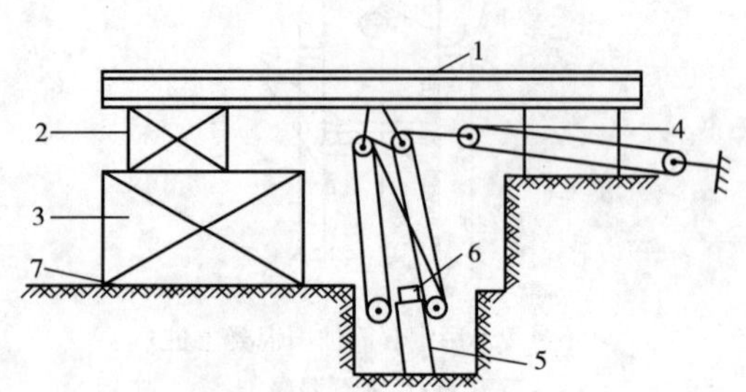

图6-4-14　用滑车组拔桩示意图

1-工字钢梁；2-支架；3-桩架脚手；4-绞车；5-桩；6-木塞；7-基坑底

6. 混凝土管桩填心

在混凝土管桩填心前，应先将桩内清孔、探查后再进行填充。

(1)管桩内清孔方法

①用活底吸泥筒清孔：其构造如图6-4-15所示。吸泥筒直径应小于桩内径3 ~5cm。使用时用绳吊住，向桩内底部冲击，底下阀门被顶开，泥浆进入筒内，提起时，阀门借本身质量关闭，装在筒内的泥浆提出桩顶倒去。如此反复进行，可将桩内泥浆清洗干净。

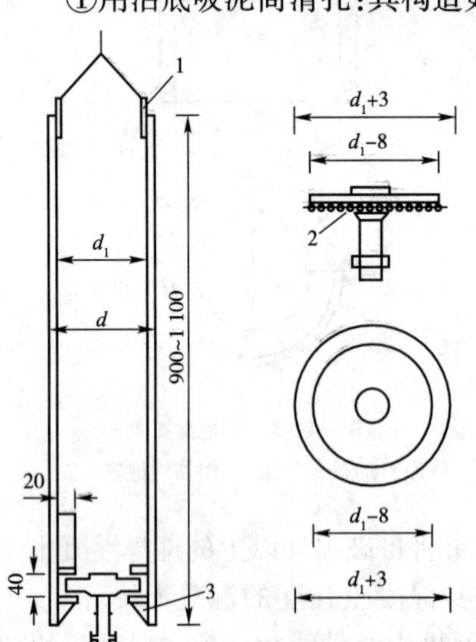

图6-4-15　活底吸泥筒（尺寸单位：mm）

1-吊环；2-胶皮或帆布；3-加劲板

②用吸泥机清孔：可使用100 ~150mm空气吸泥机吸泥清孔。吸泥时应向桩内灌水，保持水位。

③射水清洗：用射水管向桩内射水清洗，使泥浆从桩顶溢出。但桩壁有破损时，不宜使用射水，并需注意避免扰动桩尖土层，降低桩的承载能力。

(2)管桩内填充方法

①填充透水性土：当设计要求在桩内上面一段填充混凝土，下面一段填充透水性土时，可将透水性土直接倒入填充。为避免在管内相互卡住，倒入速度不宜过快，填充料最大粒径不得大于桩内径1/3。结合实填数量来掌握填充高度。

②填充混凝土:若桩内无水并干得过快,应逐层插捣密实,每根桩应一次浇注完毕。如有水时可采用灌注水下混凝土方法进行填筑。

若填充混凝土强度未达到设计强度的25%时,在6倍桩径长度的范围内,应禁止锤击或射水。

(二)振动沉桩

通过强迫振动使桩体和土体共振,瞬时破坏土体与桩之间的黏结力和弹性力,使桩借助自重、锤重以及液压冲击力下沉入土。一般可实现入土15~40m。

一些常用的振动锤的技术规格见前述第三节打入桩施工设备。

1.施工要点

振动沉桩与锤击沉桩基本相同,除以振动锤代替冲击锤外,可参照锤击沉桩法施工。

(1)在施工场地安装导向架,并进行精确固定。水中沉桩时,可利用已有作业平台进行导向架的固定。

(2)采用吊装设备将沉桩吊入导向架内进行精确定位。对于水中沉桩,需利用导向架的调节装置,调整预制桩的平面位置及垂直度偏差满足规范要求,以确保预制桩靠自重下沉沉入河床时的定位精度。

(3)将桩头套入振动锤桩帽中或被液压夹桩器夹紧,便可启动振动锤进行沉桩直到设计高程。当振动锤至上导向装置1.0m时停止振动,移走上层导向龙口,使振动锤能继续振动下沉预制桩至下层导向龙口顶面约1.5m处,停止振动下沉。当桩入土稳定后,即可拆除全部的导向装置。

(4)当打入桩较长,分节施工时,混凝土桩的接长可采用法兰连接、钢板连接、硫黄砂浆锚接连接,钢桩连接一般采用内衬环或内衬套连接,具体详见第一节概述中桩的连接。

(5)预制桩对接完成且上层导向精确就位后,第二次安装振动锤,振动下沉预制桩,当振动至上层导向龙口顶面1.0m时停止振动,又打开上层导向龙口,移走上层导向,继续振动下沉预制桩至设计高程。

(6)对于振动配合射水沉桩,一个基础内的桩全部下沉完毕后,为了避免先沉入的桩周围土被邻近桩下沉射水所破坏,影响其承载力,应将全部基桩再复振一次,使达到合格要求。

(7)每根桩的下沉应一气呵成,不可中途停顿或有较长间歇,以免桩周的土恢复,继续下沉困难。接桩的间歇时间亦应力求缩短。

(8)振动锤与桩头法兰盘连接螺栓必须拧紧,不得有间隙或松动,否则振动力不能充分向下传递,影响管桩下沉,接头也易振坏。

(9)振动沉桩时,应以设计规定的或通过试桩验证的桩尖高程控制为主,以最终贯入度(mm/min)作为校核。当桩尖已达到设计高程,而与最终的贯入度相差较大时,应查明原因,会同监理和设计单位研究处理。

2.施工注意事项

(1)振动锤安装要求有足够的精度,底座基本水平,误差不得大于2mm,防止出现过大的偏心振动,开始振动时应先点振,待桩体进入土层一定深度且完全起振后,方可连续振动下沉。

(2)桩对接过程中垂直度、桩位的控制和复检。

桩对接过程中,由于桩体定位约束的变化,以及桩体自重的变化,可能发生二次偏位,应采取以下措施加以克服:

①对接过程中,导向架保持受力,顶紧桩体。

②通过测量放样,垂直度观测,严格控制接长部分桩体下口和上口的平面偏位及垂直度。

③设置图6-4-16所示的可调节导向架,针对接长过程中发生的桩体偏位,通过千斤顶及滚轮对桩体进行调节。

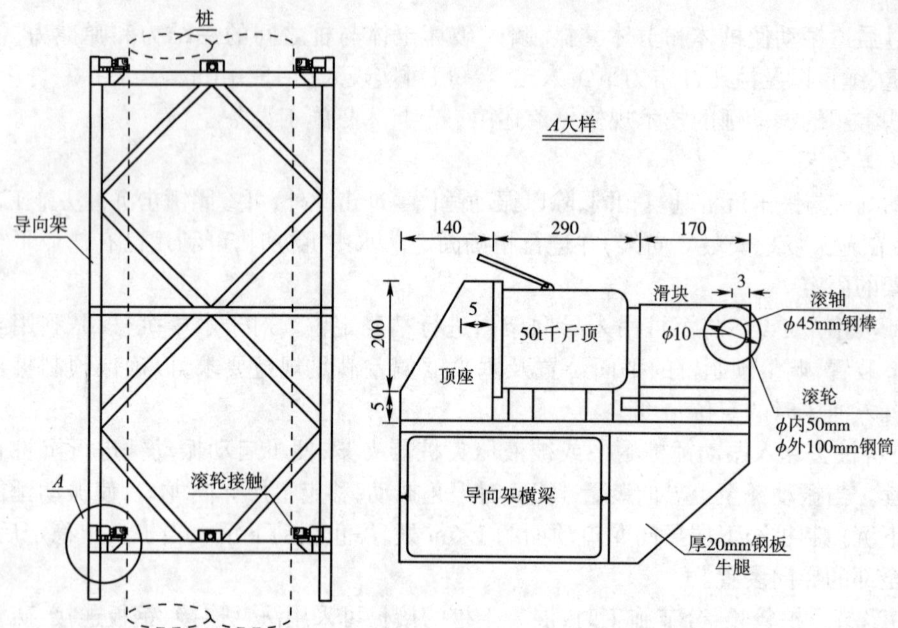

图6-4-16　平面可调导向架(尺寸单位:cm)

(3)振动持续时间。

每次振动持续时间过短,则土体结构未被破坏,无法实现土体液化、摩阻力降低;过长则振动锤部件易遭破坏。振动的持续时间长短应根据不同机械和不同土质通过试验决定,一般不宜超过15~20min。

一般当下沉速度由小逐渐变大时,可以继续振动。

下沉速度由大变小,当下沉速度小于20mm/min时应停振。

当振幅很大(一般不应超过14~16mm)而桩不下沉时,表示桩尖土层坚实或桩的接头已振松,应立即停振,另作处理。

3.振动沉桩施工优缺点

振动沉桩优缺点见表6-4-3。

振动沉桩优缺点　　表6-4-3

优　点	缺　点
(1)冲击力较锤击桩小,同时对桩力的传递比较均匀,不存在过大的应力集中和偏心弯矩等; (2)下沉速度较快,尤其在砂性土中效果较显著; (3)振动锤体积小、重量轻,移动便捷,配套吊装设备相比较小; (4)噪声较小,尤其是在市区环境施工时,优势相当明显	(1)振动时容易使桩的连接螺栓松动; (2)必须有电力供应,否则需要配置发电机等配套设施; (3)振动锤与桩顶连接较费时,尤其高空作业时; (4)振动锤上的电机容易损坏,设备维护保养要求高

(三)射水沉桩

射水沉桩的射水多与锤击或振动相辅使用，在砂夹卵石层或硬土层中沉桩，一般应以射水为主锤击或振动为辅。在砂黏土和黏土中沉桩，不宜采用射水，如必须使用时，应以锤击或振动为主射水为辅，并应慎重控制水压和水量。如果土层适宜，射水设备的能力足够也可单用射水。但不论采取何种施工方法，当桩尖接近设计高程时，应停止射水，单用锤击或振动下沉至设计深度。停止射水的高程应根据沉桩试验及施工情况决定，没有资料时，不得小于2m。

射水沉桩的水压、水量和射水管的尺寸及布置对沉桩的效率，有很大的影响，水压小，冲不散土层，水量小，则带不走冲开的土，因此，在沉桩前须仔细研究水压和水量，并结合地质条件和采用锤的类型等，通过试桩，进行确定。

1. 射水设备

冲水供气系统由高压水泵、空压机、高压橡胶水管、高压空气胶管、射水无缝钢管、射水嘴等组成。陆上水冲沉桩也同样采用这套冲水供气系统。

射水沉桩的高压泵，常用离心式多级泵，如表6-4-4所示。水泵的选用主要是根据桩的断面、桩下沉深度和土层的性质决定。水泵的出水口应设止回阀、闸阀和压力表。高压水管应设放水阀，控制射水的水量和水压力，也可以防止射水嘴被土堵塞时，水泵遭受损坏。因此对射水嘴处的水压有一个最低要求量，才能保证正常沉桩。水冲沉桩所需水压见表6-4-5。

水冲沉桩设备性能选用参考表 表6-4-4

土　质	桩入土深度(m)	冲水排泥方法	水泵性能		射水无缝管直径(mm)	水泵出水口处水压(MPa)	高压风管直径(mm)	风量(m^3/min)
			流量(m^3/h)	扬程(m)				
松砂及中密砂层	8~16	内排	80~100	80~120	75	4~8	25	6
	16~24	内排	100~130	100~150	100	6~10	32	6~9
密实砂层及夹砂砾石砂层	8~16	内排	100~130	100~130	75~100	6~10	32	6~9
	16~24	内排	130~180	130~180	100	8~12	32	9

水冲沉桩所需水压水量参考表 表6-4-5

土　质	沉桩入土深度(m)	射水嘴处需要的水压(MPa)	每根桩需要水量(L/min)	
			方桩30~50cm	方桩50~60cm
松砂及饱和砂	15~25	7~10	1 000~2 000	1 200~1 500
	25~35	10~15	1 200~2 000	1 500~2 500
	>35	15~20	2 000~3 000	2500~3500
含有卵石及砾石的密实砂层	15~25	10~15	1 500~2 000	2 000~2 500
	25~35	15~20	2 000~3 000	2 500~3 500
	>35	20~25	3 000~4 000	3 500~5 000

水冲沉桩的功效与射水管和射水嘴的选择有很大关系，内冲内排的射水嘴侧面设4~8个斜向孔。射水管与射水嘴孔径选择推荐表见表6-4-6。

射水管与射水嘴孔径选择推荐表　　表6-4-6

射水管直径（mm）	射水嘴中央射水孔直径（mm）	射水嘴侧向射水孔直径（mm）	射水管直径（mm）	射水嘴中央射水孔直径（mm）	射水嘴侧向射水孔直径（mm）
37	9～15	6～10	63	15～25	6～10
50	12～20	6～10	75	20～37	8～10

2. 射水沉桩设备的布置和安装

(1)射水管:下沉实心桩时,一般采用两根射水管,以对称安装在桩的两侧,使能沿桩身上下移动,可以在任何高度时冲土。如果在流水中下沉直桩或斜桩时,应将射水管固定在桩身上,射水嘴形状及尺寸见图6-4-17,尺寸参考表6-4-7。

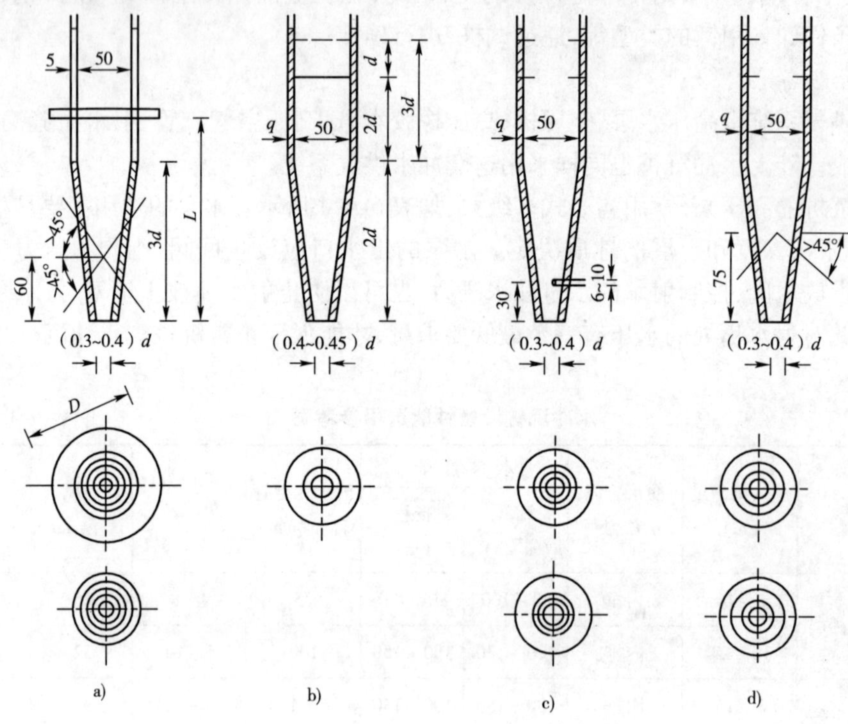

图6-4-17　射水嘴形状及尺寸(尺寸单位:mm)

d-射水管直径;q-射水嘴壁厚

选择射水嘴尺寸参考表　　表6-4-7

射水嘴处水压(MPa)			主射孔直径(mm)
0.7	1.0	1.4	
出水量(L/min)			
610	740	830	19
1 040	1 300	1 500	25
1 520	1 880	2 200	32
1 750	2 160	2 540	35
1 950	2 430	2 800	38

下沉空心桩时,将射水管安装在桩空心内,使射水嘴伸出桩尖下约20cm左右,边锤击,边由射水嘴向桩尖下的土射水,泥浆沿桩外周空隙排出,采用内冲外排的方法下沉桩。

下沉大型开口钢管桩（如直径 1.2m 钢管桩）时，将射水管和风管安装在钢管桩空心内，边锤击边射水，将管内的泥砂冲动后，用压缩空气将泥砂自桩顶吹出，采用内冲内排的方法减小管内土芯摩擦力下沉钢管桩，如图 6-4-18。

沉入 H 型或 I 型钢桩及其他形式的钢桩时，除砂土外不宜射水。

射水沉桩在通过硬塑黏性土时，射水嘴处的水压，一般须达到 0.8MPa 方可破坏土体。

(2) 水泵站：为了减少水头的损失，应尽量将高压水泵设在沉桩地点附近。在较大的河流中，可将水泵设在船上。

(3) 水源：应使用清水以免堵塞射水嘴。取用河水应从施工地点上游抽水，避免受射水排出的浑水影响。如水源离沉桩地点较远，可用水泵将水输送到高压水泵的储水池备用。

(4) 输水管路：管路应尽量减少弯曲，力求顺直。为了排除管内积水，管路应设置不小于 2% 的纵坡。管路支垫应设在接头附近，接头间距大于 15 ~ 20m 时，应在管路中段设支垫。每台水泵出水口应设止回阀、闸阀及压力表。高压水干管还应设保险用的放水阀，以免射水嘴被土堵塞时导致水泵设备损坏。

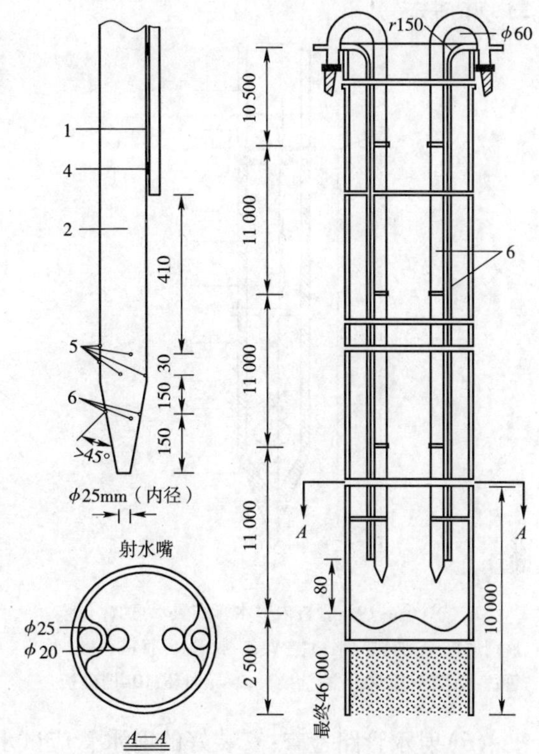

图 6-4-18　直径 1.2m 钢管桩内射水管、风管安装示意图（尺寸单位：mm）

1-ϕ38 无缝钢管，δ = 25mm（风管）；2-ϕ102 无缝钢管，δ = 4mm（射水管）；3-钢管、胶臂接头；4-电焊连接；5-8ϕ10 水平孔；6-4ϕ10 倾斜孔

(5) 射水管路：内射水管路的长度 L（图 6-4-19）为：

$$L = L_1 + L_2 + L_3 \quad (6\text{-}4\text{-}1)$$

式中：L_1——桩长，从桩尖到桩顶，m；

L_2——射水嘴伸出桩尖以外的长度，一般为 0.15 ~ 0.20m；

L_3——射水管高出桩顶以上的高度（包括弯钩），m。

当桩是分节下沉时，射水管的接头位置应与桩的接头相适应，并须考虑沉桩过程的可能变化（如接桩、送桩、桩头损坏等）所引起射水管长度的改变。

在射水嘴以上约 1m 处的射水管上可安设导向环，使射水管从桩孔内插后能顺利地对准桩的射水孔。

就地接长内射水管时，用夹箍夹住射水管，搁在管桩顶上，以防射水管坠入桩内。射水管在桩外射水时，射水管的夹箍可做成挂钩式样，挂在桩顶或脚手架上。控制外射水管位置用的夹箍圈直径应比外射水管接头的外径大 5 ~ 10mm，以便射水管升降。

为了使射水管在桩内断裂易于取出，可用 ϕ13 ~ 16mm 钢丝绳作为保险绳，其下端系在射水嘴上方，并每隔 5 ~ 10m 用铁线拴住外射水管从桩内引出的一段弯管，其弯曲的内侧应加固,一般以圆钢或扁钢加焊。

射水管节应注明编号及尺寸,管节及配件应有备用量,如图 6-4-19 所示,夹箍如图 6-4-20 所示。

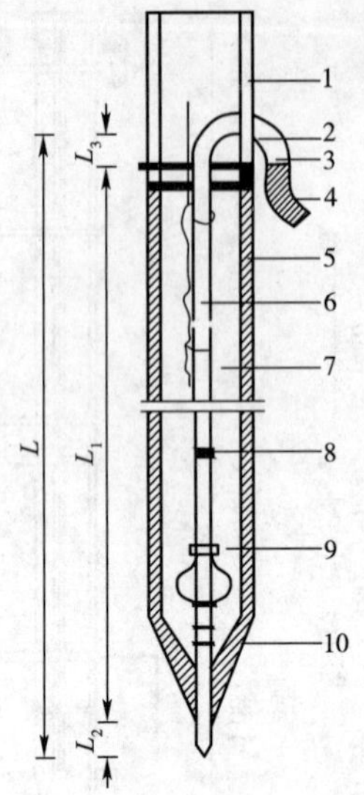

图 6-4-19 管桩内射水管布置示意

1-钢送桩;2-加强圆钢;3-弯臂;4-胶管;5-管桩;6-射水管;7-保险钢丝绳;8-法兰接头;9-导向环;10-挡砂板

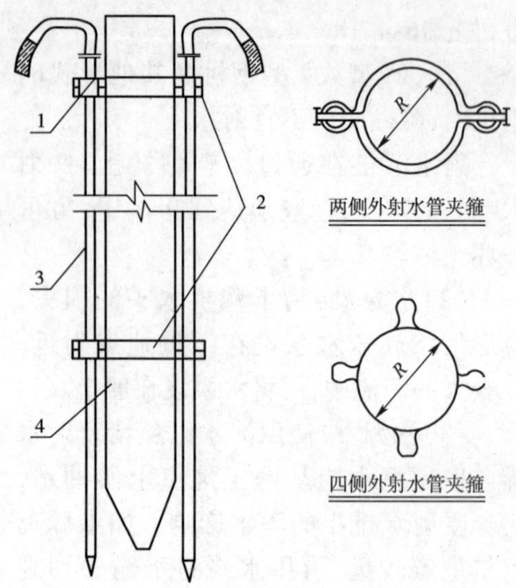

图 6-4-20 外射水管夹箍

1-木楔楔紧;2-夹箍;3-外射水;4-桩

(6)射水管路检查:安装好的射水管应试水检查。

先进行清水检查。开启放水阀,看有无障碍及漏水现象,并防止铁锈堵塞射水嘴。初清洗时可不装射水管,清洗时间约为 10~20min,然后再分别在射水嘴不堵住和堵住情况下进行试压。试压时,水泵压力按表 6-4-8 的规定采用。

管路试水时水压的规定 表 6-4-8

工 作 情 况	水泵压力 p_1 采用值
清洗管路	$p_1=\frac{1}{4}p\sim\frac{3}{4}p$
射水嘴开通 试压 射水嘴堵住	$p_1=\frac{3}{4}p\sim p$ $p_1=p$

注:p 为最大工作水压。

试压应进行 5~10min。当水压升到 3~0.6MPa 后,对各连接部分进行检查和紧固;水压达到 1.0~1.2MPa 时,再紧一次,并用 1.5kg 手锤轻轻敲击。如无压降、漏水、渗水等情况时,可认为合格。开始压水前,应先使水充满管路,排尽管中存留的空气。

3. 射水沉桩施工

(1)射水配合锤击下沉混凝土管桩的施工步骤:

①按照计算长度配好射水管,安好接头,装上弯管,接通输水管,进行通水试验。

②射水管装上导向环,缚好保险钢丝绳,插入起吊的管桩内。

③吊插管桩前,应在管节的接头处用 1:3沥青砂(或其他防蚀材料)填塞,待沥青砂浆冷却后,用吊机吊起管桩顶端至直立,移动吊杆将管桩放在框架的桩位中;如在近岸滩地

上，可直接插入预定的桩位；如系斜桩，则将桩靠于斜桩架上，同时要注意及时引送输水管，防止拉断。

④管桩插正立稳后，压上桩帽及桩锤，吊桩钢丝绳暂不拆除，开启水阀，射水冲刷桩尖下的土，使桩靠自重下沉。最初可使用较小的水压，具体数值视土质软硬条件而定。

⑤下沉初期应控制桩身不使下沉过快，以免阻塞射水嘴，并随时注意控制和校正桩的方向。

⑥桩身射水自沉渐趋缓慢时，可开锤轻击，但仍应继续射水。如下沉转快时可暂停锤击。

⑦桩身入土深度已能保持稳定时，可拆除钢丝绳。然后加大水压和锤击能量。

⑧在接桩（或接送桩）和接长射水管时，为了防止停水导致泥砂涌入桩内堵塞射水嘴，要求停水时间愈短愈好，一般不宜超过10min。在停水前将射水嘴提起约0.5m并继续射水，待桩顶涌出的水变清时停止射水，开始接桩和接射水管接好后，开水阀，将射水嘴伸出桩尖至原来的位置。如在射水管上安装三通阀时，则在接长桩和接长射水管时可不停止射水。射水时，射水阀不可突然开得很大，以免射水水量和水压突然降低，使泥砂涌入堵塞射水嘴。在预定停水之前应逐渐减压。

⑨在严寒地区施工时，为了防止射水管路冻结，可采取下列两种措施：

a. 在射水管路上安装分水闸B、回水阀D和一个蒸汽阀E，其布置见图6-4-21。

射水时可用阀B、阀C调节射水压力，同时须关闭阀D、阀E，如停止射水，则先开阀B、再关阀C，引高压水从阀B流出，可避免水管冻结。同时开回水阀D，放出管内积水后立即关闭，旋即扭开蒸汽阀E，向管内输送蒸汽，防止冻结。如继续射水时，则先开射水阀C，并即关闭阀B、阀E。

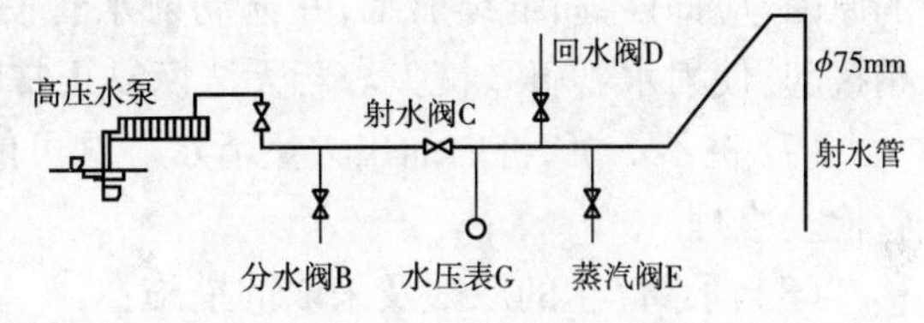

图6-4-21　射水管防冻措施

b. 采用防寒材料如草袋、草绳、锯末、麻袋等包扎输水管路。在停止射水时应立即开启放水阀排净存水。如遇强寒流，应特别注意阀门防冻，可用小火或电炉不停烘烤。严寒深夜施工应加强照明。桩架上工作平台以及桩架附近的脚手板，应铺设草袋，避免射水时喷溅的水结冰，滑倒工作人员。

（2）用内射水冲刷桩芯泥砂配合锤击下沉大型开口钢管桩的施工步骤：

①吊插钢管桩前将射水管、供气管全部接妥放入桩内。

②将桩起吊后卡入沉桩船的龙门梃，由设于龙门梃中部的液压抱桩机抱住，然后接通射水管与风管。

③沉桩船定位插桩，压上桩帽。待桩沉入土中3～5m时开始冲水供气，桩顶有泥水溢出缓慢下沉，直至以自重下沉停止后，再压锤下沉。

④桩顶溢出的泥水颜色变淡时，开始锤击。边锤击边射水，将冲动的桩芯泥砂用压缩空气将泥水送出桩顶。

⑤射水冲散桩芯泥砂时，须随时注意江面有无大量气泡或翻出的泥水。如有此情况，则表明桩内射水已从桩端溢出，已破坏桩周的土，减少了土的摩擦力，应即停止射水，锤击下沉。施工时应严格控制内射水的水量及水压，保持桩内土芯高度在2.5～6m范围内。

4. 射水沉桩中发生的问题及其处理

(1)桩在正常下沉情况下,突然变为不易下沉,在锤击时桩身有颤动,桩锤有回弹现象。这可能是桩尖遇到障碍物或坚硬土层,可适当延续锤击,加强射水,但切忌猛烈锤击。如仍无效时,若桩的入土深度不深,可拔出检查桩尖有无碰撞障碍物的痕迹,研究处理,必要时改变桩位。

(2)桩下沉逐渐缓慢,最后除桩身颤动、桩锤回弹外,无其他异常现象。这可能是桩周土的摩擦力过大。此时不宜猛击,应增加水压和水量,必要时可增加外射水,或改用动能较大的桩锤。

(3)在桩位正直无变化的情况下,桩突然急剧下沉。这可能是桩穿过密实的土层进入软的土层,或可能是射水时间过长,桩尖下被冲空,一般可继续下沉。若桩入土深度接近设计深度,但对承载力的要求相差尚大,而软弱的土层还较深时,应改变设计,增加桩长或增加桩数。

(4)桩经过大量猛烈锤击后突然下沉,或发生偏斜情况。这可能是桩已断裂弯折,应即停止下沉,分析情况,采取措施,进行补强或补桩。

(5)桩周停止翻水,水从管桩顶空心内翻出,或从邻桩处涌出。这可能是桩身周围的土被挤塞密实,使桩下沉变为缓慢或难以下沉。造成此种现象主要是射水的水压、水量不足,或曾用锤击使桩尖强行穿过密实的土层。这样可加大射水的水压和水量,并延长射水的时间,配合轻锤慢击,必要时增加外射水使桩下沉。

(6)管桩的内射水管被顶起,且桩头大量往外涌水。这可能是射水嘴已被顶入桩内的原因,应即停锤,继续射水,并摇动射水管使劲下插。如桩入土深度不深,亦可将桩稍稍拔起,使射水管落入桩尖。若无法恢复正常时,应拔除射水管改为锤击。

(7)桩不下沉,桩内涌出大量清水。这可能是射水管在桩内断裂或漏水,应拔出射水管检查修理。

(8)涌水停止的原因及采取的措施:

①由于桩的突然下沉,桩尖撞击在孤石或硬层上,将射水嘴堵塞或砸扁。其现象应是射水管内无流水声音和流水感觉,胶管胀紧并发生颤动,水压表上指针上升摆动。应将射水管稍为提起,如仍不通,应拔出修理。

②停水后,射水嘴被涌入泥砂所堵塞。这可能是停水太急或接桩时停水时间过长所致,应直加大水量及水压冲开泥砂。如仍无效可在桩内另行插入射水管冲刷。

③射水情况正常,但不向上涌水。这可能是因为水从下卧透水层中流失。在这种情况飞下,桩身周围的土未受扰动,已扰动的土又复沉积,增加桩身的摩擦力。如下沉困难,可增外射水管冲刷下沉。

④桩身弯折使内射管或外射管扭曲,水流不通。如桩能修补加固使用,应将射水管拔出修理后再插回使用。

(9)水量与水压不足,出现涌水量少、涌出泥砂量少、内射水时桩周不涌水、桩下沉缓慢慢或不下沉等现象。这可能是因为水泵设备能力不足(可从水压表中看出),管路有渗漏、管内有障碍物使水不畅通,或空气被吸入进水管或泵壳内等。在查明情况后,应采取相应的措施,如检修管路和机械设备;保持水源清洁和适当水位;开启水泵的放气阀放出空气等。

若使用的管路不适合土质情况,将会使水量或水压得不到预期的效果,应采取改正措施。如在砂土或砂夹砾石土层内,需要较大水量时,应使用管径稍大的水管;在坚硬的黏土或其他透水性较小的硬土内,需要较大水压时,应使用管径稍小的水管或稍小射水嘴。

(10)涌水后由于砂土随水大量流失,引起地面下沉,将影响桩附近的沉桩设备。在施施工前应对土层的下沉范围情况,进行研究估计。对桩架下的垫木、平台、脚手架等应采取防况沉陷措施。一般垫木应采用长大的木料或钢轨等。

(11)使用外射水时,由于桩两侧对称的射水管中的水量、水压不均衡,或两侧土质软硬不均,会造成沉桩倾斜或移位。应及时调整桩两侧射水的水量及水压,进行矫正。

(四)静力压桩

静力压桩是以较小的静压力将桩沉入土中,获得较大桩的承载力的沉桩工艺,压桩时的一般阻力只为桩极限承载力的 1/3 左右,且施工时无噪声、无震动,可节约造价,提高质量。

静力压桩适用于可塑状态黏性土,但不宜用于坚硬状态的黏土和中密以上的砂土。

1. 准备工作

(1)压桩前应对压桩地区的土层、地质情况调查清楚,并据以估算压桩阻力。如有夹砂层时,应采取相应的施工措施。

(2)根据压桩阻力选用适当的压桩设备。设备的静压力,一般应比压桩阻力大 40%左右。

(3)压桩前应详细检查并做好一切准备工作。如压桩机的辅助设备,绞车、滑车组、动力、测量仪器等的检查、校定,使压桩工作不致间断。

(4)压桩阻力的估算:

①按照本地区过去的实践经验估计。

②按下列公式估算:

$$P = U\Sigma h_i f_{iy} + R_y F'_2 \tag{6-4-2}$$

式中:P——压桩阻力,kN;

U——桩周长,m;

h_i——各土层厚度,m;

f_{iy}——压桩时各土层对桩身侧面单位面积上的极限摩擦力,其值可参照表 6-4-9 估算,kPa;

F'_2——桩尖投影面积,m^2;

R_y——压桩时桩尖处单位面积上的极限阻力,$R_y = (0.9 \sim 1.0)R$,kPa;

R——混凝土沉入桩桩尖处单位面积上的极限阻力(可按表 6-4-10 采用),kPa。

f_{iy}与f_i的关系表 表 6-4-9

土 质 情 况	f_{iy}
灵敏度为 5 左右的淤泥质黏土或淤泥质亚黏土	$0.17f_i \sim 0.20f_i$
中实和较坚实的黏土和亚黏土	$0.30f_i \sim 0.40f_i$
轻亚黏土或粉砂	$0.5f_i$左右

混凝土沉入桩桩尖处单位面积极限阻力 ***R*** 值(单位:kPa)　　表6-4-10

土的名称	土的状态	土的深度(m)		
		10~15	15~20	20~27
黏土	$1 \geq I_L > 0.5$	500~700	700~1 100	1 100~1 500
	$0.5 \geq I_L > 0$	800~1 200	1 200~1 600	1 600~2 300
砂黏土	$1 \geq I_L > 0.5$	600~1 000	1 000~1 500	1 500~2 200
	$0.5 \geq I_L > 0$	1 100~1 700	1 700~2 400	2 400~3 000
黏砂土	$1 \geq I_L > 0.5$	1 100~1 700	1 700~2 400	2 400~3 000
	$0.5 \geq I_L > 0$	1 700~2 400	2 400~3 100	3 100~4 700
粉砂、细砂	饱和、中密	1 700~2 400	2 400~3 100	3 100~4 700
	饱和、密实	3 000~3 800	3 800~5 000	5 000~7 000
粗砂、砾砂		—	—	8 000~10 000

注:①深度自天然地(泥)面算起。

②I_L 为液性指数。

③当桩尖进入持力层大于2倍桩径或2倍桩宽,无软弱下卧层时,表中值可适当提高。

④有地区经验时,表中数值酌情增减。

表6-4-9中 f_i 为各层土对混凝土沉入桩桩身侧面单位面积上的极限摩擦力,可按表6-4-11采用。

混凝土沉入桩桩身侧面单位面积极限摩擦力 f_i 值(单位:kPa)　　表6-4-11

土的名称	土的状态	土层深度(m)				
		0.7	7~12	12~17	17~22	22~27
黏土	$I_L > 1$	5~10	10~15	15~18	18~22	22~25
	$1 \geq I_L > 0.5$	15~25	25~30	30~35	35~40	40~45
	$0.5 \geq I_L > 0$	35~50	50~60	60~70	70~80	80~90
砂黏土	$I_L > 1$	10~15	15~20	20~24	24~27	27~30
	$1 \geq I_L > 0.5$	25~35	35~40	40~45	45~50	50~55
	$0.5 \geq I_L > 0$	40~55	55~65	65~75	75~85	85~95
粉砂、细砂	$1 \geq I_L > 0.5$	40~55	55~65	65~75	75~85	85~95
	$0.5 \geq I_L > 0$	45~65	65~80	80~90	90~100	100~110
粗砂、细砂砂	饱和、中密	45~65	65~80	80~90	90~100	100~110

注:①深度自天然地(泥)面算起。

②I_L 为液性指数。

③淤泥极限摩擦力为5~15 kPa。

④有地区经验时,表中数值酌情增减。

③将静力触探仪的活动探头和探管用静压力压入各土层中,分别测出探头的阻力和探管的摩擦力,根据尺寸大小计算出各土层的桩底阻力 R_y 和桩侧摩擦力 f_{iy},按式(6-4-2)计算压桩阻力 P 值。

④参考其他地区压桩经验数据估算压桩阻力,表6-4-12可供参考。

压桩阻力对桩体材料(如钢桩或混凝土桩)及桩断面形状影响不大,对开口平底桩尖压入较硬的土层时比锥形桩尖压入阻力约大30%左右。

压桩中途间断 2 ~ 3h 时,其压桩阻力的起动值大约比原来增加 40% 左右。

上海地区各土层的压桩阻力 f_{iy} 和 R_y 值参考表　　表 6-4-12

土层层厚及深度(m)	土的名称	土质指标							压桩阻力(kPa)	
		密度 (g/cm^3)	含水率 w(%)	孔隙比 e_0	稠度 B	聚结力 c(kPa)	内摩擦角 φ(°)	标准锤击贯入击数(次)	桩侧	桩底
5.8 (1.2 ~ 7.0)	粉砂		24 ~ 27						14.3	2 700 4 340
2.0 (7.0 ~ 9.0)	黏砂土	1.85	25.8	0.82	0.91				14.3	3 000
3.0 (9.0 ~ 12.0)	淤泥质砂黏土	1.76 ~ 1.80	39.2 ~ 43.0	1.15 ~ 1.22	>1	5 ~ 8	15.0 ~ 18.7	0 ~ 3	3.2	870
11.0 (12.0 ~ 23.0)	淤泥质泥土	1.72	48.3 ~ 49.1	1.38	>1	11 ~ 14	8.5 ~ 9.5	0 ~ 3	2.74	1 170
4.7 (18.6 ~ 23.3)	淤泥质砂黏土	1.77 ~ 1.80	38.0 ~ 40.0	1.10 ~ 1.17	>1	15	8.9 ~ 9.4	<5	3.2	1 170
4.7 (23.3 ~ 28.0)	砂黏土(有夹砂层)	1.8	33.3 ~ 33.6	1.03	0.90 ~ 0.98	4 ~ 6	22.7 ~ 23.3	6 ~ 17	20 ~ 28 夹砂层	1 500 ~ 3 150 夹砂层
3.5 (28.0 ~ 31.5)	暗灰绿色砂黏土	1.93 ~ 1.99	23.3 ~ 24.0	0.64 ~ 0.70	0.45 ~ 0.47	19 ~ 29	15.8 ~ 19.6	10 ~ 20	4.46	240

2. 施工要点

(1)用桩架吊桩时因压桩架底盘较宽,必须将桩运至底盘前然后起吊。桩尾要用溜绳溜住,使桩缓慢升起,吊上底盘,靠近桩架,避免与桩架相撞。

(2)吊桩竖直后用撬棍将桩稳住,并推至底盘插桩口缓慢落下,离地面 10cm 左右,再用几根撬棍协助拨位,对准桩位插桩。

(3)两台卷扬机同时启动,放下压梁、桩帽套住桩顶顺势下压。注意两台卷扬机"同步",确保压梁不偏斜,使桩在压桩过程中保持压梁中轴线与桩中线在同一直线上。

(4)多节桩施工时,接桩面应距地面 1m 以上,便于操作。

(5)压桩沉入深度是以设计高程或允许静压力值控制,或高程与静压力值同时控制,故在压桩过程中,装在压梁柱的压力表必须正确反映每根桩的压力。压力表应经常检验校核。

(6)压桩时应尽量避免中途停歇,如必须停歇时(如接桩、接送桩等)应尽量减少停歇时间,并考虑将桩尖停歇在较软弱土层中,使再压时启动阻力不致过大。

(7)施工过程中,应密切注视压桩力是否与桩轴线符合,压梁导轮和龙口的接触是否正常,有无卡住现象。一些机具要求"同步"运行,发生问题应及时调整。

(8)快达到设计高程时,不能过早停压,这样,会造成再压困难或压入过深。在接近设计高程时,注意严格控制,使之一次成功。

3. 施工中发生的问题及措施

(1)插桩初压即遇有较大幅度的桩尖走位和桩身倾斜,采取强制固定措施仍不见效时，可能桩尖处遇有孤石或障碍物，应将桩拔出清除障碍物，回填土后重新插桩再压。

(2)沉桩过程中，桩身倾斜或下沉速度突然加快。这可能是接头失效或桩身断裂，一般可在靠近原桩位补压新桩。如压桩过程中，因卷扬机不“同步”而引起倾斜，可随时调整卷扬机速度进行纠正。

(3)在压桩过程中，当桩尖遇到夹砂层时，压桩阻力可能突然增大，甚至超过压桩要求，使压桩机上抬，这时可用最大的压桩压力作用在桩顶，采用停车“进一进”方法，使桩有可能缓慢穿过砂层。

(4)当压桩阻力超过压桩能力，或者由于平衡重来不及调整而使压桩桩架发生较大倾斜时，应立即采取措施，以免发生断桩或倒架事故。

(五)沉管灌注桩

沉管灌注桩是将底部套有预制的钢筋混凝土桩尖或装有活瓣桩尖的钢管，用锤击或振动下沉至要求的入土深度后，往钢管内安放钢筋笼、灌注混凝土、拔出钢管而形成，它是属于位移(排土)性质的桩。

沉管灌注桩的适用范围为一般黏性土、淤泥或淤泥质土、砂土及人工填土等土层，不宜用于标准贯入 $N_{63.5}$ 锤击数大于12击的砂土或15击的黏性土及碎石土。

沉管灌注桩的优点：易于调整桩长以适合桩尖承载地层的高程变化，可避免预制桩长与实际桩土不符时需要切断或接长的缺点；桩管底封闭，不受地下水的影响；桩内钢筋不是由操作和锤击力来决定，并可根据受力条件，配设不全长的钢筋骨架，节约钢筋用量，更加经济合理；还可辅用管内夯管冲压等方法形成桩底扩大的桩等。因此，它是一种施工快速、经济效益高的桩型，但施工时须经试桩试验，制订防止缩颈断桩等措施，确保工程质量。

1. 概述

(1)沉管灌注桩分类和适用范围

普通沉管灌注桩桩径一般为 $\phi300\sim700$mm，桩长可达15~24m。普通沉管灌注桩按成孔方法不同，主要分为锤击沉管灌注桩、振动(冲击)沉管灌注桩、静压(振动)沉管灌注桩。

锤击沉管灌注桩($\phi480$mm以下)可穿越一般黏性土、粉土、淤泥质土、淤泥、松散至中密的砂土及人工填土等土层，不宜用于标准贯入击数 $N>12$ 的砂土、$N>15$ 的黏性土以及碎石土。在厚度较大、含水率和灵敏度高的淤泥等软土层中使用时，必须制订防止缩颈、断桩、充盈系数过大等质量保证措施，并经工艺试验成功后方可实施。在高流塑、厚度大的淤泥层中不宜采用 $\phi340$mm以下的沉管灌注桩。

振动和振动冲击沉管灌注桩的适用范围与锤击沉管灌注桩基本相同，但其贯穿砂土层的能力较强，还适用于稍密碎石土层；振动冲击沉管灌注桩适用于 $N<25$ 的土层，也可用于中密碎石土层和强风化岩层。在饱和淤泥等软弱土层中使用时，必须制订防止缩颈、断桩、过早提升及开瓣时掉土等质量保证措施，并经工艺试验成功后方可实施。

静压振动沉管桩的适用范围，除与锤击沉管桩相同外，并适用于稍密及中密的砂土和碎石地基。当地基中存在承压水层时，沉管灌注桩应谨慎使用；当桩身穿越对桩身混凝土成形无约束能力的极软泥炭、淤泥、新吹填土层时，不应采用沉管灌注桩，而应采用预制桩或沉管桩与预制桩的组合式桩。

(2)桩管与桩尖

桩管采用无缝钢管，直径一般为 $\phi273\sim600$mm。桩管与桩尖接触部分用环形钢板加厚，加厚部分的外径比桩尖外径小10~20mm。桩管表面焊(或漆)有长度数字，以便施工中观测入土深度。

沉管灌注桩的桩尖有钢筋混凝土锥形桩尖、活瓣式桩尖、钢桩尖等,如图6-4-22所示。普通锥形活瓣式桩尖一般宜避免采用,因其进入硬土层或黏性较大的土层时,灌注混凝土后拔管瞬间活瓣不易张开,易形成吊脚桩,此外活瓣之间如封闭不好还易进水和泥砂。为保证活瓣之间紧密贴合,可用自动收拢式活瓣桩尖。钢桩尖通常用于大直径振动或锤击沉管桩,能贯入工程性质良好的坚硬土层,甚至可贯入强风化岩。

国内最常用的桩尖是钢筋混凝土锥形桩尖,外径比设计桩径大20mm,长500~700mm,锥尖角度45°~60°。

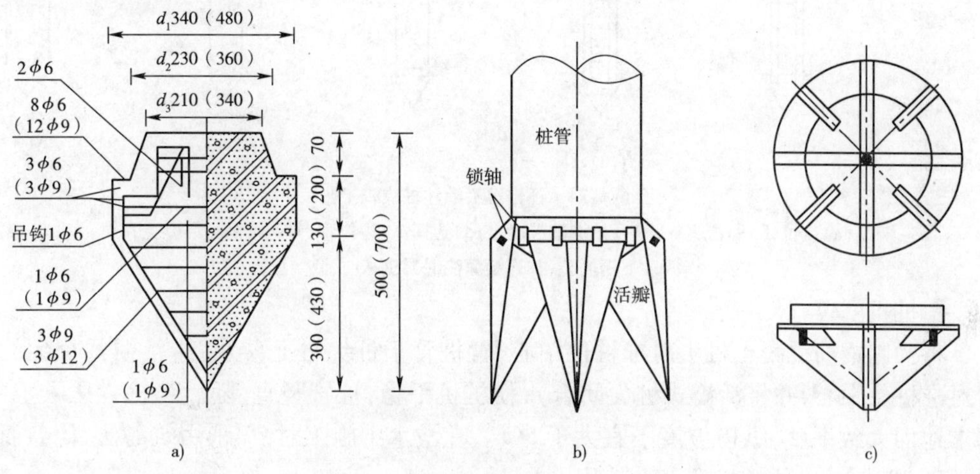

图6-4-22 桩尖示意图(尺寸单位:mm)

a)钢筋混凝土锥形桩尖;b)活瓣桩尖;c)钢桩尖

2.锤击沉管灌注桩

(1)锤击沉管灌注桩机

锤击沉管桩机由桩架、桩锤和桩管组成。锤击沉管桩架按行走方式可分为滚管式、轨道式、步履式、履带式。滚管式桩架行走靠两根滚管在枕木上滚动,结构简单,制作容易,成本低,但平面转向不灵活,操作人员多,图6-4-23为滚管式锤击沉管桩机示意图。轨道式桩架采用轨道行走底盘,多电机分别驱动,集中操纵控制。

打桩锤的选用:小型沉管桩机一般采用电动落锤和导杆式柴油锤,落锤高度为1.0~2.0m;也用1t级单作用蒸汽锤,落锤高度为0.5~0.6m。中型沉管桩机一般采用电动落锤,落锤高度为1.0~2.0m。大型沉管桩机一般采用筒式柴油锤和导杆式柴油锤,前者落锤高度为2.5m,后者落锤高度为1.0~2.0m。

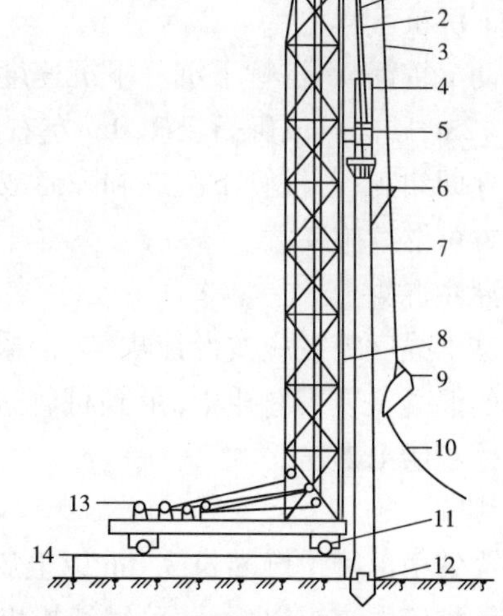

图6-4-23 滚管式锤击沉管桩机示意图

1-桩锤钢丝绳;2-桩管滑轮组;3-吊斗钢丝绳;4-桩锤;5-桩帽;6-混凝土漏斗;7-桩管;8-桩架;9-混凝土吊斗;10-回绳;11-行驶用钢管;12-预制桩靴;13-卷扬机;14-枕木

(2)锤击沉管灌注桩施工工艺

锤击沉管灌注桩施工工艺为:在桩位

上安放桩尖—置桩管于桩尖上,校正垂直度—锤击桩管至要求的贯入度或高程—测量孔深、检查桩尖—放入钢筋笼—灌入混凝土—边锤击,边拔出桩管。图6-4-24为锤击沉管灌注桩成桩工艺。

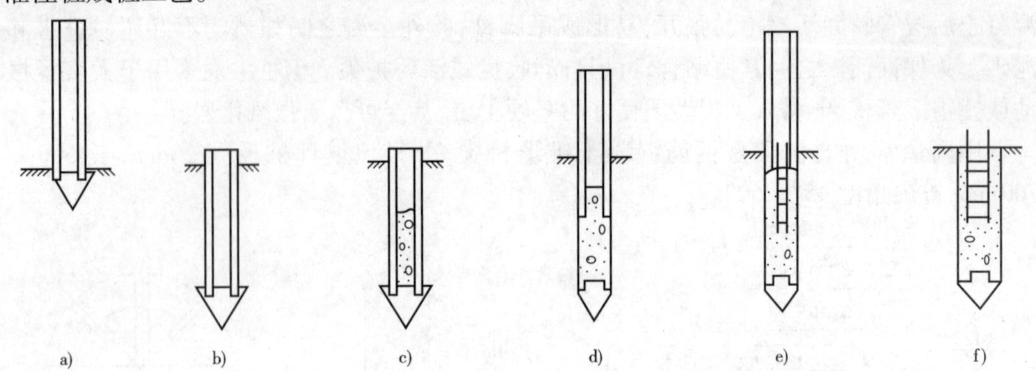

图6-4-24　锤击沉管灌注桩成桩工艺

a)就位;b)锤击沉桩;c)开始灌注混凝土;d)边锤击,边拔管,并连续灌注混凝土;

e)下钢筋笼,并连续灌注混凝土;f)成型

①桩机就位

将预制钢筋混凝土桩尖对准桩位中心,置桩管于桩尖之上(或将带活瓣式桩尖的桩管对准桩位中心,并将活瓣式桩尖闭合),使桩机平稳,桩管竖直,随后将桩尖压入土中。要求地面大致平整,纵横坡度不宜大于5%。在浅水中施工时,需采用筑岛法,使岛面高出水面300mm,以便桩机在岛上就位。

②灌注隔水混凝土

为避免水从桩尖进入桩管,当桩尖就位入土后,先灌注0.1m^3混凝土(水灰比0.3左右),利用混凝土的重力顶住水和泥浆的渗入。为防止先灌的混凝土在管内凝固,必须在其初凝前,将桩管沉入到设计高程并开始拔管。必要时,应在先灌的混凝土内掺入缓凝剂。

③下沉桩管

开动沉桩锤,将桩管下沉。下沉速度视土质而定,一般砂类土每分钟下沉2~3m,黏性土1~2m,砂砾石或砾石土1.0m左右。当桩管下沉时,应保持位置正确,如有偏移或倾斜应立即纠正;若桩管下沉遇到障碍或发生回弹时,应立即停锤,查明情况并采取相应措施后方可继续施工。

④灌注混凝土

混凝土强度等级应按设计规定,混凝土坍落度和粗集料的粒径均应符合规范要求。拌和好的混凝土装入料斗中,吊到桩管进料口,徐徐倒入管中。灌入混凝土数量不得小于桩管体积的1.1倍。

⑤拔管

应在管中混凝土已灌筑3.0m以上后,才可开始拔管。在测得桩尖活瓣确已张开,混凝土已从桩管中流出以后,才可继续拔出桩管。拔管速度一般应控制在1.0m/min左右。拔管时应边锤击,边灌料,并将桩管反复提上、沉下,使由上到下逐渐形成密实的混凝土桩体,而桩管亦逐渐拔出地面。在拔管过程中,桩管内应至少保存高约2.0m压头的混凝土,对于易坍塌的土,压头混凝土还应提高。桩管将要拔出地面时,桩管内还应有一定数量的混凝土，以保证桩顶混凝土质量。

(3)锤击沉管灌注桩成桩方法

锤击沉管灌注桩的成桩方法可分为单打法、复打法和反插法三种。

①单打法

在桩管灌满混凝土后，开始边拔管边倒打或轻击，拔管速度在一般土层中以1.0m/min为宜，在软弱土层和软硬土层交界处以0.3～0.8m/min为宜。在拔管过程中，每拔起0.5m左右，则停拔5～10s，但要保持倒打或轻击，如此反复进行直至将桩管拔离地面为止。单打法施工速度快，混凝土用量也较小，适用于含水率较小的土层。

②复打法

采用单打法施工完成后，再把活瓣桩尖闭合起来，在原桩孔位置上第二次沉下桩管，将未凝固的混凝土向四周挤压，然后进行第二次灌注混凝土和拔桩管，此法能使桩径增大，可在单打法不能满足承载力要求时采用。

③反插法

拔管时，桩管每向上拔出0.5～1.0m，便向下反插约0.3～0.5m，如此反复进行，并始终保持倒打或轻击，直到桩管全部拔出地面，或高出于地下水位1.0～1.5m以上。控制拔管速度不得大于0.5m/min。在桩尖处约1.5m范围内宜多次反插，以扩大桩的端部断面。反插法能使桩的截面增大，从而提高桩的承载力，宜在饱和土层中使用。

(4)施工注意事项

①沉管至设计高程后，应立即灌注混凝土，尽量减少间隔时间。灌注混凝土之前，必须检查桩管内有无吞桩尖或进泥、进水的现象。

②当桩身配钢筋笼时，第一次混凝土应先灌至钢筋笼底高程，然后放置钢筋笼，再灌混凝土。当用长的桩管打设较短的桩时，混凝土量可一次灌足。打长桩时，灌入桩管内的混凝土应尽量灌满。第一次拔管高度应控制在能容纳第二次所需灌入的混凝土量为限，不宜拔得过高，应保证桩管内有不少于2.0m高的混凝土。在拔管过程中应设专人用线锤或浮标检查管内混凝土的下降情况。

③拔管速度应均匀平衡，对一般土层以1.0m/min为宜，在软弱土层及软硬土层交界处应控制在0.3～0.8m/min以内。

④采用倒打拔管的打击次数，自由落锤轻击不得少于40次/min。在桩管底部未上拔至桩设计高程之前，倒打或轻击不得中断。

⑤锤击沉管灌注桩的混凝土强度应按设计要求配置，混凝土坍落度和粗集料的粒径均应符合规范要求。每根桩施工的全过程，都应在混凝土初凝前完成。成桩后的桩身混凝土顶面高程应不低于设计高程500mm。

⑥混凝土的充盈系数(实际灌注混凝土数量与理论计算需要灌注的混凝土数量之比)应设专人负责计算。当充盈系数小于1.0时，应立即采取措施进行补救，如采用全长复打等。对可能有断桩和缩颈桩时，应采用局部复打。全长复打桩的入土深度宜接近原桩长、局部复打桩的入土深度应超过断桩或缩颈区1.0m以上。

⑦全长复打桩施工时应遵守以下规定：

a.第一次灌注混凝土应达到自然地面；

b.应随拔管随清除黏在管壁上和散落在地面上的泥土；

c.前后两次沉管的轴线应重合；

d. 全长复打桩施工必须在第一次灌注的混凝土初凝之前完成。

⑧应防止由于桩管入土时产生的挤土作用所引起的土体隆起和水平位移。当桩的中心距小于桩管外径的6.3倍时，桩管的施打，必须在邻桩的混凝土初凝以前完成。否则，应实行跳打，其间空出的桩需待混凝土达到设计强度的50%以后，方可施工。

3. 振动沉管灌注桩

(1)振动沉管桩机

振动沉管桩机由桩架、振动沉拔桩锤和桩管组成，其中振动沉拔桩锤具有沉桩和拔桩的双重作用。

桩架形式同锤击式，大部分桩架为多用桩架，既可用来打设沉管桩，还能配合柴油锤或螺旋钻等。图6-4-25为滚管式振动沉管灌注桩机示意图。

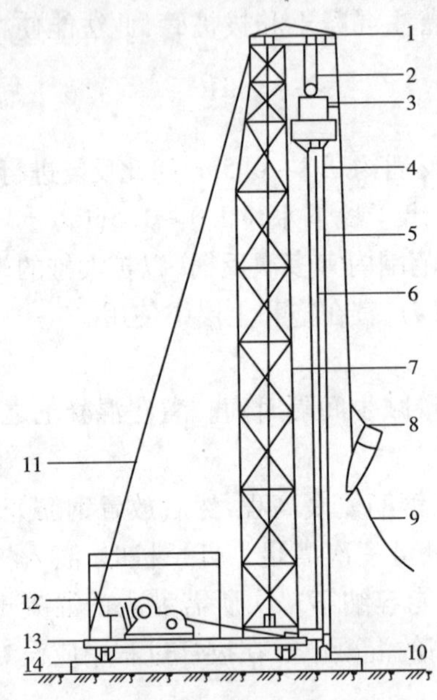

图6-4-25 滚管式振动沉管灌注桩机示意图

1-导向滑轮；2-滑轮组；3-激振器；4-混凝土漏斗；5-桩管；6-加压钢丝绳；7-桩架；8-混凝土吊斗；9-回绳；10-活瓣桩靴；11-缆风绳；12-卷扬机；13-行驶用钢管；14-枕木

振动沉管灌注桩桩机有3套滑轮组，一组用于激振器及桩管的升降，另一组用于对桩管加压，第三组用于升降混凝土吊斗。对于滚管式行走装置，还有一套滑轮组负责滚管式底盘的前后左右移位。

振动桩锤又称激振器，它利用电动机带动两组偏心块作同速相向旋转，由此产生的竖向离心力来形成垂直方向的往复振动。振动沉拔桩锤，按动力可分为电动振动锤和液压振动锤，按振动频率可分为低频(300~700r/min)、中频(700~1 500r/min)、高频(2 300~2 500r/min)和超高频(约6 000r/min)，按振动偏心块结构可分为固定式偏心块和可调式偏心块。液压振动锤的动力是利用柴油发动机带动液压泵，输出一定压力的液压油，带动液压马达及其输出轴，传递到偏心块回转轴使偏心块旋转，频率可无级调节，使其适应于各种不同地层土质的变化。可调式偏心块在其转动的情况下，可根据土层性质用液压遥控的方法实现无级调整偏心力矩，达到理想的打桩效果；此外还有起动容易、噪声小、不产生共振和沉桩速度快等优点。

沉管时，土体受桩管的强迫振动后，摩擦力减小，强度降低，沉管穿透能力比锤击法强。常用振动沉管桩机的性能匹配如表6-4-13所示。

常用振动、振动冲击沉管桩机的性能表 表6-4-13

振动锤击振力(kN)		桩管沉入深度(m)	桩管外径(mm)	桩管壁厚(mm)
振动沉管	70~80	8~10	220~273	6~8
	100~150	10~15	273~325	7~10
	150~200	15~20	325	10~12.5
	400	20~24	377	12.5~15
振动冲击沉管	60(振动力)/600(冲击力)	8~11	273	6~8

(2)振动沉管桩施工工艺

振动沉管灌注桩是利用振动桩锤产生的垂直定向振动,激发土壤发生共振,从而引起土体局部破坏,利用振动锤、桩管自重,使桩管沉入土中,然后灌注混凝土而成。与锤击沉管灌注桩相比,振动沉管灌注桩更适合于在稍密及中密的碎石土地层中施工。振动沉管灌注桩又可分振动沉管与振动冲击沉管两种施工工艺,它们的不同之处仅仅是前者用振动桩锤沉桩,后者用振动冲击桩锤沉桩。为叙述的方便将两者统称为振动沉管灌注桩,成桩工艺过程见图6-4-26。

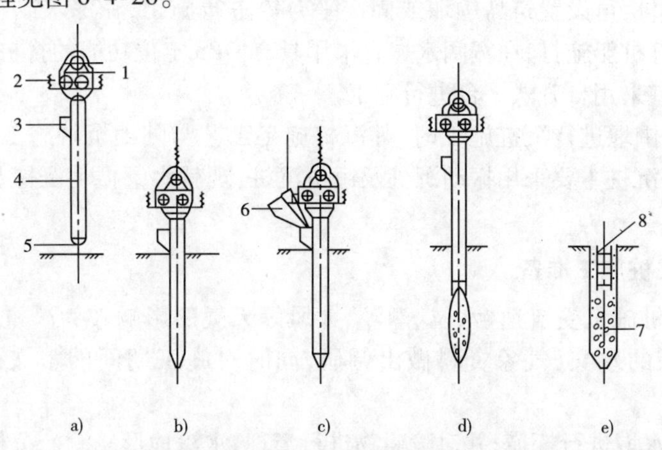

图6-4-26　振动沉管灌注桩成桩工艺

a)桩机就位;b)沉管;c)上料;d)拔出桩管;e)灌注好的混凝土顶部插入钢筋

1-振动锤;2-加压滑轮;3-混凝土漏斗;4-桩管;5-桩尖;6-混凝土吊斗;7-混凝土;8-钢筋笼

(3)振动沉管桩成桩方法

振动沉管灌注桩可分为单振法、复振法和反插法三种。详细施工方法对应于锤击沉管灌注桩的单打法、复打法和反插法。

(4)施工注意事项

振动沉管灌注桩和振动冲击沉管灌注桩的施工要求可按锤击沉管灌注桩的施工要求执行,但对于单振法施工和反插法施工还应遵守下列规定:

①对于单振法施工

a. 必须严格控制最后30s振动时的电流、电压,其值应按设计要求或根据试桩和当地经验确定。

b. 桩管内灌满混凝土后,先振动5~10s,再开始拔管,应边振动边上拔桩管,每上拔0.5~1.0m时停止上拔桩管并保持振动5~10s;如此反复进行,直至桩管全长拔出。

c. 在一般土层内,拔管速度宜为1.2~1.5m/min,用活瓣式桩尖时宜慢,用预制桩尖时可适当加快;在软弱土层中,宜控制在0.6~0.8m/min。

②对于反插法施工

a. 当桩管灌满混凝土之后,先振动再拔管,每次拔管高度0.5~1.0m,反插深度0.3~0.5m;在拔管过程中,应分段添加混凝土,保持管内混凝土面始终不低于地表面,或高于地下水位1.0~1.5m以上。拔管速度应小于0.5m/min。

b. 在桩尖处的1.5m范围内,应多次反插以扩大桩的端部断面。

c. 穿过淤泥夹层时,应当放慢拔管速度,并减少拔管高度和反插深度,在流动性淤泥中不宜使用反插法。

三、水上沉桩

(一)水上沉桩概述

水上沉桩应根据地形、水深、风向、水流和船舶性能等具体情况,充分利用有利条件,使沉桩施工能正常进行。沉桩应根据水上施工的特点采取有效措施,保证作业安全。

在浅水中沉桩,可设置筑岛围堰或固定平台等进行施工;在深水或有潮汐影响的水域沉桩,宜采用打桩船施打,在宽阔水域宜采用具有 GPS 定位功能的打桩船;在风浪条恶劣的深水水域,宜采用自升式平台进行施工。

当采用筑岛围堰进行沉桩施工时,其沉桩施工工艺与陆地沉桩施工工艺类似,在此不再叙述。水中沉桩主要采用振动沉桩及锤击沉桩,现就水上振动沉桩及水上锤击沉桩进行施工介绍。

(二)水上沉桩施工准备

(1)水上沉桩施工受流速、水位、潮汐、大风等天气的影响较为严重。因而,在施工前需对施工水域的水文、气象资料做出调研,同时对施工期间的水文、气象情况做出监控。

(2)对施工水域进行探摸,并对障碍物进行清理,水深地形复测。沉桩施工前要对沉桩区域(包括船机设备锚位作业范围)进行调查探摸,必要时进行扫海作业,掌握是否有水底电缆、水下管线、水下建(构)筑物、沉排或抛石棱体等情况,分析其对沉桩施工的影响,必要时采取相应的保护措施或清障措施。编制合理的施工方案,如必需进行清理的,则需会同建设、监理、设计单位办妥必要的手续予以清理。对抛石棱体的清理,必须考虑到其对大堤或岸坡整体稳定的影响,进行必要的验算,并采取相应的监控措施。

(3)申报水上施工许可证和航行通告。水上作业施工许可证一般由建设单位办理,项目具备立项审批文件、岸线审批文件、设计文件等资料后可到海事部门办理水上作业许可证。项目施工期根据施工的总体安排,特别是有大型船机要进场作业时必须携带有关资料到海事部门办理航行通告,并确定是否需要临时封航或警戒船舶,明确施工范围及有关注意事项,并在有关报纸上发布航行通告。

(4)设置水上施工警戒区。水上桩基施工期间,除打桩船,方驳均悬挂抛锚球和慢速指示旗,在内河施工时,一般在施工水域上下游 350~500m 处设置警戒船,挂起监督和慢速指标,并配有高音喇叭指挥过往船舶慢速通过,并主动避让施工船舶的锚缆。施工前,在锚位上设浮标,指示锚位和缆绳的位置和方向。在陆域上,打桩船地笼缆的移动区域必须设置警戒区并指派纠察人员,不允许闲杂人员进入施工危险区。

(三)水上锤击沉桩

水上锤击沉桩是水上沉桩主要的施工方式之一,主要是采用打桩船进行打桩施工。在此仅以打桩船沉桩工艺为例进行阐述,自升式平台施工可参照实施。打桩船打桩一般采用冲击锤进行打桩。

1. 打桩船的布置

打桩船应根据水深、流速情况,备有最够的铁锚,保证船体、桩架在打桩过程中的稳定性,一般要求船体摆幅不超过 50mm。打桩船抛锚定位示意见图 6-4-27。

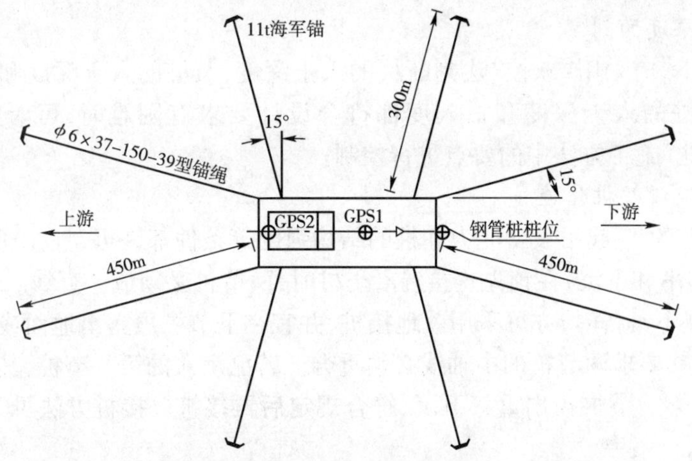

图6-4-27　打桩船抛锚定位示意图

2. 利用 GPS－RTK 系统进行测量定位

打桩船以前常用的定位方法，是在三个不同方向上架设经纬仪进行拨角放线、交会测量，定位速度慢，距离较远时定位精度低，需要的测量人员多，且只能白天作业。近年来更广泛的采用了先进高效的“GPS－RTK 打桩船导航定位系统”。具体参见本章第四节。

3. 桩体喂入导向架，定位、校准

平面位置偏差及垂直度是打入桩插打质量的关键指标。打桩船起吊桩时，桩体由水平位置逐渐倾斜转变为竖直状态，顶部进入桩帽内固定，下部由抱桩器固定，然后由 GPS－RTK 系统导航，缓慢移船到桩位设计位置，当导航系统显示桩体平面位置达到设计精度要求后，稳定船体，收紧全部锚绳。为了保证桩的垂直度，采用两台经纬仪从不同方向对其进行观测校准，并采取调整桩架前后倾斜度、左右船舱注入平衡水及调整抱桩器左右间距的方法使垂直度满足要求。

4. 下桩入水到河床面，第二次调整平面位置及垂直度

在平面位置及垂直度均满足规定要求后，下桩入水。这时考虑水流冲击对桩体的作用力，注意收紧水流冲击侧锚绳，并适当给予一定的预偏量。在桩底接近河床时，再次观测护筒平面位置及垂直度。两项指标均满足要求，快速下桩入泥，桩体靠自重压力进入河床。

5. 开锤并击打至设计高程

(1)开锤前应对桩架、桩锤、动力机械、电缆等主要设备部件进行检查。沉桩开始前将锤提升到桩架顶，然后吊桩插入桩位，若有偏差应将桩提起重插。插好后将桩帽、桩锤轻落在桩顶。开锤前应再次检查桩锤、桩帽及桩体的中轴线是否一致，如有偏差应纠正。

(2)桩体入土深度较小时，应采用小冲程、低频率锤击。柴油锤应控制供油量，减少锤击能量。当入土深度超过10m，桩体垂直度有保证后，可逐步加大冲程，逐渐加大冲击动能，桩底接近设计高程时，应严格监测每次锤击贯入深度，直至桩的入土深度和贯入度都符合设计要求(即“双控”)为止。

(3)用柴油锤沉桩前，应将桩架导杆调成垂直。在第一节桩入土3～5m时应停锤复核桩架导杆的垂直度，如发现问题必须校正后方可继续沉桩。

(4)沉斜桩时，桩架应符合斜桩的坡度。插好桩将锤压于桩上复测一次，如斜度大于0.3%时，必须进行校正。

6. 桩入土深度的判定

一般情况下，应采用“双控”法判断桩的入土深度，及桩的入土深度和贯入度都符合设计要求。若桩的入土深度和贯入度都符合设计要求有困难时，可参照本章第四节“（一）锤击沉桩”施工方法中的要点进行控制。

7. 桩分节沉设及桩体连接

（1）若桩架高度、起吊设备能力和桩的结构强度等条件都许可，宜在现场将桩节预先连接好，一次起吊和下沉，在预先连接混凝土桩时，两节桩必须成一直线。

（2）当条件不具备时，亦可采用就地接桩，并宜在下节桩顶露出地面或水面以上至少1.5m时进行。并要求两节桩的中轴线必须重合。若已沉入的第一节桩，其垂直度或斜度超过1%，应将第一节桩拔出重新下沉，符合规定后再接桩。接桩方法见本章桩的构造、桩的连接小节。

8. 注意事项

（1）沉桩作业应一次沉到设计高程，不得中途停顿。若停顿过久，由于土体的恢复将难以下沉。

（2）沉完一根桩后应立即进行检查，确认桩身无问题后再移动桩架。沉好的桩在未经验收和必要的冲击试验以前，不得截锯桩头。截锯桩头时不宜用大锤硬砸，以免振出裂缝，可先用钢抱箍将桩身截锯处下面箍紧，用小锤沿箍处凿开一条沟槽，然后再进行扩大截断，截断混凝土管桩时，可采用油压式桩柱破碎机。钢管桩则可用氧割切除桩头。

（3）锤击时宜“重锤低击”。桩帽与桩之间的替打垫层要仔细安放，桩帽要夹紧垫层，均匀分布锤击力；桩帽不应紧密固定在桩头上，以免引起桩弯矩和扭矩的传递。

（4）对于混凝土桩，锤击时应注意的疲劳。锤击次数越多，锤击频率越高，桩的强度降低越大，损坏的可能性也越大。因此控制单桩的锤击次数。锤击控制次数，一般由桩的种类、长度、形状和地基情况等因素而定。表6-4-14提供的数值可供参考。

锤击次数参考表　　表6-4-14

桩型 锤击次数	钢筋混凝土桩	预应力混凝土桩	高强度预应力混凝土桩
总次数	1 000	2 000	3 000
最后10m锤击次数	500	800	1 500

（5）当桩穿过软土层后突然进入硬土层，或穿过硬土层后突然进入软土层，沉桩应力会发生变化，前者会产生大的压应力（岩石更甚），后者会产生拉应力。需注意观察、严格操作，避免桩体破坏。锤击时应严格控制桩的垂直度。桩身不垂直，除了桩顶产生集中应力外，桩身还要受到压弯联合作用，产生拉应力和弯曲应力，这是很危险的。

（6）预应力混凝土桩的预应力筋与桩顶须切除得很平整，否则在锤击时会导致很高的应力；锤击时导杆不得把桩过分嵌制或约束，避免桩在扭矩作用下开裂。

（四）水上振动沉桩

1. 水上振动沉桩的主要设备

振动沉桩的主要施工机具和设备为振动锤、起重机（水上以起重船及设置于施工平台上的吊车为主）、夹桩工具、振动锤架、吊索具、测量定位仪器等。

振动沉桩设备的选择可参照本章第三节的相关内容。

2. 水上振动沉桩的下沉定位

水上振动沉桩区别于陆上沉桩，主要是由于受水流、潮汐等水文气象条件的影响，打入桩的入土定位的难度较大，需要配置相应的导向装置进行沉桩的打入导向及定位。

一般利用已有的水上作业平台，进行导向装置的固定定位，具体可参见本章第四节"一、吊插桩"的相关要求。目前常采用悬臂导向架法进行沉桩的定位施工，定位导向架需具有微调功能，以确保沉桩定位准确。采用悬臂导向架进行沉桩的导向定位的简易流程如下：

(1)利用已有平台固定导向架。

(2)利用起重设备将打入桩吊入导向架的导向装置内，进行初步锁定。

(3)利用导向架上微调装置，调节打入桩的垂直度及水平偏位，确保其满足规范要求。过程中需根据水流方向及流速，设置一定的预偏。

(4)打入桩下沉着床后，靠自重下沉。

(5)安装沉桩设备，进行沉桩施工。

3. 水上振动沉桩施工要点

水上振动沉桩除满足岸上振动沉桩(参见本章第四节"沉桩方式")的施工要点外，还需注意以下几点：

(1)在预制桩入土稳定前，不得拆除导向装置。当预制桩入土深度不足以保持稳定时，按以下原则进行沉桩控制：当振动锤至上导向装置1.0m时停止振动，移走上层导向龙口，使振动锤能继续振动下沉预制桩至下层导向龙口顶面约1.5m处，停止振动下沉，再接高预制桩，继续振动下沉。

(2)水中沉桩时，首节预制桩吊装入导向架的时机应选择在，水流流速小于1.5m/s，风力小于7级的情况下进行；对于潮汐河段宜选择在平潮时段进行。

四、打入斜桩施工

预制桩(普通钢筋混凝土桩，预应力管桩)在绝大多数工程中，被垂直打入而承受垂直荷载，但在特殊工程中，如港口、码头、桥梁、工业厂房等工程中，还要承受水平荷载，这就要求用专用桩工机械把桩倾斜打入(称为斜桩)，来满足承受垂直与水平荷载的设计要求。

斜桩一般采用锤击沉桩工艺进行施工，其施工工艺与直桩施工工艺类似，现就斜桩施工过程中不同于直桩施工工艺的控制要点进行阐述。

1. 辅助设备配置

除满足直桩沉桩施工所需的设备外，斜桩打设时，还需配置具有足够强度及刚度的导向架系统。在桩基插打前需确保导向架定位准确且固定牢靠。导向架应与管桩直径相适应，桩帽宜套入桩顶30~40cm。

2. 场地处理

在陆地进行斜桩打设前，除按照直桩沉桩施工所要求的地基处理要求外，还应在桩机下铺垫厚钢板(30mm)，桩机履带应完全处在承垫钢板上，以补充地耐力不足及保持桩机稳定；履带桩机前后液压支撑应支于承垫钢板上，防止桩机前后俯仰，减少沉桩时斜率变化。

在水中采用打桩船进行斜桩搭设前，需准确进行船体的抛锚定位，确保打桩船自身锚固定位系统足够强大且牢靠，并使得作业区域范围内无其余船只对其产生干扰。对于潮汐河段，需确保桩基在平潮期打设完成。

3. 斜桩的调运

桩起吊和插桩时,桩机导杆恢复垂直状态,方能施工。桩吊装到位后,利用导向架临时固定斜桩,再进行导向架倾斜度及水平位置的调整。桩架调节过程中可辅以链条葫芦等设备进行桩辅助固定。送桩时,送桩过程中,应确保桩锤、导向架和桩身在同一中心轴线上。

4. 斜桩的定位测量

由于斜桩有一定的倾角,且往往设计桩顶位置与自然地面(或水位线)高程有一个差值,使得设计桩顶位置与打入时的定位位置上下不在一个铅垂线上,放线时必须根据设计桩顶位置、自然地面(或水位线)与设计桩顶位置的高差以及桩的倾角计算出斜桩的放线前置量 a,即:

$$a = h \cdot \tan\alpha = (h_1 - h_2) \cdot \tan\alpha \tag{6-4-3}$$

式中:a——斜桩的放线前置量;

h_1——自然地面(或水位线)高程;

h_2——设计桩顶高程;

α——斜桩倾角。

由于施工场地的不平整及水中水位的变化,需对每个斜桩打入位置的高程进行测量,以确保斜桩位置的准确。

5. 倾斜度控制

桩机的正前方或正后方由一台经纬仪控制桩的垂直度,在桩架侧面挂上一固定长度的线锤,根据线锤底部到桩架的距离,校正桩的倾斜度,待校正后,即可启锤打桩,并在沉桩过程中随时跟踪观测,指挥桩机保持沉设精度。

斜桩施工中,下节桩最为关键,在桩尖入土 3 ~ 4m,应加强斜率监控,若发生垂直度和斜率变化,应及时修正;斜桩接桩时,上、下节桩应在同一轴心线上。

根据《公路桥涵施工技术规范》(JTG/T F50—2011)第 9. 5. 9 条的规定,斜桩倾斜度的允许偏差为 $\pm 0.15\tan\theta$(θ 为斜桩轴线与垂线间的夹角)。

五、沉桩施工记录

沉桩时应作每一根桩记录和每一墩台中的基桩综合记录。

在沉桩过程中应进行下列测量记录:

(1)用单动汽锤、坠锤沉桩,从开锤起统计桩身每下沉 1. 0m 的锤击次数及全桩总锤击次数,并测量锤击每 1. 0m 沉桩平均落锤高度;如用双动汽锤、柴油锤则记录桩身每下沉 1m 的锤击时间和全桩总锤击时间。

(2)用单动汽锤、坠锤沉桩,当桩沉至接近设计高程或接近控制贯入度时,应记录每 10cm 为一阶段的锤击数,算出每一锤击的下沉量(单位以 cm 估计);用双动汽锤、柴油锤、振动锤时,应记录每 10cm 的锤击时间,并算出锤击 10cm 的每分钟的平均值(单位以 cm/min 计)。测量本项的数值时,应在下列正常条件下进行:

①桩头没有破碎。

②射水沉桩时,应记录每一阶段的水压及其变化、净射水时间、水压和桩的下沉量,应配合锤击或振动下沉时分别记录。射水时并应记录涌水处(如桩内、桩外或其他地方)的含泥砂量情况和涌水大小等。

沉桩记录见表 6-4-15 ~ 表 6-4-21。

坠锤和单动气锤沉桩记录表

表 6-4-15

路线名称________　　桩　锤　类　型________

桥　　名________　　冲击部分重力________(kN)

合　同　名________　　桩帽及送桩重力________(kN)　　桩位平面图

__________号墩(台)　　桩尖设计高程________(m)

桩号(图示编号)　　设计贯入度________(mm/击)

桩规格尺寸________

月日	工作项目	起时分	止时分	锤击次数(次)	落锤高度(cm)	射水压力(MPa)	平均贯入度(cm/击)	桩尖高程(m)	附注(沉桩情况及有关现象的记述)
每下沉 1.0m									
每下沉 10cm									
复打									

施工员　　施工负责人(承包人)　　监理工程师

注:附注栏说明:①桩位偏差和桩倾斜度。桩位偏差:群桩为中心桩和外缘桩顺、横桥方向偏差;排架桩为顺桥方向和竖直桥轴方向偏差。②下沉中发生不正常情况并分析原因。

柴油锤和双动气锤沉桩记录

表 6-4-16

路线名称________　　桩　锤　类　型________

桥　　名________　　冲击部分重力________(kN)

合　同　名________　　桩帽及送桩重力________(kN)　　桩位平面图

__________号墩(台)　　桩尖设计高程________(m)

桩号(图示编号)　　设计贯入度________(mm/击)

桩规格尺寸________

工作项目	月日	起时分	止时分	锤击时间(min)	落锤高度(cm)	射水压力(MPa)	平均贯入度(cm/击)	桩尖高程(m)	附注(沉桩情况及有关现象的记述)
每下沉1m									
每下沉10cm									
复打									

施工员　　施工负责人(承包人)　　监理工程师

注:1. 附注栏说明:①桩位偏差和桩倾斜度。桩位偏差:群桩为中心桩和外缘桩顺、横桥方向偏差;排架桩为顺桥方向和竖直桥轴方向偏差。②下沉中发生不正常情况并分析原因。

2. 双动气锤开足规定的气压,达到每分钟规定的锤击数。

每个墩台(沉桩记录汇总表)

表 6-4-17

路线名称________　　墩(台)号　　
桥　　名________　　桩类型________　　
合 同 号________　　桩设计承载力________

桩位平面图

插桩顺序号	桩号	直(斜)桩	桩长(m)	桩尖类型	沉桩日期		沉桩完毕桩尖高程(m)	沉桩最终阶段			复打完毕阶段			复打完毕桩尖高程(m)	入土深度(m)			桩锤类型	锤击总次数(次)	射水最大压力(MPa)	桩顶位置偏差(cm)				斜桩		附注
					开始月日时分	结束月日时分		落锤高度(m)	锤击次数(次)	平均每锤贯入度(mm/击)	落锤高度(m)	锤击次数(次)	平均每锤贯入度(mm/击)		锤击入土深度	锤击加射水冲刷入土深度	停水锤击入土深度				偏左岸	偏右岸	偏上游	偏下游	设计斜度(%)	实际斜度(%)	

施工员　　　　施工负责人(承包人)　　　　监理工程师

注:①本表仅适用于坠锤、单动汽锤,其他锤型(振动锤除外)可参考使用,但需注意贯入度单位。
②根据沉桩动力公式计算最终贯入度 e 值(mm)。
③静载试验极限荷载情况。
④将每根桩初打、复打时的锤垫、锤帽和桩垫的情况记于附注栏内。
⑤平均地面或河床高程。
⑥地质特点。
⑦承台底高程。

振动沉桩记录表(供参考)　　表 6-4-18

路线名称________　空转振幅________(mm)
桥　　名________　偏心力矩________(kN·m)
________号墩(台)　振动锤重力________(kN)
桩号(图示编号)________　空转时电动机转轴功率________(kW)
桩规格尺寸________　电动机负荷轴转速________(r/min)
振动锤型号________　振动总时间________h________min
振　动　力________(kN)　射水总时间________h________min
振动频率________(次/min)　负荷轴转数________(r/min)

桩位平面图

工作项目	起时分	止时分	振动锤		射水压力(MPa)	下沉量		下沉速度(mm/min)	桩尖高程(m)	附注(沉桩情况及有关现象的记述)
			电动率(kW)	电流(A)		本次下沉(cm)	累计下沉(cm)			

注:1. 附注栏说明:①桩位偏差和桩倾斜度。桩位偏差:群桩为中心桩和外缘桩顺、横桥方向偏差;排架桩为顺桥方向和竖直桥轴方向偏差。②下沉中发生不正常情况并分析原因。

2. 双动汽锤开足规定的气压,达到每分钟规定的锤击数。

静力压桩记录(供参考)　　表 6-4-19

路线名称________　压桩机类型________
桥　　名________　压桩重力________(kN)
合同号________　平衡加载________(kN)
________号墩(台)　桩重力(全长)________(kN)
桩规格尺寸________　桩尖设计高程________(m)

桩位平面图

日期	起讫时间		第一节				第二节				…	最后一节				送桩长度	附注(沉桩情况及有关现象的记述)
	起时分	止时分	压入长度(m)	桩长高程	压力表读数(MPa)	折合(kN)	压入长度(m)	桩长高程	压力表读数(MPa)	折合(kN)		压入长度(m)	桩长高程	压力表读数(MPa)	折合(kN)		

施工员　　施工负责人(承包人)　　监理工程师

注:1. 附注栏说明:①桩位偏差和桩倾斜度。桩位偏差:群桩为中心桩和外缘桩顺、横桥方向偏差;排架桩为顺桥方向和竖直桥轴方向偏差。②下沉中发生不正常情况并分析原因。

2. 双动汽锤开足规定的气压,达到每分钟规定的锤击数。

锤击沉管灌注桩记录汇总表(供参考) 表 6-4-20

路线名称________ 桩 管 规 格________
桥　　名________ 桩 尖 类 型________
合 同 号________ 设 计 桩 长________(m)
桩锤类型________ 设 计 桩 径________(cm)
锤 重 力________(kN) 混凝土强度________(MPa)

桩位布置图

序号	施工日期	墩(台)号 桩号 桩号(图示编号)	桩管入土深度(m)	桩尖高程(m)	最后2组10次锤击贯入度(mm)			锤击次数		管内渗入泥水深度(m)	混凝土灌注量(m^3)			附注(沉桩情况及有关现象的记述)
	月日				1	2		总数	最后1m		计算	实际	充盈系数	

施工员 施工负责人(承包人) 监理工程师

注:1. 附注栏说明:①桩位偏差和桩倾斜度。桩位偏差:群桩为中心桩和外缘桩顺、横桥方向偏差;排架桩为顺桥方向和竖直桥轴方向偏差。②下沉中发生不正常情况并分析原因。

2. 双动汽锤开足规定的气压,达到每分钟规定的锤击数。

振动沉管灌注桩记录汇总表(供参考) 表 6-4-21

路线名称________ 桩 管 规 格________
桥　　名________ 桩 尖 类 型________
合 同 号________ 设 计 桩 长________(m)
桩锤类型________ 设 计 桩 径________(cm)
锤 重 力________(kN) 混凝土强度________(MPa)

桩位布置图

序号	施工日期		墩(台)号 桩号 桩号(图示编号)	桩管入土深度(m)	桩尖高程(m)	最后2个2min贯入度(mm)			最后一次抬空时2s贯入度(mm)	沉管时间(min)		管内渗入泥水深度(m)	混凝土灌注量(m^3)			附注(沉桩情况及有关现象的记述)
	月	日				1	2			总时间	最后1m		计算	实际	充盈系数	

施工员 施工负责人(承包人) 监理工程师

注:1. 附注栏说明:①桩位偏差和桩倾斜度。桩位偏差:群桩为中心桩和外缘桩顺、横桥方向偏差;排架桩为顺桥方向和竖直桥轴方向偏差。②下沉中发生不正常情况并分析原因。

2. 双动汽锤开足规定的气压,达到每分钟规定的锤击数。

第五节　打入桩承载力确定

一、桩承载力计算公式

(一)锤击动力公式

计算桩承载力的锤击动力公式很多,现将国内常用的公式(不适用振动锤)分列如下:

1.(前苏联)格尔谢万诺夫(H. M. герсьаноь)公式

$$[P]=\frac{1}{m}\left[-\frac{nA}{2}+\sqrt{\left(\frac{nA}{2}\right)^2+\frac{nAE}{e}\times\frac{Q+K^2q}{Q+q}}\right] \tag{6-5-1}$$

式中:$[P]$——桩的容许承载力,kN;

m——安全系数,临时建筑用1.5,永久建筑用2;

A——桩身截面积(空心桩不扣除空心部分的面积),cm^2;

e——最终贯入度,cm/击;

n——系数,按表6-5-1采用;

E——一次锤击能量(按表6-5-2采用),kN·cm;

Q——锤的冲击部分重力,kN;

q——桩、桩帽及锤的非冲击部分重力,kN;

K——恢复系数,有木质锤垫时,$K=0.45$。

n 值　表6-5-1

情　况		n
钢筋混凝土桩或预应力混凝土桩	①有硬木桩垫	0.15
	②有硬木桩垫加麻袋垫层	0.1
钢　桩	无桩垫	0.05

E 值　表6-5-2

锤　型	E(kN·cm)
坠锤或单动汽锤	QH
筒式柴油锤	$0.9QH$
导杆式柴油锤	$0.4QH$
柴油锤(当不供燃料,作控制性单次锤击复打时)	$Q(H-h)$

注:h 为柴油锤锤芯由于气垫作用实测的第一次回跳高度(cm);H 为锤芯落高(cm)。

本公式适用条件为 $e\geqslant 2$mm/击。

2.(英)希力(Hiley)公式

$$[P]=\frac{f_1}{m}\times\frac{f_2E}{e+\frac{C}{2}} \tag{6-5-2}$$

式中:$[P]$——桩的容许承载力,kN;

m——安全系数,一般采用3;

E——一次冲击能,kN·m,应由桩锤产品说明书的曲线或表格中查用;如桩锤产品说明中无此项资料时,可按下列规定采用,

坠锤、单动汽锤　　$E = QH$

双动汽锤　　$E = (aP + Q)H$

筒式柴油锤　　$E = 2QH$

Q——锤的冲击部分重力,kN;

H——锤冲击部分的落高,m;

a——汽缸面积,m^2;

e——最终贯入度(坠锤、单动汽锤最终锤击平均每次下沉量单位为m/击,柴油锤、双动汽锤单位为m/min);

C——桩、土和桩帽三者弹性模量之和,$C = C_1 + C_2 + C_3$,m。C_1(桩的弹性模量压缩值)、C_2(土的弹性压缩值)均用现场实测值,C_3也尽量用实测值,如无资料时,可参照表6-5-3。

f_1——锤的机械效率(筒式柴油锤0.7,双动汽锤0.9,坠锤0.5);

f_2——锤击效率,$f_2 = \dfrac{Q + K^2 q}{Q + q}$;

q——桩、桩帽及锤的非冲击部分重力,kN;

K——恢复系数,按以下情况取值:

完全弹性(如直接锤击钢桩),$K = 1.00$;

桩头上有钢垫层,$K = 0.55$;

桩头上有钢垫层及硬木垫层,$K = 0.40$;

混凝土桩上有木垫层,$K = 0.25$;

完全非弹性(如极软的垫层),$K = 0$。

桩帽弹性压缩量 C_3(单位:cm)　　表6-5-3

桩帽情况		锤击沉桩时桩帽上的应力(kPa)			
		易沉的,3 500	一般的,7 000	难沉,10 500	极难沉,4 000
钢筋混凝土桩或预应力混凝土桩	有8~10cm厚的木质锤垫	0.13	0.25	0.38	0.50
	有8~10cm厚的木质桩垫	0.18	0.38	0.56	0.76
	有1.3~2.5cm厚的木质锤垫	0.06	0.13	0.19	0.25
钢桩	有钢皮包着的木质垫层	0.10	0.20	0.30	0.40
	直接冲击桩头	0	0	0	0

注:沉桩同时使用坠锤和桩垫时,应采用表列相应值之和。

3.(日本)建筑基准法公式

$$[P] = \frac{E}{5e + 0.1} \tag{6-5-3}$$

式中:$[P]$——桩的容许承载力,kN;

E——冲击能,kN·m;

e——最终贯入度,m/击。

4.用动力公式计算斜桩承载力的折减

对于坠锤、单动汽锤,其容许承载力按表6-5-4折减。

斜桩承载力折减系数 表6-5-4

倾斜率	1:1~1:8	1:6	1:5	1:4
折减系数	0.98	0.97	0.95	0.94

对于其他锤(不包含振动锤),可将动力公式中的锤击能量 E 改为 E'。

$$E' = E - QH(1 - \cos\theta)$$

式中:θ——斜桩轴线与垂直线之间的夹角。

(二)根据静压试验计算动力公式的修正系数

动力公式都是半理论半经验公式,有一定的局限性,往往某一种公式仅适用于某一地区、某一类型的桩和某一种沉桩方法,如果选用的使用公式在指定的地质条件下按静压试验进行修正,则该公式对该地质的使用认为是可靠的。其修正方法如下:

将静压试验前的冲击试验(经休止后的冲击试验,其试验要求见后)求得的贯入度 e_1,代入公式中求出桩的容许承载力 P_1,从静压试验得出容许承载力 P_2,则正式沉桩时采用动力公式的修正系数 α 为:

$$\alpha = \frac{P_2}{P_1} \tag{6-5-4}$$

若某桩在正式沉桩时测得最后锤击平均贯入度 e,代入动力公式后求得的容许承载力为$[P]$,则根据上式求得某桩的修正后容许承载力为 $\alpha[P]$,将 $\alpha[P]$代入动力公式中即可求得该桩修正后的最后贯入度 e'。

如需要考虑桩的"休止"时间因素,则需考虑"休止系数"。桩的休止系数 b 为:

$$b = \frac{冲击试验贯入度\ e_1}{沉桩最后贯入度\ e} \tag{6-5-5}$$

桩在沉桩施工时的控制贯入度 e''为:

$$e'' = \frac{e'}{b} \tag{6-5-6}$$

式中:e'——考虑修正后的最后贯入度;

b——休止系数。

应该注意,在沉入大量的基桩时,除发生假极限或吸入现象外,土要被挤紧。因此,在沉桩时桩容易达到控制贯入度 e'',经过休止后再进行冲击试验,又往往会不易达到 e'值,即承载力不足,也就是实际休止系数 b'将大于试桩的休止系数 b。在这种情况下,应使基桩的入土深度不小于试桩要求的入土深度,在达到 e''值后,如入土深度还比试桩要求的深度浅时,应继续沉入至试桩要求的入土深度。

(三)沉桩容许承载力计算公式

根据《公路桥涵地基及基础设计规范》(JTG D63—2007)第5.3节的内容,确定沉桩承载力容许值的计算公式。本公式既适用于振动沉桩,也适用于锤击沉桩,具体如下:

(1)摩擦桩单桩轴向受压承载力容许值$[R_a]$,可按下列公式计算:

$$[R_a] = \frac{1}{2}\left(u\sum_{i=1}^{n}\alpha_{ik}l_i q_{ik} + \alpha_r A_p q_{rk}\right) \tag{6-5-7}$$

式中:$[R_a]$——单桩轴向受压承载力容许值(kN),桩身自重力与置换土重力(当自重力计入浮力时,置换土重也计入浮力)的差值作为荷载考虑;

U——桩身周长,m;

n——土的层数；

l_i——承台底面或局部冲刷线以下各土层的厚度，m；

q_{ik}——与 l_i 对应的各土层与桩侧的摩阻力标准值，kPa，宜采用单桩摩阻力试验确定，当无试验条件时按表 6-5-5 选用；

q_{rk}——桩端处土的承载力容许值，kPa，宜采用单桩试验确定或通过静力触探试验测定，当无试验条件时按表 6-5-6 选用；

α_i、α_r——振动沉桩对各土层桩侧摩阻力和桩端承载力的影响系数，按表 6-5-7 采用；对于锤击、静压沉桩其值均取为 1.0。

沉桩桩侧土的摩阻力标准值 q_k 表 6-5-5

土 类	状 态	摩阻力标准值 q_k（kPa）
黏性土	$1.5 \geq I_L \geq 1$	15～30
	$1 > I_L \geq 0.75$	30～45
	$0.75 > I_L \geq 0.5$	45～60
	$0.5 > I_L \geq 0.25$	60～75
	$0.25 > I_L \geq 0$	75～85
	$0 > I_L$	85～95
粉土	稍密	20～35
	中密	35～65
	密实	65～80
粉、细砂	稍密	20～35
	中密	35～65
	密实	65～80
中砂	中密	55～75
	密实	75～90
粗砂	中密	70～90
	密实	90～105

注：表中土的液性指数 I_L 系按 76g 平衡锥测定的数值。

沉桩桩端处土的承载力标准值 q_{rk} 表 6-5-6

土 类	状 态	桩端承载力标准值 q_{rk}（kPa）		
黏性土	$I_L \geq 1$	1 000		
	$1 > I_L \geq 0.65$	1 600		
	$0.65 > I_L \geq 0.35$	2 200		
	$0.35 > I_L$	3 000		
		桩尖进入持力层的相对深度		
		$1 > h_c/d$	$4 > h_c/d \geq 1$	$h_c/d \geq 4$
粉土	中密	1 700	2 000	2 300
	密实	2 500	3 000	3 500
粉砂	中密	2 500	3 000	3 500
	密实	5 000	6 000	7 000

续上表

土类	状态	桩端承载力标准值 q_{rk}(kPa)		
细砂	中密	3 000	3 500	4 000
	密实	5 500	6 500	7 500
中粗砂	中密	3 500	4 000	4 500
	密实	6 000	7 000	8 000
圆砾石	中密	4 000	4 500	5 000
	密实	7 000	8 000	9 000

注:表中 h_c 为桩端进入持力层的深度(不含桩靴);d 为桩的直径或边长。

系数 α_i、α_r 值 表 6-5-7

桩径或边长 d(m) \ 系数 α_i、α_r \ 土类	黏土	粉质黏土	粉土	砂土
$0.8 \geqslant d$	0.6	0.7	0.9	1.1
$2.0 \geqslant d > 0.8$	0.6	0.7	0.9	1.0
$d > 2.0$	0.5	0.6	0.7	0.9

当采用静力触探试验测定时,沉桩承载力容许值计算中的 q_{ik} 和 q_{rk} 取为:

$$q_{ik} = \beta_i \bar{q}_i$$

$$q_{rk} = \beta_r \bar{q}_r$$

式中:$\bar{q}_i$——桩侧第 i 层土由静力触探测得的局部侧摩阻力的平均值,kPa,当 $q_i < 5$kPa 时,采用 5kPa;

$\bar{q}_r$——桩端(不包括桩靴)标高以上和以下各 $4d$(d 为桩的直径或边长)范围内静力触探端阻的平均值,kPa;若桩端标高以上 $4d$ 范围内端阻的平均值大于桩端标高以下 $4d$ 的端阻平均值时,则取桩端以下 $4d$ 范围内端阻的平均值;

β_i、β_r——侧摩阻和端阻的综合修正系数,其值按下面判别标准选用相应的计算公式;当土层的 $\bar{q}_r$ 大于 2 000kPa,且 $\bar{q}_i/\bar{q}_r$ 小于或等于 0.014 时:

$$\beta_i = 5.067(\bar{q}_i)^{-0.45}$$

$$\beta_r = 3.975(\bar{q}_r)^{-0.25}$$

如不满足上述 $\bar{q}_r$ 和 $\bar{q}_i/\bar{q}_r$ 条件时:

$$\beta_i = 10.045(\bar{q}_i)^{-0.55}$$

$$\beta_r = 12.064(\bar{q}_r)^{-0.35}$$

此综合修正系数计算公式不适合城市杂填土条件下的短桩;综合修正系数用于黄土地区时,应做试桩校核。

(2)支撑在基岩上或嵌入基岩内的沉桩的单桩轴向受压承载力容许值 $[R_a]$,可按下式计算:

$$[R_a] = c_1 A_1 f_{rk} + u\sum_{i=1}^{m} c_{2i} h_i f_{rki} + \frac{1}{2}\zeta_s u \sum_{i=1}^{m} l_i q_{ik} \tag{6-5-8}$$

式中:$[R_a]$——单桩轴向受压承载力容许值,kN;桩身自重与置换土重(当自重计入浮力时,置换土重也计入浮力)的差值作为荷载考虑;

c_1——根据清孔情况、岩石破碎程度等因素而定的端阻发挥系数,按表6-5-8 采 用;

A_1——桩端截面面积,m^2,对于扩底桩,取扩底截面面积;

f_{rk}——桩端岩石饱和单轴抗压强度标准值,kPa,黏土质岩取天然湿度单轴抗压强度标准值,当f_{rk}小于 2MPa 时按摩擦桩计算(f_{rki}为第 i 层的f_{rk}值);

c_{2i}——根据清孔情况、岩石破碎程度等因素而定的第 i 层岩层的侧阻发挥系数, 按表6-5-8 采用;

u——各土层或各岩层部分的桩身周长,m;

h_i——桩嵌入各岩层部分的厚度,m,不包括强风化层和全风化层;

m——岩层的层数,不包括强风化层和全风化层;

ζ_s——覆盖层土的侧阻力发挥系数,根据桩端f_{rk}确定:当$2MPa \leqslant f_{rk} < 15MPa$时,$\zeta_s = 0.8$;当$15MPa \leqslant f_{rk} < 30MPa$时,$\zeta_s = 0.5$;当$f_{rk} > 30MPa$时,$\zeta_s = 0.2$;

l_i——各土层的厚度,m;

q_{ik}——桩侧第 i 层土的侧阻力标准值,kPa,宜采用单桩摩阻力试验值,当无试验 条件时,对于沉桩按本规范表 6-5-5 选用;

n——土层的层数,强风化和全风化岩层按土层考虑。

系数 c_1、c_2 值 表 6-5-8

岩石层情况	c_1	c_2
完整、较完整	0.6	0.05
较破碎	0.5	0.04
破碎、极破碎	0.4	0.03

注:①当入岩深度小于或等于 0.5m 时,c_1 乘以 0.75 的折减系数,$c_2 = 0$。

②对于钻孔桩,系数 c_1、c_2 值应降低 20% 采用;桩端沉渣厚度 t 应满足以下要求:$d \leqslant 1.5$m 时,$t \leqslant 50$mm;$d > 1.5$m 时,$t \leqslant 100$mm。

③对于中风化层作为持力层的情况,c_1、c_2 应分别乘以 0.75 的折减系数。

(3)按以上规定计算的单桩轴向受压承载力容许值$[R_a]$,应根据桩的受荷阶段及受荷情况乘以表 6-5-9 规定的抗力系数。

单桩轴向受压承载力的抗力系数 表 6-5-9

受 荷 阶 段	作用效应组合		抗 力 系 数
使用阶段	短期效应组合	永久作用与可变作用组合	1.25
		结构自重、预加力、土重、土侧压力和汽车、人群组合	1.00
	作用效应偶然组合(不含地震作用)		1.25
施工阶段	施工荷载效应组合		1.25

(4)摩擦桩应根据桩承受作用的情况决定是否允许出现拉力。当桩的轴向力由结构自重、预加力、土重、土侧压力、汽车荷载和人群荷载短期效应组合所引起时,桩不允许受拉;当桩的轴向力由上述荷载并与其他作用组成的短期效应组合或荷载效应的偶然组合(地震作用除外)所引起时,则桩允许受拉。摩擦桩单桩轴向受拉承载力容许值按下列公式计算:

$$[R_t] = 0.3u\sum_{i=1}^{n}\alpha_i l_i q_{ik} \tag{6-5-9}$$

式中:$[R_t]$——单桩轴向受拉承载力容许值,kN;

u——桩身周长，m，对于等直径桩，$u=\pi d$；

α_i——振动沉桩对各土层桩侧摩阻力的影响系数，按规范采用；对于锤击、静压沉桩和钻孔桩，$\alpha_i=1$。

计算作用于承台底面由外荷载引起的轴向力时，应扣除桩身自重值。

二、试桩

除一般的中、小桥沉桩工程，其地质不复杂并有可靠的数据和实践经验可不进行试桩外，其他沉桩工程均应在施工前进行工艺试桩和承载力试桩，确定沉桩的施工工艺技术参数和检验桩的承载力。

试桩的数量不宜少于 2 根，且附近应有钻探资料；试桩的规格应与工程桩一致，所用船机应与正式施工时相同。位于深水处的试桩，应根据具体情况，由主管部门研究决定。

试桩的位置应符合设计规定；设计未规定时，宜选择在有代表性地质的地方，并尽量靠近地质钻孔或静力触探孔，其间距宜为 1～5m。试桩的桩径、桩长和测试内容应符合设计要求。

特大桥和地质复杂的大、中桥，宜采用静压试验方法确定单桩容许承载力；一般大、中桥的试桩，可采用静载试验法，在条件适宜时，亦可采用可靠的动力检测法；锤击沉入的中、小桥试桩，在缺乏上述试验条件时，可结合具体情况，选用适当的动力公式计算桩容许承载力。当确定的单桩容许承载力不能满足设计要求时，应会同监理和设计单位研究处理。

试桩前应进行下列准备工作：

（1）试桩的桩顶如有破损或强度不足时，应将破损和强度不足段凿除后，修补平整。

（2）做静推试验的桩，如系空心桩，则应在直接受力部位填充混凝土。

（3）做静压、静拔的试桩，当在原地面处施加荷载时，对承台底面以上部分或局部冲刷线以上部分设计不能考虑的摩擦力应予扣除。

（4）做静压、静拔的试桩，对桩身需通过尚未固结新近沉积的土层或湿陷性黄土、软土等土层对桩侧产生向上的负摩擦力部分，应在桩表面涂设涂层，或设置套管等方法予以消除。

（5）在冰冻季节试桩时，应将桩周围德尔冻土全部消融，其融化范围：静压、静拔试验时，离试桩周围不应小于 1m；静推试验时，不应小于 2m。融化状态应保持到试验结束。在结冰的水域做试验时，桩与冰层间应保持不小于 100mm 的间隙。

三、冲击试验

1. 施工阶段的工艺试验和冲击试验的主要目的

（1）选择合理的施工方法和机具设备。

（2）检验桩沉入土中的深度能否达到设计要求。

（3）选定锤击沉桩时的锤垫、桩垫及其参数。

（4）利用静压试验等方法，验证选用的动力公式在该地质条件下的准确程度。

（5）选定射水设备及射水参数（水量、水压等）。

（6）查定沉桩时有无“假极限”或“吸入”现象，并确定是否需要复打，以及决定复打前的“休止”天数。

（7）确定施工工艺和停止沉桩的控制标准。

2. 试桩程序和注意事项

冲击试验的程序按下列规定执行:

(1)使用蒸汽锤时,预先将汽锤加热。

(2)用单动汽锤、坠锤沉桩时,记录桩身每下沉 1.0m 的锤击数和全桩的总锤击数,并测量锤击每米沉桩平均落锤高度;用双动汽锤、柴油锤、振动锤沉桩时,记录桩身每下沉 1.0m 的锤击(或振动)时间和全桩的总锤击(或总振动)时间。

(3)当桩沉至接近设计高程附近(约 0.0m 左右)时,用单动汽锤、坠锤沉桩,记录每 100mm 的锤击数,至设计高程时,最后加打 5 锤,记录桩的下沉量,算出每锤平均值(以 mm/击计),作为停锤贯入度;用双动汽锤、柴油锤、振动锤沉桩,记录每 100mm 的锤击(或振动)时间,算出最后 100mm 每分钟平均值(以 mm/min 计),作为停锤贯入度。

(4)冲击(复打)试验和注意事项:

①冲击试验应经过“休止”后进行,“休止”时间按照本节下边(6)的规定。

②用沉桩时达到最后贯入度相同的功能(用坠锤、单动汽锤或柴油锤时,使落锤高度相同;用双动汽锤时,使气压相同,并迅速送汽锤击;用振动锤时使其各项技术条件相同)和相同的设备(包括桩锤规格、桩帽、锤垫、桩垫等)进行锤击或振动。

③用坠锤、单动汽锤沉桩,着实的锤击 5 锤,取其平均贯入度;用双动汽锤、柴油锤、振动锤沉桩,取其最后 100mm 的锤击、振动时间的每分钟平均贯入度作为最终贯入度;贯入度的单位分别为 mm/击、mm/min。

(5)填写沉桩试验记录。

(6)“休止”时间应按土质不同而异,可由试验确定,一般不少于下列天数:

①桩穿过砂类土,桩尖位于大块碎石土、紧密的砂类土或坚硬的黏质土上,不少于 1d。

②在粗、中砂和细砂里,不少于 3d。

③在黏质土和饱和的粉质土里,不少于 6d。

四、静压试验

(一)试验目的

通常用来确定单桩承载力和荷载与位移的关系,以及校核动力公式的准确程度。

(二)试验方法

采用慢速维持荷载法,若设计无特殊要求时,用单循环加载试验。

(三)试验时间

静压试验应在冲击试验后立即进行。

(四)试验加载装置

一般采用油压千斤顶加载。千斤顶的反力装置可根据现场的实际条件选用下列三种形式之一。斜桩作静压试验时,荷载应作用于桩的轴向。

1. 锚桩承载梁反力装置

锚桩承载梁反力装置能提供的反力,应不小于预估最大试验荷载的 1.3 ~ 1.5 倍。锚桩一般采用 4 根,如入土较浅或土质松软时可增至 6 根。锚桩与试桩的中心间距,当试桩直径(或边长)小于或等于 800mm 时,可为试桩直径(或边长)的 5 倍;当试桩直径大于 800mm 时,上述距离不得小于 4m。

锚桩必须具有足够的抗拔能力,其受拉的容许承载力可按下式计算:

$$[P_l] = 0.3ulτ_p + G \tag{6-5-10}$$

式中:$[P_l]$——锚桩受拉容许承载力,kN;

u——锚桩的周长,m;

l——桩入土深度,m;

$τ_p$——桩壁土的平均极限摩阻力,kPa;

G——桩重力,kN。

锚桩的入土深度一般不宜小于试桩的入土深度,锚桩的上拔量一般不宜大于6mm。

承载梁为型钢组装而成,按预计最大试验荷载的1.3~1.5倍进行设计。

四锚桩承载梁反力装置见图6-5-1,六锚桩承载梁反力装置见图6-5-2。

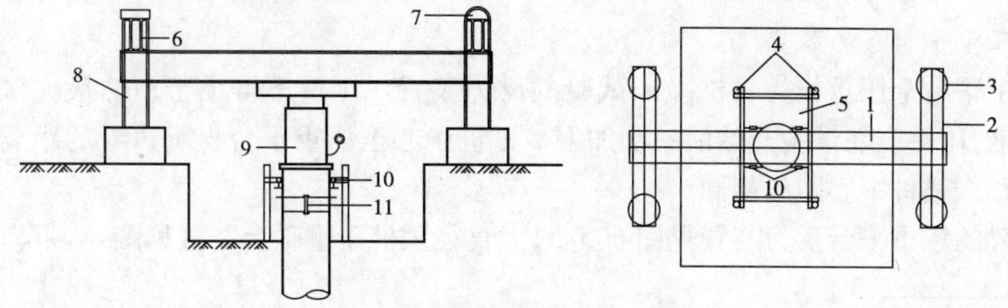

图6-5-1 四锚桩承载梁反力装置

1-主梁;2-次梁;3-锚桩;4-基准桩;5-基准梁;6-厚钢板;7-硬木包钢筋;8-锚筋;9-千斤顶;10-百分表;11-试桩

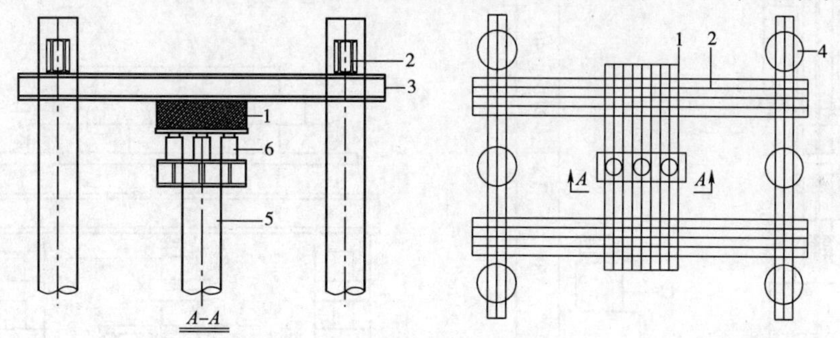

图6-5-2 六锚桩承载梁反力装置

1-主梁;2-小梁;3-边梁;4-锚桩;5-试桩;6-液压千斤顶

大直径试桩的锚桩承载梁反力装置见图6-5-3。

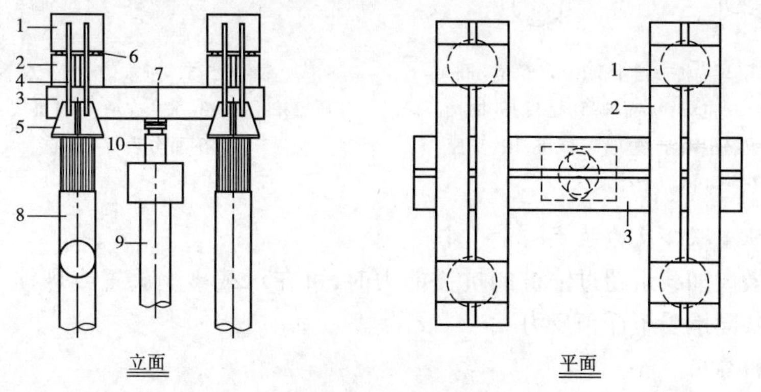

图6-5-3 大直径桩的锚桩承载梁反力装置

1-小梁;2-边梁;3-主梁;4-拉板;5-连接板;6-支座1;7-支座2;8-锚桩;9-试桩;10-500t千斤顶

承载梁与锚桩的连接示例见图6-5-4。

安装仪表基准架的基准桩与试桩、锚桩间的中心距离见表6-5-10。基准桩埋入地基中应有一定的深度,不受地基表面扰动、气候变化等影响。基准桩应有足够的刚度和稳定来支撑仪表,以免产生仪表读数的变化。基准梁一端应能滑移,以免受温度影响产生上拱或下挠。

基准桩与试桩、锚桩间中心距离 表6-5-10

反力系统	试桩与基准桩	基准桩与锚桩(或压重平台支墩边)
锚桩承载梁反力装置	$\geqslant 4D_1$	$\geqslant 4D_2$
压重平台反力装置	≥2.0m	≥2.0m

注:D_1 为试桩直径,D_2 为锚桩直径,若 D_1 或 D_2 大于80cm,表列值改为 $3D_1$ 或 $3D_2$,且不小于4m。

2. 压重平台反力装置

利用平台上压重作为对桩静压试验的反力装置。压重不得小于预估最大试验荷载的1.3倍,压重应在试验开始前一次加上。试桩中心至压重平台支承边缘的距离与上述试桩中心至锚桩中心距离相同。

一般的压重平台反力装置见图6-5-5,大直径试桩压重平台装置见图6-5-6。

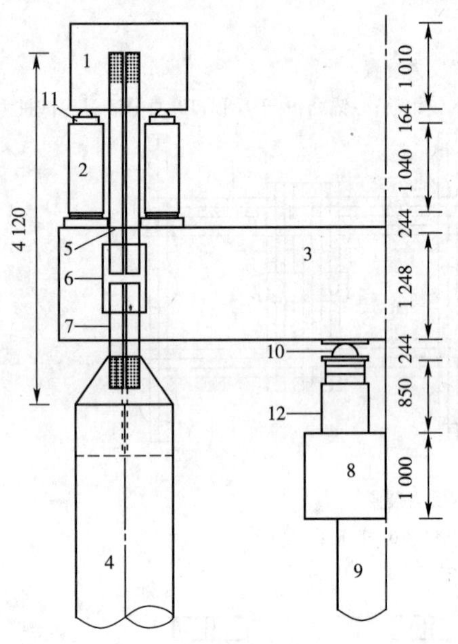

图6-5-4 承载梁与锚桩连接示例(尺寸单位:mm)

1-小梁;2-边梁;3-主梁;4-锚桩;5-拉板;6-拼接板;7-拉板;8-钢筋混凝土垫块;9-试桩;10-支座1;11-支座2;12-500t液压千斤顶

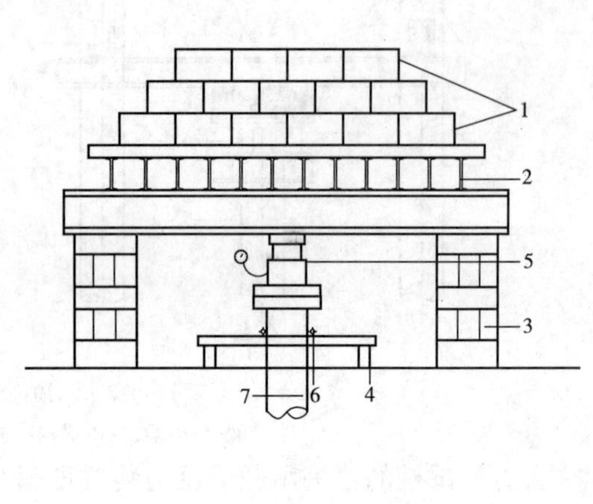

图6-5-5 压重平台反力装置

1-压重;2-平台;3-平台支承;4-基准梁;5-千斤顶;6-百分表;7-试桩

3. 锚桩压重联合反力装置

当试桩最大加载量超过锚桩的抗拔能力时,可在承载梁上放置或悬挂一定重物,由锚桩和重物共同承受千斤顶反力。

4. 斜桩的静压装置

若用垂直锚桩对斜桩进行静压试验时,必须使两根斜桩相互对称,高度相同,其布置见图6-5-7。

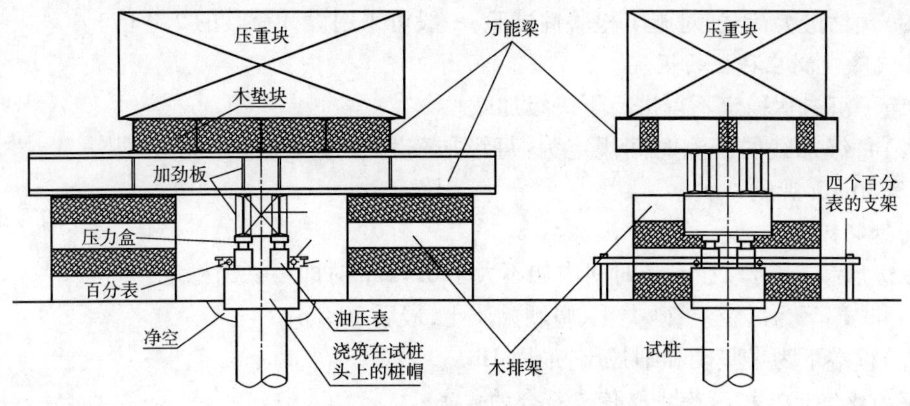

图 6-5-6　大直径试桩压重平台装置

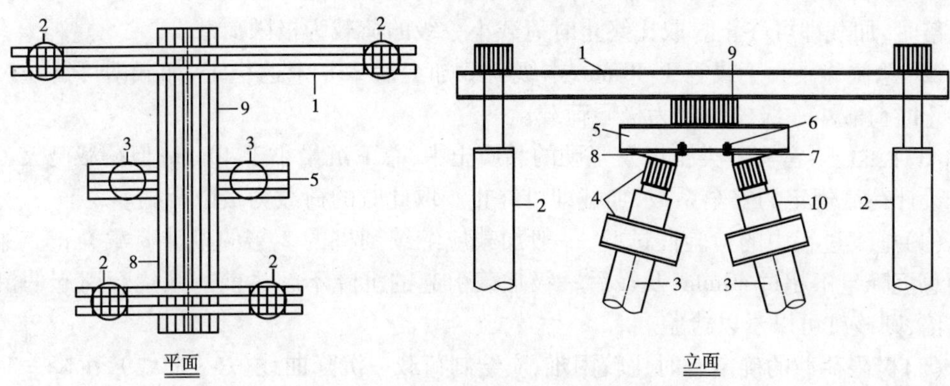

图 6-5-7　用垂直加载法试验对称的斜桩

1-承载梁;2-锚桩;3-试桩;4-垫梁;5-钢梁;6-连接螺栓;7-角钢;8-斜形垫托;9-承重梁;10-千斤顶

5. 测量位移装置

测量仪表必须精确,一般使用1/20mm 光学仪器或力学仪表,如水平仪、挠度仪、偏移计等。支承仪表的基准架应有足够的刚度和稳定性。基准桩的一端在其支承上应能自由移动,不受温度影响引起上拱或下挠。基准桩应埋入地基表面以下一定深度,不受气候条件等影响。基准桩中心与试桩、锚桩中心(或压重平台支承边缘)之间的距离应符合表 6-5-11 的规定。

基准桩中心至试桩、锚桩中心(或压重平台支撑边缘)的距离　　表 6-5-11

反力系统	基准桩与试桩	基准桩与锚桩(或压重平台支撑边缘)
锚桩承载梁反力装置	≥4d	≥4d
压重平台反力装置	≥2.0m	≥2.0m

注:表中为试桩的直径或边长 d≤800mm 的情况;若试桩直径 d>800mm 时,基准桩中心至试桩中心(或压重平台支承边缘)的距离不宜小于 4.0m。

(五)加载要点

1. 加载方法应符合的规定

(1)加载重心应与试桩轴线相一致。加载时应分级进行,使荷载传递均匀,无冲击。加载过程中,不使荷载超过每级的规定值。

(2)加载分级时,每级加载量为预估最大荷载的 1/10 ~1/15。当桩的下端埋入巨粒土、粗粒土以及坚硬的黏质土中时,第一级可按 2 倍的分级荷载加载。

(3)预估最大荷载：对施工检验性试验，一股可采用设计荷载的2.0倍。

2. 沉降观测应符合的规定

(1)下沉未达稳定不得进行下一级加载。

(2)每级加载的观测时间规定为：每级加载完毕后，每隔15min观测一次；累计1h后，每隔30min观测一次。

3. 稳定标准

每级加载下沉量，在下列时间内如不大于0.1mm时即可认为稳定：

(1)桩端下为巨粒土、砂类土、坚硬黏质土，最后30min。

(2)桩端下为半坚硬和细粒土，最后1h。

4. 加载终止及极限荷载取值应符合的规定

(1)总位移量大于或等于40mm，本级荷载的下沉量大于或等于前一级荷载的下沉量的5倍时，加载即可终止。取比终止时荷载小一级的荷载为极限荷载。

(2)总位移量大于或等于40mm，本级荷载加上后24h未达稳定，加载即可终止。取比终止时荷载小一级的荷载为极限荷载。

(3)巨粒土、密实砂类土以及坚硬的黏质土中，总下沉量小于40mm，但荷载已大于或等于设计荷载规定的安全系数，加载即可终止。取此时的荷载为极限荷载。

(4)施工过程中的检验性试验，一般加载应继续到桩的2倍的设计荷载为止。如果桩的总沉降量不超过40mm，及最后一级加载引起的沉降不超过前一级加载引起的沉降的5倍，则该桩可以予以检验。

(5)极限荷载的确定有时比较困难，应绘制荷载—沉降曲线(P-s曲线)、沉降—时间曲线(s-t曲线)确定，必要时还应绘制s-lg$t$曲线、s-lg$P$曲线(单对数法)、$s-[l-P/P_{\max}]$曲线(百分率法)等综合比较，确定比较合理的极限荷载取值。

5. 桩的卸载和回弹量观测应符合的规定

(1)卸载应分级进行，每级卸载量为两个加载级的荷载值。每级荷载卸载后，应观测桩顶的回弹量，观测办法与沉降相同。直到回弹稳定后，再卸下一级荷载。回弹稳定标准与下沉稳定标准相同。

(2)卸载到零后，至少在2h内每30min观测一次，如果桩尖下为砂类土，则开始30min内，每15min观测一次；如果桩尖下为黏质土，第1h内，每15min观测一次。

6. 静压试验应注意事项

(1)采用加载平台时，每件压重及平台自重均应标定，需要时可用颜色标明，便于安放时计算质量，以免错误。

(2)使用千斤顶时必须逐台加以标定。在标定时所使用的压力表、油管、电动油泵、人工手摇泵等应与试验时基本相同。

(3)观测桩的下沉量一般采用百分表测量。桩身下沉量超过百分表量程范围时，应及时调整百分表位置。调整前及调整后读数应取得联系，随时检查百分表是否灵敏，支架是否稳定。

(4)预计千斤顶的顶起量，力求避免在一次试验的中途松顶加垫。估计时应考虑0.5~1倍的观测余量。

(5)为了减少千斤顶有效顶程的损耗，在试验前先用千斤顶加压，消除垫材、栓孔等处的压缩变形及空隙，然后将千斤顶松回，加填垫材、填补空隙。

(6)对锚桩的拔起应同时进行观测,以便分析试桩的实际下沉量。

(7)试桩的下沉和锚桩的拔起都将使千斤顶降压,必须不断观察压力表,可从连通的手摇泵随时加压,以维持其每阶段的加卸载量不变。

(8)应随时检查加载设备情况,注意若有变形、倾斜或声响等异状,应立即即采取补救措施。随时检查观察设备的转动与指示部分的灵敏度,有无障碍,以及固定部分的稳定性。

(9)一个或几个千斤顶的中轴线必须与试桩的中轴线相吻合,否则受力后易由于偏压产生损坏桩身事故。

7. 试验记录

所有试验数据应按表6-5-12及时填写记录,绘制静压试验曲线,如图6-5-8所示,并编写试验报告。

静压试验记录表 表6-5-12

______线______桥______号试桩　　地质情况______

沉桩方法及设备型号______　　桩的类型、截面尺寸及长度______

桩的入土深度______(m)　　最终贯入度______(mm/击)

设计荷载______(kN)

加载方法______　　加载顺序______

荷载编号	起止时间			间歇时间(min)	每级荷载(kN)	各表读数(mm)			平均读数(mm)	位移(mm)			气温(℃)	备注
	日	时	分			1号	2号			下沉	上拔	水平		

其他记录:

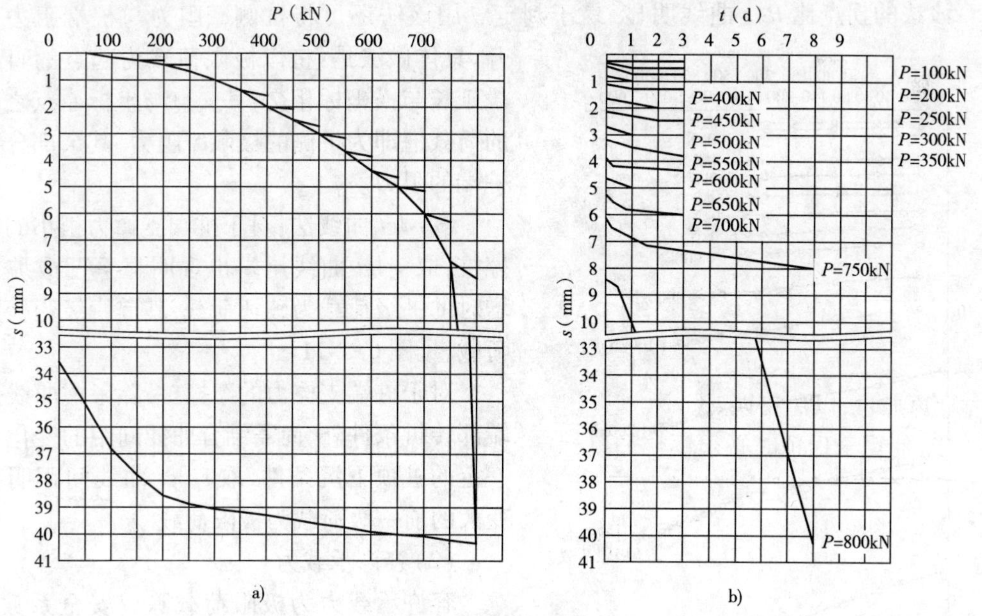

图6-5-8 静压试验曲线

a)P-s曲线;b)s-t曲线

8. 桩极限荷载的确定

(1)确定极限荷载的几种方法

桩的极限荷载在有些情况下确定常有困难,如端承摩擦桩等,会出入较大。现将几种确定极限荷载的方法介绍如下,供相互比较采用。

①P-s 曲线第二拐点法:本法以 P-s 曲线上的明显转折点处的荷载作为桩的极限荷载,见图 6-5-9。图中第二拐点处的荷载,即为极限荷载。

图中曲线Ⅱ为桩尖处土质较好或桩入土较深的摩擦桩产生情况;曲线Ⅰ为桩尖处土质差或桩入土浅产生情况。此法在一些情况中要准确定出曲线的第二拐点比较困难,易掺杂人为因素。

②单对数法(s-lg$P$ 法):本法取 s-lg$P$ 曲线出现陡降直线段的起点处的荷载作为桩的极限荷载,见图 6-5-10。

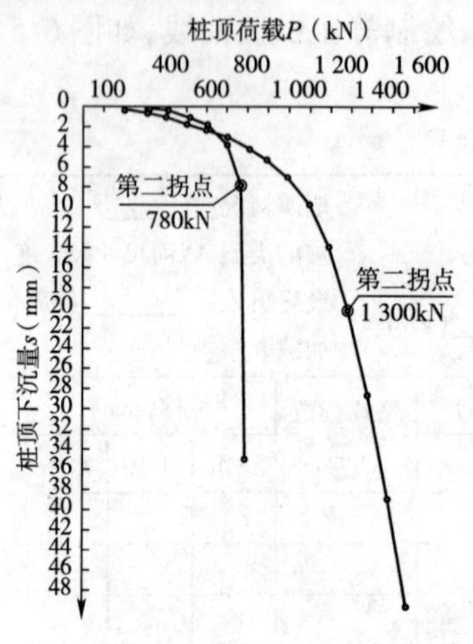

图 6-5-9 P-s 曲线第二拐点法

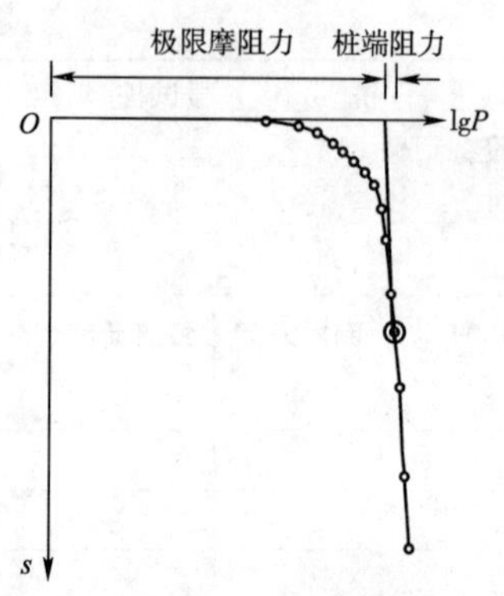

图 6-5-10 s-lg$P$ 曲线法

该法的拐点比 P-s 曲线明显,易于判定。用该法还可将桩侧摩阻力与桩端阻力分开,具体做法是:将以极限荷载为起点的直线段延长与横坐标相交,其交点与坐标原点之间的荷载值即为桩侧的极限摩阻力,其余部分为桩端的阻力。

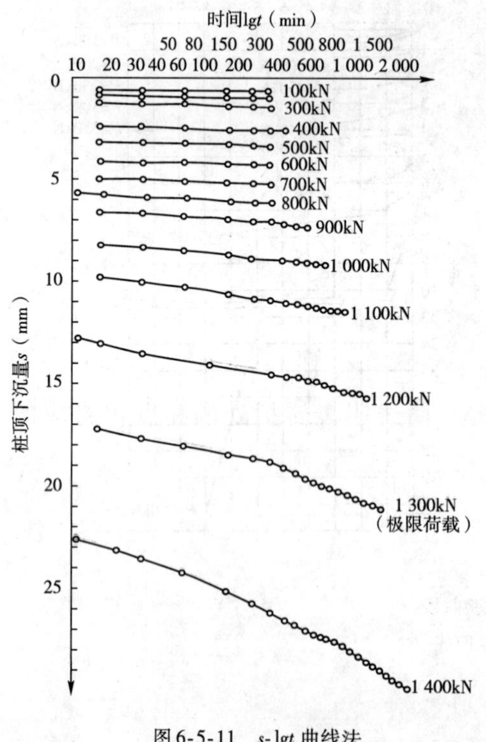

图 6-5-11 s-lg$t$ 曲线法

③s-lg$t$ 曲线法:对于桩端支撑力很小的摩擦桩,取 s-lg$t$ 曲线尾端出现明显下凹或坡度增时的一级荷载为破坏荷载,其前一级为极限荷载,见图 6-5-11。

对于桩端支撑力的摩擦桩,除考虑曲线尾端部转折条件外,尚需结合曲线间距的变化和一定的桩顶下沉条件,取 s-lg$t$ 曲线间距明显变大的前一级荷载为极限荷载。

(2)容许承载力

容许承载力为极限荷载除以安全系数 k 来确定。安全系数 k 的取值,一般取 2。

当参加统计的试桩结果,当满足其极差不超过平均值的 30% 时,取其平均值为单桩竖向抗压极限承载力。

当其极差超过平均值的30%时,应分析级差过大的原因,结合工程具体情况综合确定,必要时可增加试桩数量。

对桩数为3根或3根以上的柱下承台,或工程桩抽检数量少于3根时,应取低值。

五、静拔试验

1. 试验目的

在个别桩基中设计承受拉力时,用以确定单桩抗拔容许承载力。

2. 试验时间

一般可按复打规定的"休止"时间以后进行。静拔试验也可在静压试验后进行。

3. 加载装置

可采用液压千斤顶加载。千斤顶的反力装置一般采用两根锚桩和承载梁组成,试桩和承载梁用拉杆连接,将千斤顶置于两根锚桩之上,顶推承载梁,引起试桩上拔。

4. 加载方法

一般采用慢速维持荷载法进行。施加的静拔力必须作用于桩的中轴线。加载应均匀、无冲击。每级加载量不大于预计最大荷载的1/10~1/15,见图6-5-12。

5. 位移观测

按本节"四、静压试验"规定办理。

6. 稳定标准

位移量小于或等于0.1mm/h,即可认为稳定。

7. 加载终止

勘测设计阶段,总位移大于或等于25mm,加载即可终止;施工阶段,加载不应大于设计容许抗拔荷载。

8. 试验记录

所有试验观测数据应按表6-5-7及时填写记录,并绘制如图6-5-13所示曲线(代表拔出位移的纵坐标改为向上)。

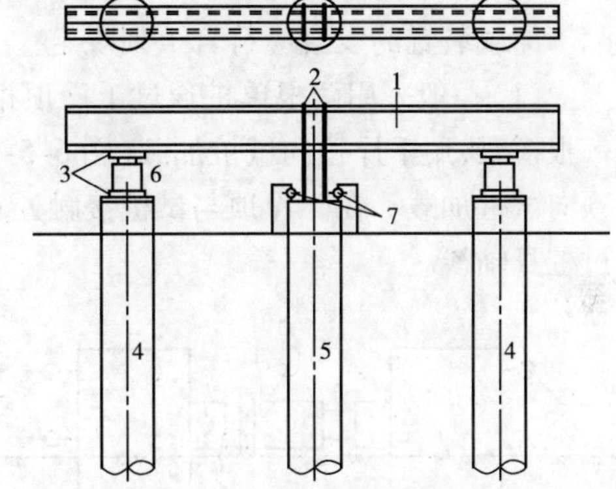

图6-5-12 静拔试验加载装置

1-主梁;2-拉杆;3-垫板;4-锚桩;5-试桩;6-千斤顶;7-千分表

9. 桩极限荷载的确定

桩的极限抗拔承载力,一般取试桩的 $P\text{-}\Delta B$ 曲线明显转折处的拐点相对应的荷载。

六、静推试验

1. 试验目的

试验目的主要是确定桩的水平承载力、桩侧地基土水平抗力系数的比例系数。

2. 试验方法

对于承受反复水平荷载的基桩,采用多循环加卸载方法;对于承受长期水平荷载的基桩,采用单循环加载方法。

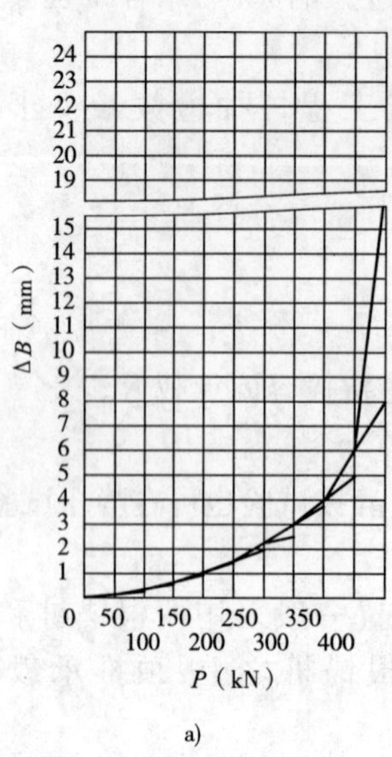

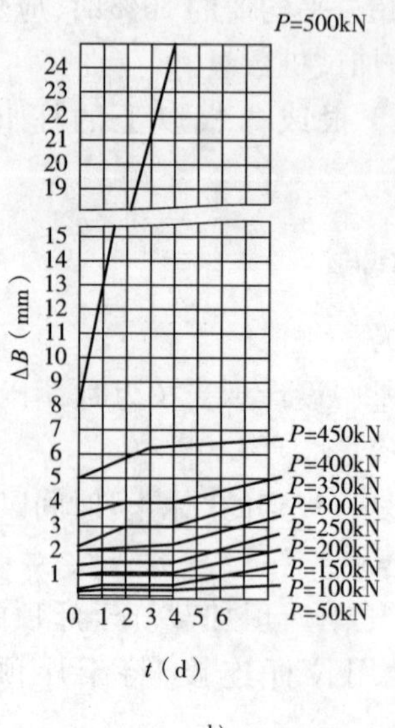

图 6-5-13　桩的静拔试验曲线示例

a)荷载与上拔位移关系曲线(P-ΔB 曲线)；b)上拔位移与时间关系曲线(ΔB-t 曲线)

3. 加载装置

加载装置的设置应符合下列规定：

(1)一般采用两根单桩通过千斤顶相互顶推加载(图 6-5-14)；或在两根锚桩间平放一根横梁，用千斤顶向试桩加载(图 6-5-15)；有条件时可利用墩台或专设反力座以千斤顶向试桩加载。在千斤顶与试桩接触处宜安设一球形铰座，保证千斤顶作用力能水平通过桩身轴线。

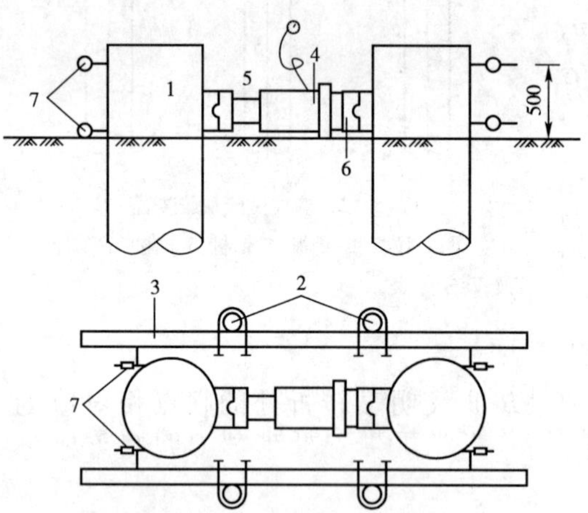

图 6-5-14　水平静桩试验装置(尺寸单位：mm)

1-试桩；2-基准桩；3-基准梁；4-千斤顶；5-球铰；6-垫块；7-百分表

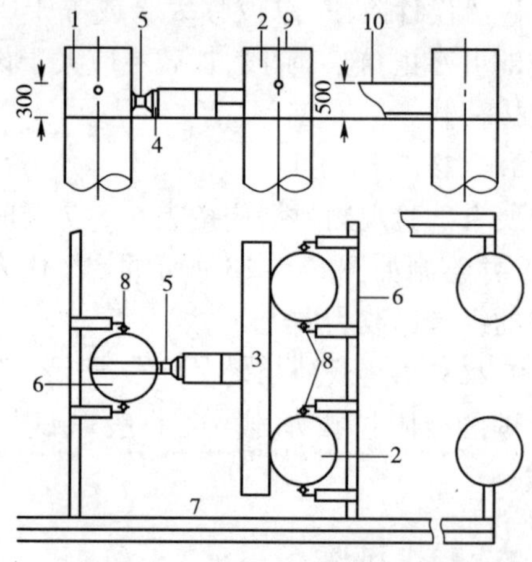

图 6-5-15　用千斤顶向试桩加载示意图(尺寸单位：mm)

1-试桩；2-锚桩；3-横梁；4-液压千斤顶；5-测力器；6-基准梁；7-基准横梁；8-千分表；9-水泡式倾斜计(IS)；10-加荷载高度

(2)加载反力结构的承载能力应为预估最大试验荷载的 1.3 ~ 1.5 倍，其作用方向的刚度不应小于试桩。反力结构与试桩之间净距按设计要求确定。

(3)固定百分表的基准桩宜设在桩侧面靠位移的反方向，与试桩净距不小于试桩直径的1倍。

4. 加载方法

多循环加卸载试验法按下列规定进行：

(1)加载分级：可按预计最大试验荷载的1/10～1/15，一般可采用5～10kN，过软的土可采用2kN级差。

(2)加载程序与位移观测：各级荷载施加后，恒载4min测读水平位移，然后卸载至零，2min后测读残余水平位移，至此完成一个加载循序，如此循环5次，便完成一级荷载的试验观测。加载时间应尽量缩短，测量位移间隔时间应严格准确，试验不得中途停歇。

(3)当出现下列情况之一时即可终止加载：

①桩顶水平位移超过20～30mm(软土取40mm)；

②桩身已经断裂；

③桩侧地表明显裂纹或隆起。

(4)多循环加卸载法的资料整理应符合下列规定：

①单桩水平静推试验记录参照表6-5-13。

单桩水平静推试验记录 表6-5-13

试桩号： 上下表距：

荷载(kN)	观测时间 d/h/min	循环数	加载		卸载		水平位移(mm)		加载上下表读数差	转角	备注
			上表	下表	上表	下表	加载	卸载			

试验______ 记录______ 校核______ 施工负责人______

②应根据试验记录绘制水平荷载—时间—桩顶位移关系曲线($H-t-x$曲线)，见图6-5-16，水平荷载—位移梯度关系曲线($H-\Delta x/\Delta H$曲线)，见图6-5-17。

③当桩身具有应力量测资料时，尚应绘制应力沿桩身分布和水平力—最大弯矩截面钢筋应力关系曲线($H-\sigma_g$曲线)见图6-5-18。

(5)临界荷载(H_{cr})、极限荷载H_u及水平抗推容许承载力的确定。

多循环加卸载临界荷载H_{cr}、极限荷载H_u及水平抗推容许承载力的确定应符合下列规定：

①临界荷载H_{cr}，相当于桩身开裂，受拉混凝土不参加工作时的桩顶水平力，其数值可按下列方法综合确定：

a. 取$H-t-x$曲线出现突变点的前一级荷载；

b. 取$H-\Delta x/\Delta H$曲线的第一直线段的终点所对应的荷载；

c. 取$H-\sigma_g$曲线第一突变点对应的荷载。

②极限荷载H_u：其数值可按下列方法综合确定：

a. 取 $H-t-x$ 曲线明显陡降的前一级荷载；

b. 取 $H-t-x$ 曲线各级荷载下水平位移包络线向下凹曲的前一级荷载；

c. 取 $H-\Delta x/\Delta H$ 曲线第二直线终点所对应的荷载。

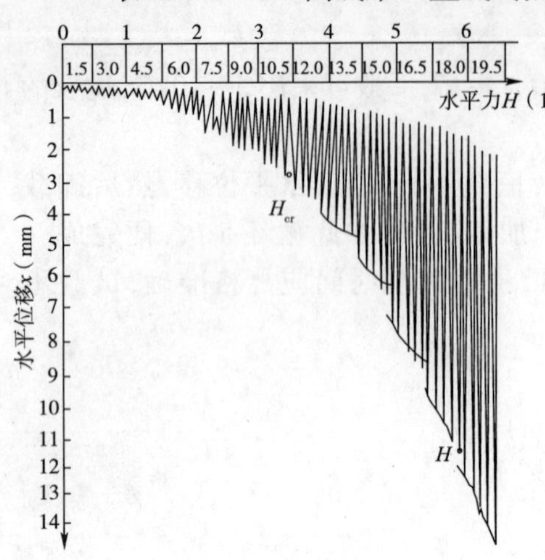

图 6-5-16　$H-t-x$ 曲线

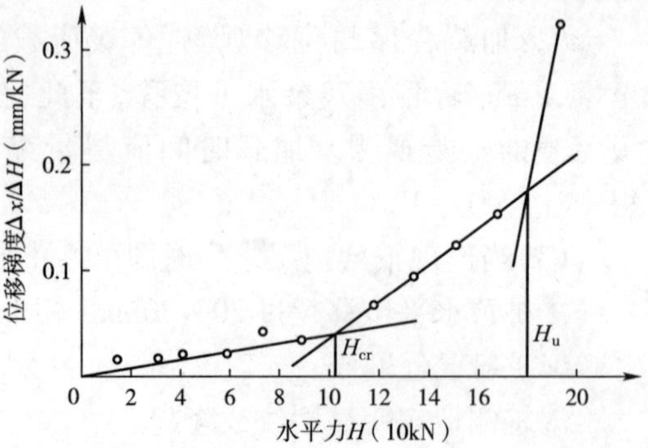

图 6-5-17　$H-\Delta x/\Delta H$ 曲线

③水平抗推容许荷载：为水平极限荷载除以设计规定的安全系数。

单循环加载试验法可按下列规定执行：

(1)加载分级与多循环加卸载试验方法相同。

(2)加载后测读位移量与静压试验测读的方法相同。

(3)静推稳定标准：如位移量小于或等于 0.05mm/h 即可认为稳定。

(4)终止加载条件：勘测设计阶段的试验，水平力作用点处位移量大于或等于 50mm，加载即可终止；施工检验性试验，加载不应超过设计的容许荷载。

(5)试验记录：所有试验观测数据应填写记录，并绘制如图 6-5-18 所示曲线图。将水平位移量改为横坐标，荷载改为纵坐标。

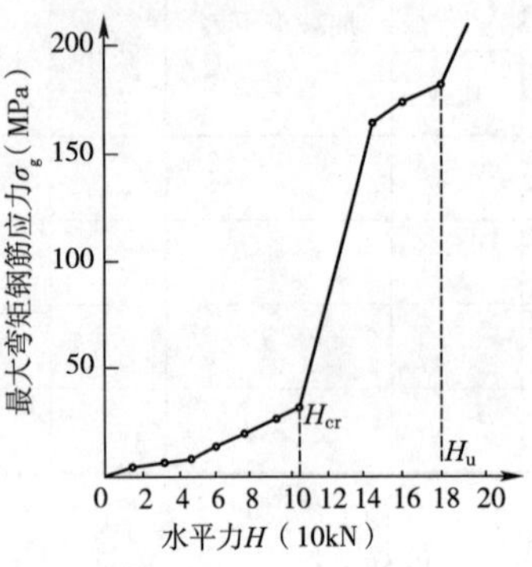

图 6-5-18　$H-\sigma_g$ 曲线

七、静力触探估算桩的极限承载力

(一)静力触探仪类型

静力触探仪的主要部件是锥形尖头的金属探头，可分为以下两类。

1. 单桥探头

只能测量探头压入土中时探头的总阻力，测得的贯入阻力是锥头阻力和侧壁摩阻力之和，其构造如图 6-5-19 所示。

2. 双桥探头

锥头上接有一段可独立上、下移动的摩擦筒，两者分别装有电测传感器部件，能够分别测量探头锥尖的阻力和侧壁摩阻力，其构造见图 6-5-20。

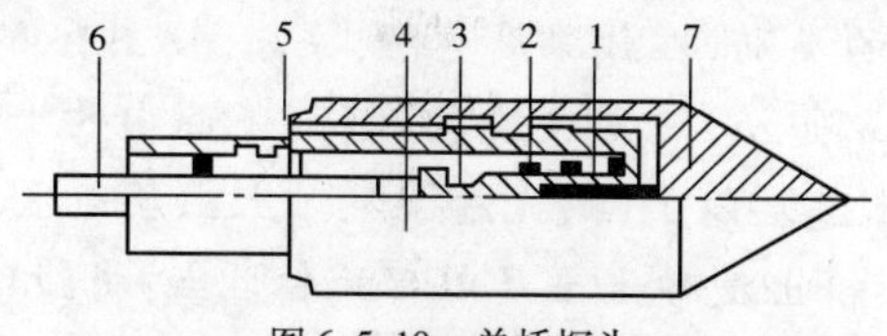

图 6-5-19　单桥探头

1-顶柱;2-电阻片;3-变形柱;4-探头筒;5-密封圈;6-电缆;7-锥头

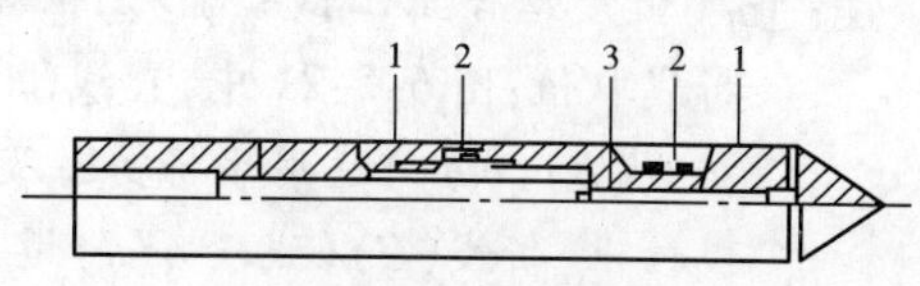

图 6-5-20　双桥探头

1-变形柱;2-电阻片;3-摩擦筒

我国常用的探头型号及规格见表 6-5-14 及表 6-5-15。

单桥探头规格　　表 6-5-14

型　号	锥底直径 d(mm)	锥底面积 A(cm^2)	有效侧壁长度 L(mm)	锥角 α(°)
Ⅰ-1	35.7	10	57	60
Ⅰ-2	43.7	15	70	60
Ⅰ-3	50.4	20	81	60

双桥探头规格　　表 6-5-15

型　号	锥底直径 d(mm)	锥底面积 A(cm^2)	有效侧壁长度 L(mm)	锥角 α(°)
Ⅱ-1	35.7	10	200	40
Ⅱ-2	43.7	15	300	60

(二)单桥探头静力触探仪估算桩的极限承载力

根据《建筑桩基技术规范》(JGJ 94—2008)的规定,当根据单桥探头静力触探资料确定混凝土预制桩单桩竖向极限承载力标准值时,如无当地经验,可按下式计算。

$$Q_{uk} = Q_{sk} + Q_{pk} = u\sum q_{sik} l_i + \alpha_{sk} A_p \tag{6-5-11}$$

当 $p_{sk1} \leqslant p_{sk2}$ 时:

$$p_{sk} = \frac{1}{2}(p_{sk1} + \beta \cdot p_{sk2}) \tag{6-5-12}$$

当 $p_{sk1} > p_{sk2}$ 时:

$$p_{sk} = p_{sk2} \tag{6-5-13}$$

式中:Q_{sk}、Q_{pk}——分别为总极限侧阻力标准值和总极限端阻力标准值;

u——桩身周长;

q_{sik}——用静力触探比贯入阻力值估算的桩周第 i 层土的极限侧阻力;

l_i——桩周第 i 层土的厚度;

α——桩端阻力修正系数,可按表 6-5-16 取值;

p_{sk}——桩端附近的静力触探比贯入阻力标准值(平均值);

A_p——桩端面积;

p_{sk1}——桩端全截面以上 8 倍桩径范围内的比贯入阻力(平均值);

p_{sk2}——桩端全截面以下 4 倍桩径范围内的比贯入阻力平均值,如桩端持力层为密实的砂土层,其比贯入阻力平均值 p_s 超过 20MPa 时,则需乘以表 6-5-17 中系数 c 予以折减后,再计算 p_{sk1} 及 p_{sk2} 值;

β——折减系数,按表 6-5-18 选用。

注：①q_{sik}值应结合土工试验资料，依据土的类别，埋藏深度、排列攻序，按图6-5-21折线取值：图6-5-21中，直线(*A*)(线段*gh*)适用于地表下6m范围内的土层；折线(*B*)(*oabc*)适用于将粉土及砂土土层以上(或无粉土及砂土土层地区)的黏性土：折线(*C*)(线段*odef*)适用于粉土及砂土土层以下的黏性土：折线(*D*)(线段*oef*)适用于粉土，粉砂，细砂及中砂。

②p_{sk}为桩端穿过的中密~密实砂土、粉土的比贯入平均值；p_{sl}为砂土、粉土的下卧软土层的比贯入力平均值。

③采用的单桥探头，圆锥底面积为15cm²，底部带7cm高滑套，锥角60°。

④当桩端穿过粉土、粉砂、细砂及中砂层底面时，折线(*D*)估算的q_{sik}值需乘以表6-5-19中系数η_s值。

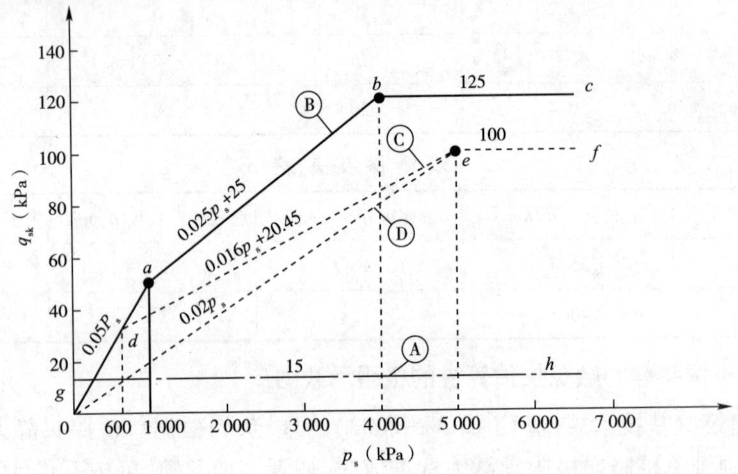

图6-5-21　q_{sk}-p_s曲线

桩端阻力修正系数α值　　表6-5-16

桩　长(m)	$l<15$	$15\leqslant l\leqslant30$	$30<l\leqslant30$
α	0.75	0.75~0.90	0.90

注：桩长$15\leqslant l\leqslant30$m，α值按l值直线内插；l为桩长(不包含桩尖高度)。

系　数　*c*　　表6-5-17

p_s(MPa)	20~30	35	>40
系数c	5/6	2/3	1/2

折 减 系 数 β　　表6-5-18

p_{sk2}/p_{sk1}	≤5	7.5	12.5	≥15
β	1	5/6	2/3	1/2

注：表6-5-17、表6-5-18可内插取值。

系 数 η_s值　　表6-5-19

p_{sk}/p_{sl}	≤5	7.5	≥15
η_s	1.00	0.50	0.33

(三)双桥探头静力触探仪估算桩的极限承载力

当根据双桥探头静力触探资料确定混凝土预制桩单桩竖向极限承载力标准值时,对于黏性土、粉土和砂土,如无当地经验时可按下式计算:

$$Q_{uk} = Q_{sk} + Q_{pk} = u\sum l_i\beta_i f_{si} + \alpha q_c A_p \tag{6-5-14}$$

式中:f_{si}——第 i 层土的探头平均侧阻力,kPa;

q_c——桩端平面上、下探头阻力,取桩端平面以上 $4d$(d 为桩的直径或边长)范围内按土层厚度的探头阻力加权平均值,kPa,然后再和桩端平面以下 $1d$ 范围内的探头阻力进行平均;

α——桩端阻力修正系数,对于黏性土、粉土取 2/3,饱和砂土取 1/2;

β_i——第 i 层土桩侧阻力综合修正系数,黏性土、粉土:$\beta_i = 10.04(f_{si})^{-0.55}$;砂土:$\beta_i = 5.05(f_{si})^{-0.45}$。

注:双桥探头的圆锥底面积为 $15cm^2$,锥角 60°,摩擦套筒高 21.85cm,侧面积 $300cm^2$。

八、动测法检测桩的承载力

(一)检测方法及选定原则

动测法检测的方法包括低应变反射波法与高应变动测法。低应变反射波法检测桩身缺陷位置及影响程度,判定桩身完整性类别;高应变动测法分析桩侧和桩端土阻力,推算单桩轴向抗压极限承载力;检测桩身缺陷位置、类型及影响程度,判定桩身完整性类别;试打桩及打桩应力监测。故进行桩的承载力检测一般选择采用高应变动测法。

(二)桩的检测数量应符合的规定

(1)公路工程基桩应进行 100% 的完整性检测,各种方法的选定应具有代表性和满足工程检测的特定要求;

(2)重要工程的钻孔灌注桩应埋设声测管,检测的桩数不应少于 $50q_0$;

(3)高应变动测法的抽检率可由工程设计或监理单位酌情决定,但不宜少于相近条件下总桩数的 5% 且不少于 5 根。

(三)检测仪器与设备

(1)基桩检测所用仪器设备的主要技术性能和工作环境条件应符合现行《基桩动测仪》(JG/T 3055)中的规定,并具有良好的波形现场显示、记录和储存功能。

(2)检测仪器设备必须由法定计量单位定期进行标定和年检,合格后方能使用。

(3)所有仪器设备在检测前后必须进行自检,确认仪器工作正常。

(四)检测前的准备

(1)被检工程应进行现场调查,搜集其工程地质资料、基桩设计图纸和施工记录、监理日志等,了解施工工艺及施工过程中出现的异常情况。

(2)检测方法和制定检测方案应根据调查结果和检测目的合理选用。

(3)检测时间应满足拟用检测方法对混凝土强度(或龄期)和地基土休止期的规定。

(五)检测仪器与设备

(1)检测系统包括信号采集及分析仪、传感器、激振设备和贯入度测量仪等。

(2)信号采集器和传感器的性能应符合下列规定：

①信号采样点数不应少于1 024点，采样间隔宜取100～200μs。当用曲线拟合法推算被检桩的极限承载力时，信号记录长度应确保桩端反射后不小于20ms或达到5L/c。

②信号采集器的采样频率应可调，其模一数转换精度不应低于12bit，通道之间的相位差不应大于50μs。

③力信号宜采用工具式应变传感器测量，其安装谐振频率应大于2kHz，在1 000με范围内的非线性误差不应大于±1%。

④速度信号宜采用压电式加速度传感器测量，其安装谐振频率应大于10kHz，且在1～3 000Hz范围内灵敏度变化不大于±5%，在冲击加速度量程范围内非线性误差不大于±5%。

⑤传感器的灵敏度系数应计量检定。

(3)激振宜采用由铸铁或铸钢整体制作的自由落锤。锤体应材质均匀、形状对称、底面平整，高径比不得小于1。

(4)检测单桩轴向抗压承载力时，激振锤的重量不得小于基桩极限承载力的1.2%。

(5)桩的贯入度应采用精密仪器测定。

(六)现场检测技术

(1)检测混凝土预制桩和钢桩的极限承载力的最短休止期应满足下列条件：砂土7d，粉土10d，非饱和黏性土15d，饱和黏性土25d。

(2)检测混凝土灌注桩的极限承载力时，其桩身混凝土强度等级应达到设计要求，且应满足相关条规定的最短休止期。

(3)检测前的桩头处理应符合下列规定：

①桩顶面应平整，桩头高度应满足安装锤击装置和传感器的要求，锤重心应与桩顶对中。

②加固处理桩头时应满足下列要求：

a. 新接桩头顶面应平整且垂直于被检桩轴线，侧面应平直，截面积应与被检桩相同，所用混凝土的强度应高于被检桩的强度；

b. 被检桩主筋应全部接至新接桩头内，并设置间距不大于150mm的箍筋及上下间距不应大于120mm的2～3层钢筋网片。

(4)检测时在桩顶面应铺设锤垫。锤垫宜由10～30mm厚的木板或胶合板等匀质材料制作，垫面略大于桩顶面积。

(5)传感器的安装应符合下列规定：

①桩顶下两侧面应对称安装加速度传感器和应变传感器各1只，其与桩顶的距离不应小于1.5倍的桩径或边长。传感器安装面应平整，所在截面的材质和尺寸与被检桩相同。

②应变传感器与加速度传感器的中心应位于同一水平线上，同侧两种传感器间的水平距离不宜大于100mm。传感器的中轴线应与桩的轴线保持平行。

③在安装应变式传感器时，应对初始应变进行监测，其值不得超过规定的限值。

(6)被检桩基本参数的设定应符合下列规定：

①测点以下桩长和截面积可根据设计文件或施工记录提供的数据设定。

②桩身材料质量密度宜按表6-5-20取值。

桩材质量密度 ρ（单位：kg/m^3）　　表 6-5-20

混凝土预制桩	预应力混凝土管桩	钢　桩
2 450 ~ 2 500	2 550 ~ 2 600	7 850

③桩身平均波速可结合本地经验或按同场地同类型已检桩的平均波速初步设定，现场检测完成后应按下文"（七）检测数据分析与判定"予以调整。

④传感器安装位置处的桩身截面面积应按实际直径或边长计算确定，波速的设定宜综合考虑材料的设计强度和龄期的影响。

⑤ 桩身材料的弹性模量应按下式计算：

$$E = \rho \cdot c^2 \tag{6-5-15}$$

式中：E——桩身材料弹性模量，Pa；

c——桩身波速，m/s；

ρ——桩身材料质量密度，kg/m。

（7）激振应符合下列要求：

①采用自由落锤为激振设备时，宜重锤低击，锤的最大落距不宜大于 2.0m。

②对于斜桩，应采用相应的打桩机械或类似装置沿桩轴线激振。

③实测桩的单击贯入度应确认与所采集的振动信号相对应。用于推算桩的极限承载力时，桩的单击贯入度不得低于 2mm 且不宜大于 6mm。

④检测桩的极限承载力时，锤击次数宜为 2 ~ 3 击。

（8）检测桩身完整性和承载力时，应及时分析实测信号质量、桩顶最大锤击力和动位移、贯入度以及桩身最大拉（压）应力、桩身缺陷程度及其发展情况等，并由此综合判定本次采集信号的有效性。每根被检桩的有效信号数不应少于 2 组。

（9）出现下列情况之一时，采集的信号不得作为有效信号：

①传感器安装处混凝土开裂或出现严重的塑性变形，使力信号最终未归零。

②信号采集后发现传感器已有松动或损坏现象。

③锤击严重偏心，一侧力信号呈现严重的受拉特征。

（10）试打桩用于评价其承载力时，应按桩端进入的土层逐一进行测试；当持力层较厚时，应在同一土层中进行多次测试。

（11）桩身锤击应力监测应包括桩身最大锤击拉应力和最大锤击压应力两部分。桩身锤击拉应力宜在预计桩端进入软土层或桩端穿过硬土层进入软夹层时测试；桩身锤击压应力宜在桩端进入硬土层或桩侧土阻力较大时测试。

（七）检测数据分析与判定

（1）锤击信号选取与调整应符合下列规定：

①分析被检桩的承载力时，宜在第一和第二击实测有效信号中选取能量和贯入度较大者。

②桩身波速平均值可根据已知桩长、力和速度信号上的桩端反射波时间或下行波上升沿的起点到上行波下降沿的起点之间的时差确定。

③传感器安装位置处原设定波速可不随调整后的桩身平均波速而改变。确有合理原因需作调整时，应对传感器安装处桩身的弹性模量按式（6-5-15）重新设置，且应对原实测力信号进行修正。

④力和振动速度信号的上升沿重合性差时，应分析原因，不得随意调整。

(2)推算被检桩的极限承载力前，应结合工程地质条件和设计参数，利用实测信号特征对桩的荷载传递性状、桩身缺陷程度和位置及连续锤击时缺陷的逐渐扩大或闭合情况进行定性判别。

(3)采用实测曲线拟合法推算被检桩的极限承载力应符合下列规定：

①采用的桩和土的力学模型应能分别反映被检桩和地基土的物理力学性状；在各计算单元中，所用土的弹性极限位移不应超过相应桩单元的最大计算位移。

②曲线拟合时间段长度在 t_1+2L/c 后的延续时间不应小于 20ms 或 $3L/c$ 中的较大值。

③分析所用的模型参数应在岩土工程的合理范围内，可根据工程地质和施工工艺条件进行桩身阻抗变化或裂隙拟合。

④拟合曲线应与实测曲线基本吻合，贯入度的计算值应与实测值基本一致，且整体曲线的拟合质量系数宜控制在合适的范围之内。

(4)采用凯司法推算单桩的极限承载力时，应符合下列规定：

①只适用于桩侧和桩端土阻力均已充分发挥的摩擦型桩。

②用于混凝土灌注桩时，桩身材质、截面应基本均匀。

③单桩轴向抗压极限承载力可按下列公式计算：

$$Q_{uc}=\frac{1}{2}\left\{(1-J_c)\cdot[F(t_1)+Z\cdot v(t_1)]+(1+J_c)\cdot\left[F\left(t_1+\frac{2L}{c}\right)-Z\cdot v\left(t_1+\frac{2L}{c}\right)\right]\right\}\tag{6-5-16}$$

$$Z=\frac{EA}{c}\tag{6-5-17}$$

式中：Q_{uc}——单桩轴向抗压极限承载力，kN；

J_c——凯司法阻尼系数；

t_1——速度信号第一峰对应的时刻，ms；

$F(t_1)$——t_1 时刻的锤击力，kN；

$v(t_1)$——t_1 时刻的振动速度，m/s；

Z——桩身截面力学阻抗，kN · s/m；

E——桩身材料弹性模量 kPa；

A——桩身截面面积，m^2；

c——桩身波速，m/s；

L——测点以下桩长，m。

④J_c 应根据基本相同条件下桩的动—静载对比试验结果确定，或由不少于 50% 被检桩的曲线拟合结果推算，但当其极差相对于平均值大于 30% 时不得使用。

(5)试打桩分析时，桩端持力层的判定应综合考虑岩土工程勘察资料，并应对推算的单桩极限承载力进行复打核。

(6)桩身最大锤击拉应力和桩身最大锤击压应力可分别按下列公式计算：

①桩身最大锤击拉应力。

$$\sigma_t=\frac{1}{2A}\max\left[Z\cdot v\left(t_1+\frac{2L}{c}\right)-F\left(t_1+\frac{2L}{c}\right)-Z\cdot v\left(t_1+\frac{2L-2x}{c}\right)-F\left(t_1+\frac{2L-2x}{c}\right)\right]\tag{6-5-18}$$

式中：σ_t——桩身最大锤击拉应力，kPa；

x——测点至计算点之间的距离，m；

A——桩身截面面积，m^2；

Z——桩身截面力学阻抗，kN · s/m；

c——桩身波速，m/s；

L——完整桩桩长，m。

②桩身最大锤击压应力

$$\sigma_p = \frac{F_{max}}{A} \tag{6-5-19}$$

式中：σ_p——桩身最大锤击压应力，kPa；

F_{max}——实测最大锤击力，kN；

A——桩身截面面积，m^2。

（7）桩锤实际传递给桩的能量可按下列公式计算：

$$E_n = \int_0^T Fv\mathrm{d}t \tag{6-5-20}$$

式中：E_n——桩锤传递给桩的实际能量，J；

T——采样结束的时刻，s；

F——桩顶锤击力信号，N；

v——桩顶实测振动速度信号，m/s。

（8）检测报告格式应包括下列内容：

①委托方名称，工程名称、地点，建设、勘察、设计、监理和施工单位，基础、结构形式，层数，设计要求，检测目的，检测依据，检测数量，检测日期；

②地质条件描述；

③受检桩的桩号、桩位和施工记录；

④检测方法，检测仪器设备，检测过程叙述；

⑤各桩的检测数据，实测与计算分析曲线、表格和汇总结果；

⑥与检测内容相应的检测结论；

⑦实测力和速度信号曲线及由加速度信号经两次积分后得到的桩顶位移信号曲线，拟合曲线，模拟的静荷载—沉降曲线，土阻力和桩身阻抗沿深度的变化曲线；

⑧根据基本相同条件下桩的动—静载对比试验结果确定的 J_c 值；

⑨试打桩和打桩监控所采用的桩锤和锤垫类型，监测得到的锤击数、桩侧和桩端阻力、桩身锤击拉（压）应力、能量传递比等随入土深度的变化关系；

⑩试桩附近的地质柱状图及土的物理力学性能指标。

高应变法检测结果汇总见表 6-5-21。

高应变法检测结果汇总表 表 6-5-21

工程名称：

序号	桩号	施工日期	测试日期	桩径（mm）	桩长（m）	入土深度（mm）	波速（m/s）	桩身完整性	类别	单桩极限承载力（kN）

续上表

序号	桩号	施工日期	测试日期	桩径（mm）	桩长（m）	入土深度（mm）	波速（m/s）	桩身完整性	类别	单桩极限承载力(kN)

检测人： 审核人：

(八)PDA检测仪器在桩基动力测试中的运用

Pile Driving Analyzer(PDA)是美国PDI公司生产的用于监控打桩过程(评价打桩锤特性和打桩应力)和测试桩基承载力及桩身完整性的仪器。它具有重量轻、尺寸小、工作温度宽、携带方便、宜操作等特点;高分辨率的触摸显示屏和友好的界面环境使数据采集简便快捷;LCD屏可连续显示数据采集过程中的实测数据;采集的数据可通过HP绘图仪或激光打印机绘出图形,也可存储于PC机的磁盘文件中已备用PDAPLOT软件进行分析。

1.锤击设备选择

选择高性能的锤击设备是获得高质量采集信号的关键。高应变检测选用重锤,应材质均匀、形状对称、锤底平整,高径(宽)比不得小于1,并宜采用铸铁或铸钢制作。落距应能够自由调节,锤击时能保持对中,并且有易操作性和安全性特点,锤重应大于预估单桩极限承载力的1%~1.5%。选择稍重的锤头、合适的落距和锤垫(宜采用胶合板、木板或纤维板等材质均匀的材料)有利于得到理想的锤击曲线。

2.传感器安装

应在桩身两侧沿桩轴线对称安装两只加速度传感器和两只力传感器,传感器的中心应处于同一截面上:传感器与桩顶间的垂直距离,对一般桩型不宜小于2倍桩径或边长,对直径大于1m的桩,不宜小于1倍桩径:传感器的安装宜采用膨胀螺栓固定,螺栓孔应与桩侧面垂直,安装后的力传感器和加速度传感器应紧贴桩身表面,锤击时传感器不得产生滑动。

3.测试数据采集

用电缆将加速度传感器和力传感器连接到PDA上,打开电源,输入工程内容和桩参数,选择传感器并输入标定系数(将选择显示的传感器设为“ACTIVE”,检测传感器的电压在0~±4V范围内为可接受信号,否则应检查传感器及连接电缆,选择其中的一个力传感器设为触发传感器,输入每一个传感器的标定系数),将采集屏设置为“ACCEPT”就可以进行数据采集。将重锤设置一定高度自由落下,锤击信号就自动存储在PDA上。利用数据浏览功能可以检查采集数据的质量,当出现下列情况,其信号不得作为分析计算的依据:力的时程曲线最终未归零:锤击严重偏心,一侧力信号呈现受拉状态;传感器出现故障;测点处桩身混凝土开裂或有明显变形;其他信号异常情况。

4.测试数据分析与结论

将工程桩高应变动力测试数据传输至计算机,采用CAPWAP进行分析。CAPWAP

同时输出高应变检测曲线图,包括测试曲线、拟合效果曲线、桩土阻力分布图和模拟静载荷试验所得到的荷载—沉降曲线。

第六节　打入桩施工中存在的问题

一、负摩擦力

(一)负摩阻力产生的条件

负摩阻力是指桩周土由于自重固结、湿陷、地面荷载作用等原因而产生大于基桩的沉降所引起的对桩表面的向下摩阻力。

桩下沉速速率大于地基土下沉的速度时,基土对桩侧表面就会产生向上摩擦力,此摩擦力称为正摩擦力[图 6-6-1a)]。

地基土下沉速率大于桩下沉速率时,基土对桩侧表面就会产生向下的摩擦力,此摩擦力称为负摩擦力。负摩擦力不能对桩上的荷载起支承作用,反而成为附加于桩上的荷载[图 6-6-1b)或图 6-6-1c)]。

符合下列条件之一的桩基,当桩周土层产生的沉降超过基桩的沉降时,在计算基桩承载力时应计入桩侧负摩阻力:

(1)桩穿越较厚松散填土、自重湿陷性黄土、欠固结土、液化土层进入相对较硬土层时;

(2)桩周存在软弱土层,邻近桩侧地面承受局部较大的长期荷载,或地面大面积堆载(包括填土)时;

(3)由于降低地下水位,使桩周土有效应力增大,并产生显著压缩沉降时。

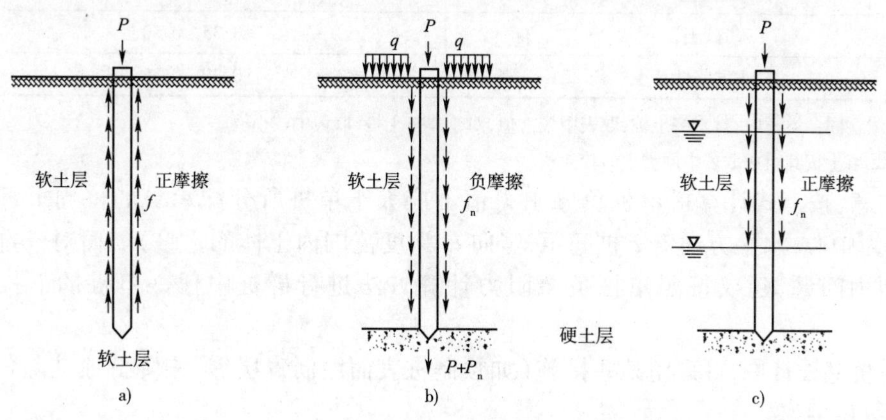

图 6-6-1　桩的正摩擦力及负摩擦力

a)桩进入相对较硬土层;b)桩周存在软弱土层;c)桩周土有效应力增大,并产生显著压缩沉降

(二)负摩擦力的确定

目前,国内外对负摩阻力的计算方法研究尚不够完善,计算方法较多,且差异较大,而现场试验则投入大、周期长。因此,多根据有关资料按经验公式进行估算。本文参照

《公路桥涵地基与基础设计规范》(JTG D63—2007)建议按以下方法计算单桩负摩阻力：

$$N_n = u\sum_{i=1}^{n} q_{ni} l_i \tag{6-6-1}$$

$$q_{ni} = \beta\sigma'_{vi} \tag{6-6-2}$$

式中：N_n——单桩负摩阻力，kN；

u——桩身周长，m；

l_i——中性点以上各土层的厚度，m；中性点深度 l_n 应按桩周土层沉降与桩沉降相等的条件计算确定，无法按计算确定的，也可参照表 6-6-1 确定；

q_{ni}——与 l_i 对应的各土层与桩侧负摩阻力计算值，kPa，当计算值大于正摩阻力时，取正摩阻力值；

β——负摩阻力系数，可参照表 6-6-2 确定；

σ_{vi}——桩侧第 i 层土平均竖向有效应力，kPa，$\sigma'_{vi}=p+\gamma'_i z_i$；

γ'_i——第 i 层土层底以上桩周土按厚度计算的加权平均浮重度；

z_i——自地面起算的第 i 层土中点深度；

P——地面均布荷载。

中性点深度 l_n 的确定 表 6-6-1

持力层性质	黏性土、粉土	中密以上砂土	砾石、卵石土	基岩
中性点深度比 l_n/l_0	0.5 ~ 0.6	0.7 ~ 0.8	0.9	1.0

注：①l_n、l_0 分别为自桩顶算起的中性点深度和桩周软弱土层下限深度。

②桩穿过自重湿陷性黄土层时，l_n 可按表列值增大 10%(持力层为基岩除外)。

负摩阻力系数 β 表 6-6-2

土 类	β
饱和软土	0.15 ~ 0.25
黏性土	0.25 ~ 0.40
砂土	0.35 ~ 0.50
自重湿陷性黄土	0.20 ~ 0.35

注：①在同一类土中，对于挤土桩，取表中较大值，对于非挤土桩，取表中较小值。

②填土按其组成取表中同类土的较大值。

注意，按上式计算得单桩负摩阻力值不应大于单桩所分配承受的桩周下沉土重(以桩为中心，水平方向 1/2 桩间距、竖向 l_n 深度范围内土体的重量)。而对于群桩的负摩阻力问题，建议按照单桩负摩阻力计算方法进行群桩中任一单桩的下拉荷载计算。

在桩基设计中，可采用某些措施(如预制桩表面涂沥青层等)来降低或消除负摩阻力，见图 6-6-2。

二、在黏土中沉桩引起土体隆起及侧向位移

1. 土体的隆起及侧移

在黏性土中沉桩时，桩周地面将局部隆起并发生位移。桩群内土体的隆起量，相当于桩总体积的 30% ~60%，表现为桩群外表的隆起。同时产生侧向位移，对桩周增加了局部的侧向压力。

沉桩时土体隆起的范围，相当于桩入土深度的距离（图 6-6-3），在此范围内的临近建筑物将会受到损害。

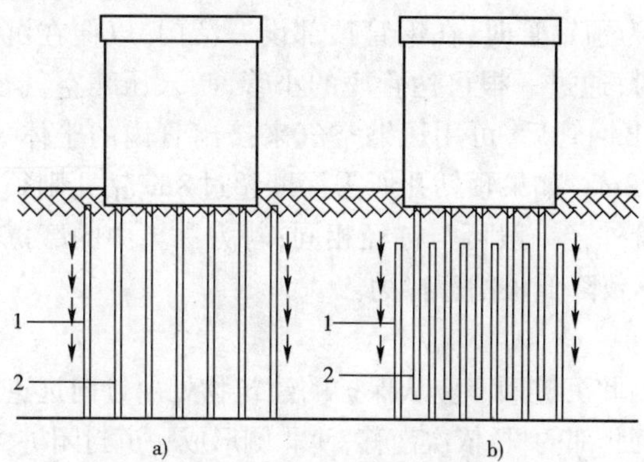

图 6-6-2　用护桩减少负摩阻力

a）建筑物四周沉设护桩；b）建筑物下沉设护桩

1-护桩；2-基桩

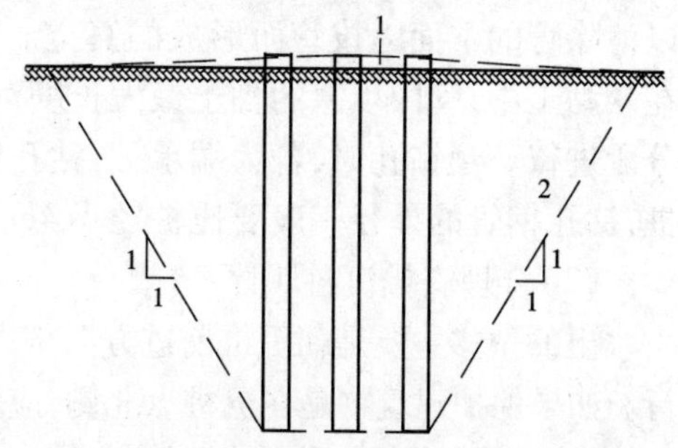

图 6-6-3　在黏性土中沉桩时土体隆起的范围

1-土的隆起；2-土的隆起区

在深基坑内沉桩时，因基坑内土体侧向位移受到限制，基坑内土的隆起要较大，因此在开挖基坑以前先沉桩比较有利。先沉桩后挖基的施工方法，使桩在土中起垂直加筋作用，可以使开挖期间土的隆起量比开挖后沉桩隆起为小，但沉桩时需要增加送桩设备。

在饱和软土地基中沉密集的桩群时，土的位移（排土）效应，引起很高的超孔隙水压力，由于黏性土的超孔隙水消散慢，因而产生的数量大，土体的隆起和侧移也增大，对邻近建筑物的损害影响更大。

沉桩的排土影响，与地基土质有很大的关系，一般塑性指数 I_p 越大，影响越严重。

2. 密实沉桩产生的问题

密实沉桩产生的问题，有如下情况：

（1）土体竖向隆起，在沉桩范围内可能伴随着桩的上浮。对长度不大的桩群，上浮的可能性更大。在沉桩全部完成后，应测量各桩顶高程，若发现有上浮时，应复打贯入。

（2）土体的侧向位移（表层和深层），对已沉入的桩受到挤压，会产生桩偏位、桩顶位移及桩身挠曲。

（3）无论土体的竖向隆起还是侧向位移，都将波及沉桩外一定的距离。根据某些资料表明，对于饱和黏土波及范围约为 1.0 ~ 1.5 倍桩的入土深度。

（4）沉桩以后由于土体的再固结，当桩与土间的压缩量大于桩尖的下沉量时，桩侧就要受到负摩擦力的作用。

（5）在斜坡范围内或临近内或临近斜坡处沉桩时，有可能造成斜坡降低，甚至丧失稳定。如在沉桩过程中，同时在附近坑（特别是深基坑）或其他工序（如浇注基础混凝土）都有可能造成严重位移。

3. 防护措施

对桩周围建筑物的影响程度，主要取决于沉桩数量、布桩间距、桩入土深度、土质情况、桩尺寸大小及沉桩点距邻近建筑物的距离，特别在饱和软黏土或地下水位高的地区沉桩，应充分考虑土体超孔隙水压增大后能尽快消散及吸收一部分侧向土压力。

对土体的隆起和侧移防护措施，一般可采用下列方法。

（1）采用预挖孔、预钻孔或位移（排土）小的桩（如 H 型钢桩）来减小土的隆起及侧向

挤压

预钻孔方法一般可采用一根开口钢管或者一根 H 型钢桩沉入土中，其沉入深度约为桩入土深度的 1/3～1/4。当采用开口钢管为预钻管时，在钢管顶部设一活门，以便在沉管期间可将管内的空气排除。当拔除钢管时，通过一根可达管底的小管，吹入压缩空气，以消除管的下面因拔管而形成的真空。拔出钢管后，可用压缩空气来挤出管内的土体。在软黏土中，管内填塞的黏土最大长度可达 8m。如果预钻孔所需深度超过 8m，钻孔则须分段进行。预钻孔时，若为端承桩，钻孔钢管外径一般可与桩径相同；若为黏土中的摩擦桩，钻孔钢管的外径一般要比桩径小 4cm，不致降低桩的摩擦力。

(2) 合理安排沉桩顺序

土的位移主要是朝沉桩前进方向挤去，因此沉桩顺序应从保护的建筑物处由近向远进行。如果保护建筑物是在沉桩点北侧，应先沉北部的桩，依次南移，使北侧形成一道封闭桩，迫使后沉入的桩产生侧向挤压效应，往南侧挤压，以达到减少北侧保护对象变形的作用。

(3) 设置竖直排水通道

对于在饱和软土或地下水位高的地区沉桩，可设袋装砂井和塑料排水板，以消除部分超孔隙水压力，减少排土现象。袋装砂井直径、间距和深度以及塑料排水板的深度、间距等应根据具体情况确定。一般情况下，砂井直径约为 7cm，用聚丙乙烯土工布为袋料，灌入中、粗砂，砂井长度约为 12m，间距一般 1～1.5m。

(4) 控制沉桩速度

在软土地基中沉桩速度（主要指每天沉桩数）过快，超孔隙水压力几乎得不到消散的机会，就会迅速上升，使土体变形加剧。按有些资料介绍，一天下沉 6 根桩，尚不致引起太大的问题，太快，则其影响较大。

三、在沙土中沉桩引起土体沉降

在非黏性土（砂土）中，如果土的相对密度起初很低，在沉桩期间，桩周地面一般都要下沉。沉桩周围的下沉范围，约相当于沉入部分桩长的距离（图 6-6-4），在此范围内的建筑物都有遭受损坏的可能。

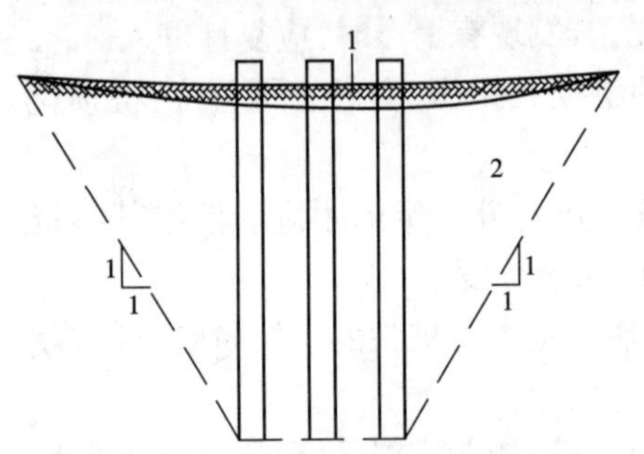

图 6-6-4　在非黏性土中沉桩时土体下沉的范围
1-土的沉降；2-土的沉降区

采用预挖孔、预钻孔或射水的办法，均可减少沉桩引起土体的振动。采用 H 型钢桩也可以减少土表面的沉降。如果先沉靠近建筑物的桩，一般土表面的沉将会最小。因为先沉的桩在土中起竖直加筋的作用，使继续再下沉的桩所产生的沉降减少。在挖基坑以前先沉桩，一般是有利的。

四、土的触变灵敏度对沉桩的影响

淤泥和粉质黏土等较高灵敏度的软黏土，在沉桩冲击（或地震力）振动作用下，其抗剪强度降低，甚至变为流动状态，然后随时间增长而逐渐恢复其强度，这种现象称为黏性土的触变现象（或称触变性）。

触变是因这类土受到沉桩冲击力（或地震力）扰动后，土粒与水分子的排列被打乱，重新排列成较不利的位置，土粒之间的关系削弱而形成的。对土的这种作用，通常以灵敏度 S_t 来划分的。

灵敏度 S_t 定义为：未扰动黏土的无侧限抗压强度与重塑土无侧限抗压强度之比，分类见表 6-6-3。

如果桩沉入具有触变特性的灵敏土中，桩侧因沉桩的扰动作用，桩的最初承载力可能很低，在几个小时到一个月或两个月内承载力可能有较大的提高。

土的灵敏度 表 6-6-3

灵敏度 S_t	分　类	灵敏度 S_t	分　类
<2	不灵敏	17~32	稍易流动
3~4	低灵敏	33~64	中等容易流动
5~8	中灵敏	>64	流动
9~16	很灵敏		

第七节　沉桩实例

一、项目概况

某大桥（全长 32.5km）深海区的非通航孔段下部结构为高桩承台结构。其下部基桩有 ϕ120cm 预应力混凝土管桩（PHC 桩）。

PHC 桩施工里程为 K3 +002.00 ~ K4 +024.00，桥墩编号为 PM90 ~ PM109；整个近岸浅海段 378 根，设计桩长 38 ~ 44 m，桩径为 1 200 mm，壁厚 δ = 150mm；PHC 桩的最大倾斜率为 5:1，入土深度为 29.2 ~ 32.7m。PHC 桩桩位布置及桩型分布见表 6-7-1。

PHC 桩施工区段桩位布置及桩型分布 表 6-7-1

桩位布置（尺寸单位：mm）	桥墩编号	桩　型
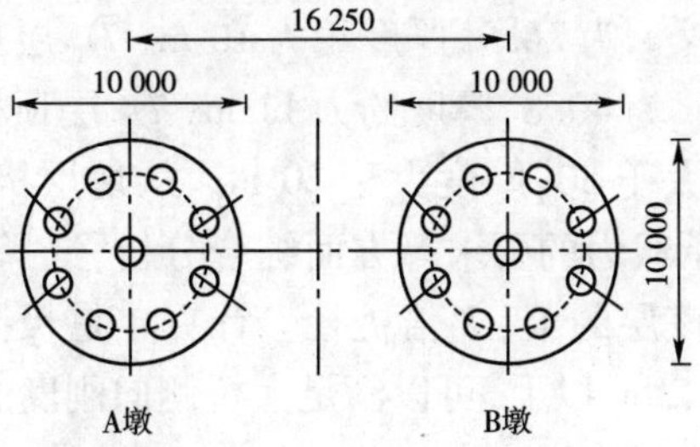 16 250；10 000；10 000；10 000；A墩；B墩	PM90 ~ PM91，PM97 ~ PM100	ϕ1 200mm，B 型
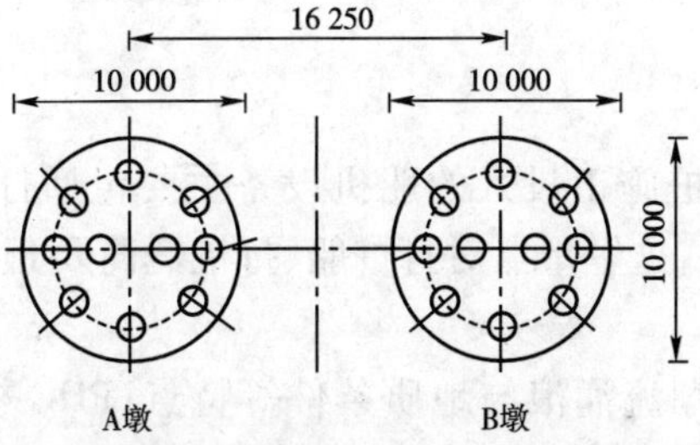 16 250；10 000；10 000；10 000；A墩；B墩	PM101 ~ PM106	ϕ1 200mm，BC 型

续上表

桩位布置(尺寸单位:mm)	桥墩编号	桩型
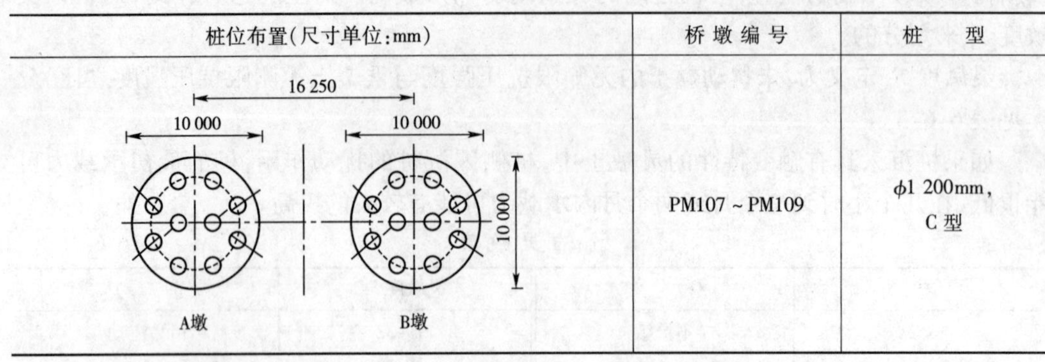	PM107 ~ PM109	ϕ1 200mm,C 型

近岸浅海段 PHC 桩施工区域土层自上而下主要分为 8 层,PHC 桩施工区段土层特性见表 6-7-2。从该区段的地基土的构成分析,上部土层除②$_1$ 层为中密的砂质粉土,土质略好外,①和④均为软土层,不能作为大桥的桩基持力层,桩基持力层的选择应重点分析⑥以下的土层。

PHC 桩施工区段土层特性 表 6-7-2

土　层	土　质	土层特性
①	灰色淤泥	土质极软,饱和、流塑状态,高压缩性
③$_1$	黄—灰色砂质粉土	中密、中压缩性
④	灰色淤泥质黏土	饱和、流塑状态,高压缩性
⑥	暗绿—黄色粉质黏土	饱和、软塑—硬塑状态,中压缩性
⑦$_{11}$	黄色砂质粉土	中密、中压缩性,标贯击数一般小于 30 击
⑦$_{12}$	黄色粉砂	中密—密实、中—低压缩性,标贯击数一般为 30 ~ 50 击
⑦$_2$	灰黄—灰色粉细砂	中密—密实、中—低压缩性,标贯击数一般大于 50 击
⑨	灰色含砾粉细砂	密实、中—低压缩性,标贯击数一般大于 50 击

PHC 桩应用区段内⑥层顶板高程一般在 -20.0 m 左右,厚度 3 ~4 m;⑦$_{11}$层顶板高程一般在 -23.0 ~ -24.0 m,平均标贯击数 $N_{63.5}$为 26.9,厚度约为 10 m;⑦$_{12}$层顶板高程一般在 -33.0 ~ -35.0 m,平均标贯击数 $N_{63.5}$为 40.8,厚度约为 11 m;⑦$_2$ 层顶板高程一般在 -44.0 ~ -46.0 m,平均标贯击数 $N_{63.5}$大于 50,厚度大于 20 m。从地层构造、地基土的性质、混凝土管桩沉桩可能性以及单桩承载力的要求等方面综合分析,选择⑦$_{12}$层黄色粉质砂层为桩基持力层,并控制桩尖进入该层的 1 ~2 倍桩径。计算单桩极限承载力可达 11 000kN 以上,并且桩基的入土深度在 20m 以上,可以满足大桥侧向刚度的要求。

二、沉桩施工

(一)主要沉桩方法及对应的沉桩设备

海中沉桩主要采用打桩船进行沉桩,沉桩施工投入的船机设备主要包括打桩船、运桩船、起锚艇、拖轮、交通船、打桩锤和替打等,这里重点对打桩船、打桩锤简要介绍如下。

1. 桩船与桩锤的选择

根据近岸浅海段桥墩桩位形式与桩长、潮流涌浪与地质条件等特点;PHC 桩施工采用"三航桩 8 号"、"三航桩 11 号"打桩船,配备 D-100 筒式柴油桩锤;桩船及桩锤的技术参数见表6-7-3和表6-7-4。

打桩船船体及桩架技术参数　　表6-7-3

船　名	船型(型长×型宽×型深)(m)	桩架总高度(m)	水面上最大桩长(m)	打桩最大直径(mm)	吊钩能力	打桩最大俯仰角(°)
三航桩8号	48×22×4.0	64.3	58.3	1 600	60t×3	±18.5
三航桩11号	56×26×4.5	80.4	62.0	1 600	80t×2+40t×2	±18.0

D-100筒式柴油锤主要技术参数　　表6-7-4

桩锤总质量(kg)	上活塞质量(kg)	锤击能量(N·m)	锤击效率(击/min)	最大爆炸力(kN)
20 360	10 000	333 540	36～45	2 600

2. 锤垫与桩垫的选择

锤垫采用钢丝绳纵横交叉分层放置，打桩过程中间隔一段时间后及时进行补充铺垫，使锤垫始终保持一定的厚度，真正起到消能作用，保护PHC桩桩体安全。

桩垫采用圆环状麻绳加夹板、厚度为13cm；施打过程中采用一桩一垫，每根桩沉桩完毕后彻底清除残余部分，每根桩施工前重新放置桩垫，使桩垫与桩顶始终保持平整接触，避免偏心锤击导致桩顶破损和桩身断裂等现象的出现。

(二)桩基防腐

近岸浅海段桥墩桩基所处区域海水含盐量高，大桥处于出海口，涨落潮干湿侵蚀以及海洋大气的腐蚀对大桥的使用寿命有极大的影响，为了满足大桥100年的设计使用寿命，经技术论证决定对PHC混凝土管桩采用纤维增强复合包覆层机械包覆＋桩身高耐久性混凝土的防腐技术。

本工程PHC混凝土管桩纤维增强复合包覆层机械包覆的主要包覆范围为桩顶以下1～17m(总包覆长度16 m)，PHC桩钢接头部位包覆长度为1.5m，包覆层总厚度2.5 mm。由里至外分别为：1CSM＋1CWR＋1CSM＋1CWR＋1SM（其中：SM为玻纤增强表面毡、CSM为针织短切毡、CWR为200型玻纤布)。

(三)沉桩前准备

为了保证海上桩基工程的顺利开展，必须做好桩基开打前的准备工作，以保证桩基施工作业连续。制定出沉桩工艺流程后，操作人员严格按工艺流程施工，避免其随意性，造成施工的质量事故。选择合理的工程桩运输方法，保证桩基喂料及时到位，避免打桩船及其他海上工程设备空等现象。制订出各种施工船舶尤其是打桩船的定位抛锚方案，防止在作业期间各船舶走锚漂移，发生撞船事故，影响桩基施工的质量。选择合适的桩锤以保证沉桩过程的顺利，并根据选用用的桩锤确定停锤标准和质量验收标准。制定海上桩基施工注意要点，让施工人员能适应多变的海洋环境，施工能做到有条不紊。

1. 沉桩工艺流程

打桩船驻位→装桩方驳驻位→画桩刻度→捆桩→吊桩→移船就位→立桩入龙口斗下背板→戴替打→调整龙口斜度→测量定位→桩自沉→微调偏位→解开吊索→压锤→打开背板→锤击沉桩→沉桩记录→停止锤击→起吊锤和替打→测桩偏位。

2. 桩的运输

桩的运输使用1 500～3 000t的驳船，驳船上配备符合要求的锚设施。一条打桩船配备两艘驳船。

桩在预制场地加工后运出码头装驳。装船时,桩身两侧垫楔形木块,再用钢丝绳及紧张器将桩固定在运桩驳甲板上。运桩驳至现场后按要求下锚驻位。

3. 打桩船锚缆布设

沉桩的船机设备主要包括打桩船、方驳、拖轮、抛锚船、交通艇等。施工前对所有船舶的锚车、锚缆进行检验以满足要求。在打桩船进入施工现场前与港监等有关部门联系并获得确认,对一些如海底光缆等设施采取相应的保护措施。在海底光缆区沉桩采取抛设锚坠子方法。

打桩船抛全方位锚,桩船东西向朝东停泊。即打桩船正对涨潮流方向一次抛锚驻位,施打完一个桥墩的基桩。沉桩作业现场平面布置见图 6-7-1。

(四)沉桩施工

1. 基桩的吊点布置

PHC 桩采取捆桩方法四点起吊,用打桩船的 2 个钩头挂 2 根钢丝扣,另外在桩身背面与上部一组吊点的中点相对应的位置上设第 3 根钢丝扣,在立桩时使用。PHC 桩吊点布置见图 6-7-2。

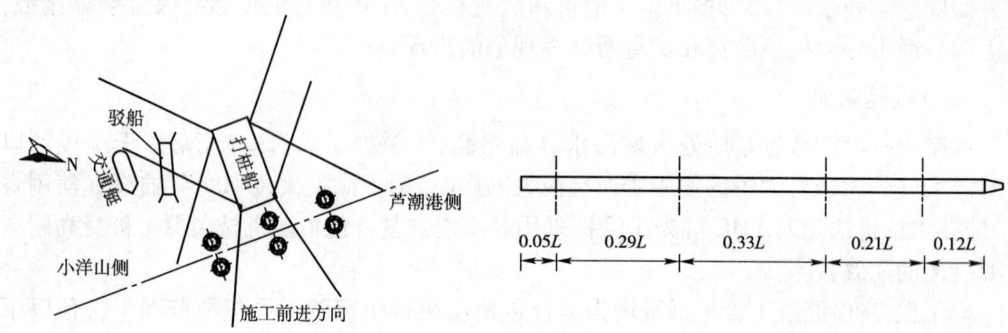

图 6-7-1　沉桩作业现场打桩船平面位置

图 6-7-2　PHC 桩吊点布置图
注:L 表示桩长。

2. GPS-RTK 系统在打桩船插打钢护筒中的测量定位研究

以前打桩船主要用于插打一般工程基础的水泥桩及钢管桩,其定位精度要求较低。而采用大型打桩船插打如此大直径、超长度、大重量的钢护筒,这在国内亦少有先例。

打桩船以前常用的定位方法,是在三个不同方向上架设经纬仪进行拨角放线、交会测量,定位速度慢,距离较远时定位精度低,需要的测量人员多,且只能白天作业。本桥由于插打的桩多,工期紧,加之岸上控制点距墩位较远,若采用常规方法进行定位,在质量及工期上均不能满足要求。在此情形下,开发了“GPS-RTK 打桩船导航定位系统”,见图 6-7-3。

GPS 技术用于一般交通工具的导航定位虽已经普及,但由于桥梁工程定位精度要求高,一直未能在工程船舶上使用。最新的 GPS-RTK 技术,即 GPS 实时动态相对定位技术,它具有全天候、实时动态、测量精度高、作业距离远等常规测量方法无法比拟的优越性。可一天 24h 作业,不受黑夜、雨天、雾天、大风等气候环境的影响;具有实时动态测量的优点,可实时得到测量结果;测量精度高,可达 ±(10mm+1ppm);作业距离远,基准站与流动站的距离可达 10km 以上。基于这些优点,开发应用“GPS-RTK 打桩船导航定位系统”,这一系统也是目前国际上最先进的打桩船导航定位系统。

基本原理:导航系统的工作原理其实是由三台 GPS – RTK 流动站作为已知点,通过后方交汇方法实时计算未知的桩实际中心点坐标的过程。具体工作过程是:在打桩船的船首、船尾三个不同位置安装三台 GPS – RTK 流动站,使其与桩位中心形成几何关系。三台流动站分别实时测量船体不同部位的平面位置和高程,这些姿态信息传送到操作舱里的电脑上,通过软件处理,得到桩中心的实际坐标,由此推算出桩的实际位置距离设计位置的距离及方向,并以图形显示在船舶驾驶员面前的电脑屏幕上,船舶驾驶员实时掌握船体位置与桩体设计位置的关系,按照电脑的引导移动船体,单独完成船体的移动及定位。

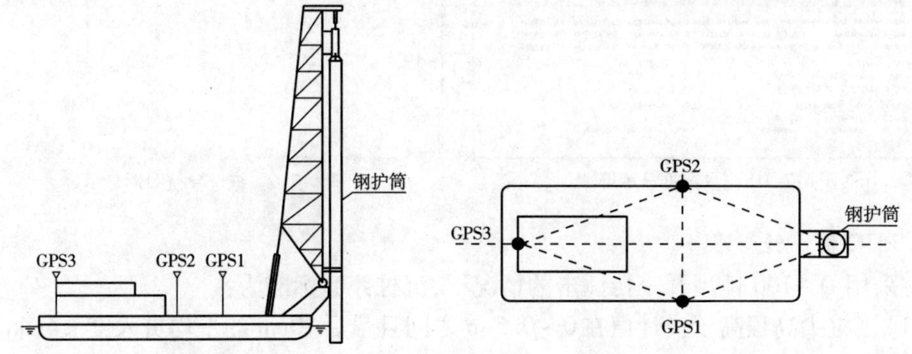

图 6-7-3　GPS – RTK 打桩船卫星导航定位系统原理示意图

系统构成见下图 6-7-4。

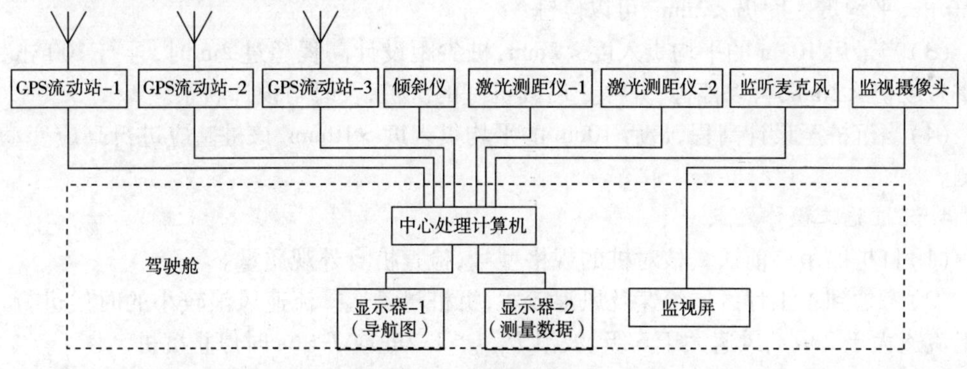

图 6-7-4　系统结构示意图

GPS – RTK 基准站 1 套:架设在岸边已知控制点上,GPS 接收机用于接收 GPS 卫星信号,无线电传输电台用于传送数据给流动站。

GPS – RTK 流动站 3 套:安装在船体甲板上,GPS 接收机各自接收 GPS 卫星信号,内置无线电接收电台接收基准站传送来的数据。

测斜仪 1 台:安装在船体甲板中部,监测船体前后、左右平衡,测量船体倾斜度。

非接触激光测距仪 2 台:安装在桩架左、右两侧,测量抱桩器左右间距,保证桩体处于桩架中轴线位置。

监听麦克风 1 台:安装在操作舱外部,监听打桩锤声音,电脑自动记录锤击数。

双显示器计算机 1 台:安装在操作舱内,采用专用导航软件,接收、传输、处理及记录 GPS 数据、测斜仪数据、激光测距仪数据、记录锤击数等。1 台显示器,用于测量人员监测各项设备运行情况并显示各类参数(图 6-7-5),包括各 GPS 流动站工作状态,桩位设计坐标,桩位实时动态坐标;另一台显示器显示船体及桩位图形给船体操作员(图 6-7-6),向目标位置导航,引导操作员移动船位。

现场视频监视器 1 套：监视摄像头安装在船头位置，连接操作舱内监视器，用于监测现场桩体运动情况。

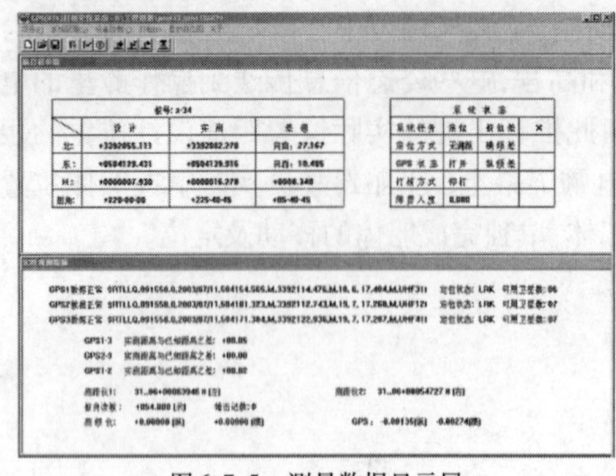

图 6-7-5　测量数据显示屏

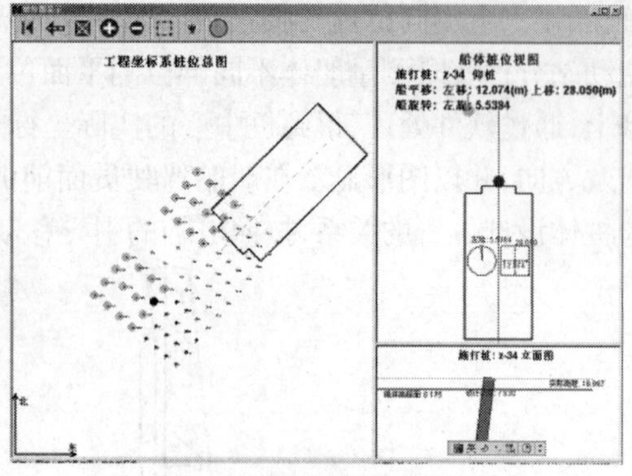

图 6-7-6　桩位导航图形显示屏

3. PHC 桩停锤标准

在采用 D－100 锤型开三挡锤击的情况下，沉桩停锤标准为：

(1) 当桩尖高程高于设计值在 0～0.5 m 之间且最后 10cm 的平均贯入度 <4mm 时可以停锤，在 0.5～1.0m 之间且最后贯入度 <2mm 时可以停锤。

(2) 当最后 10cm 的平均贯入度 <2mm，桩尖距设计高程超过 1m 但不超过 2m 时，再打 50 击，平均贯入度仍 <2mm，可以停锤。

(3) 当最后 10cm 的平均贯入度 <2mm，桩尖距设计高程超过 2m 时，再打 100 击，平均贯入度仍 <2mm，可以停锤，并停止后续桩基的沉桩，及时与设计联系。

(4) 当沉桩至设计高程，最后 10cm 的平均贯入度 >10mm，该桩基应进行高应变动力检测。

4. 沉桩施工操作要点

(1) 打桩船吊桩前认真核对桩的规格型号，检查桩身外观质量。

(2) 考虑到本工程区域流速及风浪较大，沉桩尽量选择流速风浪较小的时候进行，原则上流速大于 2m/s、风速大于 6 级、波浪 $H_{1/10}>1.2$m 或 $T>6$s 时停止沉桩。

(3) 为适应远离岸线开敞海域条件下沉桩，安排专人收听气象预报，以便及时转移避风，事先对所有船舶的锚缆、锚机、锚重进行检查，必要时进行局部改造和增加备用数量。

(4) 开锤前检查锤、替打与桩是否在同一轴线上，避免偏心锤击。

(5) 吊桩、移船、立桩、入龙口、戴替打等具体操作均应小心谨慎，充分考虑潮流波浪带来的不利影响。

(6) 仰打桩和俯打桩应分别考虑下桩提前量。

(7) 在可能发生溜桩的区域沉桩，采取小能量锤击方法。

(8) 自沉、压锤、不得移动船位。

(9) 沉桩时若桩发生抖动，暂停锤击，待桩身稳定后方能继续锤击。

(10) 沉桩过程中随时注意检查桩锤、替打和桩架龙口，发现问题及时处理。

(11) 做好沉桩记录。

5. 沉桩施工情况

(1) 沉桩施工质量

沉桩施工严格按设计提出的锤击停锤标准执行。对于个别由于地质条件等原因，最后贯入度或桩尖高程达不到设计要求的基桩,按设计意见进行高应变动测等处理,保证了承台基桩承载力和埋深满足设计要求。

本桥工程沉桩共5 697根,全部采用GPS远距离沉桩动态定位系统实施。桩基偏位:直桩≤25cm、斜桩≤30cm,高程控制在0~10cm。采用"系统"沉桩结束后,用RTK模式测出每根桩的竣工偏位。

整个全桥的桩基参与评定的总量为3 355根,最终桩位合格率达到95.4%。具体见统计见表6-7-5。

桩基检查情况 表6-7-5

偏位(cm)	≤5	≤10	≤15	≤20	≤25	≤30	≤35	≤40	≤45	≥45
报检数量	281	654	739	626	483	430	55	41	24	12
自检数量	277	658	743	621	468	306	115	70	32	55

(2)部分墩台沉桩锤击数贯入度及高程情况

根据施工记录统计汇总了不同桩长部分墩台钢管桩的锤击数、最后贯入度及沉桩高程资料(表6-7-6),以便从局部反映本桥打入桩的设计与施工情况。从表6-7-6不难看出,由于地质条件复杂,在不同墩台之间,同一墩台各桩之间沉桩的锤击数、贯入度等常常表现出较大离散性。

部分墩台沉桩锤击数、贯入度及高程汇总 表6-7-6

墩号	设计桩长(m)	桩基根数	总锤击数		贯入度(mm/击)		达到不同高程桩数		
			最少	最多	最小	最大	达到设计高程0.5m以下	高出0.5~1.5m	高1.5m以上
110	54	14	1 445	3 425	1.4	9.8	13		1
140	53	16	4 610	2 655	4.2	8.3	16		
188	57	14	1 612	3 298	2.3	8.3	13	1	
217	58	14	1 648	2 465	4.2	8.3	14		
264	56	14	1 681	3 014	5.9	10.9	14		
300	60	16	1 785	2 424	3.5	7.6	16		
331	63	22	2 108	4 425	1.7	6.7	16	5	1
344	62	20	1 577	2 869	3.0	6.3	20		
399	63	16	2 362	3 539	2.0	6.3	12	4	
408	61	16	948	1 776	5.7	10.0	16		
417	61	20	1 816	3 731	4.0	7.1	20		
424	65	20	3 009	5 555	1.8	5.7	15	5	
426	68	20	1 837	4 480	3.2	7.8	20		
435	66	16	1 907	4 222	2.0	7.0	13	3	
439	69	16	2 412	4 865	2.6	6.5	14	2	
476	76	16	3 314	4 828	3.3	7.1	16		

(3)工程进度及沉桩效率

从2002年6月26日至2004年5月22日,共计23个月的时间内,平均单船月打桩57.4根。月打桩最高记录为2003年6月份5条打桩船共打桩645根,该月单船平均打桩129根。单船月打桩最高记录为178根,单船日(24h作业)打桩最高记录为18根。

本章参考文献

[1] 徐维钧. 桩基施工手册[M]. 北京:人民交通出版社,2007.

[2] 史佩栋. 桩基工程手册(桩和桩基础手册)[M]. 北京:人民交通出版社,2008.

[3] 交通部第一公路工程局总公司. 公路施工手册桥涵[M]. 北京:人民交通出版社,2004.

[4] 黄融. 跨海大桥设计与施工——东海大桥[M]. 北京:人民交通出版社,2009.

[5] 中华人民共和国行业标准. JGJ 94—2008 建筑桩基技术规范[S]. 北京:人民交通出版社,2008.

[6] 中华人民共和国行业标准. JGJ 106—2003 建筑基桩检测技术规范[S]. 北京:中国建筑工业出版社,2003.

[7] 中华人民共和国行业标准. JTG F80/1—2004 公路工程质量检验评定标准[S]. 北京:人民交通出版社,2004.

[8] 中华人民共和国行业标准. JTG/T F50—2011 公路桥涵施工技术规范[S]. 北京:人民交通出版社,2011.

[9] 中华人民共和国国家标准. GB 13476—2009 先张法预应力混凝土管桩[S]. 北京:中国标准出版社,2009.

[10] 中华人民共和国建材行业标准. JC 888—2001 先张法预应力混凝土薄壁管桩[S]. 北京:中国建材工业出版社,2002.

[11] 中华人民共和国行业标准. JTS 167-4—2012 港口工程桩基规范[S]. 北京:人民交通出版社,2012.

[12] 中华人民共和国行业标准. JTS 153-3—2007 海港工程钢结构防腐蚀技术规定[S]. 北京:人民交通出版社,2007.

第七章 明挖地基

第一节 概 述

明挖地基是明挖基础下面承受桥涵建筑物全部荷载的土体或岩体。它虽然不属于桥涵的组成部分,但对保证桥涵建筑物的坚固耐久具有非常重要的作用。明挖地基除要有足够承载力外,还要求基底低于冲刷线和土壤冻结线,以保证桥梁不受冲刷和冻害影响。

在地质良好的无水地段,可采用除去表土、整平地基的方法,以便修建基础;有水地段可根据水的深浅,分别采用土、草袋或打桩等办法,筑成围堰,然后抽水,以便修建基础。地质不良地段应采用更换填土,或用物理、化学方法加固地基。

明挖法开挖基坑进行基础施工具有施工简单、快捷、经济、安全的优点,是施工场地和工程地质条件允许时首选的桥梁基础施工技术。其缺点是临时占用场地较大、对周围环境的影响较大,尤其是采用放坡开挖时。

一、施工要点

明挖基础施工的关键工序是:基坑开挖及防排水工程、边坡支护与地基处理、基底检验、基础结构施工等。其中基坑开挖支护是确保安全施工的关键技术。明挖地基的一般规定如下:

(1)基坑开挖前应根据地质条件、地下水位高度、开挖深度选择适当的施工方案,并通过计算确保开挖安全。

(2)基坑顶面应设置防止地面水流入基坑的设施;开挖完成后,当基坑顶有动荷载时,坑顶边与动荷载间应留有不小于1m 宽的护道,如动荷载过大,宜增宽护道。禁止在深基坑附近有大吨位的动荷载;如工程地质和水文地质不良,应采取加固措施。

(3)基坑坑壁坡度不易稳定并有地下水影响,或放坡开挖场地受限且土方量大,应根据设计要求进行支护。设计无要求时,施工单位应结合实际情况选择适宜的支护方案。

(4)在开挖过程中应对开挖的基坑进行观测,如发现裂缝或出现大面积的位移时应及时采取措施,分析原因后调整围护设计及开挖工艺再重新开挖。

二、明挖地基的应用

明挖地基在桥涵工程中多用于扩大基础或直接基础的施工,由于明挖基础设计简单、施工方便、传力明确且能直接观察到地基原形,是在条件许可前提下的首选形式。不仅广泛用于中小桥涵及旱桥,而且逐步用于一些大桥,并在施工技术上有所发展。例如,2003 年 5 月建成的贵州水黄公路阿志河特大桥,为预应力钢筋混凝土加劲板梁悬索桥,全长 448m,其镇宁岸索塔基础采用明挖扩大基础,基础挖深 20 余米,基底平面尺寸为 21. 9m×7. 0m,开挖方量达 7 000m^3,采用浅孔爆破、吊斗出渣,手推车运输作业进行开挖。2009 年 4 月建成通车的重庆鱼嘴长江大桥,全长 1 440m,主跨 616m。其北锚碇采用明挖扩大基础,基底轮廓尺寸为 69m×55. 8m,基坑采用放坡开挖施工,总开挖土石方量约为 86 000m^3。基坑开挖时通过一系列排水措施和喷射混凝土护壁等围护措施保证了基坑开挖的顺利进行和基础混凝土的施工。

第二节　施 工 准 备

明挖地基施工准备工作的基本任务是统筹安排施工力量和施工现场,保证基础施工顺利进行,进而保证整个桥梁施工得以顺利进行。

一、技术准备

明挖地基的技术准备主要包括以下几个方面:熟悉基础设计文件、研究施工图纸及现场核对;进一步调查分析原始资料,如:水文、地质、气象及施工现场的地形地物,施工前的设计技术交底和安全交底等。根据地质条件、地下水位高度、开挖深度选择适当的施工方案,如排水、支护和开挖等,并通过计算确保开挖安全;编制实施性施工组织设计并通过审批等。

二、劳动组织和物资机械准备

建立健全施工组织机构,坚持合理分工与密切协作相结合的原则,使之便于指挥和管理,分工明确,责权具体。同时合理设置施工班组,集结施工力量,组织劳动力和物资机械设备进场,确保明挖地基施工的连续性。

三、施工现场准备

施工现场准备工作主要是为施工创造有利的施工条件和物资保证。施工前应对基础施工控制网进行测量放线;进行必要的补充钻探;搞好“四通一平”,即水通、电通、通信通、路通,并对场地进行平整硬化,方便施工机械进入施工场地作业。进行现场地下管线的物探;了解场地内各种地下障碍物的情况,对地上、地下妨碍施工的线路进行拆除或改线,拟订方案,并办理必要的书面手续。

四、施工准备工作计划

为较好的落实各项施工准备工作，应根据各项准备工作的内容、时间和人员，编制施工计划，责任落实到人，并加强对计划的监督和检查，以使准备工作能如期完成确保施工顺利进行。

第三节　基 坑 开 挖

一、无支护基坑开挖

（一）适用条件

无支护基坑开挖是开挖基坑最简单、最经济的方法，当施工现场足够大并满足下列条件时宜采用无支护基坑开挖。

（1）在干涸无水河滩、河沟中或虽有水但经改河或筑堤能排除地表水的河沟中；

（2）地下水位低于基底，或渗透量小，不影响坑壁的稳定；

（3）基础埋置不深，施工期较短，基坑开挖时不影响临近建筑物或构造物的安全；

（4）地基土质为硬质、可塑性黏土或良好的砂质土，基坑开挖不得影响周边地下结构。

（二）基坑底平面尺寸

基坑大小根据结构施工措施及坑内排水设计进行确定；一般基底应比基础的平面尺寸增宽 0.5 ~ 1.0m，以便在基础地面外安装基础模板，设置排水沟、集水坑。当不设模板且天气状况、土质情况良好的情况下可按基础实际尺寸进行基坑开挖，直接利用垂直坑壁作外模浇注基础。

（三）基坑形式

1. 垂直坑壁基坑

对于天然适度接近最佳含水率、构造均匀、不致发生坍滑、移动、松散或不均匀下沉的土，基坑可采用垂直坑壁的形式。

不同土类状态垂直基坑容许深度见表 7-3-1。基坑深度超过表 7-3-1 规定时按下述 2、3 处理。

无支护加固的垂直坑壁基坑容许深度　　表 7-3-1

土　　类	容许深度（m）
密实、中密的砂子和碎石类土（充填物为砂土）	1.00
硬塑、可塑的粉质黏土及粉土	1.25
硬塑、可塑的黏土和碎石类土（充填物为黏性土）	1.50
坚硬的黏土	2.00

黏质土的垂直坑壁最大高度 H_{max} 可按下式计算：

$$H_{max} = \frac{2c}{k\gamma\tan^2(45° - \varphi/2)} - \frac{q}{\gamma} \tag{7-3-1}$$

式中：H_{max}——垂直坑壁最大高度，m；

k——安全系数,一般可采用 1.25;

γ——坑壁土的重度,kN/m^3;

q——坑顶边缘均布静荷载,kPa;

φ——坑壁土的内摩擦角,(°);

c——坑壁土的黏聚力,kPa。

内摩擦角 φ 和黏聚力 c 值由试验决定,或参照表 7-3-2 选用。

内摩擦角 φ 和黏聚力 C 值 表 7-3-2

稠度 w_c	状态 \ 土名 \ 名称	内摩擦角 φ(°)			黏聚力(kPa)		
		黏土质砂、含砂低液限粉土	低液限黏土、含砂低液限黏土	高液限黏土、含砂高液限黏土	黏土质砂、含砂低液限粉土	低液限黏土、含砂低液限黏土	高液限黏土、含砂高液限黏土
1.0~0.75	硬塑	25	22	20	12~15	30~40	45~60
0.75~0.5	软塑	22	18	15	8~10	15~25	20~40
0.5~0.25	极软塑	18	12	10	4~6	8~12	10~15

2. 斜坡和阶梯型坑壁基坑

基坑深度在 5m 以内,土的湿度正常、土层构造均匀,基坑坑壁坡度可参考表 7-3-3,采用斜坡开挖或按相应斜坡高、宽比值挖成阶梯型坑壁;每阶高度以 0.5~1.0m 为宜,阶梯可兼作人工运土的台阶。

基坑深度大于 5m 时,可参照表 7-3-3 坑壁坡度适当放缓,或加做平台。土的湿度超过坑壁稳定的湿度时,应采用缓于该湿度时土的天然坡度,或采取加固坑壁的措施。

基坑坑壁坡度 表 7-3-3

坑壁土类	坑壁坡度(高:宽)		
	基坑顶缘无荷载	基坑顶缘有静载	基坑顶缘有动载
砂类土	1:1	1:1.25	1:1.5
卵石、砾类土	1:0.75	1:1.0	1:1.25
粉质土、黏质土	1:0.33	1:0.5	1:0.75
极软岩	1:0.25	1:0.33	1:0.67
软质岩	1:0	1:0.1	1:0.25
硬质岩	1:0	1:0	1:0

注:①在山坡上开挖基坑,如地质不良时应注意防止滑坍。

②坑壁土类按照《公路土工试验规程》(JTG E40)划分。

③单轴极限强度(MPa) <5 为极软岩、5~30 为软质岩、>30 时为硬质岩。

④破碎石质基坑应根据岩石的构造、地层走向、松碎情况等决定开挖坡度。

⑤当基坑深度大于 5M 时,基坑坑壁坡度可适当放缓或加设平台。

⑥当有成熟经验时,可不受本表限制。

3. 变坡度坑壁基坑

挖基穿过不同的土层时,基坑坑壁坡度可分层选用,并酌设平台。当下层土质为密实黏质土或岩石时,下层可采用垂直坑壁。在坑壁坡度变换处可视需要设至少 0.5m 宽的平台。

(四)施工注意事项

(1)基坑开挖前应做好地面排水,在基坑边缘四周应向外设排水边坡,并在适当距离设截水沟,且应防止水沟渗水,以免影响坑壁稳定;

(2)坑壁边缘应留有护道,静载(弃土及材料堆放)距坑边缘不小于0.5m,动载(机械及机车通道)距坑缘不小于1.0m;在垂直坑壁坑缘边的护道还应适当增宽,堆置弃土高度不得超过1.5m;

(3)施工时应注意观察坑缘顶地面有无裂缝,坑壁有无松散塌落现象发生,确保安全施工;

(4)基坑不允许暴露时间过长,自基坑开挖至基础完成,应抓紧连续不断施工;

(5)如用机械开挖基坑,挖至坑底时应保留不少于30cm的厚度,待基础浇注混凝土前,再用人工挖至基底设计高程;

(6)相邻基坑深浅不等时,一般按先深后浅的施工顺序。

(五)无水基坑施工方法

(1)一般小桥、涵基础、工程量不大的基坑,可用人力施工方法;

(2)大、中桥基础工程,基坑深、平面尺寸较大、挖方量大,可采用机械施工或半机械施工方法;

(3)当基坑位于硬土质或岩质地区,采用人工或机械开挖施工有困难或工期紧张时,可采用爆破开挖法。根据现场环境和施工需要选择合适的爆破方法,爆破作业的安全管理应符合国家现行标准《爆破安全规程》(GB 6722)的规定。

无水基坑的开挖方法可参照表7-3-4。

无水基坑开挖方法 表7-3-4

地质及支撑状况	挖掘方法	提升方法	运输方法	附注
土质,无支撑	挖土机(正铲)	挖土机(正铲)	挖土机直接装车	挖土机在坑底
土质,无支撑	挖土机(反铲)	挖土机(反铲)	挖土机回旋弃土	挖土机在坑缘上
土质或石质,无撑或有撑	人力或风动工具	吊车、各种动臂吊机或摇头扒杆,配带活底吊斗	回旋弃土或直接装车	吊升机具设在坑缘或坑下,必要时可在坑上脚手平台接运
土质,无撑或有撑	吊车抓泥斗:软土(无齿双开)、硬土(有齿双开)、漂石或大砾石(四开)	抓泥斗	吊臂回旋弃土或直接装车	
土质或石质,无撑或有撑	人力或大型石方破碎机械	爬坡车:有轨(石质坑)、无轨(土质坑)、用卷扬机或绞车	爬坡车、接斗车或手推车	
土质,无撑或有撑	人力挖掘	用锹向上翻弃($H<2m$)或用人工接力上翻	弃土或装车	

二、挡板支护基坑开挖

(一)适用条件

(1)基坑坑壁土质不易稳定,并有地下水的影响;

(2)基坑开挖较深(＞5m),放坡开挖工程量过大,不符合多快好省要求;

(3)受施工场地或邻近建筑物限制,不能采用放坡开挖。

根据以上适用条件可视基坑具体情况,采取挡板支护措施。选用挡板支护挡土、防水时,需参照以下因素确定:

(1)基坑的平面尺寸、开挖深度、防水、抗渗和基坑施工的要求;

(2)地基的工程地质情况(包括土层的物理、力学性质及地下水的情况);

(3)对邻近结构物的影响程度;

(4)施工设备、技术和材料供应的可能性;

(5)造价、工期方案的选择。

(二)木挡板支护坑壁

1. 木挡板支护坑壁的形式

木挡板支护坑壁有垂直挡板式和水平挡板式两种。不同支护形式的适用范围和支护方法见表7-3-5。此外还有水平挡板、垂直挡板混合支护的形式,即上层按水平挡板连续护至一定深度后改按垂直挡板。

挡板支护坑壁形式 表7-3-5

序号	支护名称	适用范围	简图(剖面)	支护方法
1	垂直挡板支护	硬塑状黏质土,基坑尺寸较小,深度≤3m,一次开挖到底	1 3 2 4	挖至设计高程后立即设垂直挡板1,两侧上下各设水平横枋2一根,用撑木3及楔木4顶紧,如土质允许,垂直挡板之间亦可酌留间隙
2	垂直挡板支护	软塑或硬塑状的黏质土分层开挖,可达较大深度。缺点是出土不太方便	1 3 2 4	挖至可能的深度(不加支护,短期内能稳定)后设置垂直挡板1,两侧上下设置水平横枋2一根,用撑木3及楔木4顶紧; 继续下挖,随挖随打下垂直挡板加横枋、撑木并楔紧; 依次不断下挖,支撑直至基底
3	水平挡板间断支护	硬塑状黏质土,深度≤3m	3 5 4	两侧挡板5水平设置,用撑木3及楔木4顶紧,挖一层支顶一层

续上表

序号	支护名称	适用范围	简图(剖面)	支护方法
4	水平挡板断续支护	硬塑状黏质土，密实砂类土深度≤5m，一次开挖到底	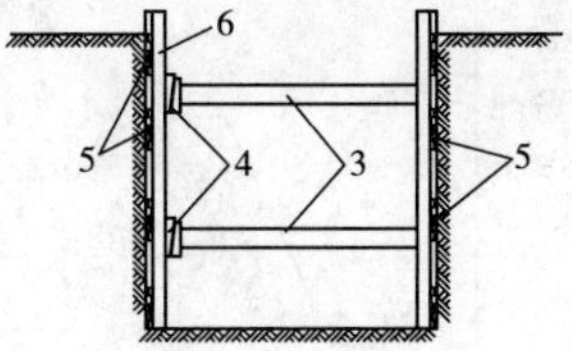 6 5 4 3 5	挡板5水平设置，挡板间酌留间隔，两侧对称设立木6，用撑木3及楔木4顶紧
5	水平挡板连续支护	软塑状黏质土，中密或稍松砂类土，深度≤5m，一次开挖到底	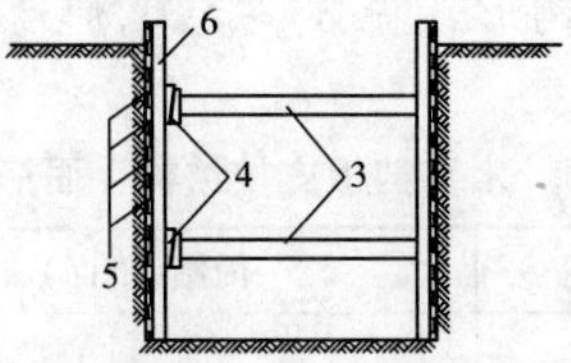 6 4 3 5	挡板5水平设置，互相紧靠不留间隔，两侧对称设立木6，用撑木3及楔木4顶紧
6	水平挡板连续支护	软塑状黏质土，中密或稍松砂类土，分层开挖，深度不限	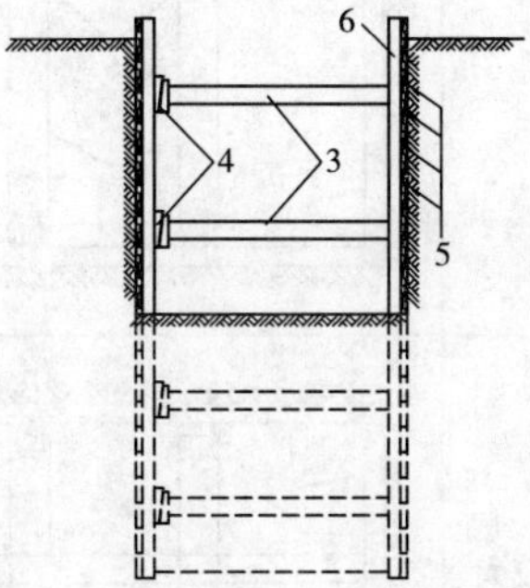 6 4 3 5	挖至可能的深度(不加支撑时期能稳定)然后水平设置挡板5，互相紧靠不留间隔，两侧对称设立木6，用撑木3及楔木4顶紧，继续下挖，依次如法加支挡直至基底
7	水平挡板锚拉式支护	用挖掘机开挖的较大基坑，不能安装横撑的	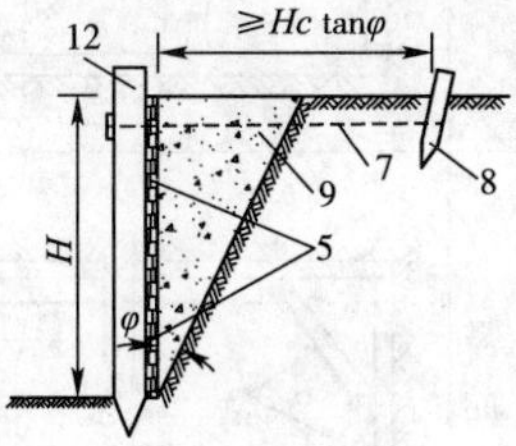 12 ≥$Hc\tan\varphi$ 7 8 9 5 H φ	柱桩12一端打入土中，另一端用锚杆7与远处锚桩8拉紧，挡板5水平设置在柱桩12的内侧，挡土板内侧回填土9
8	水平挡板斜柱支护	用挖掘机开挖的较大基坑，不能安装横撑又不能采用锚着式支撑的	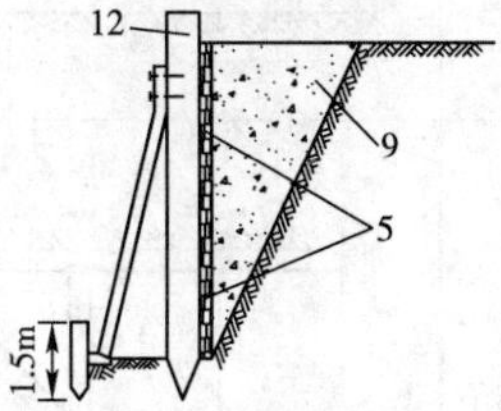 12 9 5 1.5m	挡板5水平设置在柱桩12的内侧，由斜柱10支撑，斜柱的底端顶在撑桩11上，然后在挡土墙内回填土9
9	水平挡板短柱支护	开挖宽度大的基坑，下部放坡不足或有小规模坍塌，基底为石或硬土	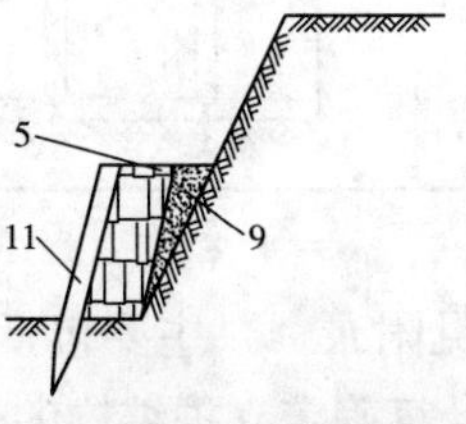 5 9 11	小短木桩(或钢钎)11一半露出地上，一半打入地下，地上部分背面水平设置挡板5后回填土9

续上表

序号	支护名称	适用范围	简图(剖面)	支护方法
10	临时挡土墙支护	开挖宽大基坑当部分地段下部放坡不足时	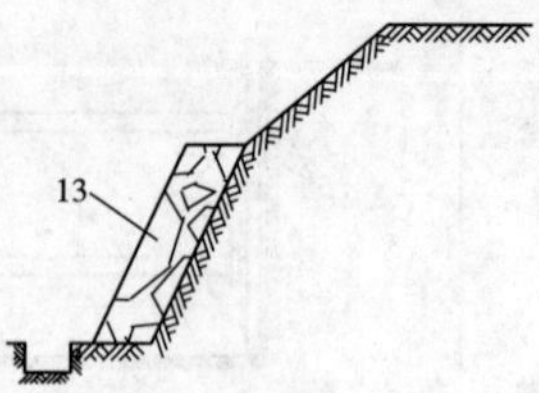 13	沿坡脚用石块或草袋装土 13 叠砌

水平挡板支护的平面结构形式见表 7-3-6,施工中可结合实际情况因地制宜合理选用。

水平挡板支护结构平面形式 表 7-3-6

序号	名称	适用范围	简图(剖面)	结构形式
1	平行支撑	基坑宽度在 3m 以内	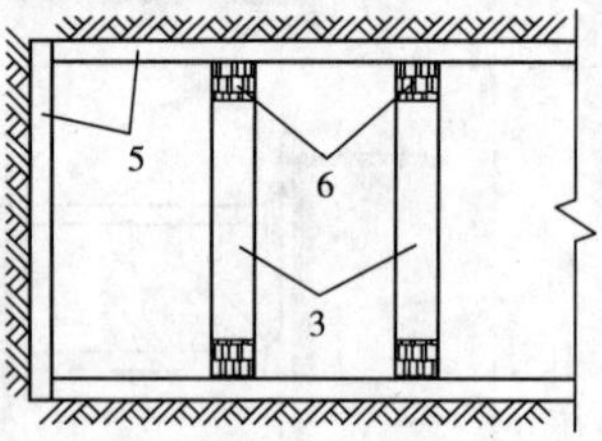 5 6 3	短边水平支撑 5 支撑在长边支撑上(或切角互相支撑),只在长边上对称设立木 6 并用平行的撑木 3 顶紧
2	十字支撑	基坑宽度较大	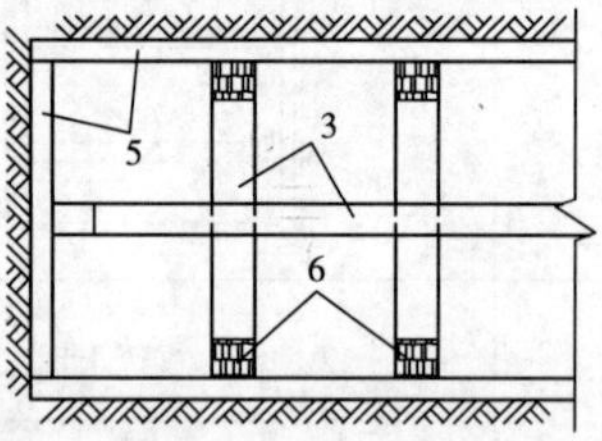 5 3 6	长、短边水平挡板 5 上均设立木 6,用撑木 3 顶紧
3	人字形(左)或八字形(右)支撑	基坑宽度大,需要的工作空间亦大	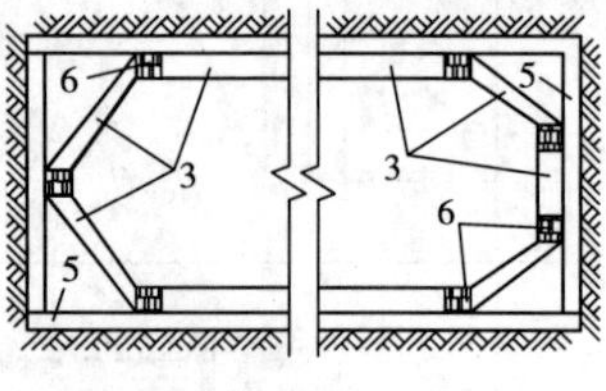 6 3 5 3 5 6	长短边水平挡板 5 上均设立木 6,短边用人字形(左)或八字形(右)撑木顶紧
4	钢木混合支撑	基坑宽度大,土质较差或在地下水位以下	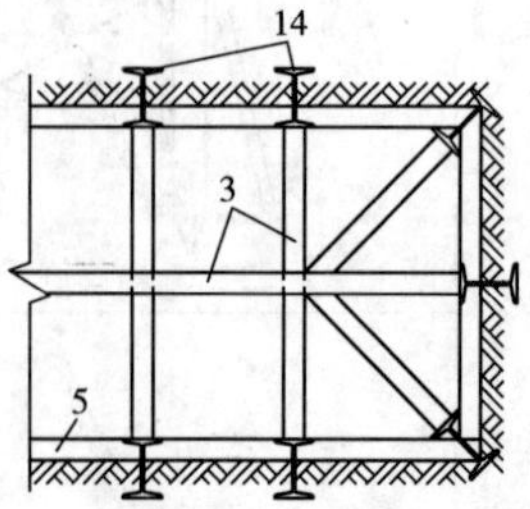 14 3 5	沿基坑周边每隔 1.5 ~ 2.5m 打入旧工字钢(或钢轨)14 至基底以下一定深度;边向下挖边在工字钢翼缘内安装水平挡板 5;在适当高度于工字钢翼缘上安设撑木 3 顶紧;挡板与土壁不紧贴时,可在翼缘与挡板间加以楔木

2. 木挡板支护坑壁的计算

木挡板支护坑壁的计算(参见附录 A),主要包括土压计算、水平挡板连续支护的计算和垂直挡板式支护的计算,通过计算确定支护结构的受力并选定相应规格型号的挡板或支撑，以保证支护结构安全、经济。其他同类挡板支护结构计算及材料选择可参考执行。

3. 木挡板支护坑壁的施工

挡板支护坑壁需根据坑壁的土质情况，采取挡板紧密铺设或间隔铺设、一次挖成或分段开挖，但每次开挖不宜超过 2m。坑壁支护木材应采用质量良好的针叶材，如松木、杉木，不宜使用杂木。楔块、垫木宜用硬木。

挡板与坑壁间的空隙应用原木填实，使挡板与土壁严密接触。

坑壁土压因土的湿度增加而变大，可能影响支承的变形，故应随时检查，防止出现受力不均和应力集中等情况。对已变形或受力过大的支撑，应随即加固或更换。加固的方法有打紧受力较小部分的楔木，或增加立木、撑木等。

施工中应防止碰撞撑木，在有可能碰撞撑木的部位，应加设垂直护板或采取其他有效措施。

换移支撑时，应先设新撑再拆旧撑。支撑施工时应预先考虑完工后拆除支撑的次序，一般应分段分层逐步进行，拆除一段（或一层）并回填夯实后再拆一段（或一层），直至地面。

（三）钢结构挡板支护坑壁

对于大型基坑，土质较差或地下水位较高时，宜采用钢木混合支护或钢结构支护坑壁，挡板采用定型钢模板，立木、纵横撑均可采用型钢（工字钢、圆钢管或槽钢），如图 7-3-1所示。坑壁立柱间距根据水平挡板长度确定，纵横支撑及中间立柱需根据基坑开挖及基础施工所需空间、是否设置工作平台等因素合理布置，支撑截面形状、大小，应根据坑壁土压情况，通过结构内力计算选定。

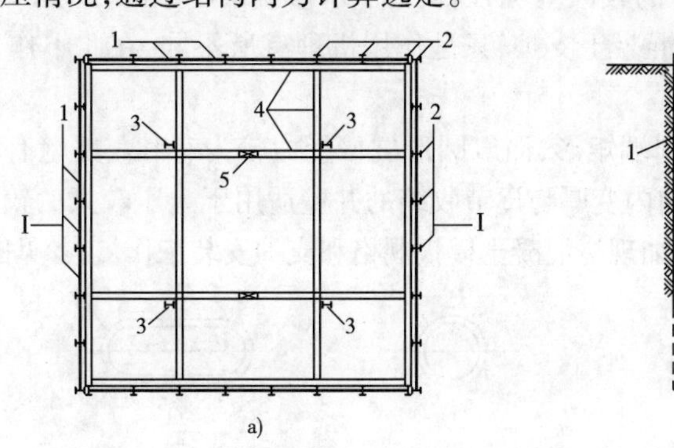

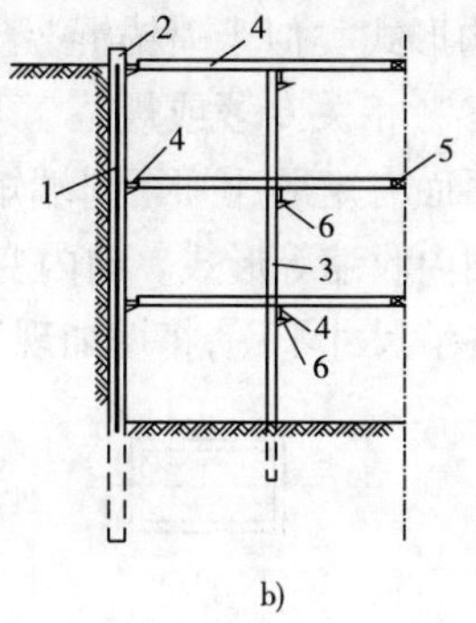

图 7-3-1　钢结构支撑示意图

a) 平面；b) 1/2I－I

1-挡板；2-型钢坑壁立柱；3-型钢中间立柱；4-型钢纵横撑；5-千斤顶位置；6-三角形托梁

钢结构支撑的优点是便于安装和拆除，材料消耗少，有利于向标准化和工具化发展。但整体刚度较弱，施工中应注意结合坑壁四周土质及荷载情况，合理布置千斤顶位置，以减少预紧力的损失和控制坑壁变形；加强纵横杆件交叉处及与立柱连接处的连接，除三角形托架外，还需用 U 形夹具夹紧。

（四）钢筋混凝土挡板支护坑壁

坑壁挡板亦可采用钢筋混凝土预制板。预制挡板尺寸除满足受力要求外，还应便于搬运。在坑壁允许无支护暴露较长时间的情况下，支撑结构亦可采用钢筋混凝土水平闭合框架，具有较高的整体刚度和稳定性；缺点是拆除困难、材料不宜回收。

(五)锚拉式支护

当基坑开挖或基础施工不允许在坑内安设纵横撑时,可采用锚杆支护代替支撑。简易的锚拉式支护参见表7-3-5序号7。锚杆用挖沟方式埋设,沟宽尽可能小,锚杆安装后预先拉紧,使各根锚杆受力一致。锚杆的锚固段应埋在稳定性较好的土(或石)层中,并用水泥砂浆灌注密实。

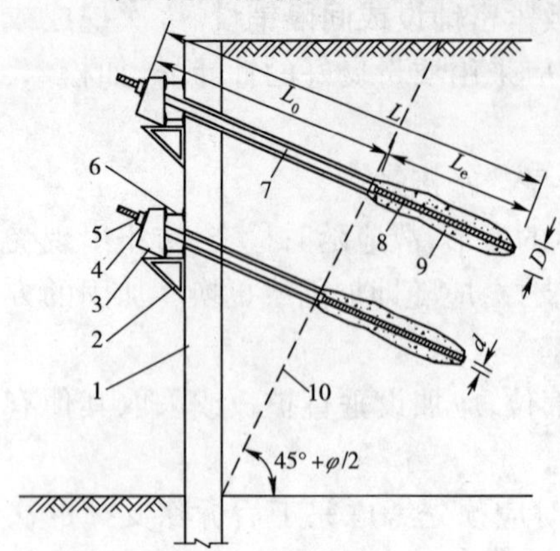

图7-3-2 锚拉式支护示意图

1-护壁;2-三角托架;3-台座;4-垫板;5-螺母;6-横梁;7-套管;8-钢拉杆;9-锚固体;10-主动土压裂面

L_0-非锚固段长度;L_e-锚固段长度;L-锚杆全长;D-锚固体直径;d-拉杆直径;φ-土的内摩擦角

大型基坑的锚拉式支护结构,通常由支护结构体系和锚拉体系两部分组成,支护结构体系常采用钢板桩、钢筋混凝土排桩或地下连续墙形式。锚杆采用钻孔插设,见图7-3-2。锚杆类型、钻机机具、孔位、深度及施工要点与本节三"(三)喷锚混凝土加固支护坑壁"部分基本相同。钢板桩、钢筋混凝土排桩及地下连续墙的相关内容介绍可参见本册第九章和第十三章相应内容或相关专著。

三、混凝土加固坑壁

混凝土加固坑壁包括现浇混凝土、钢筋混凝土、喷射混凝土、喷锚混凝土和土钉墙支护等措施,适用范围较广,可用于直径或边长为1.5~10.0m,深度为6~30m的较大基坑,以及地下水渗流不严重的各类土质基坑。其中土钉墙结构形式类似于喷锚混凝土支护,只是作用机理有所不同,在此不作介绍,具体施工工艺可参考相关专著或规范。

基坑平面有矩形、圆形、圆端矩形,而以圆形坑壁受力较为有利。井壁有等厚度、变厚度及逐节向内收缩等形式。向内变厚与逐节收缩的井壁适用于土压较大的较松软土质,但由于内壁各节尺寸不一,将增加现浇混凝土模板规格和支护安装工作量,参见图7-3-3。

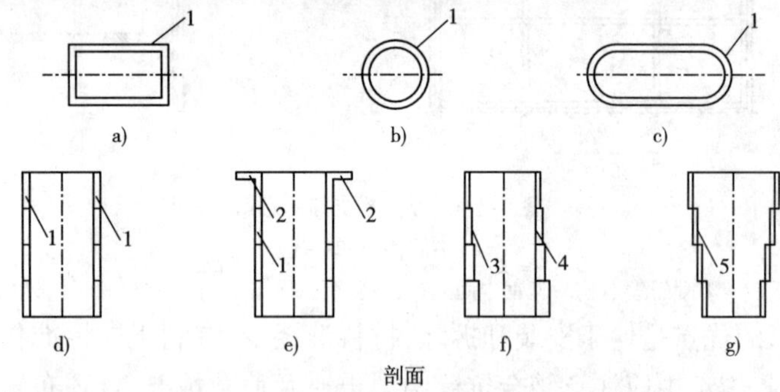

图7-3-3 混凝土加固坑壁基坑平面及井壁形式

a)矩形;b)圆形;c)圆端矩形;d)井壁等厚;e)井口设台座;f)壁厚不等;g)井壁逐节收缩

1-井壁;2-井口台座;3-向内变厚井壁;4-向外变厚井壁;5-逐节向内收缩的井壁

基坑护壁厚度可根据基坑大小、深度及土质情况计算确定,施工过程中可视坑壁稳定剂渗水情况,结合已有经验,酌情增减。

(一)现浇混凝土、钢筋混凝土加固坑壁

现浇混凝土加固坑壁需机械设备简单,模板以用型钢为宜。基坑采用分节开挖,每

节深度视土质稳定情况而定，一般以 1.0 ~ 1.5m 为一节。每挖一节即安装模板、浇注混凝土，再挖下一节，拆上节模板立下节模板，浇下节混凝土，如此循环作业直至设计深度。

安装模板时在上下节之间应留出高 20cm 的浇灌口，待该节混凝土灌满后用混凝土堵塞浇灌口。两节之间应预留连接钢筋。护壁厚度视基坑大小及坑壁土质而定，一般厚 8 ~ 15cm；混凝土强度等级应不低于 C15，并掺加速凝剂。拆模时间要根据掺速凝剂的效果和气温情况而定，以混凝土达到支撑强度为准，一般需经 24h 以上方可拆模。

钢筋混凝土加固坑壁施工程序与混凝土加固坑壁基本相同，只是增加了绑扎钢筋工序。竖筋及水平主筋规格及间距视侧壁土压按设计要求而定。当土压较大时，可采取变厚度护壁[图 7-3-3f)]，并对称设置内外双层水平主筋，所需钢筋截面积按偏心受压构件计算。混凝土、钢筋混凝土施工应符合有关施工规范要求。

(二)喷射混凝土加固坑壁

喷射混凝土加固坑壁是用喷射机将混凝土喷向坑壁表面，先期骨料嵌入坑壁并为后继料流所充填包裹，在喷层与坑壁间形成嵌固层，喷层与嵌固层具有加固和保护坑壁使之避免风化、雨水冲刷、浅层坍滑剥落的作用，适用于坑壁自稳时间较短的各类岩土和较浅的基坑，施工简便快捷，费用相对较低。

1. 施工要点

(1)做好坑口防护，必要时可设置坑口护圈，避免地表水或杂物影响施工。

(2)基坑开挖应从中心向外挖，周壁力求圆顺，视地质情况每次挖深 0.5 ~ 1.5m，开挖边坡可采用垂直或 1∶0.1 坡度，随即喷射混凝土护壁，挖一节喷一节直至设计深度。

(3)喷射混凝土之前应对待喷的坑壁进行清理，包括清除松动石块，用高压风管清除坑壁粉尘杂物，埋设控制喷射混凝土厚度的标志。

(4)喷射混凝土厚度可根据坑壁的径向压力和混凝土早期强度计算决定，最小厚度不应低于 5cm；坑壁土含水量较大时不低于 8cm；最大不宜超过 20cm。

(5)喷射作业应分段分片由下而上成环进行，分段长度不宜过长，并以适当厚度分层喷射，初喷厚度不得小于 4cm，后一层喷射应在前一层混凝土终凝以后及时进行，补喷至要求厚度为止。

(6)喷射混凝土终凝 2h 后，应喷水养护，养护时间一般不少于 7d。基坑已达设计高程经检验合格后立即浇注基础混凝土，不宜等待时间过长。喷射混凝土机械布置参见图 7-3-4。

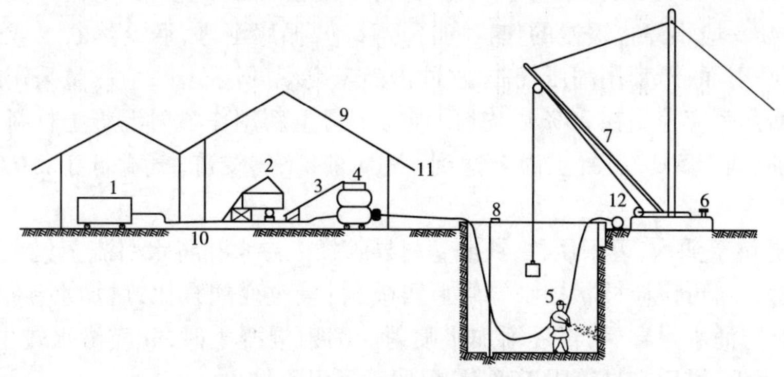

图 7-3-4　喷射混凝土护壁作业示意图

1-空压机；2-拌和机；3-皮带运输机；4-喷射机；5-喷射手；6-卷扬机；7-摇头扒杆；8-抽水机；9-拌和堆料棚；10-高压管路；11-混凝土喷射管路；12-高压水管路

2. 混凝土、砂浆材料要求

(1)水泥:宜优先选用早强水泥和普通硅酸盐水泥,也可采用矿渣硅酸盐水泥。水泥强度等级不得低于强度等级42.5。

(2)速凝剂:使用前应做速凝效果试验,要求初凝不超过5min,终凝不超过10min。应根据水泥品种、水灰比等,通过试验确定速凝剂的最佳掺量,并应在使用时准确计量。

(3)砂:喷射混凝土应采用硬质洁净的中砂或粗砂。砂的细度模数宜大于2.5,含水率一般为5%~7%,使用前一律过筛。

(4)石料:采用坚硬耐久的碎石或卵石,粒径不宜大于15mm,级配良好,控制在表7-3-7所列范围内。当使用碱性速凝剂时,石料不得含活性二氧化硅。

喷射混凝土集料通过各筛径的累积质量百分数(单位:%) 表7-3-7

项　目	集料粒径(mm)							
	15	10	5	2.5	1.2	0.6	0.3	0.15
优	100	73~82	50~60	35~43	23~31	17~22	10~15	5~7
良	100	62~90	40~70	26~54	18~41	13~31	5~22	4~8

(5)水:水质应符合工程用水有关标准。

3. 施工注意事项

(1)喷射混凝土配合比(质量比)应通过试验选定,满足设计强度和喷射工艺的要求。喷射混凝土强度等级一般应不低于C20,在软弱坑壁条件下还应适当提高。抗渗强度应不低于0.8MPa。

(2)喷射混凝土配套机具应密封性能良好,生产能力(干混合料)满足施工要求;输料距离为水平不小于100m,垂直不小于30m;混合料拌和应采用强制式搅拌;供水设施应保证喷头处水压为0.15~0.2MPa

(3)喷射机在作业开始时,应先送风,后开机,再给料;作业结束时,应先停止供料,待料喷完后再切断水(电)、关闭风路;向喷射机供料应均匀连续;料斗内应保持足够存料。喷射作业完毕或因故中断喷射时,必须将喷射机和输料管内的存积料清除干净。

(4)喷射作业时,喷头宜于受喷面垂直,喷头与受喷面距离应与喷射机工作气压相适应,以0.6~1.2m为宜;要控制好水灰比,保持混凝土表面平整、湿润光泽,无干巴或滑移流淌现象。喷头应不停止缓慢的作横向环形移动,循序渐进,遇突然断水或断料时喷头应迅速移离喷射面;严禁用高压气体、水冲击尚未终凝的混凝土;应尽量采用新技术以减少回弹率,回弹率应控制在20%以内,回弹物不得重新用作喷射混凝土材料。喷射作业区的气温不应低于5℃;混凝土尚未达到6MPa前,不得受冻;气温低于5℃时不得喷水养护。

(5)如遇坑壁涌水,可采用竹、铁或塑料导管插入渗水孔将水引流至集水坑抽出。当涌水范围较大时,可设树枝状排水导管后再喷射;且改变配合比,增加水泥用量,先干喷混合料,待其与涌水融合后,再逐渐加水喷射。喷射混凝土时,先喷渗水较少处,由远及近向涌水点逼近,最后在导管附近喷射,保留管子引水排出。

(6)施工过程中,应随时观察基坑四周地面及已喷护的坑壁有无开裂变形或引起空壳脱皮等现象,如有发生应立即采取措施重喷补强或凿除重喷,确保坑壁的稳定。

(三)喷锚混凝土加固支护坑壁

喷锚混凝土加固支护坑壁是在喷射混凝土加固的基础上,由喷射混凝土、各类锚杆(包括锚索、锚管、锚栓)和钢筋网联合支护加固坑壁的一种施工方法,是近年来发展推广的一项新技术。对于喷射混凝土不易与坑壁充分黏结的基坑应以喷锚混凝土加固支护为宜。喷锚混凝土加固支护基坑施工要点如下。

1. 初喷混凝土

初喷混凝土及其以前各项施工程序及要点,与喷射混凝土相同。

2. 钻孔

钻孔需在初喷混凝土后尽快进行,钻孔机械可采用一般凿岩机械,在土层中钻孔宜采用干式排碴的回旋式钻机。孔径应大于杆体直径15mm,孔位允许偏差±15mm,孔深允许偏差±50mm。

3. 灌浆

砂浆配合比(质量比)宜为水泥:砂:水=1:(1~1.5):(0.45~0.5),砂的粒径不宜大于3mm,使用前应过筛。砂浆应拌和均匀,随拌随用,一次拌和的砂浆应在初凝前用完,砂浆强度不宜低于20MPa。灌浆可采用风动牛角泵,也可使用挤压式注浆泵,注浆孔口压力不大于0.4MPa,注浆管应插至距孔底5~10cm处,随水泥砂浆的注入缓慢匀速拔出,随即迅速将杆体插入。如岩孔口无砂浆溢出,应将杆体拔出重新补注。注浆作业开始或中途停止超过30min时,应用水润滑灌浆罐及其管路。如遇孔内出水,应在附近另行钻孔后再安设锚杆,亦可采用速凝早强药包锚杆或采用锚管锚杆向坑壁压浆止水。

4. 安插锚杆

紧随灌浆进度,及时将杆体插入灌满砂浆的钻孔,投入孔内长度不应小于设计规定的95%,锚杆杆体露出岩面的长度不应大于喷射混凝土的厚度。杆体宜采用螺纹钢$\phi16\sim\phi22$,锚杆安设后不得随意敲击,其端部三天内不得悬挂重物,锚杆抗拔力不低于50kN。

5. 铺设钢筋网

钢筋网钢筋宜采用HPB 235级,$\phi12\sim14$,间距150~300mm。钢筋网应随受喷面的起伏铺设,与受喷面的间隙一般不大于3cm,钢筋网必须与锚杆连接牢固,在喷射混凝土时不应有晃动。钢筋网一般为一层,如采用双层钢筋网时,第二层钢筋网应在第一层钢筋网被混凝土喷射覆盖以后铺设。

6. 喷射混凝土

钢筋网铺设牢固后,即可在原初喷过的壁面上分次、分片、分段,按自下而上顺序加喷混凝土。开始喷射时应减小喷头至受喷面的距离并调节喷射角度以保证钢筋与壁面之间的距离和混凝土密实性,此时回弹率的限制允许放宽5%。钢筋网喷射混凝土厚度不应小于10cm,亦不应大于25cm,必要时可加设混凝土圈梁,使锚杆与圈梁连成一体。钢筋网保护层厚度应不小于20mm。如坑壁在喷射混凝土或锚杆发挥作用以前就有可能出现不稳时,还可以采用钢架喷射混凝土,以增加支护抗力,抑制较大变形。

采用其他各类锚杆时,其施工要求可参照现行《锚杆喷射混凝土支护技术规范》(GB 50086—2001)及《公路隧道施工技术规范》(JTG F60—2009)。

大型深基坑,周围有高层建筑物或文物需要保护,不允许支护有较大变形时,可采用预应力锚索与砂浆锚杆相结合的办法加固坑壁。如虎门大桥东锚碇基坑最大开挖深度

50.8m,边坡岩体主要为紫红色泥质粉砂岩和灰白色中细粒石英砂岩,局部地段有软弱夹层,在强风化泥质粉砂岩上覆盖近6.2m厚的风化土(含砂低液限粉土);岩层倾向于边坡倾向相反,经对开挖过程作边坡稳定分析,安全系数>1.35,说明不会发生整体滑动。加固方案有两种:第一种采用15m预应力锚索、5m砂浆锚杆相结合;第二种因保护坡顶文物最陡坑壁坡度达1:0.15~1:0.2;故采用25m预应力锚索加固上层,15m预应力锚索、8m砂浆锚杆相结合加固中、下层,两段坡面均采用挂网喷射混凝土护面,见图7-3-5。根据锚索、锚杆的布置,边坡防护施工方案拟定从坡顶起每3m一个作业台阶逐级向下直至基坑底。每台阶的施工步骤为:清理作业面→喷底层混凝土→钻孔→安装锚杆索→注浆→编护面挂网→焊加强筋→喷面层混凝土→张拉锚固→封锚。

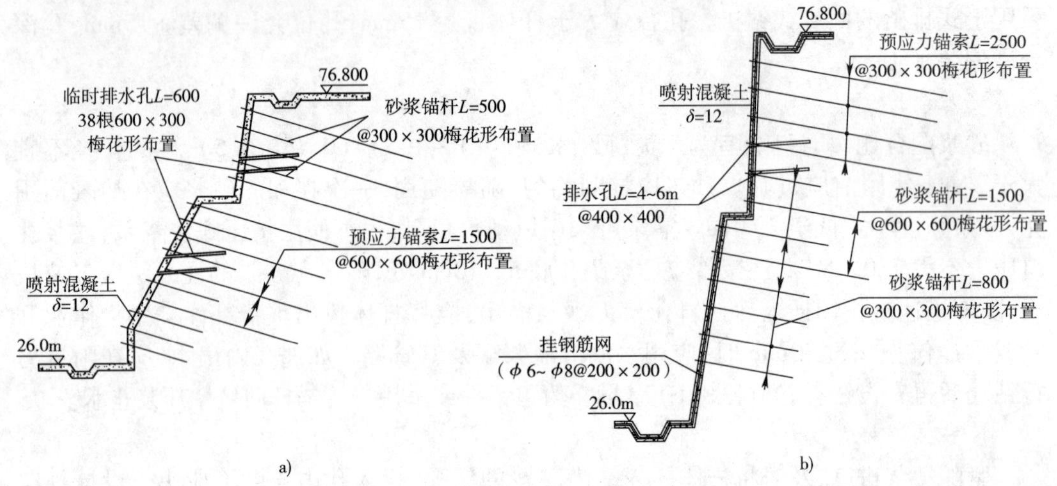

图7-3-5 锚喷混凝土加固支护坑壁实例(尺寸单位:cm)

a)第一种;b)第二种

15m锚索,锚固长8m,张拉预应力为1 000kN,25m锚索,锚固长10m,张拉预应力亦为1 000kN,锚索采用OVM预应力体系,每索由7条ϕ15mm钢丝组成。施工中特别注意钢绞线排列顺直,每隔2m,用铁丝捆牢;在锚固段范围内,每隔0.6~1.0m放一个对中支架,每相邻两对中支架间用铁丝捆紧,使其内锚固段呈枣核形;张拉段钢绞线需涂抹黄油并套上紧密的胶管,使能自由滑动。

四、旋喷桩支护基坑开挖

1.概述

旋喷桩是高压喷射注浆法施工的一种,它是利用钻机将旋喷注浆管及喷头钻至桩底设计高程,将预先配制好的浆液通过高压发生装置使液流获得巨大能量后,从喷嘴中高速喷射出来,形成一股能量高度集中的液流,可直接破坏土体。喷射过程中,钻杆边旋转边提升使浆液与土体充分搅拌混合,在土中形成一定直径的柱状固结体,从而使地基达到加固。

旋喷法主要用于加固地基,也可用于止水帷幕。实践证明此法对处理淤泥、淤泥质土、黏性土、粉土、沙土、人工填土和碎石土等有良好的效果。但由于旋喷桩强度不均匀,抗弯、抗拉能力较弱,且水泥含量高,作为围护桩并不经济,有其局限性,用作挡土结构时要十分谨慎。

工程实践上旋喷桩支护基坑开挖通常配合型钢(如槽钢、工字钢、H 型钢等)一同使用:即旋喷桩施工完毕后立即插型钢,以增强围护结构刚度。这种组合支护方法既能止水又能挡土,同时由于旋喷桩施工机具高度较低,对施工场地净空要求也较小。

2. 主要技术要求和参数

旋喷桩施工主要技术要求和参数参见本章第六节高压喷射注浆法。

型钢的规格及入土深度应经过计算选用和确定。型钢入土深度主要由基坑的抗隆起稳定性、围护墙的内力和变形允许值以及能否顺利拔出等条件决定。

3. 施工工艺

(1)定位:测量人员应按施工图及现场实际进行放样,并作好明确标志,确保旋喷桩机定位准确。

(2)成孔时钻机机架垫平,钻具应垂直地面,成孔垂直度不大于1%。

(3)喷射作业:

①旋喷机架就位,喷管位于自然悬吊状态时喷管中心对准孔心,偏差不大于 1/2 孔径(成孔直径),保证下管、提升及旋喷注浆顺利进行。

②下管前先检查喷嘴及喷浆口是否完好畅通,并做喷浆试验,直至喷浆压力符合设计要求方可下喷管。

③喷管下至超设计深度 10cm 时,开始拌送水泥浆,然后开启高压水及压缩空气,待达到设计参数,空口冒浆正常后,再开始旋喷提升。

④喷注中如上节喷管要卸除,下节喷管继续作业时,必须待下部喷管高出井口装置 20cm 以上方可停止喷浆;喷注中若遇故障等特殊情况时,喷管须下降 10cm 才能开始继续喷注,以保证旋喷竖向连续性。

⑤喷注作业时,作好已喷邻桩的补浆回灌工作,保证加固后的桩顶高程,同时施工中必须及时作好废浆处理工作。

(4)型钢的插放和固定:在钻机喷浆结束后,桩机移位,根据导向定位装置安放型钢。当型钢插放较深,仅靠自重不能完全下沉至设计高程时,可采用振动锤将型钢送至设计高程,并用经纬仪控制型钢的垂直度。

4. 施工注意事项

(1)旋喷施工时有很大的气压、水压和浆液压力,若土体空隙率比较大,很容易发生"走浆",应注意防护附近其他地下建筑;同时应经常检查和保养管路接口,避免造成人身伤害事故。

(2)旋喷桩浆液中水泥含量高,孔口返浆容易凝固,需及时清理;在砂质土或含砂石较多的杂土中施工,应尽量降低水泥掺量,同时做好减摩剂的涂刷工作,避免型钢拔不出。

(3)旋喷桩施工时浆液容易受障碍物影响而在桩体内形成夹层、断层,需采用多排桩来保证止水效果。

(4)旋喷桩施工完毕后必须马上插型钢,且必须保证型钢的垂直度。

(5)型钢的焊接质量直接影响到开挖后基坑的稳定,在施工中必须进行焊缝探伤以保证型钢的焊接质量。

第四节　基坑排水

基坑的开挖施工无论是采用支护体系的垂直开挖还是放坡大开挖，如果施工地区的地下水位较高，都涉及到地下水对基坑施工影响这一问题。从施工的角度来讲，在地下水位以下进行开挖，坑内滞留水一方面增加了土方开挖施工的难度，另一方面亦使地下结构的施工难以顺利进行，而且在水的浸泡下，地基土的强度大为降低，亦影响到了其承载力。因此，为保证基坑开挖工程开挖施工的顺利进行，同时保证地下基础结构施工的正常进行以及地基土的强度不遭受损失，一方面在地下水位较高的地区，当开挖面低于地下水位时，需采取降低地下水位的措施；另一方面基坑开挖期间坑内需采取排水措施以排除坑内滞留水，使基坑处于干燥的状态，以利施工。

一、基坑涌水量计算

施工前为了估计基坑抽水所需的能力，应先估算基坑的涌水量，涌水量可用抽水试验或参照现有经验公式计算，公式计算虽很简便但没有经过抽水试验所确定的涌水量可靠。在计算中主要数据是土的渗透系数，这是计算涌水量准确性的关键。

（一）渗透系数的确定

土体的渗透性，即渗透系数的大小，取决于土体的形成条件、颗粒级配、胶体颗粒含量和土体颗粒结构等方面的因素。渗透系数可通过以下常用方法确定：

1. 按抽水试验资料计算法

抽水试验亦称扬水试验，主要用于含水层或地下水位较浅，且有一定富水性的地层。在现场先钻成一个中心试验孔（直径不小于200～250mm），抽水井布置见图7-4-1，抽水井贯穿到整个含水层，并距抽水井 r_1 与 r_2 处设一个或两个观测孔（直径不小于50～75mm），用水泵匀速排水，当水井的水面及观测孔的水位大体上呈稳定状态时，根据其抽水量 Q 按下列各式计算渗透系数 K 值。

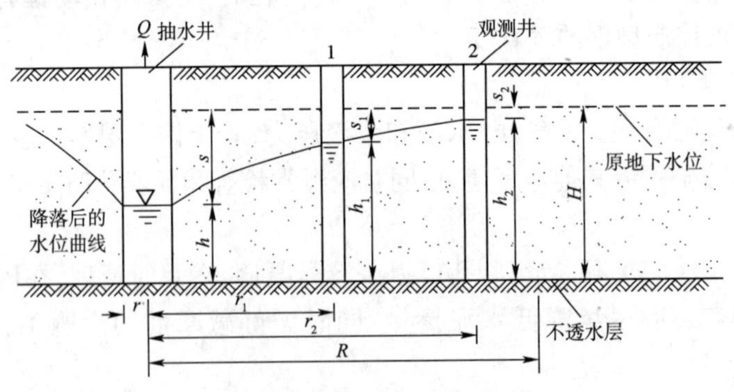

图7-4-1　渗透系数计算简图

无观测孔时：

$$K = \frac{0.732Q}{H^2 - h^2}\lg\frac{R}{r} = \frac{0.732Q}{(2H - S)S}\lg\frac{R}{r} \tag{7-4-1}$$

设一个观测孔时：

$$K = \frac{0.732Q}{h_1^2 - h^2}\lg\frac{r_1}{r} = \frac{0.732Q}{(2H - S - S_1)(S - S_1)}\lg\frac{r_1}{r} \tag{7-4-2}$$

设两个观测孔时：

$$K = \frac{0.732Q}{h_2^2 - h_1^2}\lg\frac{r_2}{r_1} = \frac{0.732Q}{(2H - S_1 - S_2)(S_1 - S_2)}\lg\frac{r_2}{r_1} \tag{7-4-3}$$

设 n 个观测孔时：

$$K = \frac{0.732Q}{(2H - S_{n-1} - S_n)(S_{n-1} - S_n)}\lg\frac{r_n}{r_{n-1}} \tag{7-4-4}$$

式中： K——渗透系数，m/d；

Q——抽水量，m^3/d；

R——抽水影响半径，m；

r——抽水井半径，m；

r_1、r_2、r_{n-1}、r_n——观测孔 1、2、$n-1$ 及 n 至抽水井的距离，m；

h、h_1、h_2——抽水井、观测井 1、观测井 2 抽水后从抽水井底面起算完全井的动水位，m；

S、S_1、S_2、S_{n-1}、S_n——抽水井，观测孔 1、2、$n-1$ 及 n 至抽水后水位降低值，m；

H——含水层高度（可从钻探资料查得），m。

2. 根据固结系数 C_v 求渗透系数

由土的固结试验求得该土样的固结系数 C_v，然后根据下式计算：

$$C_v = \frac{K(1+e)}{a\gamma_w} \tag{7-4-5}$$

得出土的渗透系数 K 为：

$$K = \frac{a \cdot \gamma_w \cdot C_v}{1+e} \tag{7-4-6}$$

式中：K——渗透系数，m/d；

C_v——土的固结系数，m^2/d；

a——土的压缩系数，m^2/kN；

γ_w——水的重度，kN/m^3；

e——土的孔隙比。

3. 按颗粒成分计算法

本法仅适用于砂类土，土的颗粒成分由试验室取样通过筛分决定。渗透系数可由公式(7-4-7)计算：

$$K = Cd_{10}^2 \tag{7-4-7}$$

式中：K——渗透系数，m/d；

d_{10}——有效粒径，即土中小于该颗粒的颗粒质量为 10% 的粒径，mm；

C——经验系数，其值与砂颗粒的均匀性和紧密程度有关，纯净的均质砂为 1 200，中等密实和中等均质的砂为 800，紧密的非均质砂为 400。

4. 查表法

当无试验资料时渗透系数 K 值可根据含水层土质，参考表 7-4-1 及表 7-4-2 查取。

土层渗透系数 K　　表 7-4-1

土质名称	K(m/d)	土质名称		K(m/d)
高液限黏土	<0.001	砂	细	1~5
黏土质砂	0.001~0.05		粗	5~20
含砂低液限黏土	0.05~0.10		中	20~50
含砂低液限粉土	0.1~0.5	砾类土		50~150
低液限黏土(黄土)	0.25~0.5	卵石		100~500
粉土质砂	0.5~1.0	漂石(无砂质充填)		500~1 000

注:按土的颗粒多少、黏土含量、密实程度选用高低值。

按土质颗粒大小的渗透系数经验值　　表 7-4-2

土质分类		K(m/d)
黏土质粉砂	0.01~0.074mm 颗粒占多数	0.5~1.0
均质粉砂	0.01~0.074mm 颗粒占多数	1.5~5.0
黏土质细砂	0.074~0.25mm 颗粒占多数	1.0~1.5
均质细砂	0.074~0.25mm 颗粒占多数	2.0~2.5
黏土质中砂	0.25~0.5mm 颗粒占多数	2.0~2.5
均质中砂	0.25~0.5mm 颗粒占多数	35~50
黏土质粗砂	0.5~1.0mm 颗粒占多数	35~40
均质粗砂	0.5~1.0mm 颗粒占多数	60~75
砾石		100~125

(二)涌水量的计算

根据水井理论,水井分为潜水(无压)完整井、潜水(无压)非完整井、承压完整井和承压非完整井,这几种水井的涌水量计算公式不同,具体计算参见附录 B。

二、基坑排水

基坑排水的方法有集水坑排水法、井点降水法和帷幕法三类,不同的方法有其适用的范围,应根据工程的实际情况采取相应合理的排水方法。

(1)集水坑排水法:适用较广,除严重流沙外,一般情况下均可适用。

(2)井点降水排水法:基坑土质不好,地下水位较高,用集水坑排水有流沙涌泥现象产生时,可采用井点降排水,用以降低地下水位。

(3)止水帷幕法:将基坑周围土用冻结法、注浆法或水泥搅拌桩等处理成不透水的帷幕。

(一)集水坑排水法

1. 集水沟、集水坑的设置

当基坑开挖深度不很大,基坑涌水量不大时,集水坑排水法是应用最广泛,亦是最简单、经济的方法。

集水坑排水多是沿坑底四周基础范围以外挖集水沟,在基坑四角或每隔 30~40m 设置集水坑,使基坑渗出的地下水沿四周集水沟汇合于集水坑内,然后用水泵将其排出基坑外(图 7-4-2、图 7-4-3)。

集水沟宜布置在拟建建筑基础边 0.4m 以外,沟边缘离开边坡坡脚不应小于 0.3m。

集水沟的底面应比挖土面低 0.3 ~ 0.4m。集水坑底面应比沟底面低 0.5m 以上,并随基坑的挖深而加深,以保持水流畅通。

沟、坑的截面应根据排水量确定,基坑排水量 V 应满足下列要求:

$$V \geqslant 1.5Q \tag{7-4-8}$$

式中:Q——基坑总涌水量,按上节提供的方法计算。

集水坑排水,视水量多少连续或间断抽水,直至基础施工完毕、回填土为止。抽水时应有专人负责维护集水沟和集水坑,使其不淤、不堵,能不停地将水排出。

当基坑开挖的土层由多种土组成,中部夹有透水性能的砂类土,基坑侧壁出现分层渗水时,可在基坑边坡上按不同高程分层设置集水沟和集水坑构成明排水系统,分层阻截和排除上部土层中的地下水,避免上层地下水冲刷基坑下部边坡造成塌方(图 7-4-3)。

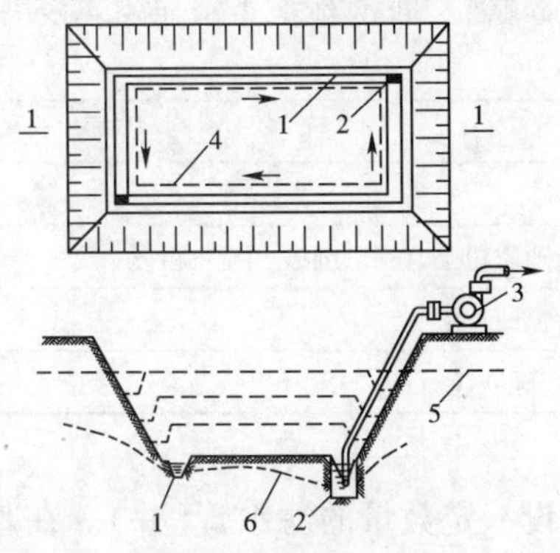

图 7-4-2 坑内明沟排水

1-排水沟;2-集水坑;3-离心式水泵;4-基础边线;5-原地下水位线;6-降低后地下水位线

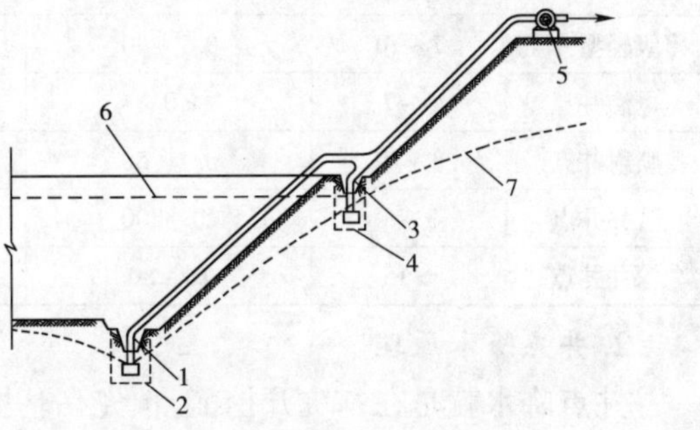

图 7-4-3 分层坑内明沟排水

1-底层集水沟;2-底层集水坑;3-二层集水沟;4-二层集水坑;5-水泵;6-原地下水位线;7-降低后地下水位线

2. 水泵的选择及安装

集水坑排水是用水泵从集水坑中排水,常用的水泵有潜水泵、离心式水泵和泥浆泵,其技术性能及型号参见相关厂家设备信息。排水所需水泵的功率按下式计算:

$$N = \frac{K_1 QH}{75\eta_1\eta_2} \tag{7-4-9}$$

式中:K_1——安全系数,一般取 2;

Q——基坑涌水量,m^3/d;

H——包括扬水、吸水及各种阻力造成的水头损失在内的总高度,m;

η_1——水泵效率,0.4 ~ 0.5;

η_2——动力机械效率,0.75 ~ 0.85。

一般所选用水泵的排水量为基坑涌水量的 1.5 ~ 2.0 倍。

3. 抽水工作的安排

安排抽水工作应注意:凡采用抽水挖基的工程,开工后应连续不断的快速施工;河床或地面为渗水性的土质,抽水时应将出水管接长或用排水槽将水引流远处,以防渗回基坑;渗水土质的基坑抽水时,可能使临近基坑的地下水位下降,为减轻临近基坑的排水工作,可考虑临近基坑同时开挖;砂夹卵石层中,长时间抽水,会使卵石缝中细砂随水吸走,水量也随之愈来愈大,造成抽水能力不足,除采用快速施工外,应多增加备用水泵。

(二)井点降水法

1. 井点种类和适用条件

井点排水法,因需要设备较多,费用较大,在桥涵基础施工中要进行技术经济比较后采用。如粉细砂质基坑,土质较差有流沙涌泥现象,地下水位较高,挖基较深,坑壁不宜稳定,施工场地受限制,用集水坑排水有困难时,可采用井点排水法。井点降水法所采用的井点类型有:轻型井点、喷射井点、电渗井点、管井井点、深井井点等。可根据土的渗透系数、要求降低水位的深度及工程特点,参照表7-4-3选用。

各种井点法适用范围　　表7-4-3

降水方法	降水深度(m)	土体渗透系数(m/d)	土体种类
单级轻型井点	6~7	0.1~80	粉质黏土、砂质粉土、粉砂、细砂、中砂、粗砂、砾砂、砾石、卵石(含砂粒)
多级轻型井点	7~10	0.1~80	同上
电渗井点	6~7	<0.1	淤泥质土
喷射井点	8~20	0.1~50	粉质黏土、砂质粉土、粉砂、细砂、中砂、粗砂
管井井点	3~5	20~200	粗砂、砾砂、砾石
深井井点	>15	10~80	中砂、粗砂、砾砂、砾石

2. 井点降水原理

井点降水就是在基坑开挖前,预先在基坑四周埋设一定数量的滤水管(井)。在基坑开挖前和开挖过程中,利用真空原理,不断抽出地下水,使地下水位降低到坑底以下使所挖基坑始终保持干燥状态。

3. 轻型井点

(1)轻型井点构造

轻型井点是目前工程上应用较多的降水方法。它是沿基坑四周以一定间距埋入直径较细的井点管至地下蓄水层内,井点管的上端通过弯联管与总管相连接,利用抽水设备将地下水从井点管内不断抽出,使原有地下水位降至坑底以下(图7-4-4),在施工过程中要不断地抽水,直至基础施工完毕并回填土为止。

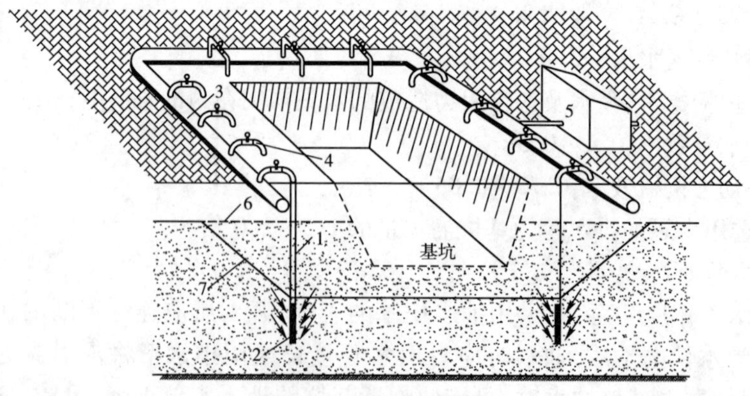

图7-4-4　轻型井点示意图

1-井点管;2-滤水管;3-总管;4-弯联管;5-抽水设备;6-原有地下水位线;7-降低后地下水位线

井点降水设备分为管路部分和抽水设备。

①管路部分包括滤管、井管、弯联管和集水井管。

滤管:通常采用长1.5~2.0m、ϕ40~50mm的无缝钢管,管壁钻有直径为12~19mm的滤孔,孔距为30~40mm,滤管的滤孔面积为滤管表面积的20%~25%。骨架管外面包以两层孔径不同的生丝布或塑料布滤网。为使流水畅通,在骨架管与滤网之间用塑料管或梯形铅丝隔开,塑料管沿骨架绕成螺旋形。滤网外面再绕一层粗铁丝保护网,滤管顶端设管帽,抽水时防止泥砂吸入管内,滤管上端与井点管连接。

井点管:直径与滤管相同,也用无缝钢管制成,长度根据需要确定。井点管上通过弯联管与集水总管连接,下接滤管,其间用螺丝套管连接。

集水总管:可用ϕ100~127mm无缝钢管制成,每节长4m,一般每隔0.8m或1.2m设一个连接井点管的接头。

②抽水设备:主要包括真空泵、集水箱、离心泵、水气分离器及连接管等仪表。

真空泵一般为活塞式,各种类型的活塞真空泵性能见表7-4-4。

每一套井点系统的主要设备(按集水总管长100m计)见表7-4-5。

水泵型号的选择可根据所需水泵流量扬程和真空度允许吸上的高度而定。

活塞真空泵的性能表　　表7-4-4

类型	气缸(mm)		转速	排气量	功率	管子直径(mm)		飞轮(mm)		尺寸(mm)
	直径	行程	(r/min)	(m^3/min)	(kW)	进口	出口	直径	宽度	
V3	171.5	101.6	300	1.56	2.2	38	38	610	79	1 067×508×610
V4	222	133	300	2.86	3.7	50	50	762	100	1 345×635×762
V5	247	150	300	4.34	5.5	50	50	800	117	1 473×737×800
V6	355	201	300	11.80	14.7	75	75	1 270	152	1 956×1 040×1 270
V7	457	254	300	25.26	29.4	120	120	1 798	197	3 099×1 534×1 778

每一套井点的主要设备表　　表7-4-5

部分	名称	规格	单位	数量	附注
抽水部分	真空泵	V5或V6	台	2	包括电动机,一台为备用
	离心泵	排水量60~80m^3/h	台	2	包括电动机,一台为备用
	冷却小水泵		台	1	循环水用
	集水箱个		个	1	
	气水分离器个		个	1	
管路部分	滤管	ϕ40~50mm	m	200	管长按2.0m用
	井管	ϕ40~50mm	m	750	管长按7m计,包括接头管间距1.0m
	集水管	ϕ120~150mm	m	100	
	胶管	与井管相同	套	100	
其他	真空表		只	2	
	压力表		只	1	
	夹箍	与胶管配套	套	200	

(2)轻型井点布置

根据基坑平面的大小与深度、土质、地下水位高低与流向、降水深度要求,轻型井点可采用单排布置[图7-4-5a)]、双排布置[图7-4-5b)]以及环形布置[图7-4-5c)],当土方施工机械需进出基坑时,也可采用U形布置[图7-4-5d)]。

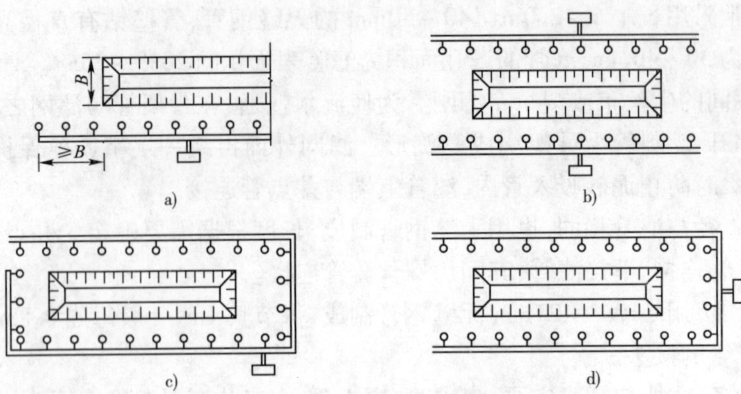

图 7-4-5　轻型井点平面布置

a) 单排布置；b) 双排布置；c) 环形布置；d) U 形布置

单排布置适用于基坑、槽宽度小于 6m，且降水深度不超过 5m 的情况。井点管应布置在地下水的上游一侧，两端延伸长度不宜小于坑、槽的宽度[图 7-4-5a)]。双排布置适用于基坑宽度大于 6m 或土质不良的情况。环形布置适用于大面积基坑。如采用 U 形布置，则井点管不封闭的一段应设在地下水的下游方向。

(3)轻型井点施工

①埋设井管：井点管埋设可按现场条件及土层情况选用不同方法：用冲水管冲孔后，埋设井点管；直接利用井点管水冲下沉；套管式冲枪水冲法或振动水冲法成孔后埋设井点管。

在亚黏土、轻亚黏土等土层中用冲水管冲孔时，也可同时装设压缩空气冲气管辅助冲孔，以提高效率，减少用水量。在淤泥质黏土中冲孔时，也可使用加重钻杆，提高成孔速度。用套管式冲枪水冲法成孔质量好，但速度较慢。

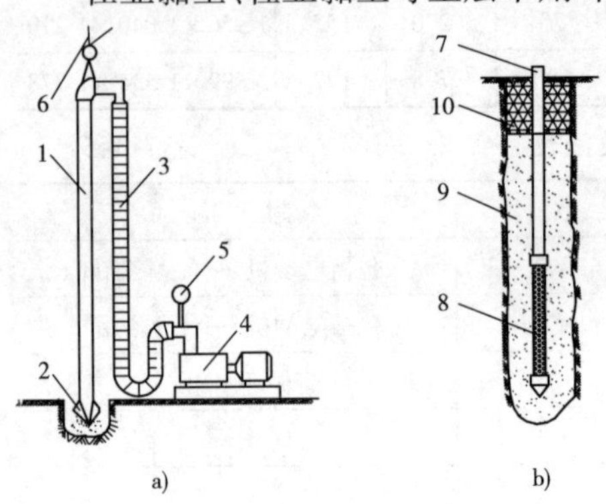

图 7-4-6　井点管的埋设

a) 冲孔；b) 埋管

1-冲管；2-冲嘴；3-胶皮管；4-高压水泵；5-压力表；6-起重机吊钩；7-井点管；8-滤管；9-填砂；10-黏土封口

井点管埋设当采用冲水管冲孔方法进行，可分为冲孔[图 7-4-6a)]与沉管[图 7-4-6b)]两个过程。冲孔时，先用起重设备将冲管吊起并插在井点位置上，然后开动高压水泵，将土冲松，冲管则边冲边沉。冲管采用直径为 50 ~ 70mm 的钢管，长度比井点管长 1.5m 左右。冲管下端装有圆锥形冲嘴；在冲嘴的圆锥面上钻有 3 个喷水小孔，各孔间焊有三角形立翼，以辅助冲水时扰动土层，便于冲管下沉。冲孔所需的水压，根据土质不同，一般为 0.6 ~ 1.2MPa。冲孔时应注意冲管垂直，插入土中，并做上下、左右摆动，以加剧土层松动。冲孔孔径不应小于 300mm，并保持垂直，上下一致，使滤管有一定厚度的砂滤层。冲孔深度应比滤管底深 0.5m 以上。以保证滤管埋设深度，并防止被井孔中的沉淀泥砂所淤塞。

②连接井点管和集水管：将已经插入土中的井点管上端用弯联管(多用软管)与集水管的连接管头联结起来，并用铁夹箍筋，接头处不得漏气。

③连接抽水系统：将集水管的三通与已经组装完成的抽水系统连接在一起。

④开动抽水系统抽水:各部分管路及设备经检查认为合格后,即可开动真空泵,集水箱内部形成部分真空,真空表指示400mmHg左右,地下水开始从滤嘴吸入集水箱,即可开动离心泵,将水排出。排水期要及时调节出水阀,使集水箱内吸水的水量与排出的水量平衡。真空表升至600mmHg时,即可表示排水量与地下水涌入量达到平衡。

⑤拔管:施工结束,拆除连接管,用吊机或借助倒链,或用扒杆卷扬机将井管拔出。所留孔洞用砂或土填塞,各种机械设备均要进行维修整理,滤管要拆开清洗,重新组装,供以后重用。

(4)井点法施工注意事项

①施工场地要做出合理的排水规划,及时排除抽出的地下水及地表雨雪水。施工时冲孔的雨雪水也要用水沟引出。所有管道沟渠不要妨碍工地交通。

②井孔冲成后,应立即拔出冲管,插入井点管,紧接着就灌填砂滤料,以防止坍孔。砂滤料的灌填质量是保证井点管施工质量的一项关键性工作,井点要位于冲孔中央,使砂滤层厚度均匀一致,砂滤层厚度达100mm;要用干净粗砂灌填,并填至滤管顶以上1.0~1.5m,以保证水流畅通。

③井点法降水,各工序间应紧密衔接,一经开始就要不间断地进行,否则井点滤管容易被堵塞,故机械、电源、设备要有保证,真空泵、离心泵都要有备用的。

④各部件连接头均应安装严密,以防止接头漏气;开动前,必须将所有进出口阀门关闭,达到一定的真空度之后,再慢慢开启进水阀,让地下水进来。

⑤抽水初期,所排出的水可能夹带一部分细砂,待滤管四周形成了倒滤层之后,水即变为清水,但若滤网孔眼过大或抽水泵水量过大,砂砾仍会不断抽出来,就应将水管阀关小来调整。

⑥如发现真空度不够,出水量很少,应首先找出原因是在抽水方面还是管道方面,检查时应先关闭进水管的总阀,则真空度应上升到600mmHg以上。如仍停在低真空不动,说明是抽水系统本身的原因。

⑦抽水系统应设在每一组集水管的中间,使各井点进水比较均匀,集水管向抽水管的方向,要保持一定的坡度,使流水畅通。

⑧在严寒季节,如因故停机,或施工完毕,应即将管道内及机械内存水放尽。井管如不拔出,应将外露部分包扎防寒。

4. 喷射井点

当要求的降水深度达到6m时,就要采用二级或多级轻型井点,这样不但增加设备数量,而且占地面积大,挖土方量大,施工时间也要拖长。因此,除了采用深井泵在一个钻孔里进行多级的降低地下水位外(降水深度可达到15~20m或更大),又在轻型井点的基础上发展了喷射井点,它对土的渗透系数为0.1~50m/d的砂土特别有效,降水深度可达15m以上。

(1)喷射井点原理

用水冲法沉设内部装有抽水装置的喷射器的金属井点管,并把这些井点管分别连接在总管上。井点管的间距一般采用2~3m。利用输送高压水(叫喷水井点)或高压空气(叫喷气井点)的高压水泵或空气压缩机和排水用的水泵等设备组成一个抽水系统,将地下水不断抽走。

喷射井点主要是由喷射井点、高压水泵(或)空气压缩机和管路系统组成,如图

7-4-7 所示。喷射井管由内管和外管组成，在内管的下端装有喷射扬水器与滤管相连，如图 7-4-8 所示。当喷射井点工作时，由地面高压离心水泵供应的高压工作水经过内外管之间的环形空间直达底端，在此工作流体由特制内管的两侧进水孔至喷嘴喷出，在喷嘴处由于断面突然收缩变小，使工作流体具有极高的流速(30 ~ 60m/s)，在喷口附近造成负压(形成真空)，将地下水经过滤管吸入，吸入的地下水在混合室与工作水混合，然后进入扩散室，水流在强大压力的作用下把地下水同工作水一同扬升出地面，经排水管道系统排至集水池或水箱，一部分用低压泵排走，另一部分供高压水泵压入井管外管内作为工作水流。如此循环作业，将地下水不断从井点管中抽走，使地下水逐渐下降，达到设计要求的降水深度。

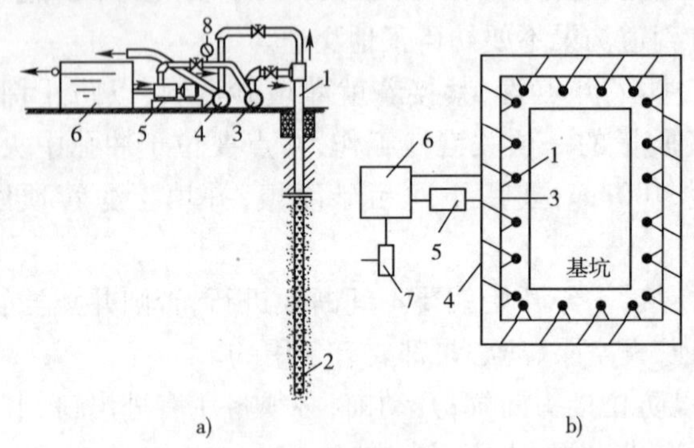

图 7-4-7　喷射井点布置图

a)喷射井点设备简图；b)喷射井点平面布置图

1-喷射井管；2-滤管；3-供水总管；4-排水总管；5-高压离心水泵；6-水池；7-排水泵；8-压力表

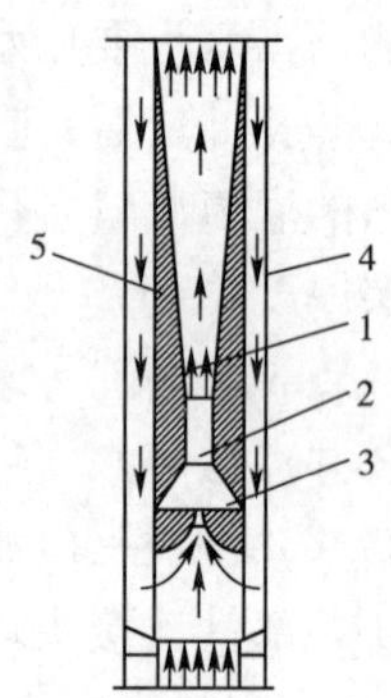

图 7-4-8　喷射井点扬水装置(喷嘴和混合室)构造

1-扩散室；2-混合室；3-喷嘴；4-外管；5-内管

喷射井点的主要特点：它不仅具有轻型井点所具有备的装设迅速简便的优点，而且因为井点管内部装有能从深处抽水的喷射器，可以在井点管下部造成较高的真空度，从而大大提高了降水效果。

(2)井点管与其布置

井点管的外管直径宜为 73 ~ 108mm，内管直径宜为 50 ~ 73mm，滤管直径为 89 ~ 127mm，井孔直径不宜大于 600mm，孔深应比滤管底深 1m 以上。滤管的构造与真空井点相同。扬水装置(喷射器)的混合室直径可取 14mm，喷嘴直径可取 6. 5mm，工作水箱不应小于 $10m^3$。井点使用时，水泵的起动泵压不宜大于 0. 3MPa。正常工作水压为 0. $25P_0$ (扬水高度)。

井点管与孔壁之间填灌滤料(粗砂)。孔口到填灌滤料之间用黏土封填，封填高度为 0. 5 ~ 1. 0mm。

常用的井点间距为 2 ~ 3m，每套喷射井点的井点数不宜超过 30 根，总管直径宜为 150mm，总长不宜超过 60m。每套井点应配备相应的水泵和进、回水总管。如果由多套井点组成环圈布置，各套进水总管宜用阀门隔开，自成系统。

每根喷射井点管埋设完毕，必须及时进行单井试抽，排出的浑浊水不得回入循环管路系统，试抽时间要持续到水由浑浊变清为止。喷射井点系统安装完毕，亦需进行试抽，不应有漏气或翻砂冒水现象。工作水应保持清洁，在降水过程中应视水质浑浊程度及时更换。

5. 电渗井点

一般井点法仅适用于土的渗透系数为 0. 1 ~ 50m/d 的土中，才比较有效；而在饱和黏性土中，特别如淤泥或淤泥质土中，由于渗透系数很小（<0.1m/d），效果就很差，这时宜改用电渗排水，它是利用黏性土的电渗现象而发展起来的一种排水方法。

（1）电渗工作原理

电渗井点一般与轻型井点或喷射井点结合使用，是利用轻型井点或者喷射井点管本身作为阴极，以金属棒（钢筋、钢管或铝棒）作为阳极。通入直流电（采用直流发电机或直流电焊机）后，带有负电荷的土粒即向阳极移动（即电泳作用），而带有正电荷的水则向阴极方向移动集中，产生电渗现象。在电渗与井点管内的真空双重作用下，强制黏土中的水由井点管快速排出，井点管连续抽水，从而逐渐降低地下水位。

利用黏土的电渗现象和电泳作用特性，一方面加速土体固结，增加土体强度，另一方面也可以达到较好的降水效果。

（2）电渗井点的布置

在沿基坑外面利用井点管（下接滤管）本身作为阴极，井点管间距可根据基坑涌水量计算。由于黏质土渗透系数较小，其涌水量也较小，故电渗井点管的间距可较轻型井点管的大些，一般为1.2～1.8m。在井点管的内侧埋设一排$\phi30$～75mm的钢管或直径约20mm的钢筋（可用射水法埋入）作为阳极。其纵向间距与井点管阳极相同，即阴阳电极的数量相等，但两者交错排列，如图7-4-9所示。阴阳两排电极的间距宜按土的电阻率计算决定，一般间距为0.8～1m。阳极顶部外露在地面上20～40cm，其入土深度应比井点管的滤管底部低0.5m，以保证水位能降低到所要求的深度。阴、阳电极分别用直径约10mm的电线连接成电路，然后分别连接在直流发电机（以用9.6～5.5kW直流电焊机代替为好，直流发电机电压较高，电流较小）的相应电极上。电压一般为30～60V，如果超过100V应设防护措施，200V以上电压不可采用，以防发生触电事故。

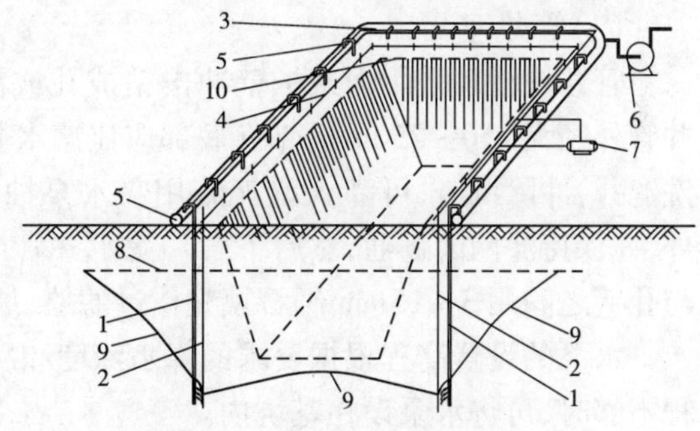

图7-4-9　电渗井点布置示意图

1-阴极；2-阳极；3-用电线将阴极连通；4-用电线将阳极连通；5-集水总管；6-水泵；7-发电机；8-电渗前水位；9-电渗后水位；10-基坑顶外缘

电极间每单位面积上的电流强度，在黏土中以0.5～2.0A为宜，在黏质砂土中应较低，不能过大，以防止电极四周的土发热或脱水开裂。基坑愈大，电流应愈强。

6. 管井井点

管井井点即大直径井点，适用于渗透系数较大（20～200m/d），地下水丰富的粗砂层、砂砾类土层或用明沟排水法易造成土粒大量流失，引起边坡坍方及用轻型井点不易解决的场合。管井由滤水井管、吸水管和抽水机械等组成（图7-4-10）。管井设备较为简单，排水量大，降水较深，水泵设在地面，易于维护。但管井属于重力排水范畴，吸程高度受到一定限制，要求渗透系数较大（1～200m/d）。

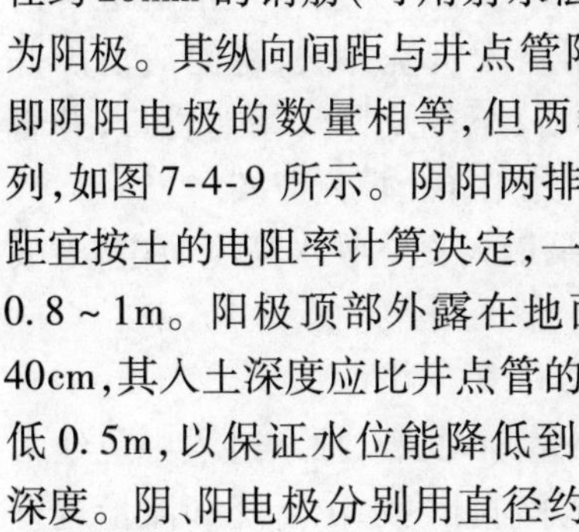

图7-4-10　管井构造（尺寸单位：mm）

(1)井点构造与设备

①滤水井管:下部滤水井管过滤部分用钢筋焊接骨架,外包孔眼为1~2mm滤网,长2~3m,上部井管部分用直径200mm以上的钢管、塑料管或混凝土管。

②吸水管:用直径50~100mm的钢管或胶皮管,插入滤水井管内,其底端应沉到管井吸水时的最低水位以下,并装逆止阀,上端装设带法兰盘的短钢管一节。

③水泵:采用BA型或B型,流量10~25m^3/h离心式水泵。每个井管装置一台,当水泵排水量大于单孔滤水井涌水量数量时,可另加设集水总管将相邻的相应数量的吸水管连成一体,共用一台水泵。

(2)管井的布置

沿桥梁墩台基坑外围四周呈环形布置或沿基坑(或沟槽)两侧或单侧呈直线形布置,井中心距基坑(槽)边缘的距离,依据所用钻机的钻孔方法而定,当用冲击钻时为0.5~1.5m;当用套管法时不小于3m。管井埋设的深度和距离,根据需降水面积和深度及含水层的渗透系数等而定,最大埋深可达10m,间距10~15m。

(3)管井埋设

管井埋设可采用泥浆护壁冲击钻成孔或泥浆护壁钻孔方法成孔。钻孔直径比滤水井管外径大150~250mm,钻孔底部应比滤水井管深200mm以上。井管下沉前应进行清洗滤井,冲除沉渣,可灌入稀泥浆用吸水泵抽出置换或用空压机洗井法,将泥渣清出井外,并保持滤网的畅通,然后下管。滤水井管应置于孔中心,下端用圆木堵塞管口,井管与孔壁之间用3~15mm砾石填充作过滤层,地面下0.5m处用黏土填充夯实。

水泵的设置高程根据要求的降水深度和所选用的水泵最大真空吸水高度而定,当吸程不够时,可将水泵设在基坑内。

(4)管井的使用

管井使用时,应经试抽水,检查出水是否正常,有无淤塞等现象。抽水过程中应经常对抽水设备的电动机、传动机械、电流、电压等进行检查,并对井内水位下降和流量进行观测和记录。井管使用完毕,井管可用倒链、或卷扬机将井管徐徐拔出,将滤水井管洗去泥砂后储存备用,所留孔洞用砂砾填实,上部50cm深用黏性土填充夯实。

7. 深井井点

深井井点降水是在深基坑的周围埋置深于基底的井管,通过设置在井管内的潜水泵将地下水抽出,使地下水位低于坑底。该法具有排水量大,降水深(>15m);井距大,对平面布置的干扰小;不受土层限制;井点制作、降水设备及操作工艺、维护均较简单,施工速度快;井点管可以整根拔出重复使用等优点;但一次性投资大,成孔质量要求严格。适于渗透系数较大(10~250m/d),土质为砂类土,地下水丰富,降水深,面积大,时间长的情况,降水深可达50m以内。

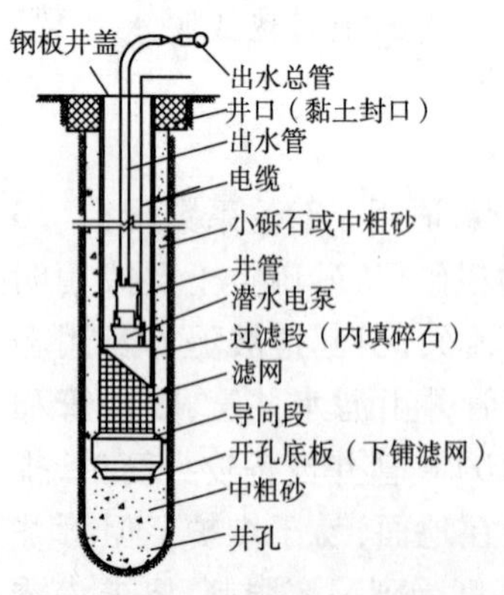

图7-4-11　深井井点构造

(1)井点系统设备

由深井井管和潜水泵等组成(图7-4-11)。

①井管:井管由滤水管、吸水管和沉砂管三部分组成。可用钢管、塑料管或混凝土管制成,管径一般为300mm,内径宜大于潜水泵外径50mm。

a. 滤水管。在降水过程中，含水层中的水通过该管滤网将土、砂过滤在网外，使地下清水流入管内。滤水管长度取决于含水层厚度、透水层的渗透速度和降水的快慢，一般为 3 ~ 9m。通常在钢管上分三段轴条（或开孔），在轴条（或开孔）后的管壁上焊 ϕ6mm 垫筋，与管壁点焊，在垫筋外螺旋形缠绕 12 号铁丝（间距 1mm），与垫筋用锡焊焊牢，或外包 10 孔/cm^2 和 14 孔/cm^2 镀锌铁丝网两层或尼龙网。

当土质较好，深度在 15m 内，亦可采用外径 380 ~ 600mm、壁厚 50 ~ 60mm、长 1.2 ~ 1.5m 的无砂混凝土管作滤水管，或在外再包两层棕树皮作滤网。

b. 吸水管连接滤水管，起挡土、储水作用，采用与滤水管同直径的实钢管制成。

c. 沉砂管在降水过程中，起砂粒的沉淀作用，一般采用与滤水管同直径的钢管，下端用钢板封底。

②水泵：常用长轴深井泵（表 7-4-6）或潜水泵。每井一台，并带吸水铸铁管或胶管，配上一个控制井内水位的自动开关，在井口安装 75mm 阀门以便调节流量的大小，阀门用夹板固定。每个基坑井点群应有 2 台备用泵。

③集水井：用 ϕ325 ~ 500mm 钢管或混凝土管，并设 0.3% 的坡度，与附近下水道接通。

(2) 深井布置

深井井点一般沿工程基坑周围离边坡上缘 0.5 ~ 1.5m 呈环形布置；当基坑宽度较窄，亦可在一侧呈直线形布置；当为面积不大的独立的深基坑，亦可采取点式布置。井点宜深入到透水层 6 ~ 9m，通常还应比所需降水的深度深 6 ~ 8m，间距一般相当于埋深，由 10 ~ 30m。

(3) 深井施工

成孔方法可冲击钻孔、回转钻孔、潜水钻或水冲成孔。孔径应比井管直径大 300mm，成孔后立即安装井管。井管安放前应清孔，井管应垂直，过滤部分放在含水层范围内。井管与土壁间填充粒径大于滤网孔径的砂滤料。井口下 1m 左右用黏土封口。

在深井内安放水泵前应清洗滤井，冲洗沉渣。安放潜水泵时，电缆等应绝缘可靠，并设保护开关控制。抽水系统安装后应进行试抽。

(4) 真空深井井点

真空深井井点是近年来上海等软土地基地区深基坑施工应用较多的一种深层降水设备，主要适应土壤渗透系数较小情况下的深层降水，能达到预期的效果。

真空深井井点，即在深井井点系统上增设真空泵抽气集水系统，所以除去需遵守深井井点的施工要点外，还需再增加下述几点：

①真空深井井点系统分别用真空泵抽气集水和长轴深井泵或井用潜水泵排水。井管除滤管外应严密封闭以保持真空度，并与真空泵吸气管相连，吸气管路和各个接头均应不漏气。

②孔径一般为 650mm，井管外径一般为 273mm，孔口在地面以下 1.5m 的一段用黏土夯实。单井出水口与总出水管的连接管路中，应装置单向阀。

③真空深井井点的有效降水面积，在有隔水支护结构的基坑内降水，每个井点的有效降水面积约为 250m^2。由于挖土后井点管的悬空长度较长，在有内支撑的基坑内布置井点管时，宜使其尽可能靠近内支撑。在进行基坑挖土时，要设法保护井点管，避免挖土时损坏。

常用深井水泵主要技术性能　表 7-4-6

型　号	流量 (m^3/h)	扬程 (m)	转速 (r/min)	比转数	扬水管入井的最大长度 (m)	轴功率 (kW)	质量 (kg)	配带电机 型号	配带电机 功率(kW)	叶轮直径 D (mm)	效率(%)
4JD10×10	10	30	2 900	250	28	1.41	585	JLB2	5.5	72	58
4JD10×20		60			55.5	2.82	900	JLB2	5.5	72	
6JD36×4	36	38	2 900	200	35.5	5.56	1 100	JLB2	7.5	114	7
6JD36×6		57			55.5	8.36	1650	JLB2	11	114	
6JD56×4	56	32	2 900	280	28	7.27	850	DMM402－2	11		68
6JD56×6		48			45.5	10.8	1 134		15		
8JD80×10	80	40	1 460	280	36	12.04	1 685	DMM452－4	18.5	160	70
8JD80×15		60			57	18.75	2467	DMM451－4	22	160	
SD8×10	35	35	1 460			5.8	883	JLB62－4	10	138.9	63
SDS×20		70				10.6	1923	JLB63－4	14	138.9	
SD10×3	72	24	1 460			7.05	991	JLB62－4	10	186.8	67
SD10×5		40	1460			11.75	1640	JLB63－4	14	186.8	
SD10×10		80	1 460			23.5	3 380	JLB73－4	28	186.8	
SD12×2		26	1 460			12.7	1 427	JLB72－4	20	228	70
SD12×3	126	39	1 460			19.1	1944	JLB73－4	28	228	
SD12×4		52				25.5	2465	JLB82－4	40		
SD12×5		65				31.8	3090	JLB82－4	40		

注：SD、JLB2（深井泵专用三相异步电动机）型的轴功率单位为 kW。

(三)止水帷幕法

1.帷幕法概述

帷幕法是在基坑边线外设置一圈隔水幕,用以加长地下水渗流路线,以阻止或限制地下水渗流到基坑中去,防止流沙、突涌、管涌、潜蚀等地下水的作用。采用止水帷幕法施工时应进行具体设计并符合有关规定,止水帷幕的厚度应满足基坑防渗要求,渗透系数宜小于 1.0×10^{-6}mm/s。

当地下含水层渗透性较强、厚度较大时,可采用止水帷幕与坑内井点降水相结合或采用竖向止水帷幕与水平止水帷幕相结合的方案。其施工方法、工艺和机具的选择应根据场地工程地质、水文地质及施工条件等综合确定。

2.常见止水帷幕

(1)钢板桩

钢板桩作为止水帷幕的有效程度取决于板桩之间的止口锁合程度及钢板桩的长度。一般在板缝间易漏水,因此钢板桩止水帷幕只能阻挡较大水流,水中小工程的施工,可在四周打设钢板桩,进行水下挖土然后水下浇注混凝土以止水,而水下混凝土封闭必须能承受上升的压力。对于一般基坑工程还需结合降水或其他止水措施以增强止水效果。

(2)水泥搅拌桩

水泥搅拌桩相互搭接形成止水帷幕是近年来常用的止水措施。水泥搅拌桩桩身渗流系数极小,可以达到较好的挡水效果。当水泥搅拌桩桩间搭接处间断施工时,可能会造成搭接处结合不严面漏水,这可以通过合理组织施工或采取局部注浆措施来进行防治。

(3)地下连续墙

地下连续墙墙身为钢筋混凝土,挡水效果很好,我国首次应用地下连续墙便是作为水库截水防渗之用,但地下连续墙造价昂贵,作为止水帷幕使用一般仅在超大型重要工程中采用,在基坑工程中地下连续墙一般作为支护墙体,同时起到挡水的作用。在地下连续墙用于挡水时需注意其槽段间接头处的施工质量以防止漏水,必要时可采取局部注浆措施以加强挡水效果。

(4)注浆止水帷幕

注浆止水帷幕多采用高压旋喷法施工,它是沿基坑边采用压密注浆形成密闭止水帷幕,用以截阻地下水流或防止洪水对桥涵基础的冲刷。旋喷法止水帷幕施工的主要技术参数及施工要点,参见本章第六节高压喷射注浆法有关内容。其有效程度取决于能否形成一个连续的帷幕和注浆体本身的均匀性,要求施工时严格控制其质量以防止内部形成水流通道。一般注浆措施常结合其他形式的止水帷幕以达到较好的挡水效果。

(5)冻结法

采用冻结法将基坑周围或基底土体一定范围内地下水冻结,一方面起到加固土体同时作为支护的作用,另一方面达到止水以防范流沙的目的。但由于需要进行专门的施工设计和运转设施,造价昂贵,一般的常用于大型基坑工程中,如润扬长江大桥南锚碇基础施工采用冻结帷幕法止水并配合井点降水等措施,取得了较好的效果。

第五节 地基处理

基坑开挖完毕，在基础混凝土浇注之前，应根据基底各种不同土质，分别采取相应的处理方法，并经检验后才能浇注基础。

一、细粒土及特殊土地基的处理

该类土强度低、稳定性差，应清理整平基坑底面，只能铲平不宜填平，黏土层不允许暴露或浸水时间过长，并需防止搅动，与最短时间内砌筑基础。如基底土已经松散，应予清除或夯填碎石，碎石层厚度应大于10cm，其顶面应不高于基底高程。

软塑至液塑状的细粒土、盐渍土及特殊土地基，应视基底土的种类、强度和密度按设计要求，结合现场情况按第六节地基加固措施，选择适宜的方法进行加固，以满足设计要求。

二、粗粒土和巨粒土地基的处理

清除松散泥土，将承重面修理平整夯实，铺设一层稀水泥砂浆，砂浆厚度视基底土层粒径大小、平整程度而定，一般厚2～4cm。如基底有水，应将水引至基础外排水沟排出，然后在其上修筑基础；当不能彻底排干时，可在基础底加铺一层25～30cm厚的片石或碎石，然后在其上进行基础的施工。

三、岩层基底的处理

1. 坚硬岩层

(1)清除表皮风化层或碎裂松动石块及淤泥、苔藓、松动的石块，如有零小石笋亦应予以打平，使呈现新鲜岩面。

(2)除设计规定基底为斜坡形外，一般基底应呈水平面，当岩面倾斜大于15°时，应将岩面凿平或凿成台阶，使承重面与重力线垂直，以防滑移。

(3)基岩清除、整平后，应冲洗干净。

2. 风化岩层

(1)按基础尺寸凿除已风化的表面岩层，将岩面凿平或凿成台阶，在浇注基础混凝土的同时将基坑底填满、封闭岩面，防止风化。

(2)当风化岩层很厚，在清挖到设计基础埋置深度，能满足冲刷要求以后，仍为风化岩层时，如基层承载力已够，可以不再深挖，但应将基础外缘嵌入风化岩层的深度比再增加1.0m范围内，用水泥砂浆或混凝土进行严密封闭。

四、多年冻土地基的处理

1. 概述

凡土温等于或低于0℃，且含有冰的土层，称冻土。冬季结冰、夏季融化，一年冻融交替一次的土层，成为季节性冻土；连续保持冻结状态三年或三年以上者，称为多年冻土。基础不应置于季节性冻融土层上，并不得直接与冻土接触。

在我国多年冻土主要分布在青藏高原、帕米尔及西部高山区天山、阿尔泰山和祁连山等地区,在东北大、小兴安岭和其他高山的顶部也有零星分布。其总面积约为 215 万 km^2(占我国总面积的 22.3%,约占世界多年冻土面积的 10%)。

多年冻土的融沉性是评价其工程性质的重要指标。冻土的融沉性可由试验测定出的融化下沉系数(简称融沉系数)表示,融沉系数 δ_0 可按式(7-5-1)计算:

$$\delta_0 = \frac{h_1 - h_2}{h_1} = \frac{e_1 - e_2}{1 + e_1} \tag{7-5-1}$$

式中:h_1、e_1——冻土试样融化前的高度(mm)和孔隙比;

h_2、e_2——冻土试样融化后的高度(mm)和孔隙比。

根据融沉系数 δ_0 的大小,多年冻土可分为四类:Ⅰ-不融沉($\delta_0 \leqslant 0.01$);Ⅱ-弱融沉($0.01 < \delta_0 \leqslant 0.03$);Ⅲ-融沉($0.03 < \delta_0 \leqslant 0.1$);Ⅳ-强融沉($0.1 < \delta_0 \leqslant 0.25$)。

在对多年冻土地基处理以前,先通过地质勘察,了解多年冻土的埋藏条件、土层温度、冻土的物理力学指标、地下水和季节冻层的情况,了解地基基础的设计原则;基础底部的多年冻土在桥涵完工后,仍能保持冻结还是容许融化。保持冻结的原则适用于冻土厚度较大(>30cm),年平均气温低于-1.2℃,地温比较稳定或者融沉性很大的冻土;容许融化的原则适用于冻土厚度(≤30cm),年平均气温高于或等于1.2℃,地温不够稳定、土层埋藏较浅、承载力很高,不融沉、弱融沉的地基,或大河融区的边缘地带以及常年流水河流上的桥涵地基。

2. 多年冻土地基的施工原则和要点

(1)按保持冻结原则设计的就地浇注的桩基础,其施工原则与非冻地区基本相同。

(2)按保持冻结状态设计的明挖基础,其多年平均地温等于或高于-3℃时,应于冬季施工;多年平均地温低于-3℃时,可在其他季节施工,但应避开高温季节,并应按下列规定办理:

①严禁地表水流入基坑。

②及时用水桶或水泵排除季节冻层内的地下水和冻土本身的融化水,水泵的进出水管和泵身应予以包扎保温。

③必须搭设遮阳棚以防太阳直射冻土,并搭设防雨棚以防雨水流入基坑。

④施工前应做好充分准备,组织快速施工;做好的基础应立即回填封闭不宜间歇。必须间歇时,应以草袋、棉絮等保温材料加以覆盖,防止热量侵入。

⑤基底为融沉土或强融沉土时,应铺设一层 10~30cm 厚粗砂垫层或其他隔热层;基础表面应设防水层;附近河床表面应尽量保持原来地貌和植被;基坑用黏土分层夯实回填,并须在汛期到来被浸水前施工完毕。

(3)按容许融化状态设计的基础施工原则和要点如下:

①一般应在夏季冻土自然融化后施工或挖除冻土回填非冻胀性土。

②采用明挖基础时,若地下水发育,水位高并且缺乏大型抽水设备,地表水流的改道或防护有困难、地基为厚层融沉土或需开挖冻层等情况时,可采取天然冷气冻结法施工。

③埋置在季节冻土层以下的基础,在冬季施工时也应缩短基底暴露时间,防止冻层继续加深,以减小基础建成后的冻胀和融沉。

④基坑开挖边坡,视气温、地温以及土的类别而定:在冬季施工时,边坡一般可采用 1:0.1~1:0.2。在夏季施工时,边坡宜酌情放缓。

⑤基础圬工宜采用抗冻砂浆砌筑或灌注低温早强混凝土；必要时可适当提高混凝土强度等级。砌体表面应光洁、勾缝严密，在地下水浸泡前砌体砂浆应达到设计强度。

3. 防止冻胀措施

当地基土的冻结线侵入到基础的埋置深度范围内时，将会引起基础产生冻胀。由于切向冻胀力的作用，结构物基础将明显地表现出随季节而上抬或下落的变化，当这种冻融变形超过结构物所允许的变形值时，便会产生各种形式的裂缝和破坏，一般宜采用下列减小切向冻胀力的措施：

(1)混凝土基础砌筑砂浆必须密实，防止有空洞积水而冻胀破坏，基础和墩台侧面需砌筑平整，并用水泥砂浆抹平，在圬工侧面涂刷沥青玛蹄脂以减少切向冻胀力。

(2)混凝土接缝处容易冻断，宜尽量减少接缝，基顶截面处是薄弱环节，可插埋短钢筋以加固。

(3)地基土为砂或砂夹卵石，当含泥量大时，仍具有冻胀性，故必须采用洁净的砂或砂夹卵石作为地基换填材料，并于基坑内基础侧面回填砂、砾石、碎石等不冻胀材料。

(4)在建筑物附近地面上采取覆盖炉灰等保温措施以提高土温，降低切向冻胀力。

4. 防止或减少融沉措施

融沉又称热融沉陷，指冻土融化时发生的下沉现象。当按容许融化原则将桥涵设计为明挖基础施工时，地基的融沉是桥涵产生坍腰、错位等病害的主要原因，需采取防止融沉措施，以减少或清除地基的沉降。

(1)地基弱融沉、融沉或强融沉土(多年冻土按融沉性分类见表7-5-1)的厚度不大时，可将其挖除，换填不融沉土，施工方法和要求可按软土地基加固的换填法办理。

(2)基底弱融沉、融沉或强融沉土的厚度较大，且其承载力很低，不能满足设计要求时，可考虑增加基础的埋置深度；涵洞可考虑采用整体式基础。

(3)弱融沉土或融沉土地基其总含水率不超过该类土的压实最佳含水率，但孔隙度较大时，可采取预先融化后予以夯实的办法处理。

多年冻土分类 表7-5-1

融沉类别	土的类别	总含水率w(%)	溶化后的潮湿程度
Ⅰ类	粉黏粒含率≤15%(或粒径小于0.01mm的颗粒≤25%，下同)的粗颗粒土(包括碎石类土、砾砂、粗砂、中砂。下同)	$w \leqslant 12$	潮湿
			稍湿
	粉黏粒含率>15%的粗颗粒土、细砂、粉砂		
	黏质土	$w \leqslant w_P$	半干硬
Ⅱ类	粉黏粒含量≤15%的粗颗粒土	$12 < w \leqslant 18$	饱和
	粉黏粒含量>15%的粗颗粒土、细砂、粉砂		潮湿
	黏质土	$w_P < w \leqslant w_P + 7$	硬塑

续上表

融沉类别	土 的 类 别	总含水率 w(%)	溶化后的潮湿程度
Ⅲ类	粉黏粒含量≤15%的粗颗粒土	$18 < w \leqslant 25$	饱和出水（出水量下小于10%以下）
	粉黏粒含量>15%的粗颗粒土、细砂、粉砂		饱和
	黏质土	$w_P + 7 < w \leqslant w_P + 15$	软塑
Ⅳ类	粉黏粒含量≤15%的粗颗粒土	$25 < w \leqslant 44$	饱和大量出水（出水率10%～20%）
	粉黏粒含量>15%的粗颗粒土、细砂、粉砂		饱和出水（出水率小于10%）
	黏质土	$w_P + 15 < w \leqslant w_P + 36 \sim w_P + 48$	极软塑
	碎石类土、砂类土	$w > 44$	饱和大量出水（出水率10%～20%）
	黏质土	$w > w_P + 36 \sim w_P + 48$	流动

注：总含水率 w 包括冰和未冻水，w_P 为塑限。

五、溶洞地基的处理

（一）勘察及验算

在岩溶地区首先应做好详细勘察，查明桥、涵所在处或对其有影响的范围内的岩溶形成特征及发育分布的状况；溶洞的位置、高程、洞穴大小；洞顶和洞壁的完整性、顶板厚度和形状、岩体结构及强度；洞内充填物及水的活动情况等。能够避让的尽量设法避让，如移动涵位或调整桥涵等，避让确有困难时应在对地基稳定性做出正确评价后确定处理措施。

对于溶洞顶板厚度较大，而岩壁较薄、裂隙发育、易风化、顶板有塌落可能的溶洞，需做溶洞自行填满所需塌落厚度的计算，计算时松散（涨余）系数 K：石灰岩为1.2，黏土为1.05。

对于深大的溶洞，顶板岩层较完整、强度较高，且已查明顶板厚度和裂隙切割情况的，可对顶板作抗弯曲和抗剪切验算。

1.抗弯曲验算

顶板跨中有裂隙，顶板两端支座处岩层坚固完整，可按悬臂梁计算端部所受弯矩：

$$M = ql^2/2 \tag{7-5-2}$$

顶板较完整，但两端支座处岩层有裂隙与洞壁不成整体，可按简支梁计算跨中弯矩：

$$M = ql^2/8 \tag{7-5-3}$$

顶板和洞壁岩层均较完整是一整体，可按两端固定梁计算跨中弯矩：

$$M = ql^2/12 \tag{7-5-4}$$

根据计算弯矩可按下式计算验算顶板所受拉弯应力：

$$R_{w1} = \frac{6M}{bh^2}K \leqslant [R_{w1}^J] \tag{7-5-5}$$

或按下式验算顶板厚度：

$$h \geqslant \sqrt{\frac{6MK}{b[R_{w1}^J]}} \tag{7-5-6}$$

式中：M——最大计算弯矩，kN·m；

q——板顶所受岩体自重力、上覆土层重力、顶板上构造物附加荷载等荷重之和，kN/m；

l——按悬臂梁计算时为支座至跨中裂隙间的距离，按简支及固定梁计算时为两端制作间的距离（跨度），m；

b——梁板宽度，取1.0m；

h——相应于M的顶板截面处的岩层厚度，m；

R_{w1}——溶洞顶板所受弯拉应力，kPa；

K——安全系数；

$[R_{w1}^J]$——岩体的弯拉应极限强度，kPa。

2. 抗剪切验算

溶洞顶板沿支座处周边的平均厚度按下式验算：

$$h \geqslant \sqrt{\frac{PK}{L[R_J^J]}} \tag{7-5-7}$$

式中：P——溶洞顶板平面上所受全部荷载总量，kN；

L——溶洞顶板平面沿支座处的周长，m；

h——溶洞顶板沿支座处周边的平均厚度，m；

$[R_J^J]$——岩体的直接抗剪极限强度，kPa。

注：$[R_J^J]$、$[R_{w1}^J]$及K值按现行《公路桥涵设计通用规范》（JTG D60—2004）选用。

另外，凡属下述情况均不考虑溶洞对地基的影响：

(1)溶洞顶板较厚经计算顶板坍塌后，由于塌落体体积增大，溶洞空间能自行填满的；

(2)通过验算溶洞顶板厚度能满足抗弯和抗剪要求的；

(3)溶洞洞体为微风化硬质岩石，顶板岩石厚度接近或大于洞跨的；

(4)溶洞较小，构造物基础尺寸大于洞顶平面尺寸，并有足够支撑长度的；

(5)溶洞已被密实的沉积物填充、无被水冲蚀的可能、且承载力、稳定性及不均匀沉降率均能符合设计要求的。

(二)处理方法

当通过勘查、调查并经验算不能满足上述要求时，应区别不同情况，采取正确的处理方法。

1. 开挖填塞

对顶板很不稳定、埋藏较浅的岩洞，可清除覆盖土，炸开顶板，挖除洞内松软沉积物，溶洞内无流水活动的可用土夹石分层夯填；溶洞内水量较少时，可分层回填下粗上细的片石、碎石滤水层，必要时用片石混凝土填筑，但要留出排水通道。漏斗状岩溶，可先采取楔状石块堵塞窄口后浇注混凝土。

2. 钻孔灌浆

当在水下施工，岩溶埋藏8m以内，溶洞直径小于1m，分布较广，洞内无土渣或仅有部分软黏土，可在溶洞顶板上打两个或多个钻孔（其中直径较小的50mm孔作排气用），将砂、碎石从较大的钻孔（直径大于100mm）灌进溶洞，然后压灌水泥砂浆；当溶洞内有浅流水，为防止砂浆流失，可在砂浆内掺速凝剂，为防止压浆不匀或有空隙，可在钻孔检查时进行再次压浆。

3. 梁板（或拱）跨越

当顶板破碎或无顶板的岩溶地基正处在基础底面，溶洞窄且深，洞壁坚固完整、强度较高，或暗河地下水流流速较大，填料灌浆宜被水冲走时，可用钢筋混凝土盖板跨越，梁板支撑长度应大于梁板高度的1.5倍，有条件时也可采用拱板跨越。当溶洞小而多，可设置钢筋网混凝土或钢筋混凝土梁基础。

4. 洞底支撑

洞跨较大、顶板完整但厚度不足的溶洞地基，为增加顶板岩体的稳定，如能进入洞内，可在清除洞内沉积物后，用浆砌石柱或钢筋混凝土柱支撑洞顶。当溶洞很深且窄，洞内沉积物不宜清除时，可向洞内打入钢轨桩或钢筋混凝土桩，桩顶上浇注C15混凝土或水泥浆砌片石。

5. 采用桩基

当岩溶面高差过大（大于1m），洞身很大、很深（大于8m），采用明挖或水下压浆施工有困难时，可根据情况采用打入桩基础（参见第六章）、挖孔灌注桩基础（参见第二章），桩基顶部做承台。

以上处理方法须根据实地情况，因地制宜合理选用一种或综合几种同时选用。对于岩溶水的处理，应查明其季节性动态，根据“宜疏勿堵”的原则，慎重处理。

六、泉眼地基的处理

为使基底地基及基础混凝土及圬工不受水浸泡，应根据泉眼水流大小采取堵眼或引流排水的方法处理。但无论采用哪种处理方法，都不应使基底饱水。

1. 堵眼

当泉眼和水流较小，可用木塞、圆木包缠麻袋等打入泉眼；或向泉眼压注速凝的水泥砂浆；亦可用带螺口的钢管，紧密打入泉眼后，盖上螺帽拧紧封闭钢管以堵住泉水。

2. 引流排水

泉眼或水流较大，堵眼有困难时，可采用竹管、塑料管或钢管等导管塞入泉眼将水引流至集水坑排出，也可在基底下设片石或碎石盲沟引流至集水坑排出，使基础在干处施工，待基础混凝土施工完毕后次日，向盲沟压注水泥砂浆堵塞。采用引流排水时，应注意防止砂土流失，引起基底沉陷。

第六节 地 基 加 固

一、概述

当天然地基不能满足桥涵等构造物对地基强度与稳定性和变形的要求时，应采取有效的加固措施以满足施工要求。近年来一些新的加固技术不断涌现,但各种加固方法都有自身特点、适用范围和存在问题,加之我国地域辽阔,条件各异,因此必须对各种加固方法的加固原理、适用范围、预期效果、机具条件有所了解,才能做到因地制宜、就地取材、保护环境和节约资源,才能贯彻国家的技术经济政策,做到技术先进、经济合理、确保质量。

1. 桥涵对地基的要求

概括桥涵对地基基础的要求主要包括以下三个方面。

(1)稳定问题

稳定问题是指地基土在地震或经基础传来的各种荷载及附加荷载的作用下,有足够的抗剪强度而不致发生局部或整体剪切破坏。地基的稳定性或地基承载力大小,主要与地基土体的抗剪强度有关,也与基础形式、大小和埋深等影响因素有关。

(2)变形问题

变形问题是指地基要有足够的密实度而不致发生过大的压缩和不均匀变形影响结构物的正常使用。若地基变形超过允许值,将会桥涵构筑物的安全与正常使用,严重的可能引起桥涵构筑物的破坏。地基变形主要与荷载大小和地基土体的变形特性有关,也与基础形式、基础尺寸大小等影响因素有关。

(3)渗透问题

渗透问题是地基中水力比降是否超过其允许值,地基中水力比降超过其允许值时,地基土会因潜蚀和管涌产生稳定性破坏,进而导致桥涵构筑物的破坏。地基渗透问题主要与地基中水力比降大小和土体的渗透性高低有关。

当天然地基不能满足上述各项或其中某项要求时,即需对地基采取针对性的处理和加固措施形成人工地基,从而实现增加地基强度和稳定性,减小地基变形的目的。

在选择地基加固方案时还应考虑上部结构、基础和地基的共同作用,采取结构措施与地基加固相结合的办法。合理的结构措施如采用轻型结构、箱形结构、增加结构物刚度和扩大基础等,具有施工简便、造价低,能与软基同步沉降的优点。

2. 地基加固的工作程序

(1)调查(包括必要的补充测试)地基水文、地质、气候、环境、施工场地条件(有无地下埋设物);

(2)了解建筑物设计要求,明确加固目的;

(3)了解本地区地基加固经验,研究可供选择的各种加固方案;

(4)结合可能采取的加固措施,通过技术经济比较选定最佳加固方案;

(5)初步拟定施工组织、机具设备以及各项技术参数;

(6)做现场试验,验证各项技术参数,作必要修正后据以施工;

(7)拟定施工程序及现场布置;

(8)具体施工及现场管理(包括施工监测、现场记录);

(9)检验加固效果,根据需要进行工后沉降观测。

二、复合地基

(一)构成形式

复合地基是指天然地基在地基处理过程中部分土体得到增强,或被置换,或在天然地基中设置加筋材料，加固区是由基体（天然地基土体或被改良的天然地基土体）和增强体两部分组成的人工地基。在荷载作用下，基体和增强体共同承担荷载的作用。

根据复合地基荷载传递机理将复合地基分成竖向增强体复合地基和水平向增强复合地基两类，又把竖向增强体复合地基分成散体材料桩复合地基、柔性桩复合地基和刚性桩复合地基三种。

复合地基既不同于完全没有处理的天然地基，也不同于刚性很大的钢筋混凝土桩，前者的荷载由天然土质承受，后者的荷载主要由钢筋混凝土桩承受，不考虑土的作用，而"复合地基"则是考虑将外部荷载由加固体和土体共同承担。

（二）承载力计算

1. 桩体复合地基承载力

（1）桩体复合地基承载力计算式

桩体复合地基承载力的计算思路通常是先分别确定桩体的承载力和桩间土的承载力，然后根据一定的原则，叠加这两部分承载力得到复合地基的承载力。复合地基的承载力 p_{cf} 可用下式表示：

$$p_{cf} = k_1\lambda_1 m p_{pf} + k_2\lambda_2(1-m)p_{sf} \tag{7-6-1}$$

式中：p_{cf}——单桩的极限承载力，kPa；

p_{sf}——天然地基极限承载力，kPa；

k_1——反映复合地基中桩体实际极限承载力与单桩极限承载力不同的修正系数；

k_2——反映复合地基中桩间土实际极限承载力与天然地基极限承载力不同的修正系数；

λ_1——复合地基破坏时，桩体发挥其极限强度的比例，称为桩体极限强度发挥度；

λ_2——复合地基破坏时，桩间土发挥其极限强度的比例，称为桩间土极限强度发挥度；

m——复合地基置换率，$m = A_p/A$，其中 A_p 为桩体面积，A 为对应的加固面积。

复合地基的容许承载力 p_{cc} 计算式为：

$$p_{cc} = \frac{p_{cf}}{K} \tag{7-6-2}$$

式中：K——安全系数。

桩体复合地基承载力也可采用特征值形式表示。桩体复合地基承载力特征值表达式可用下式表示：

$$f_{spk} = K_1\lambda_1 m f_{pk} + K_2\lambda_2(1-m)f_{sk} \tag{7-6-3}$$

式中：f_{spk}——复合地基承载力特征值，kPa；

f_{pk}——桩体承载力特征值，kPa；

f_{sk}——天然地基承载力特征值，kPa；

K_1——反映复合地基中桩体实际的承载力特征值与单桩承载力特征值不同的修正系数；

K_2——反映复合地基中桩间土实际的承载力特征值与天然地基承载力特征值不同的修正系数；

λ_1——复合地基达到承载力特征值时，桩体实际承担荷载与桩体承载力特征值的比例；

λ_2——复合地基达到承载力特征值时,桩间土实际承担荷载与桩间土承载力特征值的比例;

m——复合地基置换率。

对长短柱桩复合地基,复合地基承载力由长桩、短桩和桩间土三部分所提供的承载力组成。长短桩复合地基承载力的极限承载力 p_{cf} 可用下式表示:

$$p_{cf} = k_{11}\lambda_{11}m_1 p_{p1f} + k_{12}\lambda_{12}m_2 p_{p2f} + k_2\lambda_2(1 - m_1 - m_2)p_{sf} \tag{7-6-4}$$

式中:p_{p1f}——长桩极限承载力,kPa;

p_{p2f}——短桩极限承载力,kPa;

p_{sf}——天然地基极限承载力,kPa;

k_{11}——反映复合地基中长桩实际极限承载力与单桩极限承载力不同的修正系数;

k_{12}——反映复合地基中短桩实际极限承载力与单桩极限承载力不同的修正系数;

k_2——反映复合地基中桩间土实际极限承载力与天然地基极限承载力不同的修正系数;

λ_{11}——复合地基破坏时,长桩发挥其极限强度的比例,称为长桩极限强度发挥度;

λ_{12}——复合地基破坏时,短桩发挥其极限强度的比例,称为短桩极限强度发挥度;

λ_2——复合地基破坏时,桩间土发挥其极限强度的比例,称为桩间土极限强度发挥度;

m_1——长桩的面积置换率;

m_2——短桩的面积置换率。

类似的可得到长短桩复合地基容许承载力表达式和长短桩复合地基承载力特征值表达式。

(2)黏结材料桩桩体承载力

桩体极限承载力可通过现场试验确定。如无试验资料,对刚性桩和柔性桩的桩体极限承载力也可采用类似摩擦桩极限承载力计算时估算,其表达式为:

$$p_{pf} = (\Sigma f S_a L_i + A_p R)/A_p \tag{7-6-5}$$

式中:f——桩周土的极限摩阻力;

S_a——桩身周边长度;

L_i——按土层划分的各段桩长,对柔性桩,桩长大于有效桩长时,计算桩长应取有效桩长值;

R——桩端土极限承载力;

A_p——桩身横断面积。

按式(7-6-5)计算桩体极限承载力外,尚需计算桩身材料强度允许的单桩极限承载力,即

$$p_{pf} = q \tag{7-6-6}$$

式中:q——桩体极限抗压强度。

由式(7-6-5)和式(7-6-6)计算所得的二者中取较小值为桩体的极限承载力,类似地可得到桩体承载力特征值表达式。

(3)散体材料桩桩体承载力

散体材料桩体极限承载力主要取决于桩侧土体所能提供的最大侧限力。

散体材料桩在荷载作用下,桩体发生鼓胀,桩周土进入塑性状态,可通过计算桩间土

侧向极限应力计算单桩极限承载力。其一般表达式可用下式表示：

$$p_{pf}=\sigma_{ru}K_p \tag{7-6-7}$$

式中：σ_{ru}——桩侧土体所能提供的最大侧限力，kPa；

K_p——桩体材料的被动土压力系数。

计算桩侧土所能提供的最大侧向极限力常用方法有 Brauns（1978 年）计算式、圆筒形孔扩张理论计算式、Wong H. Y.（1975 年）计算式、Hughes 和 Withers（1974 年）计算式等，此处只介绍 Brauns（1978 年）计算式。

Brauns（1978 年）计算式是为计算碎石桩承载力提出的，其原理及计算式也适用于一般散体材料桩情况。Brauns 认为，在荷载作用下，桩体产生鼓胀变形。桩体的鼓胀变形使桩周土进入被动极限平衡状态，桩周土极限平衡区如图 7-6-1a）所示，在计算中 Brauns 作了下述几条假设：

①桩周土极限平衡区位于桩顶附近，滑动面成漏斗形，桩体鼓胀破坏段长度等于 $2r_0\tan\delta_p$，其中 r_0 为桩体半径，$\delta_p=45°+\varphi_p/2$，φ_p 为散体材料桩桩体材料的内摩擦角；

②桩周土与桩体间摩擦力 $\tau_M=0$，极限平衡土体中，环向应力的 σ_0；

③不计地基土和桩体的自重。

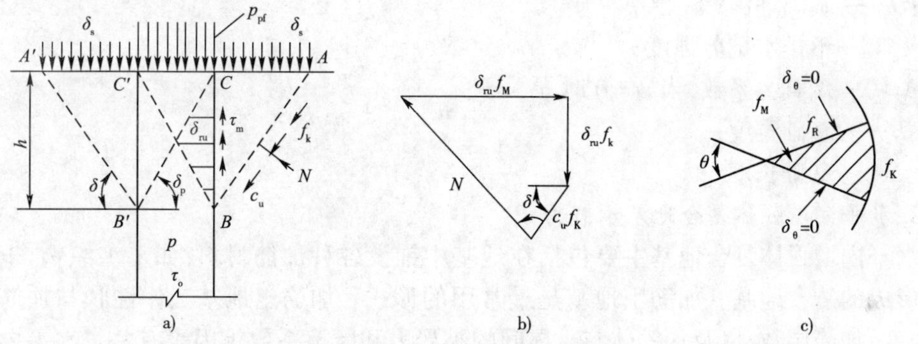

图 7-6-1 Brauns（1978 年）计算图式

在上述假设的基础上，作用在图 7-6-1c）中阴影部分土体上力的多边形如图 7-6-1b）所示。图中 f_M、f_K 和 f_R 分别表示阴影部分所示的平衡土体的桩周界面、滑动面和地表面的面积，根据力的平衡，可得到在极限荷载作用下，桩周土的极限应力 σ_{ru} 为：

$$\sigma_{ru}=\left(\sigma_s+\frac{2c_u}{\sin2\delta}\right)\left(\frac{\tan\delta_p}{\tan\delta}+1\right) \tag{7-6-8}$$

式中：c_u——桩侧土不排水抗剪强度；

δ——滑动面与水平面夹角；

σ_s——桩周土表面荷载，如图 7-6-1a）所示；

δ_p——桩体材料内摩擦角。

将式（7-6-8）代入式（7-6-7）可得到桩体极限承载力为：

$$p_{pf}=\sigma_{ru}\tan^2\delta_p=\left(\sigma_s+\frac{2c_u}{\sin2\delta}\right)\left(\frac{\tan\delta_p}{\tan\delta}+1\right)\tan^2\delta_p \tag{7-6-9}$$

滑动面与水平面的夹角 δ 要按下式用试算法求出：

$$\frac{\sigma_s}{2c_u}\tan\delta_p=-\frac{\tan\delta}{\tan2\delta}-\frac{\tan\delta_p}{\tan2\delta}-\frac{\tan\delta_p}{\sin2\delta} \tag{7-6-10}$$

当 $\sigma_s=0$ 时，式（7-6-9）可改写为：

$$p_{pf}=\frac{2c_u}{\sin2\delta}\left(\frac{\tan\delta_p}{\tan\delta}+1\right)\tan^2\delta_p \qquad (7\text{-}6\text{-}11)$$

夹角 δ 要按下式用试算法求得：

$$\tan\delta_p=\frac{1}{2}\tan\delta(\tan^2\delta-1) \qquad (7\text{-}6\text{-}12)$$

设桩体材料内摩擦角 $\varphi_p=38°$（碎石内摩擦角常取为 38°），则 $\delta_p=64°$。由式(7-6-12)试算得 $\delta=61°$，代入式(7-6-9)可得 $p_{pf}=20.8c_u$。这就是计算碎石桩承载力的 Brauns 理论简化计算式。

(4)天然地基承载力

复合地基计算中的天然地基极限承载力或天然地基承载力特征值等可通过荷载试验确定，也可根据土工试验资料和相应的规范确定。

天然地基极限承载力常采用 Skempton 极限承载力公式计算。Skempton 极限承载力公式为：

$$p_{sf}=c_uN_c\left(1+0.2\frac{B}{L}\right)\left(1+0.2\frac{D}{L}\right)+\gamma D \qquad (7\text{-}6\text{-}13)$$

式中：D——基础埋深；

c_u——不排水抗剪强度；

N_c——承载力系数，当 $\psi=0$ 时，$N_c=0$；

B——基础宽度；

L——基础长度。

2. 水平向增强体复合地基承载力

水平向增强体复合地基主要包括在地基中铺设各种加筋材料，如土工织物、土工格栅等形成的复合地基。加筋土地基是最常用的形式。加筋土地基工作性状与加筋体长度、强度，加筋层数，以及加筋体与土体间的黏聚力和摩擦系数等因素有关。水平向增强体复合地基破坏可具有多种形式，影响因素也很多。到目前为止，许多问题尚未完全搞清楚，水平向增强体复合地基的计算理论尚不成熟。这里只介绍 Florkiewicz(1990 年)承载力公式，以供借鉴。

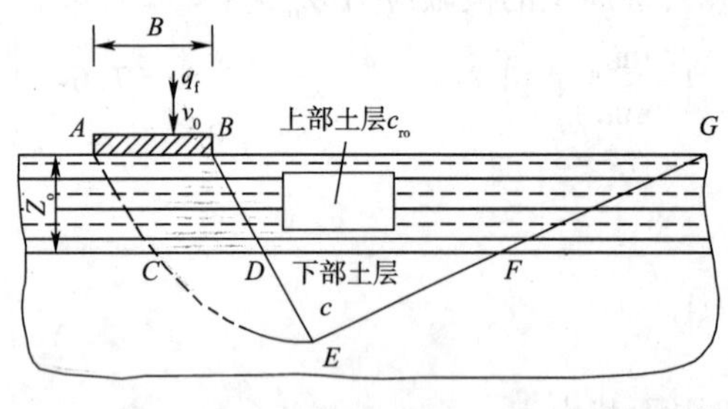

图 7-6-2　水平向增强体复合地基基础上的条形基础

图 7-6-2 表示一水平向增强体复合地基上的条形基础。刚性条形基础宽度为 B，下卧层为厚度为 z_0 的加筋复合土层，其视黏聚力为 c_r 和内摩擦角为 φ_0，复合土层下的天然土层黏聚力为 c，内摩擦角为 φ。Florkiewicz 认为基础的极限荷载 q_fB 是无加筋体($c_r=0$)的双层土体系的常规承载力 q_0B 和由加筋引起的承载力提高值 Δq_fB 之和，即：

$$q_f=q_0+\Delta q_f \qquad (7\text{-}6\text{-}14)$$

复合土层中各点的视黏聚力 c_r 值取决于所考虑的方向，其表达式为(Schlosser 和 Long，1974 年)：

$$c_r=\sigma_0\frac{\sin\delta\cos(\delta-\varphi_0)}{\cos\varphi_0} \qquad (7\text{-}6\text{-}15)$$

式中：δ ——考虑的方向与加筋体方向的倾斜角；

σ_0 ——加筋体材料的纵向抗拉强度。

采用极限分析法分析，地基土体滑动模式取 Prandtl 滑移面模式，当加筋复合土层中加筋体沿滑移面 AC 断裂时，地基破坏，此时刚性基础速度为 v_0，加筋体沿 AC 面断裂引起的能量消散率增量为：

$$D = AC \cdot c_r v_0 \frac{\cos\varphi_0}{\sin(\delta - \varphi_0)} = \sigma_0 v_0 Z_0 \cot(\delta - \varphi_0) \tag{7-6-16}$$

忽略了 $ABCD$ 区和 $BGFD$ 区中由于加筋体存在($c_r \neq 0$)能量消耗率增量的增加。根据上限定理，可得到承载力提高值表示式如下：

$$\Delta q_f = \frac{D}{v_0 B} = \frac{z_0}{B}\sigma_0 \cot(\delta - \varphi_0) \tag{7-6-17}$$

式中，δ 值根据 Prandtl 的破坏模式确定。

(三)沉降计算

在各类实用计算方法中，通常把复合地基沉降量又分为两部分：复合地基加固区土层压缩量和下卧层土层压缩量。图 7-6-3 中 h 为复合地基加固区厚度，Z 为荷载作用下地基压缩层厚度。复合地基加固区的压缩量记为 s_1，地基压缩层厚度内加固区下卧层的厚度为 $Z-h$，其压缩量记为 s_2，于是在荷载作用下复合地基的总沉降量 s 可表示为：

$$s = s_1 + s_2 \tag{7-6-18}$$

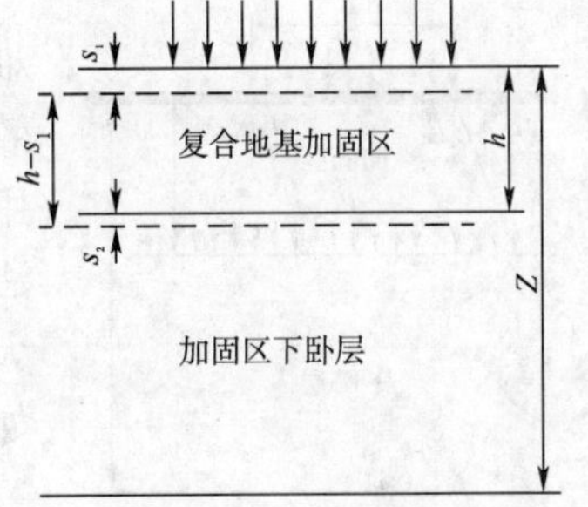

图 7-6-3 复合地基沉降

若复合地基设置有垫层，通常认为垫层压缩量很小，且在施工过程中已基本完成，故可忽略不计。

1. 加固区土层压缩量 s_1 的计算方法

加固区土层压缩量 s_1 的计算方法有复合模量法(E_{cs} 法)、应力修正法(E_s 法)和桩身压缩量法(E_p 法)，但在设计计算中由于应力修正法中应力修正系数和桩身压缩量法中桩土应力比很难合理确定，实用计算中多采用复合模量法。

复合模量法是将复合地基加固区中增强体和基体两部分视为一复合土体，采用复合压缩模量 E_{cs} 来评价复合土体的压缩性，并采用分层总和法计算加固区土层压缩量。在复合模量法中，将加固区土层分成 n 层，每层复合土体的复合压缩模量为 E_{csi}，加固区土层压缩量 s_1 的表达式为：

$$s_1 = \sum_{i=1}^{n} \frac{\Delta_{p_i}}{E_{csi}} H_i \tag{7-6-19}$$

式中：Δ_{pi}——第 i 层复合土上附加应力增量；

H_i——第 i 层复合土层的厚度。

竖向增强体复合地基复合土压缩模量 E_{cs} 通常采用面积加权平均法计算，即

$$E_{cs} = mE_{ps} + (1-m)E_{ss} \tag{7-6-20}$$

式中：E_{ps}——桩体土压缩模量；

E_{ss}——桩体土压缩模量；

m——复合地基置换率。

2. 下卧层土层压缩量 s_2 的计算方法

下卧层 s_2 的计算常采用分层总和法计算，即

$$s_2 = \sum_{i=1}^{n} \frac{e_{1i} - e_{2i}}{1 + e_{1i}} H_i = \sum_{i=1}^{n} \frac{\alpha_i (p_{2i} - p_{1i})}{1 + e_i} H_i = \sum_{i=1}^{n} \frac{\Delta_{p_i}}{E_{si}} H_i \tag{7-6-21}$$

式中： e_{1i}——根据第 i 分层的自重应力平均值 $\frac{\sigma_{ci} + \sigma_{c(i-1)}}{2}$（即 p_{1i}）从土的压缩曲线上得到的相应的孔隙比；

σ_{ci}、$\sigma_{c(i-1)}$——分别为第 i 分层土层地面处和顶面处的自重应力；

e_{2i}——根据第 i 分层自重应力平均值 $\frac{\sigma_{ci} + \sigma_{c(i-1)}}{2}$ 与附加应力平均值 $\frac{\sigma_{zi} + \sigma_{z(i-1)}}{2}$ 之和（即 p_{2i}），从土的压缩曲线上得到相应的孔隙比；

σ_{zi}、$\sigma_{z(i-1)}$——分别为第 i 分层土层底面处和顶面处的附加应力；

H_i——第 i 分层土的厚度；

α_i——第 i 分层土的压缩系数；

E_{si}——第 i 分层土的压缩模量。

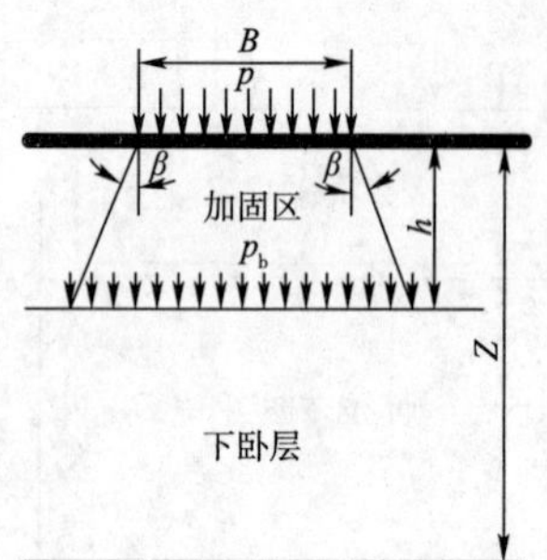

图 7-6-4　压力扩散法

在计算下卧层压缩量 s_2 时，作用在下卧层上的荷载是比较难以精确计算的。目前在工程应用上，常采用压力扩散法、等效实体法和改进 Geddes 法等方法。但在实际应用时，由于采用等效实体计算时侧摩阻力 f 值选用比较困难，改进 Geddes 法计算需确定荷载分担比并需假定桩侧摩阻力分布，误差较大，而压力扩散法则更为准确些，因此多采用此法，计算方法如下：

若复合地基上作用荷载为 p，复合地基加固区压力扩散角为 β，则作用在下卧土层上的荷载 p_b 可用下式计算（图 7-6-4）：

$$p_b = \frac{BDp}{(B + 2h\tan\beta)(D + 2h\tan\beta)} \tag{7-6-22}$$

式中：B——复合地基上荷载作用宽度；

D——复合地基上荷载作用长度；

h——复合地基加固区厚度。

对于平面应变情况，式（7-6-22）可改写为：

$$p_b = \frac{Bp}{B + 2h\tan\beta} \tag{7-6-23}$$

式（7-6-22）和式（7-6-23）同双层地基中压力扩散法计算第二层土上的附加荷载计算形式相同，但应注意，复合地基中压力扩散角与双层地基中压力扩散角数值时不相同的。

三、常用地基加固施工方法

（一）换填法

1. 概述

换填法是将基础地面以下一定范围内的不良土层挖去，换填土、灰土、砾类土、中粗

砂、碎砾、工业废渣等强度较高、压缩性较低、没有侵蚀性的材料,分层压实,从而在基础底面和土基之间形成相当厚度的垫层,故本法亦称垫层法。

换填法适用于浅层地基处理,包括淤泥、淤泥质土、松散素填土、杂填土、已完成自重固结的吹填土等地基处理以及暗塘、暗浜、暗沟等浅层处理和低洼区域的填筑。换填法还适用于一些地域性特殊土的处理:用于膨胀土地基可消除地基上的胀缩作用,用于湿陷性黄土地基可消除黄土的旧陷性,用于山区地基可用于处理岩面倾斜、破碎、高低差,软硬不匀以及岩溶与土洞等。用于季节性冻土地基可消除冻胀力和防止冻胀损坏等。

当采用换填法进行地基处理时,应根据基础形式、结构特点、荷载性质和量级、场地工程地质资料及环境条件并结合施工机械设备与当地材料来源等进行综合分析,合理进行换填设计,选择换填材料和相应的施工方法。

其加固机理是:

(1)通过垫层的应力扩散作用将基础传来的荷载分布到较大的面积,减少垫层下天然土层所承受压应力,从而减少基土的沉降;

(2)在软弱土层上采用透水性较好的垫层(如砂垫层)时,软弱土层受压后土中的水分可以通过垫层较快的排出,能有效地缩短沉降稳定时间,加速固结;

(3)在寒冷地区采用砂垫层,因粗颗粒垫层材料不易发生毛细管现象,所以能防止地基土的冻胀;

(4)换填灰土垫层在湿陷性黄土地区,有消除表层沉陷及防止或减少下卧层沉陷的作用;对膨胀土地基有消除胀缩作用。

换填法的优点是:能就地取材,不需要特殊的机械设备、施工简便、工期较短、造价较低,是一种适用范围较广的浅层加固方法,因而得到普遍的采用。缺点是:换填深度如大于3m,施工就比较困难,成本相应增高,因此需考虑与其他加固方法综合处理。例如对湿陷性黄土地基,作局部换填可以降低湿陷等级,但对自重湿陷性黄土地基和要求浸水不出现湿陷变形的地基,则应采取全部换填,当换填厚度太大时应首先考虑强夯或桩基等加固措施。

2. 技术要求和参数

(1)换填层断面的合理厚度和宽度

根据土层情况先初步拟定换填层厚度,一般在0.5~3.0m范围内(小于0.5m换填作用不明显,大于3.0m不一定经济)。

按照应力验算换填层厚度应满足:

$$\sigma_{H} = \sigma_{h} + \gamma_{s} h_{s} + \gamma h \leqslant [R] \tag{7-6-24}$$

式中:γ_s、γ——换填层及回填土的重度,在水下时,水下部分应扣除浮力,kN/m³;

h_s、h——换填层及回填土的厚度,m;

σ_H——换填层底面(下卧层顶面)的最大承压应力,kPa;

$[R]$——换填层底面深度H处地基的容许承载力,kPa;

σ_h——基础底面平均压应力通过换填层扩散至下卧层顶面的压应力(或称附加应力),kPa。

对于矩形基础σ_h可按下式计算:

$$\sigma_{h} = \frac{bl(\sigma - \gamma h)}{bl + \left(l + b + \frac{4}{3}h_{s}\tan\theta\right)h_{s}\tan\theta} \tag{7-6-25}$$

式中：b、l——分别为基础底面的宽度和长度，m；

σ——由基础产生的基础底面平均压应力，kPa；

θ——换填层的压力扩散角，根据换填材料取定；当换填材料为灰土、中砂、粗砂、碎砾石及砾类土时，$\theta = 30°$；其他较细填料 $\theta = 30°$；

其余符号意义同上。

换填层顶面宽度应超出基础底边每侧不小于30cm；在填料不太困难时，宜将基础底面两侧坑壁之间全部换填；换填层底面宽度 $B = b + 2h_s \tan\theta$，长度 $L = l + 2h_s \tan\theta$。

确定换填层宽度时，还应考虑基坑侧壁土的强度，防止垫层材料向侧边挤出而增大垫层的竖向变形量。

因此垫层底面宽度还应根据施工要求，或当地经验适当加宽，将 θ 加大为35°~45°。

(2)换填材料类型

根据土基特性和要求达到的效果，选定换填材料类型。

灰土类垫层具有一定的水稳性和不透水性，可兼做辅助防水层，适用于深度在2m左右的软黏土、盐渍土、膨胀土、湿陷性黄土和杂填土等各种地基的加固。

砂类土、碎砾石，中、粗砂等透水性材料垫层，适用于处理加固软弱土中透水性稍强的黏质土和膨胀土，但不适用于湿陷性黄土和不透水的黏质土地基。

各种不同材料的垫层压实后的承载力宜通过现场确定，无试验资料时，可参见表7-6-1。

各种垫层的承载力 表7-6-1

施工方法	换填层材料类别	压实系数 λ_c	承载力标准值(kPa)
碾压、振密或夯实	碎石、卵石	0.94~0.97	200~300
	砂夹石(其中碎石、卵石占总质量30%~50%)		200~250
	土夹石(其中碎石、卵石占总质量30%~50%)		150~200
	中砂、粗砂、砾砂		150~200

注：①压实系数 λ_c 为土的控制干密度 ρ_d 与最大干密度 $\rho_{d,max}$ 的值。土的最大干密度宜采用击实试验确定；碎石最大干密度可取2.0~2.2t/m^3。

②当采用轻型击实试验时，压实系数 λ_c 宜取高值；采用重型击实试验时，压实系数 λ_c 可取低值。

(3)垫层材料的技术要求和配合比

①灰土：土料可就地取用不含松软杂质的黏质土，打碎过筛，其粒径不大于15mm。石灰宜用新鲜消石灰(在用前1~2d将块状生石灰浇水粉化)，不得夹有未消解的生石灰块粒，含水率不得过多，其粒径不大于5mm。石灰、土、粉煤灰配合比，按体积比宜取2:8或3:7；如采用二灰土，石灰、粉煤灰、土的质量比可按10:20:70或15:30:55，或按当地经验取值。粉煤灰的烧失量应小于10%，粒径变化在0.01~0.1mm。当采用水泥土时，水泥用量为土质量的4%~8%。

②砂石：宜采用级配良好，质地坚硬的中、粗砂、砾砂、碎砾石，不含植物残体、垃圾等杂质，石子最大粒径不应大于100mm，其含泥量不大于5%，用作排水固结的砂石料含泥量不宜超过3%，碎石粒径为5~60mm，级配较好，吸水率不大于5%。

③砾类土：其中细粒含量不宜大于15%，碎砾石粒径不大于100mm。

④工业废渣(粒料)：要求质地坚硬、性能稳定和无侵蚀性，粒径为20~60mm，泥土及有机质含量不大于5%。

3. 施工

(1)换填灰土垫层

灰土拌和时根据气候和土的湿度适量浇水，拌好的灰土应色泽一致，含水率控制在最佳含水率±20%的范围，以用手紧握能成团，两手指轻捏即碎为宜。铺筑时应分段、分层进行，每层铺设厚度，可根据不同夯实方法参照表7-6-2掌握，夯实遍数一般不少于4遍，上、下垫层灰土接缝应错开0.5m，当日拌和、隔日夯打，夯实的灰土层3d内不得受水浸泡。

灰土每层铺设厚度 表7-6-2

夯实机具		夯重(kN)	每层需铺厚度(cm)	每层压实厚度(cm)	说明
人力夯	小木夯	0.2~0.4	15~25	约8~15	人工打夯、举高过膝、落夯垂直、一夯压半夯
	石夯、大木夯	0.4~0.8	20~30	约8~15	落距不小于60cm
轻型夯实机械			20~25	约8~15	蛙式夯、爆炸夯
压路机		60~100	20~30		大面积用

注：压实厚度应以干密度控制，表列压实厚度仅供参考。

(2)换填砂、碎砾石、矿渣垫层

虽然材料不尽相同，但施工要点大体一致，关键是要求分层铺筑，采用振动法、水撼法、夯实法、碾压法务使捣压密实达到设计要求。每层铺设厚度、最佳含水率及施工说明参见表7-6-3。用水撼法或插入振动法施工时应有控制的注水、排水。

换填砂卵石类垫层每层铺设厚度及最佳含水率 表7-6-3

捣实方法	每层需铺厚度(cm)	施工时最佳含水率(%)	施工要点	备注
平板振捣器	20~25	15~20	1. 用功率大于0.75kW的平板振捣器往复振捣，每遍振捣5遍以上； 2. 每行搭接1/3	振捣法、水撼法均不宜用于细砂或含泥量大砂卵石所铺筑的垫层
插入振捣	按插入振捣器插入深度	饱和	1. 均匀洒水达饱和状态，用功率大于1.0kW的插入式振捣器插入振捣； 2. 插入间距不大于振捣器有效半径的1.4倍，避免插至土层； 3. 振后砂卵石层中的多余水分，应排出坑外	
水撼法	20~25	饱和	1. 注入水略高于砂卵石面5~10cm； 2. 用木柄钢叉垂直插入摇撼数下拔出，每层反复摇撼3~4遍，插入点间距10cm； 3. 插入深度应为本次铺设厚度，避免扰动坑底基土，水撼完毕，应将多余水分徐徐排出	湿陷性黄土、膨胀土地区不得使用水撼法。 钢叉重42kN，形状如左图所示

续上表

<table>
<tr><th colspan="2">捣实方法</th><th>每层需铺厚度(cm)</th><th>施工时最佳含水率(%)</th><th>施工要点</th><th>备注</th></tr>
<tr><td colspan="2">重锤夯实法</td><td><100</td><td>8~12</td><td>1. 锤重15~20kN,落距2.5~4.0m;
2. 同一点夯击10~15次,详见本节三之重锤夯实法</td><td>适用于地下水位以上,换填砂石层厚2.0M左右,分两层铺设</td></tr>
<tr><td rowspan="3">夯实法</td><td>木夯</td><td>15~20</td><td rowspan="3">8~12</td><td rowspan="3">1. 木夯重400kN、石夯重600kN;
2. 一夯压半夯,分层夯实;
3. 落距60cm,每层全面均匀夯压4~5遍</td><td rowspan="3">适用于填砂卵石层</td></tr>
<tr><td>石夯</td><td>20~25</td></tr>
<tr><td>蛙式夯或内燃夯</td><td>25~30</td></tr>
<tr><td rowspan="2">碾压法</td><td>光轮</td><td rowspan="2">15~35</td><td rowspan="2">8~12</td><td>用80~120kN压路机往复碾压,每层碾压不少于4遍</td><td rowspan="2">适用于大面积换填砂石,不宜用于在地下水位以下的砂垫层</td></tr>
<tr><td>振动式</td><td>用振动式压路机振动3~5min</td></tr>
</table>

当基底下软卧土层较厚,未能将下卧层的软弱土全部挖除,铺筑砂垫层时,开始一层铺砂厚度宜为5~10cm,用木夯轻轻夯打,不得使用振捣器,以免扰动下卧层软弱土。

换填粗粒料垫层时,为防止基坑底面表层软土发生局部破坏,也应在基坑底部及四周先铺一层厚15~20cm松砂,用木夯夯实,亦不得使用振捣器,然后再逐层铺筑粒料层。

(3)注意事项

①铺筑前应先行验基,清除淤泥浮土,边坡必须稳定,地基范围内不应留有孔洞。在雨天或地下水位以下的基坑内施工,应采取排水或降低地下水位措施,使基坑保持无水状态。

②铺筑开始,应视基土情况,将坑底夯实,钉立标志桩控制填料厚度,垫层底面宜在同一高程,如深度不同,基坑底土面应挖成阶梯或斜坡搭接,并按先深后浅顺序进行垫层施工。

③整个施工过程,严禁扰动下卧层基土,并防止受冻或受浸泡。换填完毕不能暴露过久,应及时进行圬工基础浇注。

4. 质量要求及检验

事先应通过击实试验确定最佳含水率及最大干密度,作为质量检验的依据,并提出压实度要求,一般不应低于93%~95%,或参考当地经验提出最小干密度控制值,表7-6-4可供参考。

施工过程中应分层取样测定干密度,每100m² 不少于2点,取样点位于每层2/3的深度处,实测干密度以不小于设计要求为合格。上层检验合格后才能进行下层施工。

灰土垫层用环刀法取样;砂垫层可用环刀法(容积不小于200mL)取样或灌砂测定;碎砾石及矿渣等粒料垫层在施工中应设置纯砂检验点,在同样施工条件下用环刀法取样检查。

各类垫层最小干密度参考值 表 7-6-4

垫层名称及土料种类		最小干密度(g/cm^3)
灰土垫层	黏质砂和含砂低液限粉土	1.55～1.60
	低液限黏土	1.50～1.55
	高液限黏土	1.45～1.50
砂垫层	中砂	1.55～1.60
碎砾石垫层	不含矿渣垫层	1.95～2.00

砂及碎石垫层也可用贯入法测定,但必须通过现场试验,测得标准的贯入深度,然后再以此为检验标准。

钢筋贯入测定法:用直径 20mm 长 1 250mm 的平头钢筋从离砂层面 70cm 处自由落下,测量其贯入砂层的深度,不超过试验测得的标准贯入度为合格。

钢叉贯入测定法:用水撼法使用的钢叉,从离砂层面 50cm 处自由落下,其贯入深度不超过 10cm 或试验测得的标准贯入度为合格。

(二)桩体挤密法

1.概述

桩体挤密法包括土及灰土桩、石灰桩、砂石桩、钢筋混凝土短桩、楔形桩和小木桩等,其加固机理是利用桩体对桩基土的挤密作用,使基土与桩组成复合地基,以改善地基力学性能,提高土基承载力和整体稳定性。由于各类桩体材料的不同,除共同具有的挤密作用外,各类桩体的加固机理及适用范围略有不同。

(1)土及灰土挤密桩

土及灰土挤密桩是在钻孔中灌注素土或灰土、二灰土。是深层处理湿陷性黄土地基的主要方法。适用于处理地下水位以上,地基含水率≤23%及饱和度≤0.65 的湿陷性黄土、未经夯实的素填土和杂填土等地基,处理深度宜为 5～15m。当以清除地基的湿陷性为主要目的时,宜选用土挤密桩;当以提高地基的承载能力为主要目的时,宜选用灰土挤密桩。

灰土桩本身强度较高,桩顶应力大于周围地基土,尤其是后期灰土结硬后,可以起到部分刚性桩的作用,同时还提高了土基的水稳性。

(2)生石灰桩

生石灰桩是在桩孔灌填生石灰(或石灰、粉煤灰),利用生石灰在桩孔内吸水、膨胀、发热以及离子交换作用,促使桩周土体孔隙比和含水率减少,从而使软土固结。

(3)短密砂石桩

短密砂石桩是在孔中填筑砂石,对于松散砂土和杂填土地基主要起挤密作用;在软弱黏质土中则构成复合地基,可提高地基承载力和整体稳定性;对于饱和粉质土同时有一定排水固结、加速地基下沉和稳定的作用,可以防止地基的振动液化。但主要是起挤密作用,与本节四的预压砂井不同,本法多用于加固软土层厚度为 4～5m,不受冲刷的中、小桥及涵洞基础的加固。

(4)预制钢筋混凝土短桩及小木桩

当已知地表下不深处有较好的承力层(如砾类土等硬土层)时,可打入预先制备的短桩加固土基。桩体除能挤密土基外，还有直接支撑的作用。预制钢筋混凝土短桩可用于加固3~8m多种软弱土类地基；小木桩常用于小桥涵基础浅层软塑状细粒土地基的加固，在木料丰富的地区，是一种简便易行效果较好的加固方法。

(5)楔形短桩

楔形桩是利用桩的楔形侧面更好地发挥桩和土的共同作用，使它比同等长度的等截面桩单位体积的承载力大，适用于内摩擦角较大的砂类土、粉质黏土、低液限黏土、黄土等地基。但当上层软土厚度大于4m，荷载又很大；或者自重湿陷性黄土内粉质黏土未预先消除湿陷性时，以及当地基土为膨胀土或地震区内，未经试验不宜采用。

2. 技术要求和参数

(1)桩的平面布置

桩的纵横方向均不宜小于3排，可按等边三角形或正方形布置，见图7-6-5，对松散地基宜采用等边三角形布置，这样对地基挤密效果比较均匀。

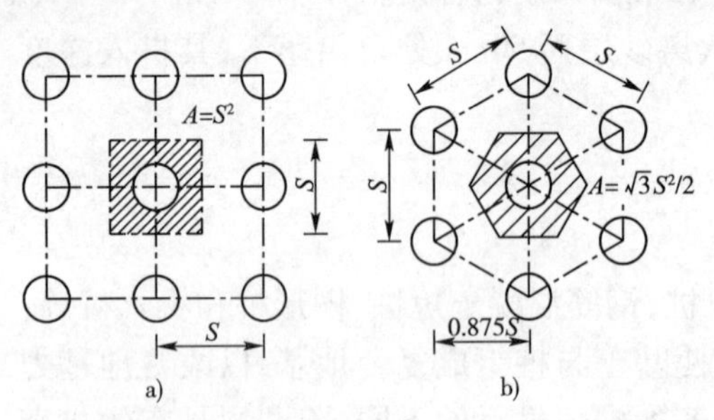

图7-6-5 桩孔布置
a)正方形；b)等边三角形

土及灰土桩桩群加固宽度应不小于基础宽度的1.4倍，且每边加宽应不小于0.5m，对自重湿陷性黄土地基应每边加宽4~5m；砂石桩每边应放宽1~3排桩。

桩顶与基础底面之间可根据情况铺设50cm左右与桩体材料相同的灰土或砂石垫层。

(2)桩孔直径

应根据置换率要求和所选用的成孔设备及成桩工艺等因素确定，一般土及灰土桩为30~60cm；砾石桩为30~80cm，对于黏质土地基宜选用较大的直径。

(3)桩孔间距

一般土及灰土桩为桩径的2~3倍，砂石桩为桩径的2~4倍。桩距应尽可能通过原位试验方法确定，如果不具备试验条件，可经计算确定。

①土及灰土桩

可按桩间土挤密后要求达到的压实度按下式计算：

$$S = \alpha d\sqrt{\frac{K\rho_{max}}{K\rho_{max} - \rho_0}} \tag{7-6-26}$$

式中：S——桩间距，cm；

d——桩孔直径，cm；

ρ_{max}——地基土的最大干密度，由击实试验测定，g/cm^3；

ρ_0——挤密前天然地基土的平均干密度，取原状土样试验确定，g/cm^3；

K——挤密后桩间土达到的平均压实系数，根据要求一般取为0.93；

α——与桩孔布置有关的系数，当桩孔按等边三角形布置时$\alpha=0.95$，按正方形布置时$\alpha=0.89$。

②砂石挤密桩

松散砂土地基，按地基挤密后要求达到的孔隙比按下式计算：

$$S = \alpha d \sqrt{\frac{1 + e_0}{e_0 - e_1}} \tag{7-6-27}$$

$$e_1 = e_{max} - D_r(e_{max} - e_{min}) \tag{7-6-28}$$

式中：e_0——地基处理前的孔隙比，可按原状土样试验确定；

e_{max}、e_{min}——分别为地基土的最大、最小孔隙比，可按《公路土工试验规程》（JTG E40—2007）试验确定；

D_r——要求地基土挤密后应达到的相对密实度，可取0.70～0.85；

S、d、α 符号含义同前式。

（4）桩的长度

桩长应根据土质情况、工程要求和成孔设备等因素确定。灰土桩长度如仅为消除部分湿陷量，桩长可视所用管桩长度（5.5～8.0m）而定，但应按有关规定计算地基土的剩余湿陷量，并且采取适当的防水措施和结构措施；对非自重湿陷性黄土地基，应达到附加压力等于土自重压力25%的深度处；对于为提高容许承载力处理新填土和杂填土，原则上应穿透填土层，支撑在较密实的原土层上。当地基中的松软土层厚度不大时，砂石桩长度宜穿透整个松软土层；厚度较大时可按不小于最危险滑动面深度确定；用于处理易液化松散砂层时，桩长应达到可能液化的砂层底部，并伸入稳定土层；当松软土层过于深厚时，桩长应根据地基的允许变形值确定。

（5）桩顶高程

各类桩竣工后的桩顶有效高程及桩顶与基础底面之间的处理（如是否铺设垫层）应与设计要求相符，并应考虑将砂石桩顶接近地面的0.5～1.0m与被挤松和隆起的地面同时清除；灰土桩顶宜高出基础底面15cm。

（6）复合地基承载力

砂桩可参照本节（五）振冲法内容计算；土及灰土挤密地基容许承载力及变形模量可参照表7-6-5选取。

土及灰土桩挤密地基容许承载力及变形模量值　　表7-6-5

地基类别	容许承载力[R]（kPa）	变形模量 E（MPa）	
		平均值	变动范围
土桩挤密地基	200；1.4[R_0]	15	13～18
灰土桩挤密地基	250；2.0[R_0]	32	29～36

注：[R_0]为原天然地基容许承载力。

（7）桩体材料要求

①土及灰土桩

桩体材料要求与灰土换填层有关要求相同。灰土应拌和均匀，当天使用完毕。

②砂石桩

桩体材料要求为级配良好、强度较高的砂石混合料，对松散砂土类地基一般使用粒径0.5～3.0mm的中粗混合砂，对松软黏质土层可使用砂砾和碎石混合料，粒径不大于6cm，砂的含水率在饱和砂土类中应接近饱和状态，在非饱和土或杂填土中为7%～9%。砂的含水率对砂桩密实性有很大影响，因此还应根据成桩方法而有所区别。在饱和黏质土中可使用干砂。

③石灰桩

为减少灌砂过程中的卡管现象，石灰桩所用的生石灰块应用粉碎机粉碎成粒径1～5cm，并具有一定级配以便于灌注密实。为解决石灰桩自身的吸水软化，可用砂填充石灰桩孔隙，灰砂体积比取(2～4)∶1，地下水位以下改掺粉煤灰。

(8)每根桩需用填料数量

灰土桩：
$$S = \frac{\pi d^2}{4} K \rho_{max} (1 + 0.01W) L \tag{7-6-29}$$

砂石桩：
$$S = \frac{\pi d^2}{4} \times \frac{\rho(1 + 0.01W)}{1 + e_1} L(1 + \Delta) \tag{7-6-30}$$

式中：S——每根桩需用填料数量，kg；

d——桩孔直径，m；

L——桩身长度，m；

W——填料含水率，%；

K——要求压实系数；

ρ_{max}——桩体填料的最大干密度，应经试验确定，kg/cm^3；

ρ——砂石密度，kg/cm^3；

e_1——要求砂石桩达到的孔隙比；

Δ——增加量，根据地基及施工条件的不同和桩径扩大的情况，一般取0.15～0.25。

3.施工工艺

(1)成孔方法及所需机械设备

挤密桩成孔方法有沉管法、冲击法和爆扩法三种，目前大都采用沉管法。沉管法成孔后孔壁光滑规整，挤密效果和施工技术都比较容易掌握，但成孔深度受桩架高度限制。

①沉管法

按施工所用机械不同可分为振动式沉管和锤击式沉管两种。方法是利用一般打桩机械或专用机械，通过振动或锤击把带有特制桩尖的钢制桩管打入土层至设计深度，然后缓慢拔出桩管，从而在土层中造成桩孔。

打桩机械的选择应使机械性能与桩管直径、长度、质量及土基特性等相匹配，锤击式锤质量不宜小于桩管质量的两倍。振动机施振时激振力不宜过大以免过分扰动软土，常见成孔机械以振动式打桩机械效率较高。大面积基底打砂桩可采用门架式轻便振动沉桩机，纵横方向移动快速，桩机就位灵便。

高效能专用振动砂桩机，除了振动机、提料斗、桩管外，还配备有空压机、高压空气(或水)的喷射装置、起重机、装砂机，自动记录集检测仪器，适用于打大直径砂桩(50～70cm)。

②冲击法

冲击法成孔是利用定型冲击成孔机将重力10～32kN的尖锥形锤头提高到0.5～2.0m后自由下落，反复冲击使土层成孔，孔径可达到40～60cm，成孔深度不受机架高度的限制，可达20m以上，适用于处理自重湿陷性厚度较大的土层。成孔以后可用同一套设备夯击填料成桩。

③爆扩法

爆扩法成孔有药管法和药眼法两种。药管法成孔是先利用洛阳铲，或扁锥头钢铲在土层中挖直径6～8cm、深度与桩孔设计深度一致的孔洞，然后往孔洞内放入炸药、雷管，引爆后扩成桩孔。药管法适用于含水率较大的土层。药眼法是将直径 1.5～3.0cm 的钢钎打入土中，拔出钢钎后往孔眼内装填炸药、雷管，引爆后扩成桩孔。药眼法适用于含水率不超过 22% 的土层。

爆扩法成孔虽然施工简单，不需成孔机械，工效也高，但其最大难度是对土的天然含水率要求严格，当含水率过高或过低时，包括挤密效果都不好，因此应通过试验取得有关数据或已有成熟经验后才能采用。

(2)施工

①施工准备

a. 选定桩体类型和成孔方法，配置所需施工机具，规划好施工机械拆装及运行路线和材料堆放地点，并制定保证质量安全和冬雨季施工措施；

b. 清理平整场地，如地面过于湿软机械难以进入，应铺筑临时砂石垫层；

c. 当基坑土层含水率低于 14% 时，应采用人工定量预浸水湿润办法（每隔 1～2m 用洛阳铲挖出直径为 8m 的浸水孔，深度为浸水土层深度的 3/4，内填小石子浸水 1～3d），使土层接近最佳含水率；

d. 准确放线标定桩孔位置，确定桩顶高程，拟定成孔顺序并编号；成孔顺序应先周边（外圈）后中间（里排），同排宜间隔 1～2 孔跳孔施工；对大型工程宜采取分段施工；

e. 有条件时，施工前应先在现场作原位成试验，核定各项技术参数。

②锤击式沉管法造孔及成桩工艺

a. 单管法。单管法采用的钢管时一根外径等于桩孔，管长大于孔深约 1.0m，管壁厚 8～12mm 的无缝钢管。为便于拔起和使填料顺利从管内落下，钢管下端装以直径大于管井 10cm 的钢质活瓣式桩尖能自动脱落的混凝土桩尖（打入后拔管时留在孔内）。桩尖形式见图 7-6-6，成桩工序见图7-6-7。

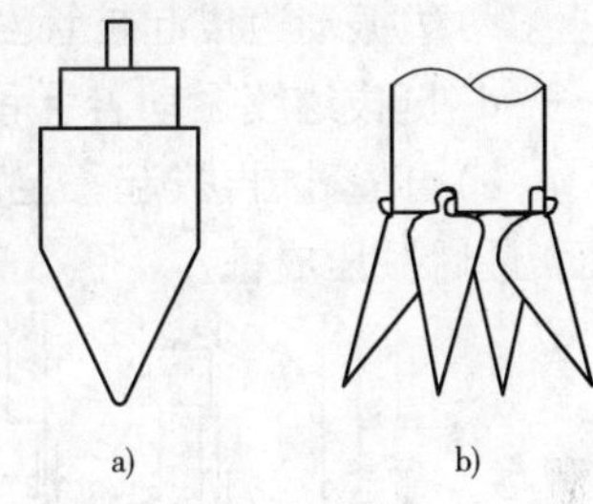

图 7-6-6　桩尖形式

a）混凝土桩尖；b）活瓣式桩尖

b. 双管法。双管法造孔的桩管是由一根带有桩间的内管套入一根上下开口的外管组成。内管顶设桩帽与打桩机锤头连接，以利拔管。双管法比单管法优越，能解决单管法灌注某些填料如生石灰拔管后活瓣桩尖不宜张开的问题，且能较好地保证桩身连续、密实，桩周土挤密均匀，其成桩工序见图 7-6-8。

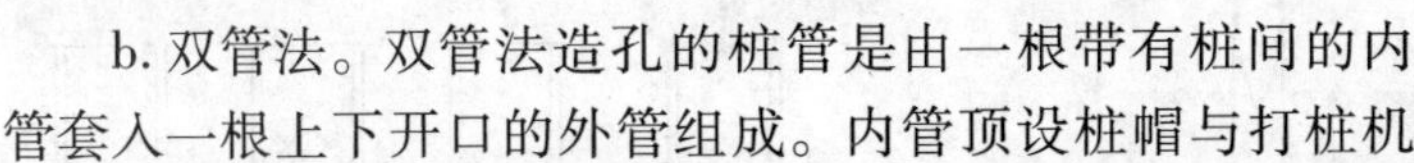

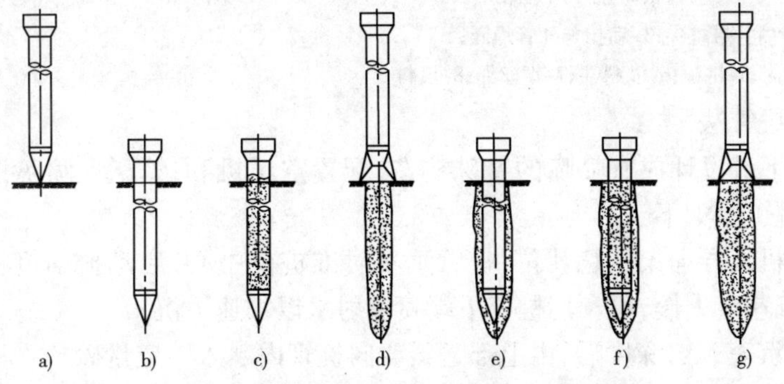

图 7-6-7　锤击式单管法成桩工艺示意图

a）桩管垂直，桩尖对准桩位；b）桩管打至设计深度；c）管内灌满填料；d）拔起桩管，活瓣桩尖张开，管内填料落入桩孔；e）再将桩管打至设计深度；f）再次灌注填料；g）拔起桩管，完成密实的扩大桩体

其成桩工序如下：

a)移动桩基及导向架，使桩基垂直、桩尖对准桩位，启动桩锤，锤击内、外管，使之一起沉入土层至设计深度；

b)拔起内管，像外管灌注调料至一定深度；

c)将内管连锤一起放下落至填料顶面；拔起外管至于内管底面齐平；按贯入度控制，锤击内、外管将填料击实；

d)多次重复 b)及 c)工序，直至桩顶露出地面，同时锤击内、外管，将填料最后击实成桩；为防地面水侵入石灰桩体加剧软化，桩顶宜用黏质土夯实封闭。

③振动式沉管法造孔及成桩工艺

振动拔式挤密砂桩使用的桩管是厚壁铸钢管，重量较大，可同时作为冲击振动锤头，由专用桩架以导向架固定，上端安设有振动锤及灌砂斗，其造孔及成桩工艺又有逐步拔管法和重复压拔管法之分。

a. 逐步拔管法

所用桩管下端为向外双开平型合页门，见图 7-6-9，其成桩工序如下：

a)移动桩架及导向架平稳就位，桩管垂直对准桩位中心，此时合页门紧闭，启动振动机将桩管沉入土层至设计深度；

b)用料斗向桩管内贯入一定量砂；

c)边振动边拔起桩管至一定高度（如 0.5m）；

d)挺拔继续振动若干秒（如 20s）；

e)再灌砂、再拔起一定高度，再停拔继续振，多次重复 b) ~ d)工序直至桩管拔出地面，最后振压成桩。

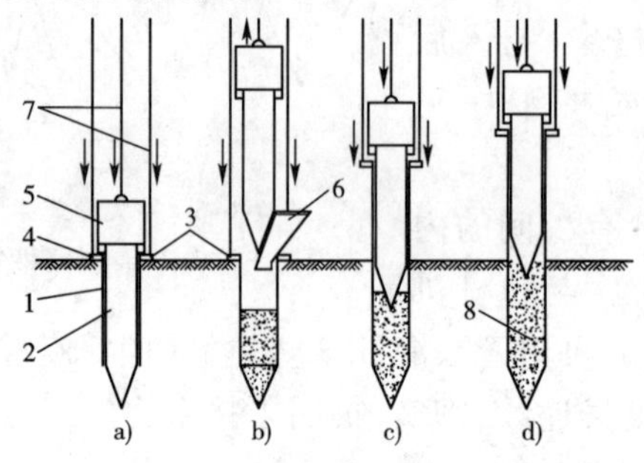

图 7-6-8 双管法成桩工序示意图

1-外管；2-内管带桩尖；3-扁担与外管焊固；

4-卡口与内管焊固；5-桩锤；6-灌料斗；7-钢丝绳；8-填料

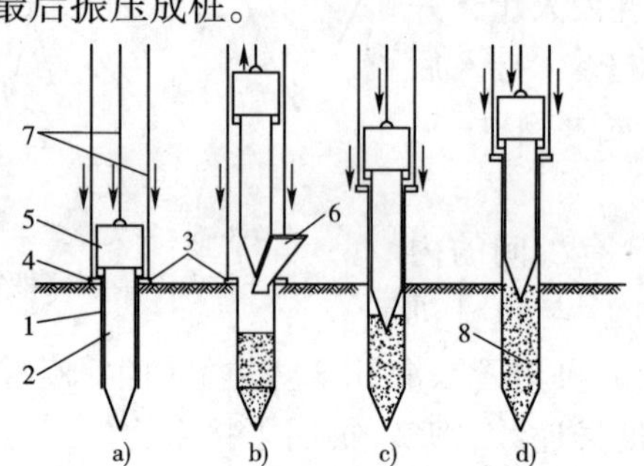

图 7-6-9 振动挤密砂桩成桩工序

b. 重复压拔管法

所用桩管下端设计成有喷嘴的特殊构造，配置空压机和送气管、喷嘴射水装置等辅助设备，其成桩工序如下：

a)移动桩机及导向架平稳就位，桩管垂直对准桩位中心，启动振动机将桩管沉入土层，如桩管下沉速度太慢，可利用桩管下端喷嘴射水以加速下沉；

b)把桩管沉至预定深度后，由上部送料斗向桩管内灌入一定量砂；

c)再将桩管拔起到规定的高度，同时向管内送入压缩空气，使砂排出管外落入桩孔；

d)将桩管压下到规定的深度，适当加大风压并加以激振将桩孔内的砂振实，使砂挤压桩周土体；

e)再次灌砂、拔管至规定高度,如此拔一节、填压一节,重复多次直至拔出地面、振实成桩。

本法在桩管未入土前,应先在桩管内投入适量的砂并打入规定深度后,再空打2~3次;桩管每次拔起和压下的高度及灌砂量,应根据砂桩直径通过试验事先确定;桩管内应保持砂料有一定高度。拔管速度不宜过快,应控制在1~1.5m/min,每段成桩不要过长。如排砂不畅可适当加大风压。

④沉管法施工注意事项

a.沉管开始阶段应轻击慢沉,待桩管方向稳定后再按正常速度沉管;

b.成孔过程中如出现反常现象应针对原因恰当处理,如:a)桩锤回跳或桩管沉入过慢,可能是土层含水率偏小,应再做定量预浸水,使接近最佳含水率;b)桩管沉入过慢,如因地层下有空洞、墓穴或过软土层,可拔出桩管填入非黏质土料再沉管挤压,如系桩管直径偏小,可改用粗管;c)桩管沉至设计深度后应及时拔出,不宜在土中搁置过久;拔管困难时可用水浸润桩管周围土层或转动桩管后再拔;d)注意按计算数量灌注填料,控制灌注高度和填料密实度,填料宜分次进行,不要一次灌满。

⑤冲击法成孔成桩施工要点

a.成孔

在冲击机上需装设钢管导向器以保证冲击锤准确入土;开孔时应低锤勤击,锤头全部入土后再按正常冲程锤击,以防孔口破坏,并避免塌孔、扩孔或卡孔事故;必须准确控制松绳长度,要既少松勤松,又不打空锤;钢绳上应有长度标志,以便观测和掌握冲孔深度;桩孔如发生局部缩颈可用长把洛阳铲修削,严重缩颈和回淤应填入干砂、石灰块等重新冲击成孔。

b.夯填成桩

夯填之前应通过试验确定每次合理的填料数量和夯击次数,并指令专人按规定数量均匀灌填。夯实机械目前尚无定型产品,一般由施工单位自行设计加工,主要由两种类型,一种是偏心轮夹杆式或链条传动摩擦轮提升的连续式夯击机,一种是卷扬机提升的建议夯击机。夯锤直径宜小于桩孔5~12cm,重力不小于1kN,落距不小于2m,每层填厚30~40cm,夯击不少于10锤。填料应先将孔底夯击密实。

⑥短桩加固

包括钢筋混凝土桩、楔形桩、小木桩,其沉桩方法基本采用常规的锤击法或振动法,按设计位置、顺序打至预定深度。

a.钢筋混凝土短桩截面边长(或直径)0.2~0.45m,桩长约3~8m。

b.楔形桩类型见图7-6-10,截面尺寸一般为上截面桩径60~80cm、下截面桩径5~10cm;锥角视土质而异,一般软土取9°~13°,中密土取8°~9°,密实土取5°~7°,锥角过大,不仅沉桩困难,而且引起临桩上升,过小则达不到挤楔的效果;桩长1.5~4.0m。

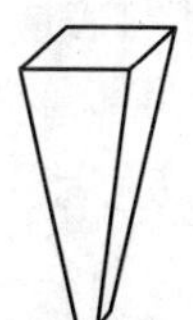

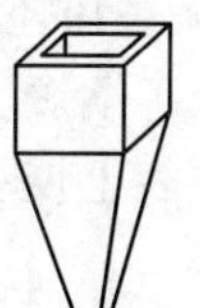
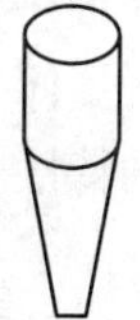
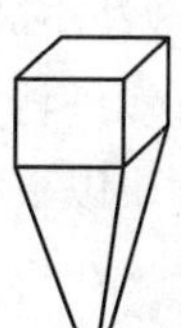

图7-6-10 楔形桩的类型

c.小木桩加固范围通常为基础轮廓线以外各加宽0.5m,桩长2.0~2.5m,直径10~

20cm，去皮、砍削桩尖后，桩顶用 8 ~ 12 号钢丝箍紧，用 80 ~ 120N 钢锤人工打入。施打时由外圈打至中间，间距一般为 2 ~ 4 倍桩径，打完后于桩顶四周空隙处嵌砌小片石一层，使表面土壤挤压密实并避免上挤。桩顶与表面土壤等高或略低，然后于其上再夯填一层厚 0.3m 的碎石或砂砾垫层即可砌筑基础。

4. *质量要求及检验*

(1)质量要求

①桩位精确：桩孔中心点的偏差不应超过桩距设计值的 5%，桩孔垂直度偏差不应大于 1.5%。

②桩径与深度符合设计：桩孔直径允许误差沉管法为 -2cm、冲击法为 +10cm 或 -5cm、爆扩法为 ±5cm；桩孔深度不应小于设计深度 0.5m。

③桩身连续、桩体密实：压实系数要求素土不小于 0.95、灰土不小于 0.97，砂石应达到中密状态以上的干密度。

④合格率要求不少于 90%。

⑤施工过程中应有专人监测成孔机回填夯实的质量，并有详细记录备查。

(2)质量检验

①抽检频率

桩体及桩间土干密度或压实系数，抽样检验数量不应少于桩孔总数的 2%，短桩加固每 20 根抽检 1 根。

②抽检时间

在桩孔夯填后灰土桩在 48h 内、二灰桩在 36h 内进行；砂石桩对饱和黏质土地基宜间隔 1 ~ 2 周后进行，其他土地基在 3 ~ 5d 内进行。

③抽检方法

a. 轻便触探检验：以实际锤击数小于试验时“检定锤击数”为合格。

b. 环刀取样检验：用洛阳铲在桩体中心挖孔，必要时通过开剖桩身从基地算起沿深度方向每隔 1.0 ~ 1.5m 用带长把的环刀分层取出夯实的原状土样，测定干密度和压实系数，以不小于规定值为合格。

c. 全面检查施工过程的测试数据和施工监测记录。

d. 对重要或大型工程尚应做荷载试验，荷载试验详见本章第七节。

(三)夯压法

夯压法包括表层压实法、重锤夯实法和强夯法。

1. *表层压实法*

(1)概述

表层压实法是浅层地基加固中最简易的方法，适用于加固地基表层的软弱土厚度不大，或上部荷载较小的情况，一般用于桥头路基和轻型小桥涵基础地基的表层加固和大面积换填层的压实。特点是施工简便、成本低、工期短。但必须先正确判明地基土性状况，特别是查明加固层以下下卧层的特性。当软弱表土较厚或上部荷载量级较大时应慎重使用。

(2)施工

地基表层压实施工可采用包括路用光轮压路机、振动压路机、羊角碾、平板振动压实机等碾压或振动机械。对湿陷性黄土、松散细砂或砂垫层可采用振动压实；对非饱和黏质土的软弱表层可采用碾压法；分层填料压实可视填料土质适当添加石灰、水泥等；对饱和黏质土进行表层压实，要考虑适当的排水措施以加快土体的固结；也可结合碾压进行挤填，先在土面上堆砾类土、块石、片石等，然后将其压入以置换和挤出软土，堆料和碾压宜分层进行，一般加固深度可达2～3m。

(3)质量控制

经过表层压实加固的地基，需取样检验其干密度或压实度(要求达到97%)，还可采用荷载板试验等检测手段验证。如达不到规定要求应采取措施进一步压实，或改用其他加固方法。

2. 重锤夯实法

(1)概述

重锤夯实法是利用起重机械将特制的重锤，提升到一定高度后，自由下落，重复夯击基土表面，使浅层地基受到压密加固，适用于加固地下水位在有效夯实深度以下，饱和度不大于0.6的湿陷性黄土、稍湿的杂填土、黏质土、砂类土和分层填筑的地基，也可作为换填法加固地基的压实方法。重锤夯实法能基本消除有效加固深度内黄土的湿陷性；降低夯实土层的压缩性和透水性；提高地基承载力和变形模量。其有效加固深度与锤重、锤底直径、落距以及土质条件等因素有关，一般为1.2～2.0m。

但当夯击振动对邻近建筑物产生不能容许的影响时，必须采取有效预防措施；当有效加固深度内存在软塑黏土层时亦不易采用，尤其不得在地下水位高于有效加固深度时采用。

(2)施工

①施工机具由夯锤和起重机械两部分构成。

夯锤：夯锤形状宜采用截头圆锥体，见图7-6-11。可用混凝土制作，其底部用20mm厚钢板。接近底面加填废铁使重心降低，锤重宜大于20kN，锤底直径一般为1.0～1.5m，锤底面静压力宜控制在15～20kPa。

起重机械：可用履带式起重机、打桩机、装有摩擦绞车的挖土机等，也可用自制的桅杆式或龙门式起重机。要求起重能力：当直接用钢索悬吊夯锤时，应大于锤重的3倍；当采用自重脱钩装置时，应大于锤重的1.5倍。

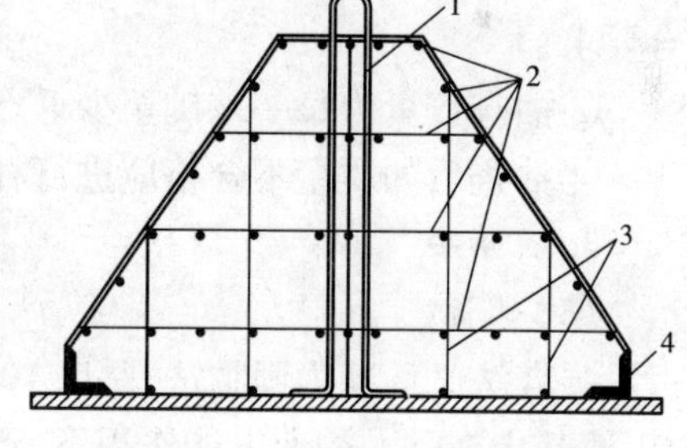

图7-6-11　15kN钢筋混凝土夯锤

1-ϕ30吊环；2-100×100ϕ8钢筋网；3-ϕ10钢锚；4-100×100×10角钢

②重锤夯实前应先通过试验，测定基土天然含水率、最大干密度，在待处理地基附近进行试夯。试夯后应挖深井检查夯实效果，测定坑底以下2.5m深度内每隔0.5m深度处夯实的密实度并与未夯实前的地基密实度作对比。通过试夯选定能达到设计密实度和夯实深度的夯锤质量、底面直径和落距；确定最后下沉量、最少夯击次数和总下沉量等技术数据；采用重锤夯实分层填土地基时，每层需铺厚度一般相当于锤底直径，试夯的层数应不小于2层。

③测量放样主要包括以下两个方面。

a. 测定夯前基坑底面高程：夯前基坑底面高程应考虑夯击后底面下沉的因素而高于设计高程，按试夯的总下沉量再酌加5～10cm预留，未经试夯的可视土质情况按30～40cm预留。

b. 划定夯击范围：重锤夯击的基坑平面应适当放宽，周边应作好排水措施，夯击范围应比设计基坑底面每边至少加宽 0.3m，按夯击顺序画出样线。

④无论试夯及地基夯实均应在土基接近最佳含水率时进行；当夯打后出现软塑状时，应采取铺撒吸水材料（如石灰、水泥）、换土或其他有效措施处理；当土的含水率小于最佳含水率 2% 以上时，应适当加水，加水时水应均匀注入，待水分全部渗入地基一昼夜后且接近最佳含水率时才能夯击。分层填土的土料含水率也应在最佳含水率 ±2% 范围。

⑤施工技术参数应按试夯取得的资料或已有经验取用。落距宜大于 4m。最后下沉量，即在同一夯点夯锤最后两击平均每击面沉落值，对于黏质土和湿陷性黄土取 10 ~ 20mm；对于砂类土取 5 ~ 10mm。同一点累计夯击次数宜为 10 ~ 15 次。为获得较大有效加固深度，在起重条件允许下宜采用夯锤质量较重和地面直径较大的夯锤。

⑥夯击顺序：夯击时应落锤平稳、夯位准确，本着先中间后周边，同一基坑底面高程不同时，应先深后浅，并兼顾起重机移动方便有利于提高工效的原则，一夯挨一夯顺序进行，在一次循环中同一夯位应连夯两下，下一循环的夯位，应与前一循环错开 1/2 锤印。经几次反复循环，直至总夯沉量达到试夯总夯沉量的 90%，同时符合最后下沉量的规定时停止夯击。

⑦重锤夯实（强夯亦同）宜在地基土不冻的状态下，晴天施工，如遇雨（雪）天，夯坑内外积水（雪）必须及时排除。整个夯击过程应及时做好施工记录，夯实完成后应将基坑表面松土清除，并拍实整平至设计高程。

（3）质量检验

①检查施工记录；检查最后下沉量、夯击遍数等是否在规定范围内；

②选点抽查总下沉量是否达到试夯总下沉量的 90%，夯实后干密度或压实度是否符合要求；

③抽查数量为每一基础至少 1 点或每 100cm^2 地基不少于 2 点；

④抽查后如质量不合格应进行补夯，直至合格为止。

3. 强夯法

（1）概述

强夯法又称动力固结法，是以 100 ~ 400kN 的重锤从 3 ~ 40m 的高处自由落下冲击土基，使基土在巨大的冲击能作用下，产生很大的动应力和冲击波，致使土中空隙压缩，土体局部液化，在夯击点周围一定深度（10 ~ 40m）内产生裂隙，形成良好的排水（气）通道，使土中的孔隙水（气）顺利逸出，土体随之固结，从而在有效影响深度范围内提高土基强度；降低土的压缩性；改善砂土抵抗振动液化的能力；消除黄土的湿陷性；并提高土层的均匀程度。

强夯对砾类土、砂类土、低饱和度的黏质土和粉质土、湿陷性黄土、杂填土等地基均能适用。对高饱和度的细黏土可采用夯坑回填块石、碎石或其他颗粒材料进行强夯置换，或结合本节堆载预压排水固结法使用，但应通过现场试验以确定其适应性，并持慎重态度。

强夯法具有适用范围广、工艺简单、施工快、费用低、效果显著等优点，根据已有经验经强夯后承载力提高十分明显；黏质土增加约 1 ~ 3 倍；砂类土、粉质土约增加 2 ~ 4 倍。

但强夯法也有一定局限性：如设计和施工中需要作大量测试；噪声大、振动大，不宜在人口密集的城市内使用;加固范围小于5 000m^2 时可能不经济。因此强夯加固桥涵地基宜结合桥头引道及路基的强夯加固同时进行。

(2)施工设计要求和参数

①有效加固深度:强夯法的有效加固深度应根据现场试夯或当地经验确定,在缺少试验资料或经验时,按以下方法确定。

a. 按下式计算:

$$H \cong \alpha\sqrt{\frac{Mh}{10}} \cong \alpha\sqrt{\frac{E}{10}} \tag{7-6-31}$$

式中:M——锤重,kN;

h——落距,m;

E——单击夯击能,kN·m;

H——夯击有效加固深度,m;

α——折减系数,其变动范围一般为0.34~0.80,对黏质土α取0.5;对砂类土α取0.7。

b. 根据不同土质按表7-6-6查取。

强夯法的有效加固深度 表7-6-6

单击夯击能(kN·m)	砾类土、砂类土(m)	粉质土、黏质土、湿陷性黄土(m)
1 000	5.0~6.0	4.0~5.0
2 000	6.0~7.0	5.0~6.0
3 000	7.0~8.0	6.0~7.0
4 000	8.0~9.0	7.0~8.0
5 000	9.0~9.5	8.0~8.5
6 000	9.5~10.0	8.5~9.0

注:强夯法的有效加固深度应从起夯面算起。

②单夯击实能:单击夯击能E应根据需要加固的土层厚度及吊机起重能力选定,一般锤重100~250kN,个别可达400kN;落距8~25m,个别可达40m。

③单位夯击能:单位夯击能或称平均夯击能,即单位面积上所施加的总夯击能=单击夯击能×夯击次数/锤击面积。应根据地基土类别、结构类型、荷载大小和要求处理的深度综合考虑,并通过试夯确定。在一定情况下对粗粒土可取1 000~3 000kN·m/m^2,锤底面积亦视表层土质而异,一般粗粒土取3~4m^2,细粒土不少于6m^2。

④夯点夯击次数:一般单击夯击能大,夯击次数少,技术经济效果较好。但对饱和黏质土单击夯击能过大土体会产生流动,不能达到设计效果。因此每一夯点夯击次数,应以使土体竖向压缩最大,而侧向位移最小为原则,一般为4~20击,频率为每分钟夯击1~2次。通过现场试夯确定,试夯时应满足:

a. 最后两击的平均夯沉量不大于50mm,当单击夯击能较大时不大于100mm;

b. 夯坑周围地面不应发生过大的隆起;

c. 不因夯坑过深而发生起锤困难。

⑤夯击遍数:按要求的单位夯击能确定,一般为2~5遍,对于渗透性弱的细粒土或有特殊要求的工程可适当增加。前2~3遍为按规定夯击点间距间夯,最后一遍应降低落距至3~5m,用低能量满夯(锤印重叠1/3~1/2)。

⑥夯击点布置及加固范围:一般根据等边三角形、等腰三角形或正方形布置,夯击点间距通常为 5 ~9m;对于加固深度较深或单击夯击能较大的工程,第一遍夯击点间距宜适当增大。强夯范围按基础应力扩散考虑,每边超出基础外缘的宽度宜为设计加固深度的 1/2 ~2/3,并不宜小于 3m,或沿基础边线以外多布置一圈夯击点,并适当增加夯击能。

(3)施工

①施工前准备

a. 施工前应切实掌握地基土质情况,根据初步确定的参数,提出强夯试验方案。在施工现场有代表性的场地上进行试夯。试夯结束根绝不同土质待 1 ~4 周后,对试夯过的场地进行测试,并与夯前测试数据作对比分析,检验试夯效果,修正并确定工程拟采用的各项强夯参数。

b. 强夯前应了解附近建筑物情况(距夯击点 15m 以外的建筑物一般无多大影响),查明场地范围内有无地下管线或设施,并采取相应预防有害影响的措施,必要时予以清除。

根据基础底面高程,预先估计并留出强夯后底面可能产生的平均下沉量,以此确定基坑地面高程,然后用推土机进行场地平整,如地表为饱和黏质土或易于液化的粉质砂土,地下水位较高时,宜采用人工降低地下水位,在表层铺填 0. 5 ~2m 厚的砂砾垫层,以确保施工机械通行,便利施工。

c. 测量放样:测定场地高程,用小木桩标出第一遍夯击点位置,其偏差不得大于 5cm,并按夯击顺序编号。

②施工机具由夯锤、起重机、脱钩装置组成

夯锤:夯锤底面宜做成圆形,锤底静压力值为 25 ~40kPa,对于细粒土宜取较小值;锤中应设若干上下贯通的直径为 20 ~30cm 的排气孔,以利夯击时空气排出和减少起锤时的吸附力;锤夯吊环必须准确处于重心,确保起吊后锤身平衡。夯锤构造可用钢板为外壳,底板加厚,内部焊接钢筋骨架后浇注混凝土制成,也可用铸钢制成装配式。分为底盘、中间块及顶板三部分,底盘采用双层与外壳焊成一体,重量为中间块的 2 ~3 倍,顶板及中间块每片等重,中间块通过焊在底盘上的螺栓与底盘连成一体,调整中间块数量可组成不同重级的夯锤。

起重机:宜选用符合夯锤起吊和提升高度要求、起重能力在 150kN 以上并大于锤重 1. 5 倍的履带式起重机或其他专用起重设备。起重能力不足时,可采取在臂杆顶端加支杆或辅助门架以加大起重能力,并设钢丝绳锚索以防止夯击时起重机臂杆在突然卸重时发生后仰和减小臂杆振动。

脱钩装置:当锤重超出吊机卷扬机的能力时,就必须利用滑轮组并借助脱钩装置来起落夯锤。常用的自动脱钩装置,应具有足够强度,并使用灵活,拉绳一端固定在锁卡柄上,另一端穿过转向滑轮固定在臂杆底部横轴上。当夯锤起吊到预定高度时,开钩绳随即拉紧、脱钩装置开启、夯锤脱钩下落。

③施工工序

a. 起重机就位,使夯锤对准夯点位置;

b. 测量夯前锤顶高程;

c. 将夯锤起吊到预定高度,待夯锤脱落下垂后,放下吊钩,测量锤顶高程,落锤应保持平稳,若发现因坑底倾斜而造成夯锤歪斜时,应及时将坑底整平;

d. 重复工序 c,按设计规定的夯击次数及控制标准,完成一个夯点的夯击;

e. 重复工序 a ~ d，完成第一遍全部夯点的夯击；

f. 用推土机将夯坑填平，并测量地面高程；

g. 在规定的间隔时间内，按上述步骤逐渐完成全部夯击遍数，包括最后一遍低能量满夯，将场地表层松土夯实，并测量夯实后场地高程。

④施工监测

强夯施工过程的检测值为重要，必须有专人负责，并对各项参数及施工情况做好详细记录。

a. 开夯前应检查夯锤重量和落距；夯锤吊环是否准确处于重心位置；

b. 在每遍夯击前，应对夯点放线进行复核，夯完后检查夯坑位置，发现偏差或露夯应及时纠正；

c. 按设计要求检查每个夯点的夯击次数和每夯的夯沉量及其周围的沉降、隆起和挤出的情况。

(4) 质量检验

①检查强夯施工中的各项测试数据和施工记录，发现不符合设计要求时应补夯或采用其他有效措施。

②检验地基加固质量：于强夯施工结束后一定时间对地基加固效果进行检验。间隔时间对于砾类土和砂类土地基为 1 ~ 2 周；对低饱和度的粉土和黏质土地基为 2 ~ 4 周。

③检验方法：可取原状土做室内试验或原位测试。根据土基特性，采用两种或两种以上的方法进行检验。对于重要工程应增加检验项目，或做现场大压板荷载试验。

④检验数量：每个基础地基的检验点一般不少于 3 处；对于复杂场地或重要建筑物地基视需要增加检验点数。检验深度应不小于设计加固深度。

(四) 预压法

1. 概述

预压法包括天然地基加载预压、砂井（或塑料排水带）加载预压和砂井（或塑料排水带）真空预压。

天然地基加载预压是利用建筑物本身自重分级逐次加载，或在建筑物建造以前，在场地上先以土、砂、石材料加载预压。每平方米加载总量可以采用建筑物使用时基底所受荷载的 1 ~ 1.2 倍。在荷载作用下增加土体总应力，促使土层中超静空隙水压力消散，使土体压缩、强度增长。适用于加固土层厚度不大的饱和黏质土，超载预压还适用于有机质土地基。如能提前进行预压，合理安排加载间歇，使固结速度能满足工期要求，这是一种比较经济有效的加固方法。

砂井加载预压是先在土层中加设竖向排水体（砂井式袋装砂井）和水平排水垫层，使与天然地基土层本身的透水性能构成一个排水系统，以便充分缩短排水距离，使土基在加载受压后孔隙水能迅速地从排水通道逸出，从而缩短沉降固结的时间。一般比天然地基加载预压可减少半年以上工期，加固深度可达 20m 以上，这是加速饱和黏质土和有机质土地基排水固结最有效的方法。采用塑料排水带代替袋装砂井，更具有功效高、劳动强度低、质量稳定，适应地基变形性能好等优点。

砂井真空预压法是在土层中设置砂井（或塑料排水管），顶面设置砂垫层以后，在砂垫层上铺设比地基范围稍大的三层密封塑料薄膜，通过真空装置将膜下抽成真空，使膜内形成气压差，促使土层在总应力不变的条件下，空隙水压力减少，有效应力增加，使土体沉降较快的达到设计要求，而不致发生剪切破坏，缩短了总需加固时间，最宜用于流塑状饱和黏质土地基。真空预压也可以和加载预压共同作用，两者的加固效果可以叠加。

2. 主要技术参数和要求

预压法属于排水固结法范畴，应事先经过详细的地质勘探，通过适当的钻孔弄清土的成层程度、透水层的位置、地下水位深度；各类土的种类、抗剪强度及沿深度的变化情况等，绘制出土层剖面图。通过土工试验取得土的各项物理和力学性质数据，特别是土的固结压力与孔隙比的关系和固结系数。

(1)加载预压法

①桥涵基础地基加固应采用超载预压，超载重力一般取设计荷载的20%，可以部分利用桥涵墩台自重，但主要依靠加载预压。加固范围宜包括桥头20m范围内的路基，加载顶面积不小于应加固的地基范围。

②根据地基情况决定是否需要在地基上铺设砂垫层及砂垫层的厚度，是否需要铺设土工织物。

③初步确定加载程序。因为饱和黏质土地基抗剪切强度很低，为保证加载过程地基的稳定，只能分级、间歇加载，待前期荷载下地基强度增加到足以承受下一级加载时方可加下一级荷载。因此就要根据地质资料通过计算初步确定加载程序，估算第一级加载后的停歇时间，预计在第一级荷载下经过一段时间停歇、提高后的地基强度，确定第二级加载值。这样依次初步确定各级加载值和在每一级荷载作用下停歇的时间，再求算在预压荷载下地基的最终沉降量和预压期间的沉降，确定预压荷载分级卸除的时间，提出加载工期要求。在实施过程中还须通过对沉降速率等的各项观测、计算，对初步确定的加载程序作适时的合理调整。

(2)砂井或塑料排水板加载预压法

①砂井预压法必须在地表铺设厚度大于40cm的排水砂垫层，预压区内宜设置与砂垫层相连的排水沟，并把地基中排出的水引出于压区。

②砂井布置范围宜由基础轮廓线向外增大2～4m。砂井平面布置可采用等边三角形和正方形排列，一根砂井有效排水圆柱体的直径 d_e 和砂井间距 s 的关系：按等边三角形排列时，$d_e = 1.050s$；按正方形排列时，$d_e = 1.128s$。

③砂井分普通砂井和袋装砂井。按沉管法施工的普通砂井直径一般为30～50cm，袋装砂井直径可取7～10cm；砂井间距需根据地基土的固结特性和预定时间内所要求达到的固结度确定。通常砂井的间距可按井径比 n($n = d_e/d_w$，d_w 为砂井直径)确定。普通砂井的间距可按 n=6～8 选用；袋装砂井间距可按 n=15～20 选用。

④砂井的深度应根据桥涵对地基的稳定和变形的要求确定。按稳定控制，砂井深度至少应超过地基的危险滑动面2m；按沉降控制，如压缩土层厚度不大(小于20cm)或下卧层有透水层时，砂井宜贯穿压缩层，深入透水层；如压缩层过于深厚，砂井深度应根据在限定的预压时间内需消除的变形量确定；若施工条件不能达到，则可用真空预压和超载预压等方法补足工程要求。砂井剖面见图7-6-12。

⑤当由塑料排水板代替袋装砂井时，其排水加固原理与砂井完全相同，可将扁平型塑料排水带按与周围土接触面相等的原理，计算塑料排水板当量换算直径：

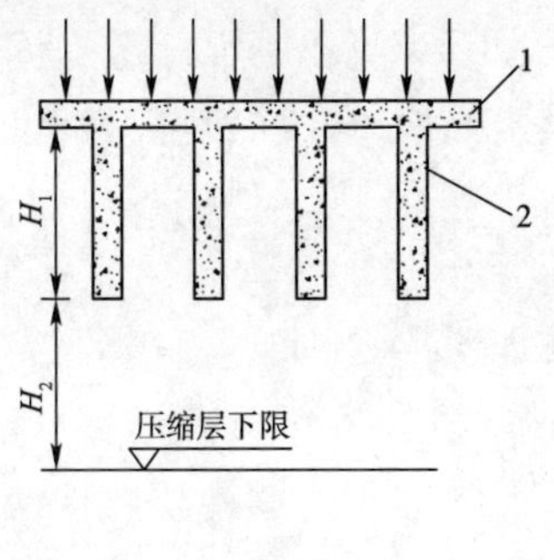

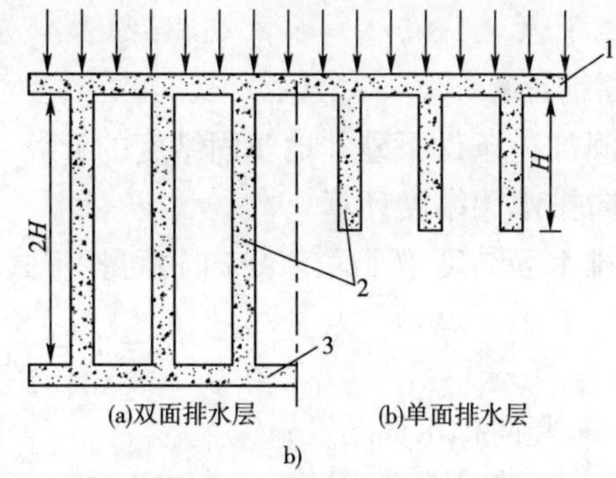

图7-6-12　砂井剖面图

a)砂井未打穿受压土层；b)砂井贯穿受压土层

1-砂垫层；2-砂井；3-下卧透水层

$$D_p = \alpha \frac{2(b+\delta)}{\pi} \tag{7-6-32}$$

式中：b——塑料排水板宽度，mm；

δ——塑料排水板厚度，mm；

D_p——塑料排水板当量换算直径，mm；

α——换算系数，无试验资料时可取 $\alpha = 0.75 \sim 1.00$。

塑料排水板的直径宜取 $n \geqslant 20$。

⑥塑料排水板应具有很好的耐腐蚀性和足够的柔韧性，通水衰减率 $J < 0.1\text{cm}^3/\text{s}$。目前国内外型号较多，各工程可根据现场使用条件，提出对塑料排水板主要技术指标的要求，并结合实际选用。

⑦加载程序的初步计算基本上与上法③相同，但需分别各种排水固结条件，作一级或多级等速加速条件下，某一时间对应总荷载的地基平均固结度；预压荷载下地基中基点任意时间的抗剪强度；地基的最终竖向变形量等计算，以便指导施工并于实施过程中加以验证。

对于打入式砂井地基，须待因打砂井而使地基减小的强度恢复以后，再开始加载。

(3)砂井(或塑料排水板)真空预压

①按照砂井加载预压法①~⑥要求设置水平砂垫层和竖向排水体，为减少砂井阻力，取得较高的真空度，砂井的砂料应尽量选用透水性较好的中粗砂，其透水系数宜大于$1 \times 10^{-2}\text{cm/s}$。

②真空预压的总面积应大于建筑物基础外缘所包围的面积，预压区每块预压面积应相互连接，并宜尽可能大些。对于表层存在良好透气层以及在处理范围内有充分水源补给的透水层等情况，应采取有效措施切断透气层及透水层。

③真空泵宜采用射流真空泵，密封膜内的真空度宜保持在80kPa以上；加固土层的平均固结度应大于80%。

④要分别计算未经加固的天然地基在使用荷载下的沉降量和真空预压期间所完成的沉降量，以便根据两者之差了解预压后在使用荷载下可能发生的沉降。

⑤如砂井真空预压还不能满足工程要求，还需做加载预压时，则应按照砂井加载预压法通过精心分析计算，并提出初步确定的加载程序。

3. 施工计算

(1)固结计算

①瞬间加荷条件下砂井地基固结度的计算

a. 竖向排水固结度计算

竖向排水固结度 U_v($U_v > 30\%$ 时)可按下式计算:

$$U_v = 1 - \frac{8}{\pi^2} e^{-\frac{\pi C_v}{4H^2}t} \tag{7-6-33}$$

式中:U_v——竖向排水固结度;

e——自然对数底,可取 e = 2.718 28;

H——单面排水土层的厚度和双面排水土层厚度的一半,cm;

C_v——竖向固结系数,cm^2/s,

$$C_v = \frac{K_v(1 - e_1)}{a\rho_w} \tag{7-6-34}$$

K_v——竖向渗透系数,cm/s。

e_1——土的初始孔隙比;

a——土的压缩系数,$0.1cm^2/N$;

ρ_w——水的密度,g/cm^3;

t——固结时间,如荷载逐渐施加,则从加载历时一半的时间起算,s。

b. 向内径向排水固结度(水平向平均固结度)计算

在瞬时加载条件下,均匀土层某一时间的向内径向排水固结度 U_r 可按下式计算:

$$U_r = 1 - e^{-\frac{8}{F(n)}\frac{C_h}{d_e^2}t} \tag{7-6-35}$$

式中:U_r——向内径向排水固结度;

C_h——水平向固结系数,cm^2/s。

$$F(n) = \frac{n^2}{n^2 - 1}\ln n - \frac{3n^2 - 1}{4n^2} \tag{7-6-36}$$

式中:n——井径比,$n = \frac{d_e}{d_w}$。

c. 总的平均固结度

砂井地基由竖向和径向排水产生的总的平均估计度(砂井贯穿受压土层)的计算表达式为:

$$U_{rw} = 1 - (1 - U_r)(1 - U_v) = 1 - \frac{8}{\pi^2} e^{-\left[\frac{8C_h}{F(n)d_e^2} + \frac{\pi^2 C_v}{4H^2}\right]t} \tag{7-6-37}$$

砂井地基固结度的普遍表达式为:

$$U = 1 - \alpha e^{-\beta t} \tag{7-6-38}$$

式中:符号意义同前。

当软土层很厚,砂井未能贯穿整个软土层时砂井剖面如图 7-6-12a),平均固结度按下式修正:

$$U = QU_{rv} + (1 - Q)U_v \approx 1 - \frac{8Q}{\pi^2} e^{-\frac{8C_h}{F(n)d_e^2}t} \tag{7-6-39}$$

式中:Q——砂井深度与整个压缩层厚度的比值,

$$Q = \frac{H_1}{H_1 + H_2} \quad (7\text{-}6\text{-}40)$$

H_1——砂井深度；

H_2——砂井以下压缩土层厚度；

U_{rv}——砂井深度内土层的平均固结度；

U_v——砂井以下压缩范围内土层的平均固结度；

其余符号含义同前。

②一级或多级等速加载条件下，t 时间对应总荷载的地基平均固结度计算：

以上"1"是假设荷载，是一次瞬间加足的，而实际工程中，荷载总是分级逐渐施加的，因此必须加以修正，有两种修正方法。

a. 改进的太沙基法

修正固结度归纳后的普遍公式为：

$$U'_t = \sum_{i=1}^{n} U\left(t - \frac{t_i + t_{i-1}}{2}\right)\frac{\Delta p_i}{\sum \Delta p} \quad (7\text{-}6\text{-}41)$$

式中：Δp_i——第 i 级加载增量，kN；

$\sum \Delta p$——多级等速加载增量之和，kN；

t_{i-1}、t_i——分别为第 i 级等速加载的起点和终点时间（从时间 0 点起算），当计算第 i 级荷载加载过程中时间 t 的固结度时，则 t_i 改变为 t，d；

U'_t——多级等速加载，t 时刻修正后的平均固结度；

U——瞬时加载条件下的平均固结度。

b. 曾国熙的改进高木俊法

此法的特点是，无须先计算瞬间加载条件下的地基固结度，再根据逐级加载条件进行修正，而是两者合并计算出修正后的平均固结度。归纳后的普遍公式为：

$$U'_t = \sum_{i=1}^{n} \frac{q_i}{\sum \Delta p}\left[(t_i - t_{i-1}) - \frac{\alpha}{\beta}e^{-\beta t}(e^{\beta t_i} - e^{\beta t_{i-1}})\right] \quad (7\text{-}6\text{-}42)$$

式中：q_i——第 i 级荷载的加载速率；

α、β——参数，对于不排水固结条件，其含义不同，按表 7-6-7 采用；

其余符号意义同前。

α、β 值 表 7-6-7

排水固结条件 / 参数	竖向排水固结 $U_v > 30\%$	向内径向排水固结	竖向和向内径向排水固结（砂井贯穿受压土层）	竖向和向内径向排水固结（砂井未贯穿受压土层）
α	$\frac{8}{\pi^2}$	1	$\frac{8}{\pi^2}$	$\frac{8Q}{\pi^2}$
β	$\frac{\pi^2 C_v}{4H^2}$	$\frac{8C_h}{F_{(n)} d_e^2}$	$\frac{8C_h}{F_{(n)} d_e^2} + \frac{\pi^2 C_v}{4H^2}$	$\frac{8C_h}{F_{(n)} d_e^2}$

注：表中符号意义同前。

③考虑井阻、涂抹和搅动影响：

对长径比（长度与直径之比）大、井料渗透系数又较小的袋装砂井或塑料排水带，应考虑井阻作用。当采用挤土方式施工时，尚应考虑土的涂抹和搅动影响。

考虑井阻、涂抹和扰动影响后，按以上①、②计算结果应乘以折减系数，其值按0.80～0.95选取。

(2)抗剪强度计算

预压荷载下，正常固结饱和黏质土地基中某点任意时间的抗剪强度可按下式计算：

$$\tau_{ft} = \eta(\tau_{fc} + \Delta\tau_{fc}) \tag{7-6-43}$$

$$\Delta\tau_{fc} = \Delta\sigma_z U_t \tan\varphi_{cu} \tag{7-6-44}$$

式中：τ_{ft}——t 时刻，该点土的抗剪强度，kPa；

τ_{fc}——地基土的天然抗剪强度，由十字板剪切试验测定，kPa；

$\Delta\tau_{fc}$——该点土由于固结而增长的强度，kPa；

$\Delta\sigma_z$——预压荷载引起该点的附加竖向压应力，kPa；

U_t——该点土的固结度；

η——土体由于剪切蠕动而引起强度衰减的折减系数，可取0.75～0.90，剪应力大取低值，反之则取高值。

(3)竖向变形量计算

预压荷载下地基的最终竖向变形量可按下式计算：

$$S_f = \xi \sum_{i=1}^{n} \frac{e_{0i} - e_{1i}}{1 + e_{0i}} h_i \tag{7-6-45}$$

式中：S_f——最终竖向变形量，cm；

e_{0i}——第 i 层中点土自重压力所对应的孔隙比，由室内固结试验所得的孔隙比 e 和固结压力 p(即 $e-p$)关系曲线查得；

e_{1i}——第 i 层中点土自重压力和附加压力之和所对应的孔隙比，由室内固结试验所得到的 $e-p$ 关系曲线查得；

h_i——第 i 层土层厚度，cm；

ξ——经验系数，对正常固结和轻度超固结黏质土地基可取1.1～1.4，荷载较大、地基较软弱时取较大值，反之取较小值。

变形计算时，可取附加压力与自重压力的比值为0.1的深度作为受压层深度的界限。

4. 施工工艺

(1)施工准备

①按设计加固范围平整场地，按设计要求铺设砂砾垫层或土工织物(当设计有此要求时)，砂砾垫层宜做成反向过滤式，其厚度宜大于400mm周围设排水管(或排水盲沟)和排水井以便将水引出预压区。砂井预压和真空预压的砂垫层在打设竖向排水井以前先铺设设计厚度的一半。

②测量：设置沉降观测点及水平位移观测桩。安设孔隙水压力计，其设置数量、位置应符合设计要求。有竖向排水井设计的，用方格网按设计井孔布置，实地确定井孔位置并做出明显标记。

(2)加载预压及现场测试

按设计初步确定的荷载和分级加载步骤。在加载过程中加强现场测试。现场测试应包括：逐日边桩位移观测、地面沉降观测、孔隙水压力观测。测试方法应符合规定要求，并做好记录。

采取控制变形速率的办法控制加荷速率。规定:边桩水平位移速率应控制在3~5mm/d、垂直上升应不超过2mm/d;地面沉降宜控制不超过10mm/d。结合边桩位移、地面沉降和孔隙水压力的观测资料,及时整理在不同荷载等级下,变形与时间、孔隙水压力与时间等关系曲线,通过分析对设计加载程序作适时调整、指导加载;推算地基的最终固结变形量,不同的固结度和相应的变形量,分析加固效果。当地面总沉降量达到预压荷载下计算最终沉降量的80%以上;或地基总固结度达到理论计算的80%以上;或地面沉降率已降到0.5~1.0mm/d以下时,即可进行分期、分级加载。卸载过程仍需继续观测地基沉降和回弹情况。

(3)砂井

普通大直径砂井施工方法,除参照挤密砂桩中所述的套管法外,还有水冲法。水冲法是用高压水通过射水管形成高压水束冲射基土成孔,回填粗、中砂成井。其优点是射水设备简单、轻便。

高压离心泵供水量一般宜为25~30m^3/h,压力宜为1MPa。射水管可用钻架或三角架吊起,以卷扬机起落。施工时将射水管对准桩位,开动水泵射水,同时使射水管上下冲击,冲程在0.3~0.5m范围,冲击次数约为15次/min。冲击射水时应使射水管在孔底有一定停留时间,一直充值冲至设计深度,然后提起0.5m,冲射洗孔1min左右,使孔内泥浆水尽量排出后停水拔管,在冲成的孔内灌砂即成砂井。

水冲法施工应注意根据土质分层情况,控制好冲孔时水压力大小和冲孔时间,否则液塑状的粉质土在成孔和灌砂过程中容易出现塌孔、缩颈,很难保证砂井的直径均匀和连续性;遇有薄的粉砂夹层,若水压控制不当,宜出现串孔,对地基搅动较大。其次要控制好灌砂质量,孔内泥浆必须清洗干净,否则会使砂井渗透系数降低,这对排水固结不利;泥浆排放也要疏导好,以免影响水平砂垫层排水效果。

(4)袋装砂井

①袋装砂井的施工程序包括:定位、沉入导管、将沙袋放入导管、装砂、拔管。打设砂井目前一般使用振动沉管机械,有履带臂架式、步履臂架式、门架轨道式、吊机导架式等多种,其性能见相关厂家信息,因地制宜选用。

②导管内径宜略大于沙袋直径,管靴可以是活瓣式或混凝土活动式。砂袋宜用透水性、耐水性和柔韧性较强的聚丙烯编织袋,有效孔眼不宜大于0.09mm,否则土粒宜随渗水进入砂井,堵塞排水通道。砂袋长度应较井深长50cm。

③导管沉到预定深度后插入编织袋(袋内先装入一定长度的砂作为压重),把袋的上口固定在装砂用的漏斗上,通过振动将干砂填装密实,装满后将砂袋从漏斗口卸下,用铅丝扎紧袋口,也可采取将装满干砂的砂袋从导管顶送入直至管底,然后拧紧导管上盖,拔出导管,此时袋口应高出孔口50cm以便埋入砂垫层。如果出露过少说明砂没有装满;出露过多说明已被导管"带起",同样都应拔出重新施工。

(5)塑料排水带

①塑料排水带的插设机械

插设塑料排水带的机械基本上可与袋装砂井沉管机械通用,也有专用的插设机械。IJB-16型插设性能见表7-6-8。可根据每次打入根数、导管断面大小、土质均匀程度和入土长度具体选定机型。根据塑料排水带的特点,应将圆形导管改为矩形导管,导管靴须改为倒梯形,管靴主要是在打设过程中遮盖导管下端防止基土进入导管,打入井底后对塑料排水带起锚定作用。

插设机性能　　表7-6-8

类　型	IJB-16	类　型	IJB-16
工作方式	液压步履式行走,电力——液压驱动振动下沉	频率(r/min)	670
外形尺寸(mm)	7 600×5 300×15 000	液压卡夹紧力(kN)	160
		插板深度(m)	10
总质量(t)	15	插设间距(m)	1.3~1.6
接地压力(kPa)	50	插入速度(m/min)	11
振动锤功率(kW)	30	拔出速度(m/min)	8
激振力(kN)	80,160	效率(根/h)	18左右

②塑料排水带的插入工艺

a. 在空心导管中装入塑料排水带,并将碎料排水带端部与预制的管靴连接牢固。

b. 导管与管靴紧贴,对准孔位,将导管连同管靴和塑料排水带垂直插入地下至预定深度,导管打入深度应考虑上拔时可能带起的长度,以保证塑料排水带不小于设计深度。

c. 拔出导管,由于土基对管靴的阻力,塑料排水带被留在井内。

d. 切断顶端塑料排水带,完成第一根塑料排水带的插设。

重新装靴、移动插设机至下一井位,重复以上的作业程序,继续插设。

注意拔管后"带起"塑料排水带的长度不宜超过50cm,塑料排水带出露底面不宜小于25cm,以便与砂垫层贯通,保证排水畅通,如图7-6-13所示。

塑料排水带需要接长时,应采取滤膜内芯板平搭接的连接方式,搭接长度宜大于20cm,打设过程中应保证排水带不被扭曲、透水膜不被撕破和污染。

孔口外露的排水带不得遭受污染,应即时清除孔口周围拔管时带出的泥土,并用砂砾填实,将排水带弯贴于已铺的下半层砂垫层表面,尽快铺筑上半层砂垫层,并整平夯实。

(6)真空预压

①完成袋装砂井或塑料排水带施工后,在砂垫层上埋设水平分布滤水管如图7-6-14,采用条状、鱼刺状或羽毛状等形式,使整个预压区真空度分布均匀。滤水管管壁有三角形排列的$\phi 8 \sim 10$mm滤水孔,孔距5cm,管壁用$\phi 3$mm铅丝围绕,外包尼龙纱或土工织物等滤水材料作的滤水层,渗透系数则要求不小于1×10^{-2}cm/s,见图7-6-15。滤水管应埋设在砂垫层中部,其上至少有10~20cm砂层覆盖。

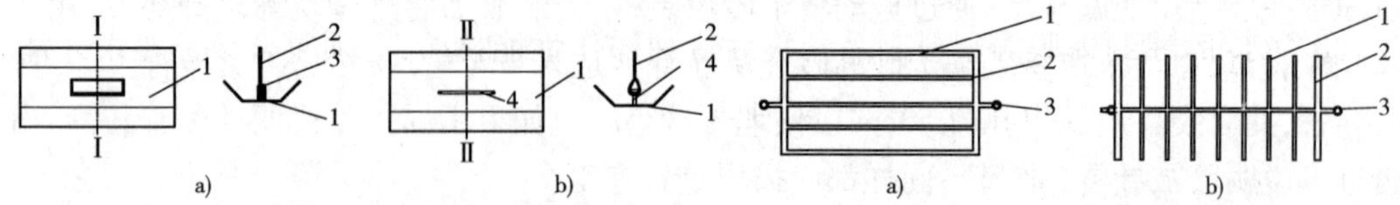

图7-6-13　塑料排水带倒梯形导管靴

a)楔形固定;b)绑扎连接

1-导管靴;2-塑料排水带;3-塑料楔;4-固定架

图7-6-14　真空分布管排列示意图

a)条形排列;b)鱼刺形排列

1-真空压力分布管;2-集水管;3-出膜口

②铺设密封薄膜。密封膜应采用韧性好、抗老化、看穿刺能力强的不透气材料,以聚乙烯专用薄膜为佳,密封膜热合时宜用两条热合缝平搭接,搭接长度应大于15mm。铺设前在加固区四周开挖深达80~90cm的沟槽,铺上塑料密封薄膜共3层,薄膜周边放入沟

槽,将黏质土回填沟壑,压边密封。

③连接好膜上管道及真空抽气装置:真空管路的连接点应严格密封,真空管路中应设置止回阀和截门,见图7-6-16。每块预压区至少应设置两台射流真空泵,射流箱、离心泵规格见表7-6-9。

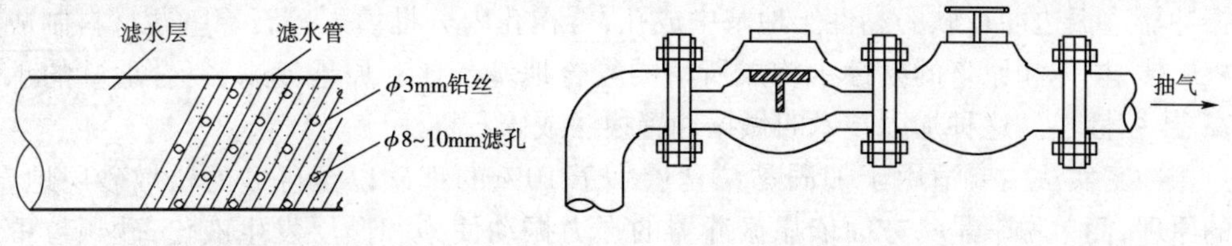

图7-6-15 滤水管结构图　　图7-6-16 止回阀、截门连接图

射流箱、离心泵规格　　表7-6-9

设备名称	型号	规格	效率
射流箱		φ48	>96kPa
离心泵	3BA-9	φ50	

开动离心泵进行真空抽气3~5d,当达到预定真空度后,采用自动控制间隔地进行真空抽气,并连续补水,保持在真空抽气过程中水箱水满、温度正常。

在真空抽气过程中应按要求做好观测,如发现异常应立即采取措施。根据观测资料分析加固效果。

5. 质量要求和检验

(1)质量要求

①垂直度偏差:砂井及塑料排水带打设时垂直度偏差宜小于1.5%。

②平面井距偏差:袋装砂井偏差应不大于井距、塑料排水带偏差应不大于10cm。

③深度:应不小于设计;拔管后"带起"的砂袋或排水带长度不宜超过50cm。

④塑料排水带、密封薄膜和编织袋在选购时应严格控制质量使复合设计要求。为防止合成材料老化,出厂到使用的间隔时间不宜超过30d、阳光照射的时间不得超过5d。现场堆放应予遮盖。

⑤真空预压泵及膜内真空度应达到73kPa以上至96kPa。

(2)质量检验

①应加强施工过程中的观测和质量监督。实行旁站制度。

②对竖向排水体平面井距偏差过大或漏打或拔管后"带起"土过多,应予重新补打。

③排水带、密封薄膜等塑料制品到货后应抽样作性能检验,必须复合设计要求才能使用。

④真空预压期间,应随时监测膜下真空度和砂井不同深度的真空度是否达到设计要求。

⑤预压后的地基应进行十字板抗剪强度试验及室内土工试验等以检验加固效果。

(五)振冲法

1. 概述

利用振动和水冲加固土体的方法叫做振冲法。振冲法最早是用来振密松砂地基的,由德国人S. Steurrman在1963年提出。德国把这一方法称为Rütteldruckverfahren,意思是振动加压力水的处理方法。在英美称之为 vibroflotation，中国称它为“振动水冲法”简称“振冲法”。按加固原理不同又分振冲置换法和振冲密实法两类。

振冲置换法有时也称振动水冲碎石桩法，主要适用于不排水抗剪强度不小于 20kPa 的黏质土、粉土、饱和黄土、人工填土等地基的处理，有时也可用来处理粉煤灰。它是利用振冲器边振边冲在软弱黏性土地基中成孔，再在孔内分批填入碎石等坚硬材料制成一根根桩体，桩体和原来的黏性土构成所谓的复合地基。比起原地基来，复合地基的承载力高、压缩性小。这种加固技术叫做振冲置换法或碎石桩法。

振冲密实法主要适用于加固黏粒含量小于 10% 的细砂以至砾砂的松散砂层地基。它的原理，简单说来是一方面依靠振冲器的强力振动使饱和砂层发生液化，砂颗粒重新排列，孔隙减少，另一方面依靠振冲器的水平振动力，在加回填料情况下还通过填料使砂层挤压加密，所以这一方法称为振冲密实法。

振冲法有施工方便、机具简单、工期快、成本低，收益高等优点。

2. 主要技术要求及参数

(1)振冲置换法

①加固范围：一般在基础外缘扩大 1 ~ 2 排桩，对可液化地基应扩大 2 ~ 4 排桩。

②桩的直径：振冲桩的特点是基土越软、振动越大，桩径也越粗，反之就越细。因此桩体直径竖向并不均匀，只是按填料量估算平均直径，一般为 0. 8 ~ 1. 2m。

③桩的间距：应根据荷载和基土的抗剪切强度确定，一般为 1. 5 ~ 2. 5m，荷载大的、基土强度低的或桩端未达到硬土层的应取较小值，反之可取较大值。桩位按等边三角形或正方形布置。

④桩的深度：或称桩长，即垫层底面以下桩的实有长度，一般为 4 ~ 10m。当硬土层埋藏较深，应按建筑物地基的允许变形值确定；在可液化的地基中，桩长应按设计要求的抗震处理深度确定。

⑤桩体材料：可用含泥量不大于 10% 的硬质碎石、砾卵石，粒径不宜超过 8cm，通常为 2 ~ 5cm；无级配要求。

⑥复合地基承载力应按现场复合地基载荷试验确定，也可按下式计算：

$$R_{sp} = (1 - m)R_1 + mR_2 \tag{7-6-46}$$

式中：R_{sp}——复合地基容许承载力，kPa；

R_1——桩基土的容许承载力，也可用加固前天然地基容许承载力代替，kPa；

R_2——桩体容许承载力，kPa；

m——面积置换率，$m = d^2/d_e^2$，其中：d 为桩的直径；d_e 为等效影响圆的直径。等边三角形布置，$d_e = 1.05s$；正方形布置，$d_e = 1.13s$；矩形布置，$d_e = 1.13\sqrt{s_1 s_2}$；s、s_1、s_2 分别为桩的间距、纵向间距和横向间距。

对小型工程的黏质土地基如无现场载荷试验资料，复合地基的承载力可按下式计算：

$$R_{sp} = [1 + m(n - 1)]R_1 \tag{7-6-47}$$

式中：n——桩、土应力比，无实测资料时可取 2 ~ 4，基土强度低的取大值、高的取小值；

其余符号含义同前。

⑦复合地基的压缩模量按下式计算：

$$E_{sp} = [1 + m(n - 1)]E_1 \tag{7-6-48}$$

式中：E_{sp}、E_1——分别为复合地基和桩间土的压缩模量，kPa。

式中的 n 值在无实测资料时，对黏质基土可取2～4，对粉质及砂质基土可取1.5～3，基土强度低取大值，高取小值。

(2)振冲密实法

①加固范围：基础外缘每边放宽不得少于5m（相当于2～3排振冲点间距）。

②振冲点间距：振冲点宜按等边三角形或正方形布置。间距应根据基土的颗粒组成、要求达到的密实度、地下水位、振冲器功率、水量等因素，通过现场试验确定。一般可取1.8～2.5m，使用75kW大型振冲器时可加大为2.5～3.5m。

③振冲深度：当可液化土层不厚时应穿透整个液化土层；当可液化土层较厚时应按抗震要求确定。

3.施工工艺

(1)施工准确

①做好三通：保证施工所需足够的水量、水压；三相、单项两种电源，如果没有电源需自备发电机组；场内外运输道路畅通。

②场地布置：平整场地后妥善布置供水管、道路、运道、清水池、泥水排放沟、沉淀池、堆料场等。

③测量定位：测定加固区高程，宜为设计桩顶高程以上1m，定出桩点位置（偏差不大于5cm），并按先外圈后内圈的振冲顺序编号。

④机具准备：无论是振冲置换还是振冲密实，其施工用主要机具都是：振动器、吊机、水泵、控制操作台。

⑤做振冲试验，以便确定成孔施工合适的数据，如水压、水量、成孔速度计填料方法、达到土体密实度时的密实电流值和留振时间等。

(2)振冲置换施工工艺

①将振冲器按拟振桩点编号顺序对准，开动振冲器、水源、电源，检查水压、电压和振冲器空载电流，一切正常后开启振冲器喷水。

②振冲器依靠自重在振动喷水作用下以1～2m/min的速度徐徐沉入土中，观察并记录沉入深度和电流变化，若电流超过电机额定值时，必须减缓下沉速度，每沉入0.5～1.0m，宜在该高度段悬留振冲5～10s扩孔，将孔内泥浆溢出时再继续沉入。

③当下沉达到设计深度时，振冲器应在孔底适当留振，并减小射水压力（一般保持100kPa），以便排除泥浆进行清孔。也可将振冲器以1～2m/min匀速提出孔口，再同法沉至孔底，如此反复1～2次，最后在设计深度以上0.3～0.5m处适当留振1～2min，以达到扩孔目的。

④加料振密：将振冲器提出孔口，往孔内加料，每次0.5～0.6m^3，然后把振冲器沉入填料中进行振密，并使填料挤向孔壁软土中。当桩体直径不再扩大时，电机电流迅速增大，当达到试验所得的密实电流值，则认为该处的桩体已经振实；否则应再提起振冲器继续加料，再沉入振冲器振密，直至该处振密时电流达到规定的密实电流值为止。密实电流值一般应超过振冲器空载电流15～30A以上。

⑤重复上一工序：提出振冲器、加料、沉入振冲器振密，直至桩顶。孔中每次加料高度为0.5～0.8m，如在砂土中制桩时，振冲器可不提出孔口，采用边振边加料，连续填料，直到此深度处的桩体密实电流达到规定值后，才将振冲器上提0.3～0.5m，继续加料振

密，多次反复直至桩顶。

(3)振冲密实施工工艺

①振冲器就位后应安放钢护筒，使振冲器对准护筒轴心。

②将振冲器徐徐下沉，同置换法工艺(2)。

③振冲器达到设计深度后，将水压和水量降至孔口有一定量回水，但无大量细颗粒带出的程度，将填料堆于护筒周围。

④填料在振冲器振动下，依靠自重沿护筒周壁下沉至孔底，在电流升高到规定的密实电流值后将振冲器上提0.3～0.5m。

⑤重复上一工序，直至全孔处理完毕后关闭振冲器和水泵。

⑥不加填料依靠周壁砂层塌陷密实的，其施工方法亦大体相同，在使振冲器沉至设计深度、留振至规定的密实电流值后，将振冲器上提0.3～0.5m，如此反复进行直至完成。

振冲器施工，地表的1m左右比较疏松，一般应予挖去，换铺0.3～0.5m厚碎石垫层，碾压密实，并使符合复合基础底面设计高程。

施工过程排出的大量污泥必须从排水沟引至沉淀池以免污染环境。

4. 质量要求和检验

(1)质量要求

施工过程中应逐桩作出详细记录，包括时间、高程、填料量、密实电流值和留振时间，但关键是控制好后三个指标：

①水压及水量：造孔水压控制在400～600kPa，水量以200～400L/min为宜。造孔接近孔底及在振密过程中水压以100kPa、水量以200L/min为宜。

②电压及电流：施工中应保证电压380V±20V，孔底应保证50A的密实电流、桩身以40～50A的密实电流为宜，孔口以下范围内应保证55A的密实电流。

③留振时间：一般控制在20～30s。

④开振前应严格检查电流表是否按“0”，并作记录，如误差较大，应及时检查或更换以防发生质量事故。

⑤应加强施工过程的质量检查，要随时检查施工记录，如发现桩点遗漏、桩位偏差或不满足要求的桩点应及时纠正或采取补救措施。

振冲约束黏质土地基应间隔3～4周、黏质土地基间隔2～3周，方可进行质量检查。

(2)质量检验

①每200～400根振冲桩或100～200个振冲点抽检一根(处)，总数不少于3根(处)。

②碎石桩做单桩荷载试验；桩间土用标准贯入、静力触探试验进行处理前后的对比检验。

③不加填料的振冲密实法加固的地基，宜于振冲点围成的单元形心处，用标准贯入、动力触探作处理效果检验。

(六)粉体喷射搅拌法

1. 概述

粉体喷射搅拌法与浆液喷射搅拌法同属深层搅拌法范畴。

粉体喷射深层搅拌法简称粉体喷搅法，是利用压缩空气，把水泥、生石灰粉等固化材料，通过专用深层搅拌机空心钻杆的喷灰口喷出，喷射于地基深处已被螺旋翼强制切削、搅动的天然适度地基土上，使固化材料与地基土发生一系列物理、化学反应，并在反应过程中吸水、发热、膨胀，是搅拌均匀的灰土硬结，形成具有整体性、水稳性和强度较高的地基。适用于加固厚度饱和黏质土和有机质土地基，加固深度一般大于 10m，最大可达 60m。

浆液喷射深层搅拌法简称浆液喷搅法，是将水泥、石灰等固化材料的浆液，用灰浆泵经输送浆管泵送到特制的深层搅拌机两根搅拌轴之间的中心管输出，搅拌头于地基深处就地将灰浆与基土拌和，经一系列物理化学反应后硬结。

深层搅拌法，施工时无需高压设备，基土也不向侧向挤压，安全可靠、无污染、无振动，对环境无不良影响。

粉体搅拌法因为不向地基增加水分，更适合于饱和软土，且粉体从若干小孔雾状喷出，经大直径叶片连续搅拌，灰土配合较均匀，因而加固后的地基初期强度较高，可较快投入使用；缺点是粉尘污染较大。

2. 主要技术要求和参数

(1)土质分析

施工设计前应实地取样作土质分析，了解土的矿物成分、含水率、有机质含量、可溶盐含量和总烧失量；作水质分析，了解地下水的酸碱度(pH 值)、硫酸盐含量、侵蚀性等。根据土质、水质和工程要求，选用适当的固化材料品种和早强、缓凝减水等外掺剂。

通过室内试验求出不同配合比(一般在 7% ~ 15%)的加固土在不同龄期的抗压强度。

(2)加固形式

搅拌桩可供选择的布置形式有柱(桩)状：间隔一定距离设置一根，有利于充分利用桩身强度和桩周摩擦力，适用于独立基础；壁状：即将相邻搅拌桩部分重叠搭接(搭接长度宜大于 10cm)，形成壁状以增加整体刚度，适用于加固深基开挖时软土坑壁的支护；块状：即将纵横两个方向的相邻桩都重叠搭接连成整体，宜用于不均匀下沉要求严格的建筑物的地基加固，也可作为开挖软土深基坑时防止坑底隆起和封底的加固措施。

(3)加固范围

搅拌桩按其强度和刚度是介于刚性桩(钢筋混凝土桩、就地灌注桩等)和柔性桩(砂桩、碎石桩)之间的一种桩形，其承载性能又与刚性桩接近(当桩体强度在 500kPa 以上时)，因此布桩范围与基础底面相同即可，不必加宽。

(4)桩径、桩长与桩体强度的选定与计算

桩径依搅拌机叶片直径而定，为 50 ~ 100cm。

桩长根据软土层的厚度确定，一般应达到软土层底部。如果软土层过于深厚，当施工设备条件有限时，应按施工设备条件确定桩长，据以计算单桩承载力和桩体加固土强度；当桩长不受限制时，可先根据室内试验资料选定适当配合比的加固土强度，再据以计算单桩承载力和桩长；也可根据建筑物基础底面荷载和置换率选定单桩荷载，再计算所需桩体强度和桩长。计算中应尽可能使按桩体强度计算的单桩承载力略大于按桩长计算的基土对桩的支撑力，这样较为经济。

一般当桩体强度较高(在 500kPa 以上)时，计算单桩承载力可套用与刚性桩相似的公式；桩体强度较低时，宜按一般复合地基原理计算地基平均容许承载力和桩、土应力。

计算公式从略。

(5)固化材料

水泥及外掺剂的品种及配合比按试验资料要求采用;石灰应为质地纯净的一等石灰,氧化钙和氧化镁含量不少于85%,并应磨细,最大粉粒应小于0.2mm。

3. 施工工艺

(1)施工机械及配套机械

①粉体喷射法搅拌施工机械。

最早的用于制作石灰土桩的粉体喷射搅拌机生产于瑞典。粉体喷射搅拌法施工的主要机械式钻机,为了便于运输,钻机及桅杆架可安装在载体(如汽车)上。钻机应具有较大的动力和扭矩,适合大直径钻头成桩,要求提升力大且能做到匀速提升;搅拌钻头形式具有正向旋转钻进、反向旋转提升的功能,并能保证反向旋转提升时,对桩中土体有压密作用,而不是使灰、土向地面翻升。搅拌机主要配备机械有:粉体发送器——定时定量发送粉体的设备,其工作原理如图7-6-17所示;空气压缩机——压力无需很高、风量也不宜很大,视加固工程的地质条件和加固深度而定。

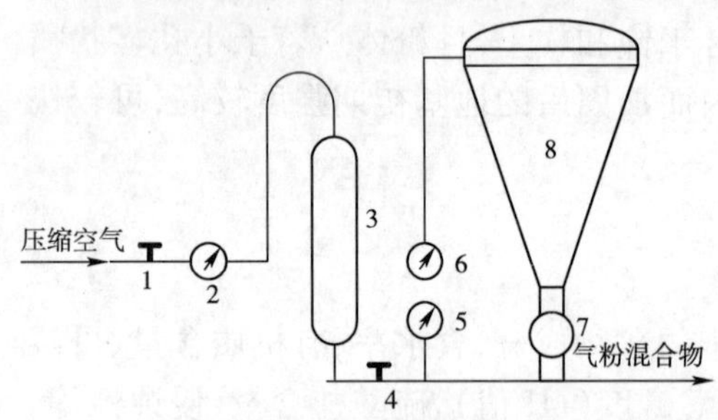

图7-6-17 粉体发送器的工作原理

1-节流阀;2-流量计;3-气水分离器;4-安全阀;5-管道压力表;6-灰罐压力表;7-发送器转鼓;8-灰罐

②深层搅拌机深层搅拌机国内主要有SJB系列和GZB-600型。SJB-1型是从两根搅拌轴之间的另一根管子输出,成桩截面为"8字"形,轮廓尺寸等于搅拌翼片外径。其搅拌均匀程度不如GZB-600型,但能适用于多种固化材料。除水泥浆外还可使用水泥砂浆、粉煤灰等粗粒固化剂。

GZB-600型为单搅拌轴,输浆方式为从叶片上若干小孔喷出,与土体混合比较均匀,成桩截面为圆形(直径为0.6m),适用于大直径叶片和连续搅拌,但由于孔眼较小易被浆液堵塞。

深层搅拌机配套机械主要应有:灰浆计量配料装置,含灰浆拌制机、集料斗;灰浆泵和测定灌浆压力和流量的装置。灰浆泵的出口,由压力胶管与深层搅拌机的输浆管相接。

(2)施工准备

①平整场地:清除地面上下块径大于10cm的不利搅拌的石块、树根等障碍物,低洼处用黏质土回填。如表层土质过软应铺垫干砂,不宜铺垫碎石以免造成钻进困难。

②测量定桩:基坑底面高程宜控制在设计高程以上0.5m,这0.5m留待制桩完毕再行挖除。按设计桩位放样,钉立小木桩,按施钻顺序编号。

③根据设计要求和试验资料,选定固化材料种类和掺配比例,确定搅拌工艺。

(3)粉体喷射深层搅拌法施工顺序(图7-6-18)

①对准桩位:移动喷射搅拌机使搅拌轴垂直、钻头对准桩位,同时准备好合格粉料

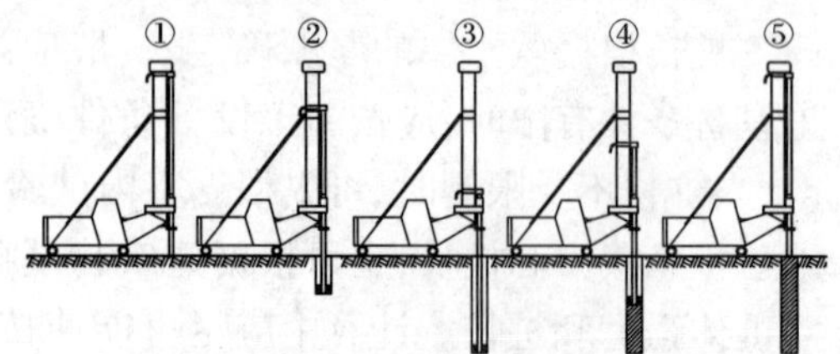

图7-6-18 粉体喷射深层搅拌法施工顺序

①-对准桩位;②-正转下沉;③-钻至设计深度;④-反转喷灰搅拌提升;⑤-桩柱制成

(水泥或石灰)装入粉体发送器的灰灌内。

②正转下沉:启动搅拌钻机及空压机、钻头正转钻进,入土50cm后喷射压缩空气,钻至设计深度后停钻。

③反转喷灰搅拌提升:启动搅拌钻机,钻头反向旋转匀速提升,同时启动粉体发送器,按设计配合钻头提升速度,定时定量通过空心钻杆将粉气混合物喷入桩位下被搅动的土体,边转边喷边提,使桩位土体与粉料充分拌和逐渐提高;当钻头提升至地面下0.5m高处时,停止送灰,钻杆逐渐提升直至地面,桩柱制成,检查喷灰量是否达到设计要求。

④移动搅拌机,重复上述工序依次逐桩喷搅、制桩。

施工注意事项:

①桩位、桩长、喷灰量、提升速度应严格按设计要求控制。

②粉喷桩要求一次成桩,一旦出现断桩应将钻头从停止喷粉点下降50cm重新喷粉搅拌。中间因故停机时应予重钻。

③要认真逐桩填写施工记录,内容包括:粉体种类、桩径、孔深、孔底高程、停灰面高程、加灰量、剩余灰量、实用灰量、每延米含灰量。喷粉机司机应及时观察,记录电流、电压值(正常的参考电流值软土层为40~50A,硬土层为50~80A)。

④施工中常见的故障及处理方法见表7-6-10。

粉体喷搅法施工常见故障及处理方法 表7-6-10

序号	常见故障	产生原因	处理方法及措施
1	搅拌下沉困难; 电流值偏高	(1)电压偏低; (2)土质硬、阻力太大; (3)遇到大石块、树根等	(1)调升电压; (2)适量加水; (3)开挖排除
2	钻头钻不到设计深度, 但电流值不高	(1)土质太黏; (2)粉喷机自重不够	增加粉喷机自重
3	软管堵塞	(1)软管内有水泥结块; (2)遇到厚砂层	(1)拆洗软管; (2)提升钻管再打,或全部提升完钻杆后再打
4	喷灰提升未到设计顶面高程,灰已排完	(1)电子秤不准; (2)胶管漏灰; (3)增加灰量	(1)修复电子秤; (2)检查胶管,修复; (3)重新核定灰量
5	接近设计高程时,下沉困难	遇到黏土、石块等障碍物	提高电流值,如果电流达80A,仍无效果,可提升喷灰并做好记录

(4)浆液喷射深层搅拌法施工顺序(图7-6-19)

①就位:将搅拌机移至加固桩位,使起吊设备保持水平,钻头垂直对准桩位,启动电机。

②预搅下沉:待搅拌机搅拌头转速正常后,启动电机使搅拌机沿导向管边旋转搅土边下沉,此时工作电流不应大于70A,直至设计深度。

在预搅下沉至一定深度后开始按设计配合比搅拌水泥浆,压浆前将拌制好的水泥浆存入储料罐。

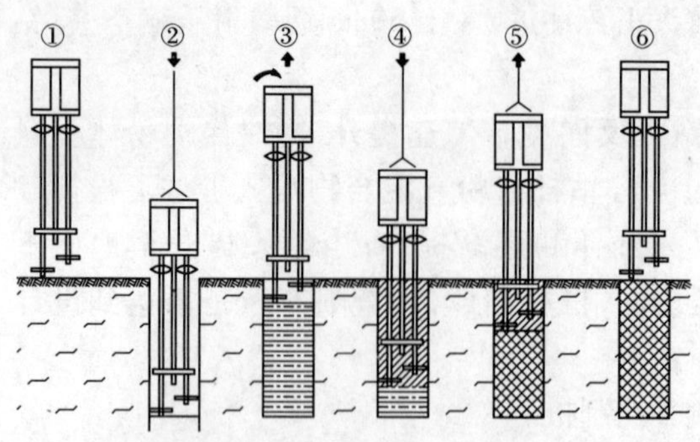

图 7-6-19 浆液喷射深层搅拌法施工顺序

①-对准桩位;②-预搅下沉;③-喷浆搅拌提升;

④-重复搅拌下沉;⑤-重复搅拌提升;⑥-桩柱制成

③喷浆搅拌提升:开动灰浆泵将水泥浆通过搅拌钻机泵入被搅动过的土基,同时将搅拌机按规定速率匀速提升,边提升、边喷浆、边搅拌,使水泥浆与土体充分拌和,直至地面以下 0.5m。

④重复搅拌下沉:为使搅拌更趋均匀,再次边搅拌边下沉,直至设计深度。

⑤重复搅拌提升:再次从设计深度边搅拌边提升,直至提出地面,桩柱制成。

⑥移动搅拌机,重复上述工序依次逐桩喷搅、制桩。

施工注意事项:

①施工中应控制好深层搅拌机提升速度均匀连续,它是控制注浆量、搅拌均匀程度,保证加固效果的关键。规定第一次喷浆搅拌提升至桩顶时,储料罐中水泥浆应正好排空,如有剩余应在工序⑤重复搅拌提升中喷完,且应根据所剩多少,尽量喷在靠近桩顶附近的桩段。

②每台班加固完毕必须立即将储料罐、灰浆泵、深层搅拌机及相关的管道用清水冲洗干净。

4. 质量要求和检验

(1)质量要求

①桩位偏差不大于 5cm,桩体垂直偏差不超过 1.5%;

②桩体强度符合设计要求,桩身连续均匀。

(2)质量检验

①检查原始记录是否详尽、如实,如有不符合要求的,应采取补救措施;

②按桩数 2% 作开挖检验,对桩顶以下 1.0m 附近进行外管检查,量测直径应符合设计,桩身应连续匀称、灰土拌和均匀;

③从开挖外露桩体取样检验,切取试件作室内抗压强度及压缩试验;

④于成桩后 7d 内采用标准贯入或轻便触探,根据击数对比判断桩体强度;

⑤做复合地基和单桩的静载试验以检验加固效果。

(七)高压喷射注浆法

1. 概述

高压喷射注浆法于 20 世纪 70 年代始于日本,是在化学注浆的基础上采用高压水射流切割技术发展起来的一种地基处理方法。它是利用钻机把带有特殊喷嘴的注浆管钻进土层的预定位置后,用高压泥浆泵等高压发生装置,使浆液或水成为 20MPa 左右的高压喷射流,从注浆管底部侧面的喷嘴喷出,同时钻杆以一定速度徐徐提升,不断以强力冲击切削土体,除一部分细小土粒随浆液冒出水面外,其余在喷射力有效作用范围内从土体剥落下来的土粒与浆液充分搅拌混合,并按一定的浆土比例有规律的重新排列。浆液经过一定时间凝固后即在土中形成一个固结体,其形状与射流移动方向有关,有三种基本形式。(1)旋转喷射注浆法简称旋喷法:喷嘴一面喷射一面旋转提升,固结体呈圆柱状和圆盘状;(2)定向喷射注浆法简称定喷法:喷射方向固定不变,固结体形如墙板状;(3)摆喷注浆法:喷射方向来回摆动,固结体呈扇状,固结体形状如图 7-6-20 所示。

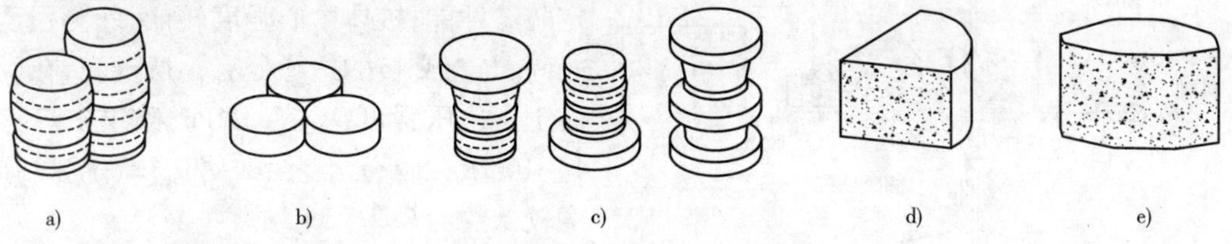

图 7-6-20 固结体的基本形状示意图

a)均匀圆柱体;b)圆盘柱;c)异形圆柱体;d)扇形;e)墙板状

高压喷射注浆工艺有单管法、二重管法、三重管法三种。单管法是以注浆管(单管)从底部侧面喷嘴单独喷射 20MPa 的高压浆液,参见图 7-6-21。

二重管法是使用双通道的二重管注浆管,从管底侧面的一个同轴双重喷嘴,同时喷射 20MPa 的高压浆液和 0.7MPa 的压缩空气复合流,参见图 7-6-22。

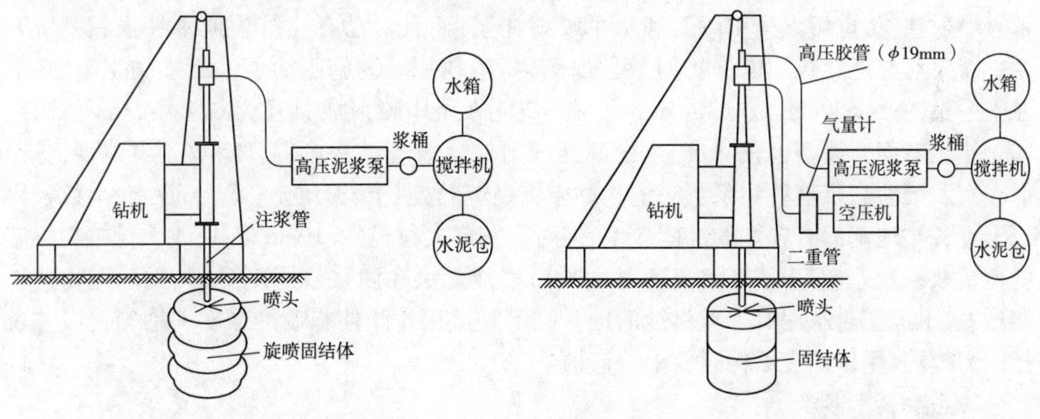

图 7-6-21 单管旋喷注浆示意图

图 7-6-22 二重管旋喷注浆示意图

三重管法是使用三重注浆管,分别输送水、气、浆三种介质,在 20MPa 高压水喷射流的周围,环绕一股 0.7MPa 的筒状气流,同轴喷射冲切土体。土基中一部分土粒随水、气排出地面形成较大空隙,由泥浆泵注入 2~5MPa 高压浆液充填,参见图 7-6-23。这三种类型均属于部分置换性质。旋喷注浆法可以采用其中的任何一种,定喷和摆喷注浆法则宜采用三重管法。

此外还有一种多重管法,这种方法首先需在地面钻一导孔,然后置入多重管,用逐渐向下运动的旋转超高压水射流(压力约 40MPa)切削破坏土体,使成泥浆,随即用真空泵将泥浆从多重管中抽出。如此反复冲抽,便在地层中形成一个较大的空间,最后根据工程要求选用泥浆、砂浆、砾石等材料填充,于是在地层中形成一个大直径的柱状固结体,在砂质土中最大直径可达 4m,如图 7-6-24 所示。

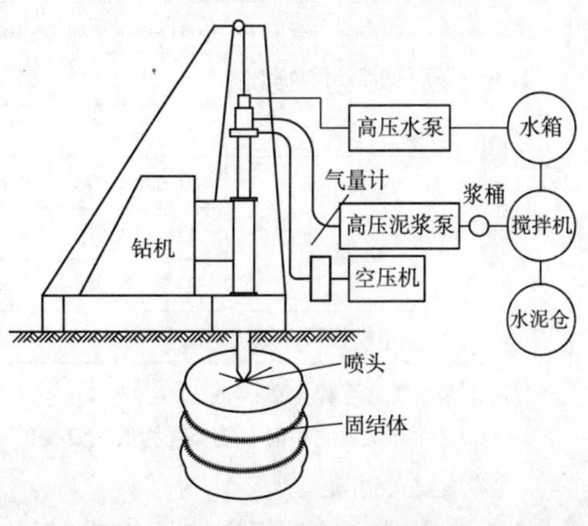

图 7-6-23 三重管旋喷注浆示意图

高压喷射注浆法固结体的形状与土质、土的均匀密实程度以及喷嘴移动方向、持续喷射时间有密切关系。固结体的密度一般小于或接近原状土的密度，其透气性和透水性差，渗透系数一般为 $10^{-6} \sim 10^{-7}$ cm/s，具有一定防渗性能；桩体中心强度较低，外侧强度较高，与土交换的边缘处有一层硬壳，在黏质土中抗压强度为 1～5MPa，砂土中可达 4～10MPa，最高可达 10～20MPa，抗拉强度较低约为 0.2～2MPa。

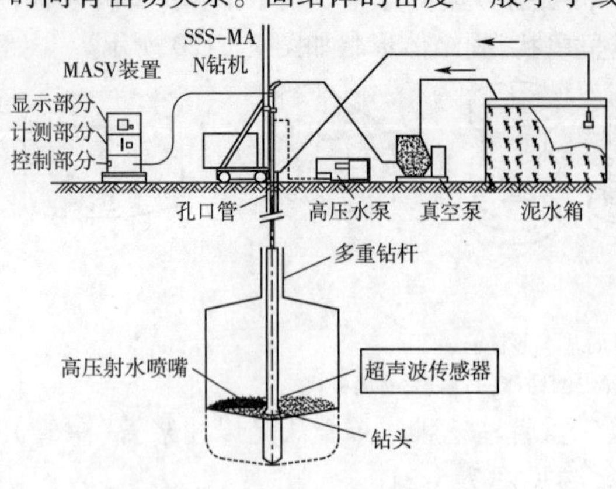

图 7-6-24　多重管旋喷示意图

高压喷射注浆法的特点是：①适用范围广。旋喷法主要用于加固地基，提高地基承载力，改变土的变形性质，也可形成闭合的帷幕，用于截阻地下水流或防止洪水对桥涵、路堤基础的冲刷；定喷法通常用于基坑防渗，改善地基土的水流性质和稳定边坡等工程。②高压喷射注浆一般采用在地面垂直喷射注浆，也可以采用倾斜和水平喷射注浆；而且对已有建筑物地基补强和基坑开挖中需要对邻近建筑加以保护时，可发挥其特殊作用。③施工简便。旋喷施工时，只需在土中钻一个 ϕ50mm 或 ϕ30mm 的小孔，便能在土中喷射成直径为 0.4～4.0m 的固结体。④相对而言设备也较简单，全套高压喷射注浆设备结构紧凑、体积小、占地少、噪声低。实践证明高压喷射注浆法对饱和黏质土、软塑黏质土、粉质土、黄土、砂土、小粒径碎石土等各类地基都有较好的加固效果，但对有较多大粒径（>10cm）石块或大量植物根茎的地基效果较差，对于地下水流速过大喷射浆液无法在注浆管周围凝固、无填充物的岩溶地段、永冻土对水泥有严重腐蚀的地基则不宜适用。此外旋喷桩强度不均匀，抗弯、抗拉能力较弱，用作挡土结构时要十分谨慎。

2. 主要技术参数

(1)桩径及强度

用旋喷注浆加固的地基，桩的强度和直径应通过现场试验确定，并采用复合地基的模式计算承载力。计算时桩径亦可参照表 7-6-11 的平均值选用，按 28d 强度计算，后期强度增长作为安全储备，采用表中单桩极限承载力时，安全系数应取 2～3。

旋喷桩直径及单桩极限承载力参考值　　表 7-6-11

项目				单管法	二重管法	三重管法
基土标准贯入击数	粉质土	$0<N<5$	m	0.5～0.8	0.8～1.2	1.2～1.8
		$6<N<10$	m	0.4～0.7	0.7～1.1	1.0～1.6
		$11<N<20$	m	0.3～0.5	0.6～0.9	0.7～1.2
	砂土	$0<N<10$	m	0.6～1.0	1.0～1.4	1.5～2.0
		$11<N<20$	m	0.5～0.9	0.9～1.3	1.2～1.8
		$21<N<30$	m	0.4～0.8	0.8～1.2	0.9～1.5
单桩极限承载力			kN	50～60	100～120	200

注：①多重管法直径为 2～4m。
②定喷和摆喷的单向有效长度为旋喷直径的 1.0～1.5 倍。

(2)孔位布置

①堵水或防渗工程宜按两排或三排布孔，使各排旋喷桩圈交相搭叠形成帷幕，孔距

为1.73R(R为旋喷固结体半径),排距为1.5R,见图7-6-25。

②加固地基桩距应在复合地基承载力满足结构物要求前提下,按矩形或梅花形布置,并使各桩受力尽可能均等,一般桩距为6~8R。

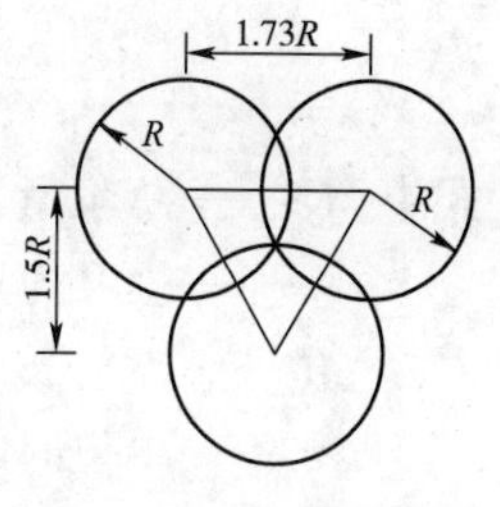

图7-6-25 布孔孔距图

(3)浆液材料及配方

化学浆液因费用昂贵而很少采用,一般均为水泥浆液,无特殊要求的工程宜采用32.5级、42.5级硅酸盐水泥,水灰比一般在1:1~1.5:1,水泥浆相对密度为1.3~1.49。纯水泥浆的基本性能见表7-6-12,根据工程需要可适量掺入外加剂和掺和料以改善水泥浆液性能,常用配方见表7-6-13。当有抗渗要求时,不宜使用矿渣水泥。

纯水泥浆液的基本性能 表7-6-12

水灰比(质量比)	黏度(s)	相对密度	凝结时间(h:min)		结凝率(%)	抗压强度(MPa)			
			初凝	终凝		3d	7d	14d	28d
0.5:1	139	1.86	7:41	12:36	99	4.14	6.46	15.30	22.0
0.75:1	33	1.62	10:47	20:33	97	2.40	2.60	5.50	11.2
1:1	18	1.49	14:56	24:27	85	2.00	2.40	—	8.9
1.5:1	17	1.37	16:52	34:47	67	2.00	2.30	—	—
2:1	16	1.30	17:7	48:15	56	1.66	—	—	2.3

旋喷注浆浆液外加剂配方表 表7-6-13

序号	外加剂成分及含量(%)	浆液特性
1	氯化钙(2~4)	促凝、早强、可灌性好
2	氯酸钠2	促凝、强度增长慢、稠度大
3	水玻璃2	初凝快、终凝时间长、成本低、抗渗性好
4	三乙醇胺0.03~0.05,食盐1	有早强作用
5	三乙醇胺0.03~0.05,食盐1,氯化钠2~3	促凝、早强、可喷性好
6	氯化钙(或水玻璃)2,"NNO"0.5	促凝、早强、强度高、浆液稳定性好
7	氯化钠1,亚硝酸钠0.5,三乙醇胺0.03~0.05	防腐蚀、早强、后期强度高
8	粉煤灰25	调节强度、节约水泥
9	粉煤灰25,氯化钙2	促凝、节约水泥
10	粉煤灰25,三乙醇胺0.03	促凝、早强、节约水泥
11	粉煤灰25,硫酸钠1,三乙醇胺0.03	早强、抗冻性好
12	矿渣25	提高固结体强度、节约水泥
13	矿渣25,氯化钙2	促凝、早强、节约水泥
14	水:水泥:陶土:碱=1~1.5:1:0.03:0.0009	改善悬浮性、饱水性和可喷性
15	1000L水泥浆液中:水688kg,水泥983kg,铝粉29kg	不收缩、有膨胀性

(4)浆量计算

在施工机具、工艺及主要喷射技术参数选定后,可按单位时间喷射的浆量及喷射持

续时间计算总浆量,计算公式为:

$$Q = \frac{H}{v}q(1+\beta) \tag{7-6-49}$$

式中:Q——总浆量,m^3;

v——提升速度,m/min;

H——喷射长度,m;

q——单位时间喷射量,m^3/min;

β——损失系数,通常为0.1~0.3。

根据计算所得总浆量及水灰比可求的水泥需用量。

(5)高压喷射注浆工艺主要技术参数(表7-6-14)

高压喷射注浆主要技术参数 表7-6-14

高压喷射注浆方法			单管法	二重管法	三重管法
水	压力	MPa			20
	流量	L/min			80~120
	喷嘴个数及孔径	个、mm			一或两个,ϕ2~ϕ3
空气	压力	MPa		0.5~0.7	0.5~0.7
	流量	m^3/min		1~3	1~3
	喷嘴个数及间隙	个、mm		一或两个,1~2	一或两个1~2
浆液	压力	MPa	15~20	15~20	1~3
	流量	L/min	40~120	40~120	100~200
	喷嘴个数及孔径	个、mm	两个,ϕ2~ϕ3	一或两个,ϕ2~ϕ3	两个ϕ10或一个ϕ14
注浆管	外径	mm	ϕ42,ϕ45	ϕ42,ϕ50,ϕ75	ϕ75,ϕ90
	提升速度	cm/min	15~25	7~20	7~20
	旋转速度	r/min	16~20	5~16	5~16
最大深度		m	45	30	30
固结体直径		m	0.3~1.0	0.6~1.8	0.7~2.0

3.施工工艺

(1)施工机具设备

高压喷射注浆的施工机具及设备由高压发生装置、钻机注浆、特种钻杆和高压管路等组成,不同喷射方法所需主要机具设备可参考相关厂家产品信息,其中有一些可选用施工单位常备机械作局部修改或附设调速装置以满足旋喷要求。此外尚需配备操纵控制系统、各种压力、流量仪表及安全设施。机具配套零件及易损件要有一定储备,以便在出现故障不能即刻排除时更换之用。

(2)施工准备工作

施工准备工作包括:①平整场地,合理布置料棚及机具设备安设地点、水电接头和排水沟位置,尽量紧凑缩短高压软水管的距离;图7-6-26为单管旋喷法布置示意图;②按设计标定孔位;③搭设临时工棚,储存一定数量材料;④机械检修、就位、试运转(先是空运转,然后负荷运转、试喷)。

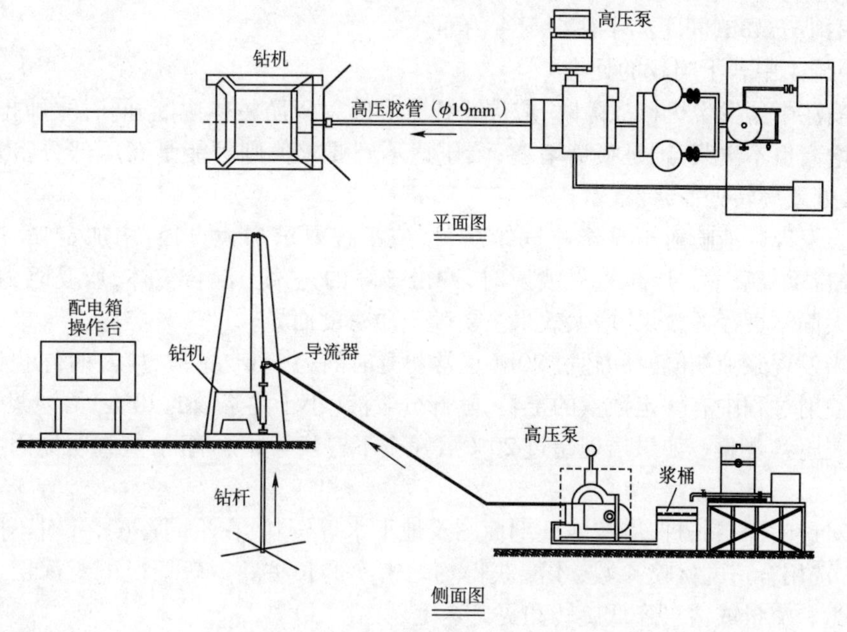

图 7-6-26　单管旋喷施工机具布置示意图

(3)施工程序

无论单管、二重管、三重管以致多重管，喷射注浆施工程序都基本一致，都是先把注浆管插入预定地层深度，自下而上进行喷射注浆作业。施工流程示意见图 7-6-27。

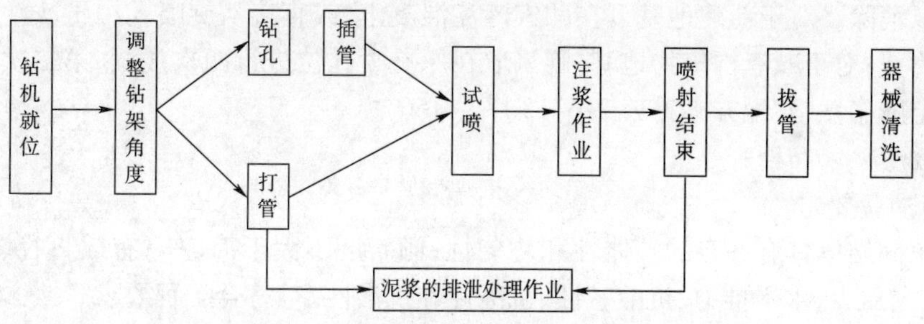

图 7-6-27　高压喷射注浆施工流程示意图

①钻机就位：钻机安置平稳，钻杆垂直、钻头对准孔位中心。

②钻孔插管：当使用 76 型或 70 型振动钻机钻孔时，钻孔与插管为一道工序，射水成孔的同时插管至预定深度；当使用工程地质钻孔完毕，必须拔出岩芯管，并换上旋喷管，边射水（水压应 <1MPa，过大宜射塌孔壁）边插管，直至预定深度。

③喷射注浆：水泥浆液应在喷射前 1h 内搅拌，当喷射达到设计高程喷注开始时先送高压水，再送浆液和压缩空气，在底部旋喷 1min，当达到预定喷射压力及喷浆量后再边旋转边提升，以防浆管扭断，钻管的旋转和提升必须连续不断；当注浆管不能一次提升完成而需分次拆卸时，拆卸动作要快，卸管后继续喷射的搭接长度不得小于 10cm。

④冲洗及移动机具：当喷射提升到设计高程后，即告旋喷结束。此时应立即拔出注浆管，用清水彻底清洗包括泥浆泵和高压泵，管内、机内不得残存浆液和其他杂物。通常把浆液换成水，在地面上喷射，以便把泥浆泵、注浆软管内的浆液全部排出，损坏部件要及时修理和更换，运转部分要抹黄油。然后将机具设备移动下一孔位，相邻两桩施工间

隔时间不小于 48h，间距亦不得小于 4 ~6m。

(4)施工中若干问题的处理

①喷注中途发生机械故障时，应停止提升和喷射以防桩体中断，同时立即排除故障。如泵压增高也不出浆，则是喷嘴堵塞；泵压达不到要求值则可能是高压部分密封性能不好，连接处或旋转处漏浆、漏水。

②当发现浆液喷射不足影响固结质量，或工程要求加大直径，增加定喷、摇喷长度时，可进行重复喷射。原位重复喷射时，冲击破坏的是浆土混合液体，所受阻力较小，因此有增大固结直径的效果，增大效果主要随土质密度而异。

③当发现浆液初凝时间超过 20h（正常初凝时间为 15h 左右），应及时停止使用该水泥。在喷射过程中有一定数量的土粒，随部分浆液（小于注浆量的 20%）沿注浆管管壁冒出地面属正常现象。如果出现超过 20% 或完全不冒浆等异常情况，应查明原因并采取相应措施。

④对旋喷深层长桩，应按地址剖面图及地下水等资料，在不同深度，针对不同地质土质情况，选用合适的旋喷参数，才能获得均匀密实的长桩。一般情况下对深层、硬土，应增加压力和流量或适当降低旋转和提升速度。

⑤固结体形状可以根据工程需要，通过调整喷射压力和注浆量，改变喷嘴移动方向和旋转提升速度予以控制。通常在顶部或底部喷射时，可加大压力减少喷嘴旋转提升速度进行复喷，使呈大帽状或大底状，以增加承载力。

⑥由于浆液析水、收缩，固结体顶部有可能出现凹穴，一般深 0.3 ~1.0m，必须采取措施予以消除。对于新建地基可在凹穴灌注混凝土，或直接从旋喷孔中再次注入浆液填满凹穴为止；对于既有构筑物地基，则采取在原旋喷孔位进行两次注浆，第二次注浆液应具有一定膨胀性，其配方参见表 7-6-13 序号 15。

4. 质量要求和检验

(1)质量要求

要求固结体具有一定的整体性和均匀性；倾斜度不大于 1.5%；有效直径、强度特性（包括轴向压力、水平推力、抗酸碱性、抗冻性和抗渗性）等符合工程要求。

(2)质量检验

施工前通过现场试喷，验证各项技术参数、浆液配方是否合宜；喷射注浆过程中检查浆液初凝时间、注浆质量、风量、压力、旋转及提升速度等技术数据是否达到设计要求，并按规定做好记录。注浆结束后 4 周还应对固结体进行检验。

检验点宜选在建筑物荷载较大的部位、帷幕或基础中心线上以及地质情况复杂或施工中曾出现异常情况的部位。

检验数量为喷射固结体数量的 2% ~5%，不足 20 孔的工程至少检查 2 个点，不合格的要进行处理。

检验方法如下：

①开挖检查：一般限于浅层，全面检查喷射固结体质量、固结体形状、均匀性和垂直度。

②室内试验：开挖后制作固结体标准试件，进行各种力学物理性能试验。

③钻孔试验：对固结体钻孔，取岩芯，观察判断其固结整体性，就岩芯做室内试验；钻孔做压力注水和抽水两种渗透试验，测试其抗渗能力；在固结体中部距旋喷注浆孔中心

0.15~0.20m,每隔一定深度做一标准贯入 N 值试验。

④荷载试验:包括平板静载试验、孔内荷载试验。

(八)化学液体加固法

1.概述

化学液体加固法(仅指静压灌浆法,不包括高压喷射注浆和深层搅拌)是利用液压、气压或电化学原理,通过注液管把化学浆液均匀的注入地层中,浆液以填充、渗透和挤密等方式置换土颗粒或岩石裂隙中的水分和空气,经化学反应后一段时间,浆液可将原来松散的土粒或裂缝胶结形成一个强度大、防水、防渗性高的化学稳定性好的、新的结构体。常用的化学液体加固法,主要有硅化加固法和碱液固化法两种。可用于提高地基承载力、减少地基的沉陷和不均匀沉降;防渗、防止流沙,改善地下工程开挖条件;防止墩、台基础和边坡护岸的冲刷。

硅化加固法有:无压硅化、压力硅化和电动硅化。压力硅化又分单液硅化和双液硅化,电动硅化则为双液硅化。单液硅化法是将水玻璃(硅酸钠溶液)或水玻璃与作用缓慢的胶凝剂预先混合成一种溶液,用泵或压缩空气加压通过注液管压入土中。双液硅化法是以水玻璃为主剂,氯化钙溶液为为无机胶凝剂,在不同注液管或不同时间分别轮流压入土中,在土中混合发生化学反应而凝结;电动双液硅化法是在压力双液硅化法的基础上设置电极,通入直流电以引起电渗、电解,扩大溶液的影响半径,促使离子交换和胶结物的形成。各种硅化法适用范围视所加固土的渗透系数而异,见表7-6-15。加固湿陷性黄土时可利用黄土中的钙盐,无需再掺氯化钙溶液,故宜采用单液硅化法。

硅化法的适用范围及化学溶液的密度 表7-6-15

硅化方式	土的种类	土的渗透性(m/d)	溶液的密度($t=18$℃)(°Bé)	
			水玻璃(模数2.5~3.3)	氯化钙
电动双液硅化	各类土	≤0.1	1.13~1.21	1.07~1.11
压力双液硅化	砂类土和黏质土	0.1~10	1.35~1.36	1.26~1.28
		10~20	1.38~1.41	
		20~80	1.41~1.44	
无压或压力单液硅化	湿陷性黄土	0.1~2	1.13~1.25	

硅化法的主要缺点是硅胶脱水收缩会降低加固效果,因此要求灌浆体不能暴露在干燥空气中,不能浸泡在地下水pH值大于9.0的溶蚀性的水中,也不适用于已被沥青、油脂和石油化合物所浸透的土层。

碱液固化法是将一定深度、温度的碱(氢氧化钠)溶液借自重贯入灌入黄土中,与黄土中的二氧化硅及三氧化铝化学反应生成钠硅酸盐、铝酸盐以及钙硅酸盐复合物,牢固的胶结着土颗粒,从而提高土的强度。实践证明,加固后的黄土极限抗压强度约可提高10倍,达到0.5MPa左右,湿陷性显著减小,水稳性明显改善。碱液加固法适用于湿陷性黄土地基,其他黏质土、素填土以及地下水位以下的黄土地基须经试验证明有效时采用,但长期受酸性污水侵蚀的地基不宜采用。碱液加固地基,宜根据土的不同成分分别采用单液(碱溶液)或双液(碱溶液和氯化钙溶液),一般对于钙镁离子饱和的黏质土,可只用碱液单液加固。碱液加固法具有设备简单,施工操作容易,工料费用较低(仅为硅化法的1/3)等优点。

2. 主要技术参数

(1)不同渗透系数土的硅化加固半径和溶液灌注速度、硅化后抗压强度见表 7-6-16。

压力硅化法加固半径、溶液灌注速度　　表 7-6-16

方　法		单液硅化法				双液硅化法			
土类		湿陷性黄土				砂类土			
土的渗透性	m/d	0.1~0.3	0.3~0.5	0.5~1.0	1.0~2.0	<10	10~20	20~50	50~80
土的加固半径 R	m	0.3~0.4	0.4~0.6	0.6~0.9	0.9~1.0	0.3~0.4	0.4~0.6	0.6~0.8	0.8~1.0
溶液灌注速度	L/min	2~3		3~5		1~2	2~3	3~5	
硅化后抗压强度	MPa	0.6~1.0				1~5			

(2)压力硅化法的压力。

压力硅化法灌注溶液的压力,一般不超过 0.3MPa(表压),不能过高,以免溶液流散,宜采用低压慢灌,以保证质量。

(3)孔位布置。

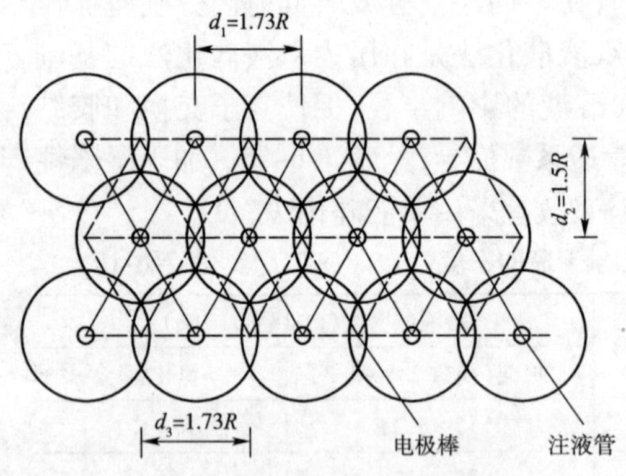

图 7-6-28　注液管电极棒平面布置图
R-注液管半径;d_1-注液管间距;
d_2-注液管排距;d_3-电极间距

孔位布置应能使被加固土体在平面和深度范围内连成一个整体,每边超出基础底面宽度不小于 0.5m,以平面呈三角形、间距为 1.73R 为宜、排距为 1.5R 为宜。

(4)电动硅化法的电压梯度。

采用电动硅化时,直流电源的电压梯度宜为 0.5~0.75V/cm;如用钢筋作为电击棒时,其直径不得小于 22mm,平面布置参照图 7-6-28。

(5)碱液固化法的孔位布置。

碱液加固注液孔一般在基础两侧或周边各布置一排,孔距取 0.7~0.8m,如不要求加固体连成一片,孔距为 1.2~1.5m。单孔有效加固半径 R 约 0.4m,有效加挂深度为孔长加 0.5R。

(6)材料要求和用量。

①硅化加固法:一般水玻璃模数宜为 2.5~3.3,不溶于水的杂质含量不超过 2%,颜色为透明或捎带浑浊;氯化钙溶液 pH 值不得小于 5.5~6.0,每一升溶液中杂质不得超过 60g,悬浮颗粒不得超过 1%。溶液总容量按下式计算:

$$Q = 1\,000KVn \tag{7-6-50}$$

式中:Q——溶液总用量,L;

V——硅化土的体积,m^3;

n——土的孔隙率;

K——经验系数,液塑—软塑状黏质土、细砂,K=0.3~0.5;中砂、粗砂,K=0.5~0.7;砾砂,K=0.7~1.0;湿陷性黄土,K=0.5~0.8。

几种实用的水玻璃类浆液组成、性能及主要用途见表 7-6-17。

水玻璃类浆液组成、性能及主要用途　　表 7-6-17

原料		规格要求	用量（体积比）	凝胶时间	注入方式	抗压强度（MPa）	主要用途	备注
水玻璃—氯化钙	水玻璃	模数:2.5 ~ 3.0，浓度:43 ~ 45°Bé	45%	瞬间	单管或双管	<3	地基加固	注液效果受操作技术影响较大
	氯化钙	相对密度:1.26 ~ 1.28，浓度:30 ~ 32°Bé	55%					
水玻璃—铝酸盐	水玻璃	模数: 2.3 ~ 3.4，浓度:40°Bé	1	几十秒至几十分	双液	<3	堵水或地基加固	改变水玻璃模数、浓度、氯酸钠含铝量和温度可调节凝胶时间，氯酸钠含铝量多少影响抗压强度
	铝酸盐	含铝量 0.01 ~ 0.19kg/L	1					
水玻璃—硅氟酸	水玻璃	模数:2.4 ~ 3.4，浓度:30 ~ 45°Bé	1	几秒至几十分	双液	<1	堵水或地基加固	两液等体积注浆，铝氟酸不足部分加水补充，两液相遇有絮状沉淀产生
	硅氟酸	浓度:28% ~ 30%	0.1 ~ 0.4					

②碱液加固法：碱溶液可用浓度较大的烧碱液（NaOH 含量大于 30%）或固体烧碱加水配制，对于 NaOH 含量大于 50g/L 的工业废碱液和用土碱及石灰烧煮的土烧碱液，经试验证明有效时也可使用。在配制的碱液中，不溶性杂质含量不宜超过 1g/L，Na_2CO_3 含量不应超过 NaOH 的 5%。

如采用双液时，氯化钙溶液的要求与上述硅化法所用氯化钙要求相同。

加固每立方米黄土需 100% 含量的纯碱 35 ~ 45kg，约相当于干土质量的 3%。

(7) 硅化法所需机具设备。

①注液管：注液管由直径 20 ~ 50mm、壁厚不小于 5mm 的钢管制成，包括管尖、有孔管和无孔接长管三部分。管尖是一个 25° ~ 30° 的圆锥体，尾部带有丝扣，与有孔管连接；有孔管一般长 0.4 ~ 1.0m，每米长度内应有孔眼 60 ~ 80 个，孔眼宜加工成喇叭口形，直径为 1 ~ 3mm，分四排交错排列；无孔接长管一般长 1.5 ~ 2.0m，两端有丝扣，可根据需要接长。

②齿轮泵和空气压缩设备：应能在 0.6MPa（表压）的压力内，向每个注液管以 5 ~ 10L/min 的速度供应溶液；输送溶液和输送压缩空气的胶管、软管和注液用的连接部、阀等，其规格应能适应灌注溶液所采用的压力。

③打孔设备：采用振动打拔管机、振动钻或三角架穿心锤，锤的质量为 25 ~ 30kg，此外还应配备拔管设备，冲洗管道的水泵及带有喷嘴的胶管。

④其他：溶液搅拌设备和盛放溶液的桶（罐）以及压力表、温度计、比重计等。采用电动硅化液时，还应配备直流电源设备（直流发电机或整流器）以及电路所需设备。

(8)碱液加固简易设备(图7-6-29)。

3. 施工

(1)硅化法灌液操作程序

硅化法灌液操作工序分:打管、冲管、试水、灌液和拔管五道工序。

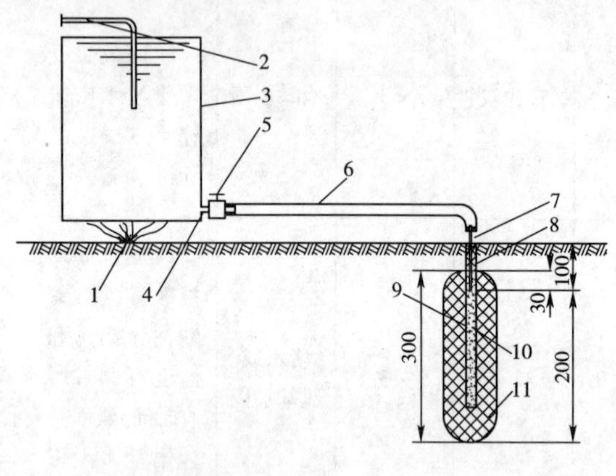

图7-6-29　碱化加固简易设备示意图(尺寸单位:mm)
1-煤火;2-蒸汽管;3-液桶;4-ϕ20mm铁管;5-阀门;6-ϕ25mm胶管;7-ϕ20mm注液管;8-封孔夯实填土;9-灌砂孔;10-小石子;11-加固土体

①打管:设置注液管和电击棒(当采用电动硅化法时)宜采用打入法,如土层较深,宜事先钻孔至所需加固区域顶面以上2~3m,钻孔的孔径应不小于注液管和电极棒的外径,然后再行打入,打入注液管及电极棒应采用导向装置,注液管底端间距的偏差不得超过20%,超过时应补打注液管(或重打)。打管前应检查带有孔眼的注液管使孔眼保持畅通,用于粉砂、细砂的注液管,其带有孔眼部分宜加防滤层或其他防护措施,以防土粒堵塞孔眼。每个钻孔的孔壁与注液管间的空隙应用土填实。

②冲管:打管时难免有砂子进入孔管的孔眼,故下管过程中要辅以灌水,以防填塞。用冲洗管(直径12~14mm钢管)放入注液管内,接上泵后压水冲洗,使管内杂质随水顺管口溢出,直到水变清为止。

③试水:冲洗干净后,装上混合器用泵试水,以免浆液顺利流入,并借此了解土的渗透系数,调整浆液配合比,检查泵及管路的运行情况。

④灌液:先用土或水泥、水玻璃混合料封闭溶液管壁与地面交接处,以防灌液时溶液沿管外壁上冒流窜,然后立即向土中灌注浆液。灌注初始压力宜小,随加固深度增加而增加,每深1m压力增加20~50kPa。灌注速度对加固体能否形成坚实整体影响很大,按表7-6-18所列速度控制,均匀灌入。

⑤拔管:灌注完后(电动硅化法应先停电、拆除电路、电极棒),应随即拔出注浆管,一般不要超过半天,若不及时拔管,浆液会把管子凝住,就更增加拔管困难,拔出管后要及时冲刷洗注液管等以保持畅通洁净。拔管可用桩架,并借卷扬机或三角架下挂倒链滑轮拔管,拔出后注液管后在土中所留下的孔洞,应用1∶5水泥砂浆填满。

硅化法施工要点如下。

①施工顺序应根据土的渗透系数决定:加固渗透系数相同的土层时,应自上而下进行,这样浆液分布均匀,不易上冒;如上层的渗透系数随深度而增大,则应自下而上进行;如相邻土层的土质不同,应首先加固渗透系数较大的土层。

②当采用压力法或电动法双液硅化法时,灌注浆液的顺序应根据地下水的流速按下列规定进行:

a. 当地下水流速小于1m/d时,先自上而下灌注水玻璃,然后再自下而上灌注氯化钙溶液;

b. 当地下水流速为1~3m/d时,轮流将水玻璃和氯化钙浆液注入;

c. 当地下水流速大于1m/d时,应先将水玻璃与氯化钙溶液同时注入,以降低地下水流速,然后轮流将水玻璃与氯化钙溶液注入。灌注水玻璃和氯化钙浆液的空隙时间不得超过表7-6-18的规定。

灌注水玻璃和氯化钙溶液的间隔时间　　表7-6-18

地下水流速(m/d)	0	0.5	1.0	1.5	3.0
最大间隔时间(h)	24	6	4	2	1

③采用单液硅化法时,溶液应逐排灌注,采用双液硅化法时,溶液应先由单数排的孔压入,然后再由双数排的孔压入,即间隔压入。

④灌注厚度一般不小于0.5m,一次灌注不能完成者需进行多层灌注,层次的厚度与工程要求和地基土的空隙大小有关,同时受注液管有孔长度限制。灌注前应通过试验确定,一般砂土每一加固层的厚度为注液管有孔部分长度加0.5R(R为注液管加固半径),湿陷性黄土及黏土每层加固厚度按试验确定。

⑤灌浆时要防止冒浆,当灌注深度较浅,土层的上部压力小,浆液就有可能溢出地面,为防止冒浆,在需加固的土层上应保留不少于1m厚的不加固土层。加固厚度不大时,应采用有孔部分较短的注液管,必要时在层灌注一定数量浆液后暂停灌注,待上层浆液凝固后再灌,有时要如此灌、停几次,或者采取提高水玻璃浓度以加快浆液凝固。

⑥采用电动硅化法时,正极接在注液管上,应注意对不需要加固土层的注液管涂沥青绝缘;加固地区的地表水应予疏干;通电时应由灌液时开始且与灌液同时连续进行,直至浆液灌完后电流曲线下降趋于平衡时为止,通电时间不得超过36h。

(2)碱化法灌液操作工序

碱化法灌液操作工序为打孔、插管和灌液。

①打孔:首先确定孔点打设顺序,应采取分期分批间隔打设,同一批打设的灌注孔其间距应根据土质条件采用2~3m,每孔必须在溶液全部灌注完,才可打设相邻灌注孔。孔径一般为50~70mm,可用洛阳铲或麻花钻成孔,也可用带有尖端的钢管打入土中拔出成孔。

②插管:当孔深小于3m时,先在孔中用粒径10~20mm的小石子填至液管下端高程处,然后插直径为20mm的白铁管(或钢管)。管的下部钻有孔眼,沿管每200mm钻3~4个ϕ3~4mm的孔眼,用5~10mm小石子填筑注液管周围约30cm高,上部用30cm高素填土填充夯实,以保证加固的均匀性,当加固深度超过5m时,应采用分层灌注。

③灌液:单液法先灌浓度较大(0.1~0.13kg/L)的碱液,再灌较稀(0.5kg/L)的碱液,溶液温度约为90~100℃,以自流的方式连续灌注,溶液应采取保温措施,温度愈高加固土体强度增长愈快。双液法是在碱液灌完后,间隔4~24h再灌氯化钙溶液,同样是先浓后稀。为加快渗透和硬化,溶液灌完后,可在注液管中通入100~150kPa的蒸汽加温1h。溶液可按预定浓度在灌注桶中配制好,然后用蒸汽或煤灰加热。

4.质量检验

(1)质量控制

施工过程要随时检查浆液材料品种、规格、配比和性能,钻孔位置及角度,灌注压力、灌入量等各项技术数据以及工艺流程。

(2)效果检验

砂类土和黄土地基应在注浆完毕15d后进行,黏质土地基应在60d后进行;抽检数量为灌液孔总数的 5% ~10%；应选择加固体内薄弱部位，如地质条件不好、灌液质量有怀疑的、灌注孔搭接部位等处进行检验。

①采取开挖竖井或大直径钻孔，直接观察地基加固后的整体性和外形、浆液充填情况。并取原状试件做物理力学试验，其中无侧限抗压强度不得低于设计要求的 90%；

②对触探法检验加固体的整体性和外形，检测加固前后土中阻力的变化；

③对于防渗帷幕，应在帷幕体上做钻孔压水、注水或抽水试验，以检查其不透水性，要求单位吸水率不得大于设计的 25%。

第七节　基底检验

当基坑已挖至基底设计高程，或已按设计要求加固、处理完毕后，必须经过基底检验，方可进行基础混凝土施工。为使基底检验及时，以免基底暴露时间过久而风化变质，施工负责人应提前通知检验人员，安排检验。

一、检验内容

(1)检查基坑的平面位置、尺寸大小、基底高程是否符合设计要求，偏差值是否在现行有关规定允许范围以内。

(2)检验基坑底面土质及均匀性、稳定性，坑壁坡面是否平顺稳定，有无排水措施，容许承载力是否满足设计要求。

(3)检查挖基和地基加固、处理过程中的有关施工记录和试验等资料。

(4)检查基底地基经过加固、处理后的效果是否达到设计要求。

二、检验方法

按桥涵大小、地基土质复杂(如溶洞、断层、软弱夹层、易溶岩等)情况及结构对地基有无特殊要求，应采用不同的检验方法。

1. 小桥和涵洞基底的地基检验

(1)一般采用直观或触探器确认土质与设计要求符合时，即可签认进行基础施工。

(2)经过直观或触探，对土质有疑问时，应取土样做土的物理力学性能试验。如颗粒分析、天然密度、天然含水率、天然孔隙比、液限、塑限、相对密度、可塑性、压缩性和抗剪强度等以鉴定土的容许承载力，或钻探 2 ~4m 以上，检查下卧层土质。

(3)特殊设计的小桥涵对地基沉降有严格要求，当属下列不良土质情况时，宜进行荷载试验：

①风化颇重的岩层；

②松散砂土类的相对密度 $D_r \leqslant 0.33$；

③黏质土的天然孔隙比超过下列限度时：黏土质砂(SC)$e_0>0.7$，低液限黏土(CL)$e_0>1$，高液限黏土(CH)$e_0>1.1$；

④含有大量有机物的吹填土或砂土、黏土；

⑤含有大块杂质(尤其是多量碎砖瓦等)的填筑土。

(4)对经过加固处理后的地基,应根据不同加固方法的质量要求采用相应的检验方法;包括量测加固范围、桩位偏差和桩体垂直度偏差;用环刀法取样或灌砂法测定压实度或干密度;用静力触探或动力触探检验加固处理后的效果。

2. 大、中桥和填土高度在12m以上涵洞基底的地基检验

(1)一般由检验人员用直观、触探、挖试坑或钻探(钻探至少4m)取样做土工试验等方法确定土质容许承载力,确认复合设计要求后,即可进行基础施工。

(2)在地基特别复杂,或在设计文件中有特殊要求必须做荷载试验时,才做荷载试验;必要时还应做土工试验以与荷载试验核对。

(3)在特殊地基上已经加固处理又经触探、密实度检验后,尚有疑问时,则应再做荷载试验。确认复合设计要求后,才能进行基础混凝土的浇注。

3. 检验注意事项

(1)地基检验应采用多种方法进行综合评价,以避免采用单种检验方法造成的局限性;现场测试要辅以取样做室内土工试验;如加固设计已规定有检验项目和检验方法,按设计规定办理。

(2)为了有较好的可比性,加固前后两次的测试项目应力求对应,甚至最好由同一组织,用同一仪器按同一标准进行。

(3)检验后应按规定格式填写"地基检验表",由参加检验人员会签,作为竣工验收原始资料。

三、地基触探试验

地基触探试验包括静力触探和动力触探两种。根据地基土质条件、工程要求和使用经验,可采用不同的触探类型、探头规格和方法。

(一)静力触探

静力触探试验是将一定规格的锥形探头按一定速率匀速压入土中量测其贯入阻力(比贯入阻力或端阻力、侧阻力及孔隙水压力),按其所受抗阻力大小评价土层力学性质以间接估计土层各深度处的承载力、变形模量和进行土层划分的一种原位试验。

静力触探是检验地基加固效果的有效手段,具有质量好、效率高、费用低等显著优点。可用于划分土层判定土层类别,查明软、硬夹层及土层在水平和垂直方向的均匀性;评价地基土的参数(压缩性质、不排水抗剪强度、水平向固结系数、饱和砂土液化势、砂土密实度等);探寻和确定桩基持力层,预估打入桩沉桩可能性和单桩承载力;检验人工填土的密实度及地基加固效果。其不足之处是不能对土进行直接的观察和描述,其应用经验往往带有一定的地区局限性。

静力触探适用于流塑状黏质土、一般黏质土和砂类土及类似地层,对含有砾卵石的土和密实的砂土层难以贯入,故不适用,尤其是漂石类土和岩层。

静力触探设备由两部分组成:一部分是加压和反力装置,包括框架和触探杆、卡杆器、地锚等,其作用是使探头以均匀的速度贯入土层。另一部分是探头(包括传感器)、电缆和电阻应变仪等测量记录系统,其作用是测定和记录探头的阻力。探头有单桥探头、双桥探头和孔压探头三种,常用型号及规格见表7-7-1。

常用探头型号、规格 表 7-7-1

探头种类	型号	锥头			摩擦筒		标准
		顶角(°)	直径(mm)	底面积(cm^2)	长度(mm)	表面积(cm^2)	
单桥	Ⅰ-1	60	35.7	10	57		我国独有
	Ⅰ-2	60	43.7	15	57		
	Ⅰ-3	60	50.4	20	81		
双桥	Ⅱ-1	60	35.7	10	179	200	国际标准
	Ⅱ-2	60	43.7	15	219	300	
	Ⅱ-3	60	50.7	20	189	300	
孔压		60	35.7	10	133.7	150	国际标准
		60	43.7	15	179	200	

1. 单桥探头

采用单桥探头可以测得的指标为比贯入阻力:

$$p_s = \frac{10P}{A} \tag{7-7-1}$$

式中:p_s——比贯入阻力,MPa;

P——总贯入阻力,kN;

A——探头锥底面积,cm^2。

2. 双桥探头

采用双桥探头可以测得的指标是探头阻力和侧壁摩擦力,计算如下:

$$q_c = \frac{10Q_c}{A} \tag{7-7-2}$$

$$f_s = \frac{10P_f}{F_s} \tag{7-7-3}$$

式中:q_c——锥头阻力,MPa;

Q_c——锥头总阻力,MPa;

A——锥头底面积,cm^2;

f_s——侧壁摩擦力,MPa;

P_f——锥头阻力,kN;

F_s——侧壁(摩擦桶)表面积,cm^2。

3. 孔压探头

孔压探头除测定探头阻力和侧壁摩擦力外,尚可测定孔隙水压力 u_0 及其消散过程值 u_1。由于功能多、精度高,在国外已得到普遍应用,在我国也正得到越来越多的应用。

4. 静力触探的操作要点和注意事项

(1)安装贯入设备时,应将支架调至水平,然后触探杆垂直贯入。

(2)贯入前将仪器预调平衡,达到检流计指标恒指零为准,检查电流、电压是否符合设计要求;使用自动记录仪时应正确选用工作电压。

(3)先将探头压入地表下 0.5m 左右,然后提升 5cm,静置约 10min 使探头在不受压状态的温度与地温平衡,以后每次接上触探杆,均应提升 5cm,使探头温度与地温重新平衡。

(4)测试时应控制匀速连续贯入,单、双桥测试时贯入速率为1.2m/min±0.3m/min,孔压测试时标准贯入速率为20mm/s。

(5)量测读数一般要求每贯入一定深度(如10cm)读计一次贯入阻力(自动记录除外)。

(6)工作现场应尽量避开高压输电线、大功率电动机及变压器等,以防强磁场对仪器的影响。如必须在上述场地或雨天工作时,宜将仪器外壳接地,以保持正常工作。

(7)触探头必须事先在试验机上率定,符合标准后方可使用:

①探头的加工公差和更新标准应符合有关规定;探头必须密封,具有良好的防水性能。

②应力与应变成直线关系,并通过坐标原点。

③应力加荷卸荷反复三次以上,且加荷应接近空心柱设计的最大荷载。

④每次率定时要注意转换顶柱方位。

⑤以上②、③项试验的线性误差、归零误差以及率定曲线偏离原点误差、重复性误差均应符合现行标准。

⑥双桥探头的两个桥路之间不应互相干扰,两传感器之间不互相传力,上提时不受力,贯入时摩擦筒可活动自如。

(8)严防探头进水受潮,防止探头在阳光下暴晒并正确安装。

(9)高温或严寒季节,应加强对仪器的维护。

5. 静力触探数据整理和力学指标

将静力触探测得的数据进行整理。单桥探头测算得的 p_s 和双桥探头测算得的 q_c 及 f_s 可按下式之一作粗略换算:

$$q_c = (0.80 \sim 0.85)p_s \tag{7-7-4}$$

$$p_s = q_c + 6.4f_s \tag{7-7-5}$$

然后根据 p_s 值由表7-7-2可查得黏质土地基的容许承载力[R]、压缩模量 E_s 和变形模量 E_0 等指标。

静力触探比贯入阻力与黏质土地基的主要力学指标关系(单位:MPa)　　表7-7-2

极软塑和软塑状态黏质土				硬塑和半坚硬状态黏质土			
比贯入阻力 p_s	容许承载力[R]	压缩模量 E_s	变形模量 E_0	比贯入阻力 p_s	容许承载力[R]	压缩模量 E_s	变形模量 E_0
				3.0	0.29~0.31	12.4	30.6
0.3	0.05~0.06	2.3	2.3	3.3	0.32~0.34	13.5	34.1
0.6	0.08~0.09	3.5	3.5	3.6	0.35~0.38	14.7	37.7
0.9	0.11~0.12	4.6	6.2	3.9	0.38~0.41	15.8	41.2
1.2	0.13~0.15	5.7	9.2	4.2	0.41~0.44	16.8	44.7
1.5	0.16~0.18	6.8	12.1	4.5	0.44~0.47	18.0	48.3
1.8	0.18~0.21	8.0	15.0	4.6	0.47~0.50	19.1	51.8
2.1	0.21~0.24	9.1	18.0	5.1	0.50~0.53	20.2	55.3
2.4	0.24~0.26	10.2	20.9	5.4	0.53~0.57		58.8
2.7	0.26~0.29	11.3	23.9	5.7	0.57~0.60		62.4
3.0	0.29~0.31	12.4	26.8	6.0	0.60~0.63		65.9

由表7-7-3和表7-7-4可查得粉质土、砂土及中、粗砂地基的容许承载力[R]。

用比贯入阻力与深度(p_s-h)曲线进行土的分层时,实测 p_s 值不超过表 7-7-5 所列变动幅度者可并为同一土层。当土层复杂进行力学分层时,尚应综合考虑土的类别、成因和地下水条件等因素。

静力触探比贯入阻力与粉质土、细砂的容许承载力关系(单位:MPa)　　表 7-7-3

比贯入阻力 p_s	容许承载力[R]	比贯入阻力 p_s	容许承载力[R]
5.0	0.15～0.16	11.0	0.27～0.28
6.0	0.17～0.18	12.0	0.29～0.30
7.0	0.19～0.20	13.0	0.31～0.32
8.0	0.21～0.22	14.0	0.33～0.34
9.0	0.23～0.24	15.0	0.35～0.36
10.0	0.25～0.26	16.0	0.37～0.38

静力触探比贯入阻力与中、粗砂的容许承载力关系(单位:MPa)　　表 7-7-4

比贯入阻力 p_s	容许承载力[R]	比贯入阻力 p_s	容许承载力[R]
1.0	0.04～0.07	7.0	0.29～0.31
2.0	0.10～0.12	8.0	0.32～0.34
3.0	0.14～0.16	9.0	0.35～0.37
4.0	0.18～0.20	10.0	0.38～0.40
5.0	0.22～0.24	11.0	0.41～0.43
6.0	0.26～0.28	12.0	0.44～0.46

并层时 p_s 值容许变动幅度(单位:MPa)　　表 7-7-5

实测 p_s 范围值	$p_s \leqslant 1.0$	$1.0 < p_s \leqslant 3.0$	$3.0 < p_s \leqslant 6.0$
容许变动幅度	±0.1～±0.3	±0.3～±0.5	±0.5～±1.0

(二)动力触探

动力触探试验是用一定质量的击锤,以一定的自由落距将特定规格的探头击入土中,根据探头沉入土层一定深度所需锤击数来判断土层的性状和确定其承载力的一种原位试验。一般用于确定各类土的容许承载力,还可用于查明土层在水平和垂直方向上的均匀程度;确定桩基持力层的位置和预估单桩承载力。

根据所用穿心锤的质量将动力触探试验分为轻型、中型、重型和超重型四种。轻型动力触探适用于一般黏质土及素填土;重型适用于中粗砾砂和碎石土;超重型适用于卵石砾石类土。

动力触探试验是我国对地基土勘探、测试的主要手段,适用于砂类土、黏质土、黄土和较松散的人工填土和颗粒较小的砾类土,可以定性的划分不同性质的土层,定量确定土的物理力学性质:如砂类土的密度、砂类土的密度、砂类土和黏质土的容许承载力和变形模量,但对岩石、巨粒土以及含有块石、漂石的黏质土不能适用。动力触探设备及类型参见表 7-7-6,各类型动力触探设备见图 7-7-1。

1. 轻型动力触探试验

轻型动力触探设备主要由探头、触探杆、穿心锤三部分组成。触探杆为外径 25mm 的金属杆,每根长 1.0～1.5m,穿心锤质量为 10kg,见图 7-7-1a)、b)。其操作要点是先用轻便钻具(如麻花钻、洛阳铲等),钻至所需试验深度土层顶面,然后将探头和探杆放入孔内对土层连续触探：试验时将锤提升至 50cm 高处自由落下，将触探杆竖直贯入土层中；锤击频率为每分钟 15 ~ 30 击，记录每贯入土层 30cm 的锤击数 N_{10}，是为轻型触探指标。当贯入 30cm 所需锤击数超过 90 击时，试验可以停止，如需对下卧层继续测试，可用钻探方法穿透坚实土层厚再行触探。若需描述土层情况，可将探杆拔出取下探头换以轻便钻头，进行取样。轻型触探一般用于贯入深度小于 4m 的土层试验。

动力触探设备类型及参数 表 7-7-6

类型	能量参数		探头规格			探杆外径 (mm)	能量指数 (J/cm²)	触探击数指标		
	重锤质量 (kg)	落距 (cm)	直径 (mm)	锤角 (°)	截面积 (m^2)			代号	单位	贯入指标
轻型	10	50	40	60	13	25	3.9	N_{10}	击/30cm	贯入 30cm 的锤击数
中型	28	80	62	60	30	33.5	7.3	N_{28}	击/30cm	贯入 10cm 的锤击数
重型	63.5	76	74	60	43	42 ~ 50	10.9	$N_{63.5}$	击/30cm	贯入 10cm 的锤击数
超重型	120	100	74	60	43	50 ~ 63	27.4	N_{120}	击/30cm	贯入 10cm 的锤击数

2. 中型动力触探试验

设备类型及参数见表 7-7-6 及图 7-7-1c)。设备布置及操作要点与轻型动力触探试验基本相同，其贯入指标为贯入 10cm 的锤击数，即 N_{28}（击/10cm）。

3. 重型和超重型触探试验

设备类型及参数见表 7-7-6，重型和超重型二者探头规格相同，见图 7-7-1d)，只是锤的质量和落距不同。重型的 $N_{63.5}$ 与特重型的 N_{120} 均为贯入 10cm 的锤击数，操作要点也基本相同。触探试验前应检查机具设备，要求安装平稳、支架垂直、部件紧固，预钻孔孔径约为 90mm，重锤沿导管下落，锤击频率均为每分钟 15 ~ 30 击。重型和超重型触探可以互换使用，当重型实测击数大于 50 击/10cm 时或砾卵石含量大于 75% 时宜改用超重型，当重型动力触探实测小于 5 击/10cm 时，不得采用超重型动力触探。

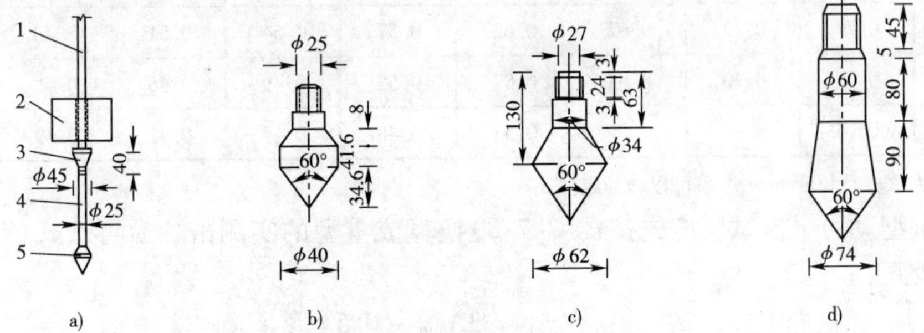

图 7-7-1 动力触探设备类型图（尺寸单位：mm）

a) 轻型动力触探设备；b) 轻型动力触探探头外形尺寸；c) 中型动力触探探头外形尺寸；d) 重型、超重型动力触探探头外形尺寸

1-导杆；2-重锤；3-锤座；4-探杆；5-探头

测试时锤座距孔口的高度不宜超过 1.5m，探杆应保持竖直、每一触探杆应连续贯入直至预定深度，不宜中断。贯入时应及时记录贯入深度、一阵击的贯入量及相应的锤击数。对于一般黏质土可以贯入 20 ~ 30cm 为一阵击；对于液塑状黏质土等松软地层可以每 3 ~ 5 击为一阵击，按下式换算各类型触探每贯入 10cm 的锤击数：

$$N = 10\frac{K}{S} \tag{7-7-6}$$

式中：N——实测每贯入10cm的锤击数，击/10cm；

K——阵击的锤击数；

S——相应于一阵击的贯入量，cm。

中型和重型触探还需根据触探杆长度按下式进行杆长击数校正：

$$N' = \alpha N \tag{7-7-7}$$

式中：N——按式(7-7-6)算得的实测每贯入10cm的锤击数，击/10cm；

N'——校正后的每贯入10cm的锤击数，击/10cm；

α——杆长校正系数，中型动力触探α值查表7-7-7，重型动力触探α值查表7-7-8。

中型动力触探试验杆长击数校正系数α 表7-7-7

触探杆长度(m)	≤1	2	3	4	5	6	8	10	12	15
α	1.00	0.96	0.90	0.85	0.83	0.81	0.78	0.76	0.75	0.74

注：α值系按人力拉锤自动脱钩法测得。

重型动力触探试验杆长击数校正系数α 表7-7-8

l \ α \ $N_{63.5}$	5	10	15	20	25	30	35	40	≥50
≤2	1.0	1.0	1.0	1.0	1.0	1.0	1.0	1.0	
4	0.96	0.95	0.93	0.92	0.90	0.89	0.87	0.86	0.84
6	0.93	0.90	0.88	0.85	0.83	0.81	0.79	0.78	0.75
8	0.90	0.86	0.83	0.80	0.77	0.75	0.73	0.71	0.67
10	0.88	0.83	0.79	0.75	0.72	0.69	0.67	0.64	0.61
12	0.85	0.79	0.75	0.70	0.67	0.64	0.61	0.59	0.55
14	0.82	0.76	0.71	0.66	0.62	0.58	0.56	0.53	0.50
16	0.79	0.73	0.67	0.62	0.57	0.54	0.51	0.48	0.45
18	0.77	0.70	0.63	0.57	0.53	0.49	0.46	0.48	0.40
20	0.75	0.67	0.59	0.53	0.48	0.44	0.41	0.39	0.36

注：l为探杆总长度(m)，本表可以内插取值。

超重型动力触探试验应先按式(7-7-8)换算成重型的实测击数后再按式(7-7-7)进行杆长校正：

$$N_{63.5} = 3N_{120} - 0.5 \tag{7-7-8}$$

式中：$N_{63.5}$——相当于重型实测击数，击/10cm；

N_{120}——特重型实测击数，击/10cm。

若是连续贯入且连续贯入的深度在4m以内时，可以不考虑触杆与孔壁的摩擦影响。因为为了取得无摩擦影响的贯入指标，可进行分段贯入，每段贯入的深度不超过4m，起始0.3~0.5m的数值不计算在内。

4. 标准贯入试验

(1)标准贯入试验广泛应用于：

①查明场地的地层剖面和各层垂直方向和水平方向的均匀程度及软弱夹层层位；

②确定地基土的承载力、变形模量、物理力学指标等建筑物设计时所需参数;

③预估单桩承载力和选择桩尖持力层以及估算旋喷桩直径;

④地基加固效果的检验和施工监测;

⑤判别砂土、细粒土质砂、粉质土地震液化的可能性。

标准贯入试验必须在钻孔中进行,因而不能取得连续的数据。标准贯入试验不能用于巨粒土和岩层。

(2)标准贯入试验设备主要由贯入器、贯入探杆和穿心锤三部分组成。

(3)标准贯入试验操作要点如下:

①先用钻具钻到试验土层高程以上的15cm处,以避免下层土受到搅动,清除孔底虚土、残土,清孔后丈量其深度。

②换用标准贯入器,贯入前应检查触探杆的接头是否连接稳妥;贯入时贯入器应保持垂直,穿心锤落距为76cm,使其自由下落。先将贯入器径直贯入土层15cm,不计锤击数,以后每贯入土层30cm,记录其锤击数,即为实测标准贯入击数N_{SPT}。

③拔出贯入器,取出贯入器中的土样进行鉴别、描述。

④当土层比较密实时,贯入30cm的锤击数超过50击时,可选择小于30cm时的锤击数按式(7-7-9)换算成贯入30cm的锤击数N:

$$N = 30\frac{n}{s} \tag{7-7-9}$$

式中:n——所选取的任一贯入量的锤击数;

s——对应于n锤击数的贯入量,cm。

⑤若需继续进行下一深度的贯入试验时,可重复上述①~③操作步骤进行试验。

⑥当触探杆长度大于3m时,应将实测锤击数乘以校正系数α予以校正。校正系数α值可根据触探杆的长度查表7-7-9确定。

标准贯入试验触探杆长度校正系数α 表7-7-9

触探杆长度(m)	≤3	6	9	12	15	18	21
α	1.00	0.92	0.86	0.81	0.77	0.73	0.70

5. 通过动力触探试验确定地基承载力

①经轻型动力触探试验的黏质土地基,可根据击数N_{10}参照表7-7-10确定容许承载力。

轻型动力触探容许承载力(单位:MPa) 表7-7-10

土　类	原状黏质土				黏质素填土			
N_{10}(击/10cm)	15	20	25	30	10	20	30	40
容许承载力[R_0]	0.105	0.145	0.190	0.230	0.085	0.115	0.135	0.160

注:①用触探方法求得的容许承载力,应同时按土的物理特性查规范规定的容许承载力进行验证比较,采用合理值或平均值。

②本表适用深度小于4m。

②根据重型动力触探试验按杆长校正后的锤击数$N_{63.5}$,砂类土地基可参照表7-7-11,砾类土(碎石类土)地基可参照表7-7-12确定容许承载力。

③根据标准贯入试验按杆长校正后的锤击数N,黏质土地基可参照表7-7-13,砂类土地基可参照表7-7-14确定容许承载力。

重型动力触探砂类土地基容许承载力(单位:MPa) 表 7-7-11

$N_{63.5}$(击/10cm)	3	4	5	6	7	8	9	10
容许承载力[R_0]	0.12	0.15	0.18	0.22	0.26	0.30	0.34	0.38

注:本表适用深度为 1 ~20m。

重型动力触探砾类土地基容许承载力(单位:MPa) 表 7-7-12

$N_{63.5}$(击/10cm)	3	4	5	6	8	10	12	14	16
容许承载力[R_0]	0.14	0.17	0.20	0.24	0.32	0.40	0.48	0.54	0.60
$N_{63.5}$(击/10cm)	18	20	22	24	26	28	30	35	40
容许承载力[R_0]	0.66	0.72	0.78	0.83	0.87	0.90	0.93	0.97	1.00

注:本表适用深度为 1 ~20m。

标准贯入试验黏质土地基容许承载力(单位:MPa) 表 7-7-13

N(击/30cm)	3	5	7	9	11	13	15	17	19	21	23
容许承载力[R_0]	0.105	0.145	0.190	0.235	0.280	0.325	0.370	0.430	0.515	0.600	0.680

标准贯入试验砂土类地基容许承载力(单位:MPa) 表 7-7-14

N(击/30cm)		10	15	30	50
容许承载力[R_0]	中、粗砂	0.18	0.25	0.34	0.50
	粉、细砂	0.14	0.18	0.25	0.34

④容许承载力的修正:当基础宽度 b 超过 2m,基础埋置深度 h 超过 3m,且 $h/b \leq 4$ 时,地基的容许承载力按下式计算:

$$[R] = [R_0] + [K_1\rho_1(b-2) + K_2\rho_2(h-3)]/100 \quad (7\text{-}7\text{-}10)$$

式中:[R]——修正后的地基容许承载力,MPa;

[R_0]——按表 7-7-13 ~ 表 7-7-14 查得地基土容许承载力,MPa;

b——基础底面的最小边宽(或直径),m,当 $b<2$m 时,按 2m 计算;当 $b>10$m 时,按 10m 计算;

h——基础底面的最小埋置深度,m,对于受水流冲刷的基础,由一般冲刷线算起;不受水冲刷的基础,由天然地面算起;位于挖方内的基础,由开挖后地面算起;当 $b<3$m 时,按 $h=3$m 计;

ρ_1——基底下持力层土的天然密度,g/cm^3,如持力层在水面以下且为透水者,应按 ρ_f 计算;

ρ_2——基底以上土的密度或不同土层的换算密度,g/cm^3,如持力层在水面以下,且为不透水者,不论基底以上土的透水性质如何,应一律采用饱和密度;如持力层为透水者,应一律采用 ρ_f;

K_1、K_2——地基土容许承载力随基础宽度、深度的修正系数,按持力层土质决定,见表 7-7-15。

土体在水中的密度 ρ_f 按 $\rho_f = \frac{1}{1+e}(\rho_0 - \rho_w)$ 计算。ρ_0 为土的密度,一律采用 2.7 ~ 2.8g/cm^3;ρ_w 为水的密度,采用 1.0g/cm^3;e 为土的天然孔隙比。

不同土层的换算密度 ρ_2 按式 $\rho_2 = \frac{\sum \rho_i h_i}{\sum h_i}$ 计算,其中 ρ_i 为各层土的密度,h_i 为各层土

的厚度。

地基土容许承载力的宽度和深度修正系数　　表 7-7-15

土的类别	土名及代号		土的特征	K_1	K_2
黏质土	高液限黏土 CH,低液限黏土 CL		$0.25 < w_c \leq 0.5$	0	1.5
			$w_c > 0.5$	0	2.5
			$w_c < 0.25$	0	1.0
黄土	CLY		一般的	0	1.5
			新近堆积的	0	1.0
粉土质砂	SM		中密	1.0	2.0
			密实	1.2	2.5
砂类土	S	细砂	中密	1.5	3.0
			密实	2.0	4.0
		中砂	中密	2.0	4.0
			密实	3.0	5.5
		粗砂	中密	3.0	5.0
			密实	4.0	6.0
砾类土	G, G_a		中密	3.0	5.0
			密实	4.0	6.0
卵石土	C_b		中密	3.0	6.0
			密实	4.0	10.0

注:①对于稍松状态的粉土质砂、砂类土和松散状态的砾类土,K_1、K_2 值可采用表列中密值的 50%。

②节理不发育或较发育的演示不作宽、深修正,节理发育或很发育的岩石,K_1、K_2 可参照砾类土的系数。但对已风化成砂、土状者,则参照砂类土、黏质土的系数。

③冻土的 $K_1 = 0$、$K_2 = 0$。

四、荷载试验

除静力、动力触探试验和标准贯入试验外,常用于明挖基底检验的岩土工程原位测试技术还有荷载试验、旁压试验、十字板剪切试验和扁铲侧胀试验。荷载试验根据承压板的形式和设置深度不同,可以将试验分成三种浅层平板荷载试验、深层平板荷载试验和螺旋板荷载试验,用于基底检验应用范围最广的是浅层平板荷载试验。下面就其他常用的测试技术简要介绍如下。

(一)平板荷载试验

1. 试验设备

为了进一步鉴定地基土的变形性和承载能力,可在准备检验的地基土上做平板荷载试验。平板荷载试验是用一定尺寸的荷载板在指定土层上逐级加载,同时量测相应沉降,用以鉴定地基土的变形性和承载能力。目前常用的液压荷载试验设备由反力系统、加荷与稳压系统、测量系统等组成。反力系统有堆载式、撑臂式、锚杆式等多种。堆载式设备简单、土质条件不限,深度范围大,但需要较多重物,见图 7-7-2a);锚杆式设备较复杂,需下地锚,且要求表土有一定锚着力;撑臂式设备轻便,试验深度宜在 2 ~4m,要求坑壁土质稳定,见图 7-7-2b)。

2. 操作要点(以撑臂式载荷为例)

(1)试验开始前基底的岩土应避免扰动,保持其原状结构和天然湿度,在承压板下铺设约20mm砂垫层找平;当基坑底面低于地下水位时,应将基坑抽干,在基坑底面铺设砂垫层安装载荷试验设备,待水位恢复原高度后再进行试验。

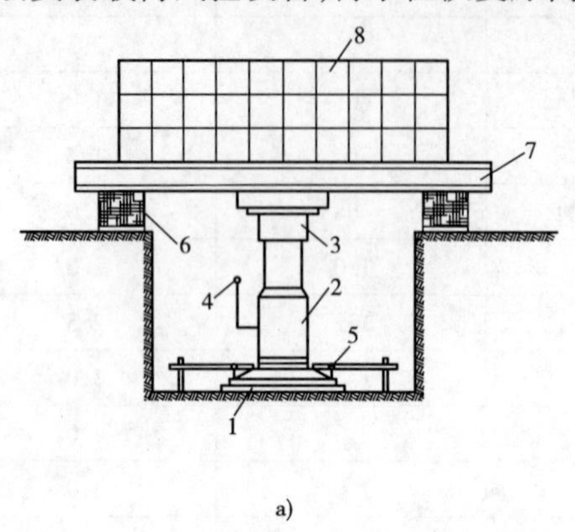

a)

1-荷载板;2-油压千斤顶;3-测力器;4-油压表;5-百分表;6-枕木垛;7-钢梁;8-荷载(铁块等)

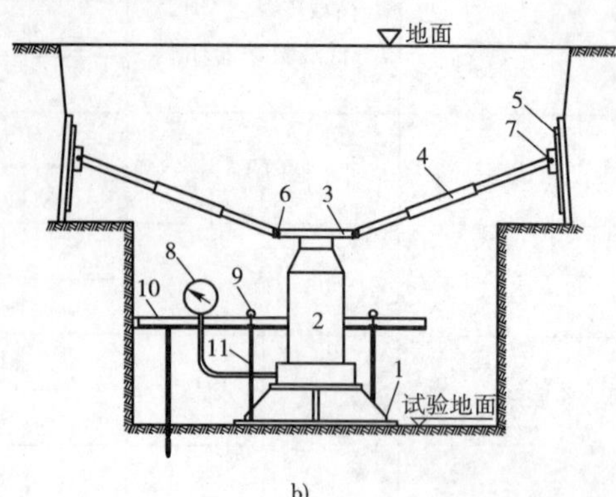

b)

1-承压板(荷载板);2-油压千斤顶;3-支撑板;4-斜撑杆;5-斜撑板;6、7-销钉;8-压力表;9-千分表;10-观测装置支架;11-千分表支座

图7-7-2　荷载试验装置示意图

a)堆载式;b)撑臂式

(2)荷载板采用钢板或硬枋木制成,尺寸大小视基坑底面土质软硬而定,一般为31.62cm×31.62cm、50cm×50cm、70.7cm×70.7cm或100cm×100cm。对于匀质密实的土可用小荷载板,对于软土应尽可能用大的荷载板。

(3)加荷方法:用油压千斤顶分级加荷,要求均匀、对称并始终保持中心受压。第一级荷载(包括设备重量)宜接近原地面至基坑底面土的自重压力(即荷载板底面处土的自重压力),其相应的沉降量不计,以后每级荷载增量对较松软土采用10~25kPa,对较坚硬的土采用50kPa;当试验深度较大,土的自重超过荷载增量较多时,第一级荷载不一定等于荷载板底面处土的自重压力,可按上述荷载增量逐级加荷,加荷等级不应小于8级。施加的总荷载应尽量接近土的极限荷载。每一级荷载加完后,按间隔10min、10min、10min、15min、15min,观察沉降一次,此后为每隔30min,再后可为每隔60min或更长一些时间观测沉降一次,一直到沉降相对稳定为止。

(4)观测标准:沉降相对稳定标准,视所用量测设备和其精度而定,一般规定为连续2h观测,沉降量不大于0.1mm/h,即可加下一级荷载。每级荷载下的观测时间,软土不小于24h,一般黏质土不小于8h,较坚实的土(如砾类土、密实砂土、坚硬黏土)不小于4h。如此逐级加荷,并进行观测,直到地基土破坏(即达到极限状态)或加到所需荷载为止。

在试验过程中,当发生下列现象之一时,即可认为土已达到极限状态:

①荷载板周围的土有明显的侧向挤出(砂类土)或出现裂纹(黏质土);

②荷载 p 增加很小,但沉降 s 却急剧增大,$p-s$ 曲线出现陡降段;

③在荷载不变的情况下,24h内沉降速率不能达到稳定标准;

④沉降量 s 与荷载板宽度 b 的比值 $s/b \geqslant 0.6$。

当土达到极限状态后就可停止加荷,然后逐级卸荷,并观测卸荷过程相应的回弹情况。每级卸荷后10min观测一次,经1h再卸第二级,观测如前,至全部卸完后还应观测

3h。在试验过程中可能影响沉降值准确性的因素有：气温急剧变化、刮风、下雨及观测时产生的意外误差，均应及时记录，以供整理分析资料时参考。

3. 成果整理

根据观测记录并进行修正后绘制荷载 p 与相应沉降量 s 的关系曲线（即 $p-s$ 曲线），见图 7-7-3a），以及每一级荷载下沉量 s 与时间 t 的关系曲线，见图 7-7-3b）。

容许承载力的确定，对于低压缩性土和砂土，选用 $p-s$ 曲线上的拐点，即比例界限压力 p_0 作为容许承载力，如图 7-7-4a）；对于中、高压缩性土，由于 $p-s$ 曲线上比例界限不明显，一般选用沉降量 s 与荷载板宽度 b 比值为 0.02（即 $s/b=0.02$）所相应的压力 $p_{0.02}$ 作为容许承载力，如图 7-7-4b）；或以破坏荷载的前一级荷载作极限荷载 p_u，再以 p_u 除以安全系数 K（一般取 2 ~ 3）作容许承载力；或两者相互验证后取定。

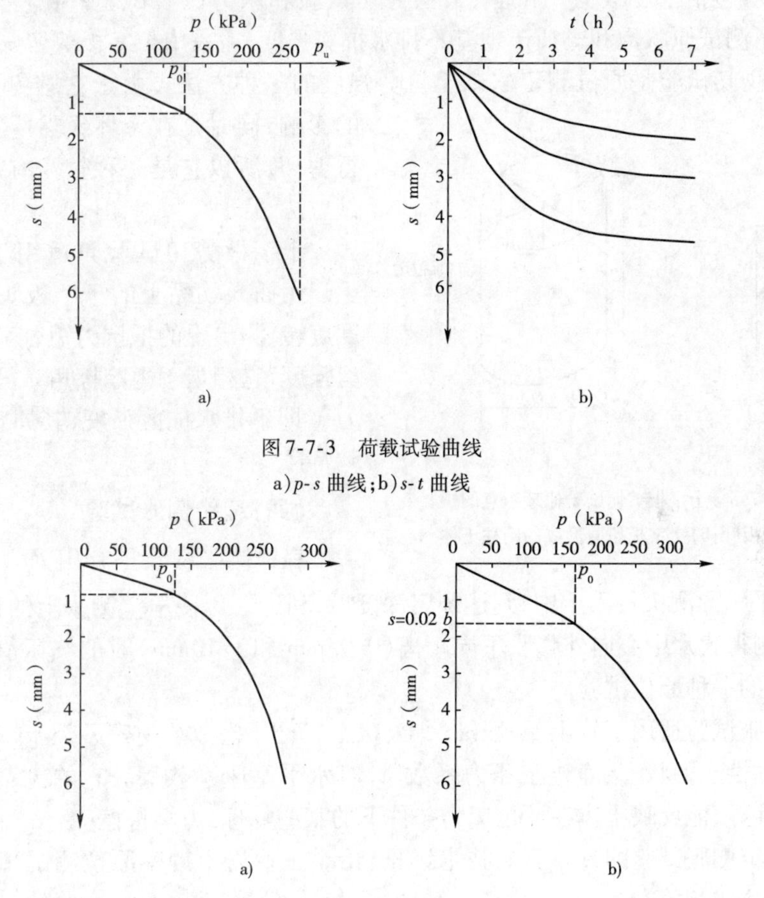

图 7-7-3 荷载试验曲线

a）p-s 曲线；b）s-t 曲线

图 7-7-4 用荷载试验曲线确定地基土的容许承载力

a）低压缩性土；b）中、高压缩性土

平板荷载试验及压缩试验与地基的实际工作条件比较接近、比较直观，能比较真实的反映在天然埋藏条件下承受荷载作用时的压缩性能，因此比触探、取样试验可靠，但是荷载影响深度较小，仅为荷载板宽度或直径的两倍，且荷载板尺寸太小时成果缺乏代表性，如做大型平板荷载试验则工作量太大，费时太长。

（二）旁（横）压试验

旁压试验或称横压试验，是在钻孔中放入一个可扩张的圆柱形旁压器，通过控制装置对孔壁施加压力,使土体产生变形,由此测得土体的应力应变关系,即旁压曲线,实质上是在钻孔中进行横向载荷试验。从旁压曲线上,可找出地基中的初始水平压力 P_0、临塑压力 P_f 和约定的极限压力 P_1 等特征值,并计算出旁压模量 E_N,用于评价地基土的容许承载力和变形特性。

按旁压器放入土层中的方式,可分为:预钻式旁压试验、自钻式旁压试验和压入式旁压试验。其中预钻式旁压试验因仪器简单、容易操作而广泛使用。目前国内使用的预钻式旁压仪有 PY 型和较新的 PM 型两种型号。有关旁压试验的具体测试技术详见有关规范或专著。

(三)十字板剪切试验

剪切试验包括十字板剪切试验、大型剪切试验和水力压裂试验。在桥涵地基加固前,有时为了测试原状饱和黏质土地基不排水抗剪强度,需采用十字板剪切试验。

十字板剪切试验是原位测定软黏土抗剪强度的一种方法。由于它避免了取样扰动的影响,同时是在土体天然应力状态下进行剪切,所以它是一种较为有效的原位测试方法。

十字板剪切试验只适用于饱和黏质土。用插入软黏土的十字板头,以一定速度旋转,测出土的抵抗力矩,换算成土的抗剪强度,它相当于内摩擦角 $\varphi=0$ 时的凝聚力 c,即不排水抗剪强度,其原理如图 7-7-5 所示。

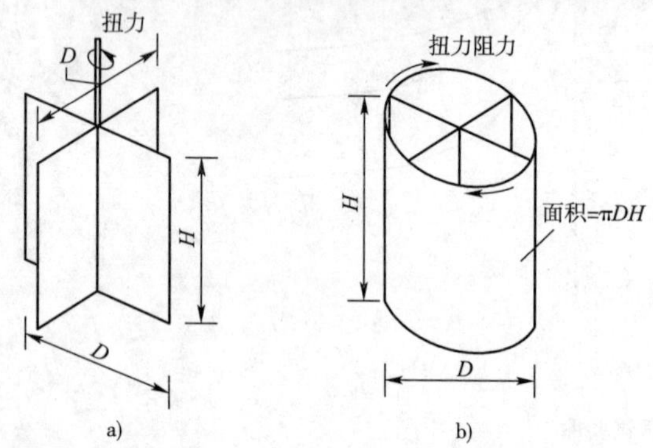

图 7-7-5 十字板剪切试验原理示意图

a)十字板叶;b)十字板扭剪形成的圆柱土体

(四)扁铲侧胀试验

扁铲侧胀试验是利用静力(或锤击动力)将一扁平铲形测头贯入土中,到达预定深度后,利用气压使扁铲测头上的钢膜片向外膨胀,分别测得膜片中心向外膨胀不同距离(0.05mm 和 1.10mm)时的气压值,进而获得地基土参数的一种原位试验。

扁铲侧胀试验适用于软土、一般黏性土、粉土、黄土、松散至中密砂类土,可用于判别土类,确定黏性土的状态、静止土压力系数、计算水平基床系数等。它的优点在于简单、快速、重复性好,能反映土体在原位应力条件下的某些物理、力学特性。

有关扁铲侧胀试验的具体测试技术详见《冶金工业岩土勘察原位测试规范》(GB/T 50480—2008)或相关专著。

第八节 基础混凝土施工

一、无水基坑基础混凝土施工

(1)当基坑无渗漏,坑内无积水,基底为非黏土或干土时,应将基底洒水湿润;如基底为过湿的土基,应铺设一层厚 10 ~ 30cm 碎石垫层,夯实后再铺水泥砂浆一层;如基底为岩石、表面有风化或破碎层时，应将此层清除干净，适当湿润基面后铺厚2～3cm的一层水泥砂浆，然后再浇注混凝土基础。

如基底为融沉土或强融沉土时，在基础混凝土浇注前，应铺设一层厚10～30cm粗砂垫层或其他隔热层。

如基底为湿陷性黄土，经按本章第五节、第六节作有效处理、加固并检验后，应立即浇注基础混凝土，并避免混凝土养护水浸泡基础。基础浇注至地面后，基坑应及时用不透水土或原土分层回填夯实至稍高于附近地面，以利于排水。

(2)在冰冻地区应浇注低温早强混凝土，必要时适当提高混凝土等级。

(3)对大型基础混凝土，一般应在整个截面范围内进行浇注，当结构截面过大，不能在先浇的混凝土开始初凝前将后浇混凝土浇注捣实时，则可将截面分块浇注，分块接缝处应留错缝搭接。

二、降排水基坑基础混凝土施工

(1)基础混凝土必须在无水状态下浇注，禁止不采取任何措施在水中浇注，不允许水泥混凝土在浇注时被水冲洗淹没。一般应在混凝土终凝以后，冰冻地区更应在达到设计强度以后才允许浸水。

(2)如基坑基本无涌水或渗漏，仅有雨水存积，则可沿基坑底四周基础范围以外挖排水沟，将坑内积水排除后浇注混凝土。

(3)如基坑涌水或渗漏，则应沿基坑底四周基础范围以外挖集水沟，将水引至集水坑，然后用水泵排出坑外。集水坑大小、深浅、水泵选型视渗水程度酌定。

三、水下混凝土封底基坑基础施工

(1)当坑壁有较好防水(如板桩护壁)，但基坑底涌水或渗漏严重时，可采取水下灌注混凝土封底的方法，参见第八章第十节水下混凝土封底；待封底混凝土达到要求强度后排水，清除封底混凝土面浮浆，冲洗干净后再浇注基础混凝土。

(2)当坑壁、坑底均渗水严重，抽水有困难时，可采用无底套箱。套箱净空大小与基础尺寸相同，既作基础模板又用作防水。在套箱内水中浇注封底混凝土时，应待封底混凝土达到要求强度后再抽干套箱内的水，浇注基础混凝土；或不抽水即用水下灌注封底混凝土方法浇注基础。

(3)水中灌注混凝土，一般采用导管法，具体做法详见第七章钻孔灌注桩基础。同一基坑内各个导管的灌注面积(有效直径的圆面积)应互相重叠并覆盖整个基坑。各导管应同时灌注，一般不宜采用逐管灌注的办法。

(4)水中混凝土封底应在基础底面以下，封底只能起封闭渗水的作用，封底混凝土只作为地基而不能作为基础本身，因此不得侵占基础厚度。封底混凝土的厚度可按下列公式计算。

①套箱内的封底混凝土及板桩打入基坑底以下、深度不大的封底混凝土，由浮力控制按下式计算：

$$T = \frac{h\gamma}{\gamma_c - \gamma} \tag{7-8-1}$$

式中：T——封底混凝土厚度，m；

h——封底层以上的水深，m；

γ_c——混凝土重度，一般为 $24kN/m^3$；

γ——水的重度，$10kN/m^3$。

本计算中未考虑混凝土与四周模板或板桩的结合力，故偏于安全。

②板桩打入基坑底以下深度较大时，由混凝土强度控制按下式验算：

$$\frac{2}{15}\frac{T^2}{l^2}[\sigma] = \gamma(h - T) - \gamma_c T \quad (7\text{-}8\text{-}2)$$

式中：l——围堰宽度，m；

$[\sigma]$——混凝土容许拉应力，根据灌注混凝土的强度等级并考虑表层混凝土质量较差及养护时间等不利因素，一般为 100～200kPa；

其余符号含义同前。

本章参考文献

[1] 交通部第一公路工程总公司．公路施工手册　桥涵（上册）[M]．北京：人民交通出版社，2000.

[2] 中华人民共和国行业标准．JTG/T F50—2011　公路桥涵施工技术规范[S]．北京：人民交通出版社，2011.

[3] 王成树，刘德宝，张红星．鱼嘴长江大桥北锚碇总体设计[J]．公路，2011(8).

[4] 祁丛林．爆破法在硬土质地区快速开挖深基坑技术[J]．山西建筑，2009(2).

[5] 王志仁，张东曾，等．虎门大桥东锚碇基坑的深开挖及防护[J]．桥梁建设，1995(2).

[6] 聂庆科，等．深基坑双排桩支护结构设计理论与应用[M]．北京：中国建筑工业出版社，2008.

[7] 孙正春．高压旋喷桩在基坑围护中的应用[J]．城市道桥与防洪，2008(3).

[8] 赵志缙，应惠清．简明深基坑工程设计施工手册[M]．北京：中国建筑工业出版社，2000.

[9] 中华人民共和国行业标准. JGJ 120—2012　建筑基坑支护技术规程[S]．北京：中国建筑工业出版社，2012.

[10] 裴捷，王少峰，韦世国，等．润扬长江公路大桥南汊悬索桥南锚碇基础隔水、降水的设计和施工[J]．岩土工程学报，2006(11).

[11] 龚晓楠．地基处理手册[M]．3 版．北京：中国建筑工业出版社，2008.

[12] 中冶沈勘工程技术有限公司．GB/T 50480—2008　冶金工业岩土勘察原位测试规范[S]．北京：中国计划出版社，2009.

[13] 朱帆济，袁灿勤，等．扁铲侧胀试验（DMT）在强夯效果检验中的应用[J]．建筑科学，2009(11).

附录

附录 A　木挡板支护坑壁的计算

A.1　土压计算

土压按库仑公式计算，一般不计与挡板间的摩擦力。

$$E_a = \gamma h \tan^2(45° - \varphi/2) = p_a h \quad \text{(A-1)}$$

$$E_p = \gamma h \tan^2(45° + \varphi/2) = p_p h \quad \text{(A-2)}$$

式中：γ——坑壁土平均重度，kN/m^3；

φ——坑壁土平均内摩擦角，(°)；

h——基坑深度，m；

p_a、p_b——主动土压、被动土压的增加率，kPa/m；

E_a、E_b——主动土压、被动土压，kPa。

A.2　水平挡板连续支护的计算

水平挡板支护的立木间距 L 一般为 1.5～2.0m，撑木上下间距 l_1、l_2 由立木强度及基坑工作条件决定，一般为 1.0m 左右。挡板厚度可按受力最大的最下一块板来计算决定。

1. 水平挡板计算(图 A-1)

在深度 h 处的，最下一块挡板上水平压力图是梯形，为简化计算，用 $E_a = p_a h$ 的矩形压力图来代替；挡板宽度为 b，水平挡板式受均布荷载 $q = bE_a$ (kN/m)的连续梁，为简化计算与安全计，按简支梁计，参见图 A-1c)。

挡板所受最大弯矩：

$$M_{max} = bE_a L^2/8 \quad \text{(A-3)}$$

式中：L—— 立柱间距，m；

M_{max}—— 一块挡板在立柱间跨中最大弯矩，kN·m。

挡板所需断面模量：

$$W = M_{max}/[\sigma_W] \quad \text{(A-4)}$$

式中：$[\sigma_W]$——挡板木料容许顺纹弯应力，kPa。

挡板所需厚度：

$$d = \sqrt{6W/b}$$

2. 立木计算

当坑壁只设两层撑木如图 A-1a)，则立木承受三角形荷载，下端承受土压 $q_1 = LE_a$，下端支点反力 $R_2 = q_1 l_1/3$；上端支点反力 $R_1 = q_2 l_1/6$，由此可求的最大弯矩所在截面位置至上端支点的距离为：$X = 0.578 l_1$(m)。

在该截面立木所受弯矩为：

$$M_{\max} = 0.0642 q_1 l_1^2 \tag{A-5}$$

立木最大应力为：

$$\sigma_{\max} = M_{\max}/W \leqslant [\sigma_W] \tag{A-6}$$

当坑壁设多层撑木，则立木为承受三角形荷载的连续梁，为简化计算可按多跨简支梁计算，并将各跨间梯形分布荷载简化为均布荷载 q_1(等于其平均值)，如图 A-1b)虚线所示。按最下一跨 l_4 控制，此外 $q = q_4 l$，见图 A-1d)。求其最大弯矩：$M_{\max} = q l_4^2/8$，然后按式(A-6)、或(A-7)确定立木尺寸。

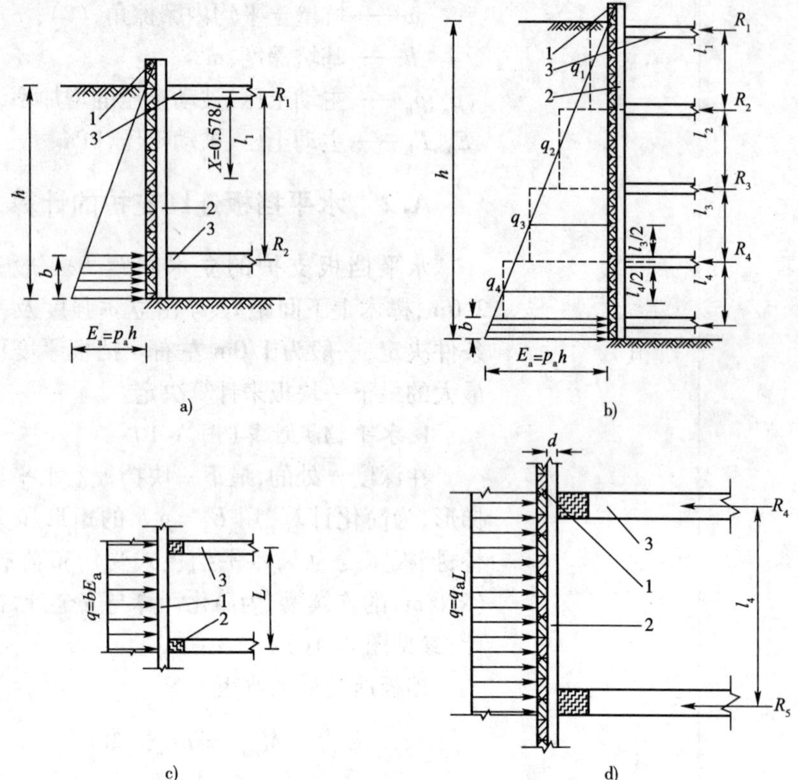

图 A-1　连续式水平挡板支护计算简图

a)双层横撑支护；b)多层横撑支护；c)水平挡板受荷情况；d)立木受荷情况

1-水平挡板；2-立木；3-横撑

立木反力可按承受相邻两跨度上各半跨的荷载计算，如图 A-1b)所示的中间点反力为：

$$R_4 = (q_3 l_3 + q_4 l_4)/2 \tag{A-7}$$

上下两支点的外侧已无支点，故计算的立木两端的悬臂部分的荷载应分别由上、下两个支点 R_1、R_5 承受。

3. 撑木计算

撑木为承受支点反力的压杆，一般为 10cm × 10cm ~ 16cm × 16cm 方木或直径 8cm ~ 15cm 圆木，计算时按轴心受压验算其强度及稳定性，若撑木截面有不对称的削弱时，应考虑由截面偏心引起的偏心弯矩作用，按偏心受压杆件验算。稳定和偏心受压验算时，其折减系数 ϕ 可按下列方法计算：

当撑木的细长比 $\lambda \leqslant 80$ 时：

$$\phi = 1.02 - 0.55\left(\frac{\lambda + 20}{100}\right)^2 \tag{A-8}$$

当 $\lambda > 80$ 时，$\phi = 3\,000/\lambda^2$。

式中：λ——构件长细比，$\lambda = l_0/r$；

l_0——受力构件的计算长度，m；

r——计算截面回转半径，m，计算如下，

$$r = \sqrt{I_m/A_m}$$

I_m——毛截面对其重心轴的惯矩，m^4；

A_m——毛截面的面积，m^2。

横撑木在立木上的支承应力常为控制因素，宜采用硬木制的楔木，以提高其支承能力。

A.3 垂直挡板式支护的计算

垂直挡板式支护的计算原则与水平挡板支护的相应部分基本一致，根据受力状况垂直挡板相当于立木，横枋相当于水平支撑。横枋的布置有等间距布置和等弯矩布置两种。等弯矩布置如图 A-2 所示，横枋的间距随基坑深度而变化、随土压力增大而加密。

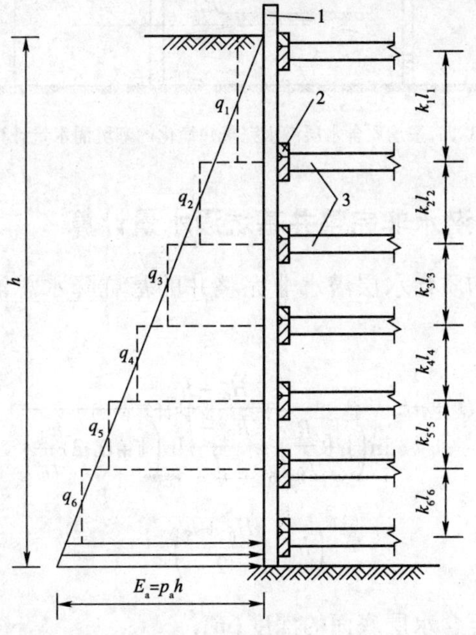

图 A-2 连续垂直挡板、横枋等按等弯矩布置计算简图

1-垂直挡板；2-横枋；3-横撑

附录 B 涌水量的计算

B.1 均质含水层潜水完整井基坑涌水量计算

群井按大井简化的均质含水层潜水完整井的基坑降水总涌水量可按下列公式计算（图 B-1）：

$$Q = \pi k \frac{(2H_0 - s_0)s_0}{\ln\left(1 + \frac{R}{r_0}\right)} \tag{B-1}$$

式中：Q——基坑涌水量，m^3/d；

k——渗透系数，m/d；

H_0——潜水含水层厚度，m；

s_0——基坑水位降深，m；

R——抽水影响半径，m；

r_0——沿基坑周边布置的降水井群所围面积等效圆的半径，m，可按 $r_0 = \sqrt{A/\pi}$ 计算，此处 A 为降水井群连线所围的面积。

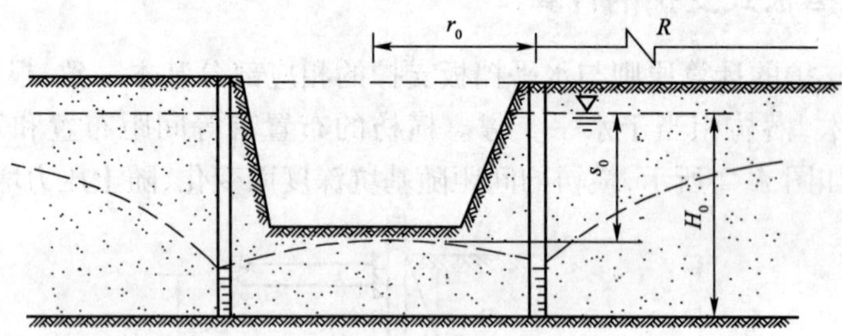

图 B-1 按均质含水层潜水完整井简化的基坑涌水量计算

B.2 均质含水层潜水非完整井基坑涌水量计算

群井按大井简化的均质含水层潜水非完整井的基坑降水总涌水量可按下列公式计算（图 B-2）：

$$Q = \pi k \frac{H_0^2 - h_m^2}{\ln\left(1 + \frac{R}{r_0}\right) + \frac{h_m - l}{l}\ln\left(1 + 0.2\frac{h_m}{r_0}\right)} \tag{B-2}$$

$$\left(h_m = \frac{H_0 + h}{2}\right)$$

式中：h——基坑动水位至含水层底面的深度，m；

l——滤管有效工作部分的长度，m；

H_0——原地下水位深度，m。

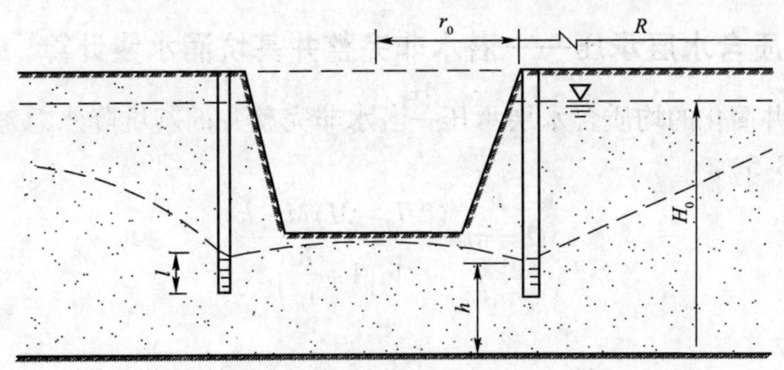

图 B-2 按均质含水层潜水非完整井简化的基坑涌水量计算

B.3 均质含水层承压水完整井基坑涌水量计算

群井按大井简化的均质含水层承压水完整井的基坑降水总涌水量可按式计算(图 B-3):

$$Q = 2\pi k \frac{M s_0}{\ln\left(1 + \frac{R}{r_0}\right)} \tag{B-3}$$

式中:M——承压含水层厚度,m。

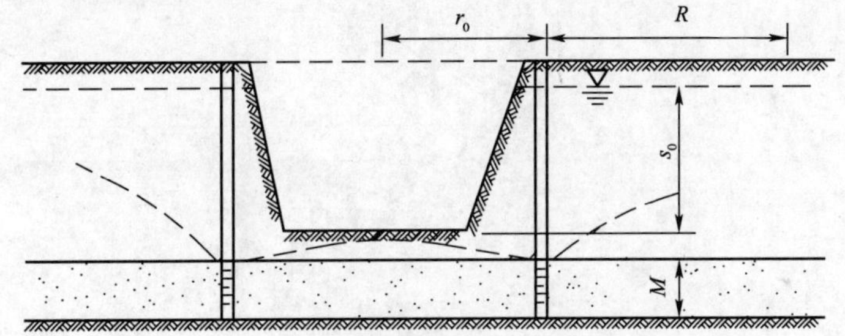

图 B-3 按均质含水层承压水完整井简化的基坑涌水量计算

B.4 均质含水层承压水非完整井基坑涌水量计算

群井按大井简化的均质含水层承压水非完整井的基坑降水总涌水量可按下列公式计算(图 B-4):

$$Q = 2\pi k \frac{M s_0}{\ln\left(1 + \frac{R}{r_0}\right) + \frac{M - l}{l}\ln\left(1 + 0.2\frac{M}{r_0}\right)} \tag{B-4}$$

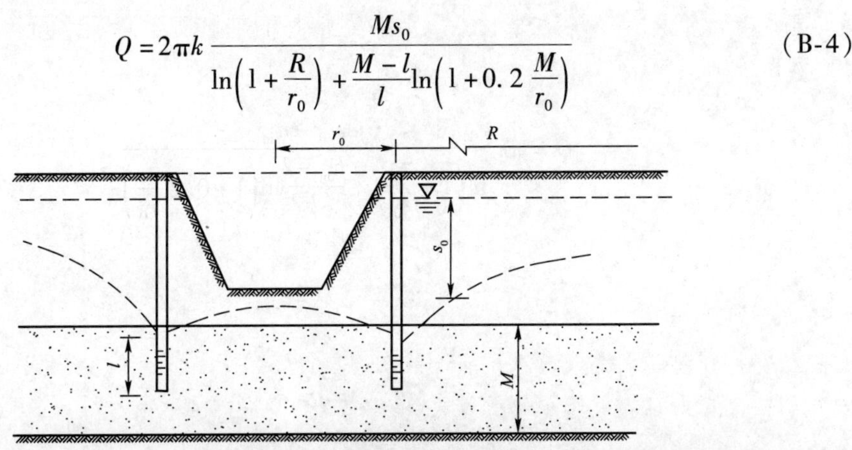

图 B-4 按均质含水层承压水非完整井简化的基坑涌水量计算

B.5 均质含水层承压——潜水非完整井基坑涌水量计算

群井按大井简化的均质含水层承压—潜水非完整井的基坑降水总涌水量可按下列公式计算(图 B-5)：

$$Q = \pi k \frac{(2H_0 - M)M - h^2}{\ln\left(1 + \frac{R}{r_0}\right)} \tag{B-5}$$

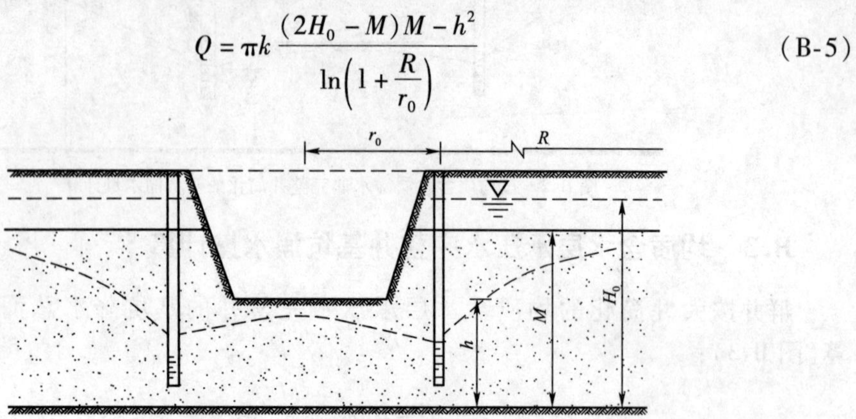

图 B-5 按均质含水层承压——潜水非完整井简化的基坑涌水量计算